01
世界で一番やさしい 木造住宅

関谷真一＝著

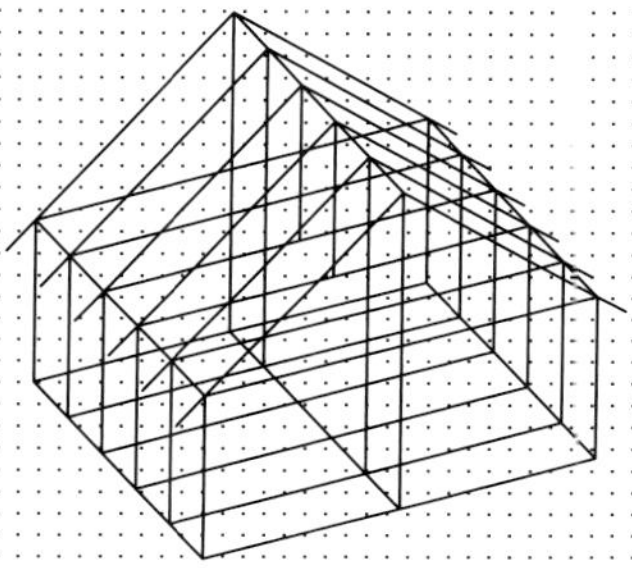

第1章　プランと調査

第2章　地盤と基礎

第3章　ほねぐみ

第6章 住宅の設備

第7章 住宅の外構

第 1 章

プランと調査

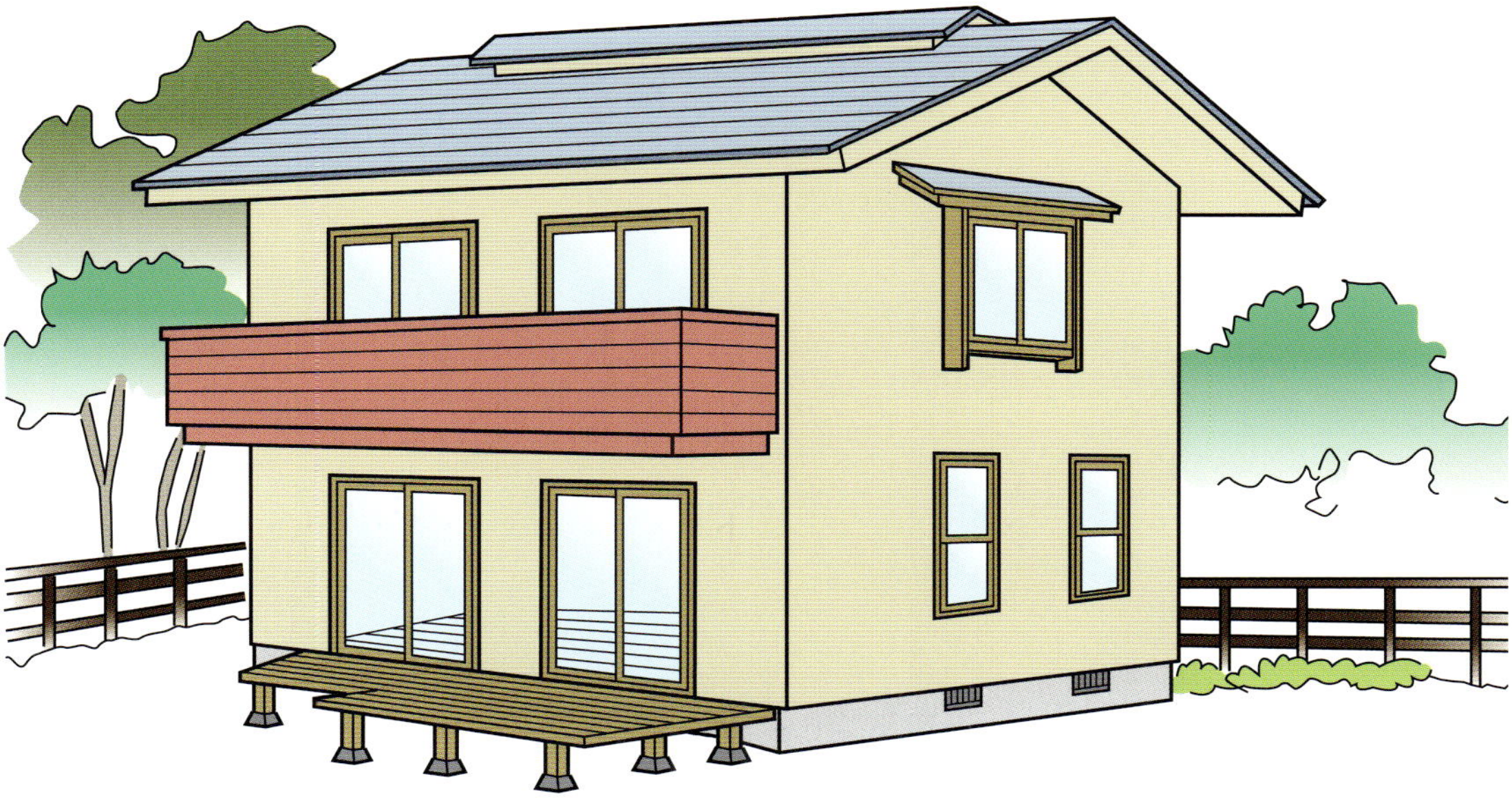

木造住宅の特徴

001

日本の都市において木造住宅は、最も数が多く、住宅地に占める割合も圧倒的に多いのが実情である。

木造住宅のよさは、多くの人が実感していると思う。しかし、現在は新建材で簡単に工事ができ、コストの低下や工期短縮を実現しているが、一方で高い技術を持った職人も少なくなっているのが現状だ。

木造住宅の寿命

古い民家は、300年以上使われていたものも珍しくない。欧米の住宅の多くは、100年以上使われている。

しかし、日本では戦後に建てられた木造住宅が、30年あまりで建て替えられている。戦後すぐに建てられた住宅が、広さと質の点で現代の生活に合わないこともあるが、今後は、より長持ちする住宅の建設を進めていくべきである。国土交通省は現在、**長期優良住宅**を提案し、補助金やさまざまな試みを行っている。住宅を長寿命にすることで、大量に排出する建築廃材を減らすことができる。木が成長する時間と同じか、それ以上の寿命を木造住宅が持つことができれば、再生が可能な方法で家を生産できる。

地域工務店との協力が大事

これまでの木造住宅は、地域の工務店が中心になってつくってきたが、最近では住宅メーカーによる供給も多く、工務店がつくる場合でも、建材は新建材のものを取り付けるだけになり、伝統的な木造の技術を伝承することもできにくくなってきている。

これから先、職人の高い技術を伝承していくためには、地域工務店が顔の見える関係で、地域の住宅の建設やメンテナンスに対応してきたよさをいかしつつ、設計者がパートナーとして、バックアップしていくことも必要になってくるだろう。

用語解説

長期優良住宅
（ちょうきゆうりょうじゅうたく）

住宅を長期にわたり使用することで環境負荷や建て替え費用を低減するという目標が「長期優良住宅の普及の促進に関する法律」（平成21年6月施行）により定められた。一定基準を満たした住宅は、税制面での優遇などを受けられる

長持ちする木造住宅づくりのポイント

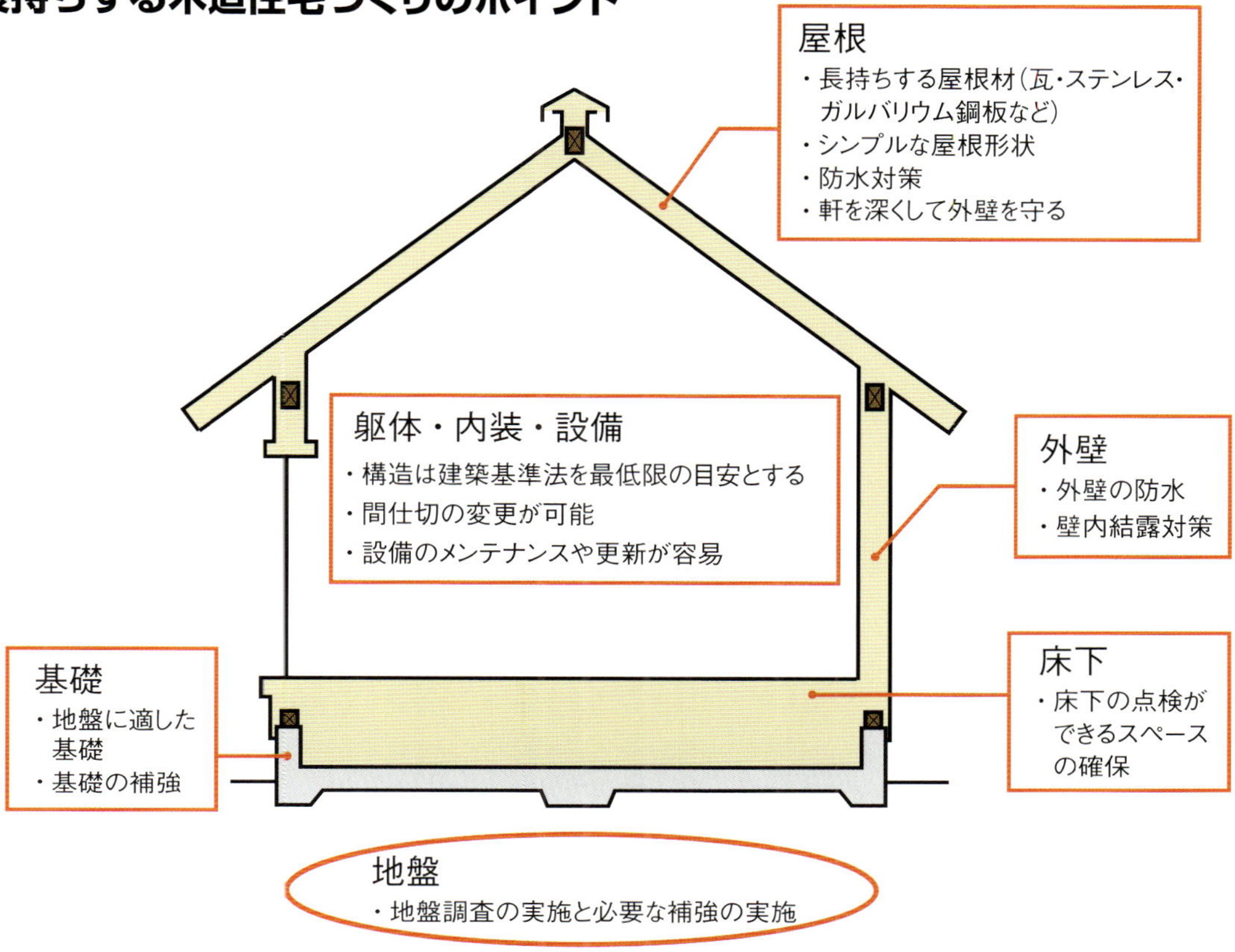

地域による家づくりの仕組み

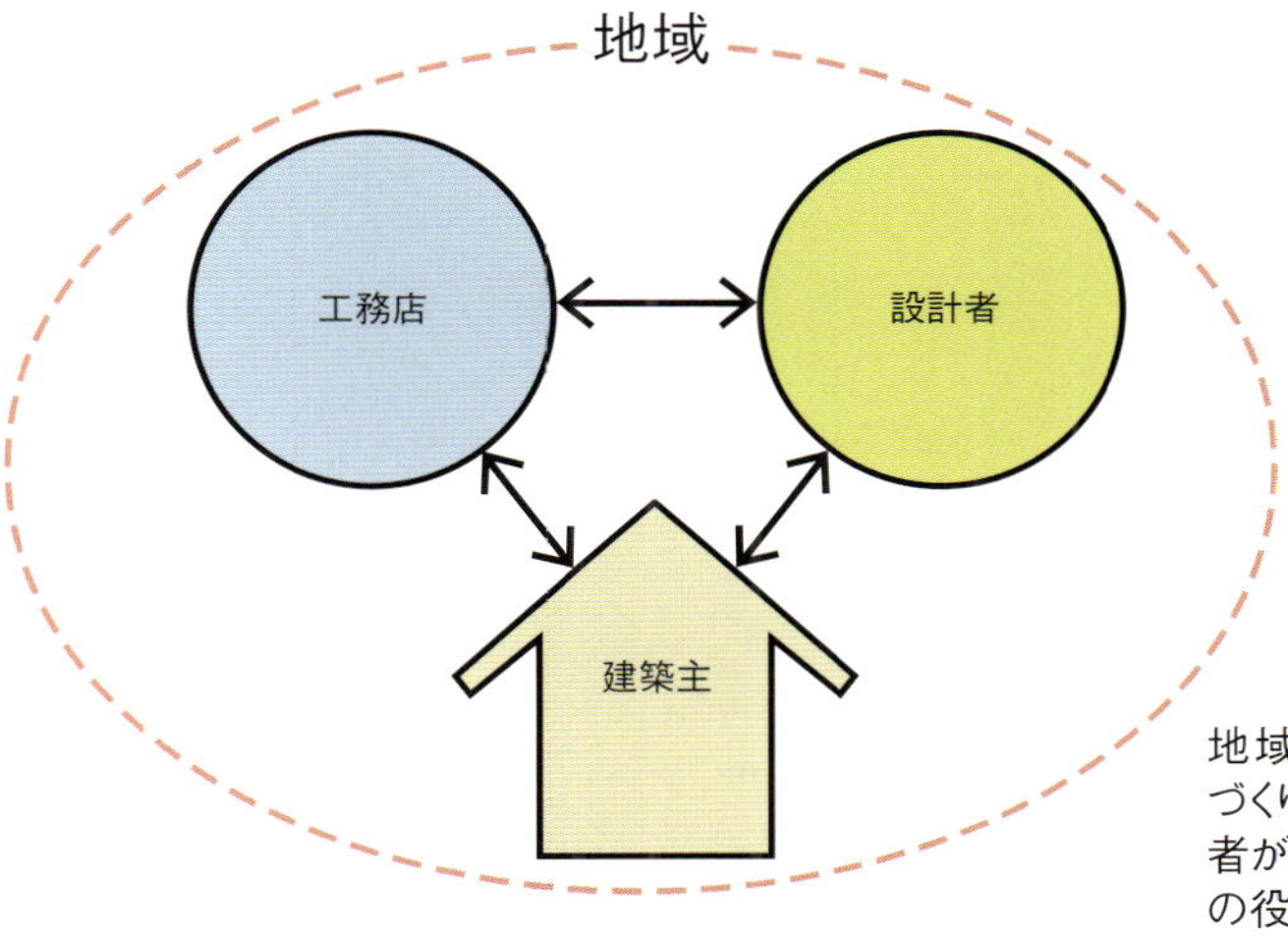

地域内の顔の見える関係で家づくりに臨むことが理想的。設計者が新たな提案や情報提供などの役割を担う

Point

これからの木造住宅は寿命の長い家を目指す。それには地域で顔の見える家づくりが不可欠

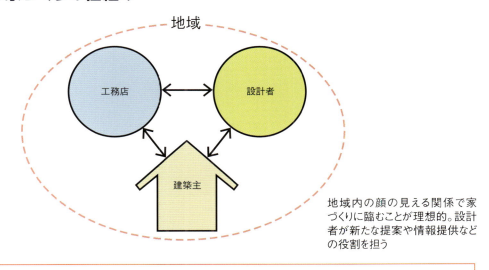

プランニング

002

プランニングのポイント

木造住宅を設計するにあたり、考慮すべき点は数多くある。まずは、地盤を含めた構造の安全性の確保や有害化学物質に対する安全性の確保が第一になる。同時に、住まい手の豊かな生活を演出する空間を、実現しなくてはならない。

(1)生活のイメージの共有

住宅に住む人がどのような生活をし、どのような空間をイメージしているのかを共有し、設計者として提案する手がかりとする。

(2)必要な空間と機能の実現

住まい手の必要としている空間と設備などの機能を整理し、ゾーニングすることから始める。平面だけではなく、むしろ断面でのスタディーが重要である。

(3)構造からの発想

大地震の後も使えることを想定すると、建築基準法で定められている基準の2倍程度の強度を確保したい。

しかし、プランニングを進めていくうちに、構造が複雑になってしまうことがある。当初から架構を意識してプランニングを進めて、間取りとの合一を考慮する必要がある。屋根のかたちを決めて、デザインすることも構造からの発想になる。

(4)日照と通風の確保

冬は、日照を確保し、夏は日差しをさえぎり、通風をよくして、なるべく機械に頼らず**パッシブ換気**にする。また、軒を出すことや、窓の適切な配置も考えなければならない。

(5)時間のデザイン

将来の生活の変化に対応した間取りの変更や、メンテナンスのしやすさを考えておく必要がある。長持ちする材料を選定することも重要である。時とともに味わいを増すムクの木材などの自然素材も使いたい。

用語解説

パッシブ換気
(ぱっしぶかんき)

自然換気のこと。建物の中の温度が外より高いと空気が建物の足元で自然に入ってくる力が働き、上部の屋根廻りの高いところでは出ていく力が働くことを利用して換気を行う

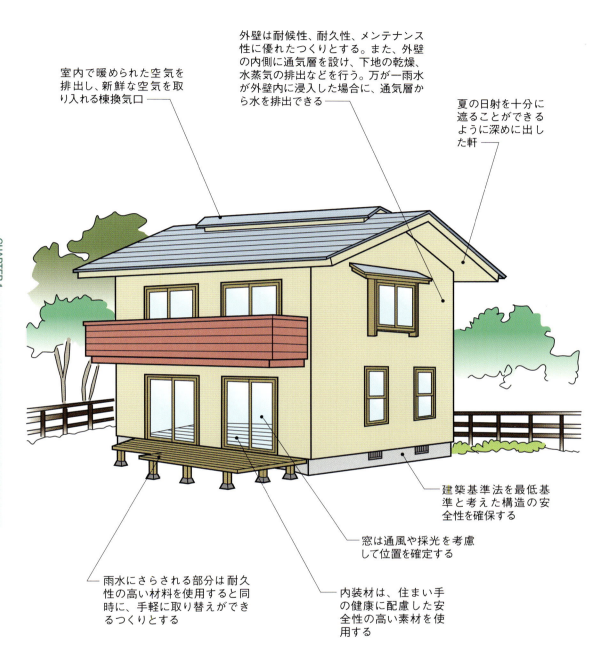

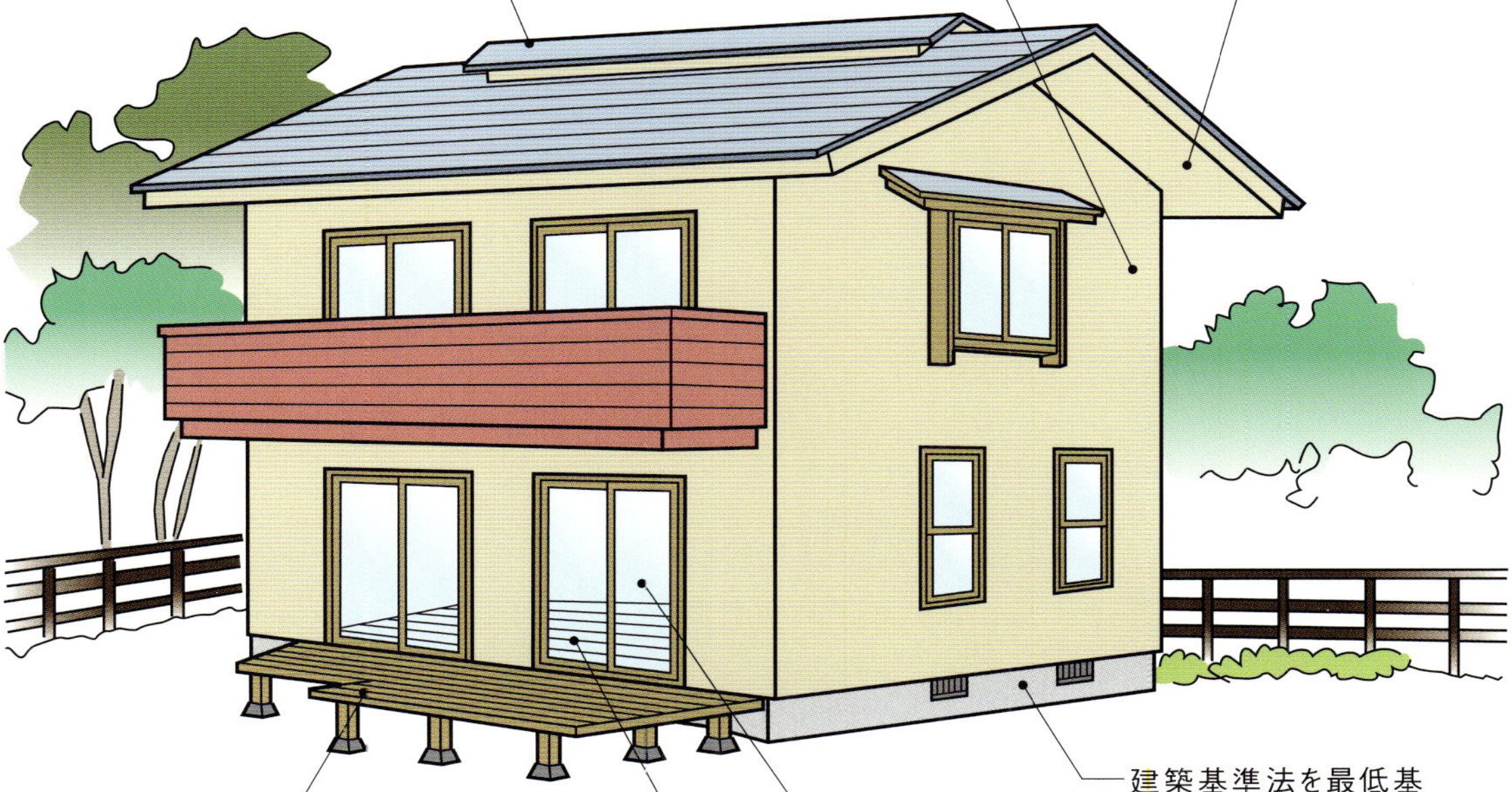

Point 構造の安全性と同時に住まい手のニーズを整理し、豊かな生活を演出する空間づくりを！

ゾーニングと動線

003

ゾーニングのポイント

設計の当初の段階で、必要な各室や外部空間をゾーニングし、利用する人の**動線**を合わせて検討する。

(1) 敷地内のゾーニング

敷地内のゾーニングには、敷地周囲の状況が大きく影響する。道路の有無や大小、隣地の建物位置や植栽、遠方の景色も重要な要素である。

また、敷地内に建物を配置するとき、空きの部分をどのようにするかがポイントである。玄関からのアプローチは、あえて長く取るとゆとりのある演出ができるし、バリアフリーを考えてスロープを設ける時に緩やかな勾配を確保することができる。

(2) 室内のゾーニング

まず、住宅の中心となる居間や食堂などの位置を、玄関からの動線をふまえて決める。次に、関連する台所などを決め、その他の水廻りや個室を決めていく。

ゾーニングの段階でも、おおよその部屋の広さを想定し、スケール感を掴んでおく必要がある。

動線のポイント

(1) 交錯しない動線

多数の動線が交錯すると、危険で、落ち着かない空間になってしまう。その逆に、動線があまりない淀みの部分は、落ち着くことができる。居間のコーナーにふさわしい空間になる。

廊下をなくして部屋同士を建具でつなぐなど、無駄な動線を短くして、その他の空間を少しでも大きくすべきである。

(2) 回れる動線

プランニング上、必ずしも実現できるとは限らないが、1方向の動線ではなく、2方向に回ることができる動線にできれば使いやすくなる。台所などでは、特に便利である。

用語解説

動線
(どうせん)

建物の中を、人が自然に動くときに通ると思われる経路を線であらわしたものをいう。建物の平面計画のときに考慮するもの。動線を特に考慮することを動線計画という

ゾーニング

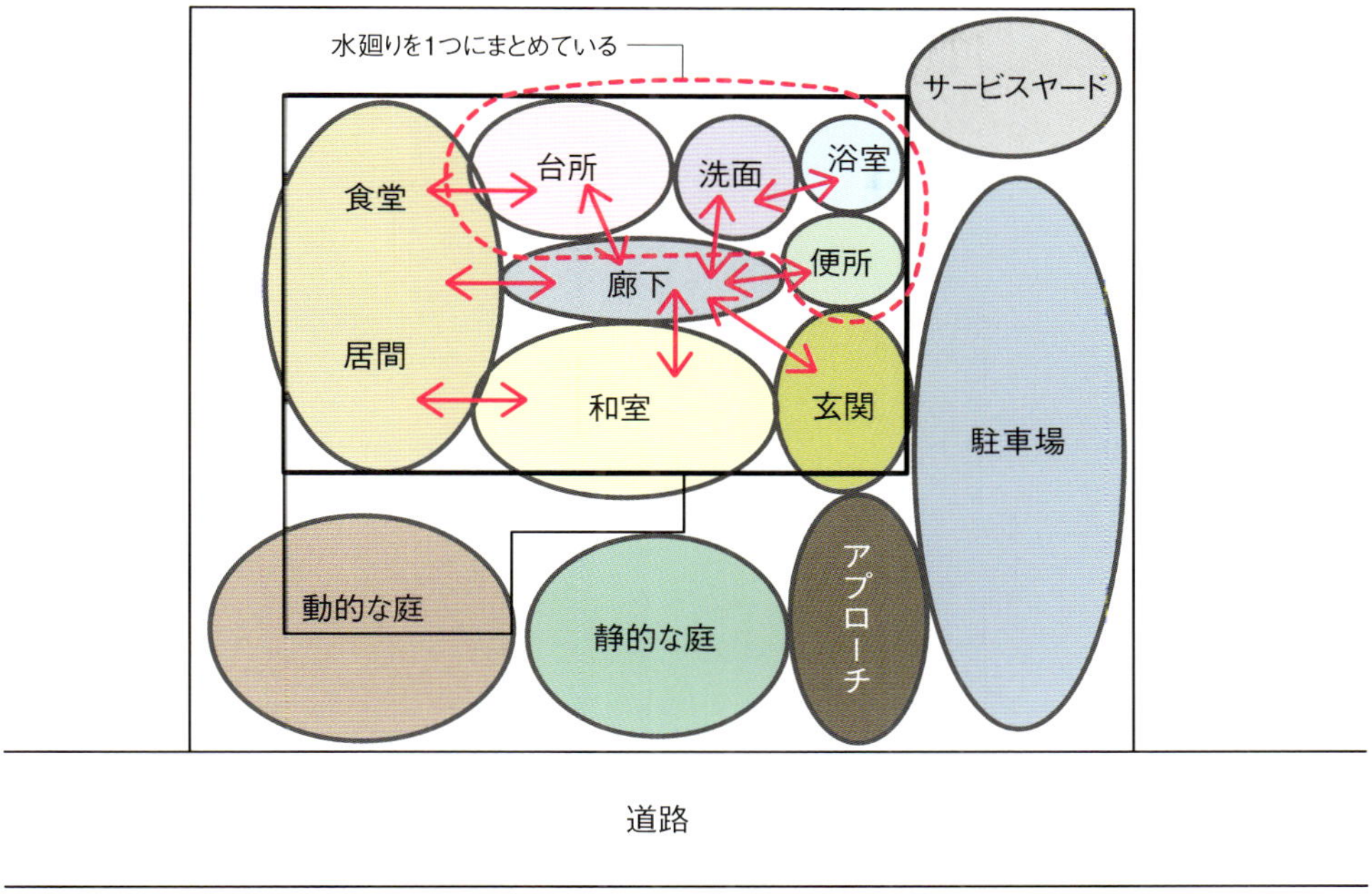

動線

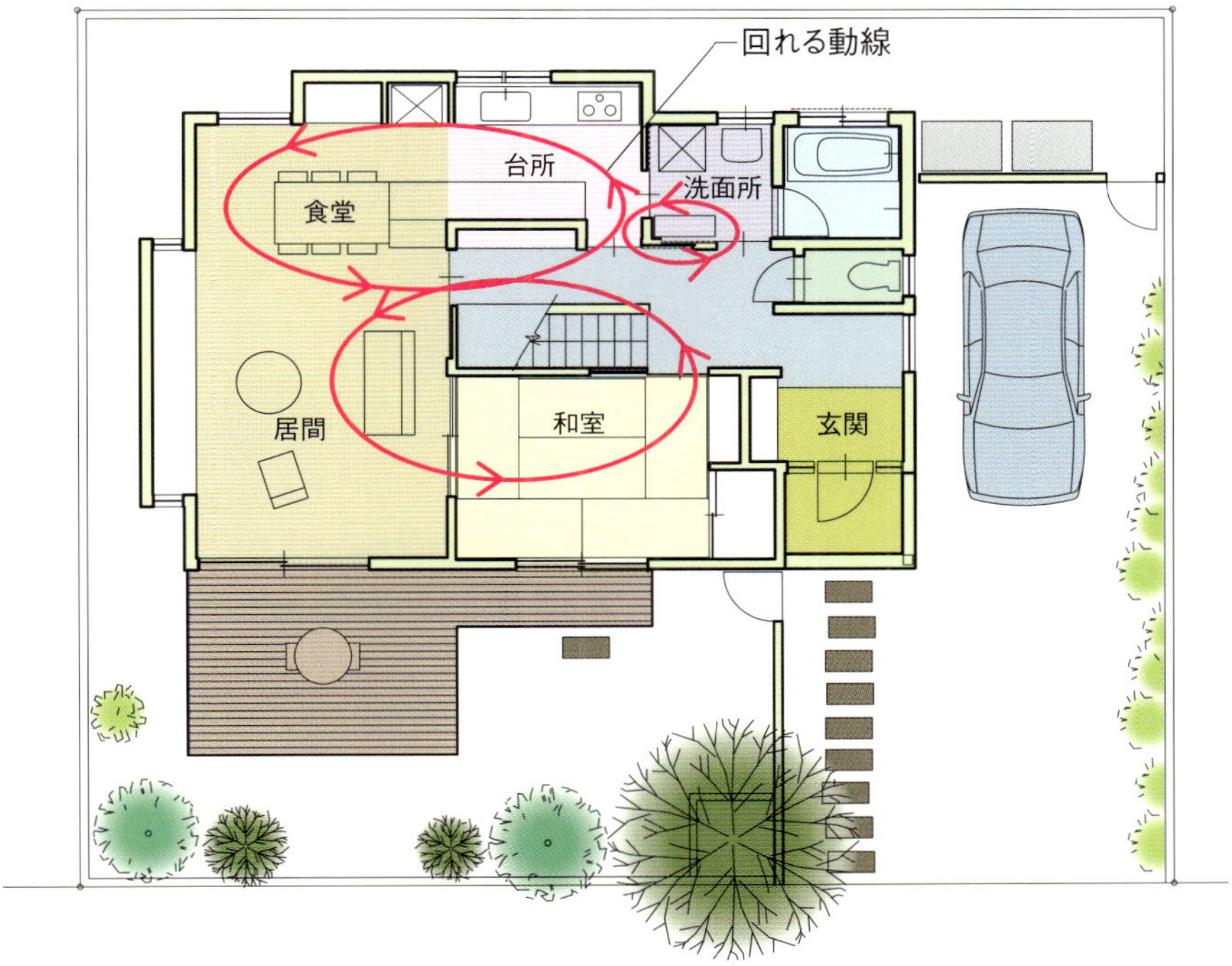

Point 内部だけでなく外部も含めたゾーニングを計画する。回れる動線が便利

日照と通風

004

配置やプランニング、また、断面計画において、冬の日照と夏の通風確保が重要である。

日照のコントロール

冬至の南中時における太陽高度は、東京では30度ほどになり、夏至では約80度にもなる。

夏の日差しを遮るには、少しでも軒を出すことができれば、日陰をつくることができる。対して、冬はかなり奥まで日が差し込む。

配置計画とプランニング、さらに断面計画でなるべく日照を確保できるようにする。

市街地では、建物が密集するなど、思うような採光を得られない。そこで、吹抜けをつくることで日差しが1階まで入るようにしたり、2階に居間をつくる逆転プランを取り入れることで、日照を確保することもできる。こうすることで2階の屋根に日が当たるのであれば、ある程度の日照を確保することができる。

通風の確保

夏の通風を確保するためには、部屋の対角線方向に、2つ以上の窓を設けることが望ましい。また、暖められた空気は上昇する性質があるため、高い所に窓をつくり、上方向に熱気を逃がすようにする。

高所に窓を設ける場合、オペレータ-式の窓や内倒し窓にしておけば、専用のポールで簡単に開放することができる（131頁参照）。

そして、室内全体で、空気が流れるルートを確保するようにする。勝手口の扉に**上げ下げ窓**を一体的に取り付けた、採光通風窓を有効に使うとよい。

通風の確保を考えるときは、同時に格子やよろい戸の雨戸の設置など、窓を開けた状態での防犯上の対策も十分考えておく必要がある。

用語解説

上げ下げ窓（あげさげまど）

2枚のガラス戸が縦の窓枠の溝に沿って、上下方向に開閉する縦長の窓のこと。下部のガラスのみ上下する窓をシングルハング（片上げ下げ）窓、上下のガラスが両方とも可動する窓をダブルハング（両上げ下げ）窓と呼ぶ

良好な日照と通風を得られる木造住宅のイメージ

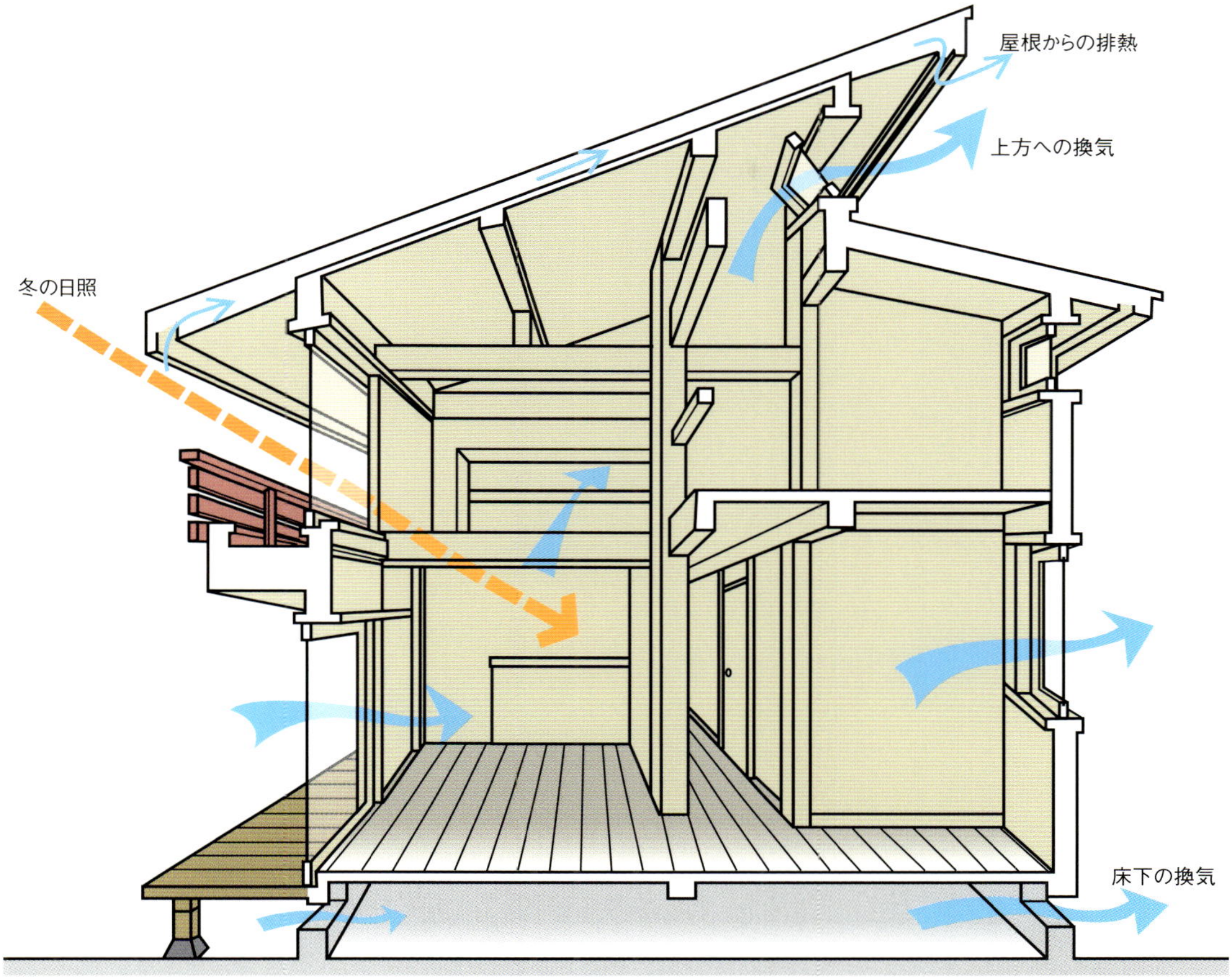

夏・冬季の日照の違い

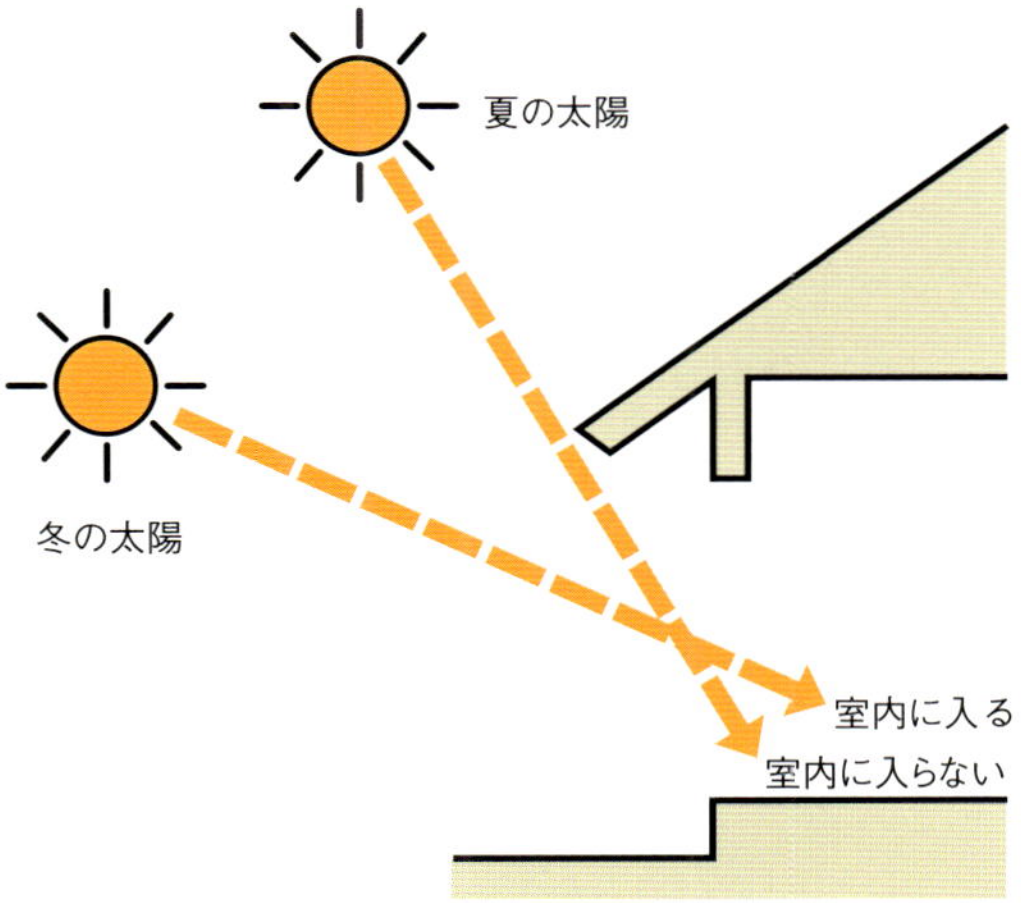

Point

開口部はたくさんあるだけでは効果が得られない。必要な大きさの開口部を適した位置に設ける

敷地環境を読み取る

005

敷地の置かれている環境

設計の初期段階で、敷地の環境を把握し、設計を進めるための基本的な方向性を決めていく。そのためにも実際に敷地に立ってみて、敷地そのものと周辺の状況を把握する。どのような空間がふさわしいか、敷地に立って想像してみよう。

(1)道路との関係

敷地は、敷地に接している道路の幅などにより、そこに建てられる家の大きさが変わってくる。また、敷地は、条件の異なることもあるが、原則として道路に2m以上接していなければならない(**接道義務**)。

道路と敷地との段差も設計に大きく影響する。高低差がかなりある場合、擁壁で処理する場合や建物の基礎で処理する場合がある。

また、玄関の位置とアプローチの配置をある程度想定する必要がある。

(2)近隣敷地との関係

周囲の建物の位置と開口部の位置も把握しておく。建物がなくともできる範囲で、将来的なことを想定しておく。

境界のポイントを確認し、境界壁が境界線のどちらかに寄っているか、あるいは中心なのかを確認する。新規につくる場合も中心か、今後の補修なども考え、敷地内に納めることも多くなってきた。

自然条件の把握

できれば晴れの日だけでなく、雨の日にも敷地を見ておくとよい。

季節ごとの状況も近所の方へのヒアリングなどで確認しておく。

敷地内だけでなく、周囲の地形や土地の条件を、資料や実際に歩いてみて確認する必要がある。

湿度や風、雨が降ったときの状況、日当りなどの自然条件の把握も重要である。

用語解説

接道義務(せつどうぎむ)

建築基準法で定められた、建築物の敷地が道路に2m以上接しなければならないとする義務のことをいう(法43条1項)。都市計画区域と準都市計画区域内でだけ存在し、都市計画決定されていない区域では接道義務はない

敷地環境を生かした住宅のイメージ

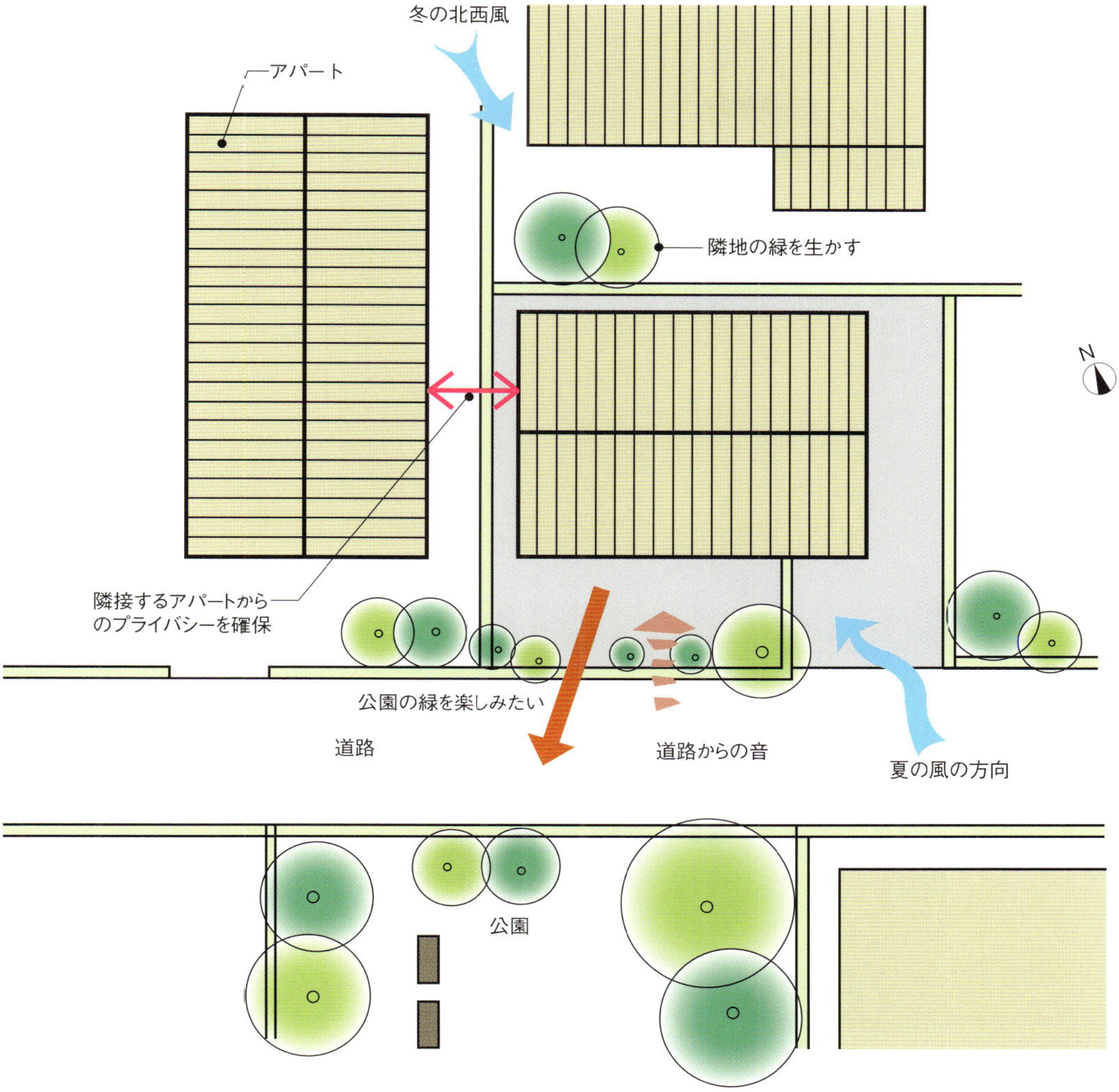

前面道路の状況をチェックする

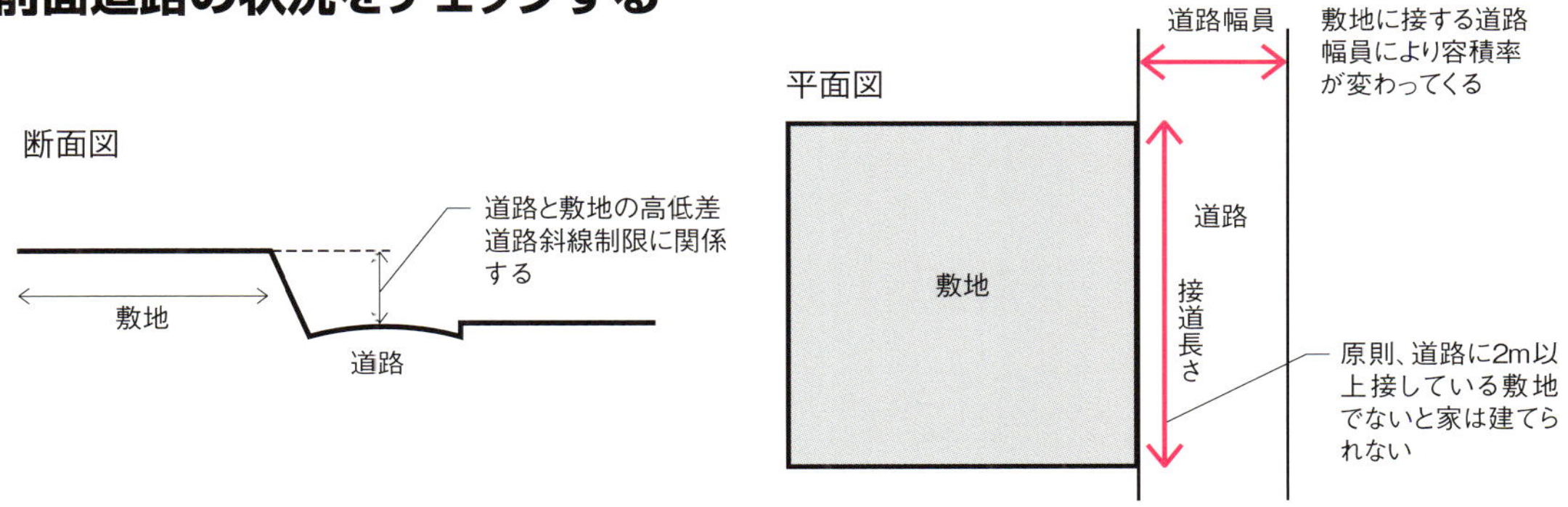

Point 敷地環境はそこに建てられる家の大きさをはじめとして さまざまな条件に影響を及ぼすためしっかり調査する

地盤のチェック

006

地盤不良は見逃せない

地盤のチェックは絶対に必要である。地盤が不良であった場合、建物が沈下し、重大な欠陥につながるおそれがある。地盤の欠陥は、補修に膨大な費用が発生し、場合によっては建物を建て直すことになりかねない。敷地の環境を見るだけではなく、必ず地盤調査を行う必要がある。

以前は、地盤に対する認識が低く、調査を行わないケースが多かった。地盤補強も十分に行われないことが多く、古い住宅をリフォームする際に調査すると、床が**地盤沈下**に伴い、部分的に下がっている状態がよく見られる。これは、建物が均一に下がらずに傾いて部分的に沈下する不同沈下である（36頁参照）。

床が少し傾いているくらいなら問題ないと思えそうだが、住まい手にとっては、平衡感覚に悪影響を与えるおそれがあり、軽視することはできない。

どうやって地盤を調査するか

木造住宅の地盤調査方法として、スウェーデン式サウンディング調査や表面波探査法が適している（38頁参照）。調査の結果によっては、地盤の補強を行う必要がある。同時に、周辺の地盤調査のデータも参照する。

また、敷地周辺の塀や住宅の基礎に亀裂が入っていないかどうかも参考にするとよい。地盤が悪いと塀や基礎に悪影響を及ぼす可能性が高いからである。

敷地とその周辺の地形にも注目してほしい。周辺に河川や水田などがある場合は、軟弱地盤である可能性が高いためである。

埋め立てや、盛土を行った敷地かどうかの履歴も確認しておきたい。埋め立てや盛土は、地盤の転圧が不足している可能性がある。

用語解説

地盤沈下
（じばんちんか）

地盤が圧縮され、沈んでいく現象のことをいう。工業用水や農業用水などの過剰揚水や、天然ガスの汲み上げなどが主な原因となるものと、もともと軟弱地盤だった地域に建築物を建てるときに、地耐力を超えて荷重が載荷された場合に発生する

地盤の安全性を確認する

自分で調べられること	**土地の歴史を知ること** ・開発間もない土地かどうか ・開発前の状態や利用状態 **現状の土地の状況を調べる** ・地中の埋設物の有無 ・地下工作物の有無 ・足で踏んで感触を確かめる ・周辺に川や水田がないかどうか ・近隣の建物の基礎にひび割れなどがあるかどうか ・埋め戻しや盛土をした土地かどうか

↓

地盤調査	**専門業者による地盤調査を行う** ・目的や敷地の性状に合った地盤調査方法の選定 ・スウェーデン式サウンディング調査 ・表面探査法 ・標準貫入試験（ボーリング調査） ・その他

↓

地盤補強	**地盤調査結果にもとづき、必要な場合は地盤補強を行う** ・再転圧工法 ・柱状改良 ・表層改良 ・鋼管杭 ・その他 地盤調査の結果、地耐力が2t／㎡（20kN／㎡）未満の場合、何らかの地盤補強が必要

Point 安全な木造住宅を建てるために地盤チェックは不可欠。地盤不良による欠陥は補修に莫大な費用がかかる！

インフラ整備

007

給水とガスの引込み

敷地の給水、ガス、電気などの現状を、現地調査や行政庁で確認し、必要があれば、新たに引き込む必要があるので、その方法をしっかり押さえておきたい。

(1) 給水

給水管が引き込まれているときでも、バルブやメーターが設置されている場合や、それらがなく給水管だけが引き込まれている場合がある。

少し前までは、給水メーターの管径は13㎜のものが多かったが、現在では、20㎜以上の管径が必要とされている。どうしても20㎜にできない場合は、水圧と使用する蛇口の数にもよるが、場合によっては、給水タンクに貯留してから、ポンプで加圧して給水することもある。

井戸水を利用する場合は、水道水と配管が直接つながらないようにしなくてはならない。

(2) ガス

都市ガスは、道路から引き込み、メーターをつけ、建物内への配管につなげる。道路から敷地内に引き込むまでは、ガス会社に負担してもらえる場合もある。敷地内の工事については、自己負担となる。

プロパンガスの場合は、建物完成後のガスの使用契約を結ぶ前提で、無料か、かなり低額で配管工事をしてもらえることもある。

電気の引込み

電気は、道路の電柱から建物に直接引き込むか、引込み用のポール（**電気引込み柱**）を立て、一旦、ポールに引き込んでから、地中に埋設して建物に取り込む。

道路から離れた建物に引き込む際、隣地を通過してしまう場合は、電力会社の負担で、敷地内に電柱を立てて引き込むこともある。

用語解説

電気引込み柱
（でんきひきこみはしら）

電力会社の架空配電線路から需要家へ電気を引き込む際に、需要家構内に設置する電柱のこと。直接建物に電線を引き込むこともできるが、引込み柱を立てたほうが、強風で電線があおられるようなことが防げる

水道・ガス・電気の引込み

水道・ガスの引込み

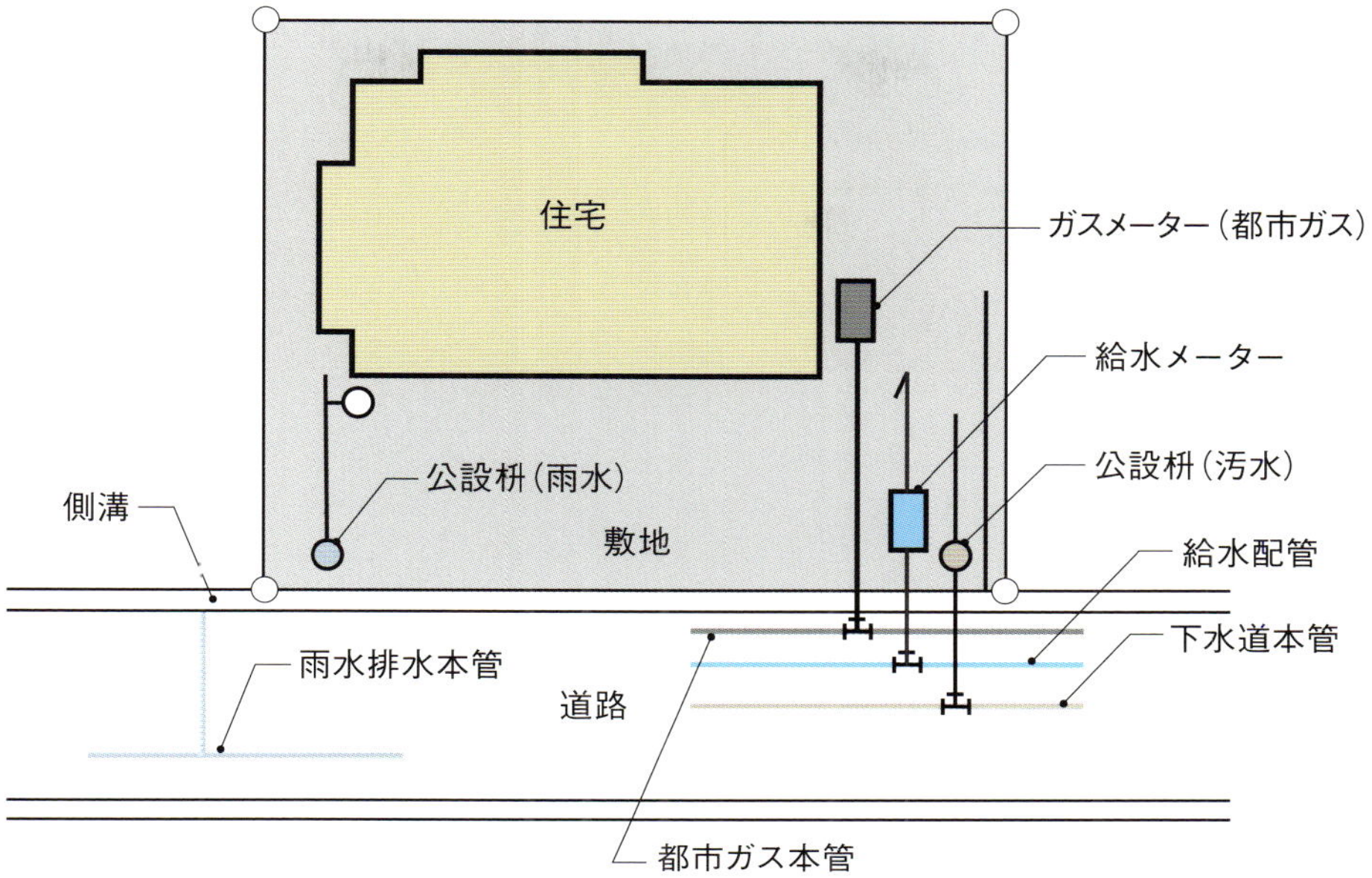

電気の引込み

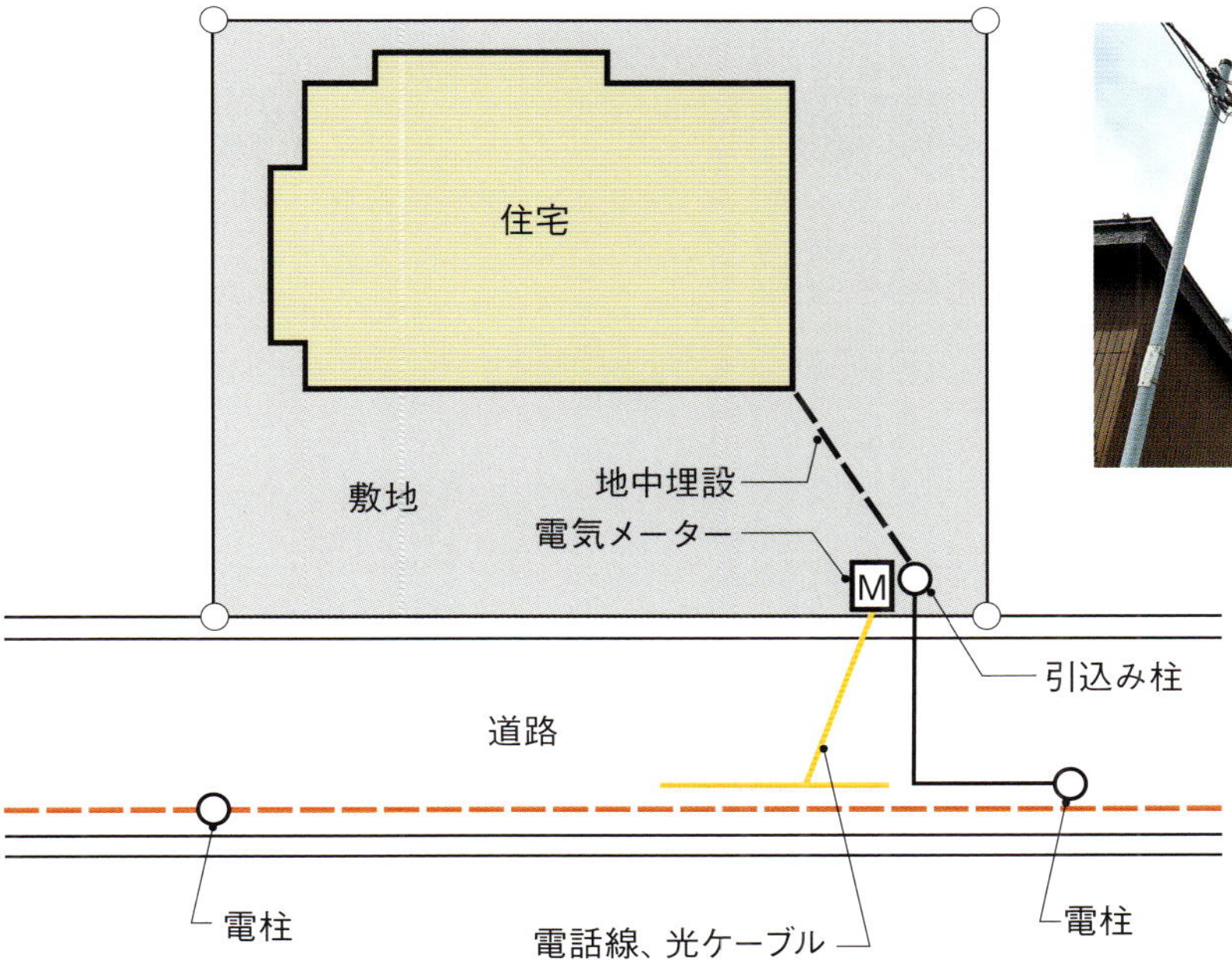

Point 住宅に必要不可欠な水道・ガス・電気の引込み状況も、設計する前にきちんと確認しておくこと

排水状況

008

建物の完成後、排水がトラブルにつながるケースも多い。生活排水は、公共下水道に放流するか、浄化槽を設置して汚水を処理することになる。まず、敷地から下水道がどのようにつながっているか確認する必要がある。

公共下水道

下水道が完備されている場合は、道路から引き込んだところに、**公設枡**が設置され、建物からの排水管は、公設枡に接続することになる。給水と同様に、現場と行政庁で、下水管と側溝の現状を調べる必要がある。

公設枡や配管途中にはトラップ（200頁参照）がつけられ、悪臭が逆流しないようになっている。

下水道は、汚水と雨水を分ける分流式と、汚水と雨水を分けない合流式がある。分流式の場合、汚水は下水道に流すが、雨水は敷地内に浸透か、道路脇の側溝に流すことになる。

雨水については、雨水浸透枡を設置して、地下への涵養を推進している自治体で、補助金の交付制度を設けているところもある。

洪水対策としては、一時的に大量に降った雨水を、花壇の中でも、庭の一部でもよいが、一時的に貯留することが重要である。浸透枡だけでは、必ずしも洪水対策にはならない。

浄化槽

公共下水道がない場合は、浄化槽を設置して、浄化した排水を側溝等に流すか、放流先がない場合、地下に浸透させることもある。

浄化槽は、トイレの排水である汚水と、その他の雑排水をまとめて処理する合併浄化槽が多く使われるようになってきた。以前は、汚水のみを処理する単独浄化槽が多く使われていた。

浄化槽は設置後のメンテナンスも重要である。

用語解説

公設枡
（こうせつます）

排水をまとめて地下下水道に放流する前に通過させる枡のこと。敷地が道路と接している付近の敷地内に設置する。豪雨時に雨水で満水状態になると排水が逆流するおそれがある

排水方式の種類

合流式下水道

生活排水と雨水を1つの
管に合流させ排水する

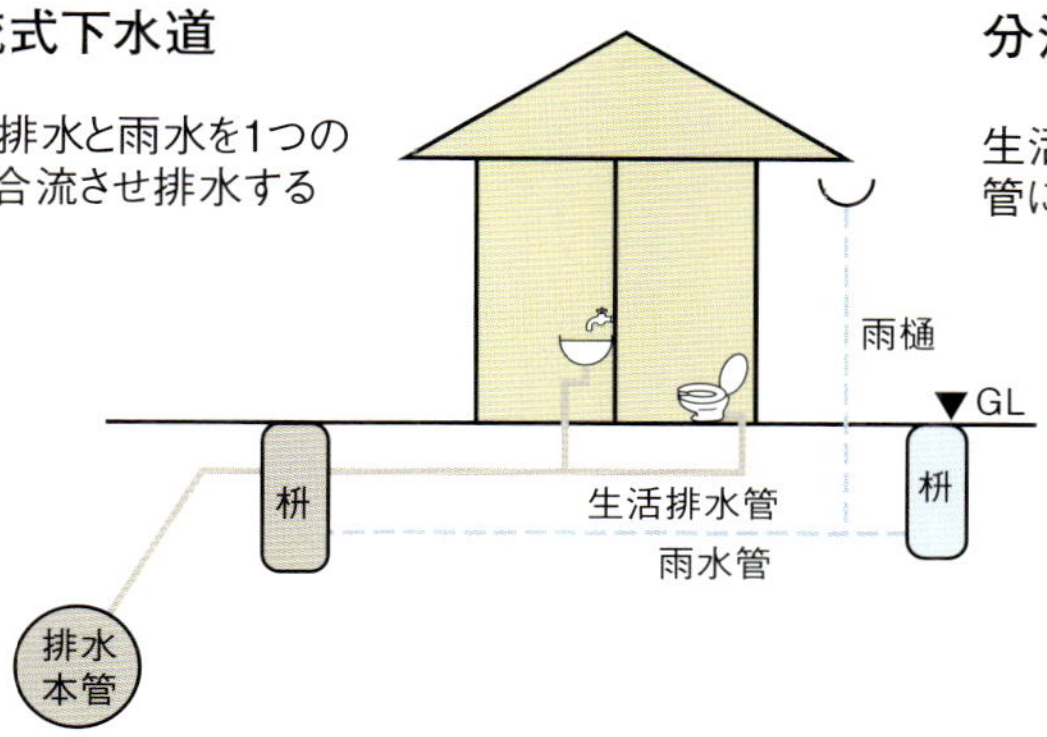

分流式下水道

生活排水と雨水を別々の
管に合流させ排水する

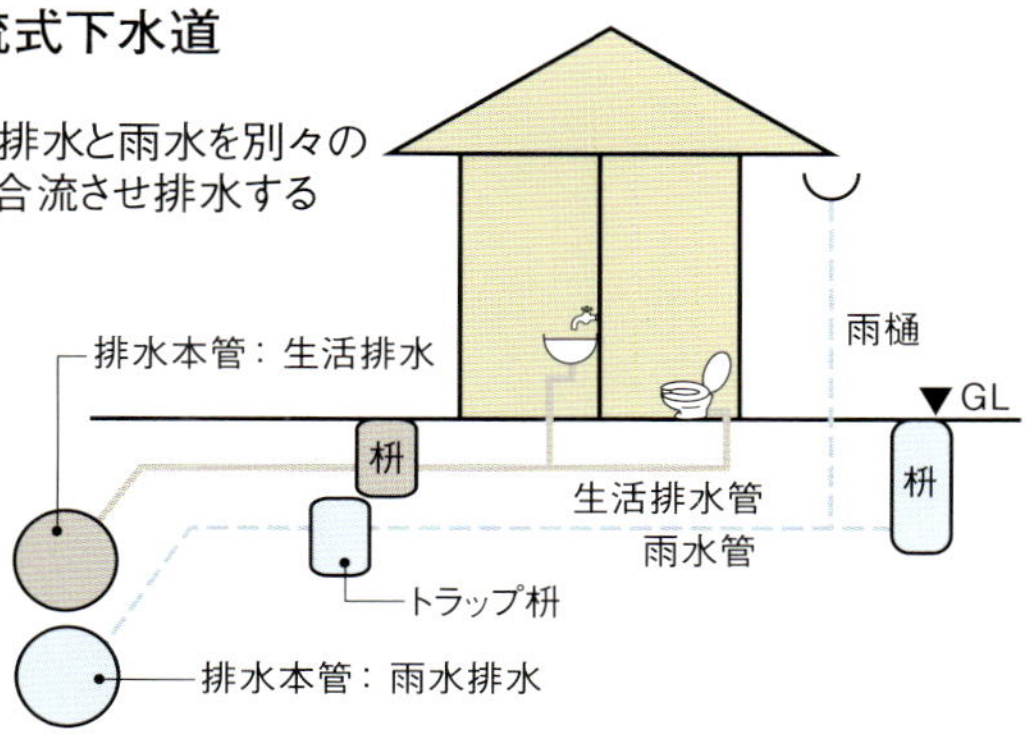

浄化槽

下水道がない場合は
浄化槽で処理し都市
下水路に排水する

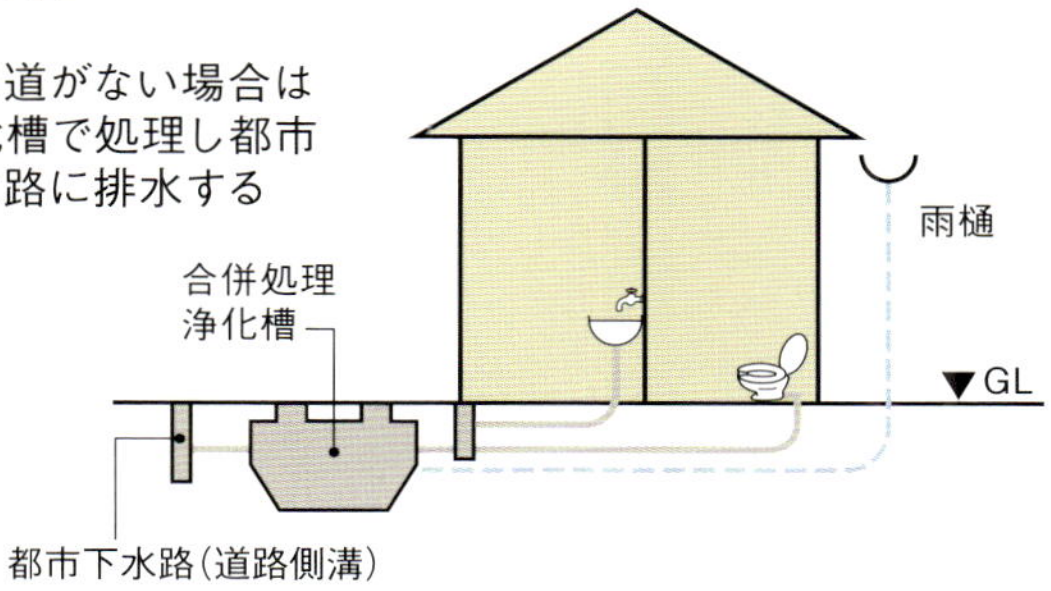

排水方式は、下水道の整備状況によって異なる。下水道が整備されていない地域では敷地内の浄化槽から都市下水路（道路側溝）へ排水するか、敷地内で処理する（浸透処理）

浄化槽の大きさ

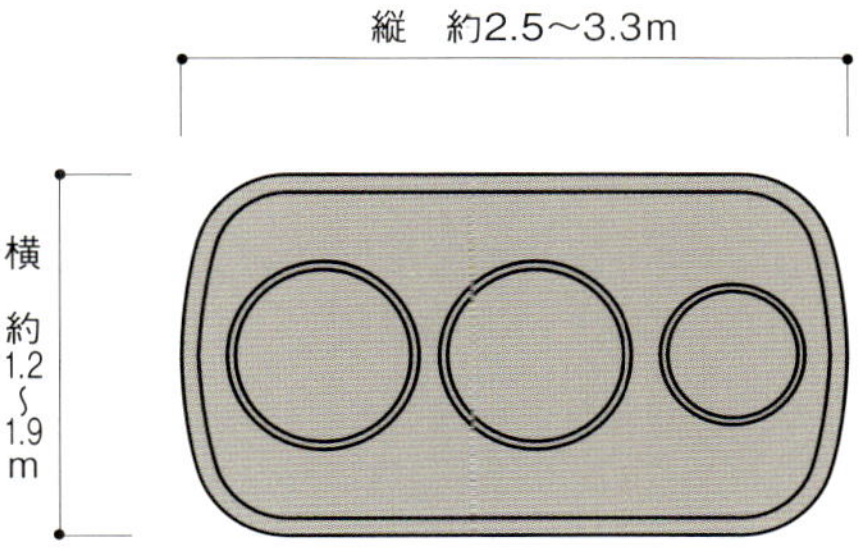

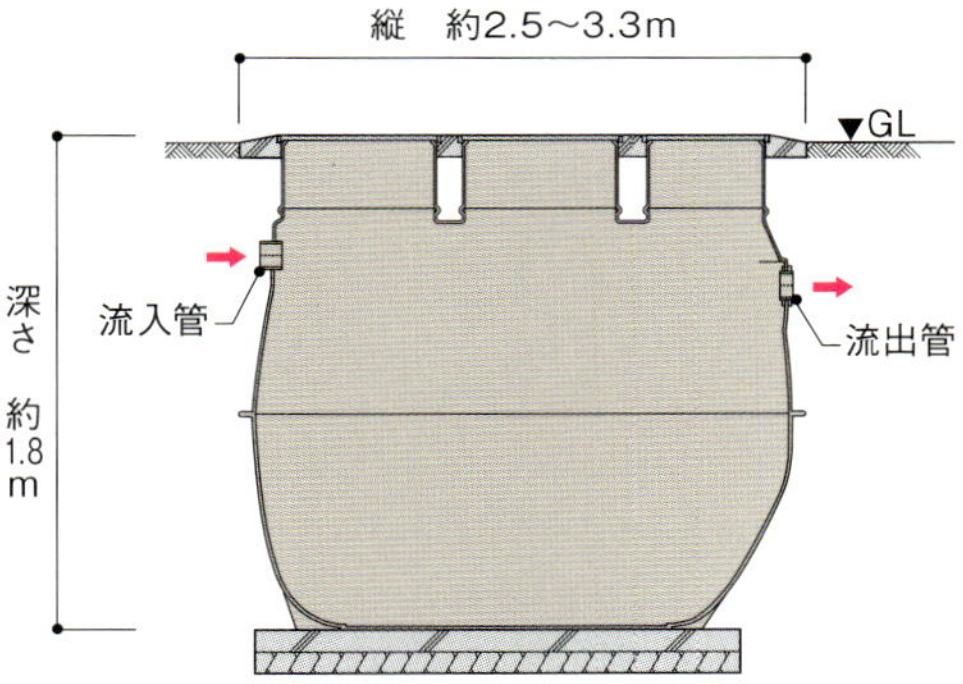

浄化槽の大きさは、処理対象者の人数によって決まる。戸建住宅で処理対象者が5人以下のサイズであれば、およそ普通自動車1台分の大きさとなる

Point 排水不良でクレームになることも多いので、敷地の排水状況は必ず確認し必要な対処を！

必要な手続き

009

確認申請や許可申請

木造住宅を建てるとき、さまざまな手続きが必要となる。

まず、建物が建築基準関係規定に適合していることを確認するための申請書の提出が求められる。これがいわゆる「確認申請」である。確認申請は、着工前に申請し、審査を受け、「確認済証」の交付を受けないといけない。確認申請は、行政庁の建築指導課のほか、民間の指定確認検査機関でも行うことができる。確認申請の手続きは、建築士が建築主の代理人となり、行うものである。

また、申請した計画通りに建物が建てられているかどうかを確認するために、工事完了後に完了検査（必要であれば中間検査）を受けることが義務付けられている。完了検査に受かると、「**検査済証**」が交付される。

そのほか、条件によっては都市計画などの申請が必要になる場合がある。敷地が市街化調整区域（原則として、新たな建物は建てられない区域）にある場合、敷地に1m以上の盛土や1.5m以上の切土などの開発行為を行う場合、行政や地区住民が定める地区計画や建築協定（用途や隣地との離れ距離等について定める約束事）が定められた地域に敷地がある場合などである。

建物の登記

建物の完成後、建物の登記をする。登記は、登記簿に建物の所有者や建物の用途や面積などを記載する。それにより、建築主がその建物を所有しているという事実が公示され、かつ、保護される。登記を行わないと、所有権が発生しない。この手続きは、建築主が行政書士や土地家屋調査士に依頼して法務局で手続きをとる。また、建物を解体した場合にも、滅失登記の手続きをとる必要がある。

用語解説

検査済証
（けんさずみしょう）

建築基準法に定められたもので、「建築物及びその敷地が建築基準関連規定に適合している」ことを証する文書（法7条5項）。完了検査で建築確認申請書の通りに施工されていることを確認されたあと、特定行政庁または指定確認検査機関で交付される

確認申請の流れ

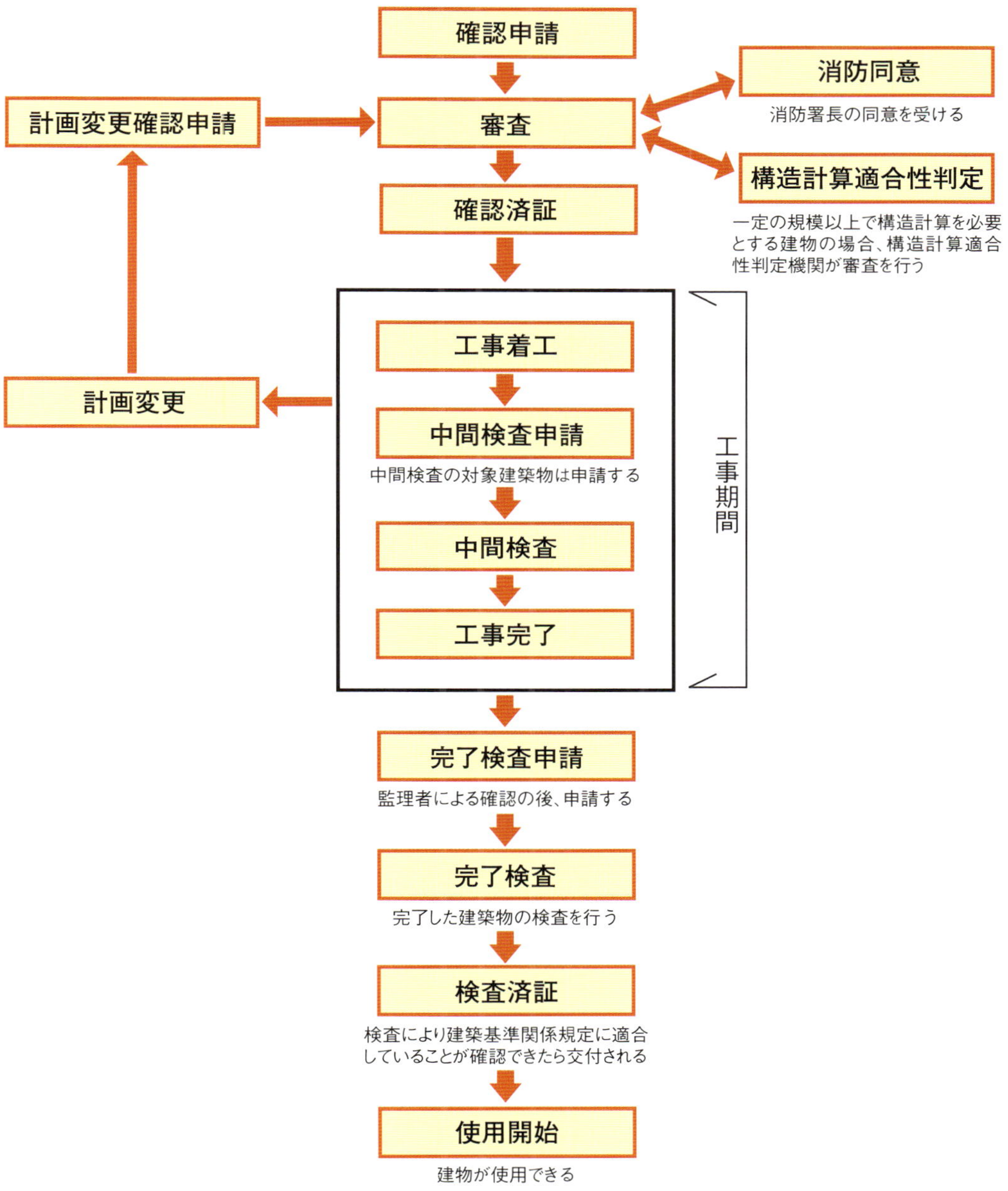

Point

確認申請を出さないと建物は建てられない！
また、工事完了後、完了検査を受ける必要がある！

木造住宅の保証

010

瑕疵保証

　家電製品などを購入すると、通常、1年間の保証がある。それと同じように、住宅でも保証制度が用意されている。特に、構造上の問題や、雨漏りなどの防水上の問題に対しては、「住宅の品質確保の促進法」のなかで10年間の保証を義務付けている。つまり、10年の間に、構造的な欠陥や雨漏りが発生した場合、施工者が無償で補修しなければならない。また、契約書で保証や保証期間の記載がなかったり、10年以下の保証期間の記載であっても、10年間の瑕疵保証が優先される。

　ただし、瑕疵保証項目と期間が法的に義務付けられているとしても、施工者である建設会社などが倒産したり、支払い能力がない場合も出てくる恐れもある。これに備え、補修にかかる費用をまかなうための保険に加入するか、補償金の供託を義務付ける、**住宅瑕疵担保履行法**が施行されることになった。保証金は、1棟あたり200万円ほどになるため、通常は保険に加入することになるだろう。

住宅完成保証制度

　義務ではないが、建設途中で建設会社が倒産などにより工事を続行できない状況になった場合に、ほかの建設会社が未完成部分を引き継いで工事を行うために、その追加費用をまかなうための保証制度である。

　そのほか軟弱地盤などが原因で起こる不同沈下の事故に対する地盤保証制度もある。地盤調査を行い、地盤補強が必要な場合は、補強を行うことで保証対象となる。地盤補強工事の不良などでおきた不同沈下などの事故による補修費用は数百万円になる。最悪の場合、建て替えを余儀なくされることもあり、基盤補強工事を伴う場合には、この制度の活用も検討したい。

用語解説

住宅瑕疵担保履行法
（じゅうたくかしたんぽりこうほう）

正式には「特定住宅瑕疵担保責任の履行の確保などに関する法律」。2009年10月1日に施行される。住宅取得者を保護するための法律で、建設業者および宅地建物取引業者に資力確保措置を義務づけるもの

保険の対象部位

住宅瑕疵担保責任保険の概要

保険の仕組み（瑕疵が発生したとき）

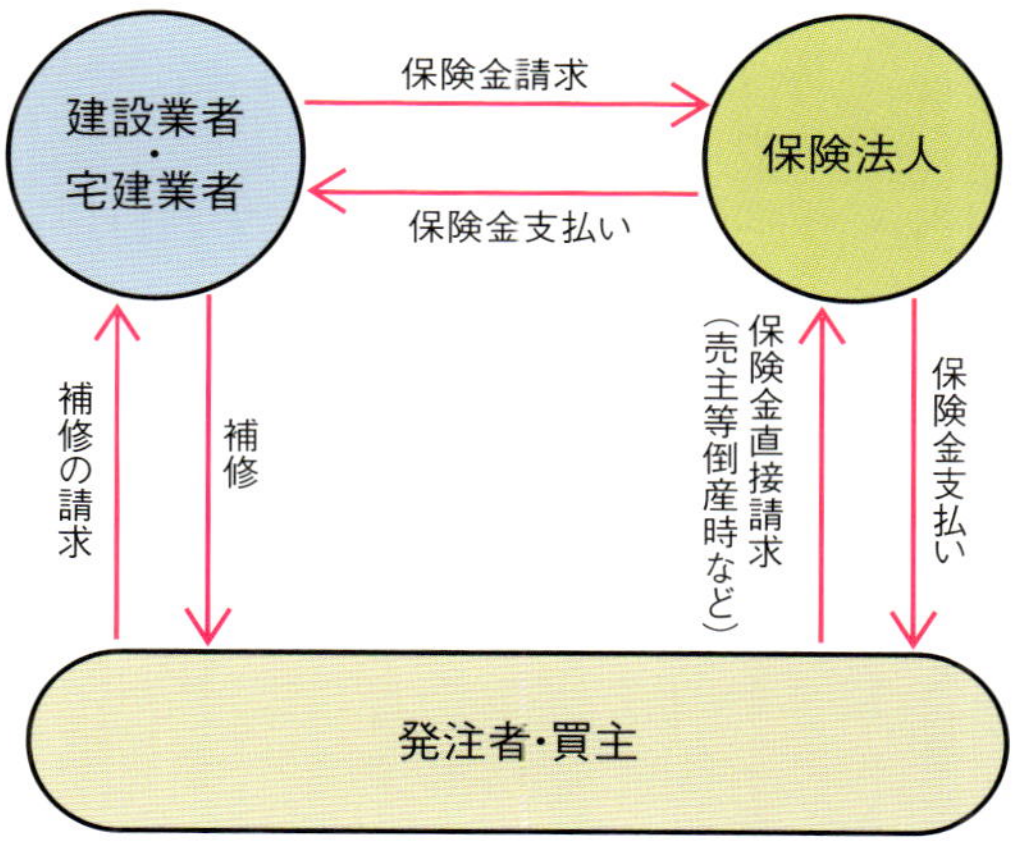

保険の対象部位

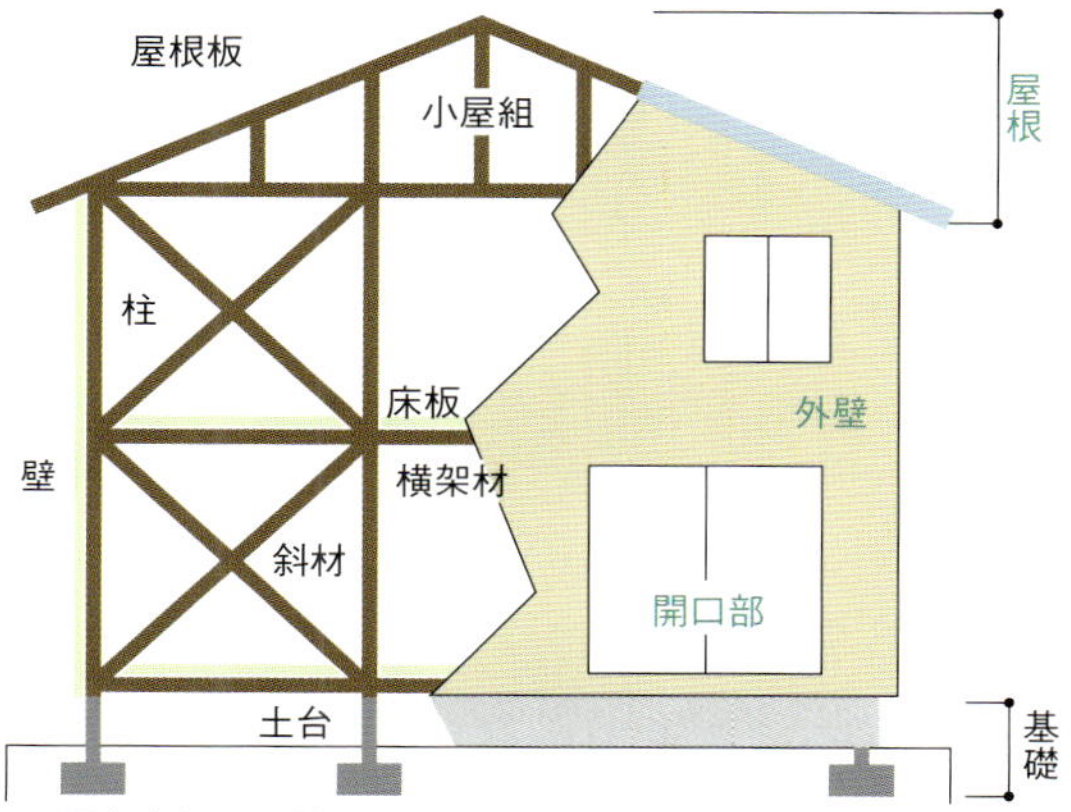

黒文字部分：構造耐力上の主要な部分を示す
色文字部分：雨水の浸入を防止する部分を示す

保険契約の流れ

瑕疵保険対象住宅の保険契約の流れ

1. **着工前の準備** — 現地調査を行う
2. **設計** — 保険法人が用意する設計施工基準に適合するように設計を行う
3. **契約** — 請負契約書に保険や保証金のことを記して顧客に伝える
4. **確認申請**
5. **確認通知**
6. **保険契約の申込み** — 該当する建設事業登録者、宅建業者が申し込む
7. **着工** — 保険法人が用意する設計施工基準に適合するように施工を行う
8. **現場検査①基礎配筋工事終了時**
9. **現場検査②躯体工事完了時**
10. **保険証券発行申請** — 保険法人に保険証券発行申請書や住宅の完成を確認する書類を提出
11. **保険証券の発行**
12. **引渡し**

注　保証金を供託する場合を除く

Point 構造上主要な部分や雨漏りなどの防水処理については10年間の保証が義務付けられている

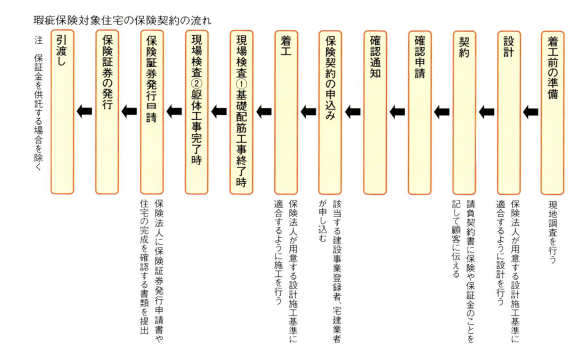

木造住宅のコスト

011

工事費の内訳を押さえる

木造住宅のコストは、概算であるとはいえ、坪単価で言われることが多くある。その反面、工事費の内訳は意外と知られていない。

(1)工事費の内訳

木造住宅の本体工事費のおおよその割合は、全体の50％が木工事で、残りがその他の工事費と諸経費になる。木工事の半分が木材費で、半分が人件費である。

その他の工事でも人件費が同様に、各工事費の半分以上と、多くの割合を占めている。

浄化槽か下水道かによっても費用に異なる。設備器具の費用は、選ぶ器具によりかなり幅がある。

(2)本体工事費以外の費用

本体工事費に含まないことが多い工事費として、地盤が悪かった場合の地盤補強費、給排水の道路からの引き込み費用、外構、カーテンやブラインドなどの備品、照明器具などがある。

当初から費用の予測がつきにくいものや、選択の幅がかなりあるものを、別途とすることが多い。

(3)工事以外の費用

設計監理料、確認申請の費用（指定確認検査機関への納付金と作業費用）、都市計画法関連その他の申請費用がかかる。

地鎮祭、上棟式などの費用、引越、仮住まいの費用。登記、**不動産取得税**など、設計者は、施主に対し、ある程度の説明ができるようにしておかなくてはならない。

完成後の費用

木造住宅は、完成後も設備のランニングコストがかかるだけでなく、メンテナンスや生活の変化に応じた費用が発生する。この点についても施主にきちんと説明しておきたい。

用語解説

不動産取得税
（ふどうさんしゅとくぜい）

土地や家屋を購入したり、家屋を建築するなどして不動産を取得したときに、登記の有無にかかわらず課税される税のこと。ただし、相続により取得した場合には課税されない

住宅のコスト

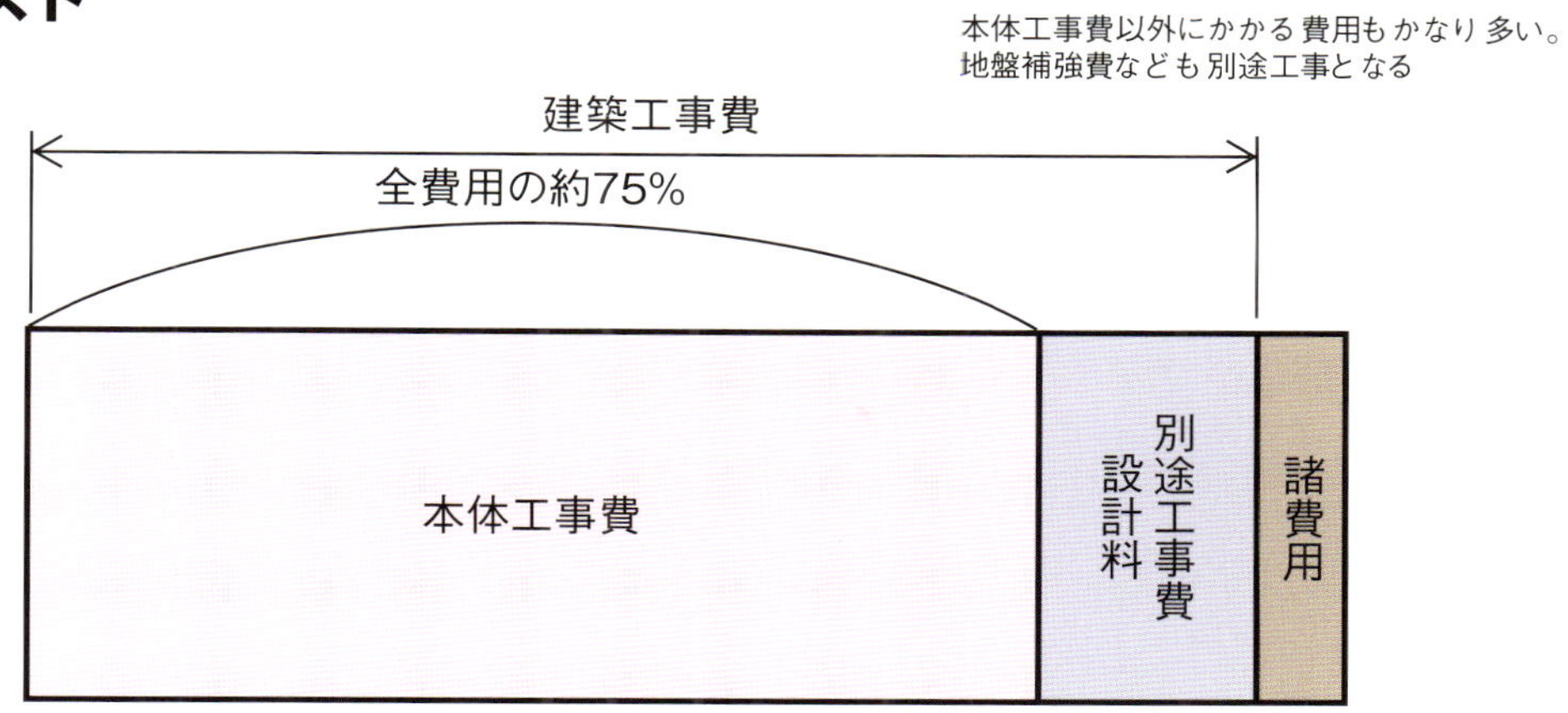

本体工事費以外にかかる費用もかなり多い。
地盤補強費なども別途工事となる

工事費のコスト内訳例

名称	金額(円)	内訳
A.建築工事	17,581,900	外構工事、ガス工事別途予算
B.電気設備工事	1,425,000	
C.給排水衛生設備工事	1,735,000	
D.諸経費	207,000	
合計	22,811,900	

A.建築工事費科目別内訳		
1.仮設工事	943,300	水盛遣り方、足場、用水、電力、養生ほか
2.基礎工事	981,200	基礎、ガレージ・浴室基礎、土間コンほか
3.木工事	5,523,800	プレカット材工、造作手間、釘・金物（枠含まず）ほか
4.屋根工事	811,200	ロニアル瓦葺き、軒樋、縦樋
5.板金工事	535,700	あんこう、出窓屋根、シーリング工事
6.タイル工事	413,800	玄関廻り磁器タイル、浴室床壁タイルほか
7.左官工事	1,423,100	外壁ラスモルタル塗り刷毛引き、和室新京壁ほか
8.鋼製建具工事	1,612,400	各種アルミサッシ、網戸、クリーニングほか
9.木製建具工事	1,213,500	フラッシュドア（枠共、既製）、襖、障子ほか
10.塗装工事	683,200	外壁アクリルリシン吹付け、内外塗装（建具枠別）ほか
11.内装工事	1,385,100	クッションフロアー、クロス、畳、バスリブほか
12.雑工事	1,523,600	浴槽、キッチン、ベランダほか
13.現場直接経費	532,000	運搬費、現場経費
小計	17,581,900	

Point **木造住宅のコストは、工事以外の費用や、完成後の費用まで含めて施主に説明すること**

ローコストのポイント

012

ローコスト設計のコツ

ローコストを考えるとき、コストを抑えるために質を下げるのではなく、コストを抑えても質の高い空間や素材を実現することが大切である。

材料の選定の工夫から、いかに手間をかけないかなどを、日ごろから考えておきたいものである。

(1)シンプルな構造

凹凸のない平面と立面で、なるべく四角い、総2階に近い単純な形が材料も手間もかからず、安くできる。細かくつくり込みをしないことも手間を省く上ではポイントである。

構造的にも、1階の柱や壁の位置の上に、2階の柱や壁を乗せると強度も向上するうえに、コストダウンにもつながる。

(2)節のある木をいかす

節がある国産材は、極端に安い。節がない無地のスギの柱が、1本3万円でも、節のかなりある1等材の柱では3千円程度だ。

節は木の枝で、木に節があるのは当然と考えれば、節がある木材をあえて使うのも、魅力的かもしれない。

(3)冬の日当たりと夏の通風

冬の日射しが部屋に入れば暖かく、夏に風通しがよければ暑さをしのげる。当然、冷暖房機器の設置を少なくでき、設置しても、ランニングコストがかなり違ってくる。

(4)メンテナンスフリーの素材

床以外のムクの木材や漆喰などの**左官**は、施工後、あまり手入れを必要とせず、メンテナンスフリーといってもよい。しかも、時が経つと味わいも増してくる。

(5)セルフビルド

床のオイル塗りや、和紙張りなど、施主や設計者でもできる工事もある。棚も簡単なものであれば素人でもつくれる。

用語解説

左官（さかん）

建物の壁や床を鏝（こて）という道具を使って塗り仕上げをする職種のこと。「しゃかん」ともいう。言葉の使い方として、仕上げ自体のことを指して「左官仕上げ」ともいう。一時敬遠されたが、最近、見直されてきている仕上げといえる

シンプルな形状がコストダウンにつながる

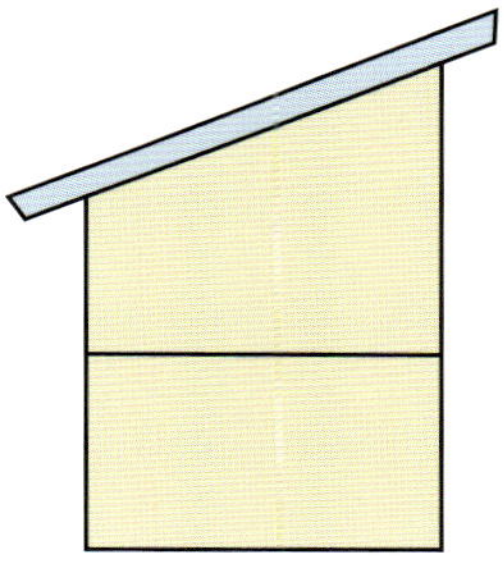

ローコスト例：A邸

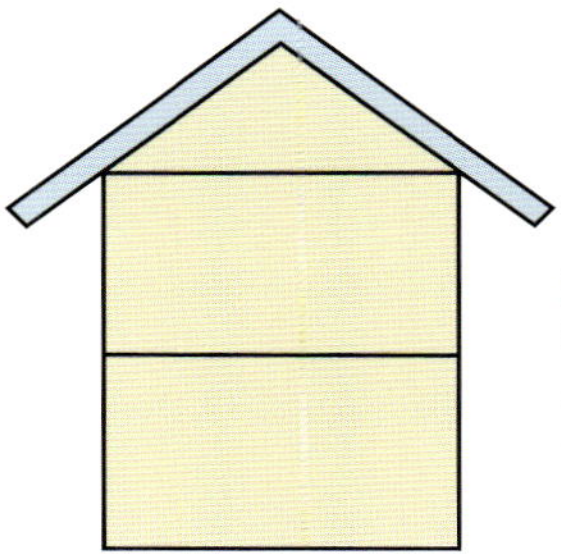

総2階の木造住宅は構造強度もあり、空間の無駄もない

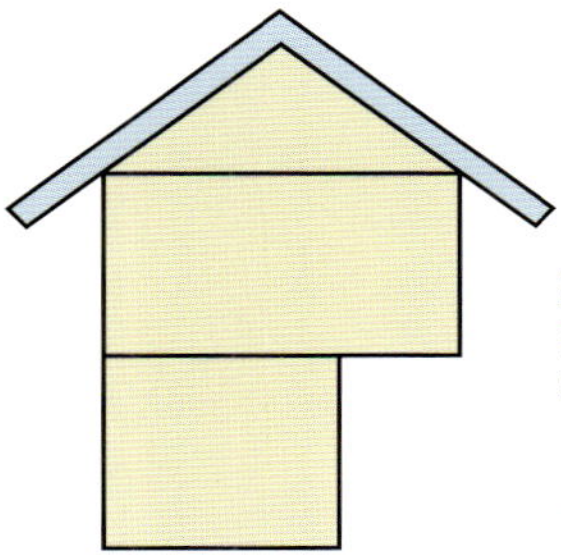

2階を持ち出して突出させるなど、複雑な形状になるとコストアップにつながる

Point ローコストは安かろう悪かろうではなく、コストを適正に検討し魅力のある家づくりをすることである

スケジュール

013

工程管理を把握する

設計が始まり、工事開始から完成までのスケジュールは、基本設計が確定するまでの期間などの違いにより、かなりの幅がある。

(1)設計の前に

住宅の土地から探す場合でも、土地の状況だけでなく、周辺環境も含め、できれば設計者が施主と一緒に見るのが望ましい。なぜなら、仮に傾斜地や変形地などの地価の低い土地でも設計次第でうまく活用できる場合もあるからだ。

単なる実地調査だけでなく、敷地を管轄する行政庁の建築指導課や都市計画、道路、上下水道等で規制などを調べておく。

(2)基本設計

敷地条件、施主の住宅へのイメージ、必要な部屋、設備、予算、法的な条件などを踏まえ、基本設計を進めていく。周辺環境との関係から、大まかな敷地内のゾーニングを決め、配置、平面、断面の設計を進める。打合せを重ね、案が決まった段階で実施設計に入る。

(3)申請業務

基本設計に基づき、確認申請の作業に入る。確認申請を提出する前に、都市計画などの手続きが必要な場合がある。確認申請は、行政庁か民間審査機関で行う。

(4)実施設計

実際に工事ができるよう、実施設計を進めていく。業者が1社の場合、予算をなるべく早い段階で決めるため、見積りができる程度の図面の作成を先に進め、早い段階で見積るのもよい。複数の業者で**合見積り**を取る場合は、ある程度完成した図面でないと正確なコスト比較ができない。

(5)工事監理

工事が始まり、図面通りに施工されているか監理をしていく。行政庁の検査も必要に応じて進めていく。

用語解説

合見積り
(あいみつもり)

複数の業者から見積りを取ることをいう。現場では省略して「あいみつ」と表現される場合がある。木造住宅の場合、複数の工務店に建設予定の住宅の図面を渡し、工事金額において合見積りをとることが多い

標準的な木造住宅のスケジュール

	現地調査	役所に確認	基本計画	設計契約	基本設計図作成	実施設計図書作成	確認申請図書の作成	確認申請	見積りとその調整	工事契約	建築工事	現場監理	
10月	↓	↓	↓										
11月	↓	↓	↓	●	↓								
12月					↓								
翌年1月						↓	↓						
2月						↓	↓	↓					
3月									↓	●	↓	↓	
4月											↓	↓	地鎮祭
5月											↓	↓	上棟式
6月											↓	↓	
7月											↓	↓	
8月													引渡し
9月													

Point 竣工が遅れると、施主の生活に影響を与えてしまう。設計者・施工者・施主の間でしっかりと連絡をとることが大事

Column 300年もつ、昔の家づくりに学ぶ

昔の家のつくり方に学ぶ

昔の家づくりは、自分の家を建てるために山に木を植え、木が生長する期間以上に長持ちする家を建てていた。300年もつ家も多く、100年以上長持ちする家が普通であった。そのような昔の家づくりには、現代にも生かしたい工夫点がさまざまにある。古いものをそのままつくるのではなく、長い間、積み重ねられてきた経験や試行錯誤をふまえ、それに、その時代の技術やデザインを加え、バージョンアップしていく。伝統的な技術には、クリエイティブな作業が不可欠だ。

①深い軒

昔の家の特徴となる深い軒は、雨の多い日本の風土で、壁や構造体に雨をなるべくかけず、家を長持ちさせるために重要な役割を持っていた。また、夏の日差しを遮り、冬の日を部屋の奥まで入れるなど、深い軒が日照のコントロールする機能を果たしていた。

②すべて自然素材

家に使われる材料は、木・土・石・紙など、おのずと土に還り、呼吸する自然素材だけを使っていた。地域の素材でエネルギー消費も少なく、自然循環のなかで永続的にまかなえる仕組みも整っていたといえる。地域の自然素材は、サステナブルな素材といえるだろう。

③夏涼しいが冬寒い

昔の家が夏に涼しいのは、開口部が多く風通しがよいことと、茅葺や土を載せた上に葺いた瓦屋根などによって、上からの日射を十分に遮るからである。また、土間の表面温度が低いことも理由の1つである。

土蔵の屋根は、屋根と土蔵本体との間をあけて上に載せるようにつくる置き屋根というつくり方がある。それは、ちょうど日傘のように日差しを外側で効果的に遮る役割がある。

④フレキシビリティー

古民家の間取りは、田の字型プランで、襖を閉めれば個室になり、襖を開ければワンルームへと変化する。個室の用途を限定せずに、フレキシブルに空間を使うことができる。プライバシーへの配慮をしながら、現代の住宅設計にも応用できるだろう。大きめの梁を入れて、比較的大きなスパンで、構造をつくることで、間仕切の変更もしやすく、生活の変化にも対応しやすいこともメリットである。

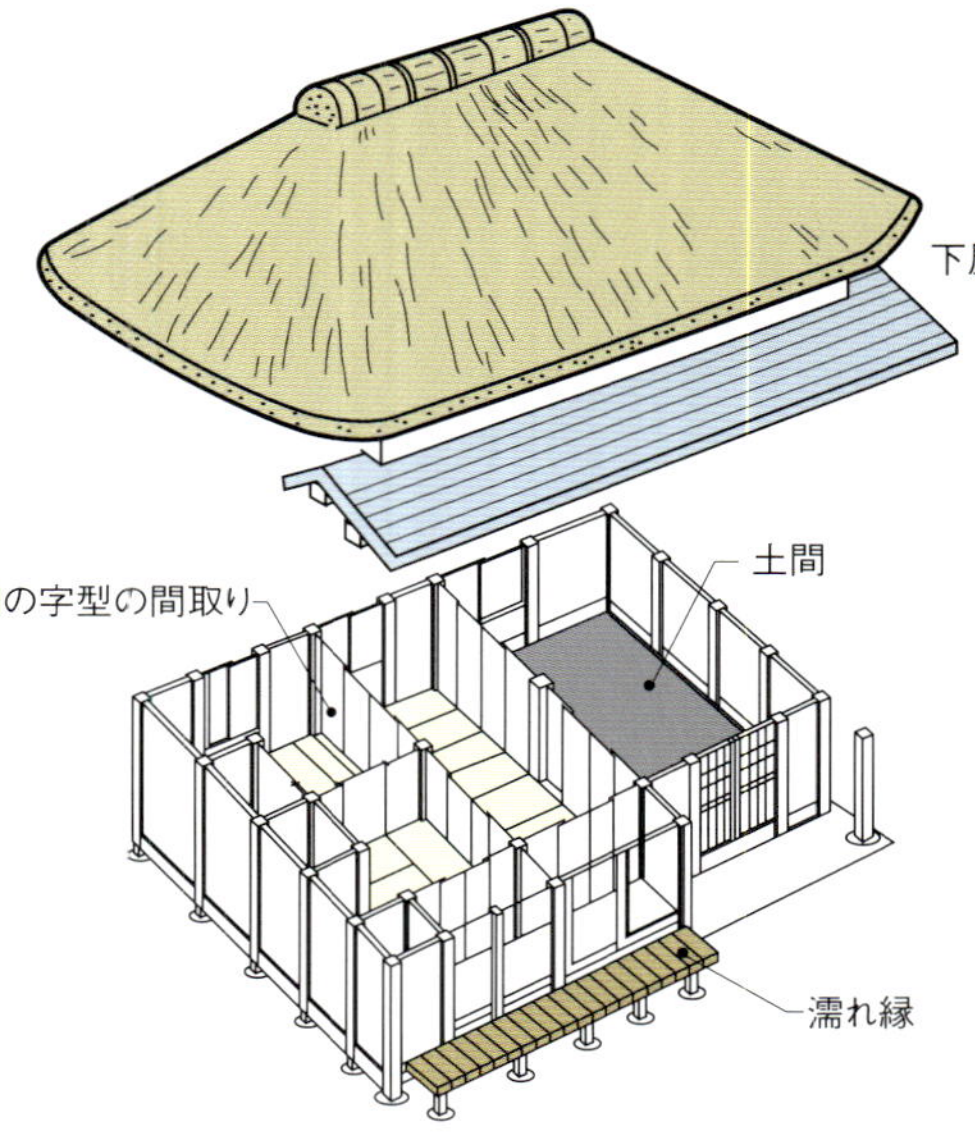

第2章

地盤と基礎

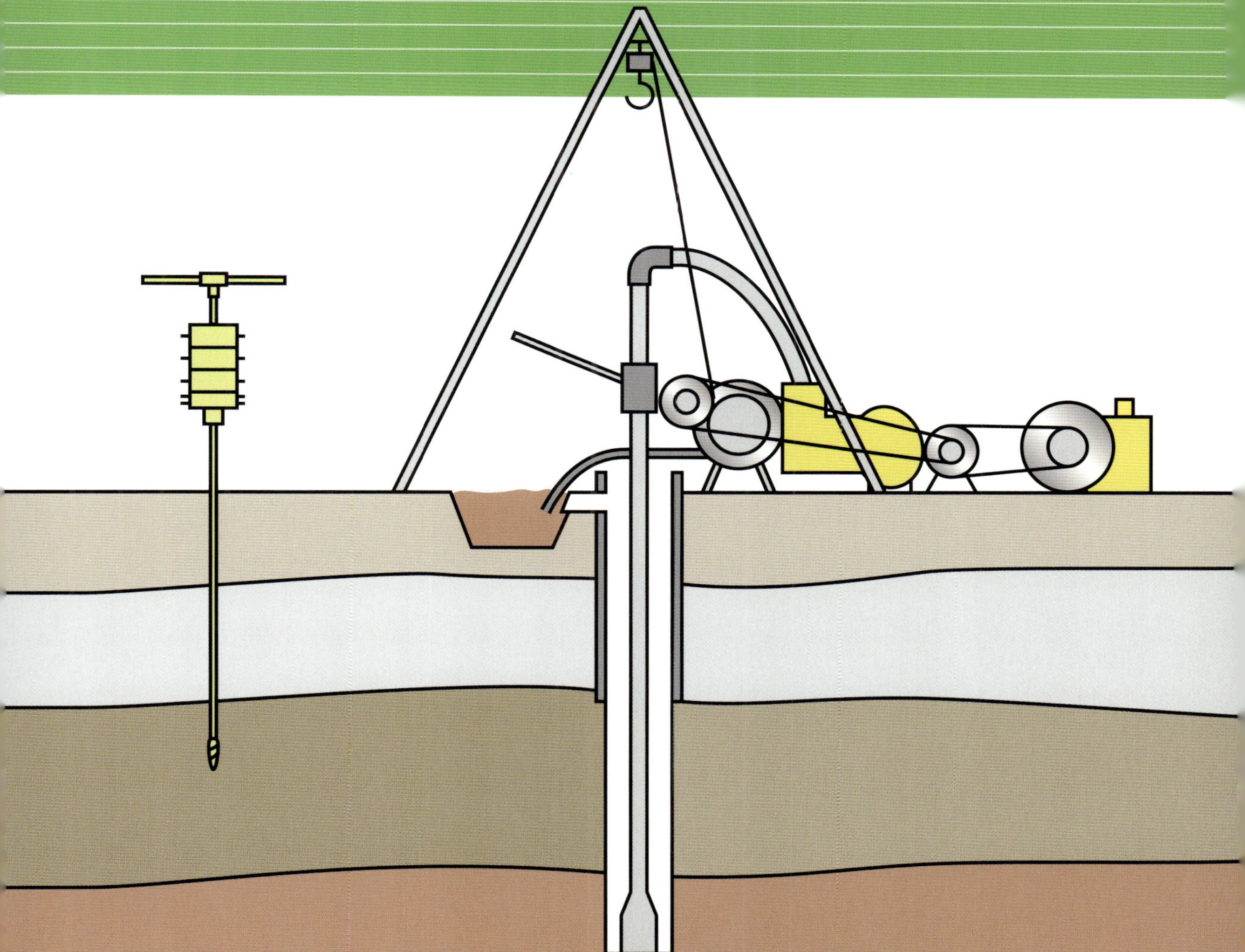

危ない地盤

014

危ない地盤の種類を知る

敷地は、なるべく良好な地盤であることが望ましいが、そうとは限らない場合も多い。そのためにも地盤調査は必要である。地盤調査を行う前に、左頁の表で問題が起こりやすい地盤の種類を押さえておこう。

問題が起こりやすい地盤のなかでも、特に造成地に注意しよう。造成地は一見、何も問題がないように思えるが、造成に問題があるケースも見られる。傾斜地を造成する場合、切土と盛土をすることでひな壇状に仕立てる。盛土というのは、土を盛っただけなので、そのままでは軟らかい場合が多い。そのため、擁壁側の盛土部分の転圧が不十分なことがある。さらに、切土と盛土にまたがって住宅を建てた場合、不同沈下を起こすおそれがある。

また、周辺で大規模な建築工事や水路の工事などがあると、建物に影響が及ぶこともあるので注意が必要である。

資料や地名で地盤の履歴を探る

危ない地盤の種類を押さえたら、敷地周辺の資料を参照し、敷地がどのような地盤であるかを知るために、地盤の履歴を確認しよう。地質図や**土地条件図**のほか、古い地図なども参考になるので用意したい。さらに、役所で敷地周辺のボーリングデータが手に入る場合や、インターネットで地盤の情報を得られる場合もあるので、それらを入手しよう。

また、古くからの地名から地盤の状況を想像できることもある。流れ、沢、谷など水に関わる地名の場合は、要注意である。昔は、水分をたくさん含む地盤であったことが推測されるからである。そのほか、敷地周辺のブロック塀や建物の基礎などを見て、沈下によるひび割れがないかどうかも確認しておこう。

用語解説

土地条件図
(とちじょうけんず)

防災対策や広域開発のために、平野の形成史（切土、盛土地域、埋立地など）、その土地の高さを表現した地盤高線が描き込まれている地図。ハザードマップ作成に必要な基礎的な地理情報として整備されたものである

問題が起こりやすい地盤の種類

軟弱地盤 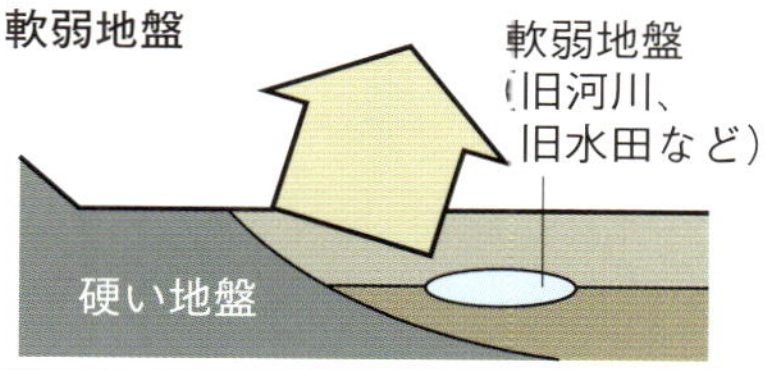	沖積層（約2万年前の最終氷期最盛期以降に堆積した地層。地質学的に最も新しい地層）のうちでも軟らかい堆積物からなる三角州、河川沿い、湿原、湖沼跡、干拓地、埋立地などで、不同沈下（36頁）が起こりやすい
盛土地盤 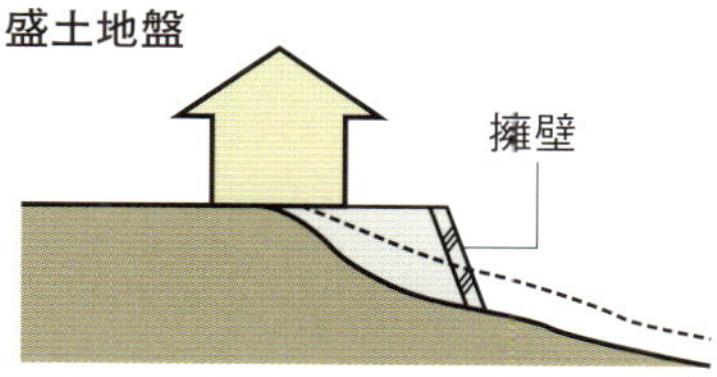	盛土による造成地盤は地盤がまだ安定しない場合もある。建設時には、盛土からどのくらいの放置期間があるか確認したい。また、造成地の盛土は、擁壁がしっかりしていないと擁壁の崩壊によって移動してしまうケースもある。さらに、建物を盛土と切土部分にまたがって建てると不同沈下を起こしやすくなる
砂質地盤 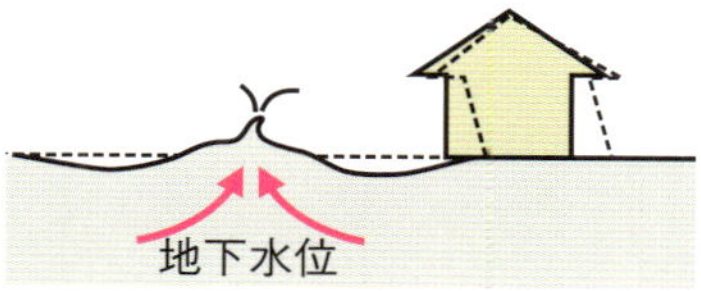	地下水位の高い砂質地盤では地震の振動により飽和した地下水の水圧が高くなり、砂の粒子間の結合と摩擦力が低下し、砂層が液状化して流動する（液状化現象という）
砂丘 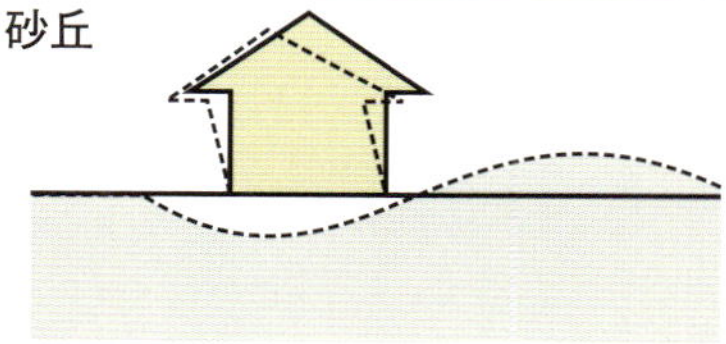	乾いた砂丘は地震の振動によって砂の移動が生じやすい
異種地盤 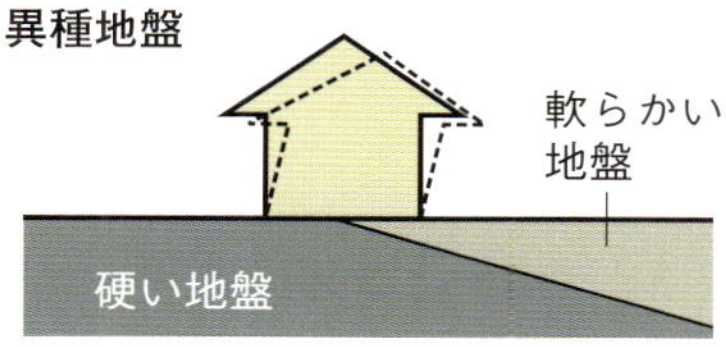	硬い・軟らかい地盤にまたがって家を建てる場合、地震時の振動性状が異なったり、不同沈下が生じることがある
崖・急傾斜地 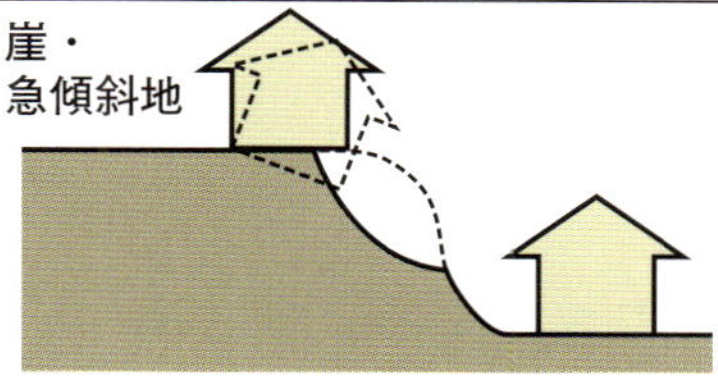	崖や急斜面に接近した場所は、集中豪雨や地震による土砂崩れ、擁壁の崩壊が起こるおそれがある
礫層 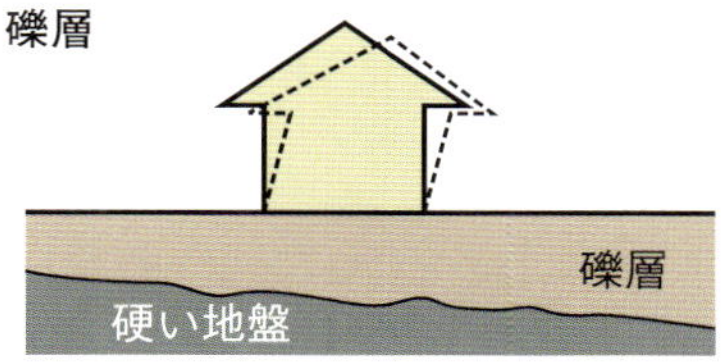	締まっていない礫（れき）層では、地震が起こった場合、普通の地盤よりも振れ幅が大きくなる

Point **一見問題のないような造成地でも盛土の転圧が不十分の場合があるので注意！**

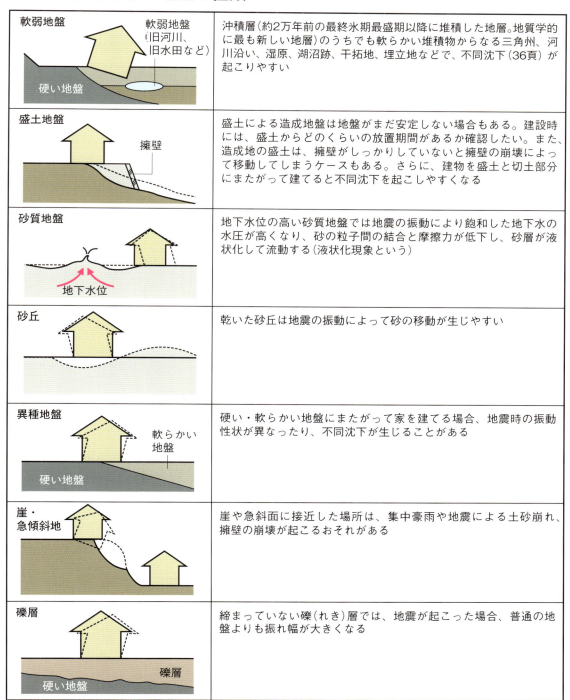

不同沈下

015

軟弱地盤は地震被害が大きい

軟弱地盤とは、水分を多く含んだ軟らかい地盤のことである。もともとは海や川、池、水田などであった場所が軟弱地盤である可能性は高い。

軟弱地盤は、建物の重さで地面が下るだけでなく、大地震が発生した際、地震の揺れが増幅される。そのため、建物により大きな被害をもたらす。阪神・淡路大震災では、深い軟弱地盤の層が、急に浅くなるところで、ちょうど海の波打ち際で波が砕けるように地震波が増幅され、大きな被害となった場所もあった。

また、軟弱地盤で地質が砂質で、地下水位が高い場合などは、地震の振動により地盤が液状化する、**液状化現象**が起こる危険性がある。

圧密沈下と不同沈下に注意

軟弱地盤に発生しやすい被害として、圧密沈下と不同沈下がある。

軟弱地盤中の水分が蒸発したり、地下に浸透したりするなど、水分があった部分に空隙ができる。すると、地盤全体やその上にあった建物の重さによって地盤の体積が圧縮され、建物の沈下が起こる。これが圧密沈下である。

一方、不同沈下とは、地盤が悪く、地盤の硬さが場所により違っていたり、建物の荷重が大きく偏っていたりすることで建物が不均等に沈下することをいう。建物が均等に沈下する場合は大きな問題にならないことが多いが、不同沈下は建物がひずむため、扉が開閉しにくくなる、床が傾くなど生活に支障が出る。建物が傾いたことで荷重が1カ所に集中し、構造的な問題を引き起こすことにもなり得る。

不同沈下が発生する危険性がある地盤は、傾斜地の造成地に多い。切土と盛土が混在している場所や、埋立地などは注意したい。

用語解説

液状化現象
（えきじょうかげんしょう）

地下水位の高い砂地盤が地震の振動で液体状になる現象。比重の大きい構造物が埋もれたり、倒れたり、地中の比重の軽い構造物（下水管等）が浮き上がったりする。砂丘地帯や港湾地域の埋立て地などで発生する

圧密沈下のメカニズム

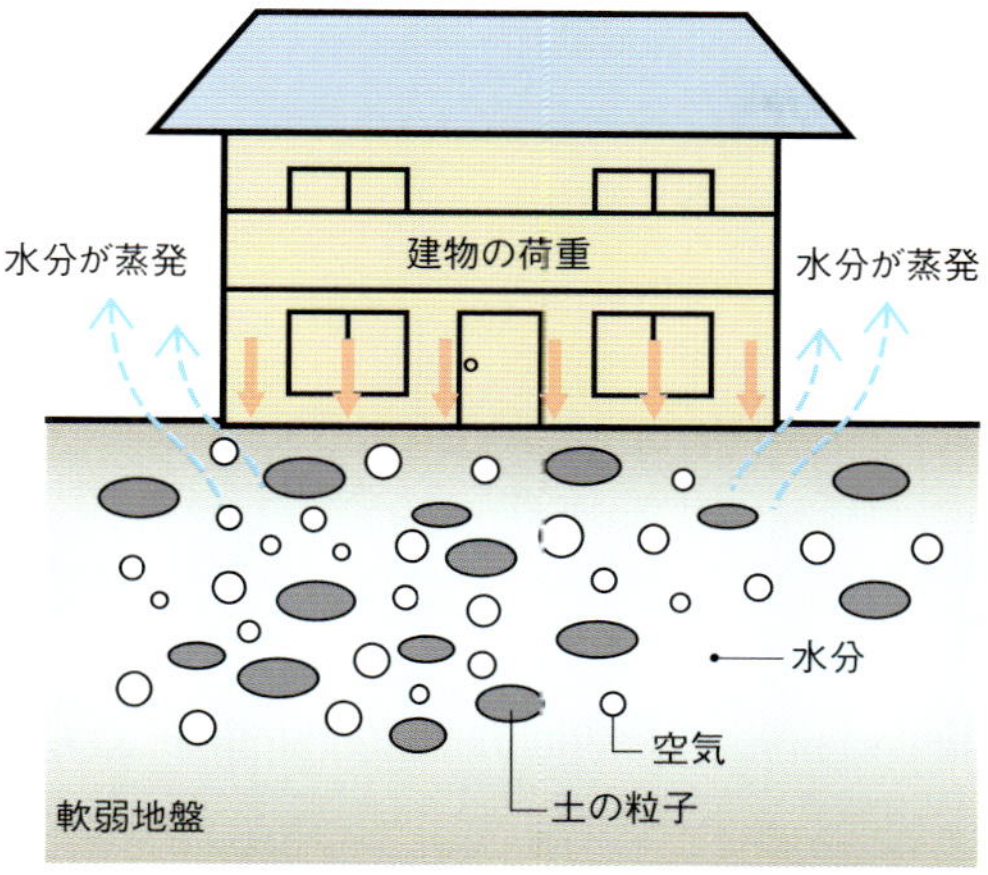

建物の荷重が軟弱地盤に加わり、地中の水分が蒸発してしまった状態

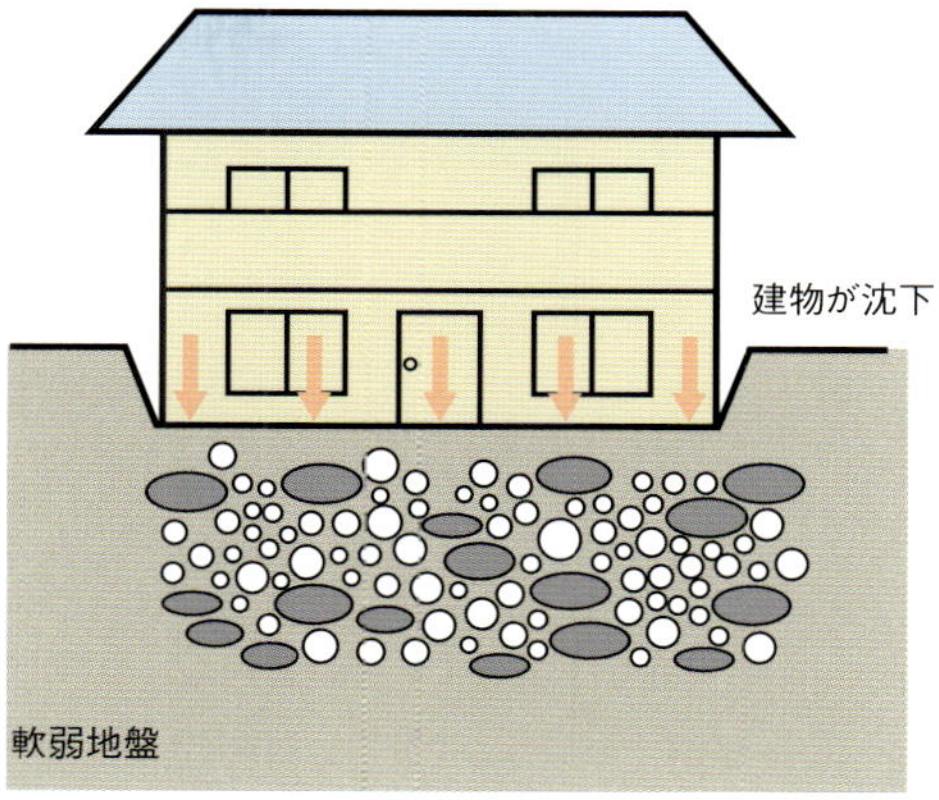

地盤の水分が放出し、体積が圧縮してしまった状態。そのため、地盤の沈下とともに建物も沈下してしまう

不同沈下のメカニズム

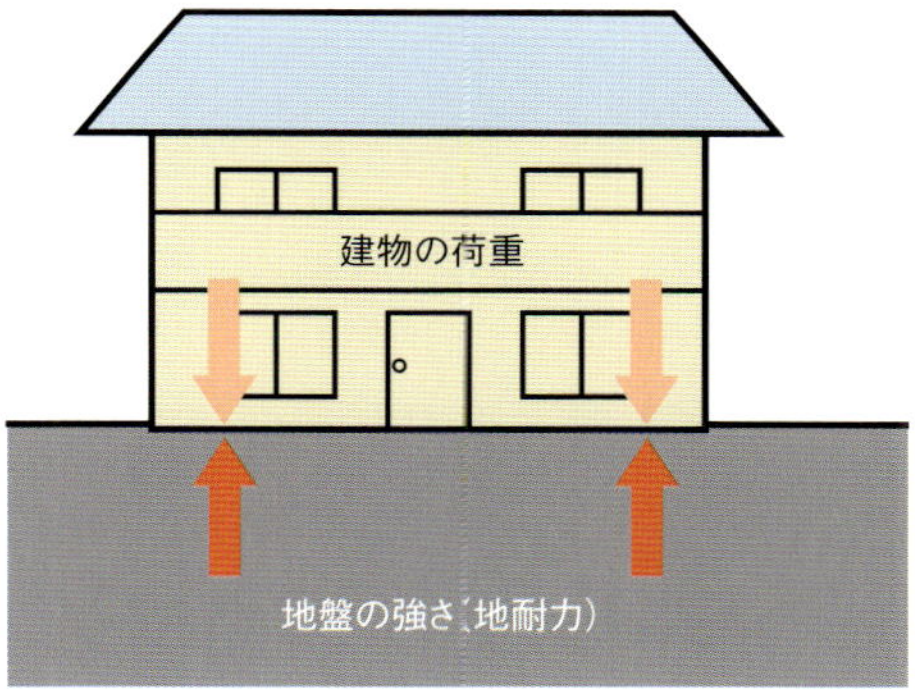

建物の荷重と、下からそれを支えようとする地耐力が均衡している状態

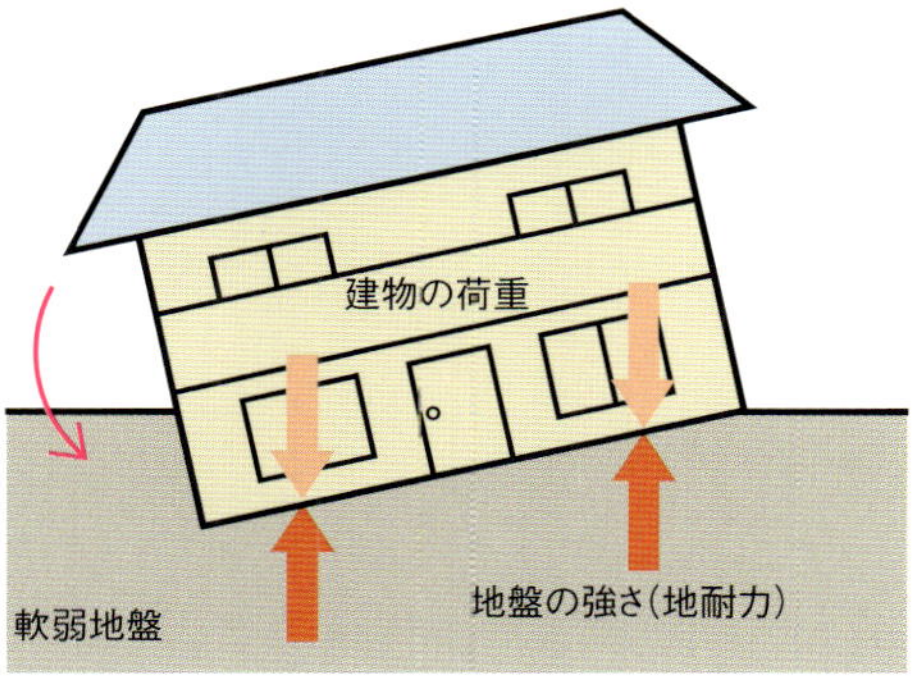

軟弱地盤のため地耐力が弱く、建物の荷重を支えきれずに建物が不均等に沈下してしまった状態

Point **建物が傾いて沈下すると、建物の荷重が一カ所に集中して構造的な問題を発生する恐れがある！**

地盤調査方法

016

簡単にできる地盤のチェック

自分で地盤の状態を確認できる簡単な方法を紹介しよう。まず、敷地に片足で立ってみて地盤の硬さを確認する方法。人が片足で立ったときの1㎡当たりの荷重は約20kNで、木造住宅の荷重（木造住宅の標準的な基礎の接地圧）にほぼ等しいので、おおよその目安になるはずだ。地面に足跡がつくようであれば、軟弱地盤の可能性がある。また、スコップで掘って試験掘りをしたり、鉄筋を突き刺したりして、表面付近の地盤の硬さを確認できる。

SWS調査と表面波探査法

RC造や鉄骨造で行われるボーリング調査は、木造住宅ではあまり行われていない。より簡易な方法として、スウェーデン式サウンディング調査（以下、SWS調査）が多く使われている。

SWS調査は、先端がキリ状の器具に荷重をかけ、地盤にねじ込み、ある深さまで下るまでの回転数によって地盤の強度を確認する方法で、比較的費用は安く抑えられる。

表面波探査法は、小さな地震波でもある表面波（レリー波）を地表で起こし、その反射時間によって地盤の硬さを調べる方法である。地盤の支持力に加え、沈下量（沈下の可能性）も測定できる。硬い地盤ほど早く波が進む性質を応用している。SWS調査より若干コストはかかるが、より正確なデータを得ることができて、その結果、地盤補強の費用を安くできる場合もある。SWS調査では軟らかい地盤の詳細が分からないため、特に軟弱地盤では有効な方法である。

これらの調査は、新たに建てる住宅の4隅と中央の5カ所以上で行う。1カ所だけでは全体の状況が把握できない。また、**支持地盤**の傾斜が把握できないからである。

用語解説

支持地盤（しじじばん）

硬くて頑丈な地盤で、建物が沈まない地層のこと。木造住宅の場合、20kN／㎡以上の地盤が支持地盤といえる。ただし、支持地盤が深い位置にある場合は地盤補強が必要となる

これだけは知っておきたい地盤調査方法

標準貫入試験	地盤のサンプルを採取し、地層構成を明らかにする。具体的に地層ごとのサンプルを確認できる利点があるが、費用がかかる。RC造の中規模以上の建築物を建てる場合はボーリング調査をする必要があるが、木造住宅ではやらなくてもよいだろう
スウェーデン式サウンディング調査	100kgまでの4種類のおもりを載せた先端がネジ状の鉄の棒で25cm掘り下げるのに、ハンドルを何回転させたかによって地盤強度を推定する。約10mまで計測することができ、戸建住宅の地層調査として向いている
表面波探査法	人工的に発生させた弾性波を地表面上に設けた受振器により速度として捉え、速度の深度方向の分布から地層の構成や地盤の硬軟の程度を把握する

標準貫入試験

スウェーデン式サウンディング調査

標準貫入試験

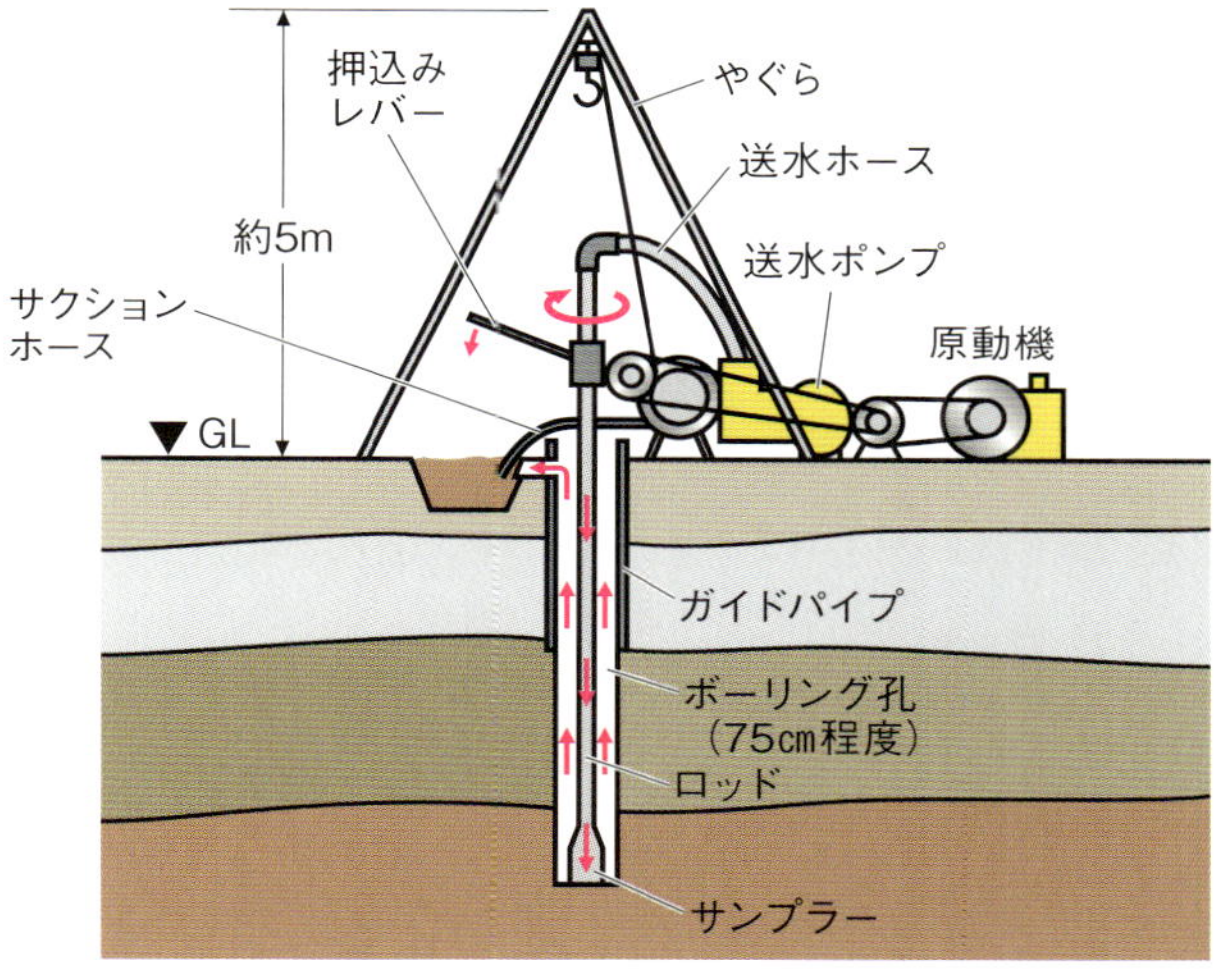

まずサンプリングを実施するための孔をあける。
そして各地層の土や岩、砂のサンプルを採取する。
作業スペースが4×5m程度と大きい

スウェーデン式サウンディング調査

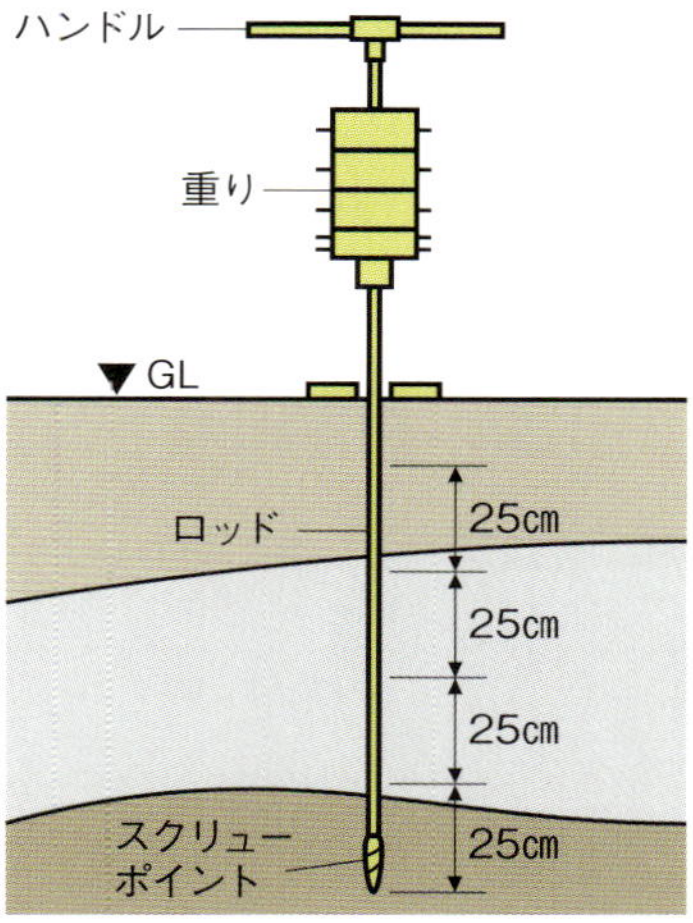

ネジ状になった先端のスクリューポイントを回転させながら押し込み、ハンドルの回転数によって地盤の硬さを調べる

表面波探査法

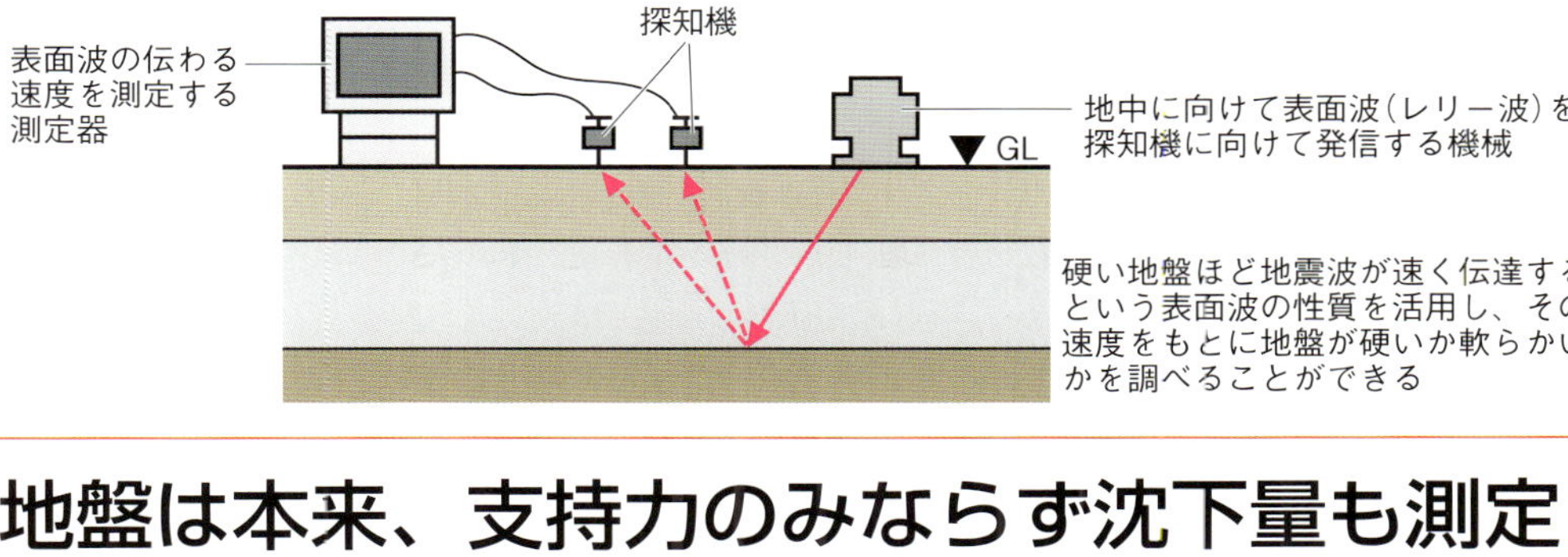

硬い地盤ほど地震波が速く伝達するという表面波の性質を活用し、その速度をもとに地盤が硬いか軟らかいかを調べることができる

Point 地盤は本来、支持力のみならず沈下量も測定したほうがよい！

地盤調査報告書の見方

017

報告書の何を見るか

地盤調査報告書には調査した位置と、調査位置ごとの地盤の硬さが記されている。

地盤の硬さを示す指標として**地耐力**があるが、地耐力は、「地盤支持力度（kN／㎡）」であらわされ、木造住宅の場合、20kN／㎡以上が必要である。

住宅の荷重を支えるしっかりとした地盤のことを支持地盤といい、20kN／㎡以上の地耐力をもった地盤がそれにあたる。調査位置ごとに支持地盤の深さを確認し、その深さによって地盤補強の必要性を判断する。支持地盤が深い位置にある場合、地盤補強を行う必要がある。左図では、深さ0.7ｍの位置に30kN／㎡の地盤が確認されたので、地盤補強は必要ないが、表面が軟らかいので転圧を十分に行う必要がある。地盤調査結果は、必要であれば構造設計者にも確認してもらうとよいだろう。

地盤調査報告書の見方

調査は5カ所以上で行う

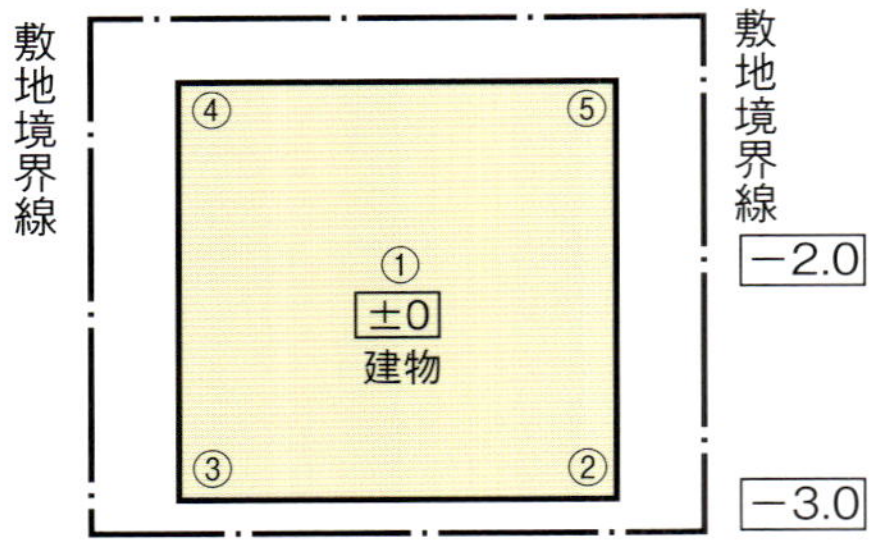

試験は建物の中心と四隅を調査する。そのため、調査時には建物の形状と配置を決めておきたい

上の5カ所の地盤支持力度（kN／㎡）

地盤支持力度（kN／㎡）					
深度(m)／側点	①	②	③	④	⑤
根切深度30㎝	2.8	5.7	12	2.4	3.0
	11	13	12	11	8.7
1m	32	38	26	24	12
2m	65	69	41	38	29
3m	107	115	62	77	62
4m	131		131	215	87
					224

用語解説

地耐力（ちたいりょく）

地盤の沈下に対して抵抗力がどのくらいあるか、地盤がどの程度の荷重に耐えられるかを示す指標のこと。荷重を支える力だけを示す場合、支持力といい、専門的には「長期許容応力度」という

スウェーデン式サウンディング調査の結果

推定柱状図	推定地下水位 (m)	貫入深さ (m)	荷重Wsw (N)	半回転数Na (回)	1m当たり半回転数Nsw (回)	換算N値 (回)	許容応力度qa (kN/㎡)	結果図 荷重Wsw 500 0	結果図 質入量1m当たり半回転数Nsw 100 200	記録 ストン	記録 スルスル	記録 ゆっくり	記録 じんわり	記録 ガリガリ	記録 ジャリ	記録 シャリ	記録 砂音あり	記録 無音
c		0.50	500			1.5	7.5											*
c		0.70	1,000			3.0	30.0											*
c		0.75	1,000	1	20	4.0	42.0											*
c		1.00	1,000	4	16	3.8	39.6											*
c		1.25	1,000	1	4	3.2	32.4											*
c		1.50	1,000			3.0	30.0											*
c		1.75	1,000			3.0	30.0											*
c		2.00	1,000			3.0	30.0											*
c		2.25	1,000			3.0	30.0											*
c		2.50	1,000			3.0	30.0											*
c		2.75	1,000			3.0	30.0											*
c		3.00	1,000			3.0	30.0											*
c		3.25	1,000			3.0	30.0											*
c		3.50	1,000			3.0	30.0											*
c		3.75	1,000			3.0	30.0											*
c		4.00	1,000			3.0	30.0											*
c		4.25	750			2.3	16.9					*						
c		4.40	750			2.3	16.9					*						
c		4.50	1,000			3.0	30.0					*						
c		4.75	1,000			3.0	30.0					*						
c		5.00	1,000			3.0	30.0					*						
c		5.25	1,000	4	16	3.8	39.6							*				
g		5.40	1,000	1	7	2.4	34.0							*				
g		5.50	1,000	16	160	12.7	126.0							*				

地表面が軟らかいため転圧を十分に行うこと
3m以上の深い位置に一部地耐力の低い地盤が確認されるが、深い位置であるため、問題はないといえる

備考	
	c：粘性土 s：砂質土 g：礫(れき)質土

Point　支持地盤となる地盤があるか、支持地盤がどのくらいの深さにあるかを確認する

地盤補強方法

018

支持地盤の深さで決まる

地盤調査の結果、地耐力が2t/㎡(20kN/㎡)未満であることが判明した場合、**地盤補強**を行う必要がある。

しかし、地面から支持地盤までの深さにより用いるべき補強方法は異なるので、適したものを選ぶようにする。

また、地盤調査はなるべく早い時期に行いたい。地盤補強が必要な場合は、補強費用を見込んで、全体の予算を立てる必要があるからである。

(1)再転圧工法

地表面だけの補強の場合は、ランマーや振動ローラーで地面を転圧するのが一般的だが、ランマーも振動ローラーも最大300㎜の深さまでしか効果がない。それより深い場合は、掘り下げたうえで転圧し、さらに土を乗せて転圧する。これを再転圧工法という。

(2)表層改良

表土にセメント系の混和材を混ぜて表土を固めるのが、表層改良である。地質が変わり、植物が植えにくくなるおそれもあるため、その点にも十分注意して施工に臨みたい。

(3)柱状改良

地表より3~5m程度の補強で、直径600㎜ほどの穴を掘りつつ、そこに掘り出した土と混和材と水を混ぜて柱状に土を固める方法である。30坪程度の木造住宅では、30~40本ほどの柱状改良をすることになる。注意したいのは、柱状改良の先端部の施工状況が確認しにくいことである。よって、確実な施工が要求される。

(4)鋼管杭

地面から支持地盤までの距離が深い場合は、直径約120㎜ほどの鋼管杭を回転させながら地面にねじ込むように打設する。支持地盤に達したことを確認して打設を終える。30坪程度の木造住宅では、30本程度の鋼管杭を打つことになる。

用語解説

地盤補強(じばんほきょう)

軟弱地盤を増強すること。軟弱な地盤そのものを固める地盤改良と、既製の杭を打設する工法がある。建物荷重に対して地盤の許容支持力度が大きく、圧密沈下の可能性がない場合には、地盤補強は必要ない

主な地盤補強方法

再転圧工法

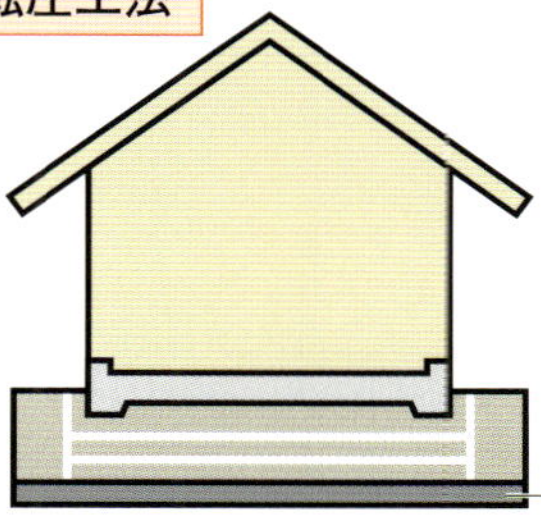

水または石灰を撒きながら、30㎝ごとにローラーで締め固める。最もシンプルで安価な方法

柱状改良

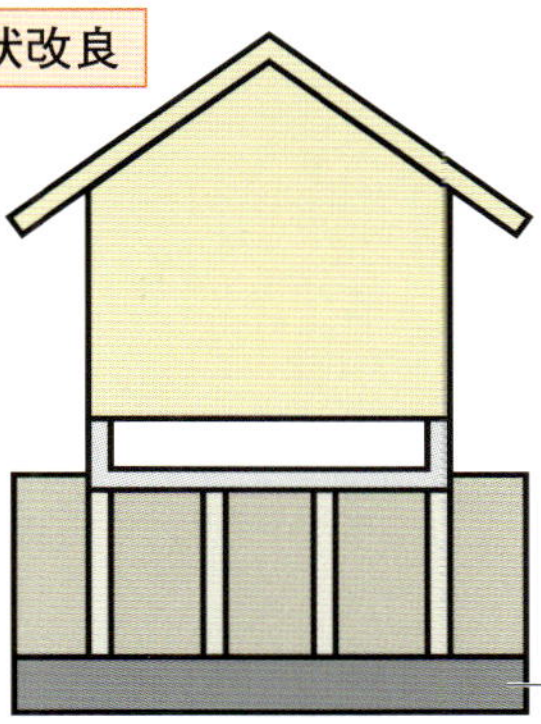

液状化したセメント系固化材を原地盤に注入し、原地盤土を柱状に固化させ、建物を支える

鋼管杭

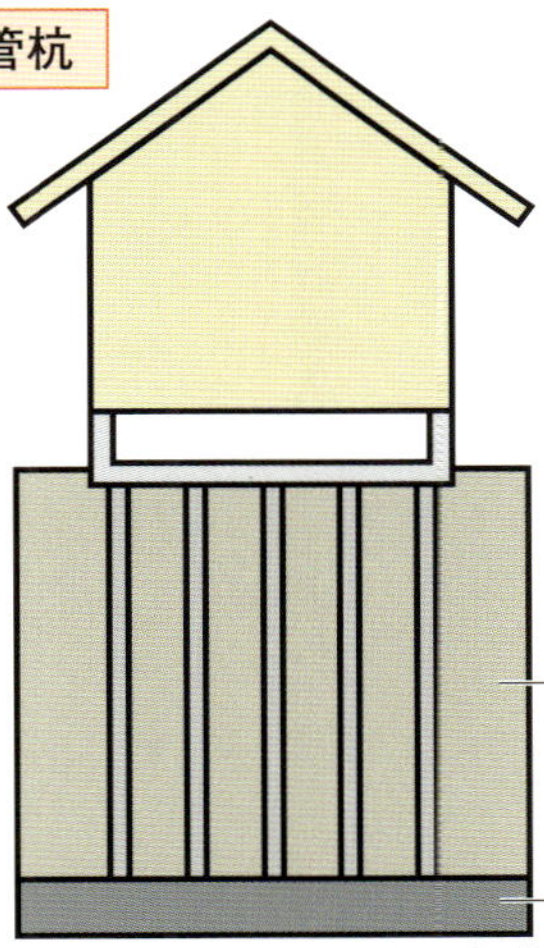

太さ約114.3～264.7㎜径の鋼管杭を支持層まで打ち込み、建物を支える

表層改良

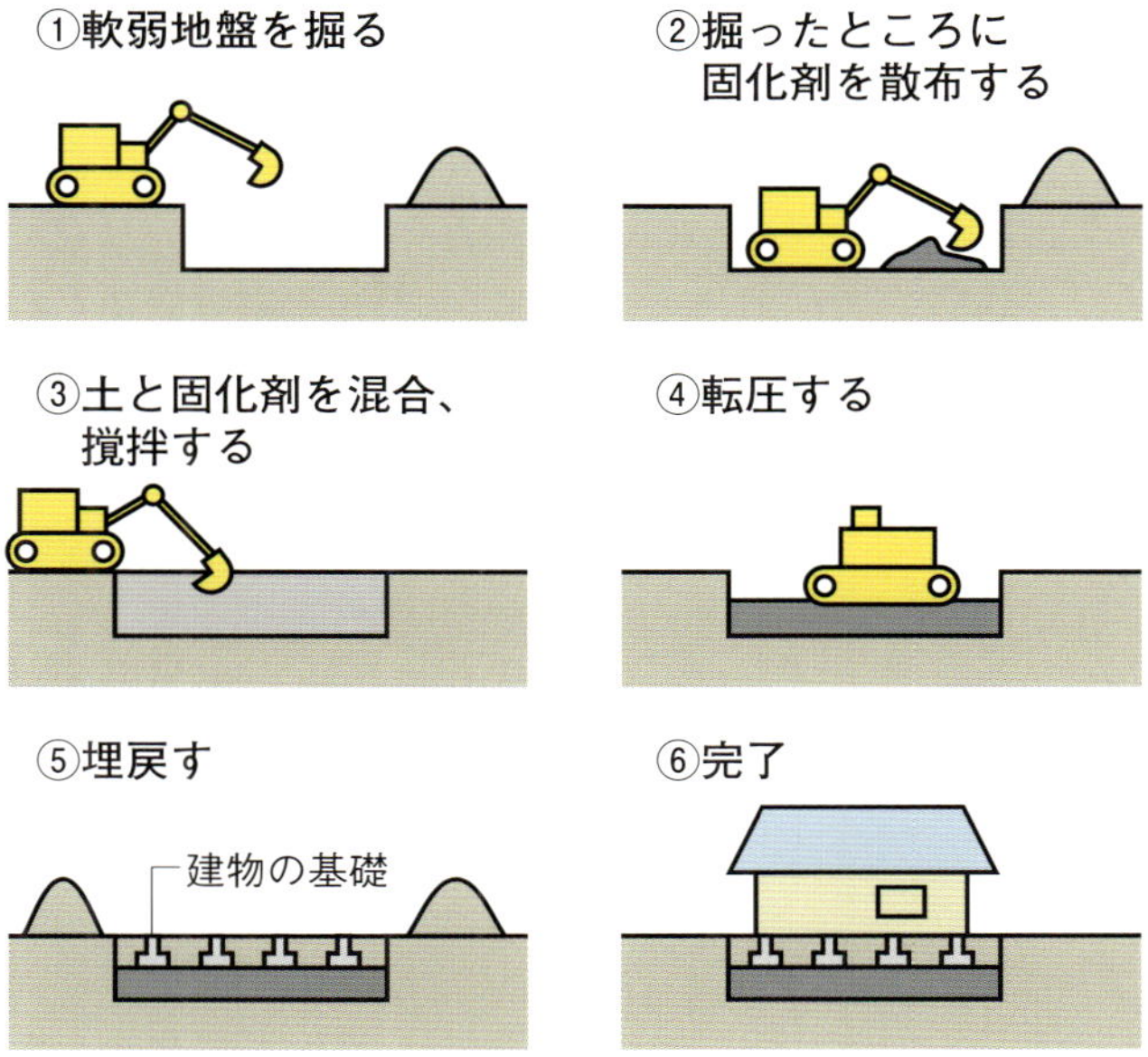

軟弱な地盤にセメント系の固化剤を散布・混合・撹拌し、基礎の下に地耐力の大きな安定した層を設ける

特殊な改良工法

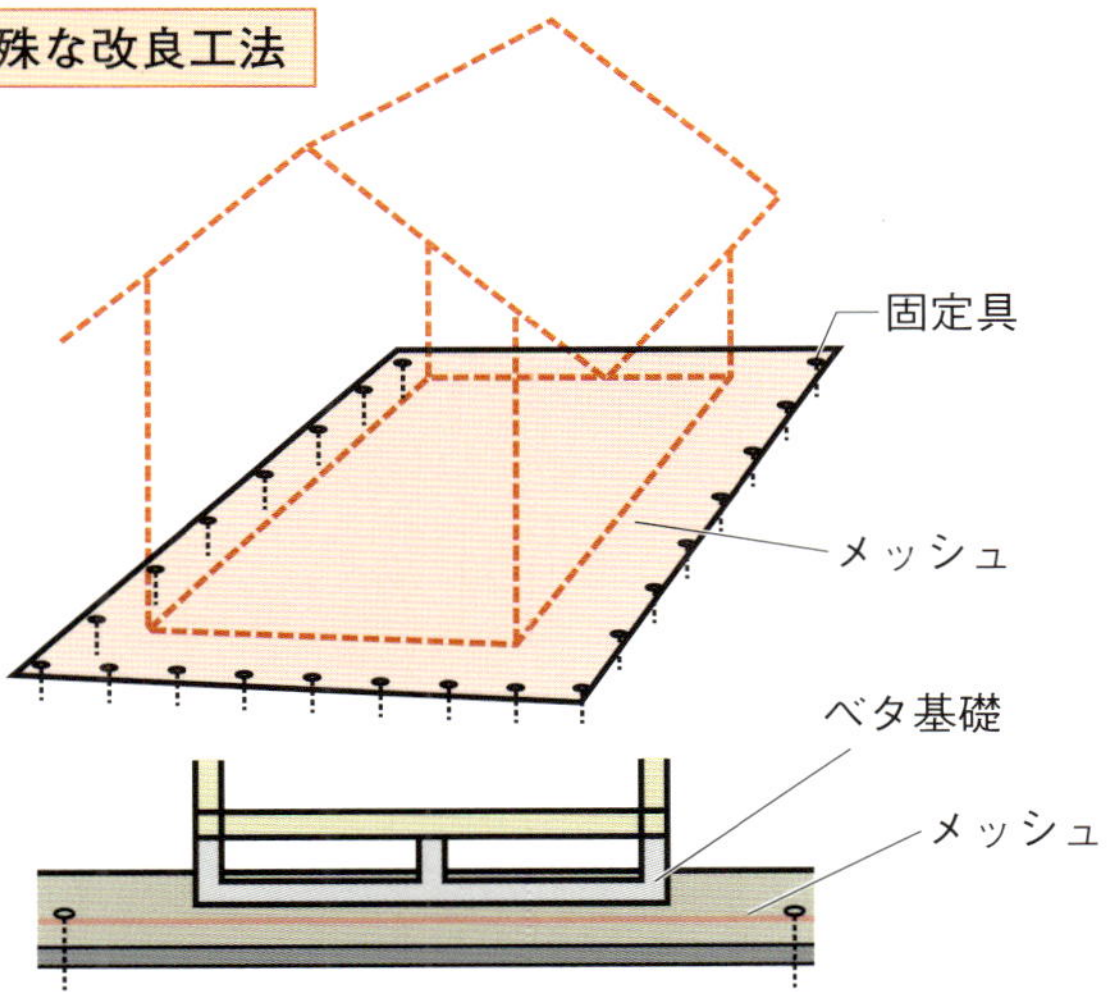

ベタ基礎の下に耐久性の高いメッシュや、発泡スチロールを敷き詰めて、建物の荷重を分散させる

Point **地盤調査の結果、地耐力が2t／㎡（20kN／㎡）未満と判明した場合、何らかの地盤補強が必要！**

基礎の種類

019

布基礎

木造住宅の基礎には、布基礎、ベタ基礎、独立基礎がある。地盤強度や地質の性状によって基礎の形状は異なる。以前は、鉄筋なしの基礎もみられたが、現在は、鉄筋コンクリートで基礎をつくることが義務付けられている。

布基礎は、従来から多く使われている。建物の規模と地盤の支持力により、底盤（フーチング）の幅を決める。以前は底盤がない基礎もかなりみられたが、最低、幅450㎜は必要である。独立基礎の場合、布基礎の底盤部分をつくり、そこだけをつなげておくとよい。

基礎の立上り部分と底盤の厚さは通常120㎜とするが、地中部分の鉄筋の**かぶり厚さ**を確保するには、厚さが足りなくなることがある。配筋の施工精度と、コンクリート打設時にコンクリートが十分回ることを考えると厚さ150㎜にしたほうがよい場合もある。鉄筋量と型枠の手間も変わらず、若干、コンクリートの量が増えるだけなので、多少の金額増ですむ。

ベタ基礎の基本

最近は、床下全面を底盤とするベタ基礎とすることがほとんどである。強度が確保できて、床下の防湿にも役立つ基礎といえる。コンクリートの量は増えるものの、施工手間がかからないこともベタ基礎にする理由である。

しかしながら、ベタ基礎の底盤は構造的にはスラブと考えられ、スラブと同様に、広い面積になってしまうと強度が不足する場合がある。立上り部分を梁として位置付け、床下の通気やメンテナンスの開口部を空けるときには地中梁を設けるとよい。ただし、立上り部分または、地中梁で囲われている部分の面積が、大きくならないようにする。できれば底盤の厚さも200㎜以上とり、ダブル配筋にしたいものだ。

用語解説

かぶり厚さ
（かぶりあつさ）

鉄筋を覆っているコンクリートの厚みのこと。コンクリート中の鉄筋は、コンクリートのアルカリ性により錆びを防いでいるが、コンクリートが中性化し、ひび割れから水分が入り込むと鉄が錆びてしまうため、かぶり厚さを十分にとる

布基礎の仕様

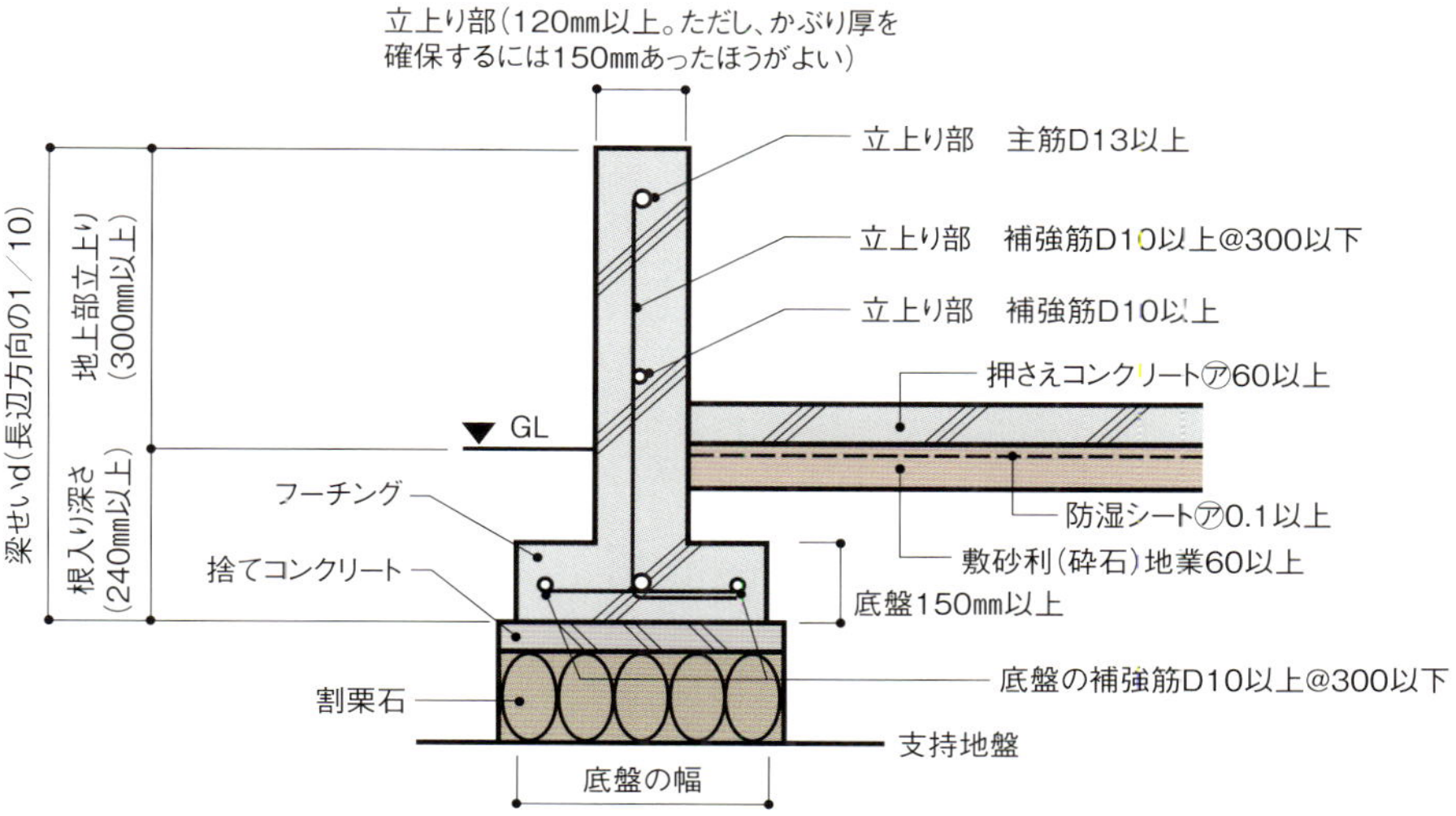

底辺（フーチング）の幅は、建物の規模とその敷地の支持力によって異なる

ベタ基礎の仕様

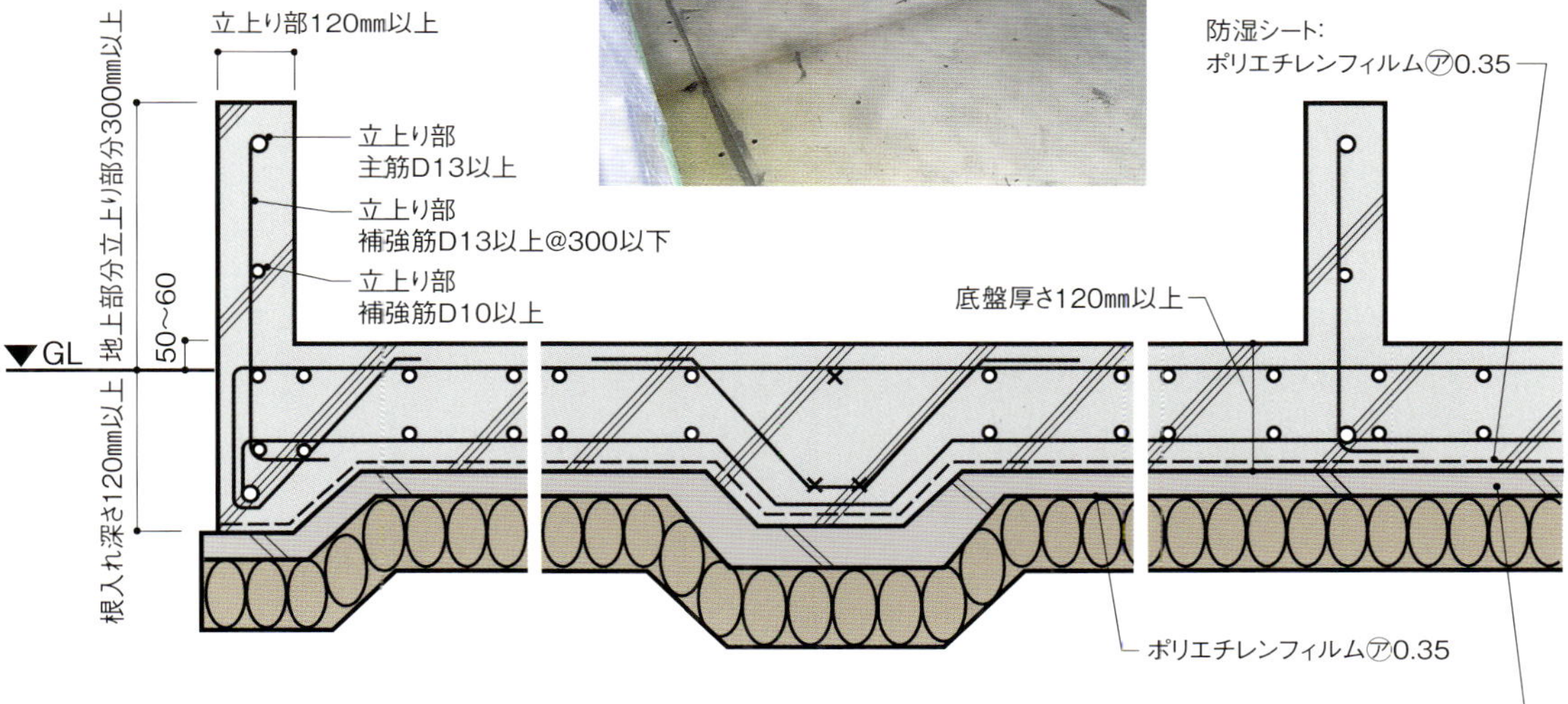

立上りのない中間部は上図のように地中梁を入れて補強する

Point ベタ基礎なら安心とは限らない！　広い面積の場合は地中梁で補強する

基礎の補強と床下換気

020

基礎の補強ポイント

基礎の立上り部分には、床下換気口や人通口、配管のための貫通口などを設けることが多い。その場合、基礎を貫通した部分の周囲に補強配筋を行う必要がある。基礎立上りの上に開口部を計画する場合も同様である。また、ベタ基礎の場合は、地中梁を設けることで補強できる。

床下の湿気対策

床下の湿気は、木材を腐食させ、シロアリの発生の原因にもなり、木構造にも悪影響を及ぼす。そのため、木造住宅の床下の湿気対策は重要である。

まず、床下の地盤を周囲の地盤より高くするのが基本である。防湿シートを敷いたり、**防湿コンクリート**を打ったり、ベタ基礎にすることも有効だ。また、基礎の立上りを地盤面から400㎜以上取り、1階の床高を地盤面から600㎜以上取るとよいだろう。

基礎の周囲の立上り部分に設置する床下換気口は、主に、開口部下の中央に設置する。間仕切下の立上り部分には、通気口をつくり、床下を空気がうまく流れるようにする。この通気口は人通口を兼ね、床下のメンテナンスにも役立つように人間が通れるサイズとする。

ネコ土台は、基礎の上に樹脂製のパッキンなどを載せて基礎の天端と土台の間に20㎜ほどの隙間をあけ、基礎天端全体で換気する方法。換気量を十分確保できるため、床下換気には有効である。ただし、冬場の床下の温度がかなり低くなるため、床下の断熱をしっかり施工する必要がある。

傾斜地など敷地の高い部分の基礎の底盤より地面が高くなる場合、地中の水圧で基礎内側に水が染みてくることがある。そのような場合は、ドライエリアをつくるべきだろう。

用語解説

防湿コンクリート（ぼうしつこんくりーと）

地中からの湿気の上がりを止めるために打つコンクリートのこと。地下水位が高い敷地の場合、床下の湿気対策として防湿コンクリートを打つことが有効だが、コンクリートの表面は冷えやすいため、表面結露を起こすケースもある

基礎の補強が必要なところ

補強筋が必要なポイント

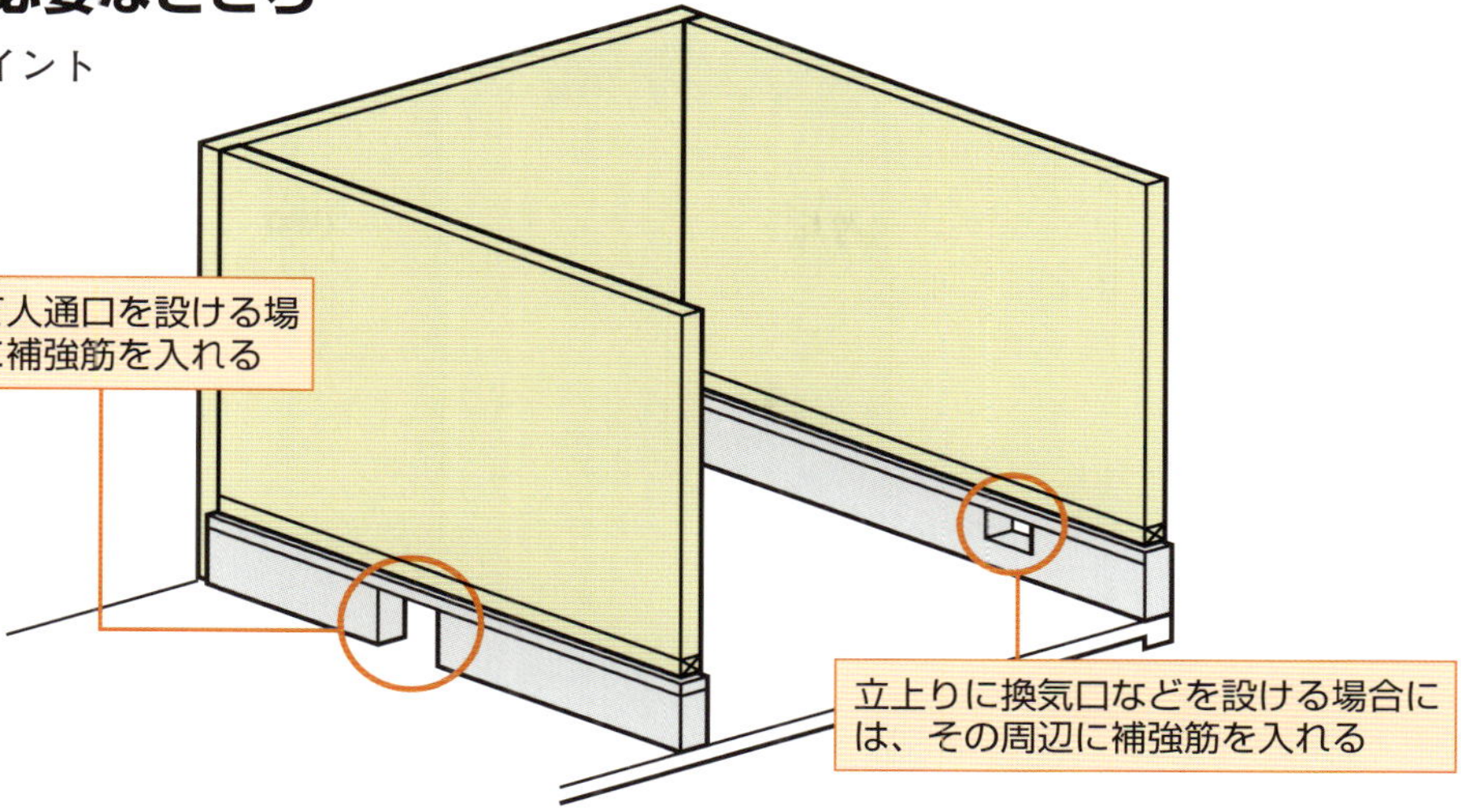
立上りをなくして人通口を設ける場合には、耐圧盤に補強筋を入れる

基礎配筋の入れ方

貫通口の補強

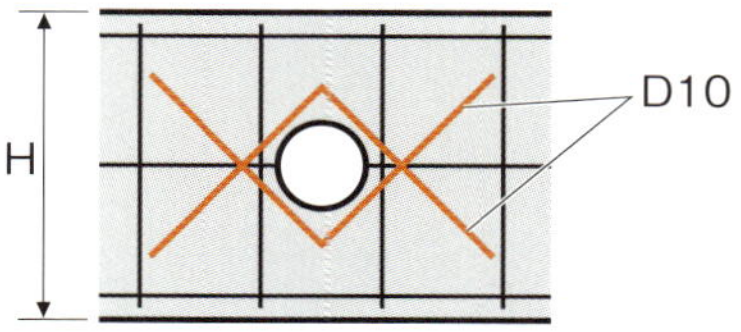

径60㎜以上の貫通口には、補強筋を入れる。貫通口の直径はH／3以下として、隣接する口の中心距離は径の3倍以上とする

換気口の補強

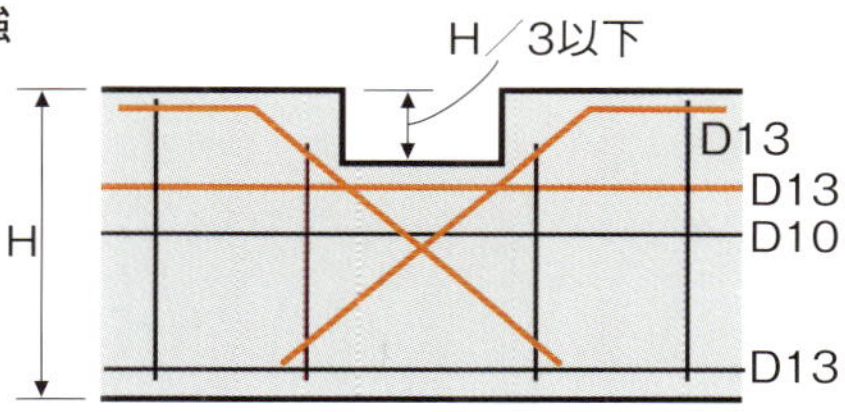

人通口の補強

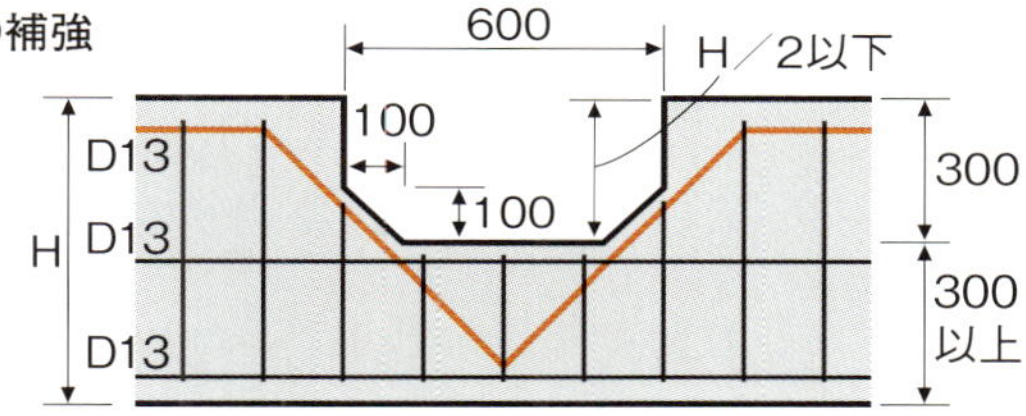

床下換気口（布基礎の場合）

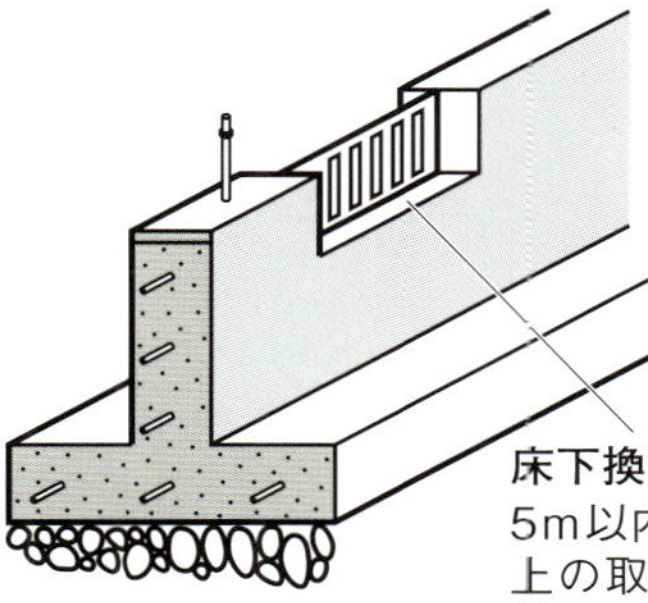

床下換気口
5m以内に1カ所以上の取付けが義務付けられている

ネコ土台（ベタ基礎の場合）

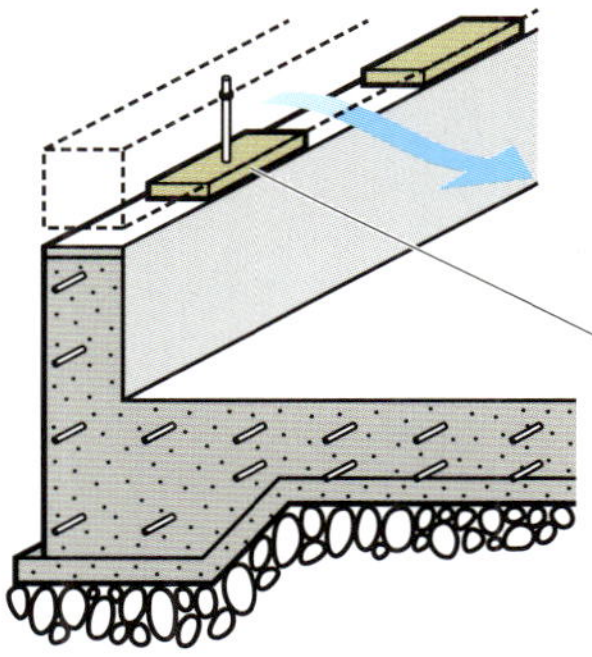

ネコ土台
基礎と土台の間に薄いパッキンをはさみ込む。すると、基礎と土台の間がパッキンの厚さ分隙間があき、新鮮な空気が入り込む

Point 床下換気のために基礎に換気口が必要。換気口を設けるには基礎の補強が必要

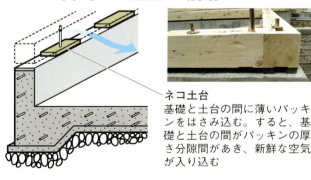

Column

木造住宅の免震・制震・減震

これからの木造住宅に必要？

今後の木造住宅のあり方を考えるとき、地震のエネルギーそのものを吸収するさまざまな技術のことも押さえておきたい。

①免震工法

免震は、地盤と基礎を構造的に切り離し、基礎と地盤の間に免震装置を設置し、地震の揺れが起きたときに、地震の揺れを基礎および上部構造に伝えない工法である。免震装置は積層ゴムやボールベアリング、摩擦材を使ったものがあり、一定以上揺れすぎないためにダンパーを設置する。

多少の揺れにも対応するため建主の恐怖感を和らげるほか、何よりも地震による構造の損傷を大幅に抑えることができる。しかし、免震装置や基礎工事に少なくとも300万円以上かかるうえ、構造計算も必要となる。

②制震工法

制震装置は、上部構造の耐力壁に地震の衝撃を吸収するダンパーや積層ゴムなどの制震装置を設置する工法である。耐力壁をたくさん入れて固めることも広い意味で制震工法といえるだろう。新築だけでなく、リフォームにも対応できることがメリットだが、耐力壁の大臣認定を取得しているものは少ないため、壁量計算に組み込むことができないことが多い。また、地震によるある程度の構造への損傷は避けられない。コストは100万円以下に抑えられるものが多い。

③地盤減震工法

地盤減震工法は、地盤と基礎を縁が切れやすい状態にしておいて、中規模の地震では地盤とともに揺れるものの、大地震時のみ地盤と基礎の縁が切れて地震のエネルギーを吸収するという方法である。確認申請も通常のままで済み、コストが100万円程度と免震工法に比べ低目である。ただし、地盤の状況を詳細に確認する必要があるため、地盤調査は表面波探査法で行う必要がある。

免震工法

制震工法

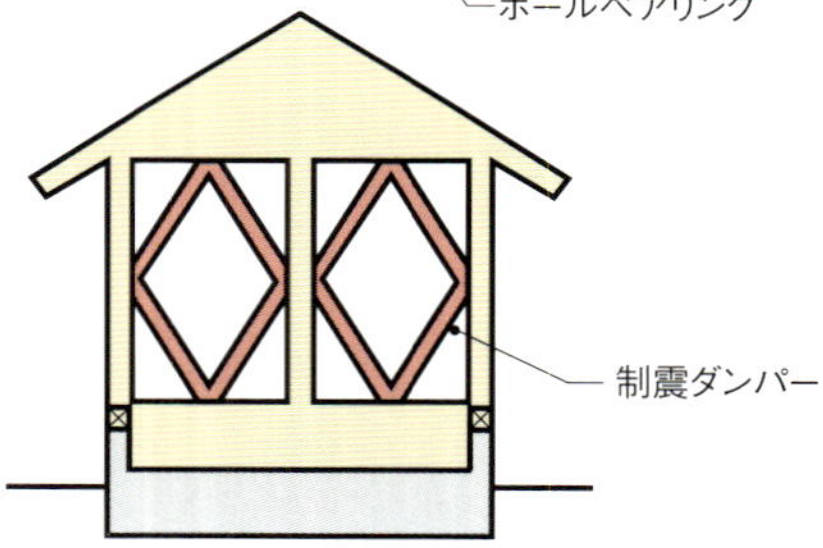

地盤減震工法

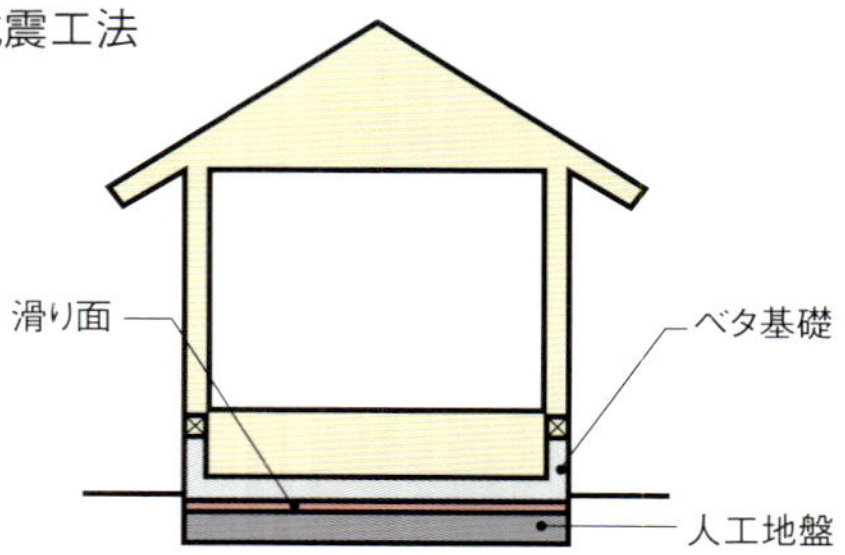

第3章

ほねぐみ

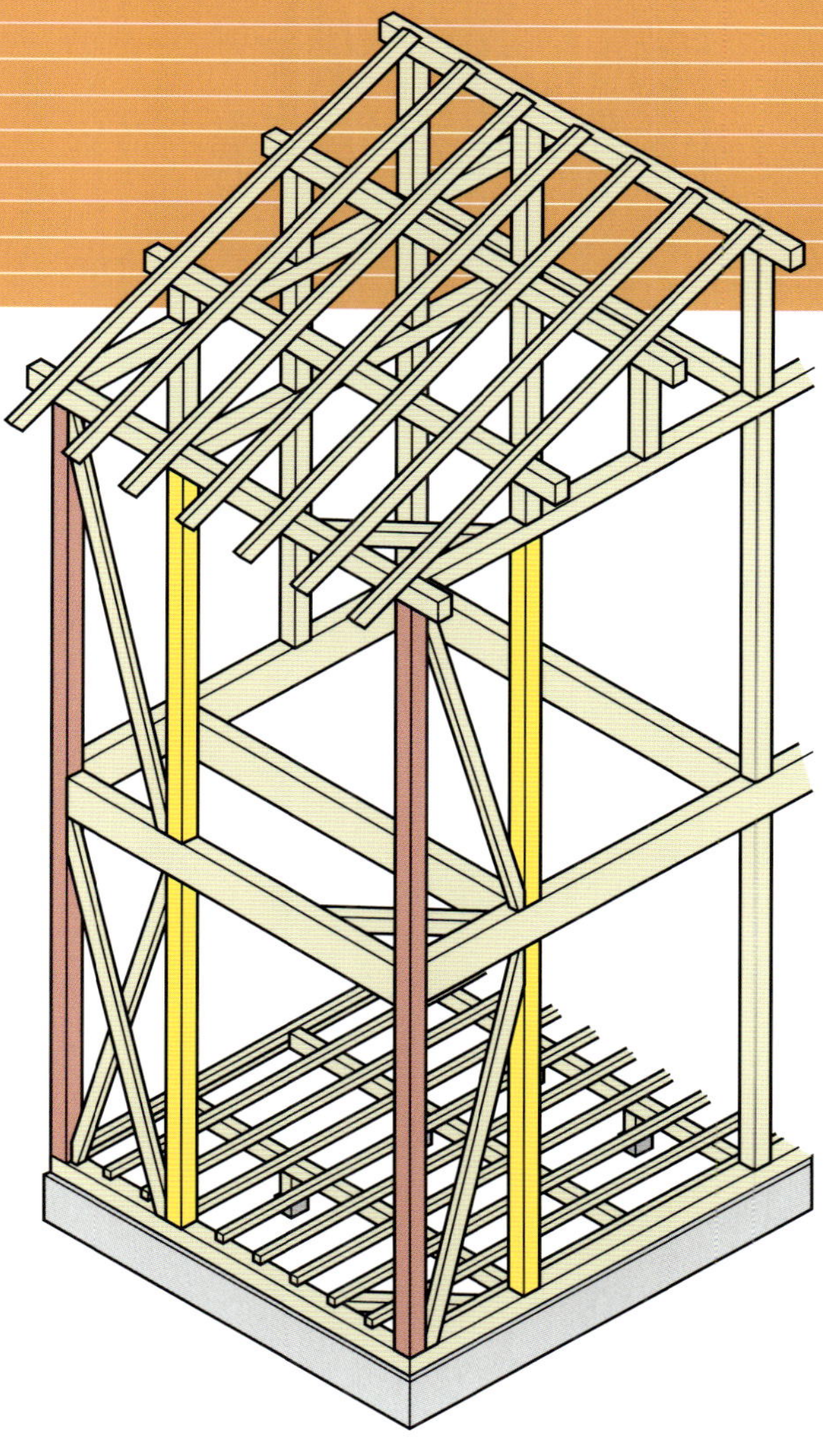

木材の性質

021

乾燥が重要

木は、伐採してからその木の育った年月以上長持ちすると言われている。木造住宅を設計するにあたり、木材の性質を十分に掴み、その性質を生かした設計を心がけたい。

木は細胞壁に存在する水分(自由水)の量が強度特性に大きく影響する。そのため、十分に乾燥していることが重要である。乾燥が十分でないと、収縮、ねじれ、反り、ひび割れなどが生じやすくなる。乾燥していない木材を手で持ち上げてみるとずっしりと重い手ごたえがある。

水分の含有量は、平衡**含水率**15%以下がよいといわれている。以前は、乾燥させるために半年以上も寝かせて十分自然乾燥させてから使っていた。しかし現在では、乾燥室に入れて蒸気を入れながら人工乾燥させたものを使うことが多くなっている。

木材の木取り

建材として使用する木材は、原木の丸太から無駄が出ないよう、また、どの位置でどのような部材を取るかを決めて挽いていく。それを木取《きど》りという。木材は、部位によって性質が異なるため、木取りはそれらを考慮したうえで行われる。

木材には表と裏があり、樹皮に近いほうを木表《きおもて》、樹心に近いほうを木裏《きうら》という。木表側は木裏側よりも細胞が大きく、水分を吸収しやすいため、木表のほうが収縮しやすく、木表側に反るという現象が起こる。

木取りによって、樹心を含み、腐りにくく強度の高い心持ち材が構造材に加工される。節が少なく、樹心を含まない部分の心去り材などが造作材に加工される。板材では、丸太の中心に向かって挽く柾目取り、年輪の接線方向に挽く板目取りなどがある。

用語解説

含水率
(がんすいりつ)

木材に含まれる水分の割合を示したもの。大気の湿度と釣り合うまで乾燥させたときの含水率を「平衡含水率」という。木材を使用する場所での平衡含水率より低目の含水率となるまで乾燥させた材を使うとよいとされている

天然乾燥

葉枯らし

葉枯らしとは、樹木を伐採した後に枝葉を付けたまま、林地内に放置しておき、樹幹内の水分を減少させることをいう

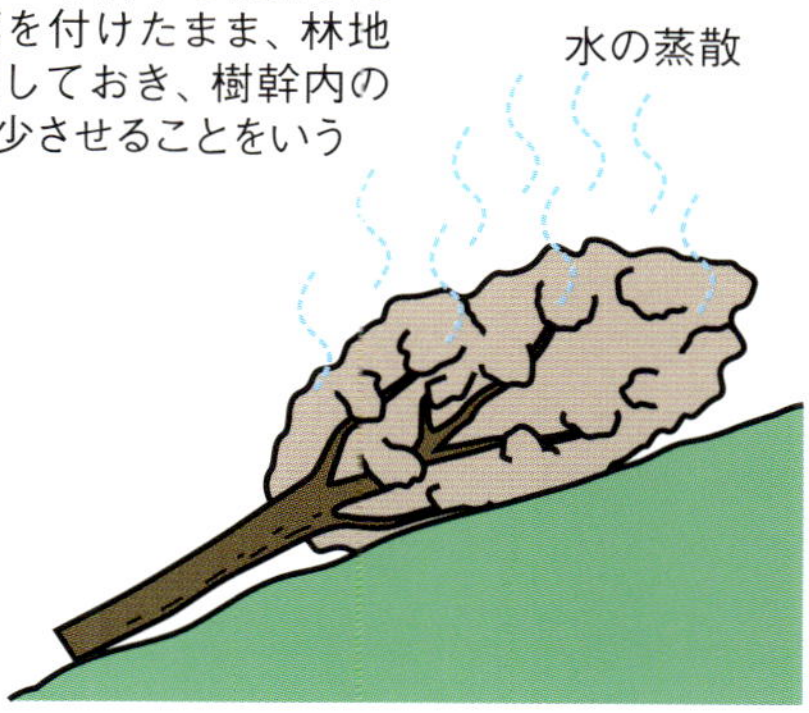

葉の蒸散作用により、辺材から水分が抜ける。また、辺材中のデンプン量が減少するので、材に加工したあとでも虫害やカビなどが若干生じにくくなる。しかし、乾燥といっても含水率12%まで下がるわけではなく、さらに乾燥させる必要がある

人工乾燥

除湿式乾燥法の仕組み

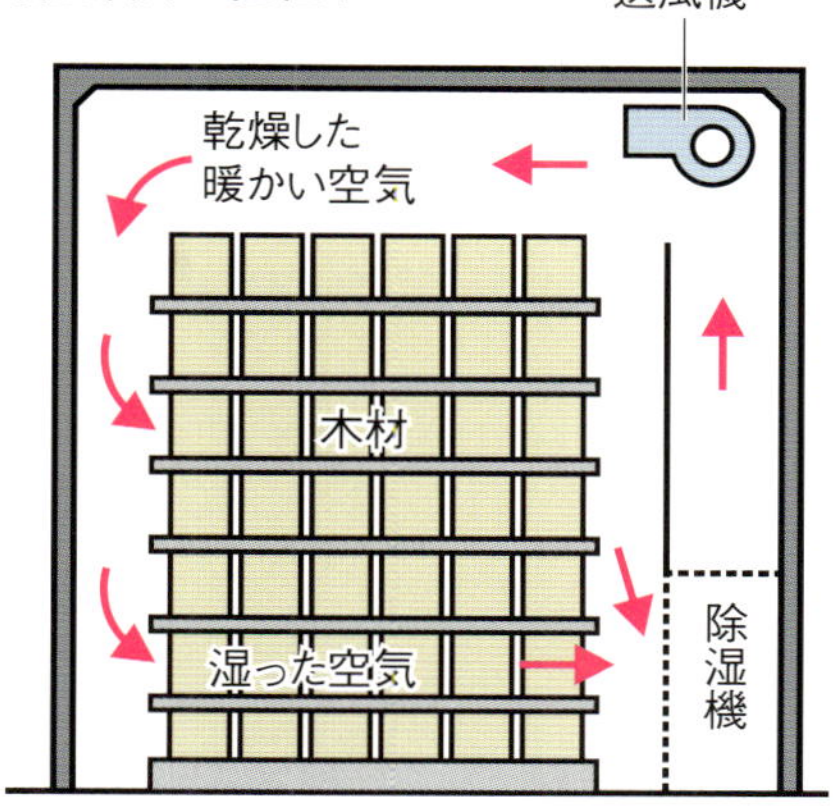

電力を用いる除湿機により乾燥を進める方法で、針葉樹製材乾燥の必要性が叫ばれた当初、ボイラーが不要で乾燥技術がなくても操作が簡単であることから普及した。ただし、20%以下の低い含水率まで乾燥させる場合、乾燥効率が若干悪くなる

木取り

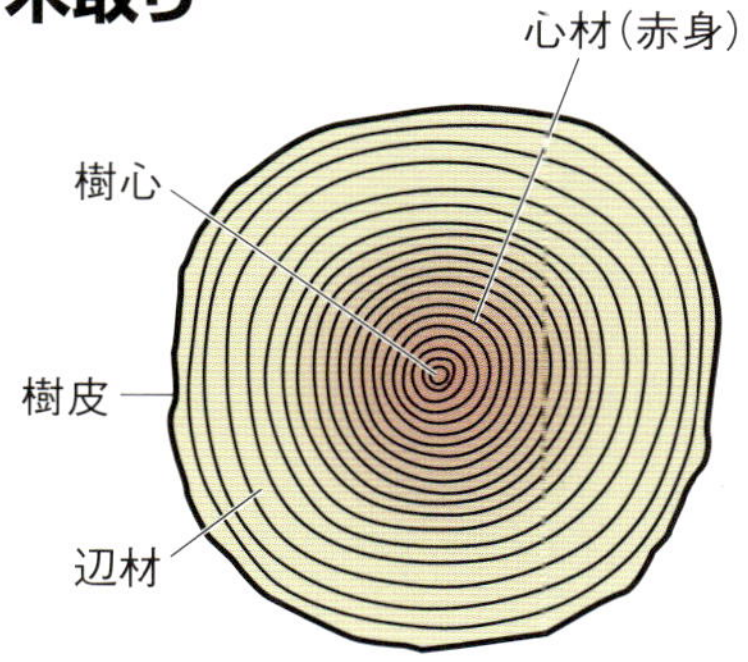

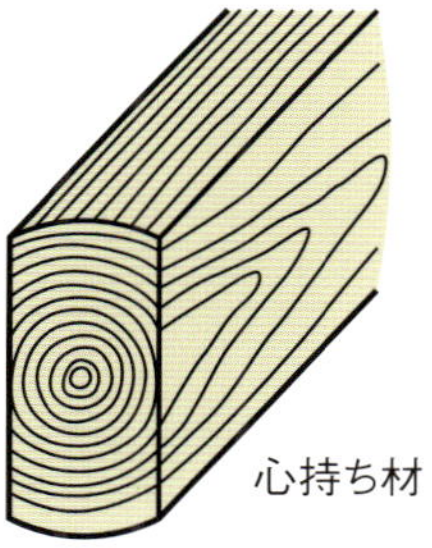

樹心を含んでいる材。腐りにくく強い。土台や柱、梁など断面の大きな部材として使われる

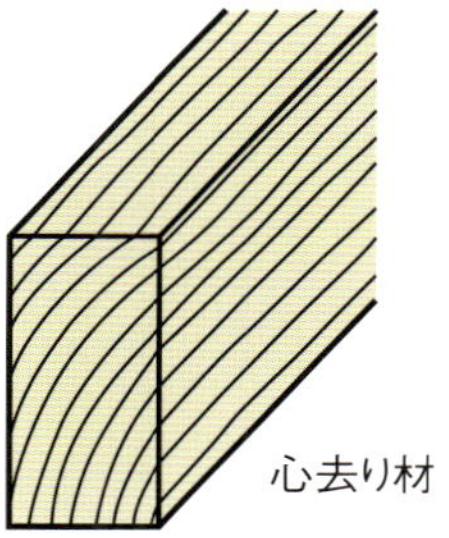

樹心を含んでいない部分の角材。節が少なく木目がきれい。垂木や根太など断面の小さい材や造作材に使われる

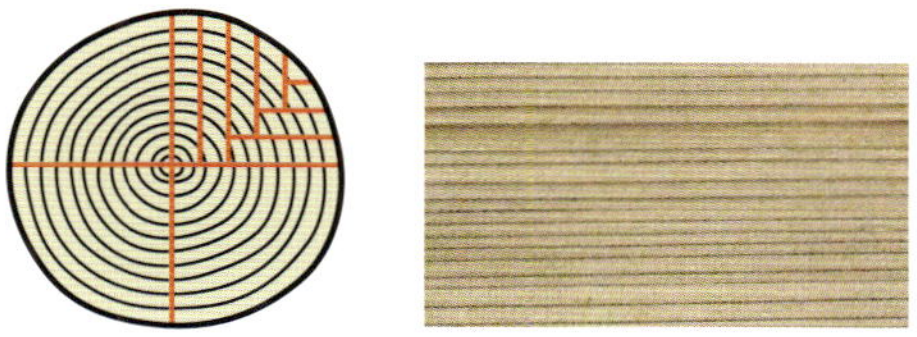

柾目
丸太の中心に向かって挽いた材で、年輪は平行な木目となる

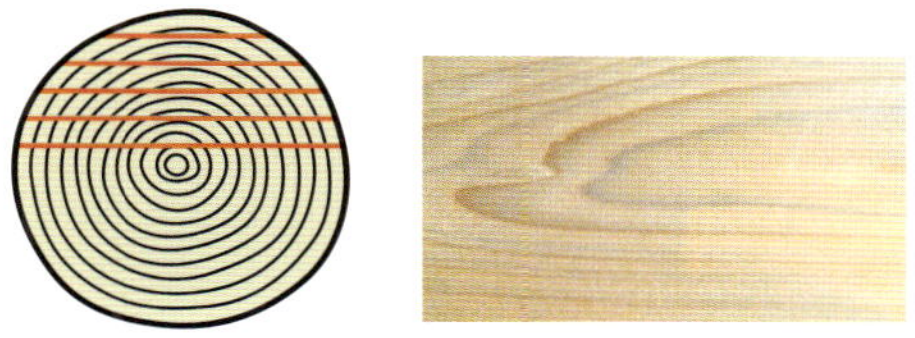

板目
年輪の接線方向に挽いた材で、年輪がうず巻き模様に表れる

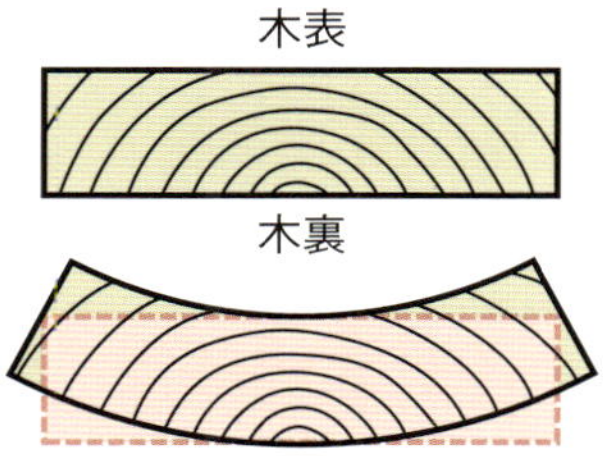

樹皮に近いほうを木表といい、樹心に近いほうを木裏という。木表のほうが乾燥が早いため木表側に反る

Point 木材は部位によって性質が異なるため、適材適所で使い分けることが大事

ほねぐみ

木材の規格・等級

022

JAS規格

木材の等級は、品質の基準化を図ったJAS規格と、慣用的に使われてきた等級の2種類がある。JAS規格とは、1950年に制定された、「農林物資の規格化および品質表示に関する法律（JAS法）」にもとづき、1967年に、木材の製材に対する規定が制定されたものである。

針葉樹の構造用製材の規格は、節や丸みなどを目視で等級区分する「目視等級区分製材」と機械で**ヤング係数**を測定した「機械等級区分製材」とがある。構造用集成材や単板積層材は、JAS規格材が多く流通しているが、一般材料にJAS規格材がほとんど流通していないのが現状である。

JAS製品を使わない場合、JAS製品でない無等級のものを使うこととなるが、構造計算を伴う場合は、無等級の材料を使用すると、製品や樹種によって、強度のばらつきがあるので注意を要する。ベイマツは比較的強度が高いが、スギは少々低くなる。

慣用的等級

慣用的等級は、主に化粧面で決まる。節の大きさやその数が基準となっている（JAS規格でも化粧面の等級があり、慣用的等級とやや近い）。

針葉樹では、節のないものを「無節」、節の数が増すごとに、「上小節」、「小節」、「特1等」、「1等」などと呼ぶ。当然、無節は高価であり、1等が安価な材となる。無節の材料は、無節の材面数が3面あれば「三方無地」、2面であれば「二方無地」などと呼び分けている。また、1等材は部分的に角に丸太の丸みが残っていることも特徴である。

そのほか、流通寸法についても頭に入れておきたい。柱・梁材であれば、長さ3mまたは4mが標準である。

用語解説

ヤング係数（やんぐけいすう）

材料の変形しにくさを表す数値で、部材の応力や変形を算出するときに必要。ヤング係数の値が大きいほど強度が高く、小さいほど強度が低い。機械等級区分製材ではヤング係数の測定値によりE50からE150までの6段階に区分される

JAS規格の等級

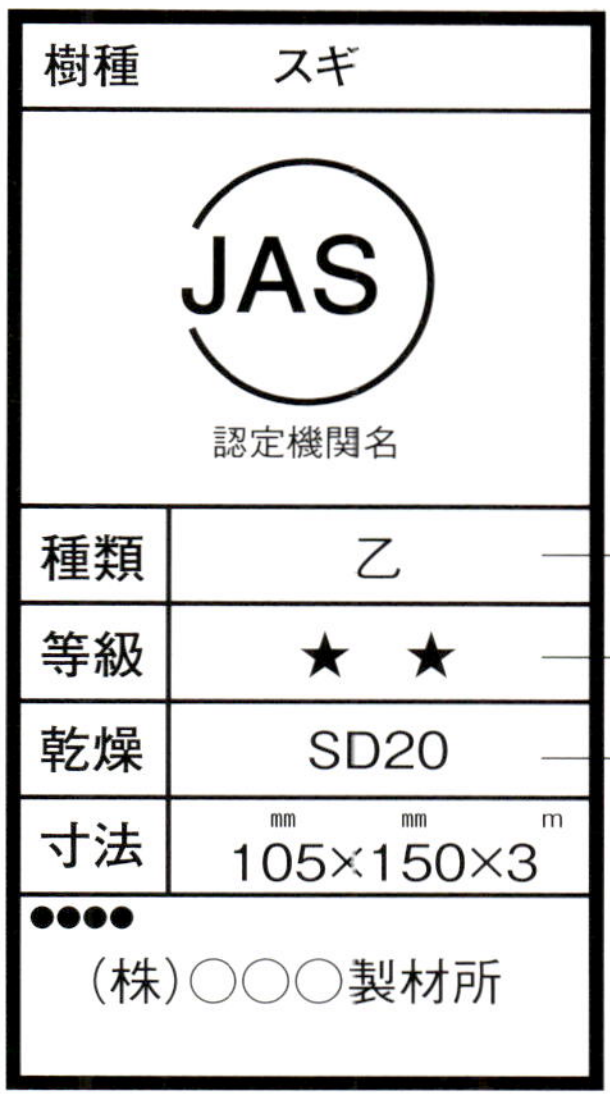

JAS認定マークの一例

種類：強度の検査方法。甲種(目視・曲げ用)、乙種(目視・圧縮用)、機械等級区分がある

等級：強度の等級。1級、2級、3級がある

乾燥：含水率を表す。20%程度が一般的で、構造材の場合15%以下が望ましい

木材の慣用的規格・等級

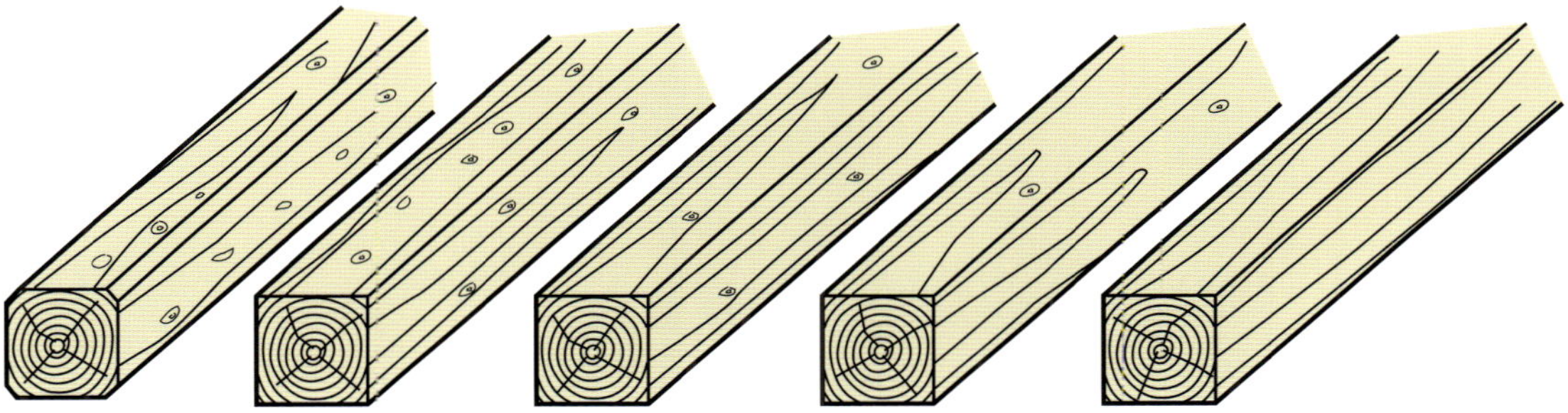

1等　特等　小節　上小節　無地

1等：構造材／大小の節がたくさんあり、若干の死に節や虫食いなどもある。床板など／大小の節があるが、死に節を節埋め加工している。虫食い穴はない。構造材、床板などともに、丸太の丸身が残っている

特等：1等材とほぼ同等品といえる。ただし、丸太の丸身はない

小節：直径25㎜以下の節が1mごとに1個程度点在している

上小節：直径10㎜以下の節が1mごとに1個程度点在している

無地(無節)：節がない。木目や色合いもよい

Point

構造計算を用いる建物で無等級の構造材を使用する場合、強度のばらつきに注意する

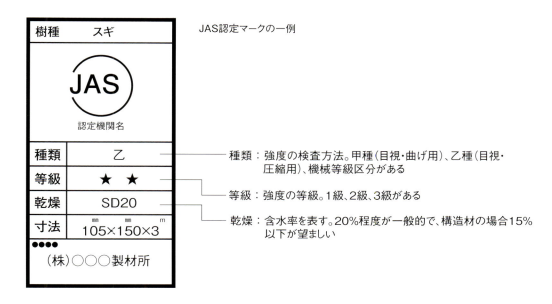

ムク材と集成材

023

ムク材の魅力を生かしたい

ムク材は流通上、**製材**品と呼ばれている。割れや収縮などの変形はあるものの、ムクの木材は本物の持つ存在感と、木材の本来の質感と時間が経つほど味わいが増す魅力を持っている。ひび割れが発生することもあるが、多少のひび割れは強度的には問題ない。ムク材を使用する場合は、多少、割れが起こったり変形するものだと認識することが重要である。ムク材の持つ魅力を生かし、味わうことができる住宅をつくりたいものだ。

最近では、木材をスライスして接着した集成材を使うことが多くなってきている（スライスしたものをラミナという）。主に柱、梁、造作材、カウンターの天板などに使われている。

集成材は乾燥収縮による寸法が狂いにくいという利点がある。しかし、集成材のなかでもホワイトウッドは水に弱いため、浴室などの水廻りで構造材として使うことはできるだけ避けたほうがよい。

合板の種類と用途

ほとんどの木造住宅で合板が使われている。特に、構造用途の構造用合板は耐力壁や床下地などあらゆる部位に使われる。構造用合板は、多くは針葉樹の合板であるが、ラワン合板も使われている。ラワン合板の厚さ12㎜のものはコンパネと呼ばれ、主にコンクリート型枠に使われている。

耐水性が高いのがⅠ類（タイプⅠ）低くなるにしたがってⅡ類（タイプⅡ）、Ⅲ類（タイプⅢ）となる。シックハウスに関連して、有害物質のホルムアルデヒドの発散量により、星印の数で表示する（F★★★★など）。

板状の集成材の両面にシナ合板を接着したランバーコアは、家具などに多く使われている。

用語解説

製材（せいざい）

原木を製造・加工すること。JASでは製材品を針葉樹製材（構造用製材、造作用製材、下地用製材、枠組壁工法構造用製材）、広葉樹製材、耳付き板、押角、薄板、建具、キリ材に区分している

木材の乾燥収縮の動き

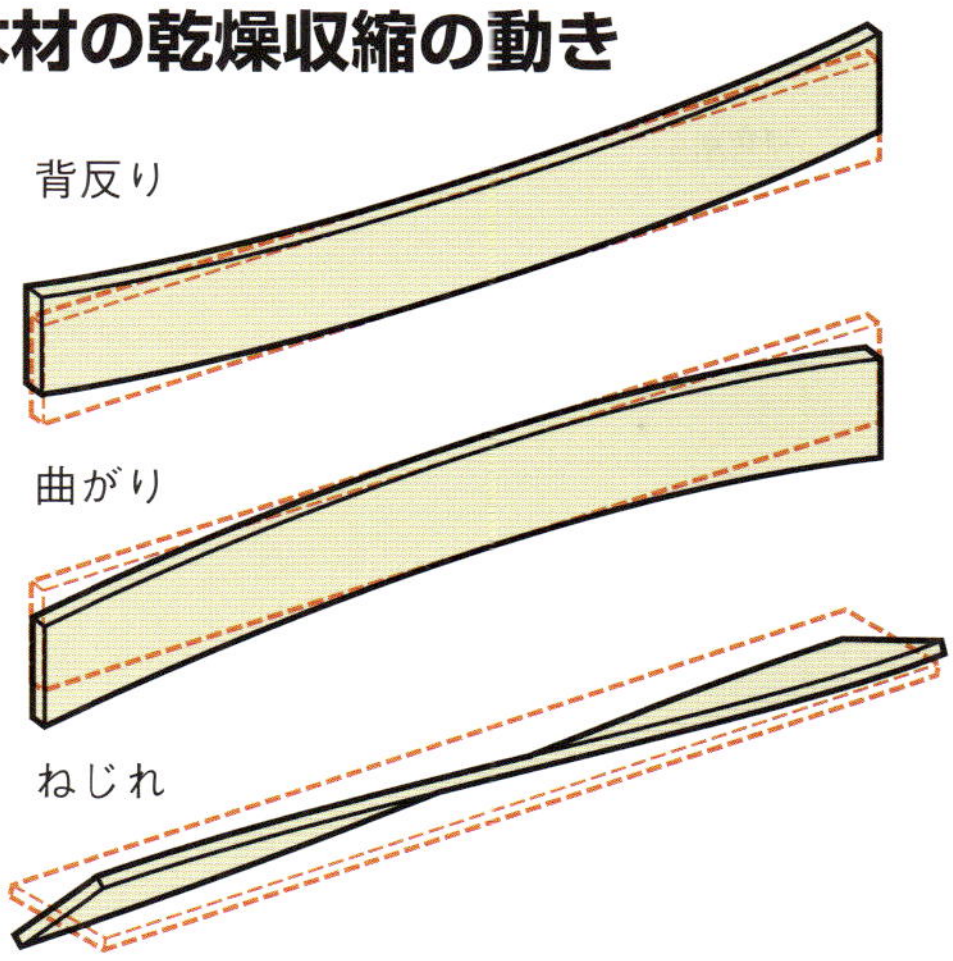

乾燥による割れ対策

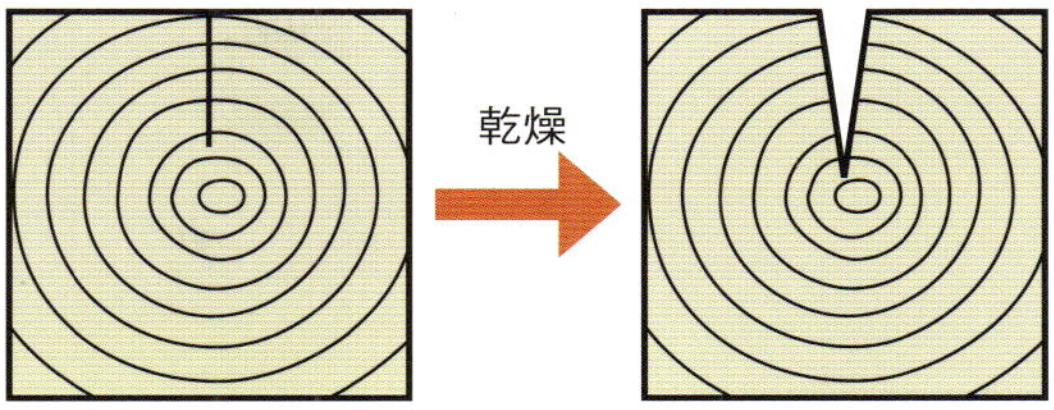

柱の裏面に図のように背割りを入れて、割れの発生を背割り部分に集中させ、他の部分に割れが起こらないようにする

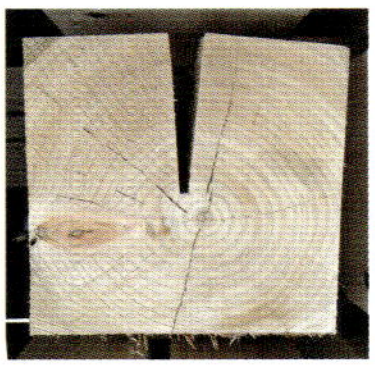

製材の形状と名称

名　称	形　状	名　称	形　状
板類	木口の短辺が75mm未満で木口の長辺が木口の短辺の４倍以上のもの	ひき割り類 ①正割り ②その他	・厚さが7.5cm未満で幅が厚さの４倍以上のもの ・横断面が正方形のもの ・横断面が正方形以外のもの
角類	板類以外のもの	ひき角類 ①正角 ②その他	・厚さが7.5cm以上で幅が厚さの４倍以上のもの ・横断面が正方形のもの ・横断面が正方形以外のもの

集成材と合板

集成材

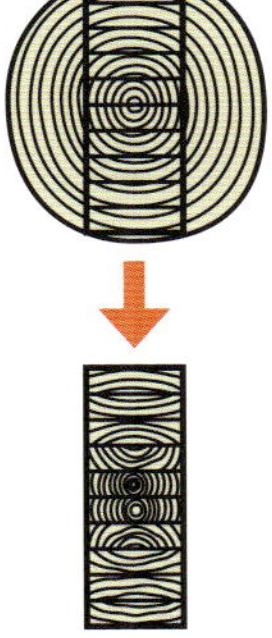

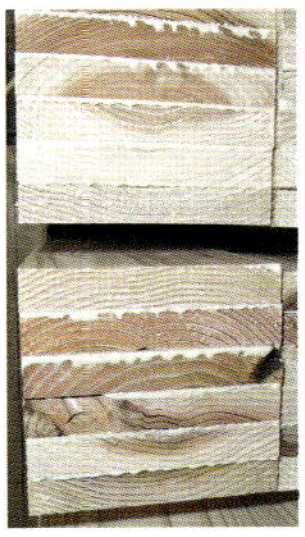

図は単一の樹種で構成した集成材。異樹種を組み合わせることもある

合板

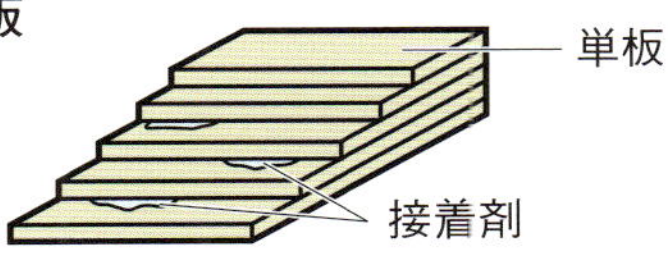

集成材の種類

種　類	用途など
普通合板	ラワン合板で、下地板またはフラッシュドアなどに使われる
特殊加工化粧合板（化粧合板）	表面単板に、突き板などを張ったもの。内装仕上材に使われる
構造用合板	耐力壁など構造材として使われるもの。耐水性が高い
コンクリート型枠合板	普通合板に準ずるが、耐水性が高い。コンパネと呼ばれている

合板の種類

種　類	品質、用途
構造用集成材	柱、梁、アーチなどの構造体に使われるもので、大断面やわん曲材もつくれる
化粧梁構造用集成材	突き板を表面に張ったもので、強度、耐水性は構造用集成材と同様。主に柱、梁などの直線材に使われる
造作用集成材	積層面が見える独特の美しさをもつ。梁、階段の手摺、カウンターなどにも使われる
化粧梁造作用集成材	内部造作（長押、鴨居、敷居など）に使われる

Point 集成材は寸法に狂いが生じにくいが、樹種によっては水に弱いので注意

手刻みとプレカット

024

家づくりの伝統技術、手刻み

これまでの家づくりでは、木造住宅の柱、梁などの構造部材は、手刻みといって、大工が手で木材に**墨付け**をして切断・加工していた。しかし、熟練した技術が要求されるうえ、手間と時間がかかるため、最近では、プレカットといって工場でコンピューターと機械によって構造部材を加工することが多くなった。

手刻みでは、木材を大工が1本1本使う方向や木目などを確認し、仕口などの加工も工夫をこらし、組み立てる。多くの製造エネルギーを消費しない点も評価できる。

1日で加工できるプレカット

プレカットで加工を進めるにあたり、意匠図と伏図（68頁参照）、場合によっては、軸組図をプレカット工場に渡し、それをもとに、施工図（プレカット図）を作成してもらう。施工図のチェックを何度か繰り返し、内容が確定した段階で、加工に入る。

通常は、プレカット用のCADと加工の機械が連動しており、施工図どおりに加工ができる。30坪程度の加工なら、1日あればできる。機械で加工するため、精度はかなり高くなる。しかしながら、組み立てやすくするために、ホゾ（木材の端部につくった突起、88頁参照）を50㎜程度に短くすることが多く、ホゾの差し込みによる強度が十分期待できない場合もある。また、プレカット工場では木材を丸太として使用する場合の加工はできないことが多い。そのような場合は、プレカット工場で手刻みで加工したり、施工する大工が別途、手刻みすることになる。

プレカットが多くなっているため、手刻みができる大工が少なくなっている点は、木造住宅の技術を残す意味で、懸念すべきことである。

用語解説

墨付け（すみつけ）

部材自体のかたちや、部材同士が組み合わさる継手のかたちの線を材木に描いていく作業のこと。木の特性や癖を読み、それらを生かしながら墨付けしていく。墨付けした後、木材を刻み、化粧材は鉋（かんな）をかける

手刻みとプレカットの特徴

手刻みは、大工が木の性質を見極めながら、刻んでいく。
継手や仕口を右図のように墨付けして刻む

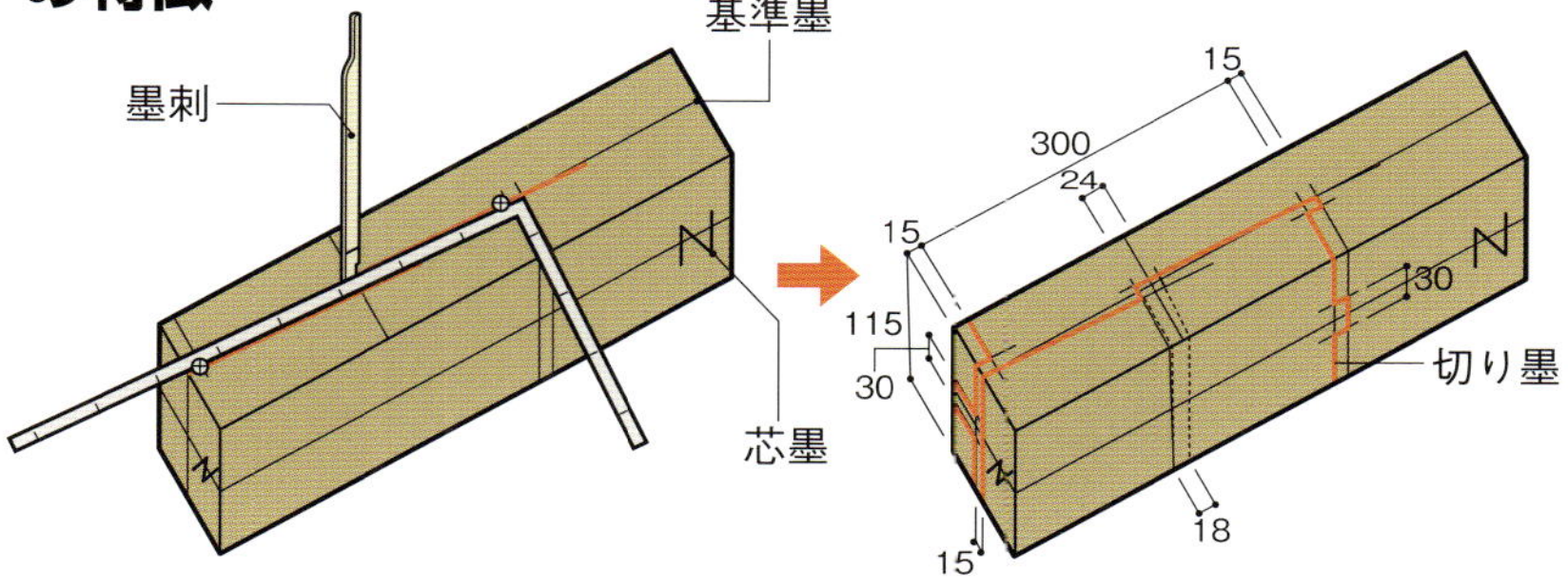

プレカットの工程

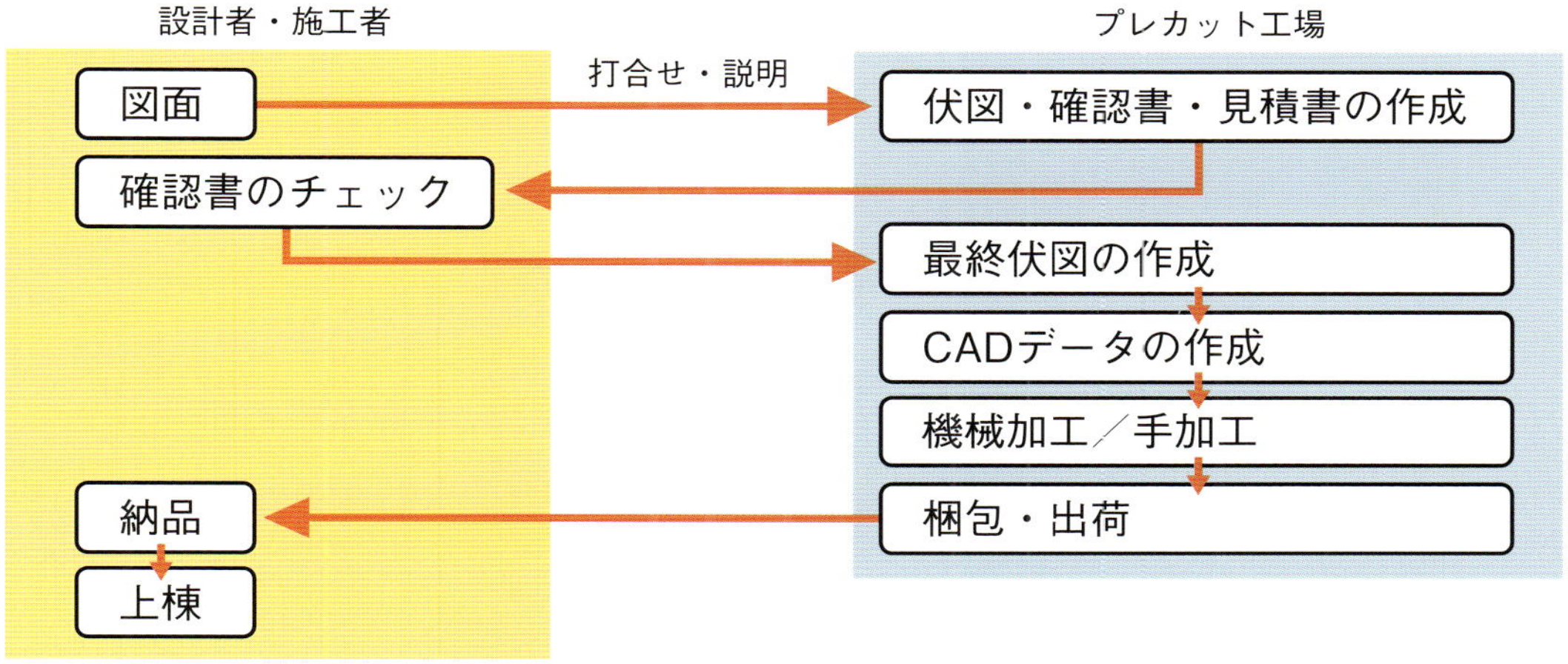

プレカットの仕口（一般的なもの）

腰掛け鎌継ぎ

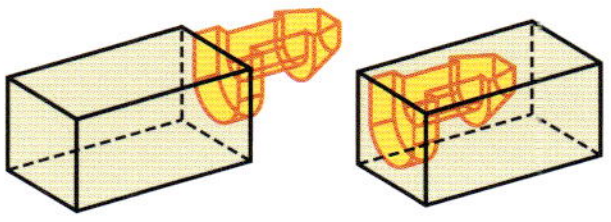

腰掛け蟻継ぎ

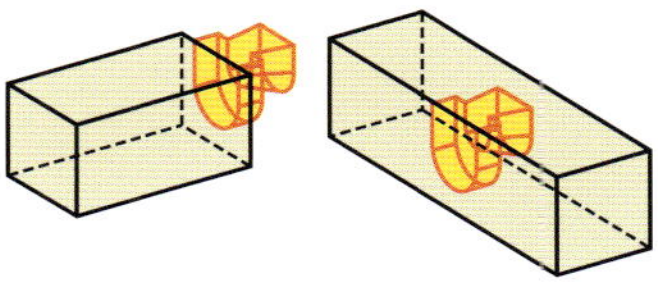

プレカット依頼時に必要な図面

図　面	縮尺	内容・目的
案内図	1／1,500	建設地の位置情報を業者に伝える。そうすることで運搬などの手配や積算などを正確に把握できる
配置図	1／100	道路の幅員や敷地との関係など、搬入の検討を行ううえで添付する
平面図 立面図	1／50〜100	計画を理解してもらう
断面図 矩計図	1／30〜50	階の高さ・使用材料・主要な断面寸法、天井高さなど、高さ関係を指示するための図面
伏図	1／50	1階床伏図・2階床伏図・小屋伏図・屋根伏図

Point

プレカット工場により加工できる仕口形状が異なるので事前に確認しよう

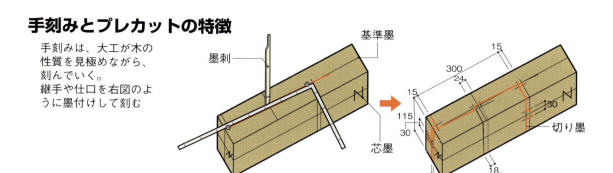

軸組工法

025

従来からある工法

建物をかたちづくる骨組みのことを軸組と呼び、柱などの垂直な部材と、土台・胴差・桁などの水平な部材を組み固め、そこに1階や2階の床組と屋根をかたちづくる小屋組を組み合わせ、それぞれ接合し、軸組をつくっていく。

軸組工法は、従来からある木造住宅の工法で、在来工法とも言われている。社寺や**数寄屋**建築、古民家にも使われていたが、現在、住宅の多くで使われている。

現代の軸組工法は、ベタ基礎やプラスチック床束、厚物合板により根太を省いた床組や、合板による耐力壁などの使用が主流となっているが、つい最近まではこれらは存在しなかった。軸組工法といっても、時代によってつくり方が変化していることを覚えておきたい。

軸組工法の壁のつくり方は2種類あり、壁の仕上げとして、柱や梁を隠す大壁と、和室の壁で、柱や梁を見せる真壁とがある（148頁参照）。伝統的な木造住宅では、真壁が一般的な納まりであったが、現在では大壁納まりが一般的となっている。

軸組工法の材料

柱は、スギやヒノキ、梁はベイマツを使うことが多く、丸太の梁には国産のマツを使うのが一般的である。また、柱、梁とも集成材を使うことも多い。

社寺はヒノキ、数寄屋建築では印象として柔らかさを出すために、スギを使う。床柱や上り框（175頁参照）などは、銘木と呼ばれるような、質の高い特殊な木材を使用している。

土台は、ヒノキやヒバ、さらによいとされているのが、枕木にも使われていたクリである。また、輸入のツガ材（ベイツガなど）に薬剤を注入する注入土台も使われている。

用語解説

数寄屋
（すきや）

数寄屋自体は庭園の中に独立して建てた茶室。数寄屋づくりとは、茶室建築の手法を採り入れた建物をいう。16世紀末期に流行し、装飾性を排した簡素な仕上げや、面皮柱（172頁参照）を使うことなどが特色といえる

軸組工法の成り立ち

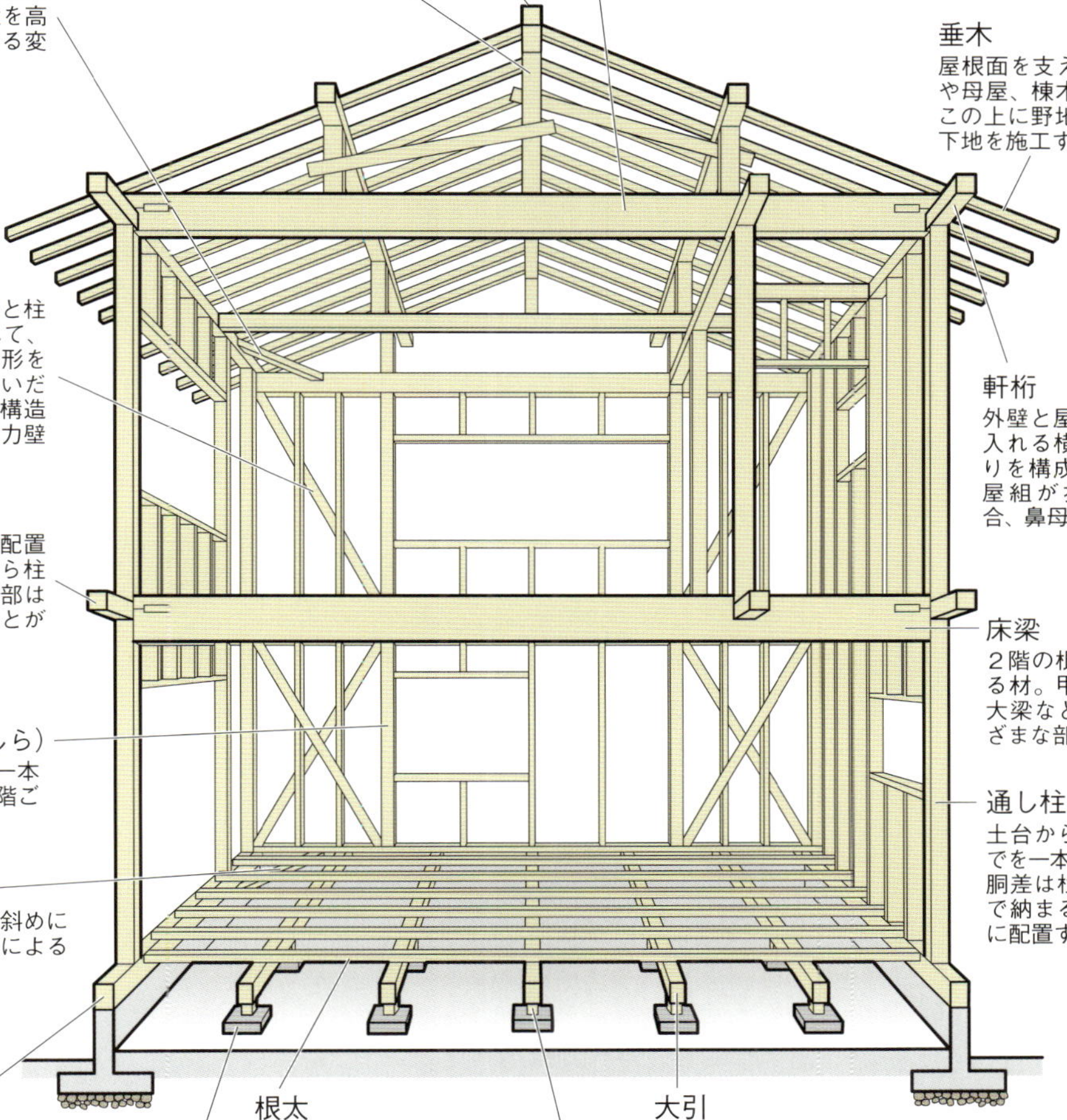

棟木
小屋組の頂部に架ける棟木で、垂木や登り梁を受けて屋根の荷重を小屋束から梁に伝える

小屋梁
小屋束より屋根の荷重を受けて柱に伝える横架材。角材のほかに、太鼓材や丸太材も使用される

小屋束
母屋や棟木からの荷重を小屋梁に伝える束

火打梁
直交する梁に斜めに入れて水平剛性を高め、水平力による変形を防ぐ

垂木
屋根面を支えるための軒桁や母屋、棟木に架ける材。この上に野地板などの屋根下地を施工する

筋かい
耐力壁として柱と柱の間に斜に入れて、水平力による変形を抑える材。筋かいだけでなく丸鋼や構造用合板による耐力壁もある

軒桁
外壁と屋根面の交点に入れる横架材で、地廻りを構成する部材。小屋組が折置き組の場合、鼻母屋ともいう

胴差
建物の胴廻りに配置する材。上下から柱が取り付き、端部は通し柱に差すことが多い

床梁
2階の根太や梁を受ける材。甲乙梁、小梁、大梁などのようにさまざまな部材がある

管柱（くだばしら）
通し柱のように一本物で通さず、各階ごとに設けた柱

通し柱
土台から2階の軒桁までを一本物で通した柱。胴差は柱に差すかたちで納まる。建物の出隅に配置することが多い

火打土台
直交する土台に斜めに配置し、水平力による変形を防ぐ

根太
大引や梁の上に渡して、床板を受ける部材。厚物の構造用合板などを敷いて根太を省略することもある

大引
1階床組の根太を支える部材。たわみ防止のために半間ごとに床束で支える

土台
基礎の上に設置する部材。柱からの荷重を基礎に伝え、柱の根元をつなぐ役目を果たす

束石
床束を水平に支えるために石やコンクリートを設置する

床束
1階床組の大引を支える部材。近年では木製の束だけでなく、鋼製やプラスチック製のものも普及している

Point

耐力壁と床組や小屋組の水平面を固めることで成り立つ工法

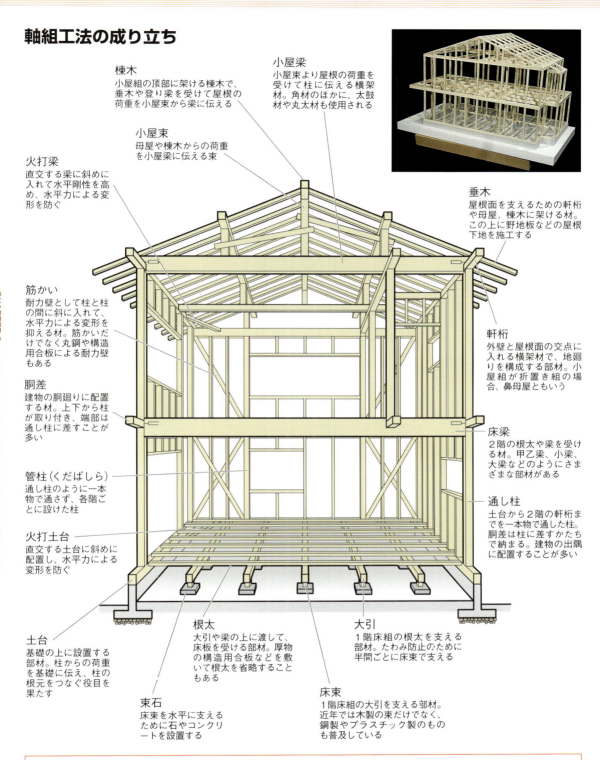

枠組壁工法

026

壁・床を一体化する

枠組壁工法とは、一般に2×4（ツーバイフォー）工法と呼ばれているもので、枠組材（ツーバイ材、ディメンションランバーともいう）に**構造用合板**などのパネルを釘で留め、壁と床をつくり、全体の構造とする工法である。アメリカの開拓時代に、セルフビルドで簡単に家を建てるために考案された。

枠組壁工法は、壁と床を一体化し、剛性の高い壁式の構造を形成するため、建物にかかる荷重が壁全体に分散して伝えられる。そのため、耐震性も十分確保しやすい。また、構造が単純であるため、比較的短期間の工事ですむこともメリットだ。ただし、壁が構造体であるため、間仕切の変更がしにくいことを前提として設計したほうがよいだろう。

その他の特徴として、床・壁を合板で囲うため気密性・断熱性も高いといえる。

同様の理由で、火災時に火が回りにくく防火性能も高いため、火災保険料も、通常のモルタル塗りやサイディング仕上げにくらべ、約半分になる場合もある。

設計のポイント

枠組壁工法を日本に導入するにあたり、建築基準法上で構造基準が設けられたので、その基準に沿って設計することになる。構造基準では、構造壁に囲われた最大の範囲が定められ（耐力壁と耐力壁の間の距離を12m以下とする）、開口部幅も4m以下とされている。パネルを留める釘は規定のものを使い、定められた間隔以下で打つことが重要なポイントである。

パネルは、構造用合板を構造用の釘で枠に打ち込んでつくる。スパンが大きい床下地には、2×6（ツーバイシックス）という部材を使う。

用語解説

構造用合板
（こうぞうようごうはん）

構造耐力上主要な部分に用いる目的でつくられた合板をいう。等級は強度により1級と2級に区分され、1級のほうが高い強度をもつ。接着性能は特類と1類に区分される。特類は常時湿潤状態における接着性能が確保されている

軸組工法と枠組壁工法の違い

軸組工法のイメージ

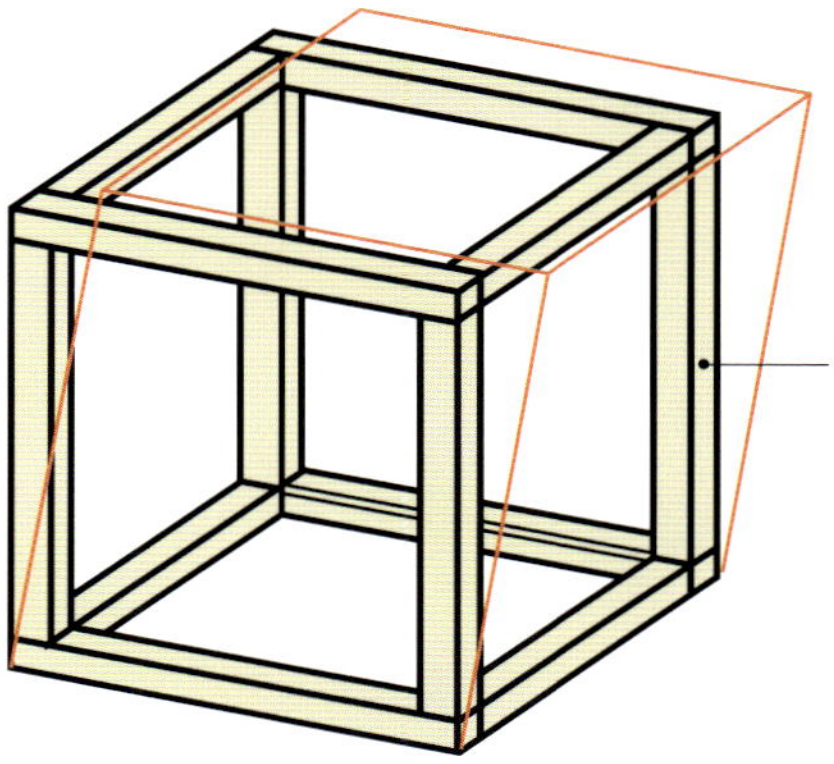

枠組壁工法のイメージ

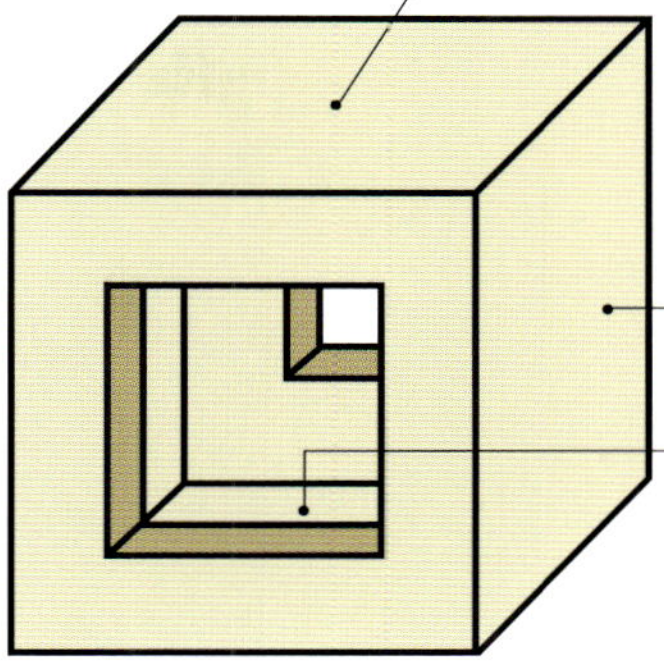

枠組壁工法の設計ルール

平面

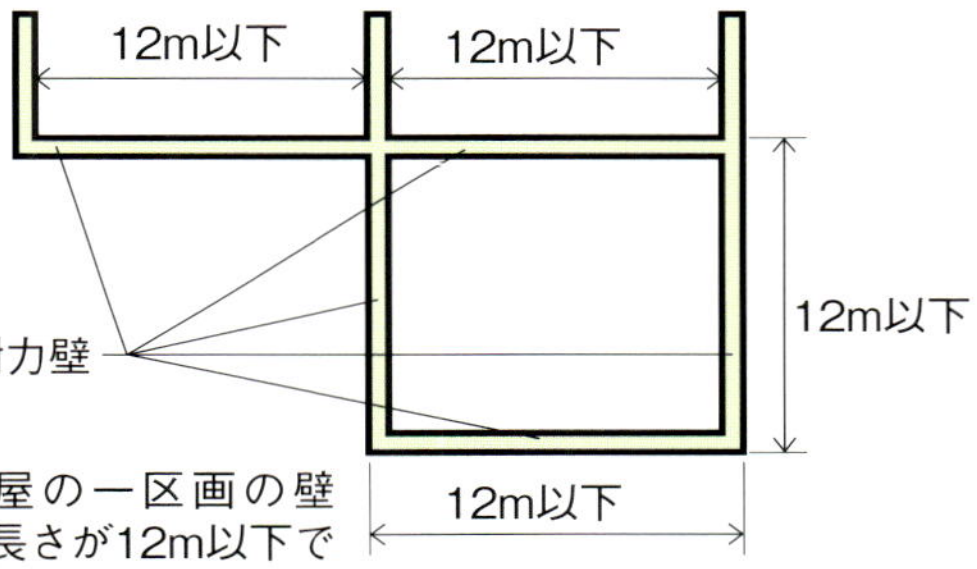

立面

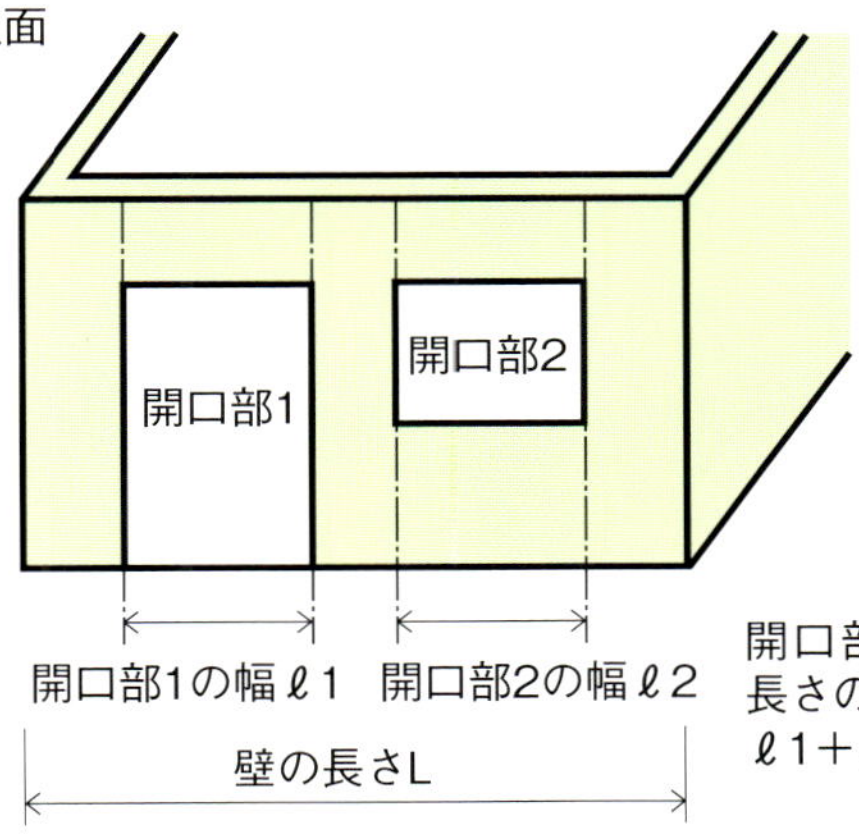

開口部の幅の合計は壁の長さの4分の3以下
$\ell 1 + \ell 2 \leqq L \times 3/4$

枠組壁工法の枠組

構造用合板
壁や床の一面ごとに釘で打ち付け、枠と壁と床を一体化させる。ここがきちんと一体化されないと構造強度が出ない
竪枠
構造用合板を取り付けるための木枠
竪枠、下枠とともに構造用合板を取り付けるための木枠

Point 枠組壁工法は壁と床が一体でつくられ剛性が高いが、間仕切の変更がしにくい

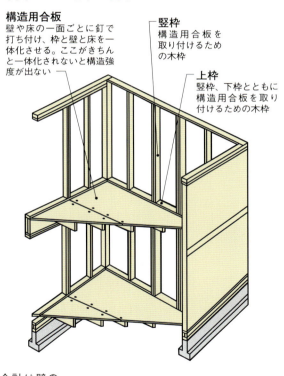

丸太組工法

027

ログハウスを丸太組工法という

丸太組工法とは、一般的には、ログハウスといわれている工法で、丸太を水平に積み重ねて構造体に仕上げていく。もともとはデンマークや北欧で発達した工法で、丸太の断熱性を利用した寒冷地の住宅である。丸太ではなく、角材を使う場合もある。

浴室などを除き、内部・外部とも積み上げた丸太を、露《あらわ》しといって構造材を仕上げとして見せるつくり方をする。この工法は、枠組壁工法と同様にセルフビルドも可能である。

丸太組工法の設計ポイント

丸太の材料は、スプルスなどの輸入材が多く使われている。住宅1棟に使用する木材の量は、軸組工法などと比べて、かなり多くなる。

材料は、標準タイプであれば、加工した部材を輸入することができて、コストも低く抑えることができる。

基礎は軸組工法と同じように、鉄筋コンクリートでつくる。

壁は丸太を積んだ壁が耐震壁となるため、開口部の幅を大きく取りにくい。また、丸太は時間が経つにつれて乾燥収縮し、壁が沈む。さらに、丸太自体の重さ（自重）で、積み重ねた丸太と丸太の隙間が小さくなってくる。そのため、窓や扉の上部に隙間を設けるなど、沈下量を考慮して設計・施工することがポイントである。

太い丸太は、すぐには燃えにくく、仮に燃えても表面だけが燃えるだけで済むため、一定の規模までなら市街地の**準防火地域**でも建設が可能である。

そのほかのポイントとして、壁や天井にボードを張って仕上げることがないため、設備は、給排水や電気配線などが露出した状態にならざるを得ない場合もあり、その処理に工夫を施す必要がある。

用語解説

準防火地域
（じゅんぼうかちいき）

建築物などの防火性能を集団的に向上させ、火災の延焼拡大を抑制するために指定された区域。防火地域に順ずる地域として指定される。準防火地域では、3階建以下で、延べ面積が500㎡以下であれば、木造を建てられる

丸太組工法の成り立ち

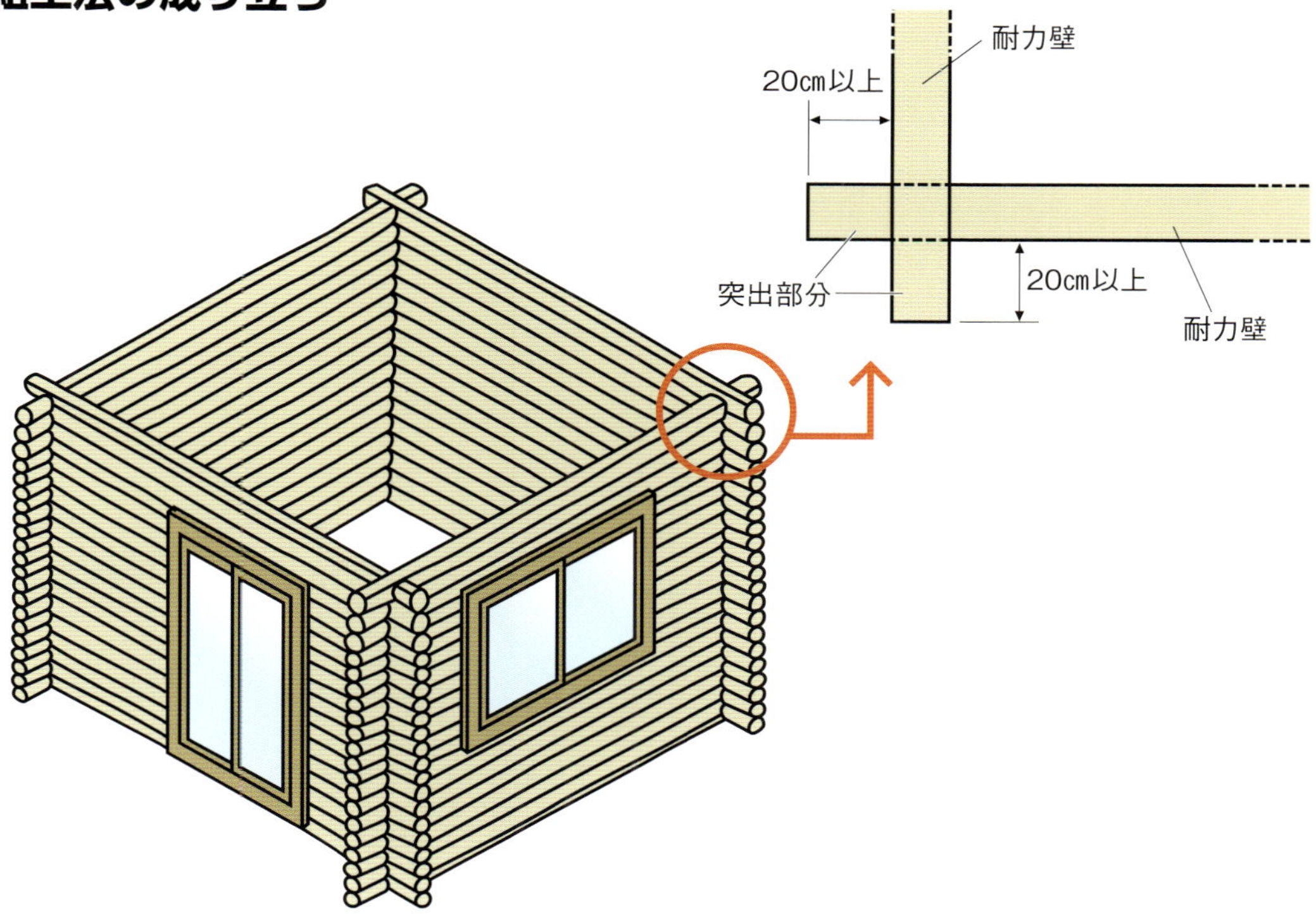

丸太組工法の設計ルール

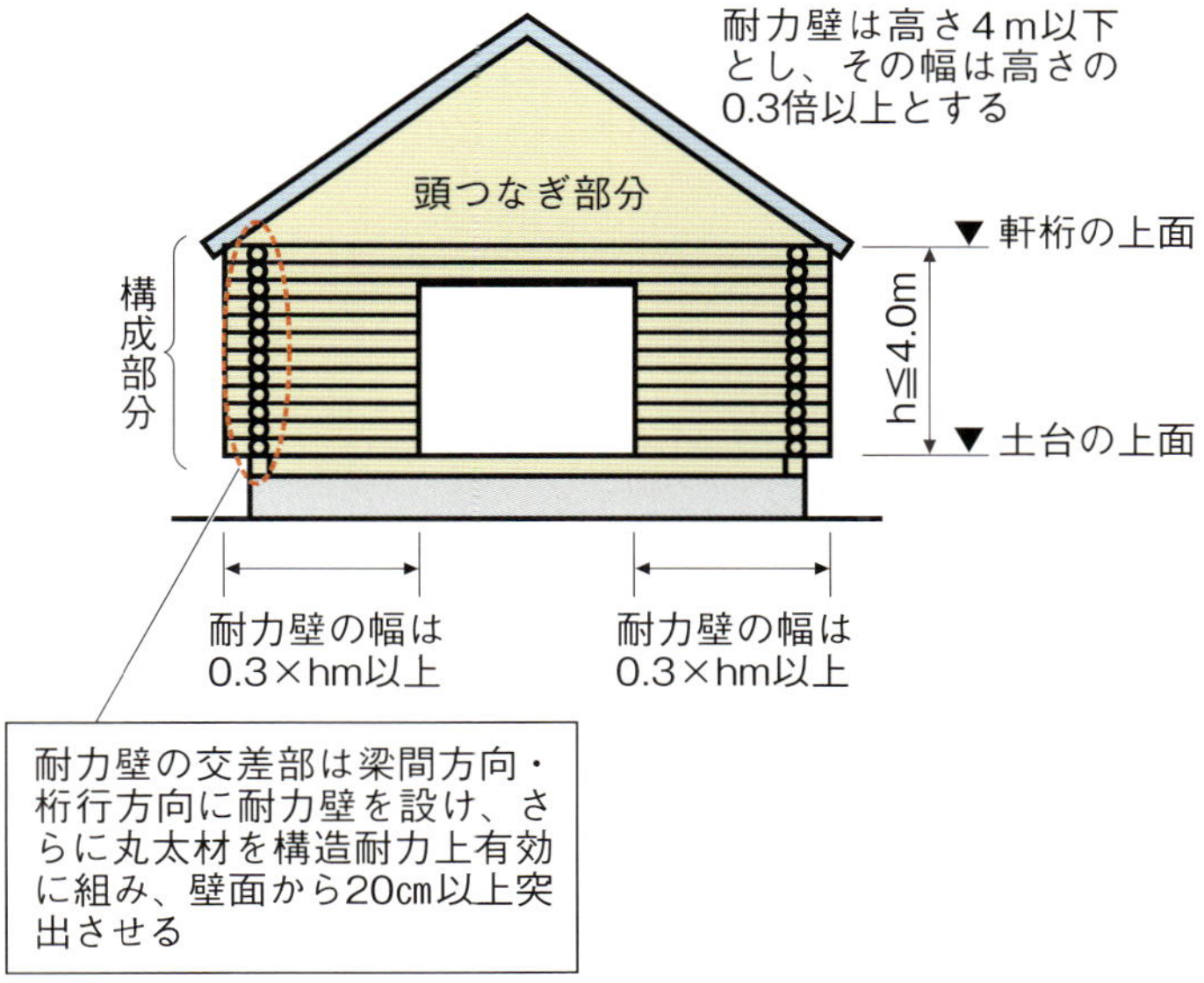

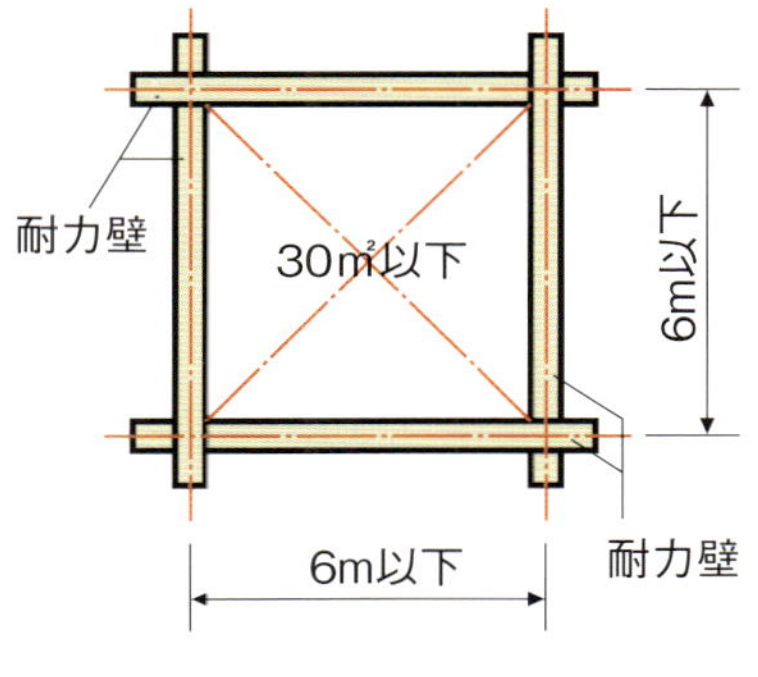

耐力壁によって囲まれた部分の水平投影面積は30㎡以下、耐力壁から耐力壁までの間隔は6m以下とする。ただし、実験や構造計算により構造耐力上の安全が確かめられた場合は、耐力壁と耐力壁の間隔を8m以下、一区画の水平投影面積を40㎡以下とすることができる

Point 木材の乾燥収縮などにより、丸太と丸太の隙間が小さくなることを考慮して設計する

木造3階建て

木造3階建ての構造規定

土地価格の上昇や、住宅事情などにより、狭い敷地を有効に利用できるようにするため、昭和62年から、準防火地域内でも木造3階建てが建てられるようになった。とはいえ、木造3階建ては、2階建てと比べると、構造や防火規定が細かく定められている。

まず、構造規定から説明する。木造3階建ての設計では、2階建てと異なり、構造計算が義務付けられている。2階建てよりも1階に大きな外力が加わるため、それに耐える設計が求められる。

構造材は、構造計算によって断面寸法などが求められるが、建築基準法では、主要構造部の柱、梁の小径を12㎝以上にすることが定められている。

1階が車庫になっているプランを多く見かけるが、耐震壁が不足しやすいので、この場合は水平構面を固めることも検討するとよいだろう。なお、木造3階建ては確認申請の際には、**構造計算適合性判定**を受けなければならないこともある。確認申請により時間がかかるので、頭に入れておきたい。

木造3階建ての防火規定

木造3階建ては内部・外部にわたって防火規定が定められている。準耐火構造には1時間準耐火と45分準耐火構造の2種類あるが、一般的には、45分準耐火で設計することが多い。

45分準耐火構造とする場合、屋根は不燃材料を使い、かつ、外壁耐火（ロ準耐）の屋根にするか、石膏ボード2重張りなどで天井を耐火被覆する必要がある。床は、不燃軸組（ロ準耐）とするか、裏または直下の天井裏に石膏ボードを2重張り、または、石膏ボードの上にロックウールを張るなどの耐火被覆の措置が求められる。

そのほか、開口部にも制限がかかる。

用語解説

構造計算適合性判定
（こうぞうけいさんてきごうせいはんてい）

確認申請時に、構造における計算過程などの詳細な審査やプログラムによる再計算を行うこと。一定の高さや構造の建築物（木造は高さ13m超のもの、軒高9m超のもの）に構造計算適合性判定が義務付けられている

3階建ての構造と防火のルール

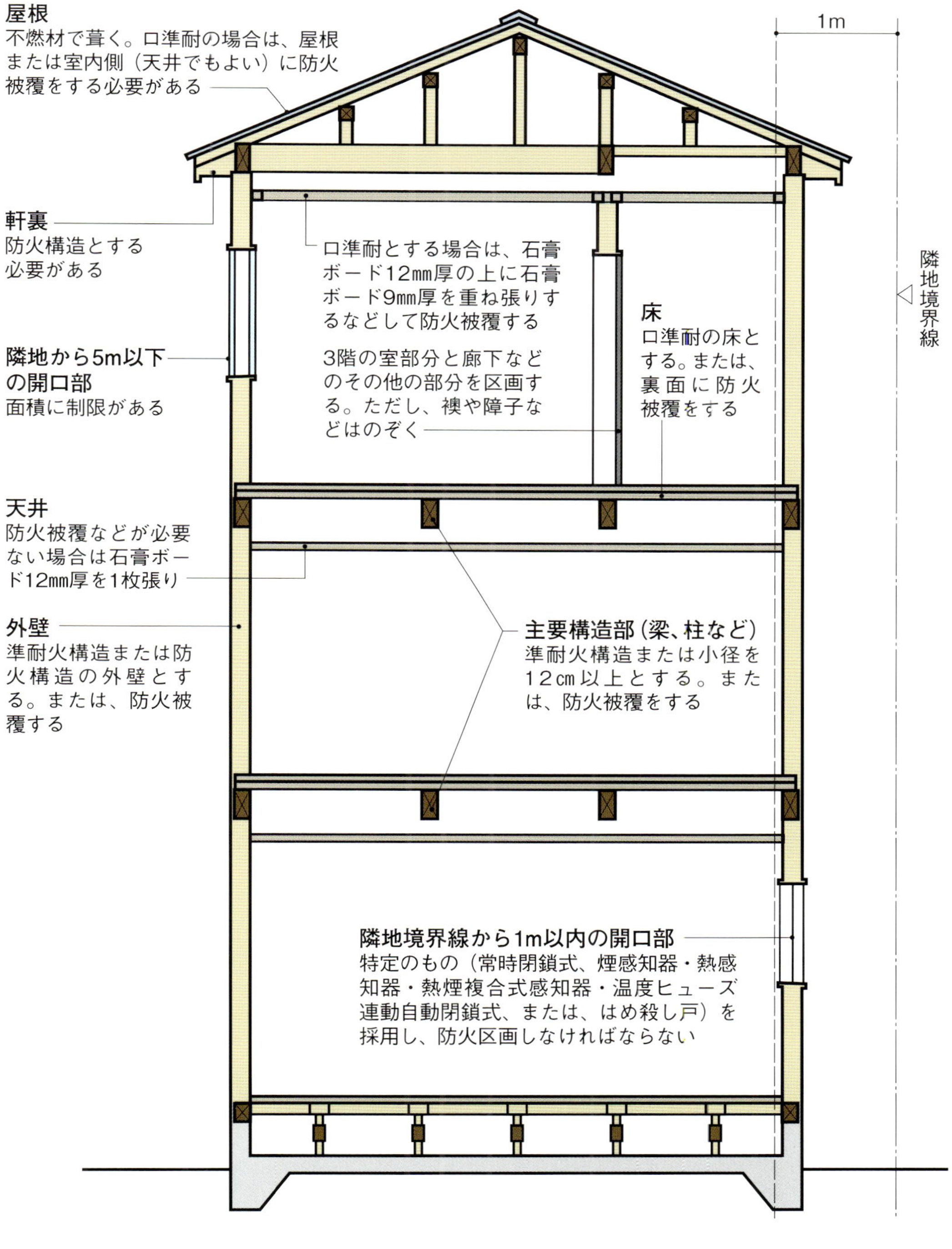

屋根
不燃材で葺く。ロ準耐の場合は、屋根または室内側（天井でもよい）に防火被覆をする必要がある
1m
軒裏
防火構造とする必要がある
ロ準耐とする場合は、石膏ボード12㎜厚の上に石膏ボード9㎜厚を重ね張りするなどして防火被覆する
3階の室部分と廊下などのその他の部分を区画する。ただし、襖や障子などはのぞく
隣地境界線
床
ロ準耐の床とする。または、裏面に防火被覆をする
隣地から5m以下の開口部
面積に制限がある
天井
防火被覆などが必要ない場合は石膏ボード12㎜厚を1枚張り
外壁
準耐火構造または防火構造の外壁とする。または、防火被覆する
主要構造部（梁、柱など）
準耐火構造または小径を12㎝以上とする。または、防火被覆をする
隣地境界線から1m以内の開口部
特定のもの（常時閉鎖式、煙感知器・熱感知器・熱煙複合式感知器・温度ヒューズ連動自動閉鎖式、または、はめ殺し戸）を採用し、防火区画しなければならない

Point 木造3階建ては構造計算が必要。防火に関するルールが決められている

架構設計の流れ

029

鉛直荷重をうまく伝達させる

ここでは、軸組工法における架構設計の考え方を説明する。

木造軸組工法は、柱と梁で構成される（58頁参照）ため、柱の配置と梁の架け方を検討していくことが架構設計となる。

木造住宅には、建物そのものの重さや積載荷重など、上から下に力が流れる**鉛直荷重**（長期にわたって作用するので長期荷重ともいう）と、地震や台風などによって横から力を受ける水平荷重（そのときだけ作用するので短期荷重ともいう）が掛かる。

木造住宅では、基本的に鉛直荷重と水平荷重は別々に検討するが、まず鉛直荷重を上から下にスムーズに伝達させる架構設計を考えるのが原則である。そのためには、木造住宅における鉛直荷重の力の流れ方を把握する必要がある。

軸組工法で鉛直荷重を主に負担する構造部材は、柱・梁・小屋束・母屋などの軸組材である。鉛直荷重は上から下に流れるため、下へいくほど荷重は大きくなる。そのため、屋根を支える小屋梁と、2階の床を支える床梁とでは、必要とされる断面寸法が変わってくる。

鉛直荷重を上手に地盤へと伝達させるための設計ポイントは、荷重を一カ所に集中させず、なるべく均等に分散させることである。

プランと架構は表裏一体

柱や梁の配置や、それらの断面寸法などは、伏図《ふせず》という図面で表現する。軸組を平面で描いたものだ（68頁参照）。ここで大事なのは、先に確定させた平面計画にもとづいて伏図を作成するのではなく、平面計画の段階で架構を想定しながらプランニングを進めることが大切である。

用語解説

鉛直荷重（えんちょくかじゅう）

構造体にかかる荷重のうち、その構造体が持つ重量によるもので重力方向に働く荷重のことをいう。建物そのものの重さを固定荷重（自重）、住宅に設置する家具などを積載荷重が鉛直荷重にあたる

鉛直荷重の力の流れ方

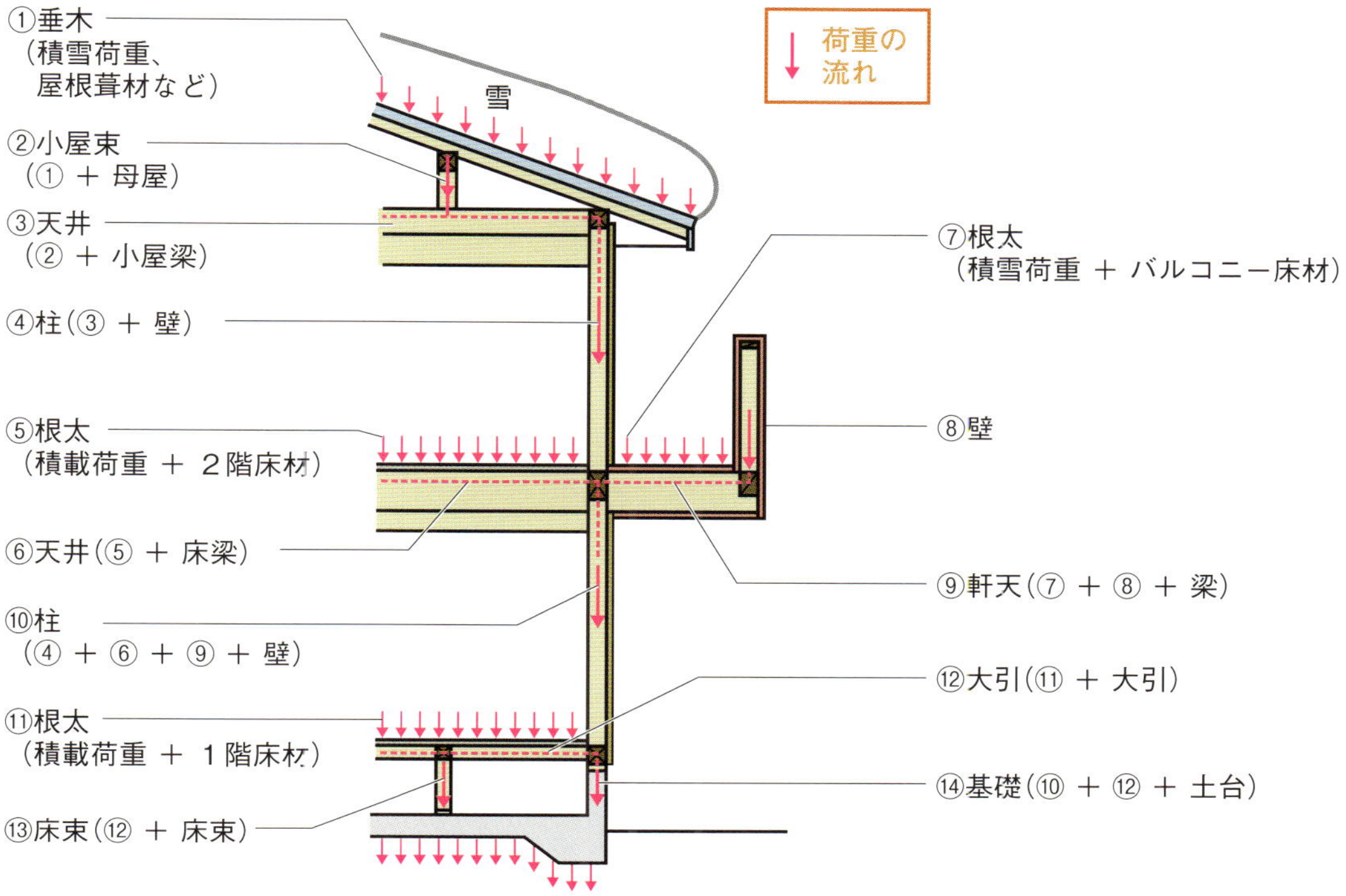

伏図はどこを描くのか

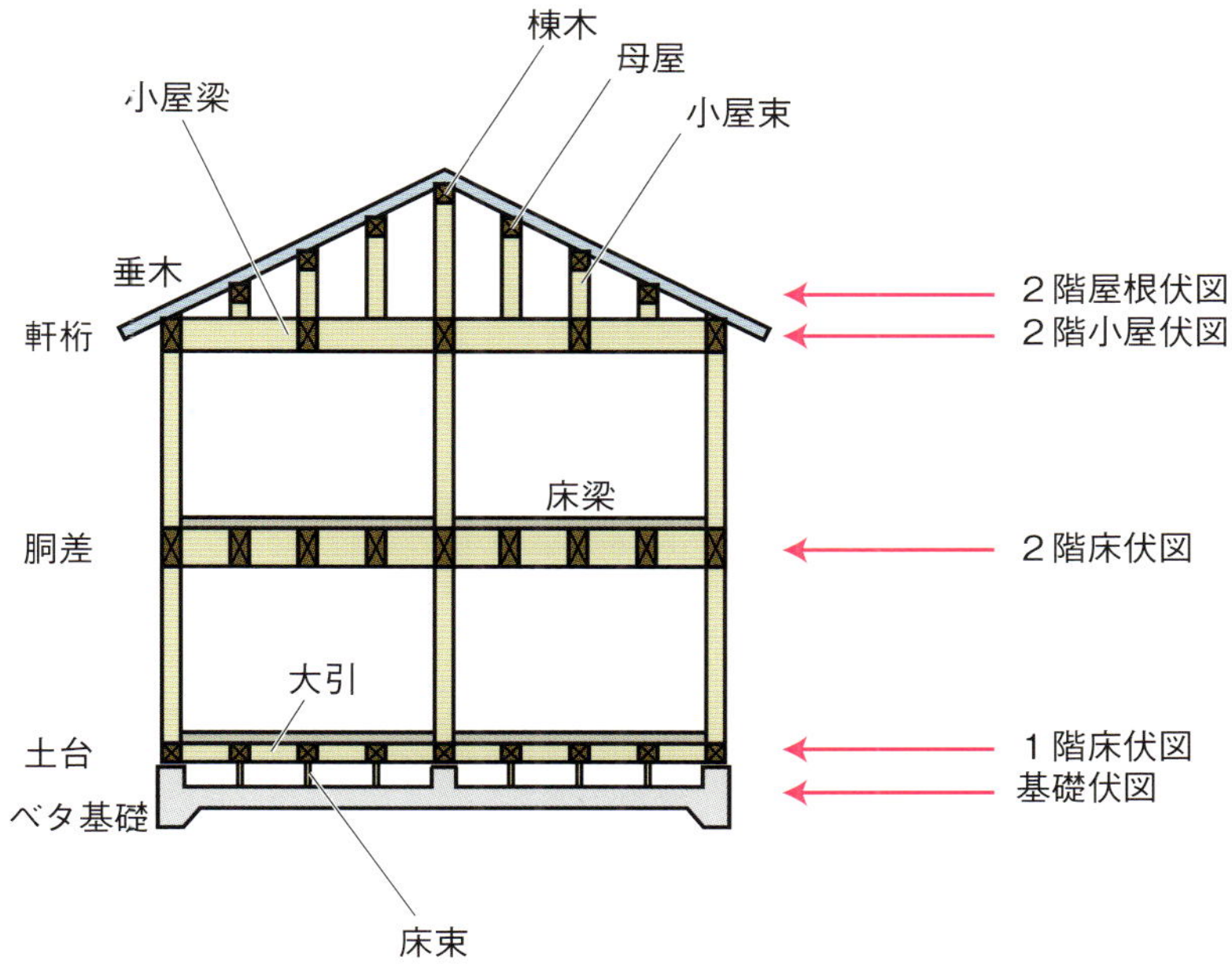

Point 架構設計は伏図で表現する。伏図では柱や梁の配置、断面寸法などを描いていく

伏図

030

伏図とは何か

現状では、伏図を作成する意匠設計者は少なく、プレカット工場まかせになっていることが多いようだ。しかし、架構と間取りは一体で考えるのが木造設計の基本であるため、伏図の描き方は押さえておくべきである。また、確認申請時に伏図の提出は求められていないが、今後は伏図が必要図書となる可能性が大いにある。

伏図の作成手順

左頁の2階建て戸建住宅をモデルにして、伏図の作成手順を解説する。

2階建ての場合、まず、1、2階平面図をもとに2階の床伏《ゆかぶせ》から検討していく。次に、2階平面図と屋根伏図をもとに小屋伏《こやぶせ》を、2階床伏をもとに1階床伏を検討する。ただし、2階の床伏を作成するときは、1階と2階の構造が関係するため、1階と2階の間取りを同時に検討しなくてはならない。

2階の床伏図で、始めに描き入れるのは間仕切上の梁である。次に、1階の柱を×で示し、その位置を考慮したうえで2階の柱を記入する。そして、スパンが飛んでいる部分に梁を架けていき、最後に床の張り方向をもとにして根太を描き込む。

小屋伏図は、2階の間仕切上の梁とスパンの飛んでいる梁を記入する。次に屋根形状の下地の垂木を決め、母屋や隅木の位置を決めていく。1階床伏図は、間仕切に土台を描き入れ、大引と根太を記入する。

原則として間仕切の上には梁が必要である。限られた木材の寸法と構造的な理由から、2間（3.6m）程度を最大スパンとするのが標準的な設計である。スパンは使用する構造材やその断面寸法によって変わるが、（財）日本住宅・木材技術センターが発行している**スパン表**などを参考にしたい。

用語解説

スパン表
（すぱんひょう）

構造用製材・集成材を横架材や屋根組に使用する場合の必要な断面寸法やスパンを表にまとめたもの。木材の産地や（財）日本住宅・木材技術センターなどで発行している

伏図の描き方（2階床伏図の場合）

モデルの平面図

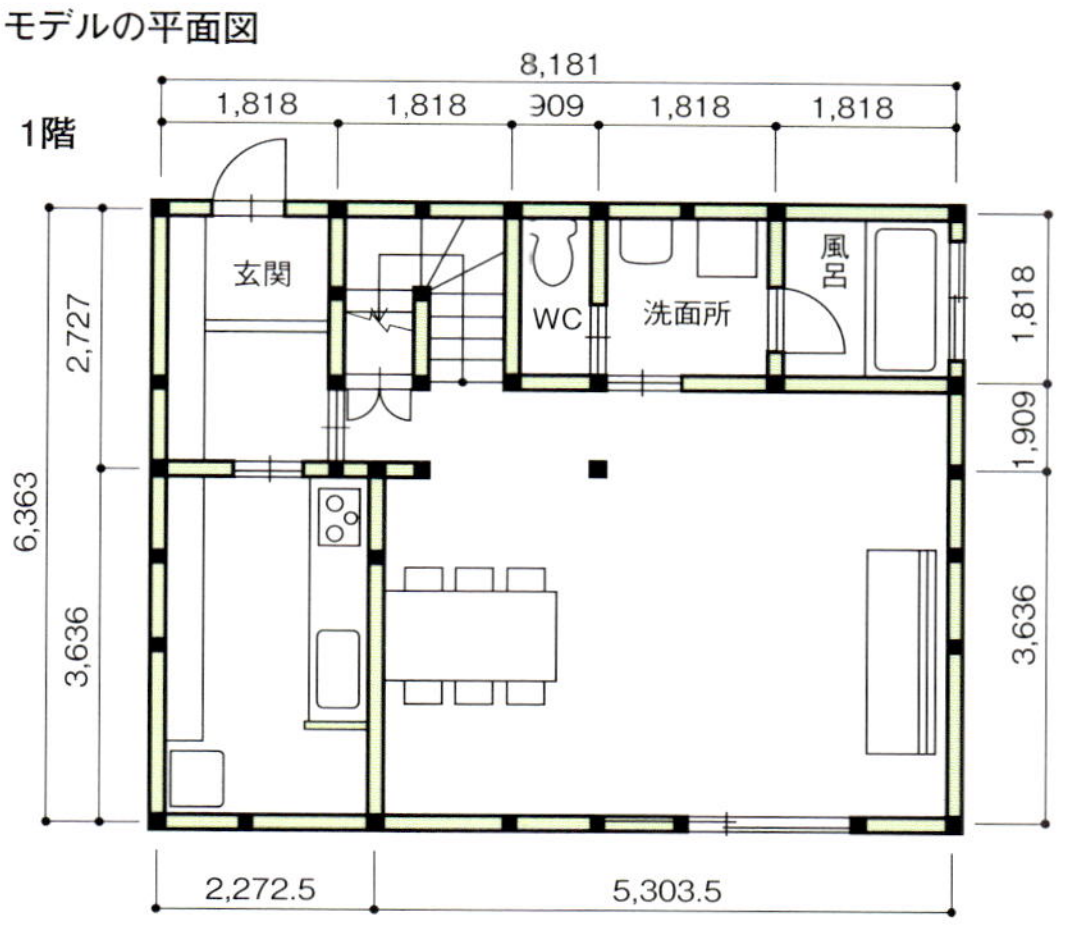

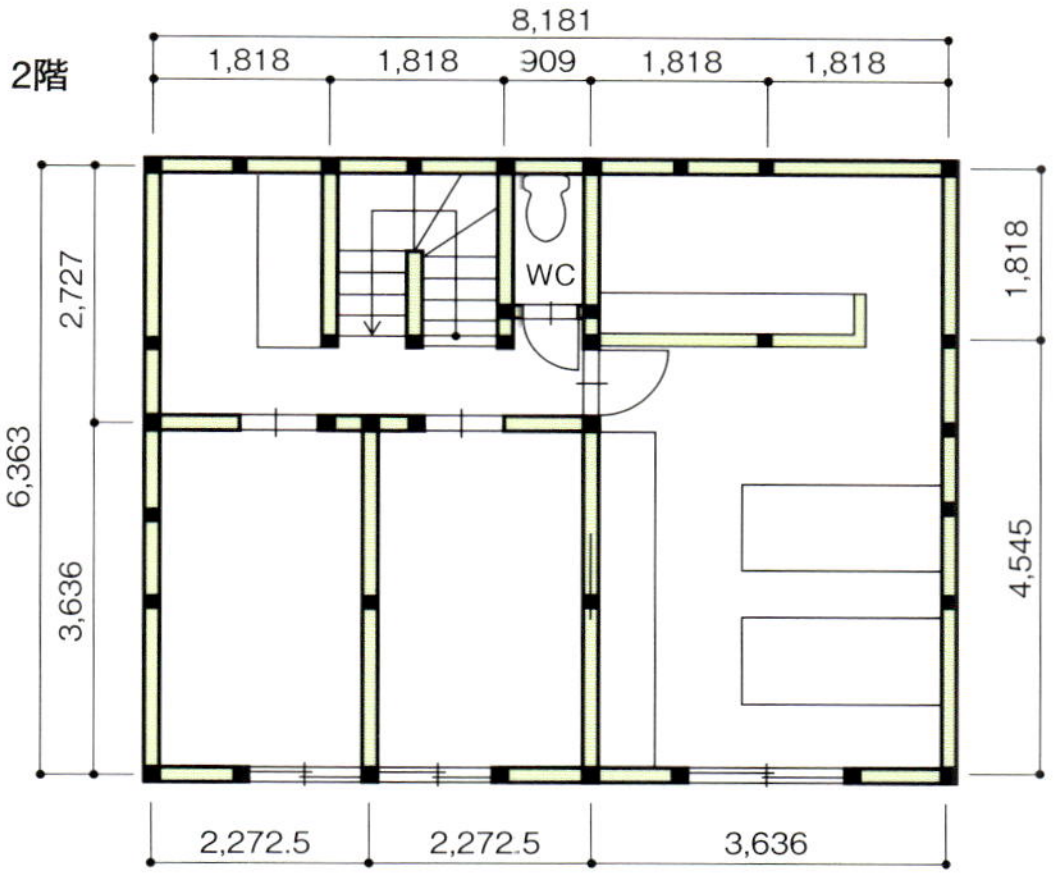

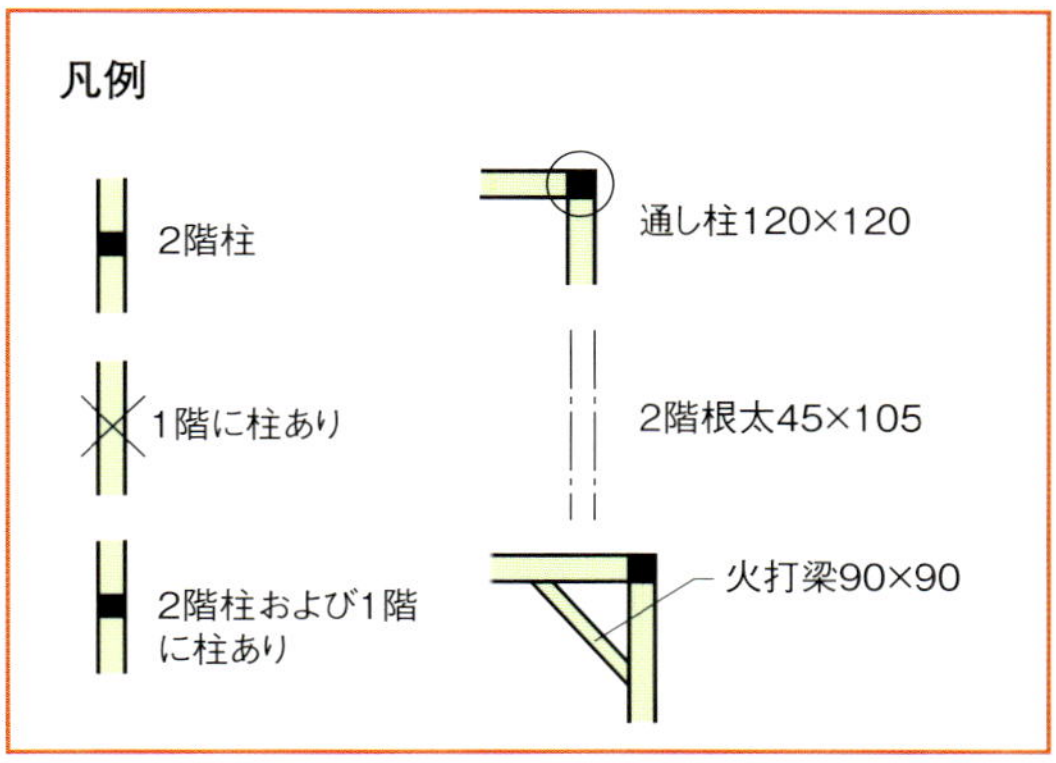

①外壁と間仕切の位置に梁を記入

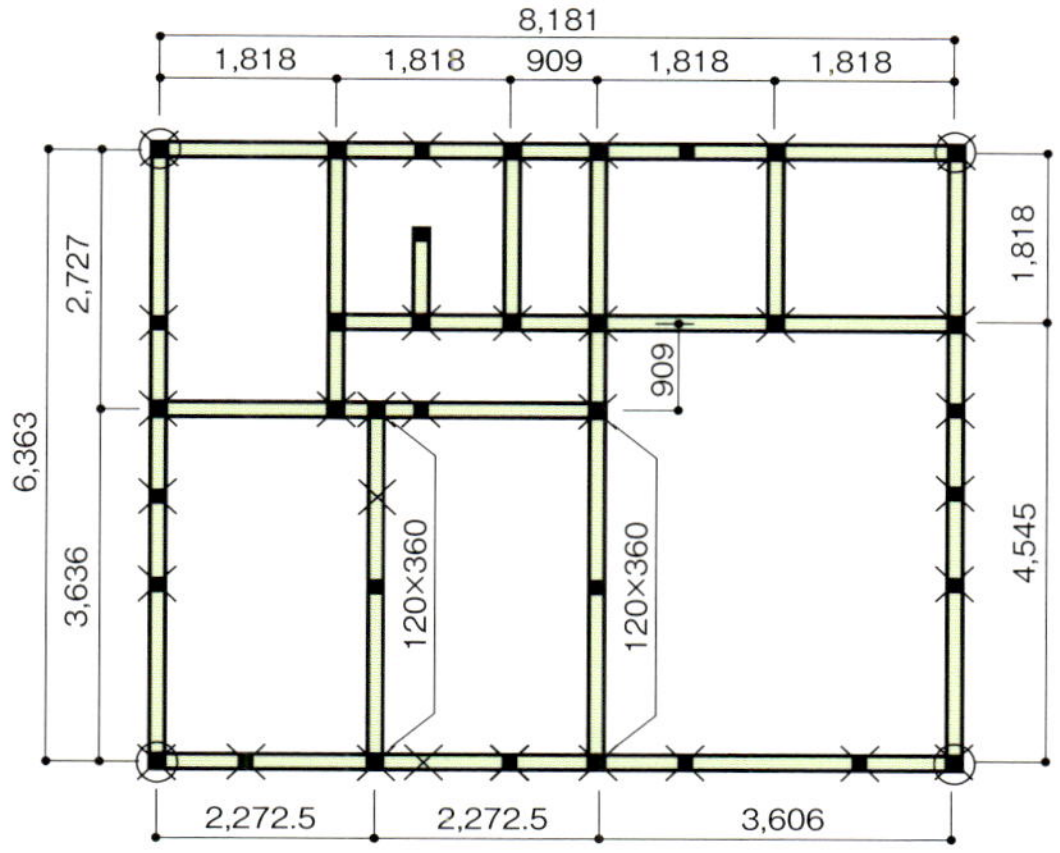

②①以外のスペースで根太が1間以上のスペースになる所を記入

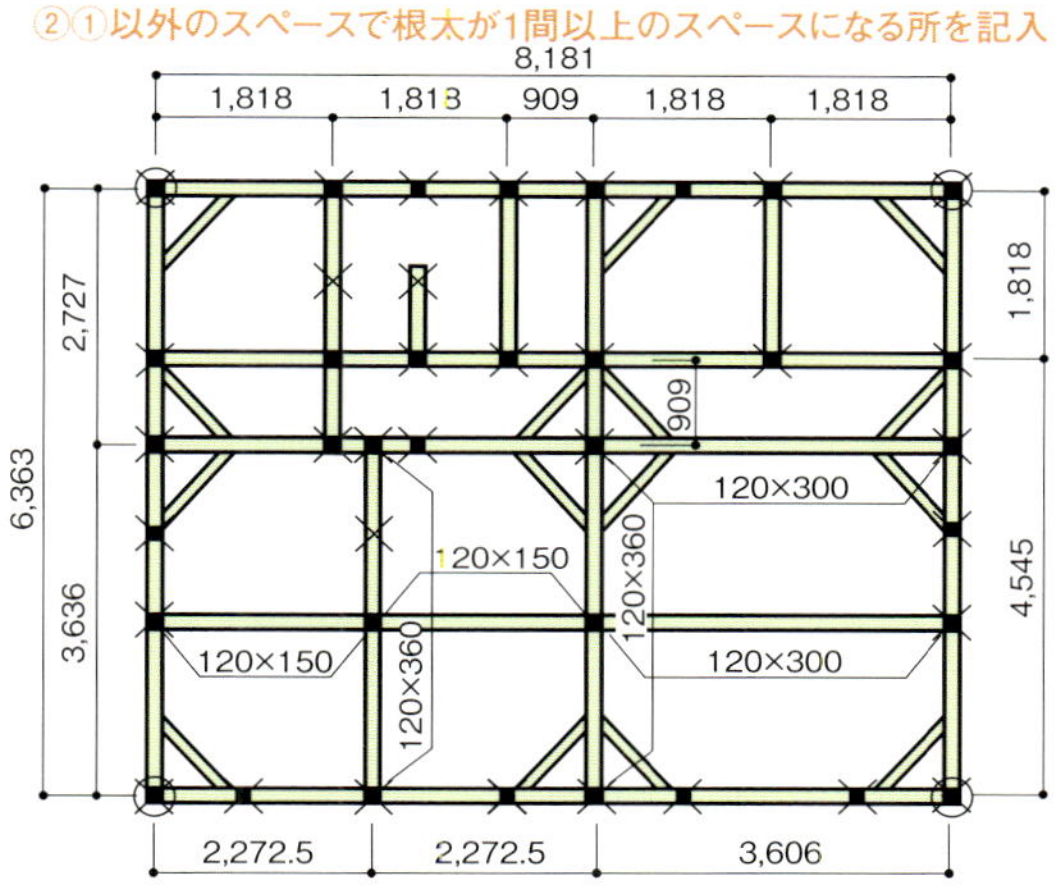

③根太を記入

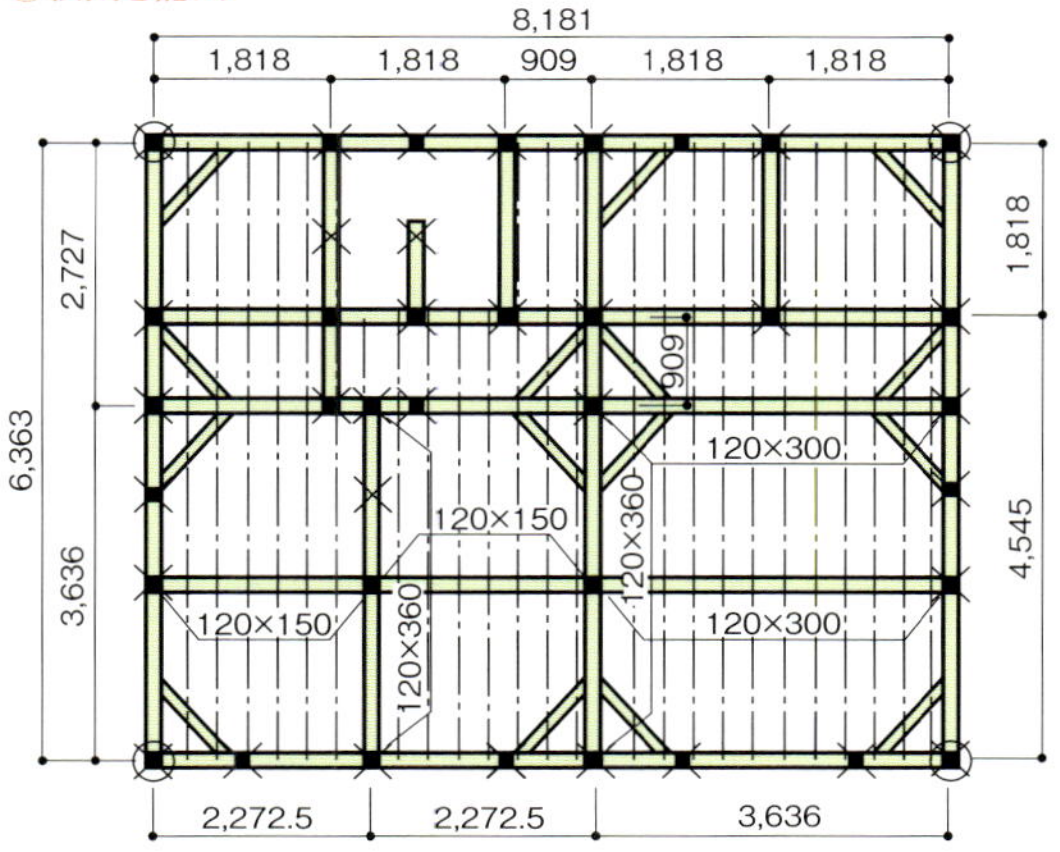

Point 伏図は木造の軸組設計図。伏図で柱や梁の配置や断面寸法を検討する

ほねぐみ

地震に強い架構設計

031

建築基準法だけでOK？

建築基準法では、2階建て以下で延べ面積500㎡以下などの木造住宅では構造計算を必要としないかわり、構造の安全性を確認する仕様規定が設けられている。しかし、仕様規定さえクリアしていれば大地震がきても倒壊しないとは言い難い。建築基準法で定められているのは、あくまで構造安全性の最低限の目安なのである。そこで、建築基準法よりも高い構造安全性を確認できる**品確法**の住宅性能表示制度に注目してみよう。

水平構面は、屋根・床・火打の3種類で構成される。この水平構面が強いと地震力による建物のねじれを防ぐことができて、地震力を分散できる。

建築基準法では、この水平構面が、その面内に作用する力を耐力壁まで確実に伝達するほどの強さをもつことを前提としているが、具体的な基準がない。住宅性能表示制度では、「床倍率」（86頁参照）といって、水平構面の強さをチェックする。住宅性能表示制度の床倍率の項目を確認しておくとよいだろう。

シンプルな構造を目指す

木造住宅は構造的に、平面的にも立面的にもシンプルで四角いほうがよい。そして、なるべく1階の壁の上に2階の壁が載るようにすると、力が上から下にスムーズに伝達される。ただし、プランニング上、どうしても2階の壁の下に1階の壁が設けられない場合は、2階の壁を支える梁を大きめにするなど、十分に補強する。また、1本の梁に多くの荷重が掛からないよう、梁の架け方を検討する必要がある。

構造部材は、梁に小梁を架けるなど、木材の欠込みが多い場合もあるので、多少は余裕のある断面寸法を選ぶべきである。

用語解説

品確法（ひんかくほう）

平成12年施行の「住宅の品質確保の促進等に関する法律」の略称。同法の住宅性能表示制度とは、構造の安定など住宅の性能について評価し、住宅取得者に対して信頼性の高い情報を提供する仕組みとして任意に活用できる制度

構造安全性を確かめる項目における建築基準法と品確法の違い

想定外力もチェック工程も異なる建築基準法と品確法の壁量設計

	建築基準法		品確法		
等級レベル	=耐震等級1	=耐風等級1	=耐震等級2	=耐風等級2	=耐震等級3
	数百年に一度発生する地震(東京では震度6から震度7程度)の地震力に対して倒壊、崩壊せず、数十年に一度発生する地震(東京では震度5強程度)の地震力に対して損傷しない程度〔注1〕	500年に一度程度発生する暴風〔注2〕の力に対して倒壊、崩壊せず、50年に一度発生する暴風〔注3〕による力に対して損傷しない程度	数百年に一度発生する地震(東京では震度6強から震度7程度)の1.25倍の地震力に対して倒壊、崩壊せず、数十年に一度発生する地震(東京では震度5強程度)の1.25倍の地震力に対して損傷しない程度	500年に一度程度発生する暴風〔注2〕の1.2倍の力に対して倒壊、崩壊せず、50年に一度発生する暴風〔注3〕の1.2倍の力に対して損傷しない程度	数百年に一度発生する地震(東京では震度6強から震度7程度)の1.5倍の地震力に対して倒壊、崩壊せず、数十年に一度発生する地震(東京では震度5強程度)の1.5倍の地震力に対して損傷しない程度

チェック項目	建築基準法	品確法
1 壁量	建築基準法の壁量	品確法の壁量
2 壁配置	建築基準法の壁配置	建築基準法の壁配置
3 床倍率		床倍率
4 接合部	建築基準法の接合部	品確法の接合部
5 基礎	建築基準法の基礎	品確法の基礎
6 横架材		横架材
	終了	終了

注1　構造躯体に大規模な工事を伴う修復が必要となる著しい損傷が生じないこと。構造上の強度に影響のない軽微なひび割れの発生などは含まれない

注2　1991年19号台風時の宮古島気象台記録　　注3　1959年の伊勢湾台風時の名古屋気象台記録

水平構面の役割り

①水平構面の強度と剛性が低い場合

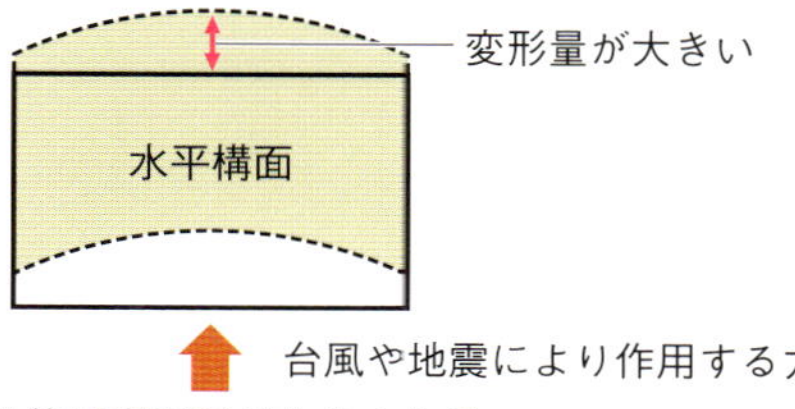

部分的に変形量が大きくなる

②水平構面の強度と剛性が十分な場合

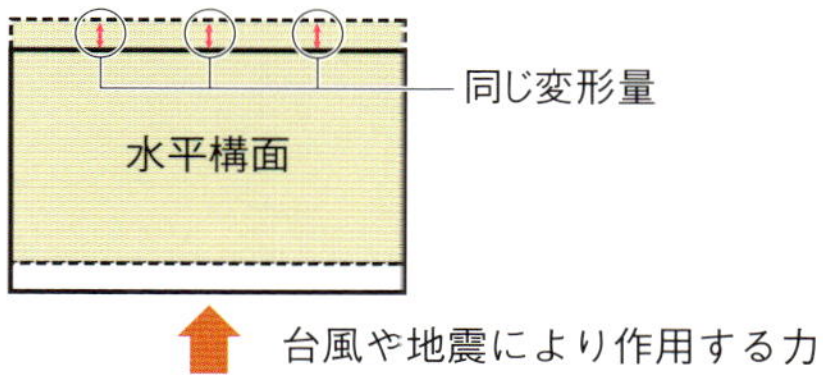

どの床も変形量が同じになる

シンプルでバランスのよい構造

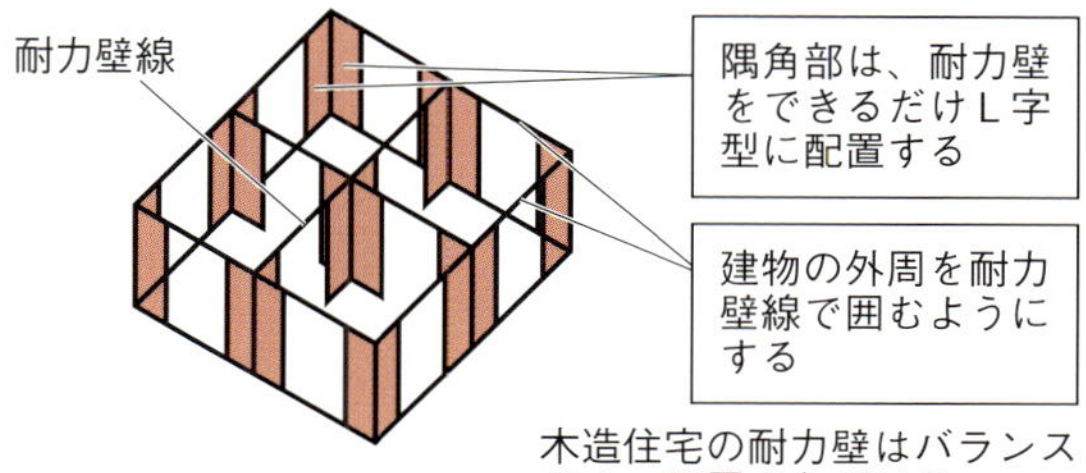

木造住宅の耐力壁はバランスのよい配置を心がける

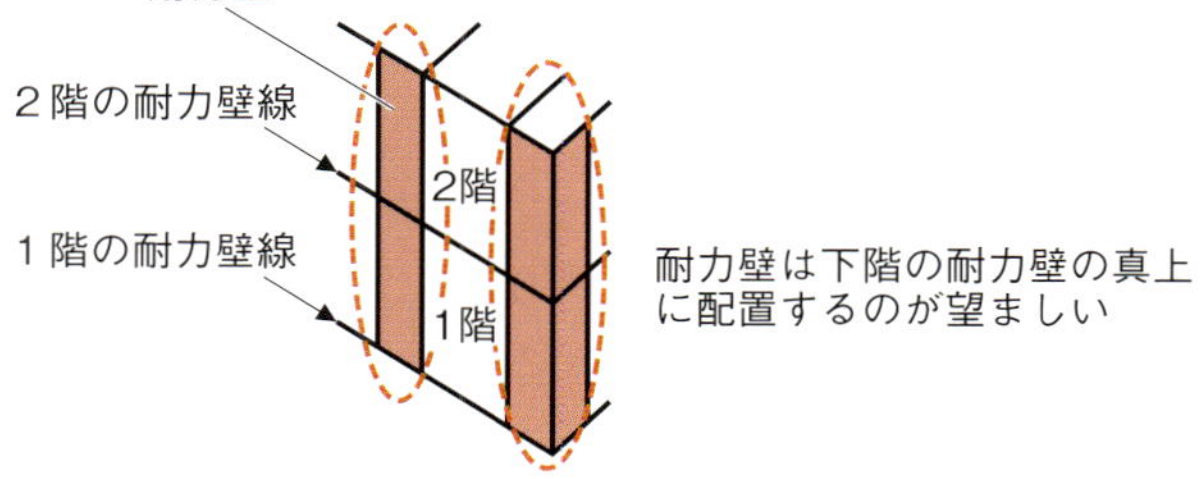

耐力壁は下階の耐力壁の真上に配置するのが望ましい

Point

建築基準法は構造安全性の最低限の目安と考え、より安全性の高い設計を心がけよう

土台

032

土台の設計ポイント

柱の下部を拘束し、建物の重みを基礎に伝える役割を果たす土台は構造上重要な部材である。土台は、基礎に**アンカーボルト**という金物を先に埋め込み、その上に土台を載せ、アンカーボルトで基礎と土台を固定する。アンカーボルトは住宅金融支援機構の仕様書では、2.7m以下の間隔で設置することとしている。土台の断面は柱と同じ寸法以上、かつ、105㎜角以上とする。標準は120㎜角とする。土台と土台を継ぐ場合は、柱や床下換気口の位置、また、アンカーボルトの位置と重ならないようにする。

木材は、横に置くとつぶれやすくなるという性質があり、柱にかかる荷重で土台が圧縮され、柱の位置が下るおそれがある。そこで、柱の「ホゾ」（柱と土台を接合するため、柱の端部に施す加工形状）を土台に差し込む穴を基礎まで貫通させ、「長ホゾ」にする。ホゾを通じて力が基礎へ通じやすくなり、土台がつぶれて柱の位置が下がるのを防ぐことができる。また、地震などが発生した場合、柱と土台の接合部に引抜力が作用し、接合が弱いと柱が抜けてしまうことがある。そこで、建築基準法にもとづき、柱と土台も定められた金物（ホールダウン金物など）で補強する必要がある。

土台の防腐・防蟻対策

土台は地面から近いため、湿気の影響を受けやすく、防腐・防蟻対策が必要である。腐りにくいヒノキやヒバなどを選びたい。枕木にも使われていたクリは、土台の材料として最適である。住宅金融支援機構の仕様書では、ヒノキやヒバなどは防腐・防蟻剤を必ずしも塗る必要がないとしている。効果は弱まるが、ヒバ油、月桃油などの自然素材を使う方法もある。

用語解説

アンカーボルト（あんかーぼると）

基礎の上端から出て土台に通して締めることで、基礎に土台を緊結させる金物。アンカーボルトの引抜き強度は、アンカーボルトのコンクリートに接する表面積に比例する

土台とアンカーボルトの設置のポイント

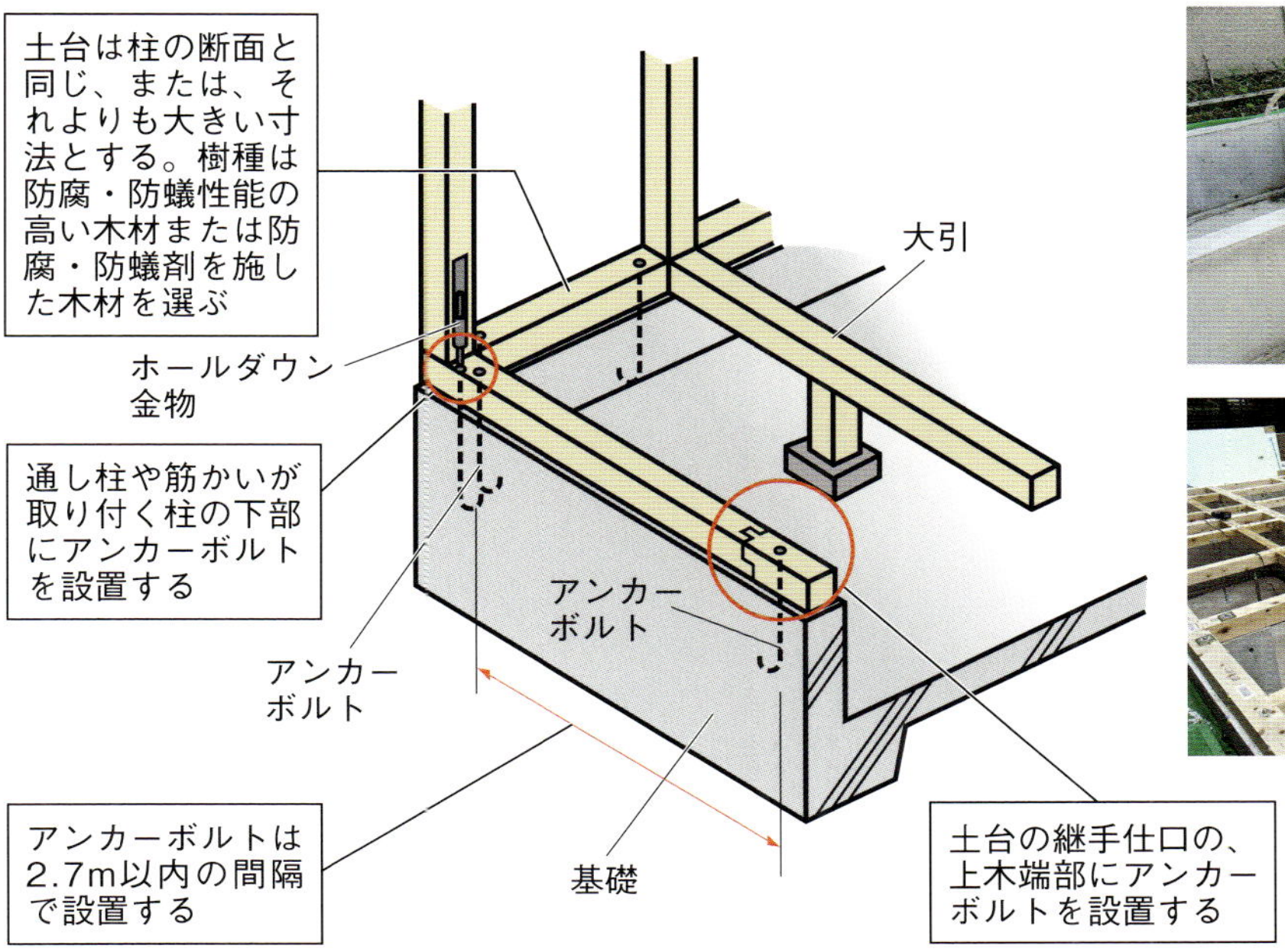

土台は柱の断面と同じ、または、それよりも大きい寸法とする。樹種は防腐・防蟻性能の高い木材または防腐・防蟻剤を施した木材を選ぶ
ホールダウン金物
通し柱や筋かいが取り付く柱の下部にアンカーボルトを設置する
アンカーボルト
アンカーボルトは2.7m以内の間隔で設置する
大引
アンカーボルト
基礎
土台の継手仕口の、上木端部にアンカーボルトを設置する

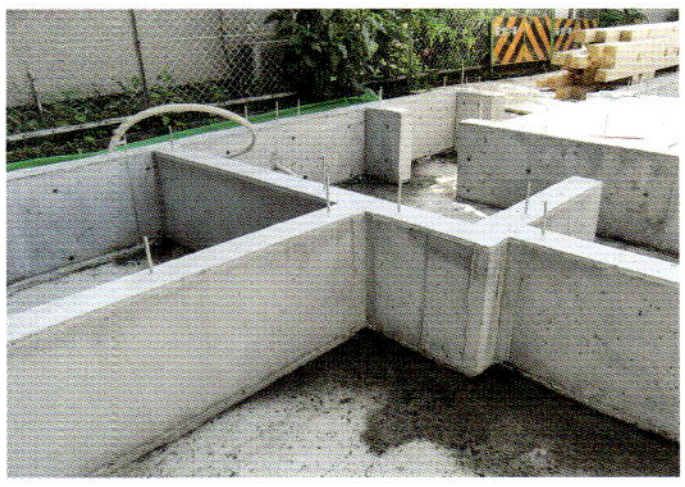

土台の継手仕口

土台と土台の継手
（腰掛けあり継ぎ）

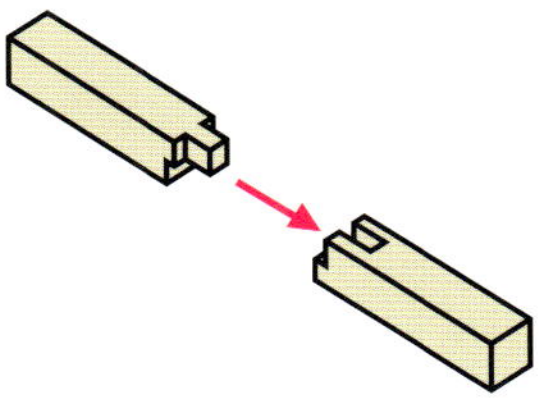

土台のT字取合い仕口
（大入れあり掛け）

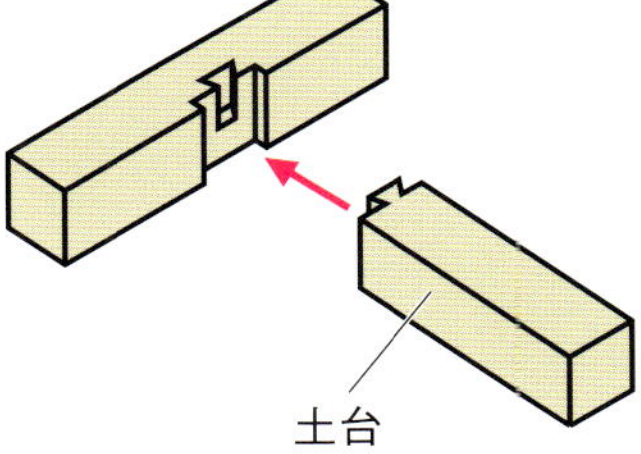

土台

土台に設けるほぞ穴

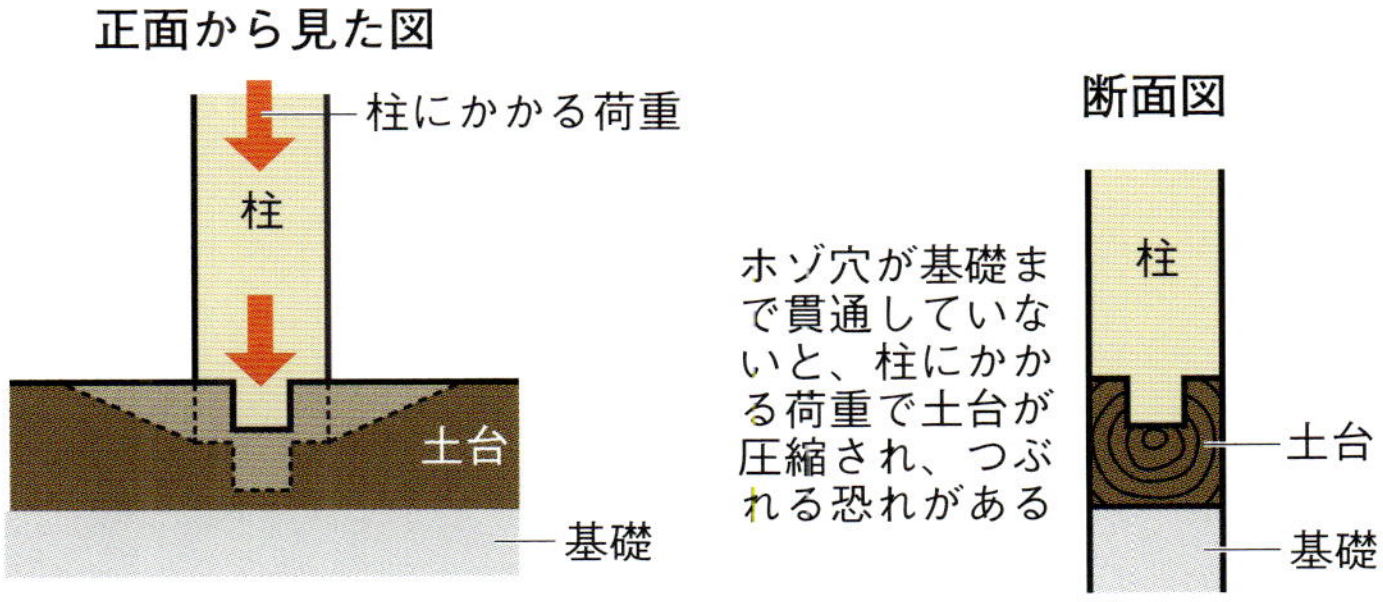

正面から見た図
柱にかかる荷重
柱
土台
基礎
断面図
ホゾ穴が基礎まで貫通していないと、柱にかかる荷重で土台が圧縮され、つぶれる恐れがある
柱
土台
基礎

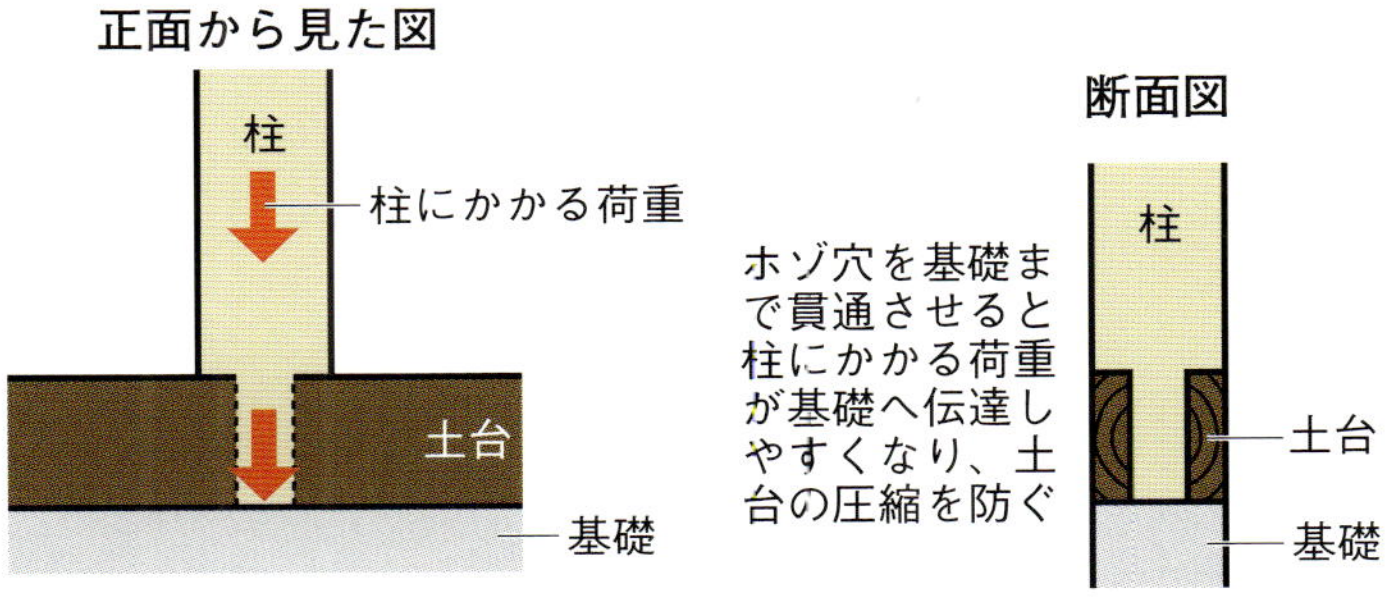

正面から見た図
柱
柱にかかる荷重
土台
基礎
断面図
ホゾ穴を基礎まで貫通させると柱にかかる荷重が基礎へ伝達しやすくなり、土台の圧縮を防ぐ
柱
土台
基礎

Point 土台は腐れやシロアリに強い材を使い、柱の断面と同等以上の大きさとする

柱

033

柱の寸法の決め方

木造住宅の骨組みとなる部材のなかで、始めに決めるのは柱の仕様である。製材と集成材、樹種、さらに、3寸5分（105㎜）角や4寸（120㎜）角などの断面寸法を決めていく。

柱は、鉛直荷重を支えたり、水平力に抵抗する役割を担う。細長い柱は**座屈**しやすい。建築基準法では、2階以上の建物の場合、隅角部などに1階から2階まで途切れることのない、通し柱を設置するように義務付けている（令43条5項）。しかし、構造的には荷重が伝達されればよいので、通常の柱は桁などで中断されている管柱でもよいとされている。

隅角部の通し柱が受ける床の荷重は、建物の内部に立つ柱と比べて約1／4程度であり、構造的な荷重の負担は大きいとはいえない。しかし、通し柱には2階床を支える胴差や梁などの横架材を取り付けるための「ホゾ穴」を開けるため、断面欠損が大きくなり、強度が下がる可能性もある。

特に中央部に大黒柱のような通し柱を設ける場合は、柱周囲の荷重を受けるとともに、四方から梁が刺さってくることがあるため、大きな断面とする必要がある。

柱と横架材の接合は、仕口とする場合と、金物でつなぐ場合がある。

材料の選び方

柱としてつくられる木材の長さは、流通上では3ｍが標準で、その上が4ｍである。階高を決めるとき、3ｍの柱で納まるような断面寸法にすると経済的である。

国産のムク材を選ぶ場合は、ほとんどが丸太を四角く加工する心持ち材を使うことになる。丸太は最も強度が高く、さらに、心持ち材は、心去り材と比べて強度が高い。

用語解説

座屈
（さくつ）

柱などの細長い棒状の部材や薄い板状の部材が圧縮力を受けると、折れ曲がって破壊に至る現象のこと。同じ材料や同じ荷重の条件のもとでも、短い柱では座屈が起きにくいが、長い柱では座屈が起きやすくなる

通し柱と管柱の違い

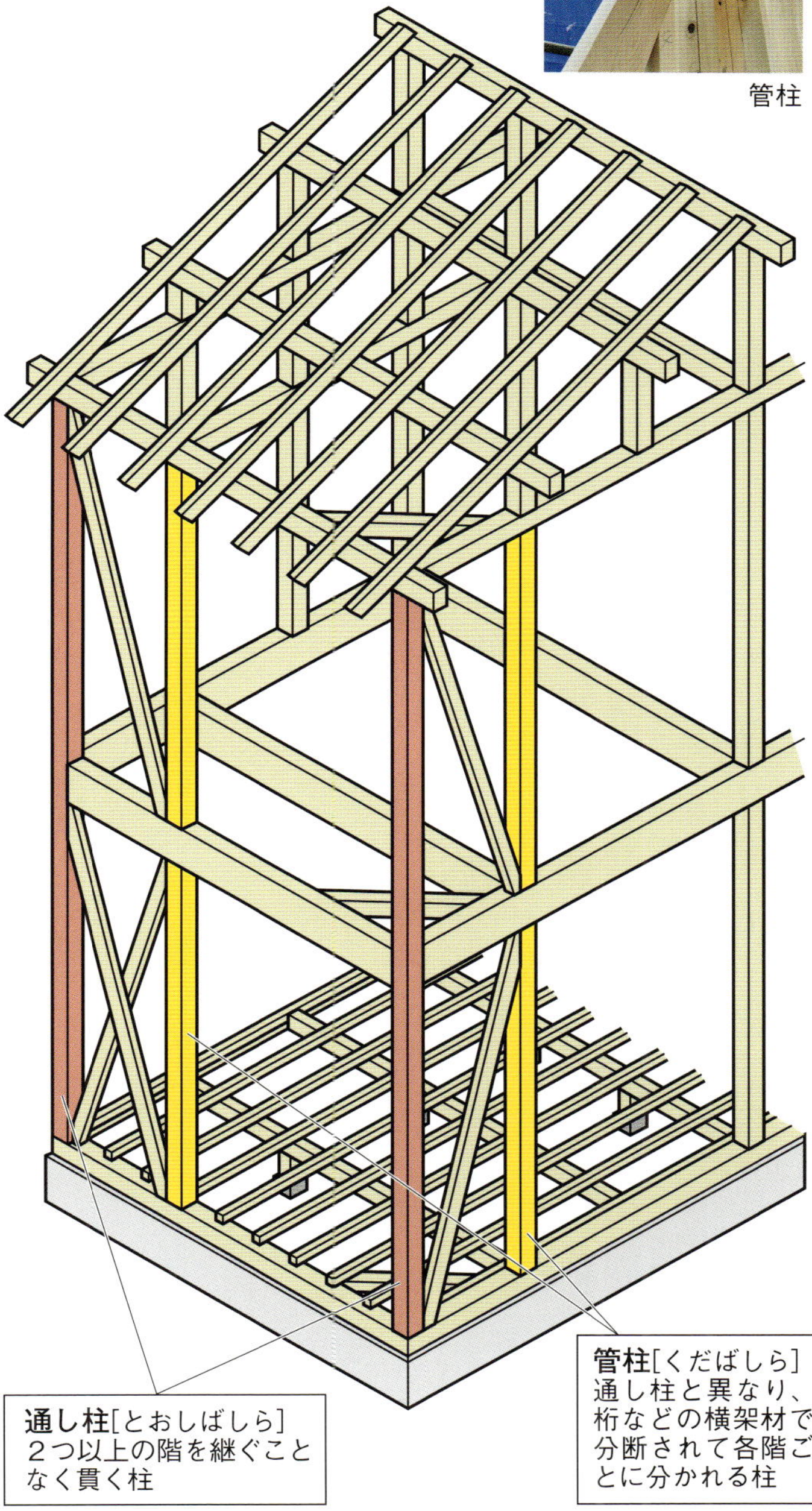

管柱

柱にかかる力

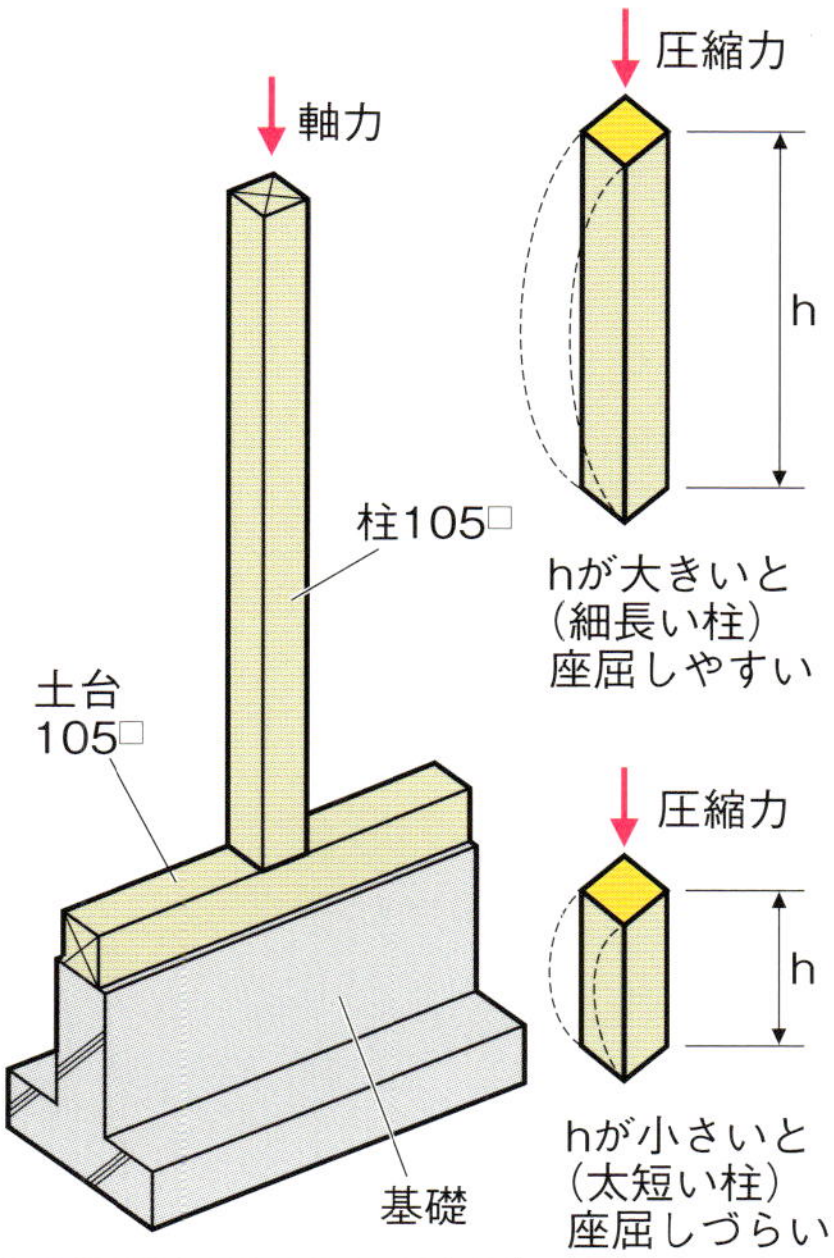

土台は柱の軸力を横圧縮力として処理する。土台は柱と同寸以上の大きさにすること

通し柱は断面欠損に注意

(四方から梁が柱に取り付く場合)

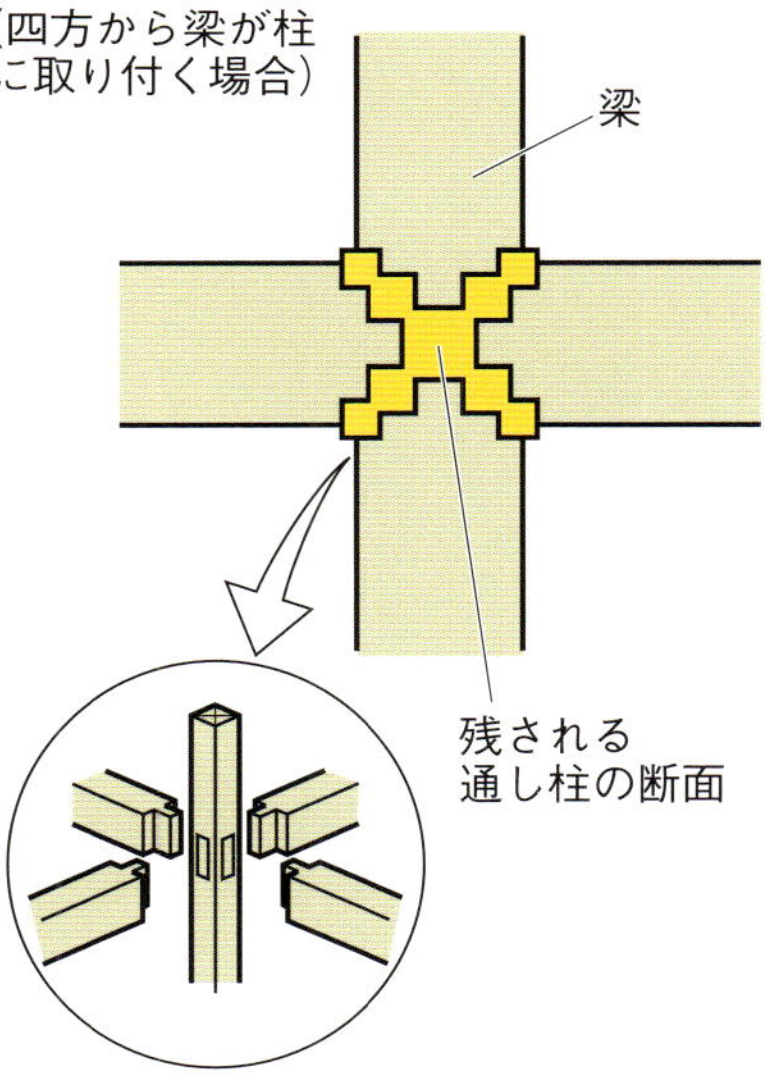

Point 構造部材のなかで最初に仕様を決める。床組から受ける荷重を考慮して設計する

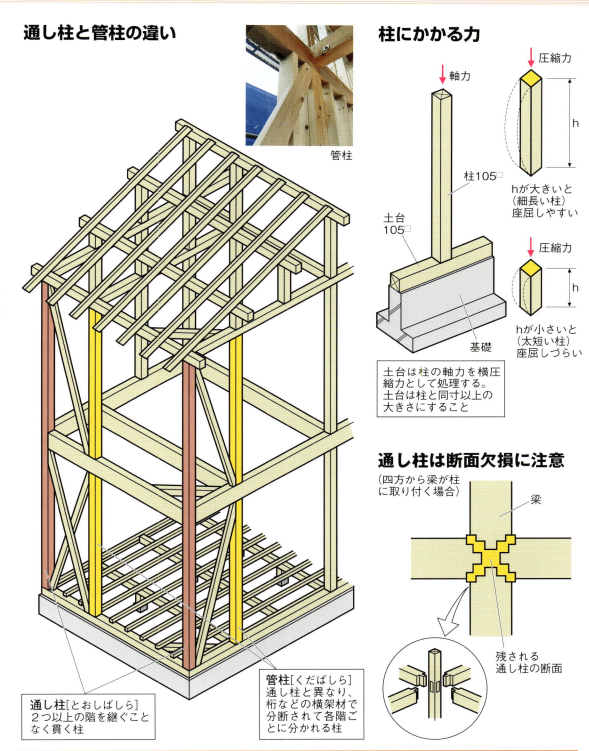

梁の設計

034

梁の仕様と種類

木造住宅の架構設計において、梁をいかに架けるかが最も重要といえる。まず、梁は、乾燥が不十分な材を使うと**たわみ**が大きくなる。

角材として使われているほとんどの梁の材料は、ベイマツである。集成材が使われることも多い。古民家では、ケヤキなどの材が使われている。ベイマツ以外では、国産のマツやスギも使われている。梁にふさわしい樹種は比較的大径木で粘り強いものといえる。

材料をプレカットで加工する場合、加工機の都合上、角材を使うこととなる。プレカットでも丸太を使うことができるが、その場合は、工場か大工の下小屋で、手刻みにより加工することになり、コストアップする。

丸太の両脇を垂直に切り落としたものを太鼓梁という。丸太の強度を生かしつつ、加工のしやすさを考慮した形状である。角材に比べ、梁せい（梁の高さ）を小さく抑えることができることもあり、デザイン的に太鼓梁を生かすのも面白いだろう。

梁の寸法を決める

梁は、どのくらいのスパンに架けるかによって断面寸法を決める。梁材の長さは、3m、4mが標準で、幅は柱と同じサイズで3寸5分（105㎜）か4寸（120㎜）が標準である。梁せいは、簡単には、2間（3.6m）で1尺（300㎜）、1.5間（2.7m）で8寸（240㎜）、1間（1.8m）では3寸5分（105㎜）である。この3つのサイズをおおよその目安として、1寸（30㎜）刻みで断面を調整していく。

2階の柱が載ったり、荷重が集中する梁は断面を大きめにする。また、梁が架かる梁は仕口による材の欠込みが多くなるため、梁せいを大きくしたり、幅を広くするなどして対処したい。

用語解説

たわみ（たわみ）

構造物の特定の点の外力による変位量のこと。梁は長期にわたって荷重を受けると、下に向けて反ることがある。さらに継続的に荷重がかかり、たわみが増していくことをクリープ現象という

梁に作用する力

引張りと圧縮

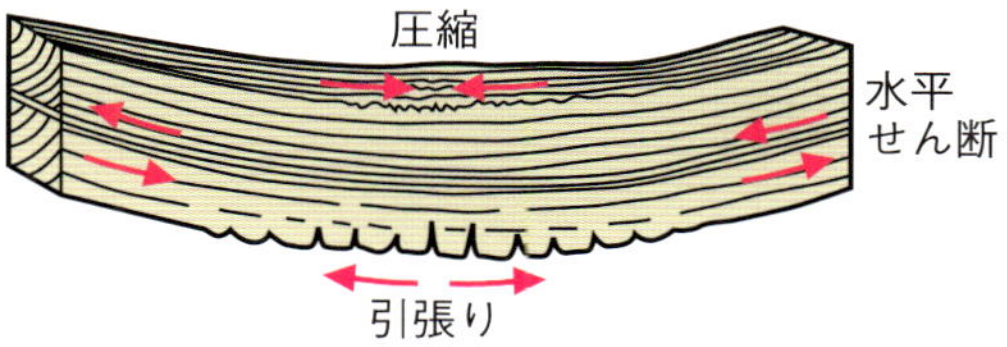
圧縮
水平
せん断
引張り

梁の中央部に水平せん断応力が生じる

たわみ

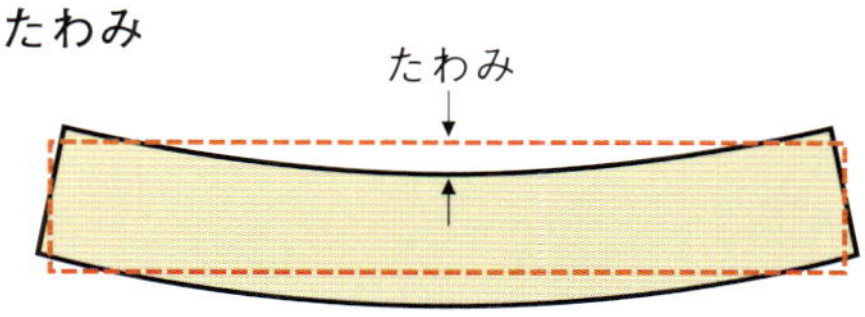
たわみ

梁の中央部に最大のたわみが生じる

引張り側の欠損

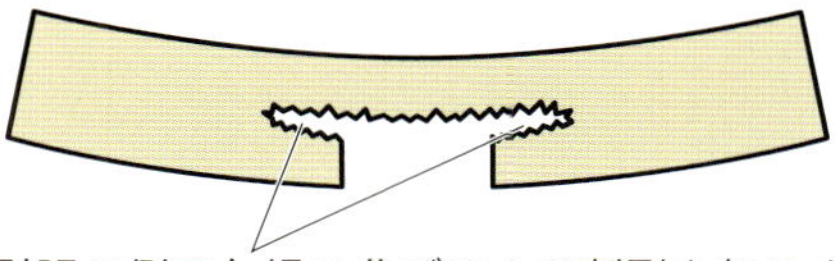

引張り側の欠損は曲げによる割裂を起こす

梁材の種類

角材の梁

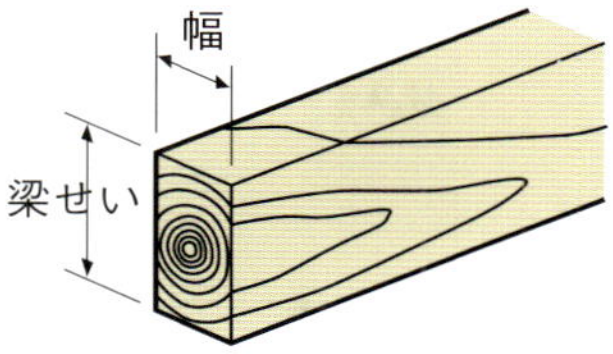
幅
梁せい

一般的な梁材はこのように角材に加工されたものを使う。樹種はベイマツやマツ、スギなどがほとんどで、昔はケヤキなども使われていた

太鼓梁

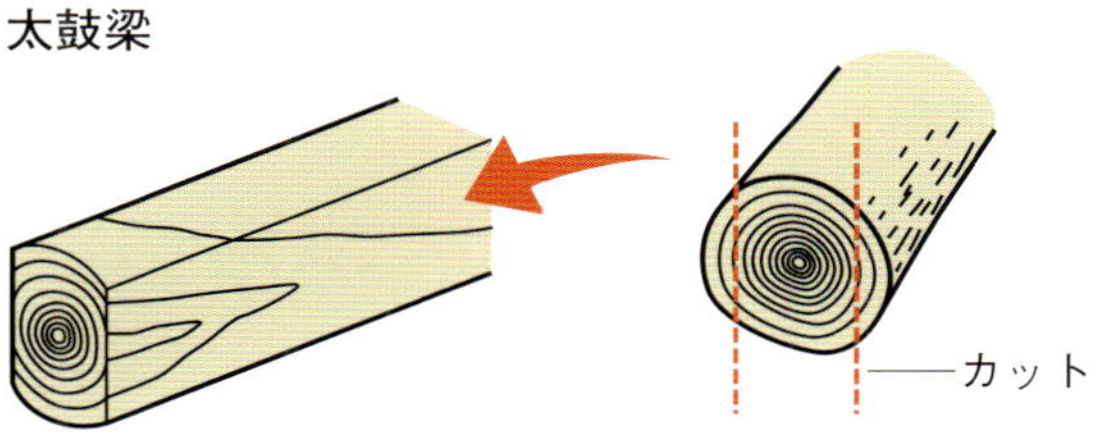
カット

太鼓梁とは丸太の両面を製材し、断面を太鼓のようなかたちにした材をいう。丸太に近い形状のため、強度が出やすいといえる

梁の架け方の注意点

①2階の柱が載る梁は断面を大きくする

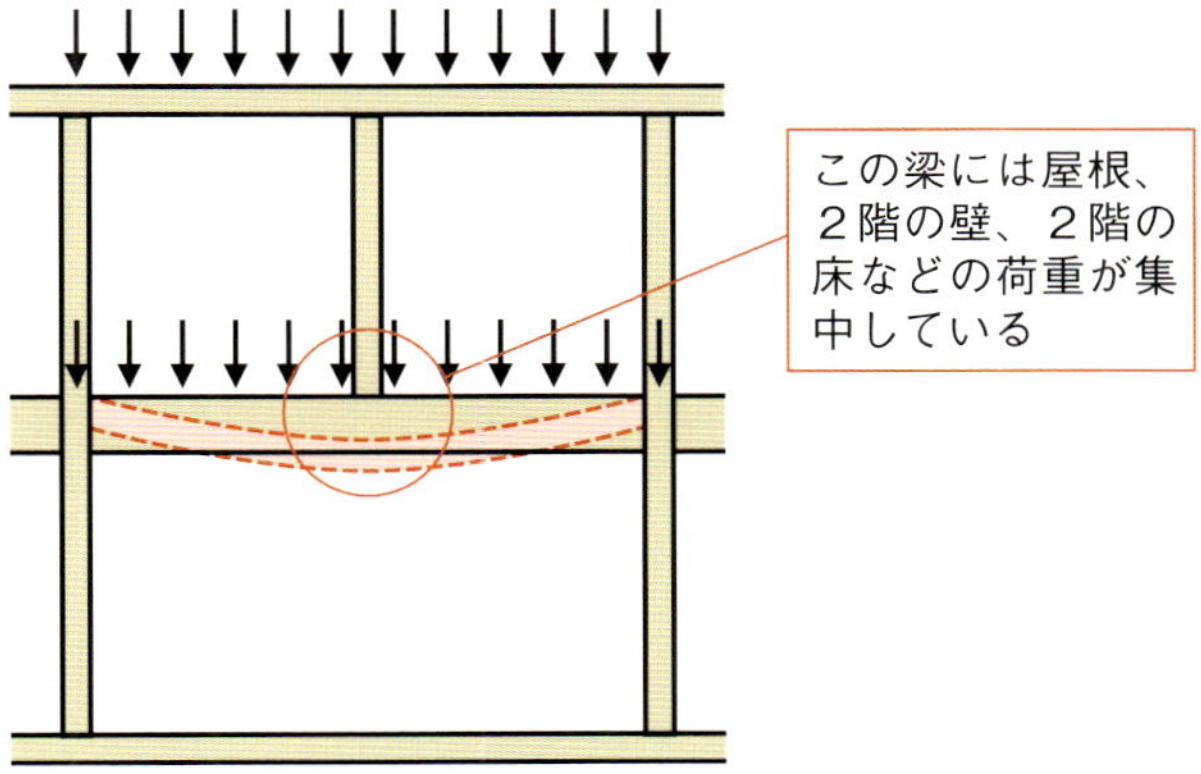
この梁には屋根、2階の壁、2階の床などの荷重が集中している

柱は上下階で一致した配置で入れることが望ましい。上のように一致しない場合は、梁の断面を大きくしたり、補強材を入れるなど対処が必要である

②梁に梁がかかる場合は仕口の断面欠損を考慮

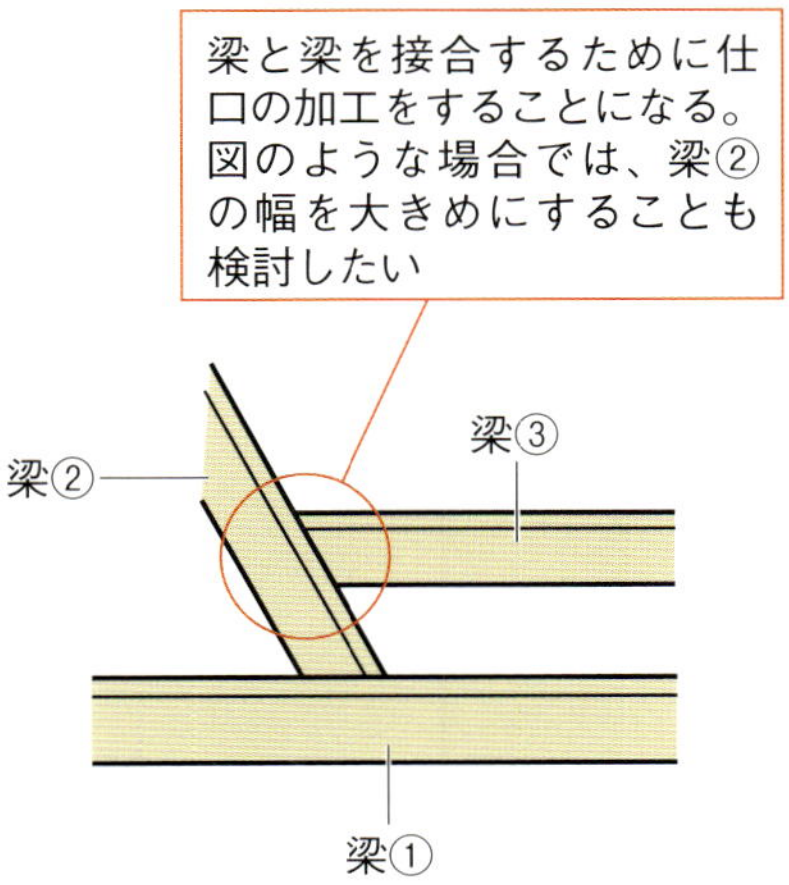
梁と梁を接合するために仕口の加工をすることになる。図のような場合では、梁②の幅を大きめにすることも検討したい
梁②
梁③
梁①

Point **架構設計のなかで横架材の断面を決めることがもっとも重要といっても過言ではない！**

壁量計算

035

木造住宅に必要な耐力壁の量

木造住宅の設計では、構造計算をしなくてもよいかわりに、構造の安全性を確かめることが義務付けられている（建築基準法施行令46条）。

①建物に耐力壁（80頁参照）がバランスよく配置されること

②耐力壁が有効に作用するために床組や小屋組に火打材などを入れて強い水平構面をつくること

③2階以上または延べ面積が50㎡を超える木造には、地震力と風圧力に対して必要な長さの耐力壁を確保しなければならない

③を確認するために耐力壁の量を計算するが、そのことを壁量計算という。

壁量計算の方法

まず、地震力に対して最低限必要な壁の量（＝**必要壁量**）を確認する。令46条で、屋根の材料が軽いか重いかなどによってそれぞれ床面積当たりの必要壁量が定められているので、該当するものを選び、床面積と乗じる。それが地震力に対する必要壁量である。

同時に、風圧力に対する必要壁量の条件を確認する。同様に令46条で「特定行政庁が指定する強風区域」と「一般の区域」でそれぞれ見付け面積当たりの必要壁量が定められている。その数に、建物の見付け面積を乗じて風圧力に対する必要壁量を算出する。

次に、建物に存在する壁の量（＝存在壁量）を算出し、必要壁量と比較する。存在壁量が必要壁量を上回っていれば、構造安全性を担保するために最低限必要な耐力壁の量を満たしていることになる。

しかし、木造住宅で構造計算をした場合、建築基準法の必要壁量を満たしただけでは、強度が不足する場合がある。壁倍率で求めた壁量の合計の約2倍の壁量が必要と考えたほうがよい。

用語解説

必要壁量
（ひつようかべりょう）

地震や台風などの水平荷重に抵抗するために最低限必要となる壁の量のことをいう。地震力に対する必要壁量と風圧力に対する必要壁量をそれぞれ求め、存在壁量を上回らなくてはならない

地震や台風に抵抗するために耐力壁の最低限の量が定められている

床面積・見付け面積が大きく階数が増えれば必要壁量も増える

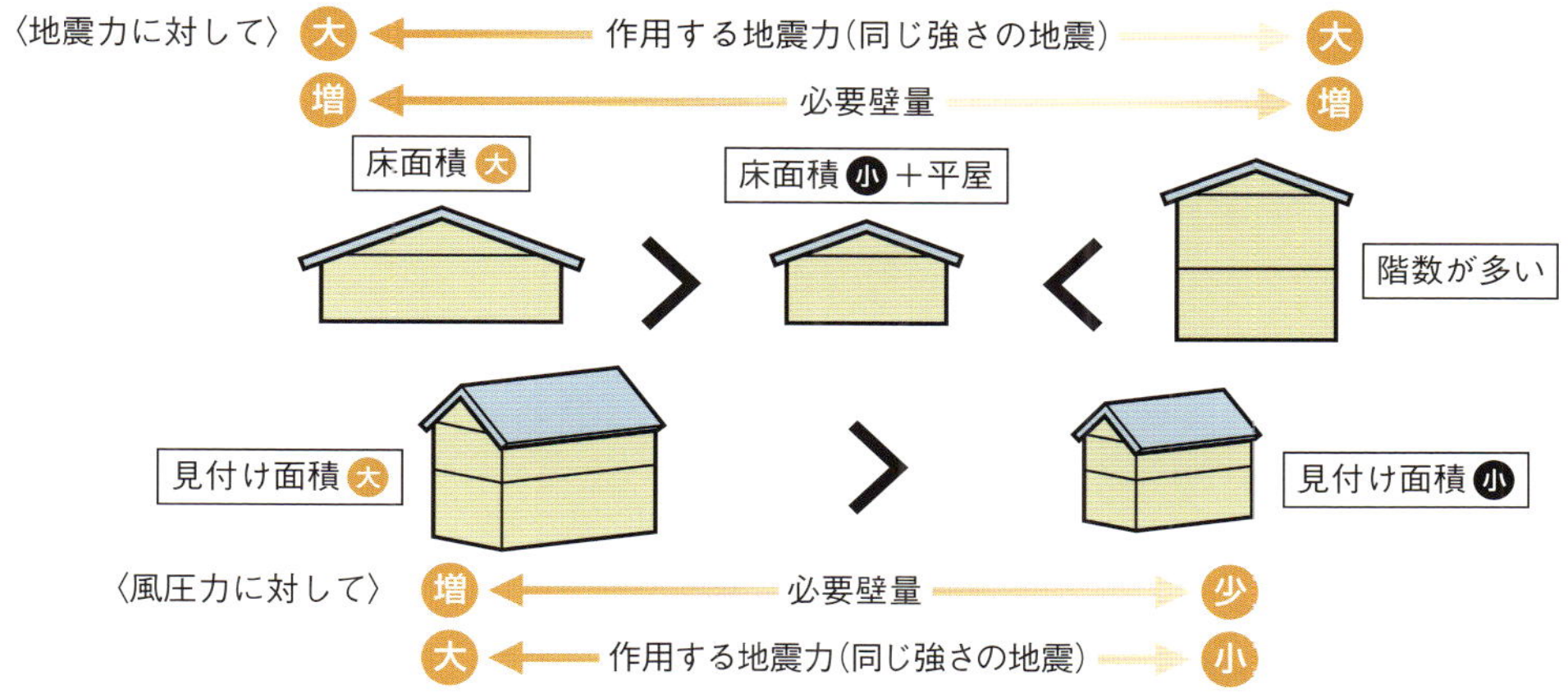

壁量計算の手順

- 地震力に対する壁量の検討 → 床面積×地震力に対する床面積当たりの必要壁量
- 風圧力に対する壁量の検討 → 見付け面積×風圧力に対する見付け面積当たりの必要壁量
- → 各階、各方向で地震力に対する必要壁量と風圧力に対する必要壁量のどちらか大きいほうと存在壁量を比較する
- → 必要壁量＜存在壁量を確認できたらOK

地震力に対する必要壁量の求め方

床面積当たりの必要壁量をチェックし、床面積と乗じる
（床面積当たりの必要壁量×床面積＝地震力に対する必要壁量）

建物の種類	必要壁量（床面積当たりcm／㎡）
金属板、ストレート葺きなどの軽い屋根	11　15 29　18 34 46 例）木造２階建の１階部分の必要壁量は１㎡当たり29cm必要
土蔵造または瓦葺きなどの重い屋根	15　21 33　24 39 50

風圧力に対する必要壁量の求め方

見付け面積当たりの必要壁量をチェックし、
見付け面積と乗じる
（見付け面積当たりの必要壁量×見付け面積
＝風圧力に対する必要壁量）

	必要壁量（見付け面積当たりcm／㎡）
特定行政庁が指定する強風区域	50を超え75以下の範囲内で特定行政庁が定めた数値
一般の区域	50

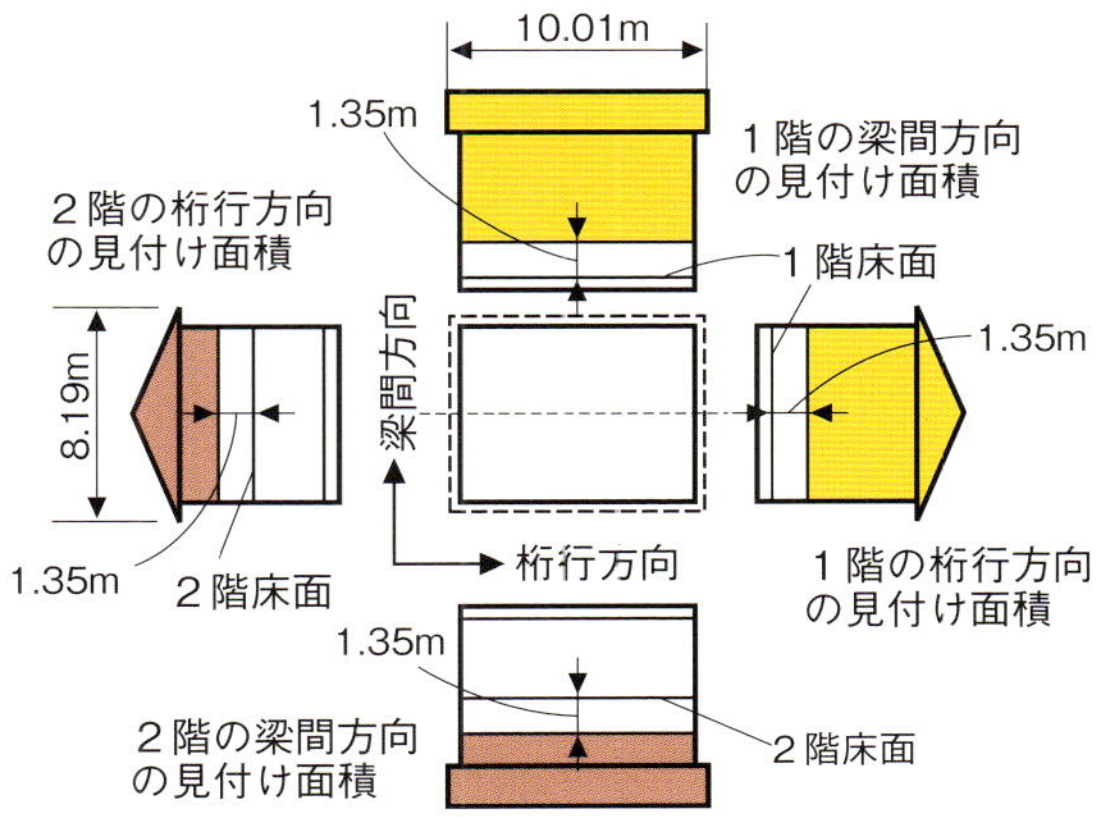

Point 木造住宅に最低限必要な耐力壁の量は決まっている。壁量計算で［ 必要壁量＜存在壁量 ］を確認！

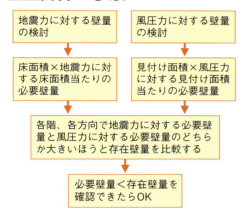

耐力壁の役割

036

耐力壁で水平力に抵抗する

建物は重力による荷重を常に支えているため、地震の縦揺れで加わる垂直方向の力に対してはもともと強い構造になっている。問題は水平方向の力への対処であり、最大で重力とほぼ同じ強さの地震の横揺れへの対応を検討していかなければならない。

水平力への抵抗で大事になってくる部材が、耐力壁である。耐力壁とは、地震力や風圧力に対抗するために設ける壁のことで、構造用合板や筋かい、石膏ボードなどを柱と梁または土台に留め付けたものである。

壁倍率

耐力壁は地震力や風圧力に対してどのくらい持ちこたえられるかを**壁倍率**で表す。

壁倍率1は200kgf（1・96kN）の耐力をもつことを表し、1から5倍まである。壁倍率は単独でも組み合わせでも使える。筋かいをたすき掛けに設置することで壁倍率を2倍にしたり、2種類以上の耐力壁を組み合わせて最大5倍まで認められる。

壁倍率が最大5倍までと制限されているのは、高い耐力の壁ほど、水平力が加わると大きな引抜力が働くが、壁倍率5以上の耐力壁を取り付けるにはそれに応じた強い接合部が必要になり、それは非現実的であるからと考えられる。

耐力壁は構造用合板や筋かいのほか、石膏ボードやモルタル下地のラス下地、伝統的な貫工法や土壁も耐力壁として認められており、それぞれ倍率が認定されている。

耐力壁の部材だけでなく、金物などによる接合部の補強や構造用の釘を150㎜ピッチ以下で打つなど、きちんとした留め付け方があって初めて耐力壁として認められる。

用語解説

壁倍率（かべばいりつ）

耐力壁の水平方向に対する性能は、壁の材質・材厚または緊結法によって異なるが、そのせん断力の大きさを倍率で表したもの。同じ水平長さとして、倍率2の壁は倍率1の壁の2倍の耐力をもつことになる

さまざまな種類の耐力壁がある

耐力壁	壁倍率
落とし込み板	0.6
石膏ボード(12.5mm厚)	0.9
土塗り壁(両面塗り)	1～1.5
筋かい(30×90mm以上)	1.5
ハードボード(5mm厚)	2
筋かい(45×90mm以上)	
構造用合板(7.5mm厚)	2.5
構造用パネル(7.5mm厚)	
筋かい(90×90mm以上)	3
筋かい(45×90mm以上)のたすき掛け	4
筋かい(90×90mm以上)のたすき掛け	5

耐力壁は水平力に抵抗するもの

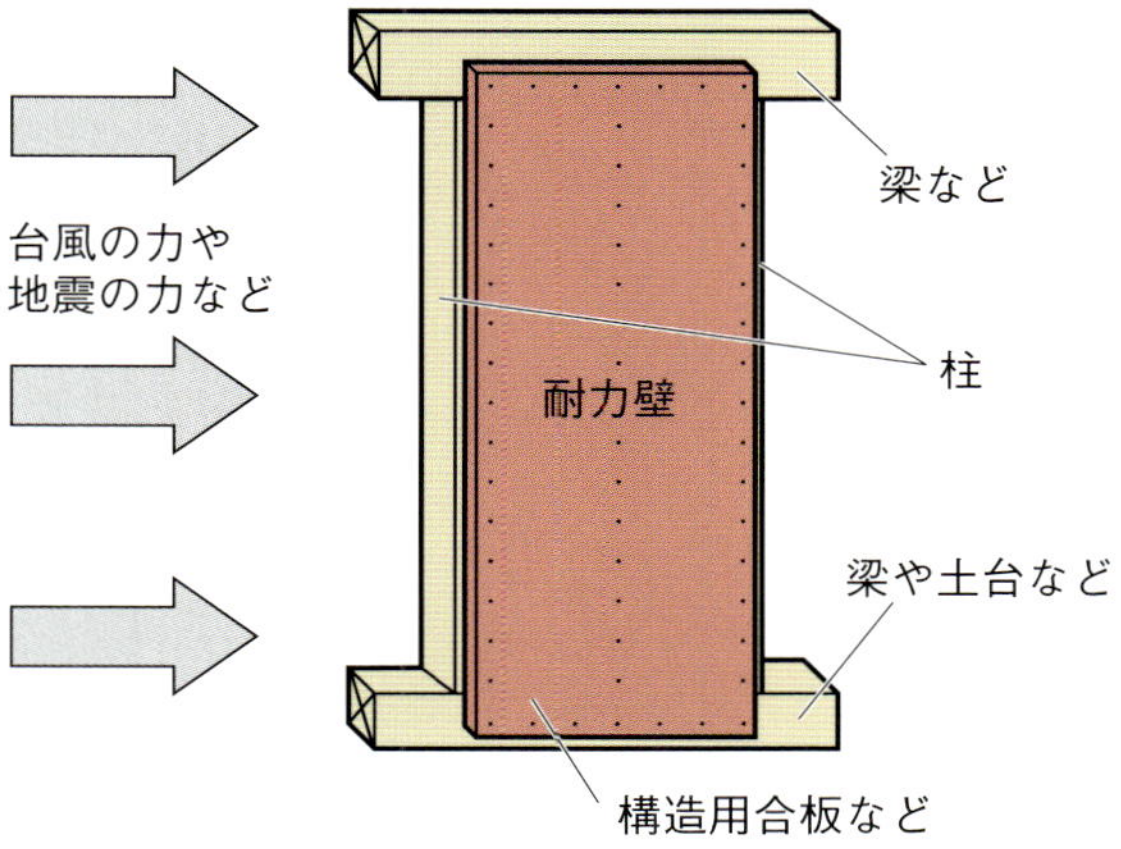

①耐力壁は、梁や土台と柱に留め付けられた面材や筋かいで構成される
②耐力壁が水平力に持ちこたえる強さは倍率で表されている(＝壁倍率)
③壁倍率1は200Kgf(1.96kN)の耐力をもつことを表し、単独でも組み合わせでも最大5倍まで

耐力壁には留め付け方のルールがある

①大壁仕様の面材耐力型の種類

倍率	面材の種類	面材の材料 品質	種類	厚さ	釘 種類	間隔
2.5	構造用合板	JAS	特類	7.5mm以上	N50	150mm以下
	構造用パネル(※)	JAS	構造用パネルに適合するもの			
	パーティクルボード	JIS A5908	パーティクルボード	12mm以上		
2	ハードボード	JIS A5905	35タイプまたは45タイプ	5mm以上		
	硬質木片セメント板	JIS A5404	硬質木片セメント板	12mm以上		
0.9	石膏ボード	JIS A6901	石膏ボード製品	12mm以上	GNF40またはGNC40	
1	シージングボード	JIS A5905	シージングインシュレーションボード	12mm以上	SN40	外周100mm以下、その他200mm以下
	ラスシート	JIS A5524	LS4	0.6mm以上	N38	150mm以下

※ OSBなどのこと

②面材耐力型の張り方(3×9版と3×6版)

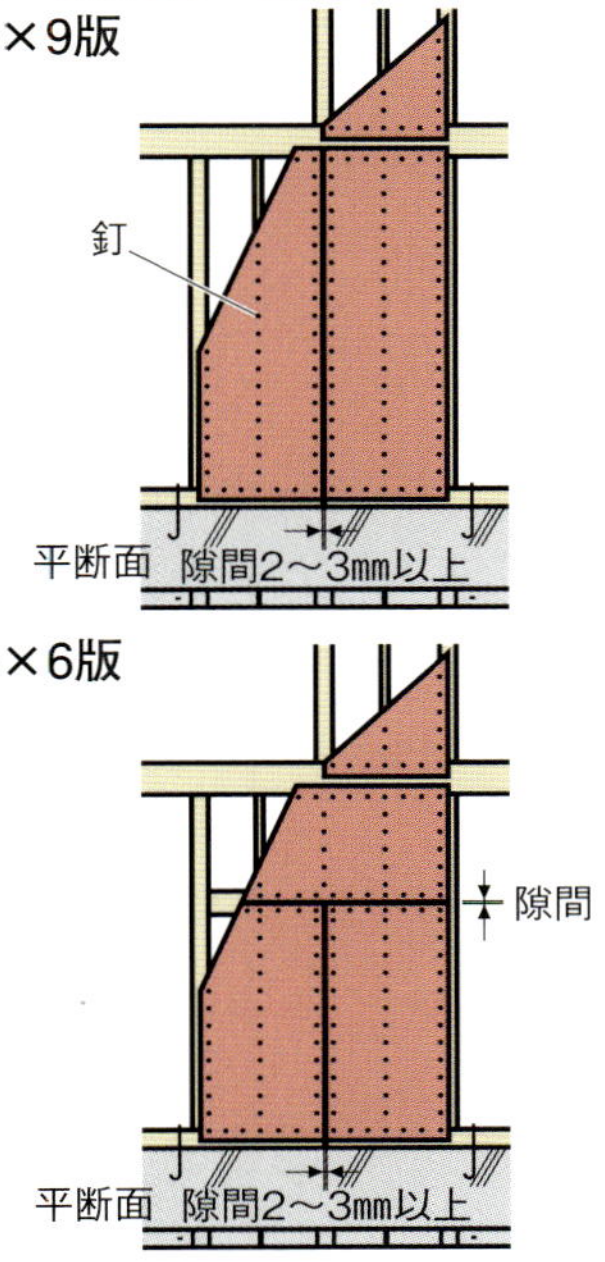

Point
耐力壁は地震や台風の力に耐えるための部材！
強さを倍率で表し、最大5倍まで認められる

耐力壁の配置

037

壁量を満たしたら次はバランス

耐力壁は、偏らずにバランスよく配置しなくてはならないと建築基準法で定められている。構造計算により、各階の**偏心率**を計算し、0.3以下であることを確認する。しかし、構造計算をしない場合は、4分割法といって、「木造建築物の軸組の設置の基準を定める件」（平12建告1352号）に定められた規定にもとづいてチェックする必要がある。

4分割法の手順を簡単に説明する。

始めに、建物を平面的に梁間方向・桁行方向のそれぞれで4分割したゾーンに分ける。外側の2つのゾーンを1／4側端部分というが、梁間方向・桁行方向ごとの1／4側端部分の存在壁量と必要壁量を計算する。

次に、各側端部分について、存在壁量を必要壁量で除した数値が1を超えればOKとなる。この数値を壁量充足率という。

なお、壁量充足率が1以下という結果が出た場合は、壁量充足率の小さいほうを大きいほうで除した値（壁率比）が0.5以下となればOKである。

バランスが悪いプランに注意!

一般的な木造住宅では、南面は開口部が多く、北面は開口部が少ないため、南北で耐力壁量のバランスが悪いプランとなってしまうことが多い。また、和室を設けるプランでも、開口部が多くなるため、耐力壁不足に陥りやすい。

以前の建築基準法では、梁間方向・桁行方向の両方向に、必要な壁量が確保されていればよいとされ、耐力壁のバランスまでを確認するような規定は存在しなかった。

したがって、既存の木造住宅をリフォームする際は、耐力壁の配置のバランスについて検討されていない可能性もあることをふまえて臨みたい。

用語解説

偏心率（へんしんりつ）

偏心は構造物の重心（質量の中心）が剛心（剛性の中心）から離れていることをいい、その度合いを偏心率という。偏心率が高いと平面形状のバランスがよくない。重心が剛心から大きく外れた位置にあるほど偏心率は高くなる

耐力壁がバランスよく配置されているかをチェックする＝4分割法

壁の量を満たしていても釣り合いよく配置されていなければ偏心してしまう

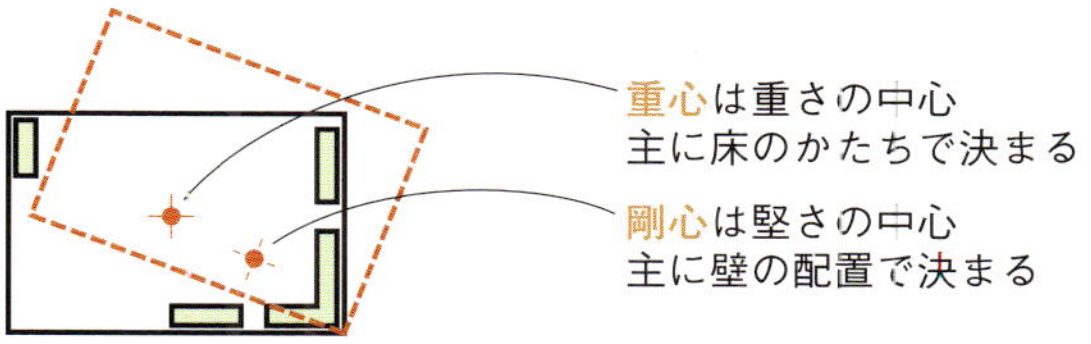

4分割法は偏心を簡易にチェックできる

梁間・桁行方向の
1／4側端部分の4カ所で

$$壁量充足率＝\frac{存在壁量}{必要壁量}>1$$

であればOK

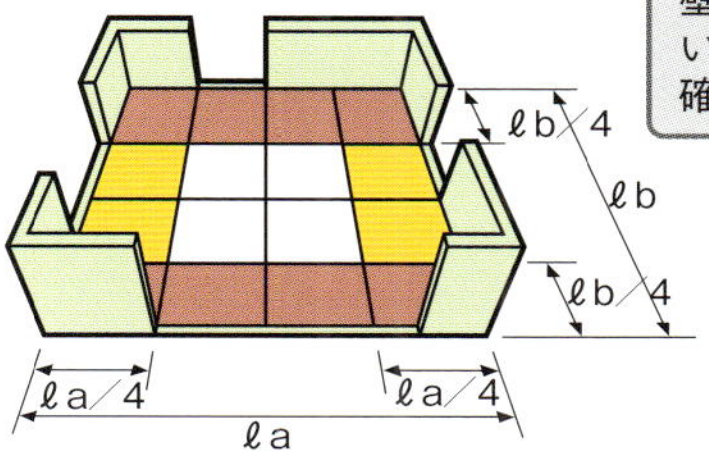

壁量充足率が1に満たないときは壁率比≧0.5を確認する

2方向の1／4側端部分で

$$壁率比＝\frac{壁量充足率の小さいほう}{壁量充足率の大きいほう}\geqq 0.5$$

不整形な立面・平面の場合

①不整形な立面形状の側端部分

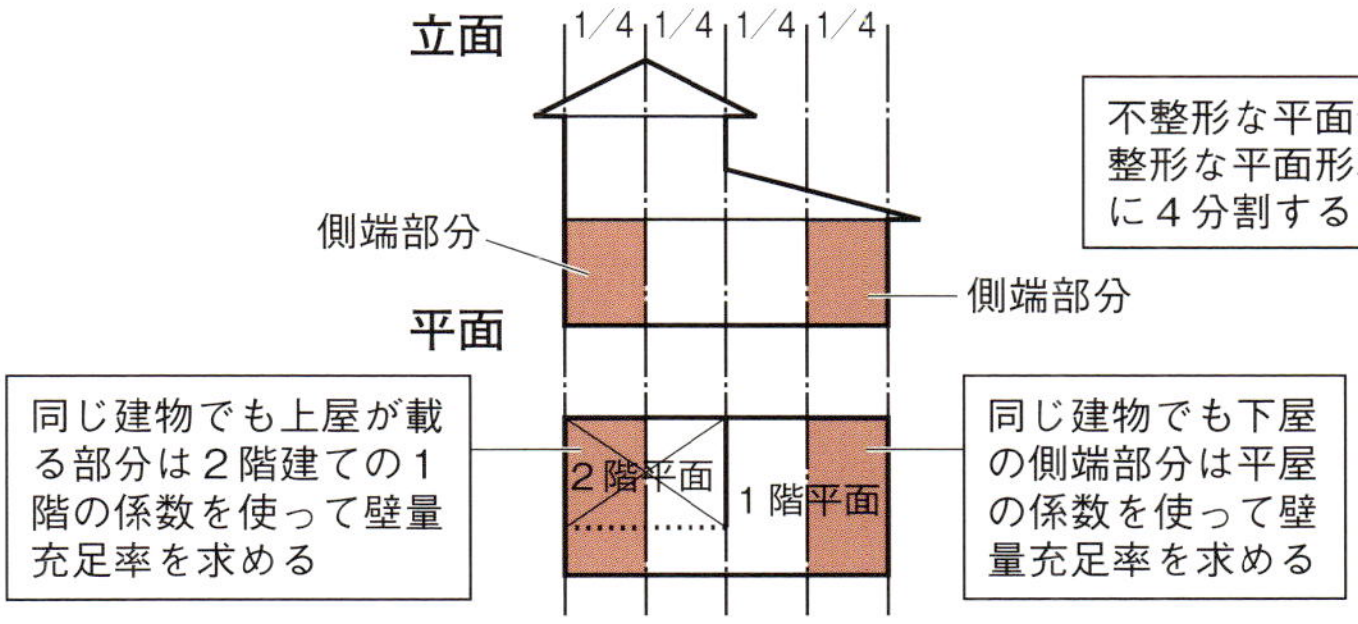

②不整形な平面形状の側端部分

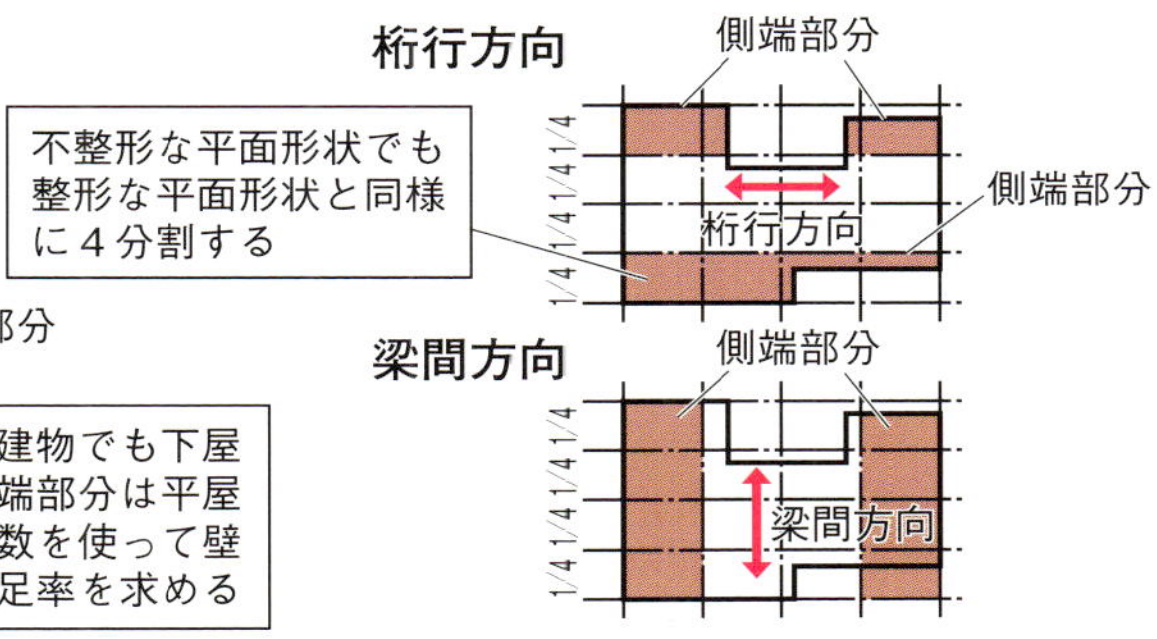

4分割法における小屋裏物置の取り扱い

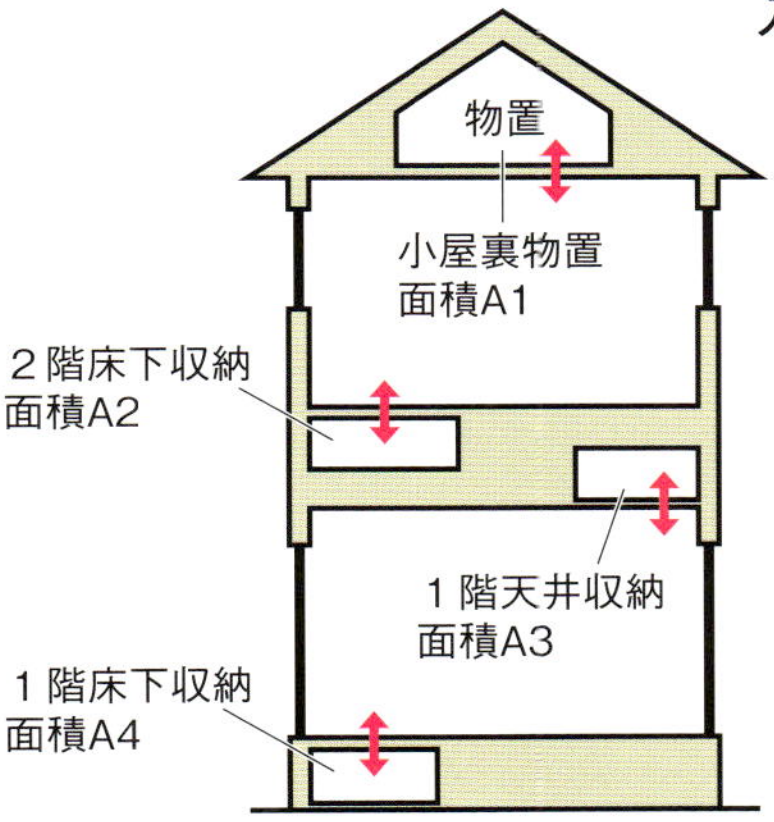

①階とみなされない(床面積に算入されない)小屋裏物置など

$$(A1+A2)<\frac{2階床面積}{2}$$

および

$$(A3+A4)<\frac{1階床面積}{2}$$

かつ

$$(A2+A3)<\frac{2階床面積}{2}$$

および

$$(A2+A3)<\frac{1階床面積}{2}$$

であれば算入されない

②必要壁量を求める際の床面積に算入される小屋裏物置など

A：小屋裏物置などの水平投影面積（2つ以上ある場合はその合計）

B：その階の床面積

h：小屋裏物置などの内法高さの平均値(m)。同一階に2以上ある場合はそのうちの最大値

$B\times\frac{1}{8}<A<B\times\frac{1}{2}$ かつ、

小屋裏物置などの最高天井高≦1.4mのとき

$\frac{h}{2.1}\times A=a$ のaを加える

($A\leqq B\times\frac{1}{8}$ のとき、a=0)

Point

4分割法で耐力壁の配置の釣り合いをチェック！
小屋裏物置は大きさによっては床面積に算入

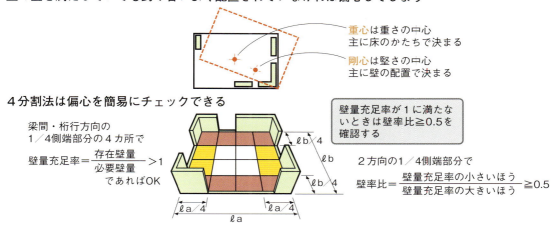

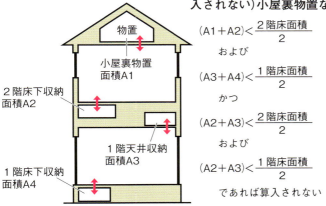

床組

038

床組の役割

床組には、1階の床を支える束立て床組と2階床を根太だけで支える根太床（単床）、2mを越えるスパンで、床梁と根太とで構成する**梁床**（複床）がある。

1階の床組は階下床組ともいい、床荷重を地盤に伝える。2階床組は、階上床組と呼ばれ、床荷重を梁や桁などを介して階下柱に伝達する。また、2階床組は床を支えるだけでなく、1階の天井を吊る役割も担う。

床組設計の手順は、床材を張る方向を定め、根太、大引、梁の配置を決める。次に、床材の厚さを考慮して、根太の高さを決めていく。

床組のつくり方の種類

①束立て床組

1階で一般的なのが束立て床組である。コンクリート製の束石の上に木製の束を立てて、大引を載せ、その上に根太を載せる。最近では、高さを微調整できることもあり、樹脂や鋼製の束を使用することが多くなってきている。コーナー部は、火打土台を入れて補強する。また、根太は、洋室の場合では300㎜ピッチに、和室の畳の下では450㎜ピッチとする。

②転ばし床組

1階床で、束を立てずに、土間コンクリートの上に大引や根太を直接載せ、床を支える。床の高さを抑えたいときなどに使う。ただし、床下の高さがほとんどないため、十分な防湿・防蟻対策が必要となる。

③複床組（2階床組）

2階床を支える根太は、梁のピッチが2m以下であれば、根太だけで床を支えることができる。2m程度の根太は、105㎜程度のせいのものを使う。それ以上の場合は、梁または小梁を入れて、その上に根太を載せる。

用語解説

梁床（はりゆか）

根太・床梁・胴差から構成される2階部分の床組のこと。梁と梁のスパンが2.7～3.6mくらいの間隔になると、間に何か渡さないと根太を支えることができないため、途中に梁を架ける工法

束立て床の構成

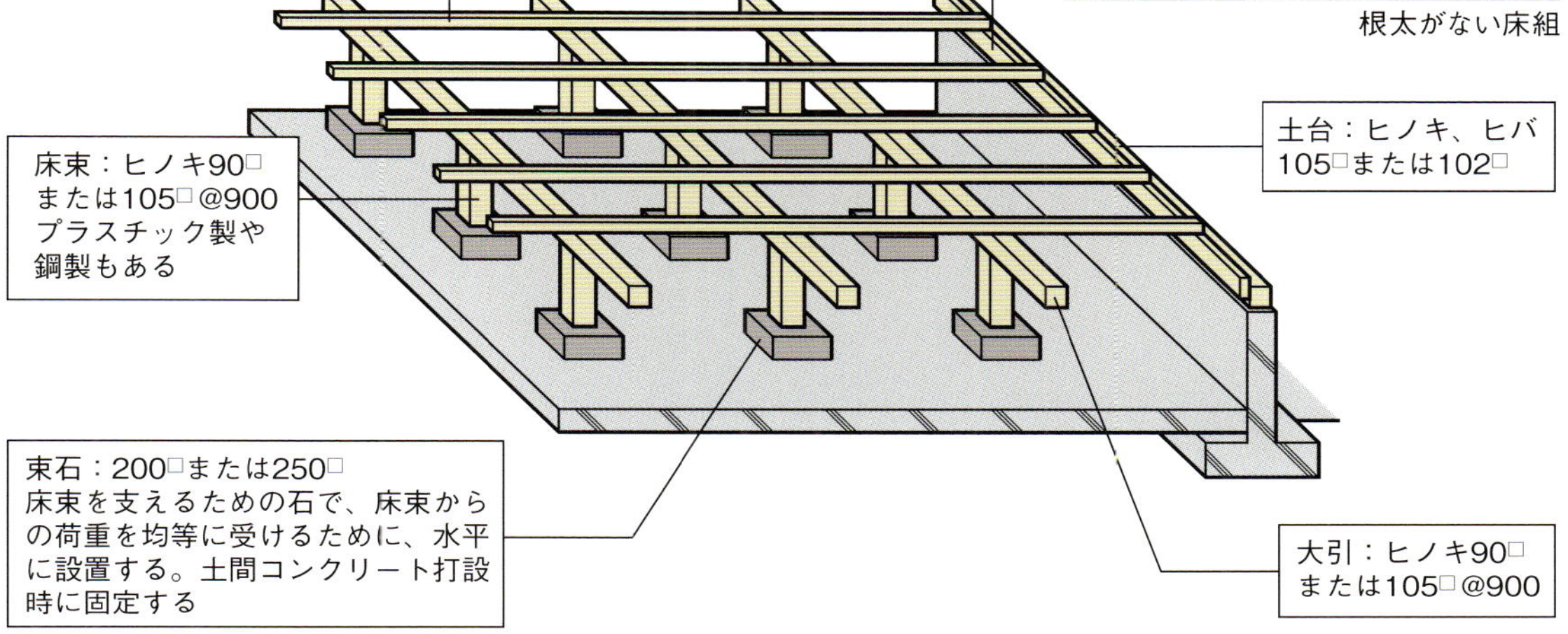
根太掛け：ヒノキ105×45
根太の端部を受ける横材。
柱や間柱の横に取り付ける
根太：ヒノキ60□@300または450
床板を受ける横架材

根太がない床組

転がし床の構成

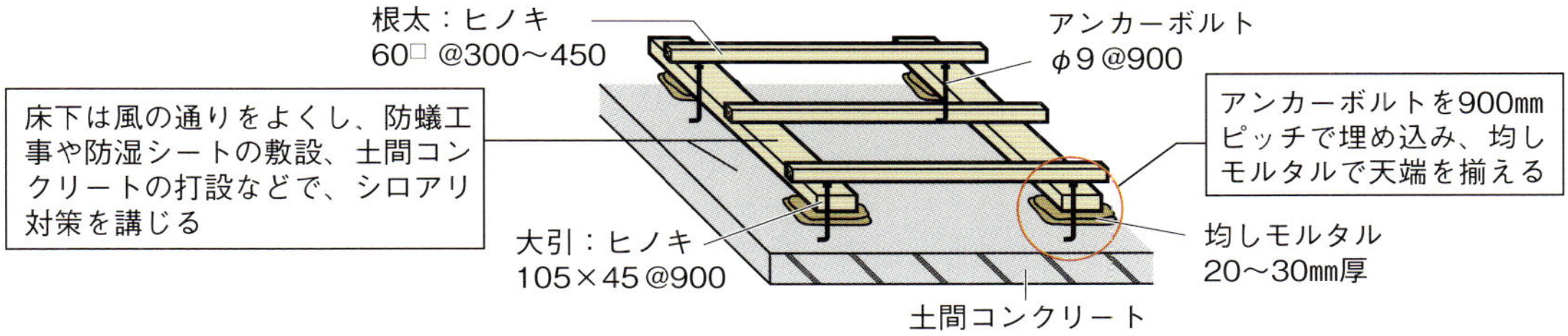

2階（複床組）床の構成

複床組
別名梁床。床梁は柱に直接掛けるか、胴差にのせ掛けてもたせる。梁間方向のスパンは、1,800〜5,000㎜程度。床梁スパンは1,800㎜程度とする

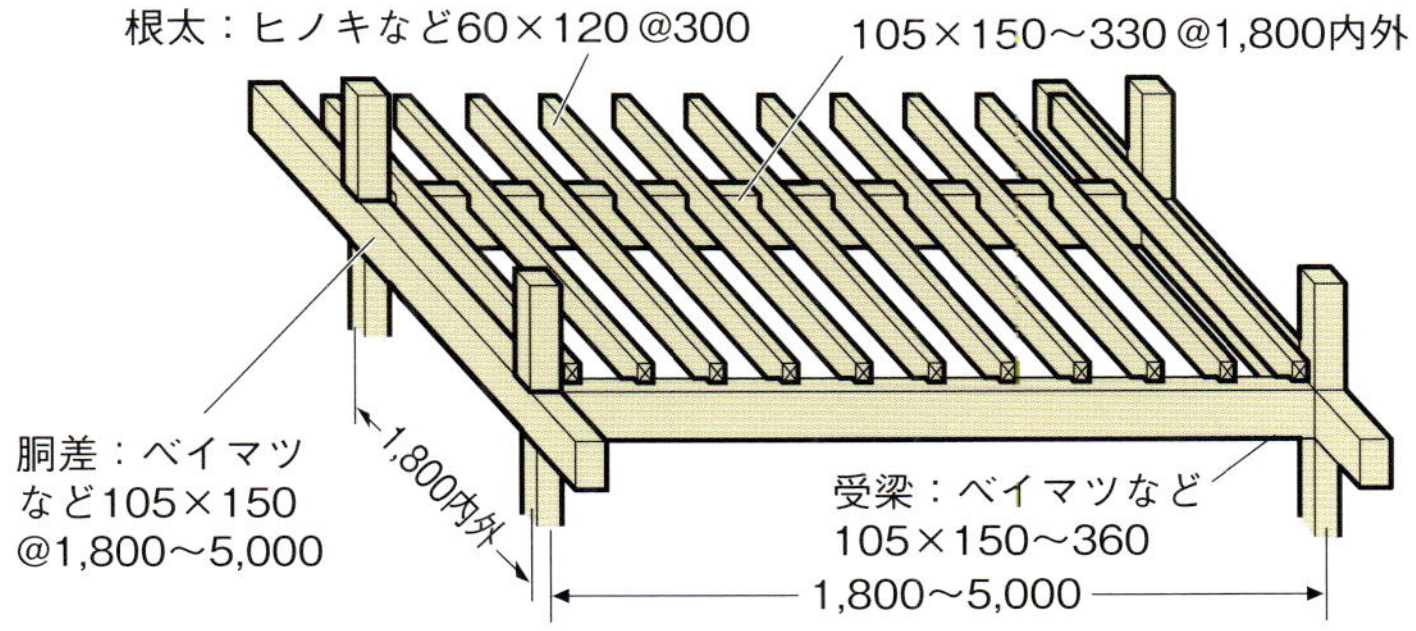

Point

床組は1階と2階でつくりが異なる。また、洋室・和室で根太のピッチが異なる

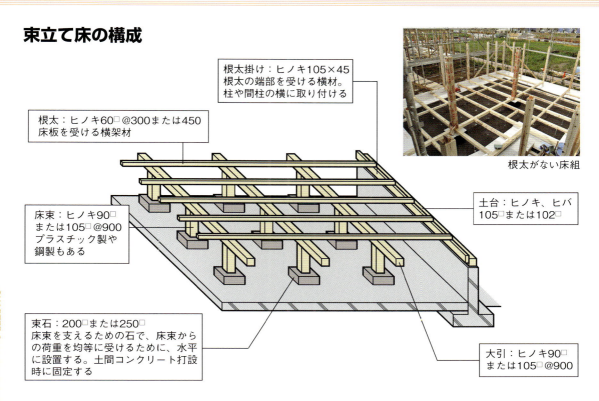

剛床

039

木造の床は剛性が低い

地震や台風などの水平力に対して、耐力壁だけで持ちこたえることはできない。耐力壁は、床面自体を固めることによって、その強度が発揮されるのである。

床面は構造的に、水平構面というが、木造住宅は他の構造と比べて水平構面の剛性が低い。そのため、木造住宅では床組の隅角部に火打材を入れて全体がゆがまないようにする必要がある。また、効果的なのが、上端（天端）高さを揃えた床下地に、構造用合板を釘打ちすることである。これを一般的に剛床《ごうしょう》と呼ぶ。まれではあるが、水平方向に、鉄筋のブレースを入れる方法も効果がある。

剛床にすると、地震や台風などの水平力を受けたとき、水平方向にねじれる変形を抑えるため、多少、耐力壁のバランスが悪くても外力を分散することができる。また、車庫など、大きな開口部をとらざるを得ない部分を補強するために、上部の床を剛床にすることも効果的である。

剛床の納まり

通常、梁および根太の上端を水平に揃え、12㎜厚か24㎜厚または28㎜厚の構造用合板を構造用の釘もしくはビスで固定する。この合板の上に仕上げの床材を張る。

剛床とはいえないかもしれないが、2階の梁天端を揃え、厚板を張ることも水平構面を強める方法として効果的である。

品確法の住宅性能表示制度では、壁倍率と同様に、床構面の強さを表す**床倍率**が定められている。構造用合板や火打ち梁などの使用材料と釘のサイズや打込むピッチなどの仕様によって倍率が異なるので、どのようなつくりの床が強いのかを確認してみよう。

用語解説

床倍率
（ゆかばいりつ）

壁の強さを表す壁倍率と同様に床の強さを表す指標。住宅性能表示制度のなかで床倍率のチェックを行う。壁のように壁量（＝長さ×壁倍率）を用いず、床材の材料や留め方などの仕様から決められた床倍率のみでチェックする

水平構面が強いとどうなるか

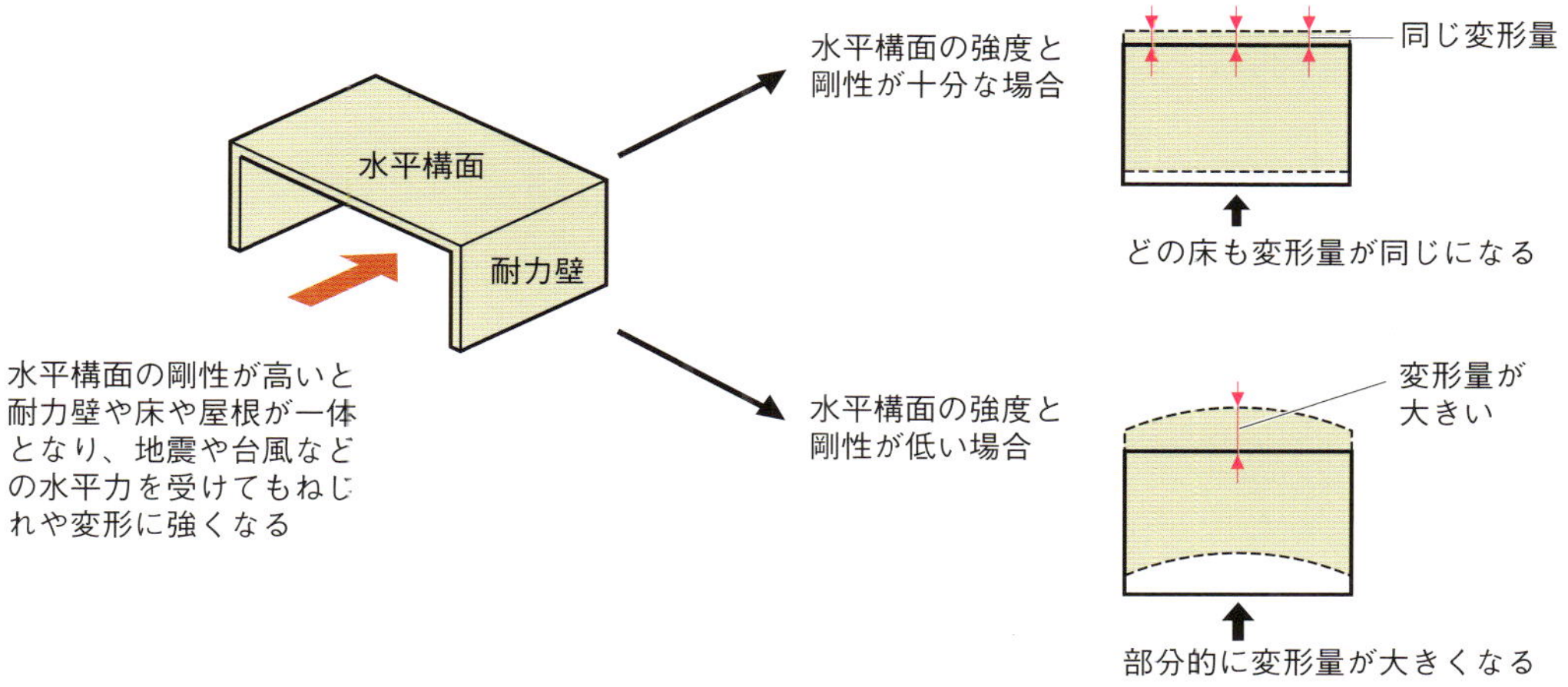

剛床の仕様(一例)

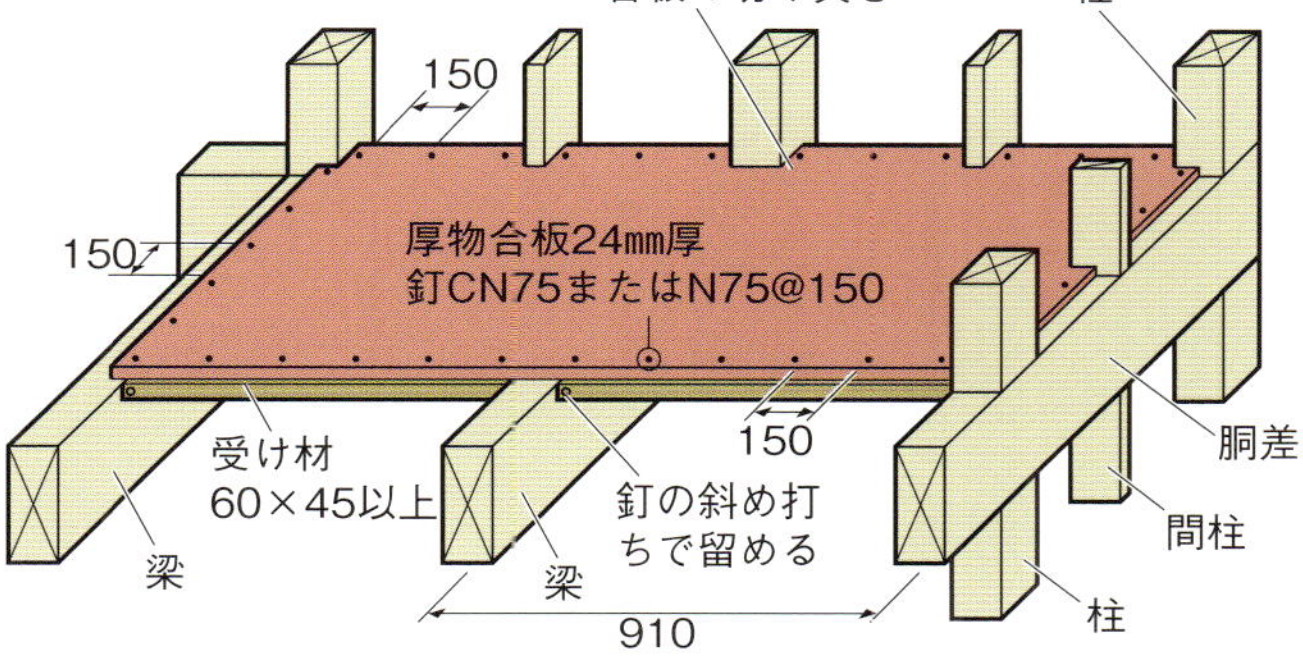

住宅性能表示制度においては、厚物合板の4周を鉄丸釘(N75)で釘打ちした場合、存在床倍率3倍と最も高い数値が与えられている。ただし、厚物合板を用いても、「川の字釘打ち仕様」の場合には、存在床倍率1.2倍となるため、厚物合板の長手方向を床梁に対して直角に配置し、4周・中通りを釘打ちする仕様が推奨される。さらに、合板を千鳥配置とすることで、面内剛性とたわみ性能を向上させることができる

剛床を下から見た状態

水平構面を強くする必要があるケース

耐力壁と耐力壁の距離(耐力壁線間距離)が大きくなると、その分、床構面の剛性を高める必要がある

吹抜けなど、部分的に床がない水平構面は水平力に対して壊れやすくなる。水平構面の平面形状と耐力壁の位置や長さなどの条件を考慮して水平構面に必要な剛性(必要床倍率)を決める

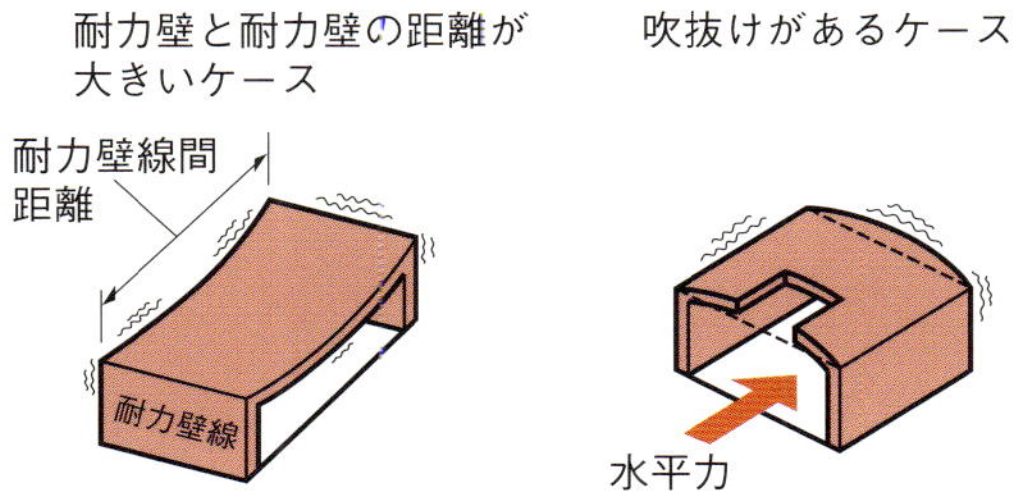

Point 地震時、水平構面は耐力壁と一体になって建物の変形を防ぐ役割をもつ

継手・仕口

040

継手と仕口の種類

木材の架構では、接合部が構造強度を決める上で非常に重要となる。

木造の接合形式は3種類ある。①接着による接合、②継手・仕口による接合、③継手・仕口に接合金物で補強する接合、または金物による接合である。

①は合板同士などには使われることがあるが、構造材同士では使用禁止である。③は次項で説明する。ここでは、②の継手・仕口について解説する。

木材を部材方向に接合するのが継手で、部材を直角に接合するのが仕口である。構造的に継手と仕口は、木材のめり込みとせん断で力を伝達する。

木材の組み方によって、かなりの強度を確保することができる。梁だけでなく、柱も継ぐことができ、足元が腐った柱の腐った部分を取り除き、新しい木材を継ぎ足して強度を確保するということも可能である。

木造の継手と仕口は、伝統的な技術として、基本的なものから、特殊なものまでさまざまな種類がある。柱と梁の仕口では、柱に**ホゾ**をつくり、梁にホゾ穴をつくってはめ込む。蟻を切って抜けにくくしたり、込み栓を入れるなど、さまざまな工夫が施されている。

継手・仕口の注意点

木材同士を組み合わせるときは、木材のくせを見極める。木材のねじれる方向が逆になるように組むことで、組み上がってから後にねじれてしっかり締まることなど、木の性質を考慮したい。

接合部は千鳥に配置するのが原則で、隣り同士同じ位置で継がないようにする。継いだ部分の強度は落ちるので、強度の低い部分が集中しないようにするためである。また、梁の中央部や筋かいの端部など、力が掛かる部位で梁を継いではいけない。土台の継手では、アンカーボルトの位置と重ならないようにする。

用語解説

ホゾ（ほぞ）

木材の端部につくった突起。2つの木材を接合するとき、一方に開けた穴に、他方の材につくった突起を嵌め込むことで接合する。構造では、柱と土台、小屋束と梁の接合などに用いられる。建具や家具の部材の接合にも用いられる

主な継手仕口の形状

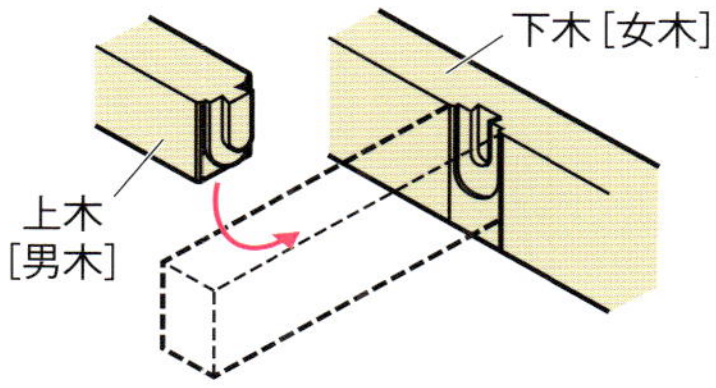

大入蟻仕口［おおいれありしぐち］
主に梁と梁、母屋と母屋、土台と土台の仕口など

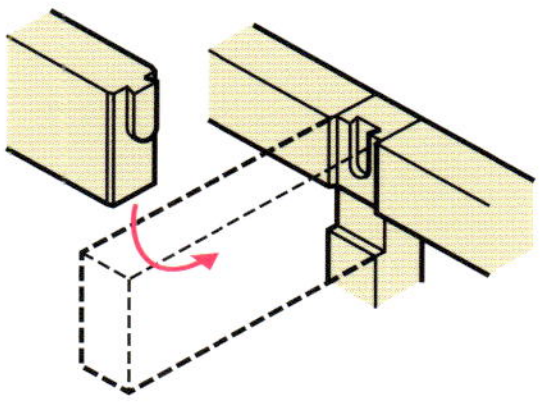

蟻仕口柱持たせ［ありしぐちはしらもたせ］
梁と梁＋下柱、母屋と母屋＋小屋束の仕口など

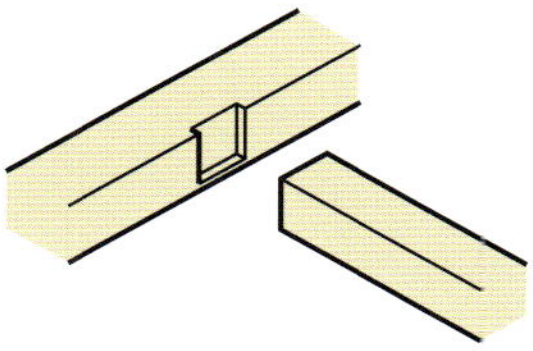

大入仕口［おおいれしぐち］
根太大引の仕口など

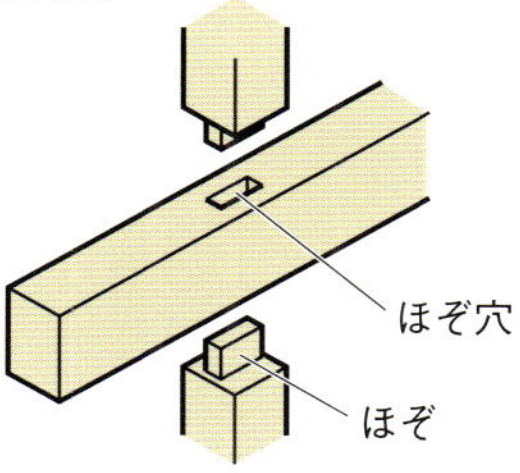

ほぞ差［ほぞさし］
柱と土台や梁、小屋束と梁や母屋の仕口など

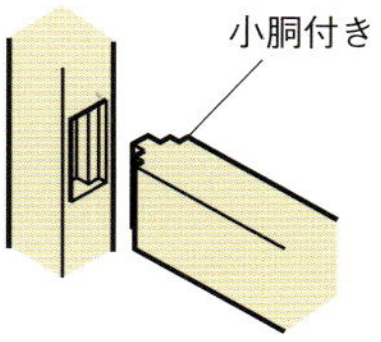

胴差仕口［どうざししぐち］
胴差と通し柱の仕口

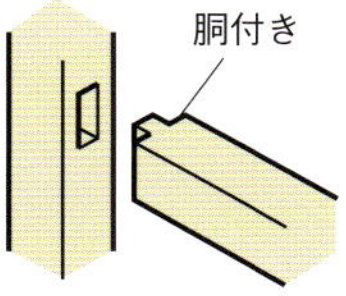

桁差［けたざし］
母屋下がり部の桁と柱、母屋と小屋束の仕口など

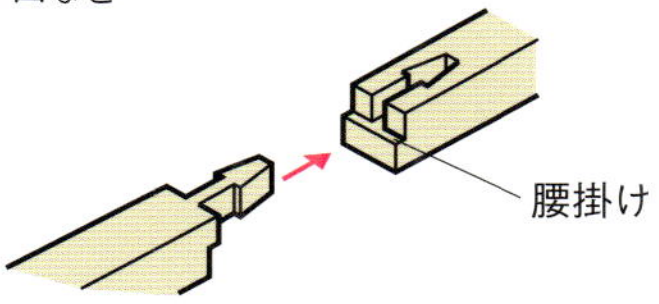

鎌継手［かまつぎて］
梁、母屋、土台の継手など。伝統的には、腰掛鎌継手［こしかけかまつぎて］と呼ぶ形状である。プレカットでは腰掛が付いたものを鎌継手と呼ぶのが常識化し、図面にも使用されている

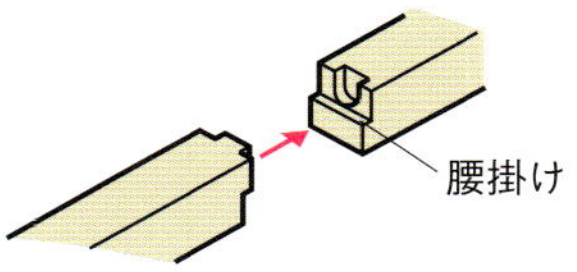

蟻継手［ありつぎて］
母屋、土台の継手など。伝統的には、腰掛蟻継手［こしかけありつぎて］と呼ぶ形状である。プレカットでは腰掛が付いたものを蟻継手と呼ぶ

継手位置の注意点（梁の場合）

①継手は柱から離れた位置に設けない

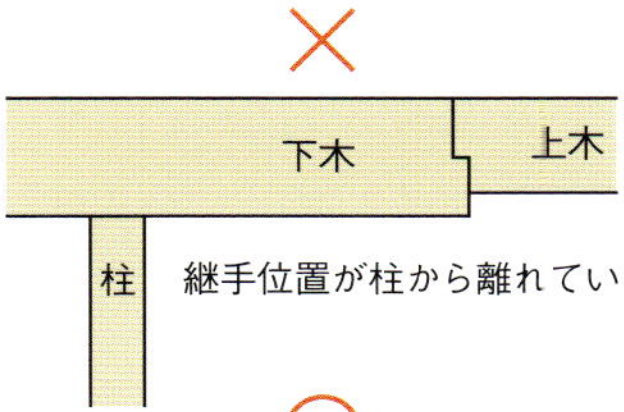

継手位置が柱から離れている

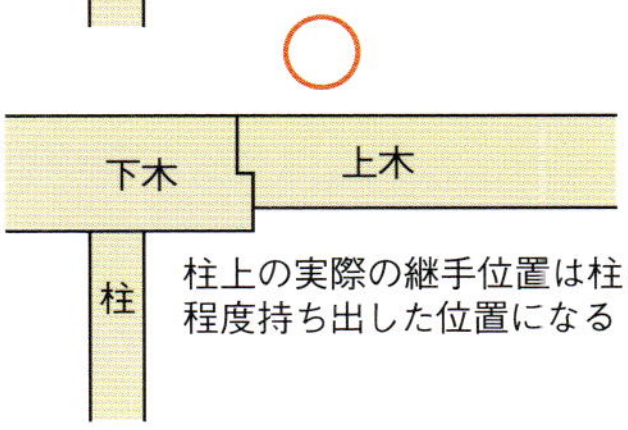

柱上の実際の継手位置は柱から30㎝程度持ち出した位置になる

②集中荷重付近に継手を設けない

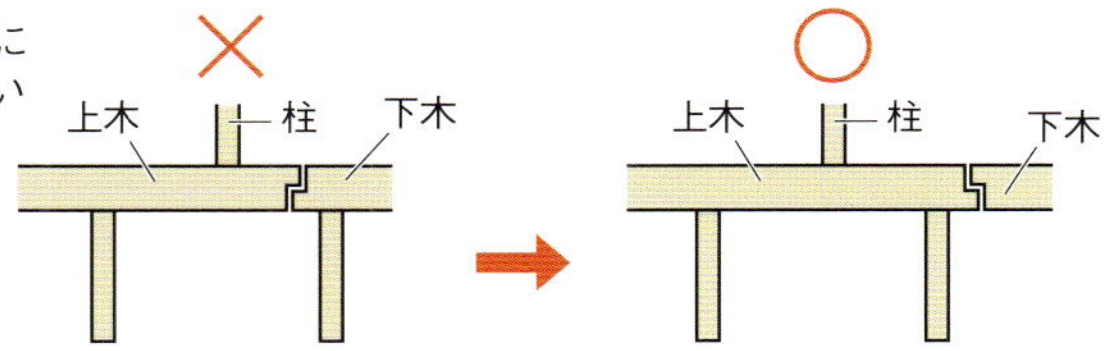

集中荷重を受けるスパン内に継手がある。集中荷重を受ける梁が上木になっている

上木と下木を逆にする。継手の位置をずらす

③耐力壁内に継手を設けない

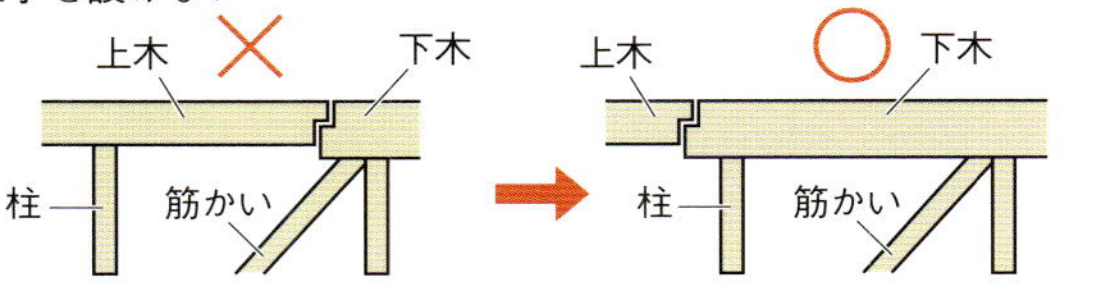

右から左に水平力を受けると筋かいが梁を押し上げ、継手部を頂点に山形に変形する

継手位置を耐力壁の外へ移動する

Point プレカットでは伝統的な継手仕口に対応できない場合もある

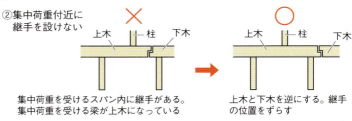

接合金物の種類

041

接合金物の使用部位

現在の木造住宅は、継手仕口によって接合強度を確保しつつも、金物によって補強することが一般的である。建築基準法では接合部における金物の設置を定めている。金物を使わない伝統的な継手仕口は種類も多く、優れたものもあるが、加工手間などの面から、実用的といえないためである。

接合金物は（財）日本住宅・木材技術センターで品質や性能を認定された**Zマーク表示金物**か、またはそれと同等として認められた金物を使う。

接合金物は、主に木材の引抜きを防ぐことが目的である。使用部位としては、まず基礎と土台がある。これらは、アンカーボルトで固定する（72頁参照）。

次に、柱の引抜きを押さえるために、基礎と柱をホールダウン金物で直接結ぶ。1階と2階の柱も同様にホールダウン金物でつなぐ。

また、大きな力のかかる部分の柱と梁は羽子板ボルトなどで固定する。面材耐力壁や筋かいも引抜力に対応した金物で固定する。木の込み栓を併用することもある。

垂木が風に煽られて軒が浮き上がるのを防ぐために、ひねり金物などで垂木を固定する。

木の収縮に対応するバネ座金

十分に乾燥していても、木は必ず痩せるので、ボルトはいつか必ず緩む。少し緩むと、振動などによってさらに緩み、数年経つとかなり緩んでしまうことになる。多少ボルトが緩んだくらいでは、すぐに接合部がはずれてしまうことはないが、緩みを最小限に食い止めておきたい。そこで、バネ付の座金を使うとよい。バネが木の収縮に対応するため、ボルトが緩まないようにすることができる。

用語解説

Zマーク表示金物
（ぜっとまーくひょうじかなもの）

木造軸組工法住宅を対象にした高品質の金物のことで、平12年建告1460号で規定されている木造住宅の継手・仕口に使用する接合金物のもとになっている。40種類ほどある

木造住宅の継手仕口を補強する金物

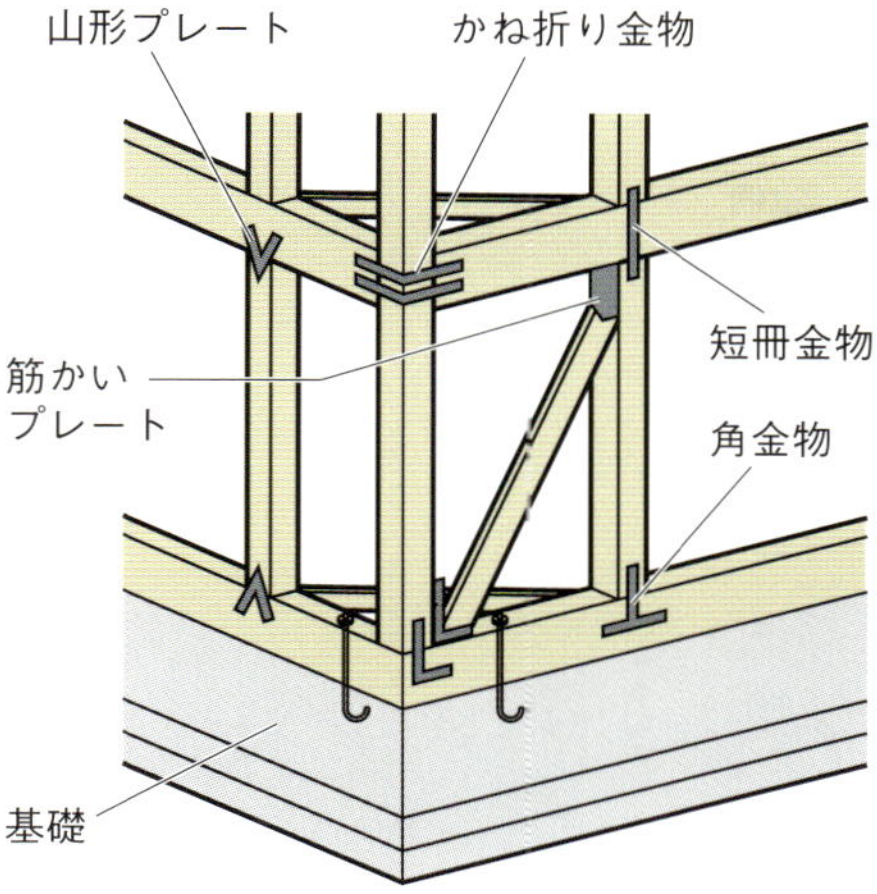

短冊金物の例

バネ付き座金の例

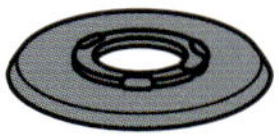

バネ付き丸座金

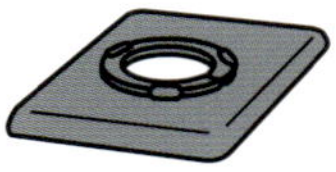

バネ付き角座金

スプリングとワッシャー、座金を一体化したスプリング座金の例。木のやせやボルトの緩みに自動で調整する

短冊金物

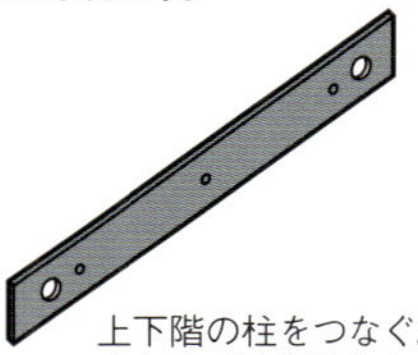

上下階の柱をつなぐ。または、胴差同士をつなぐ

かね折り金物

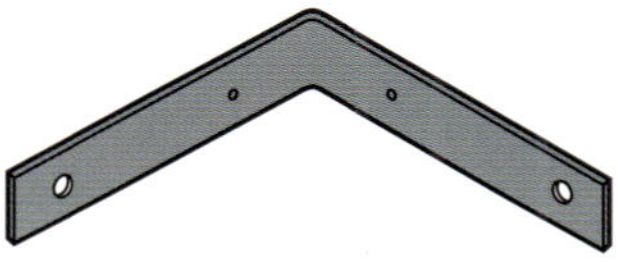

通し柱と胴差を固める

かど金物

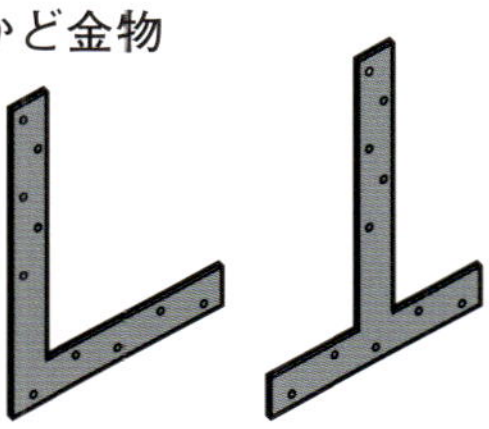

引張りを受ける柱の上下を接合する

山形プレート

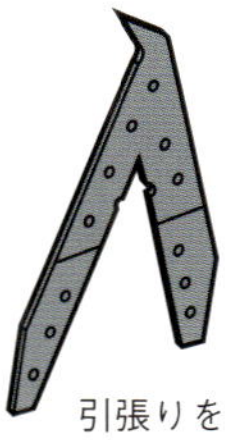

引張りを受ける柱の上下を接合する

筋かいプレート

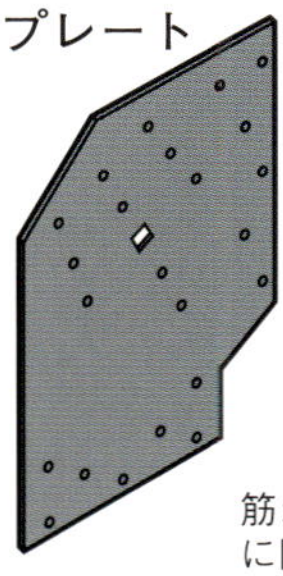

筋かいを柱と横架材に同時に接合する

引き寄せ金物

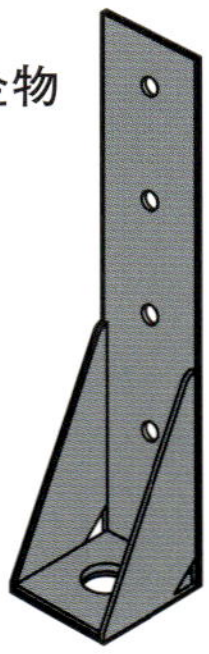

基礎と柱の接合、または上下階の柱の接合に使われる。ホールダウン金物ともいう

耐力壁の柱脚柱頭に水平力が加わると以下のような現象が起こる

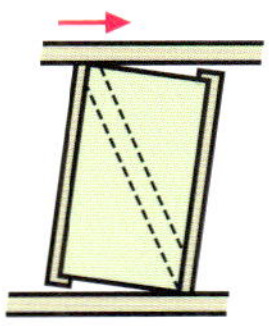

耐力壁が回転することで柱脚・柱頭が引き抜ける

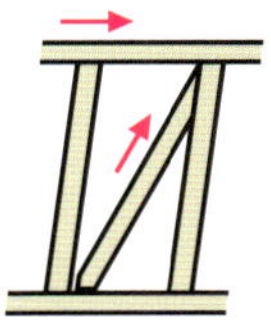

筋かいが外れる

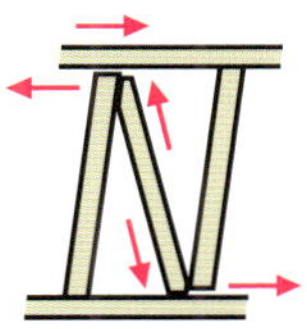

筋かいが柱を押して柱が横にずれる

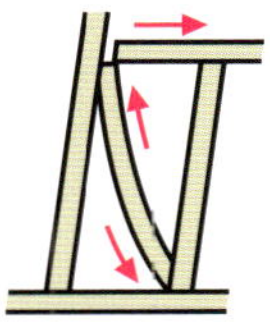

筋かいが通し柱を押して胴差が外れる

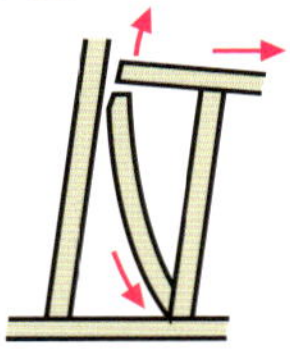

筋かいが胴差を押し上げ胴差が上向きに外れる

Point 耐力壁の取り付いた柱頭・柱脚は、耐力壁の強さに応じた耐力をもつ金物を取り付けること

N値計算

042

N値計算とは何か

耐力壁の柱頭・柱脚に取り付ける接合金物を選ぶ方法は3つある。1つは構造計算を行うこと。2つ目は、建築基準法の告示（平12建告1460号）の表から選択する方法。そして3つ目に、同告示のただし書きによる、**N値**計算によって選択する方法である。

この3つ目のN値計算とは、水平力が作用したときに柱頭・柱脚に働く引抜力を、簡易的に計算する方法である。筋かいなどの耐力壁がある柱ごとに計算する。自動計算できるソフトウエアもある。

平12建告1460号の表によって接合金物を選択した場合は、当該耐力壁の周辺の耐力壁による効果を見込んでいないため、金物による過剰な補強になってしまうことが多くある。

そこで、N値計算で、実際に生じる引張力を簡易な構造計算で求めることで、無駄のない金物補強ができるのである。

N値計算での金物の検討

左頁にあるように、柱の両側に取り付く耐力壁の壁倍率の差を計算式に用いる。また、筋かいの場合は補正値を加える必要がある。それは、圧縮力と引張力が打ち消し合うために、引抜力が小さくなったり、発生しない場合もあるからである。柱頭に取り付く筋かいと、柱脚に取り付く筋かいとでは、前者のほうが筋かいとしての耐力が高く、同時に柱脚により大きな引抜力が作用する。このことを補正値によって、計算式に取り入れた上で適した接合金物を判定するのである。

計算値から出た接合部の金物などは、柱の上下に入れる必要があり、2階の柱より1階の柱の引抜力が大きい場合は、2階の柱脚も1階の柱と同等な仕様にする。

用語解説

N値（えぬち）

N値計算のN値とは、柱に生じる軸方向力（引抜力）を接合部倍率として表したもの。具体的には接合部の許容引張り耐力を1.96kN×2.7mで除した値である（2.7mは標準壁高さを表す）

N値計算の算定式と補正値

N値計算による接合金物を選択するための算定式

平屋の柱、または2階建ての2階の柱のとき

N≧A1×B1－L

N
接合部倍率（その柱に生じる引抜き力を倍率で表したもの）の数値

A1
当該柱の両側における軸組の壁倍率の差。ただし筋かいの場合、補正表1～3の補正値を加える

B1
出隅の場合0.8、その他の場合0.5

L
出隅の場合0.4、その他の場合0.6

2階建ての1階の柱のとき

N≧A1×B1＋A2×B2－L

N、A1、B1
上に同じ

A2
当該柱の上の2階柱両側の軸組の壁倍率の差。ただし筋かいの場合、補正表1～3の補正値を加える

B2
出隅の場合0.8、その他の場合0.5

L
出隅の場合1.0、その他の場合1.6

補正表1 筋かいが片側のみ取り付く場合

筋かいの取り付く位置 ＼ 筋かいの種類	柱頭部 	柱脚部 	柱頭・柱脚部 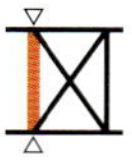
15×90mm、直径9mmの鉄筋	0	0	0
30×90mm	0.5	－0.5	
45×90mm	0.5	－0.5	
90×90mm	2	－2	

補正表2 筋かいが両側から取り付く場合①

一方が片筋かい ＼ 他方が片筋かい	15×90mm、直径9mmの鉄筋 	30×90mm	45×90mm	90×90mm	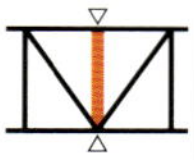
15×90mm、直径9mmの鉄筋	0	0.5	0.5	2	0
30×90mm	0.5	1	1	2.5	
45×90mm	0.5	1	1	2.5	
90×90mm	2	2.5	2.5	4	

補正表3 筋かいが両側から取り付く場合②

一方が片筋かい ＼ 他方がたすき掛け片筋かい	15×90mm、直径9mmの鉄筋 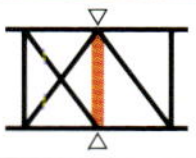	30×90mm	45×90mm	90×90mm	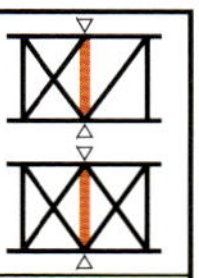
15×90mm、直径9mmの鉄筋×2	0	0.5	0.5	2	0
30×90mm×2	0	0.5	0.5	2	
45×90mm×2	0	0.5	0.5	2	
90×90mm×2	0	0.5	0.5	4	

N値の接合部の仕様（平12建告1460号表3より）

告示表3との対応	N値	必要耐力（kN）	接合方法	
（い）	0以下	0	短ホゾ差し	かすがいC打ち
（ろ）	0.65以下	3.4	長ホゾ差し＋込み栓（15～18mm角、堅木）打ち	CP・Lかど金物＋ZN65×10本
（は）	1以下	5.1	CP・Lかど金物＋ZN65×10本	VP山形プレート金物＋ZN90×8本
（に）	1.4以下	7.5	羽子板ボルト＋ボルトM-12	短冊金物＋ボルトM-12
（ほ）	1.6以下	8.5	羽子板ボルト＋ボルトM-12＋ZS50×1本	短冊金物＋ボルトM-12＋ZS50×1本
（へ）	1.8以下	10	ホールダウン金物S-HD10＋座金付きアンカーボルトM-16	
（と）	2.8以下	15	ホールダウン金物S-HD15＋アンカーボルトM-16	
（ち）	3.7以下	20	ホールダウン金物S-HD20＋アンカーボルトM-16	
（り）	4.7以下	25	ホールダウン金物S-HD25＋アンカーボルトM-16	
（ぬ）	5.6以下	30	ホールダウン金物S-HD25×2＋アンカーボルトM-16	
－	5.6超（7.5以下）	N×5.3（4C）	ホールダウン金物S-HD20×2＋アンカーボルトM-16	

Point 筋かいは取り付ける向きによって柱頭柱脚の引抜力が異なるので注意が必要！

小屋組

043

和小屋

屋根を支える骨組みを小屋組という。木造住宅では、伝統的な**和小屋**を用いてつくられることがほとんどである。和小屋は、小屋梁を外周壁と間仕切の上に架け、その上に小屋束を立てて、母屋や棟木を支え、垂木を受ける。母屋を約900㎜ピッチにするか、垂木を大きめにして約1千800㎜ピッチで入れていく。垂木は、金属板などの軽い屋根材で葺く場合と瓦などの重い屋根材で葺く場合とで断面寸法が変わってくるが、軽い屋根葺き材で母屋900㎜ピッチの場合45㎜角以上、1千800㎜ピッチの場合75㎜角程度となる。

地震に抵抗するため、小屋組にも梁間・桁行各方向に耐力壁を入れるようにする。隅角部には火打梁を入れて、水平剛性を確保できるようにする。

以前、小屋梁は丸太を多く使っていたが、最近はプレカットで加工するため、角材を使うことがほとんどである。

また、あまり使われることはないが、トラスで屋根を支える小屋組を洋小屋という。細い部材を組み合わせることで、大スパンを支えることができる。

登り梁・垂木構造

登り梁・垂木構造は、梁などの水平部材を省略した形式の小屋組である。

通常、梁は水平に入れるが、高さの違う梁を結んだり、勾配天井にするために、斜めに登り梁を架けるのが登り梁構造である。

登り梁は梁の一部が高くなり、構造上不安定になる場合があるため、登り梁以外の部分で、水平部材を入れることがあるので注意したい。

垂木構造は、垂木のせいを大きくして、中間に母屋や梁を入れない小屋組である。木材の使用量はやや増えることになるが、架構がシンプルなため、構造を露したときすっきり見える。

用語解説

和小屋（わごや）

小屋梁などに小屋束を立て組んでいく小屋組のこと。束立て小屋とも呼ぶ。住宅で間仕切が多く、梁間が小さいものに使用される。水平力に弱いため、補強を行うとよい

小屋組（和小屋）

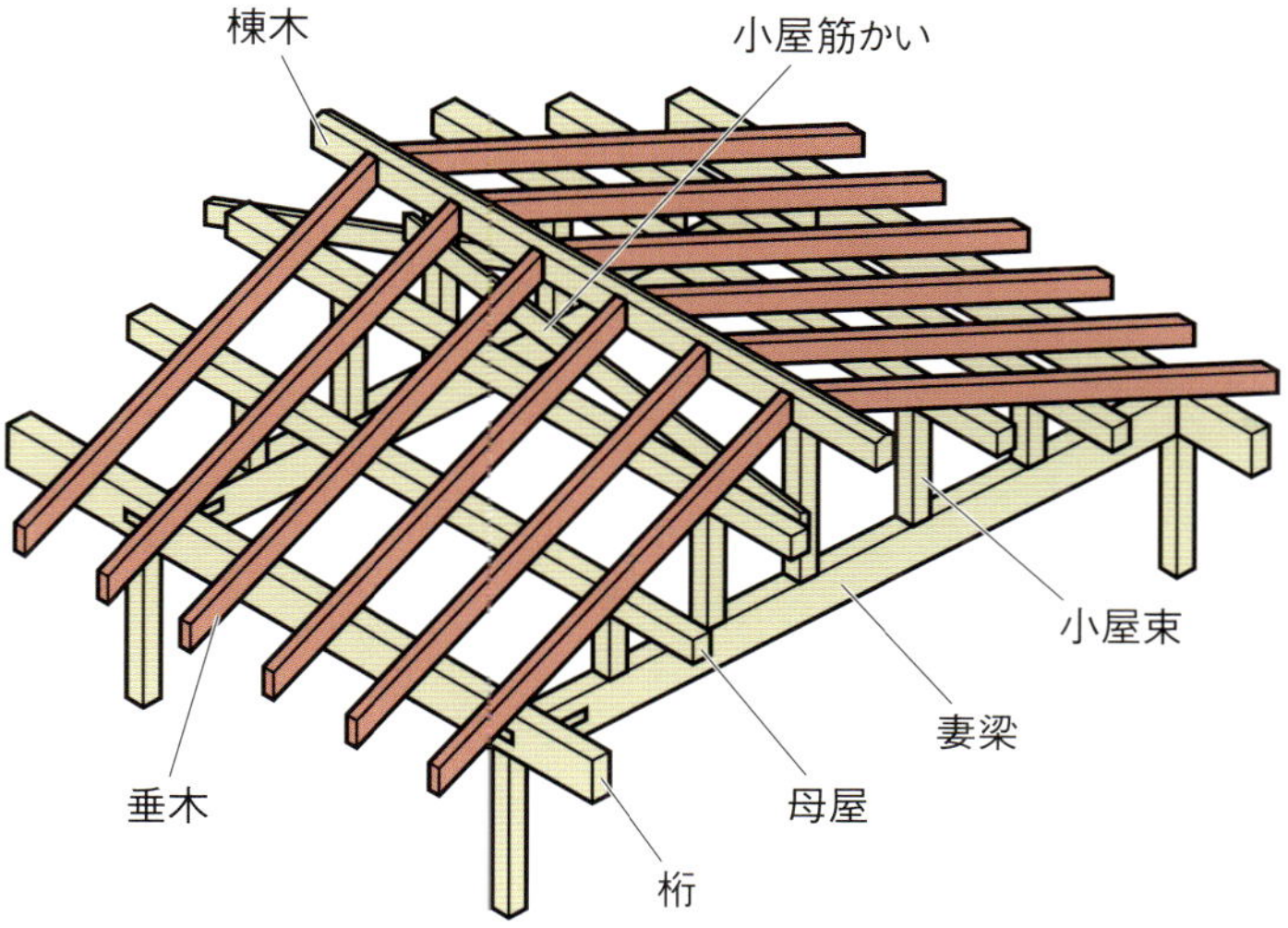

地震に強い小屋組にするために耐力壁を入れる

水平力に抵抗する力を強めるため、小屋組にも耐力壁を入れる

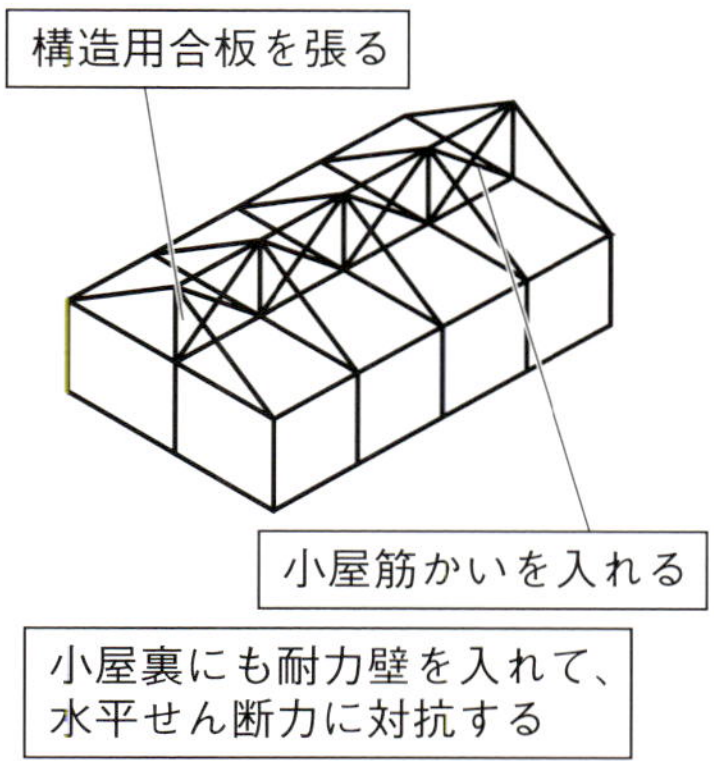

梁と軒桁の取合いの種類

梁と軒桁の取合い部の納まり

①差付け

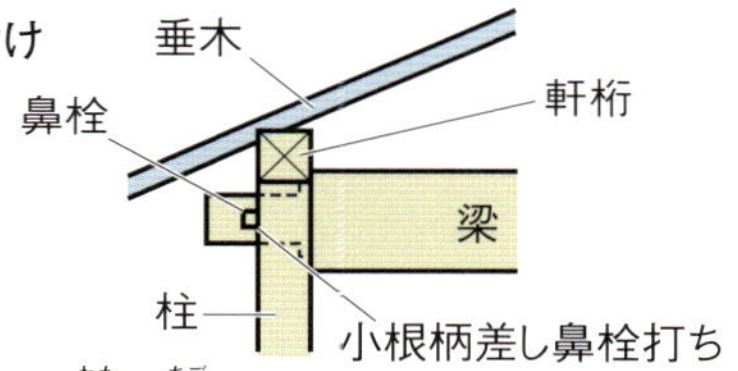

②京《きょう》呂《ろ》組（渡《わた》り腮《あご》）

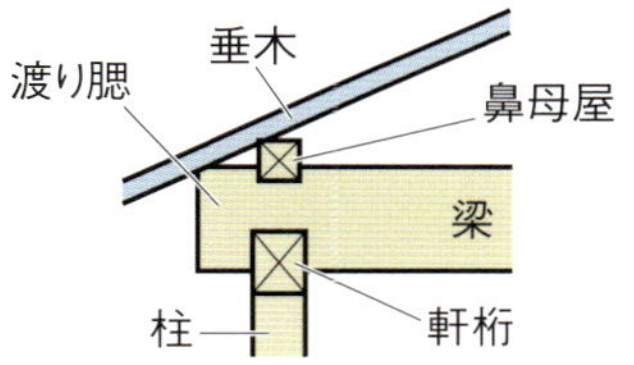

③京《きょう》呂《ろ》組（兜《かぶと》蟻《あり》掛《が》け）

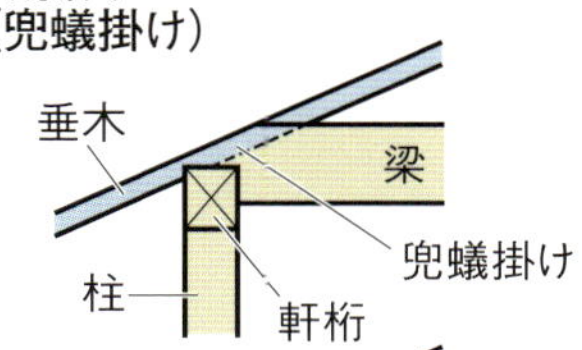

④折《おり》置《おき》組《ぐみ》

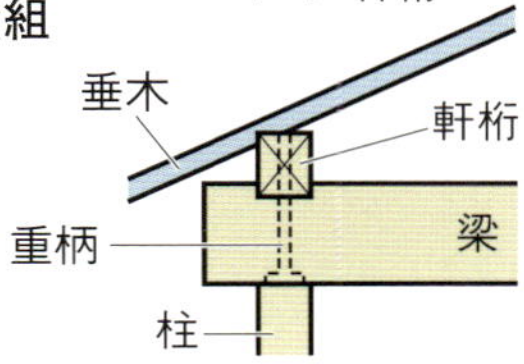

垂木構造

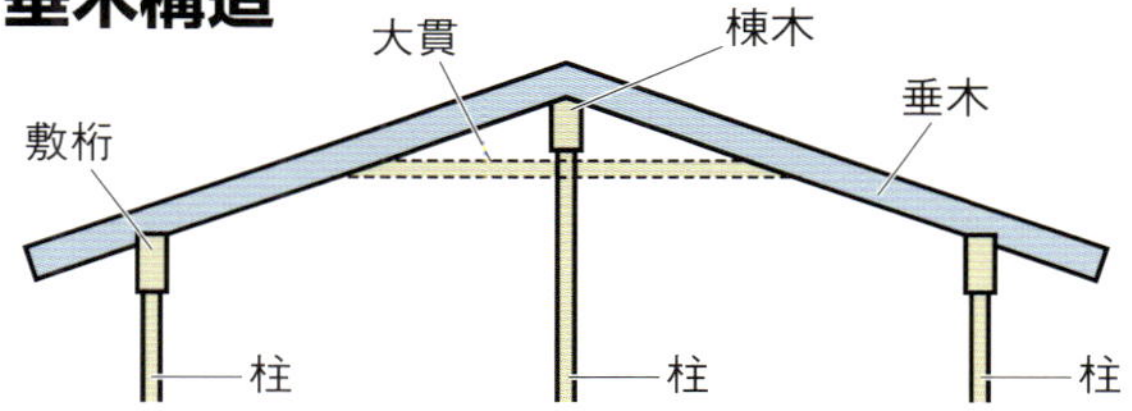

登り梁構造

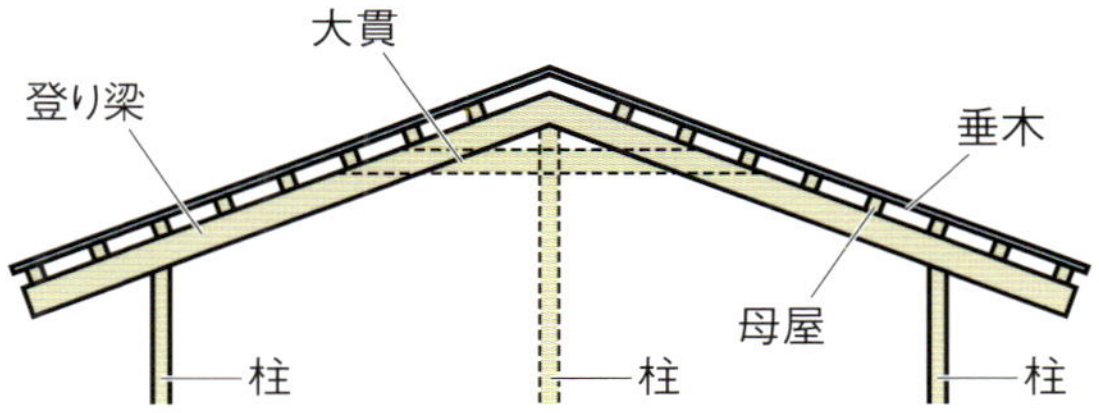

洋小屋

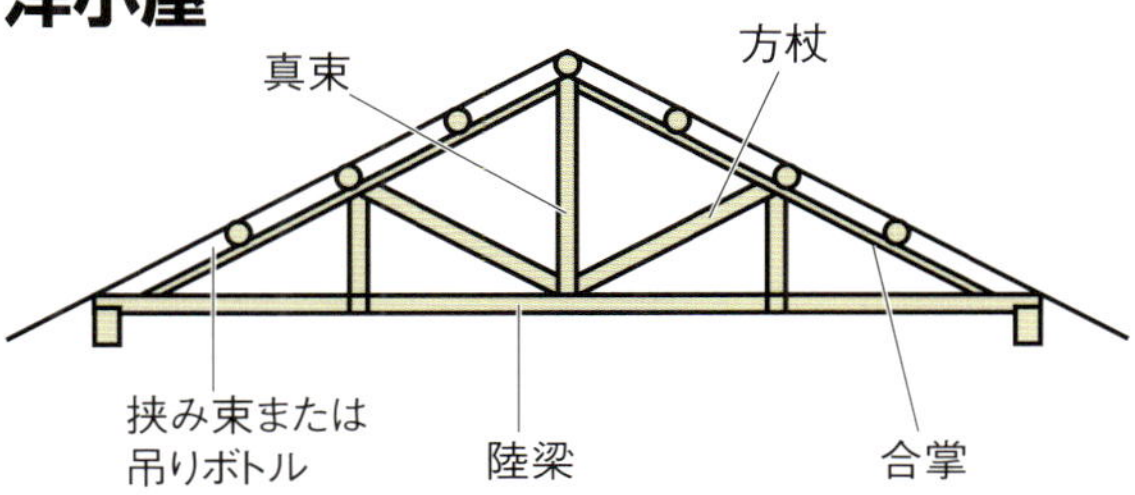

Point 強い小屋組をつくるには、小屋組にも小屋筋かいなどの耐力壁を入れて水平力に抵抗する

Column シンプルな構造のローコスト住宅

古民家の構造を生かす

筆者は、古い民家から学んだことを生かし、シンプルな構造とすることで、ローコストな住宅設計を実践している。古民家は、全体は凹凸のない矩形で、太目の柱や梁で、2間以上の大スパンの梁によって構成されている。以前、民家の再生を手がけた際に、特殊な技術や複雑な技術を使わずに、地域の大工だけで解体と組み立てをすることができた。大きなスパンのため、内部の間仕切の変更も問題なかった。100年以上は十分もつ構造であるため、木材が成長する年月以上、家が長もちし、解体費用や解体時のエネルギーを少なくできる。長い目でみれば、大幅なコストダウンになると同時に、サスティナブルな資源の活用になる。

①ローコストにつくる秘訣

構造材には、国産材で節のある木を使う。国産材はコストが高い印象があるが、節のある木を選べば､リーズナブルである。また、真壁納まりにして、構造がそのまま仕上げになるつくりとしている。施工では、上棟が終わり、屋根ができると、住宅のかなりの部分が完成したことになり、工期の短縮につながっている。工期を短縮できるということは、人件費の削減にもなる。細かく間仕切らず、内部の壁の表面積を減らし、建具も極力少なくする。ディテールも簡易化し造作も単純にする。30坪以下の住宅では、このようにつくり込みをあまりしなければ、3～4カ月で完成する。

②現代の家に必要な機能を付加する

古民家のつくりを生かした家といっても、現代の家に求められる機能を付加することは必要である。田の字型プランは、建具を閉めれば個室になり、開ければ大きな空間になるため、フレキシブルに活用できるが、気密性が低くなるため、冬の寒さ対策や防音については、工夫をしなくてはならない。

また、夏季における排熱についても工夫を凝らしたい。屋根材のすぐ裏に通気層を設けたうえで断熱材を張り、軒先の換気口につなげて換気口をつけ、排熱できるようにする。片流れ屋根なら、形状がもっともシンプルであり、屋根面の熱気も排熱しやすい。

さらに、地中の温度が年間を通して一定であることを生かし、冬季は床下換気口を閉められるようにしておき、地熱で床下の温度が下るのを防ぐ。床下を外気温より高い温度に保つことができる。

第4章

屋根と外壁

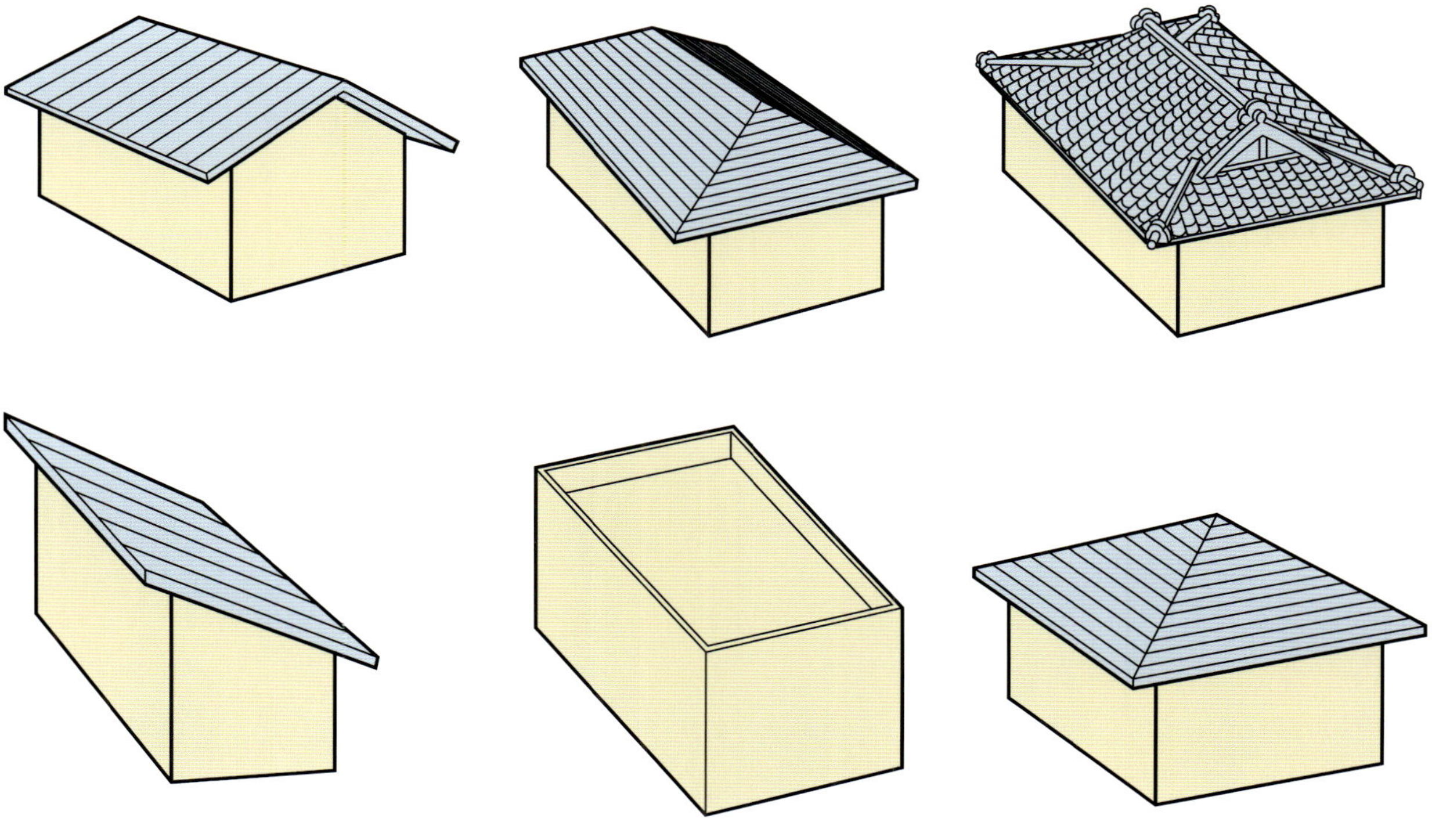

外装計画

044

雨仕舞を考える

屋根、外壁などで構成される住宅の外装は、風雨や日照、火災などから住まい手の生活を守るための大切な要素である。

屋根は、屋根材の下にルーフィングを張り、防水性を担保する。瓦屋根の場合、つくりとしては下地材に瓦を載せているだけだが、瓦の隙間から雨水が浸入してもルーフィングで雨漏りを防ぐようになっている。同時に、屋根勾配をとることで浸入した雨水を軒先から抜く。同様に外壁も下地の防水シートで防水性を担保する。

屋根や外壁は、シーリングだけに頼った納まりにしないこと。シーリングは経年により切れる可能性があるためである。また、木造は地震や振動などの揺れで軸組が多少動くので、防水層が切れやすい。そのため、防水層だけに頼る平らな陸屋根とすることは、木造では避けたほうがよい。

外壁面の開口部廻りも雨水が浸入しやすい。下地の施工段階でサッシ周囲に防水テープを張ること。

防火性・耐久性を高める

防火に関しては、市街地では防火地域、準防火地域、法22条地域（100頁参照）と都市計画で規制を設けられている。防火地域では100㎡までの戸建住宅であれば準耐火構造以上、準防火地域内では、延焼のおそれのある部分を防火構造にしなくてはならない。

耐久性に関しては、外壁に耐候性の高い材料を選び、さらに軒を深くして対処したい。ガルバリウムは耐候性も高く長持ちする素材といえる。意外と思われるかもしれないが、左官仕上げの漆喰壁も耐候性が高い。物理的に壊れなければ、塗り替える必要がなく、メンテナンスフリーの外壁仕上げといえるだろう。

用語解説

雨仕舞
(あまじまい)

建物に浸水防止の処置を施すことをいう。雨水を浸入させない高い密閉性を持つ仕組みと、万一、雨水が浸入した際には速やかに雨水が外部に流れ出す仕組みとするとよい

外装に求められる機能上のポイント

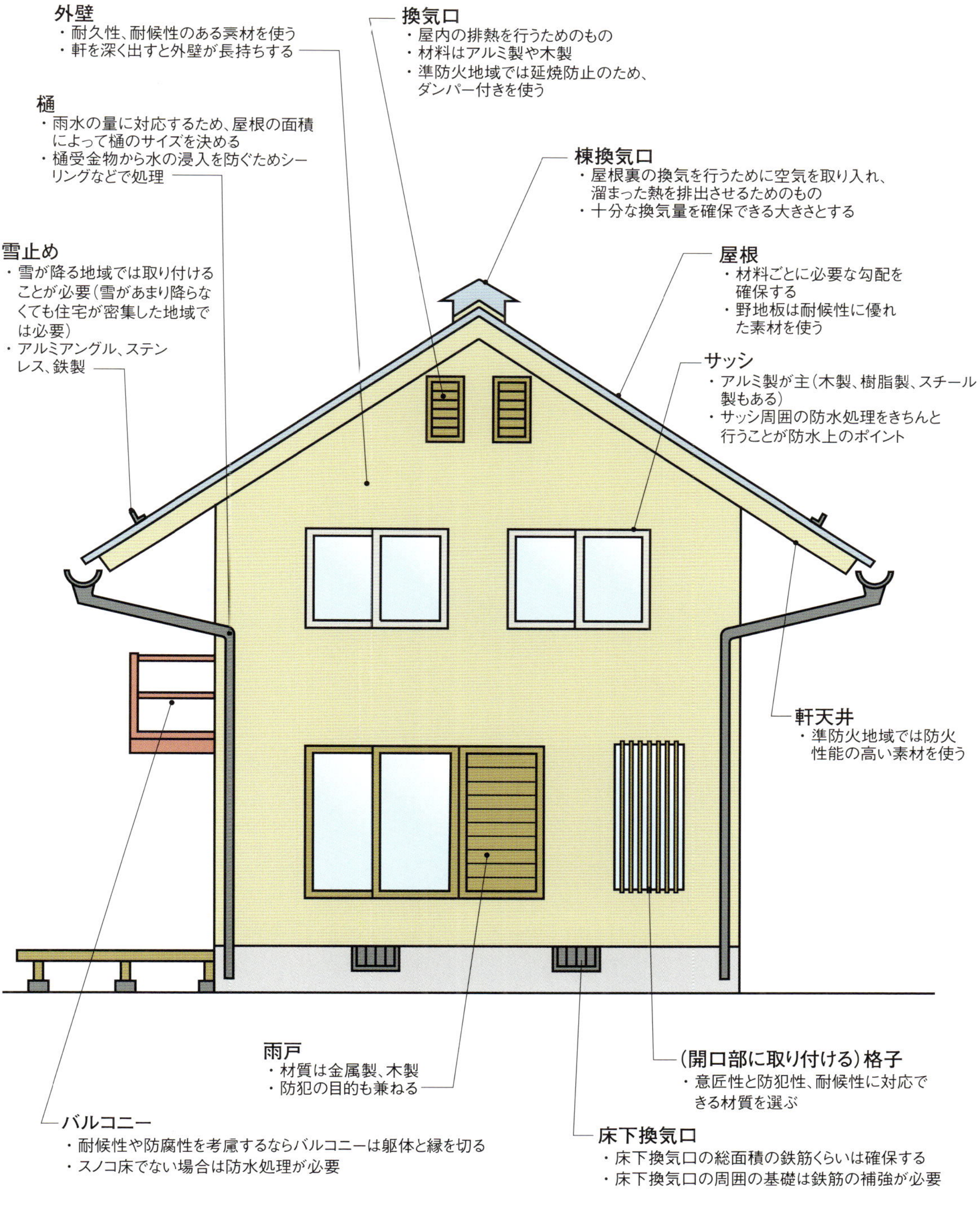

外壁
・耐久性、耐候性のある素材を使う
・軒を深く出すと外壁が長持ちする
換気口
・屋内の排熱を行うためのもの
・材料はアルミ製や木製
・準防火地域では延焼防止のため、ダンパー付きを使う
樋
・雨水の量に対応するため、屋根の面積によって樋のサイズを決める
・樋受金物から水の浸入を防ぐためシーリングなどで処理
棟換気口
・屋根裏の換気を行うために空気を取り入れ、溜まった熱を排出させるためのもの
・十分な換気量を確保できる大きさとする
雪止め
・雪が降る地域では取り付けることが必要（雪があまり降らなくても住宅が密集した地域では必要）
・アルミアングル、ステンレス、鉄製
屋根
・材料ごとに必要な勾配を確保する
・野地板は耐候性に優れた素材を使う
サッシ
・アルミ製が主（木製、樹脂製、スチール製もある）
・サッシ周囲の防水処理をきちんと行うことが防水上のポイント
軒天井
・準防火地域では防火性能の高い素材を使う
雨戸
・材質は金属製、木製
・防犯の目的も兼ねる
（開口部に取り付ける）格子
・意匠性と防犯性、耐候性に対応できる材質を選ぶ
バルコニー
・耐候性や防腐性を考慮するならバルコニーは躯体と縁を切る
・スノコ床でない場合は防水処理が必要
床下換気口
・床下換気口の総面積の鉄筋くらいは確保する
・床下換気口の周囲の基礎は鉄筋の補強が必要

Point 雨や風から生活を守るのが外装材。傷みにくく丈夫なつくりとすることも大事だがメンテナンスも必要

防火規定

045

防火地域・準防火地域

木造住宅に係わる防火規定について説明する。

建築基準法の防火規定で、もっとも厳しい地域が防火地域で、ついで、準防火地域になる。

防火地域では、以前は木造住宅を建築することができなかったが、一定の防火性能を満たした準耐火構造の木造住宅なら建設可能となっている。

準防火地域内の木造建築物は、外壁および軒裏で「延焼のおそれのある部分」を**防火構造**としなければならない。

延焼のおそれのある部分とは、火災の場合に延焼を受ける危険性のある火熱源から一定の距離にある部分をいい、範囲内の外壁や開口部は防火上の措置が必要となる。

敷地内の2以上の建築物の相互の外壁間の中心線、隣地境界線および道路中心線の各線から、1階部分で3m以内、2階以上の部分で5m以内を指す。

延焼のおそれのある部分のサッシには網入りガラスなどを入れ、隣地が火災のとき、外部からの炎でガラスが割れても網によってガラスが飛散せず、炎が室内に入り込まないようにしなくてはならない。

延焼のおそれのある部分以外であれば、防火上の制限はないので、外装を木材にすることができる。

法22条区域

法22条区域といって、防火地域、準防火地域以外で木造建築物が多い市街地での屋根などの防火性能を規定した区域もある。法22条区域内の木造建築物は、外壁で延焼のおそれのある部分を、準防火性能をもつ構造としなければならない。なお、防火地域、準防火地域、法22条区域では、屋根の不燃化が求められ、瓦などの不燃材料を葺くことになる。

用語解説

防火構造
（ぼうかこうぞう）

建築物の周囲で発生する火災による延焼を抑制するために、外壁または軒裏に必要とされる防火性能を有する構造のこと。仕様の例として、鉄網モルタル、または木摺漆喰塗りなど

防火地域・準防火地域・法22条区域で建てられる木造

防火地域で建てられる木造

・階数2以下、または延べ面積100㎡以下の準耐火建築物

準防火地域で建てられる木造（法62条、令136条の2）

・階数が3以下で延べ面積が1,500㎡以下の準耐火建築物
・平屋や2階建ての防火構造建築物
・周囲に十分な空地（1階が3m以上、2階以上は5m以上）を有する場合で屋根が不燃の木造

法22条地域で建てられる木造（法22条）

・屋根を不燃化し、外壁で延焼のおそれのある部分は延焼を防ぐ構造とした木造

準耐火構造の仕様例

屋根の不燃化

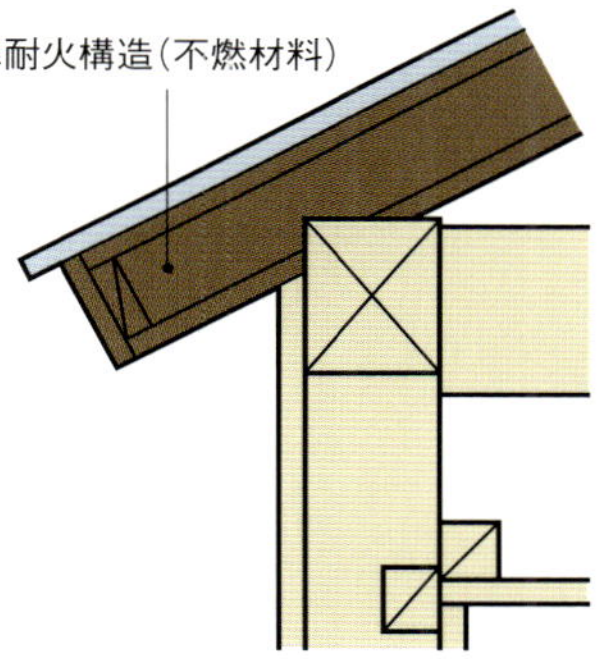

通常の火災が終了するまで（1時間、45分）、建物の倒壊や延焼を防ぐため、各部位の耐火性能基準が定められている

1時間準耐の外壁

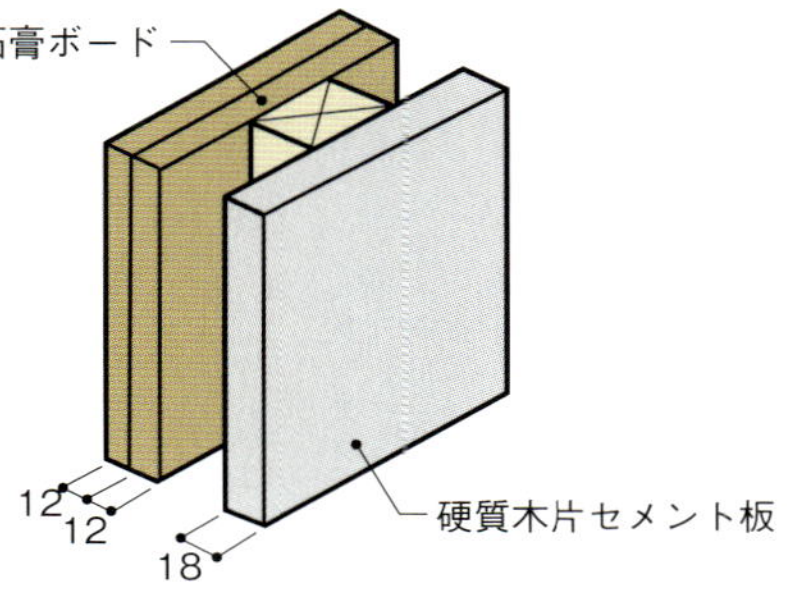

屋外側：厚さ18㎜以上の硬質木片セメント板
屋内側：厚さ12㎜以上の石膏ボード2重張り

45分準耐の外壁

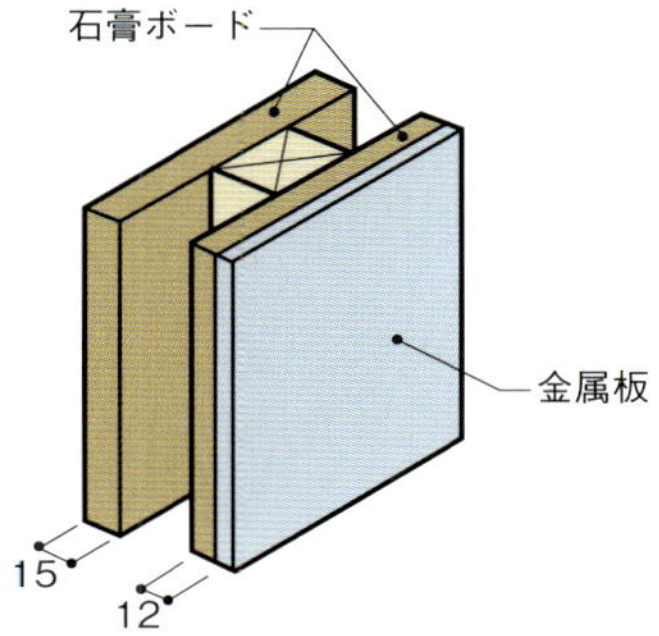

屋外側：厚さ12㎜以上の石膏ボードに金属板を張る
屋内側：厚さ15㎜以上の石膏ボード

Point 延焼防止のため、市街地の戸建住宅の外壁または軒裏は防火構造とする

屋根形状

046

屋根の建築

「日本建築は屋根の建築である」と言われるように、雨の多い日本では、左図のように、さまざまなかたちの屋根がつくられてきた。

日本建築は、軒を深く出すことが特徴である。深い軒は、壁や建物本体を雨から守り、夏の室内への強い日差しを遮る。

また、伝統的な木造建築は、屋根に工夫をこらし、入母屋などの複雑な屋根形状としたり、シンプルな切妻でも反りや起《むく》りなど細かな調整がなされ、建築の美しさを演出している。古民家に見られるような大きな茅葺屋根も大変魅力的である。

屋根形状の種類と勾配

現在の木造住宅では、用いられる屋根形状は切妻や寄棟がほとんどである。寄棟は軒が水平に揃うため、**北側斜線**にも対応しやすく、都市部で多く採用されている。

片流れ屋根は、最も単純な屋根形状といえるが、簡単な換気口を付けることで屋根内部や室内に溜まった熱を排出することができ、勾配天井にすることで容易にロフトをつくることができる。

屋根は、屋根に降りかかる雨水を処理するために、適切な屋根勾配をとる必要がある。屋根勾配は水平に1尺（303㎜）に対して高さが何寸になるのかを示すものである。

屋根勾配は屋根材の種類によってとるべき勾配が異なる（103頁表参照）。瓦屋根で4寸勾配以上、化粧スレートや金属板の平葺きで3寸以上、金属板の瓦棒葺きで1寸以上が必要となる。

屋根勾配は、屋根の大きさも関係する。屋根が大きくなると、そこに集まる雨水の量が増えるため、勾配を多めにとる必要がある。

用語解説

北側斜線
（きたがわしゃせん）

高さ制限の1つ。第1・2種低層住居専用地域と第1種・2種中高層住居専用地域では、建築物の高さを北側隣地（道路）境界線上の一定の高さを起点とする斜線の範囲内に収めなくてはならない

屋根形状の主な種類とその特徴

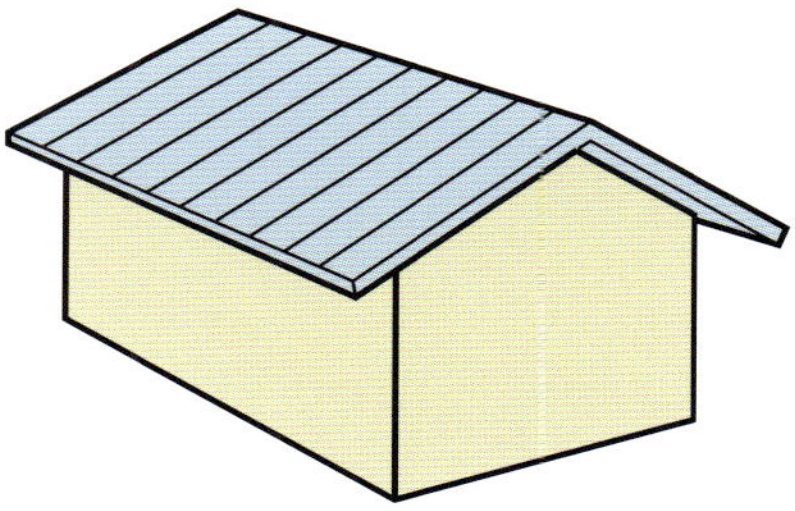

切妻（きりづま）
中心の棟から両側に屋根が流れるシンプルな形状の屋根。現代の木造住宅に多く用いられる

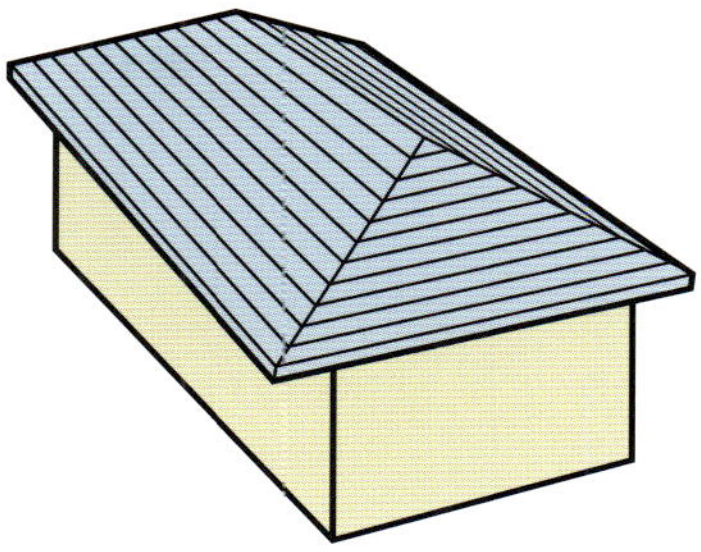

寄棟（よせむね）
軒先が水平で、それぞれの軒先から中央に向かって屋根が登っていく。外壁が納まりやすく、北側斜線にも対応しやすいため、ハウスメーカーや建売住宅でも多く採用されている

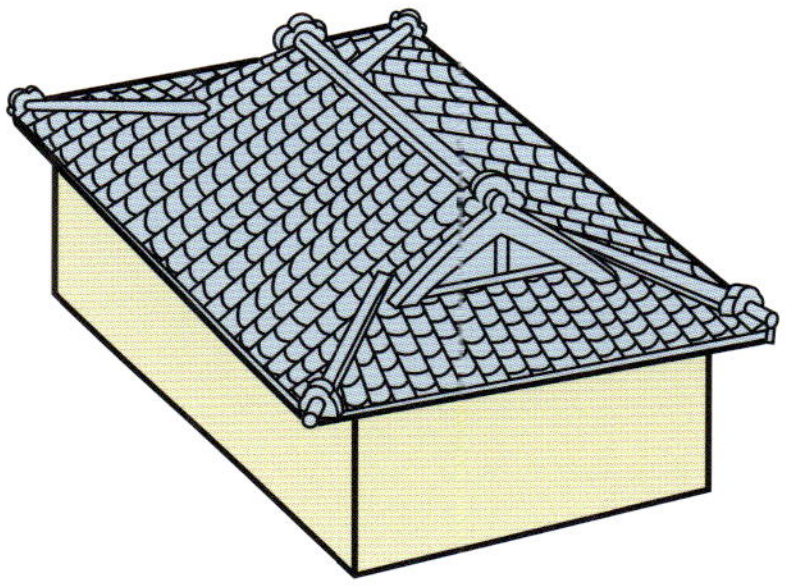

入母屋（いりもや）
軒先が水平に回る寄棟の上部が切妻になっている形の屋根。伝統的な日本建築で用いられていることが多い。破風板などに意匠的な工夫を凝らす

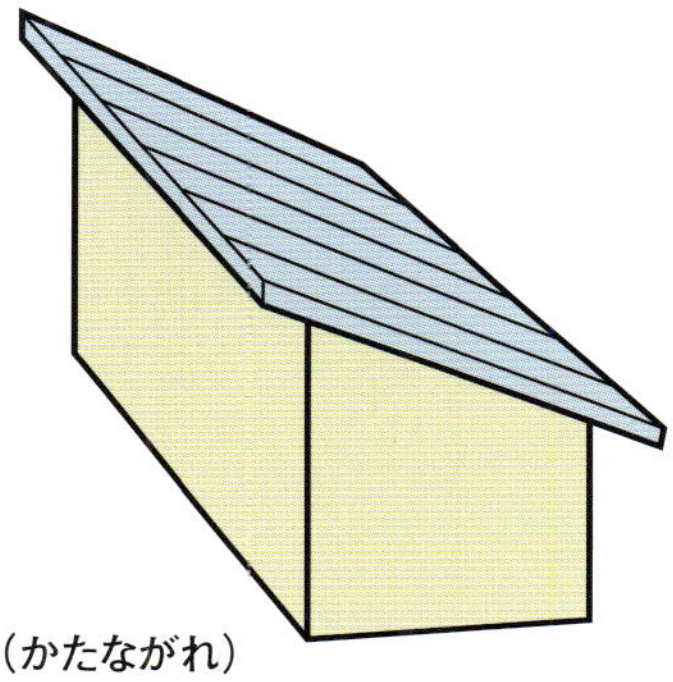

片流れ（かたながれ）
一方が高く、一方が低く、一方向に屋根が流れる。もっともシンプルな形状の屋根といえる。一方が高くなるため、建築基準法の集団規定の斜線制限などとの調整が難しいこともある。上方への換気ルートをつくりやすい

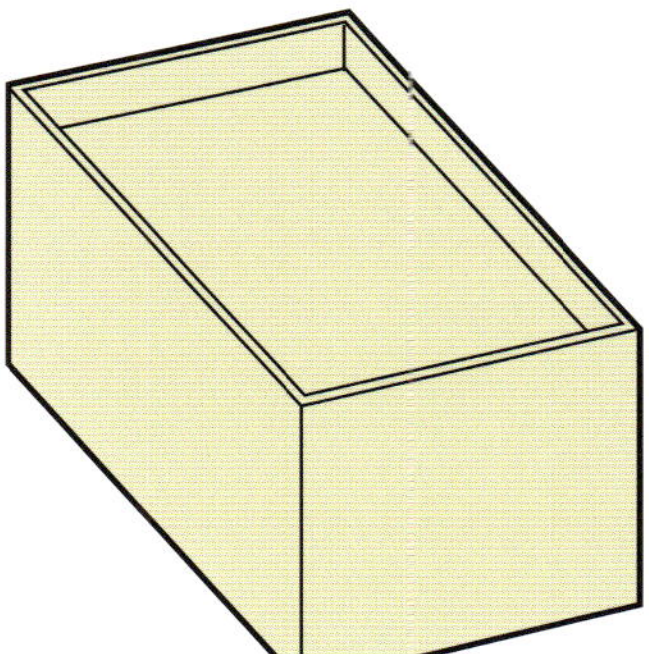

陸屋根（りくやね・ろくやね）
ほぼフラットな屋根。水が流れにくいため雨漏りしやすく、防水をしっかりと行う必要がある。木造ではあまり用いられることがない

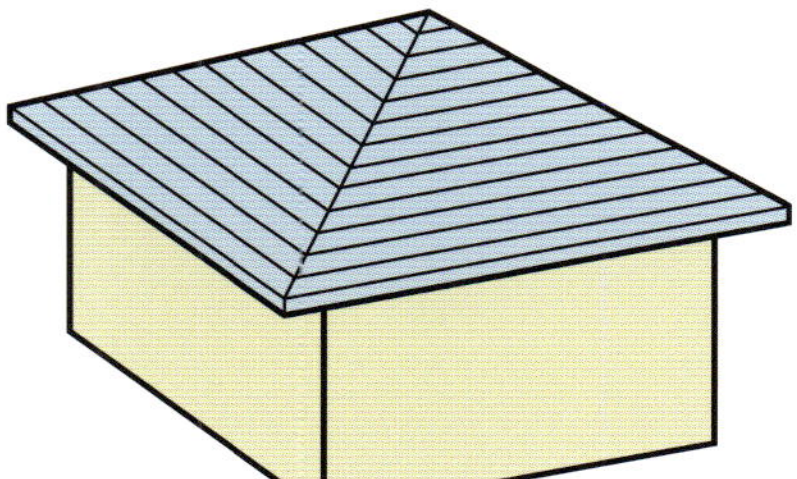

方形（ほうぎょう）
平面が正方形（または八角形）の建物に採用され、屋根が中心の一点に集まる。寄棟と同様な納まり

Point 屋根の形状は室内空間にも影響がある。片流れ屋根は天井高を高くできる

屋根材

047

屋根材の特徴

屋根材は、耐久性、重さ、コストおよびデザインで選択する。加えて、火災でも燃えにくい素材を使用する。

耐久性が高いのは、瓦、銅板、ステンレス鋼板。ガルバリウムも小口の処理さえきちんとすれば、10年以上はメーカーでも保証しており、コスト面も考えると使いやすい材料といえる。カラー鉄板は、さび止めの塗装を定期的にすれば、ある程度長持ちする。化粧スレートは、塗装で寿命を延ばせるが、15年程度で葺き替えが必要となる。

重量の点では、重いのが瓦で、特に古い木造家屋の瓦をずれないように瓦の下に入れる「葺き土」があるとさらに重くなる。軽いのは、化粧スレート、金属板の屋根材となる。

コストは、瓦と銅板が高く、次いで、ステンレス鋼板。さらに、ガルバリウム、化粧スレート、カラー鉄板の順となる。

バルコニーや、ほとんど平らな陸屋根はFRPやシート防水を施すことが多い。

法規的な防火対策として、モルタルなどで表面の耐火性を高める場合がある。

屋根材として優秀な瓦

瓦は、日本だけでなく欧米でも使われている伝統的な屋根材である。

1枚割れても、簡単に取り替えることができる。瓦の下には、隙間ができて、暑い時期には、熱気が抜けて屋根の下の部屋の温度を下げてくれる。

種類については、日本瓦だけでも、本瓦、一文字瓦、平瓦などがある。

愛知県の**三州瓦**などのいくつかの産地があり、雪の時期に表面の凍結を防ぐために焼成温度を1千300度ほどの高温にして硬い焼き具合に仕上げたり、釉薬を塗って水分の染み込みを抑えることもある。

用語解説

三州瓦
（さんしゅうがわら）

日本の瓦の３大産地、愛知県西三河地方で生産される瓦の総称。「釉薬瓦」、「陶器瓦」、「いぶし瓦」などの種類がある。いぶし瓦は燻化を行うことで、銀色の炭素膜を形成させ、渋い銀色の光沢をもたらす

屋根の主な材料とその特徴

屋根材		特徴	勾配
瓦		粘土で形をつくり、耐候性を高めるために釉薬をかけて焼いた釉薬瓦と、釉薬をかけないいぶし瓦がある。意匠的には洋瓦と日本瓦、その他さまざまな形状がある。昔ながらの瓦屋根は「葺き土」を使って納めるが、重くなるため、葺き土を使わずに引掛け桟瓦を使用する施工方法もある	4寸勾配以上
化粧スレート		スレートとはセメントと繊維を固めた板。以前は繊維としてアスベストが使用されていたが、現在はノンアスベストとなっている。軽く、安価なため、多くの住宅で採用されている。表面の塗装で耐候性を保っているため、定期的に塗り替える必要がある。そのため、15年ほどで葺き替えが必要となってくる	3寸勾配以上
金属系	銅板	古くから屋根に使われてきた素材で、耐久性が高いだけではなく、加工性も高いため、細かい細工が可能。ただし、高価であるため、社寺、数奇屋建築などに主に使われる	平葺き…3寸勾配以上 瓦棒葺き…1寸勾配以上（屋根の長さが短ければ、0.5寸勾配も可能）
	ステンレス鋼板	ステンレス鋼板そのものを使うこともあるが、多くはステンレス鋼板に塗装した製品を使用する。やや高価であるが、耐久性が高く、表面の塗装の塗り替えが必要であるとしても、ステンレス鋼板そのものは半永久的に使用できる	
	ガルバリウム鋼板	亜鉛とアルミの合金を鉄板にメッキしたもの。鉄板に比べ、はるかに耐候性・耐久性が高く、メーカー保証で10年、実際にはそれ以上長持ちする。比較的安価なため、使用も増えている	

材料ごとの屋根の納まり

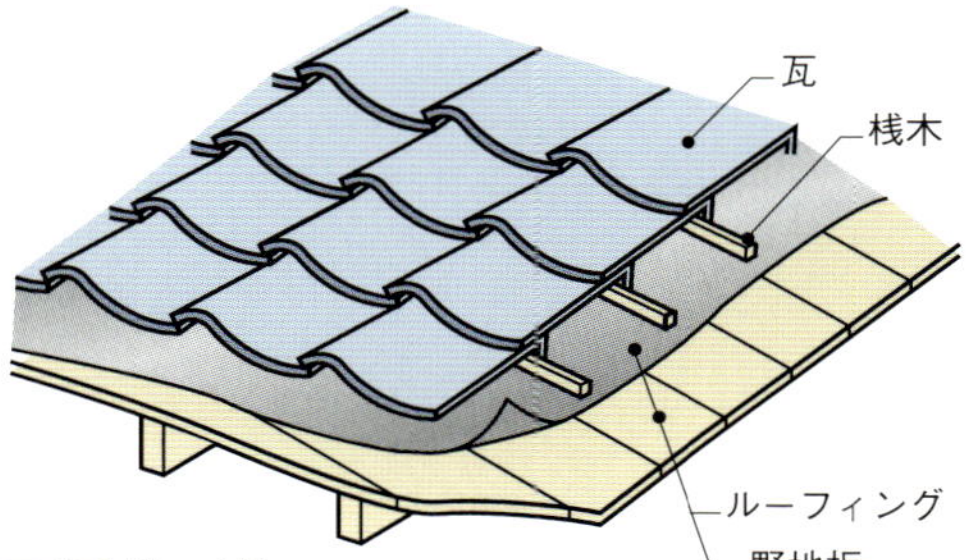

瓦（引掛け桟）

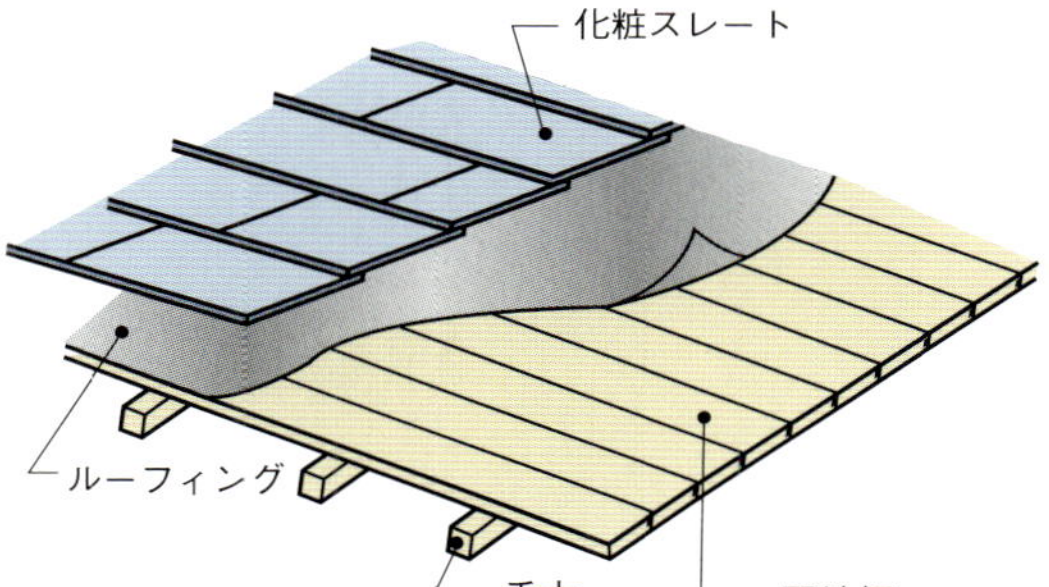

化粧スレート

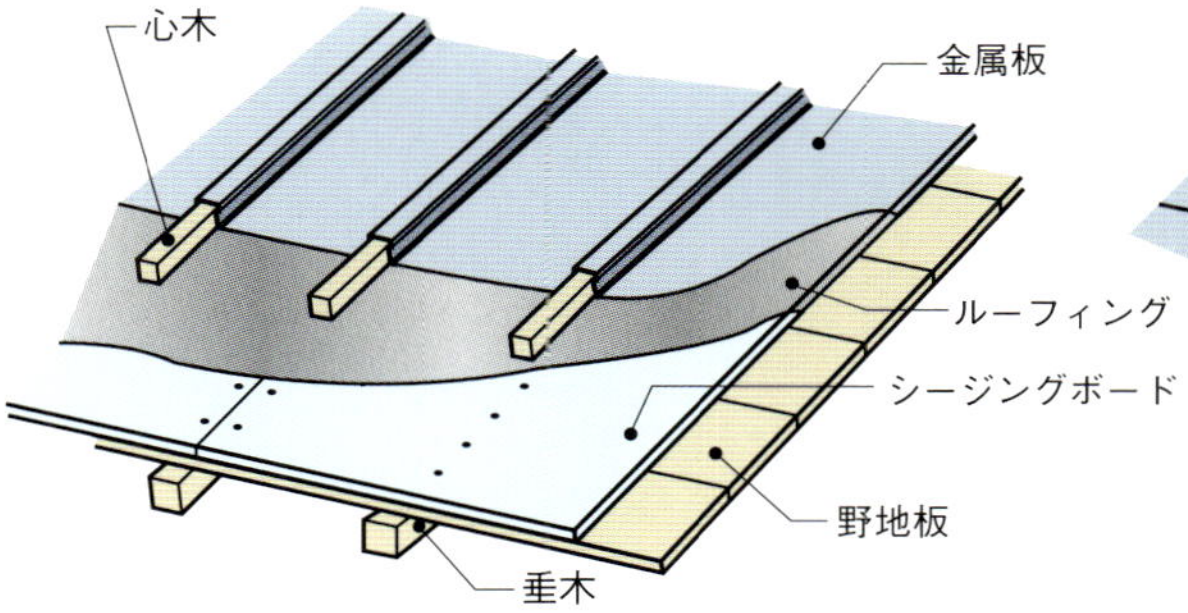

金属板（心木あり瓦棒葺き）

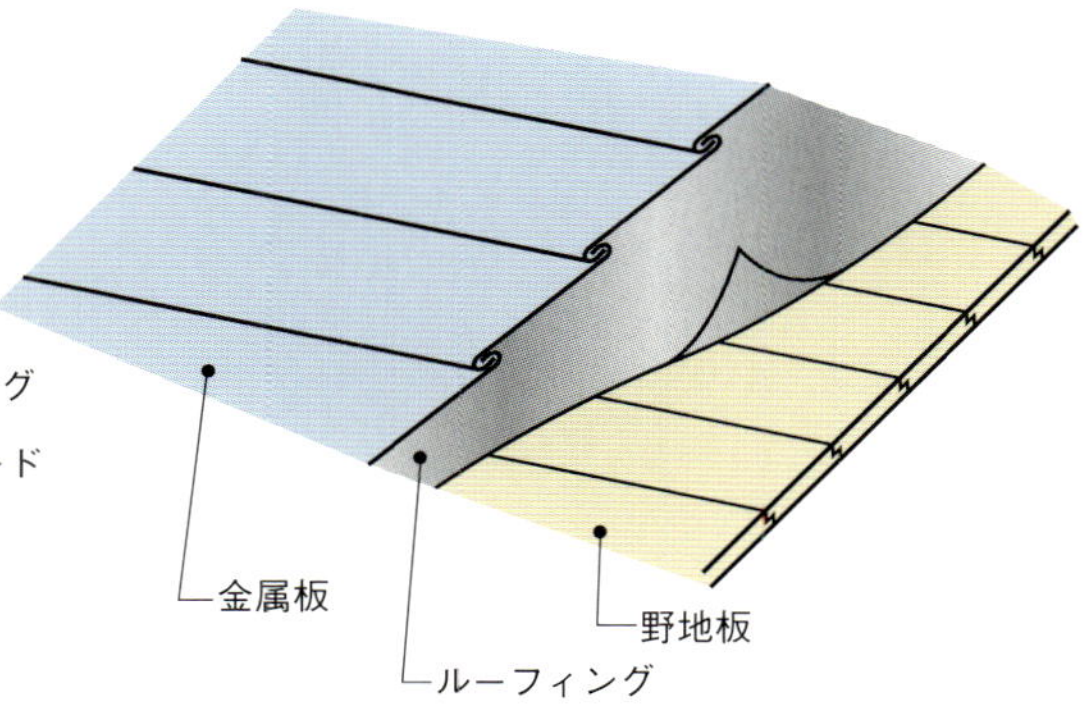

金属板（平葺き）

Point 屋根材は耐久性、重さ、コスト、デザインで選ぶが、素材ごとに屋根勾配が異なる

屋根形状と防水

048

屋根形状と雨漏り

雨の多い日本では、雨漏り対策を万全にする必要がある。建物が完成した後に雨漏りした場合、雨漏り個所を特定することが難しいケースが多く、補修にかなりの手間がかかってしまう。さらに、雨漏りは瑕疵担保履行法でも重要事項となっている。10年の間に雨漏りが発生した場合、施工者が無償で補修しなければならない（24頁参照）。

設計段階から屋根形状をなるべくシンプルなものにして、複雑な形状の屋根をなるべくつくらないようにしたい。棟や谷が多く、屋根の形状が複雑であると、施工も難しくなり、雨漏りの原因につながりやすい。

屋根勾配も重要で、104頁で解説したとおり、屋根材ごとに適切な勾配をとる。ベランダなどの勾配が小さい陸屋根は、下に部屋がある場合は、なるべくつくらないほうがよい。つくる場合は、大雨で雨水がベランダ床に溜まり、ドレインが詰まったときのオーバーフロー管の位置や排水方法を考え、雨仕舞に十分注意して施工したい。ベランダの掃き出し窓の下は、120㎜以上の防水層の立上りをとっておくこと。

屋根の防水

屋根下地の野地板の上には、下葺き材としてアスファルト**ルーフィング**や透湿防水シートが使われる。下葺き材は下から張って行き、100㎜以上、左右では200㎜以上の十分な重ね代をとり、下葺き材だけでも防水できるようにしておくべきである。

屋根が壁とぶつかる部分も雨漏りしやすいため、水切の板金を100㎜程度立ち上げて壁との取り合い部分にシーリングを打つ必要がある。併せて、屋根の下葺き材を立ち上げ、壁の透湿防水シートと防水テープでつなぎ、連続した防水層とすること。

用語解説

ルーフィング（るーふぃんぐ）

屋根材の下に張る防水シートのこと。1次防水は屋根材で、2次防水はルーフィングとなる。施工は、垂木の上に合板、野地板等を張り、その上にルーフィングを敷く

屋根形状が雨漏りのしやすさに影響する

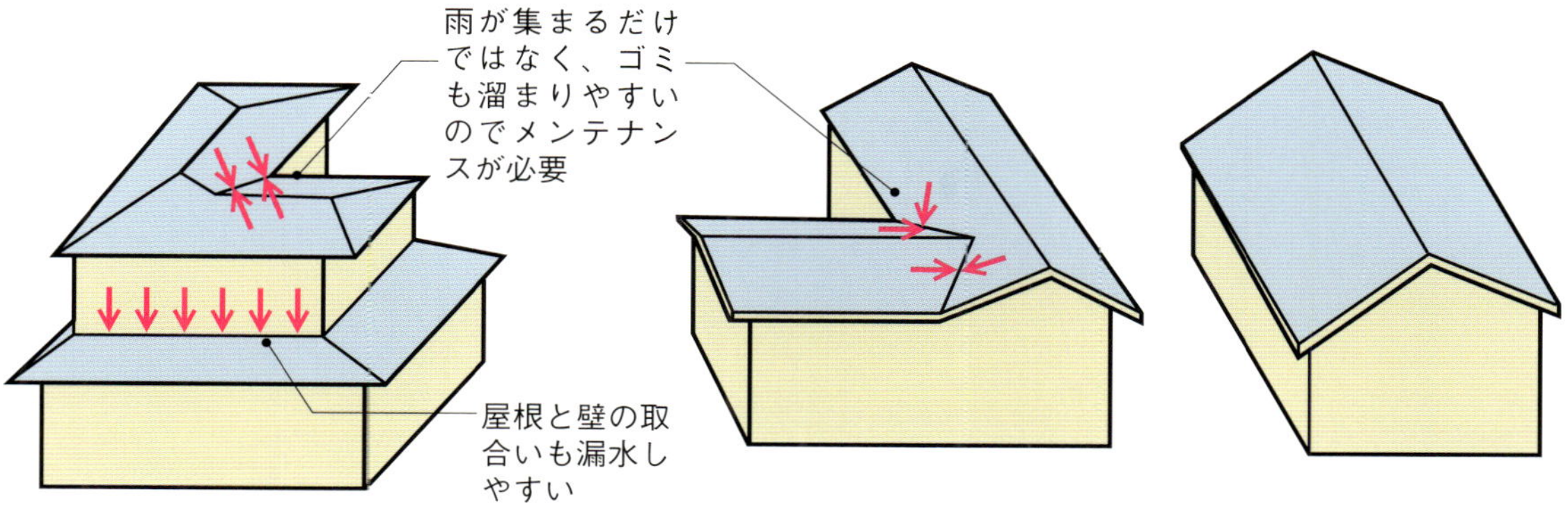

屋根の形状が複雑だと漏水ポイントが増えることにつながる

雨漏りしやすい谷部分（2つの屋根から雨が集まるところ）をもつ屋根

雨漏りしにくいシンプルな形状の屋根

ルーフィングの張り方イメージ

①基本

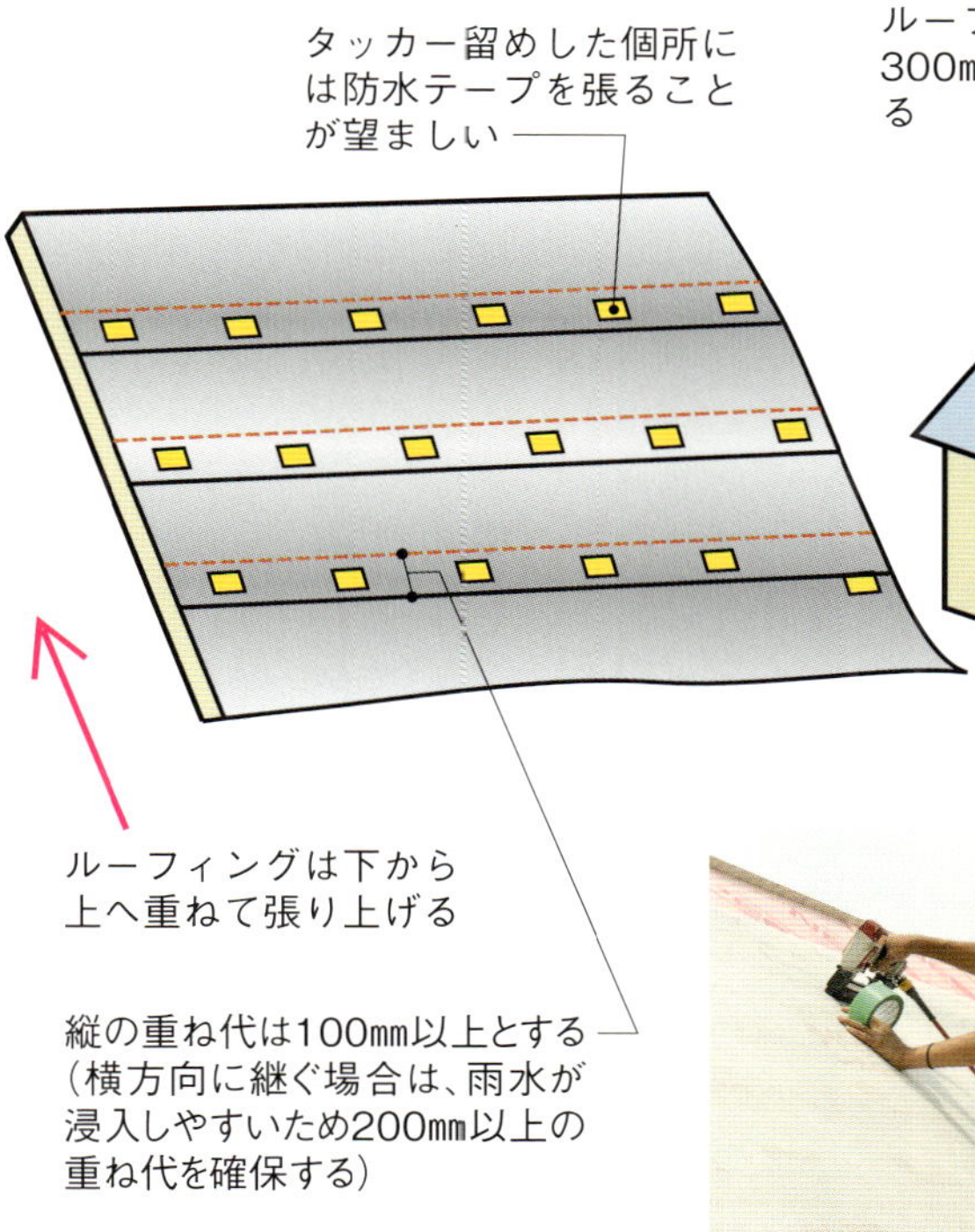

②屋根形状ごとのポイント

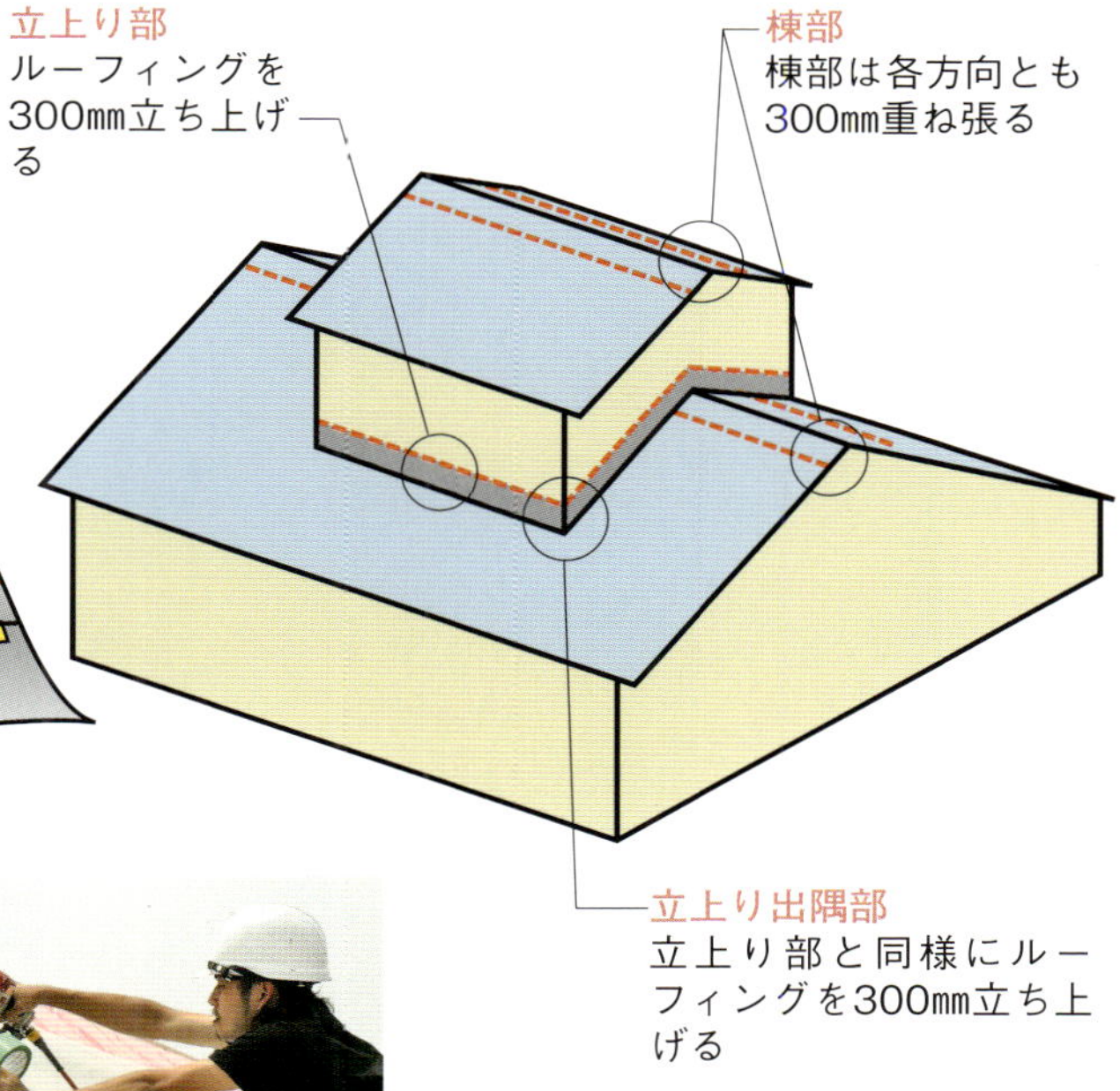

屋根の棟部、壁の立上り部、立上り出隅部などは雨が浸入しやすいので、それぞれ重ね張りをするなどの対処が求められる

Point 屋根の複雑な形状は雨漏りを引き起こしやすい。なるべくシンプルな形状にする

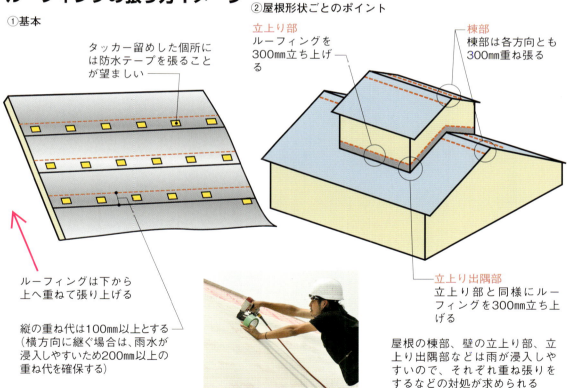

軒先の納まり

049

軒先のデザインと耐久性

軒先は、住宅の外観を決定付ける、デザイン的にも大変重要な部分である。その一方で、軒先は雨に濡れるため、傷みやすい部位でもある。デザイン上の美しさだけではなく、メンテナンスの費用など、コスト面も合わせて検討しなくてはならない。

本格的な和風住宅では、軒先は、垂木を化粧で出し、軒裏もムクの木を使い、さまざまな技術を生かして美しくつくられている。

屋根よりも軒天井の勾配をゆるくして、屋根と軒天井の視覚的なバランスをとる。垂木の寸法やピッチも考慮して、化粧軒天井として、さまざまな細工を施している。

軒と軒天井の納まり

軒のつくり方は、一般的に、軒先に**破風**《はふ》板《いた》や鼻隠しを取り付けて軒先を納める。破風板や鼻隠しは、防水性や耐久性を考えると、木の板だけではなく、板にガルバリウム鋼板を巻き付けたり、セメント系の既製品のボードを取り付ける。モルタルで仕上げる場合もある。

また、軒裏は火災時に延焼しやすいため、密集地では、防火性能が高い材料を使って仕上げる必要がある。軒裏の換気口も火災時に温度が上がると閉じる防火ダンパー付のタイプのものを使う。

軒先の厚さは、屋根材と垂木、さらに母屋も軒天井の中に隠すとなると、母屋の高さも合計することになるため250㎜以上となり、かなり厚くなる。

軒先をすっきりさせたい場合は、母屋を見せてしまうことで軒先を薄く見せることができる。また、妻方向の垂木を通常と直角方向に入れることで母屋を省くと、軒先をかなり薄く見せることができる。

用語解説

破風（はふ）

切妻や入母屋の屋根などにできる、妻側の三角形部分の造形。またはその付属物の総称。雨樋を取り付けない部分ともいえる。現在では、切妻屋根の妻壁を破風ということがある

軒先のつくり

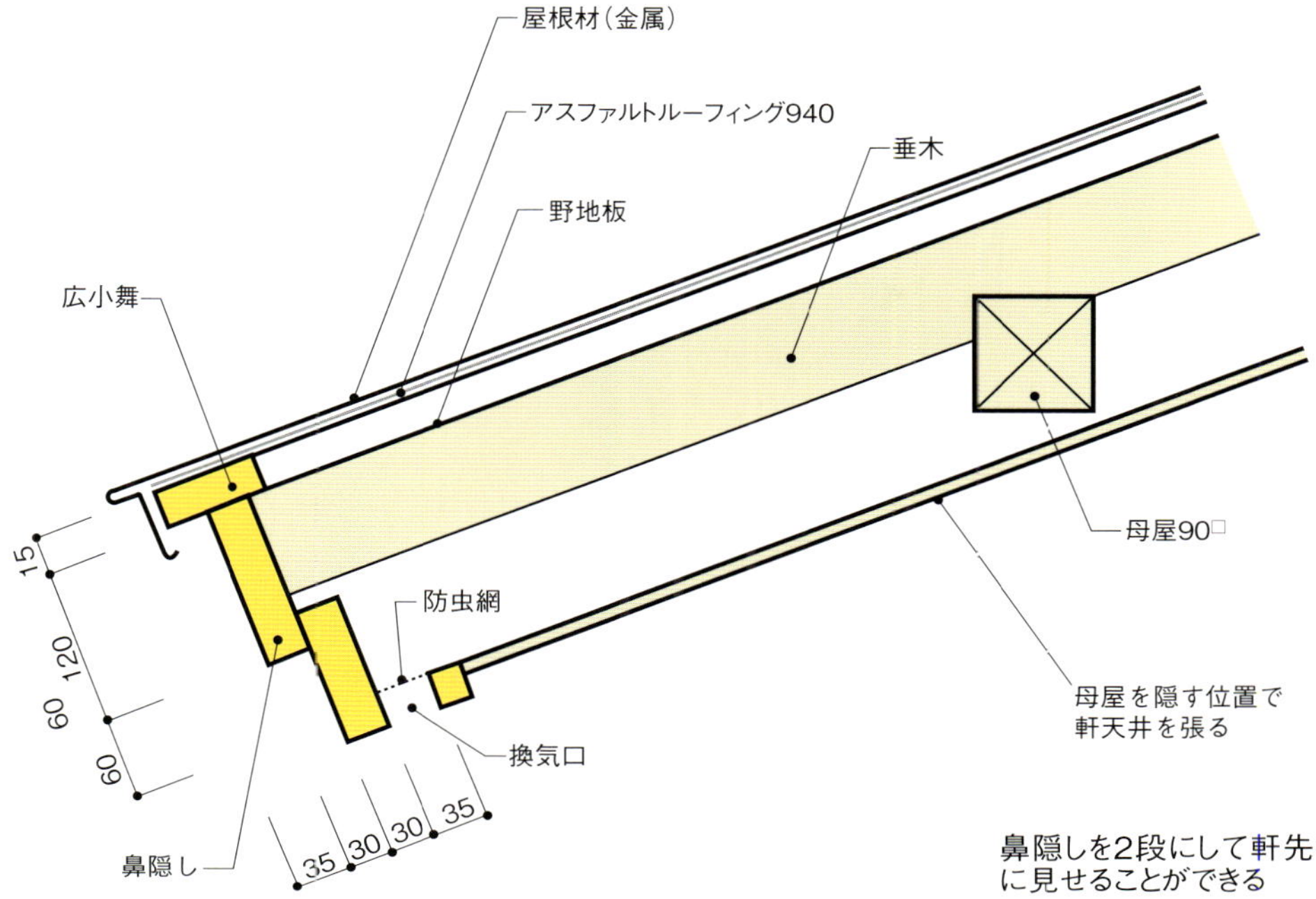

鼻隠しを2段にして軒先をシャープに見せることができる

けらばのつくり

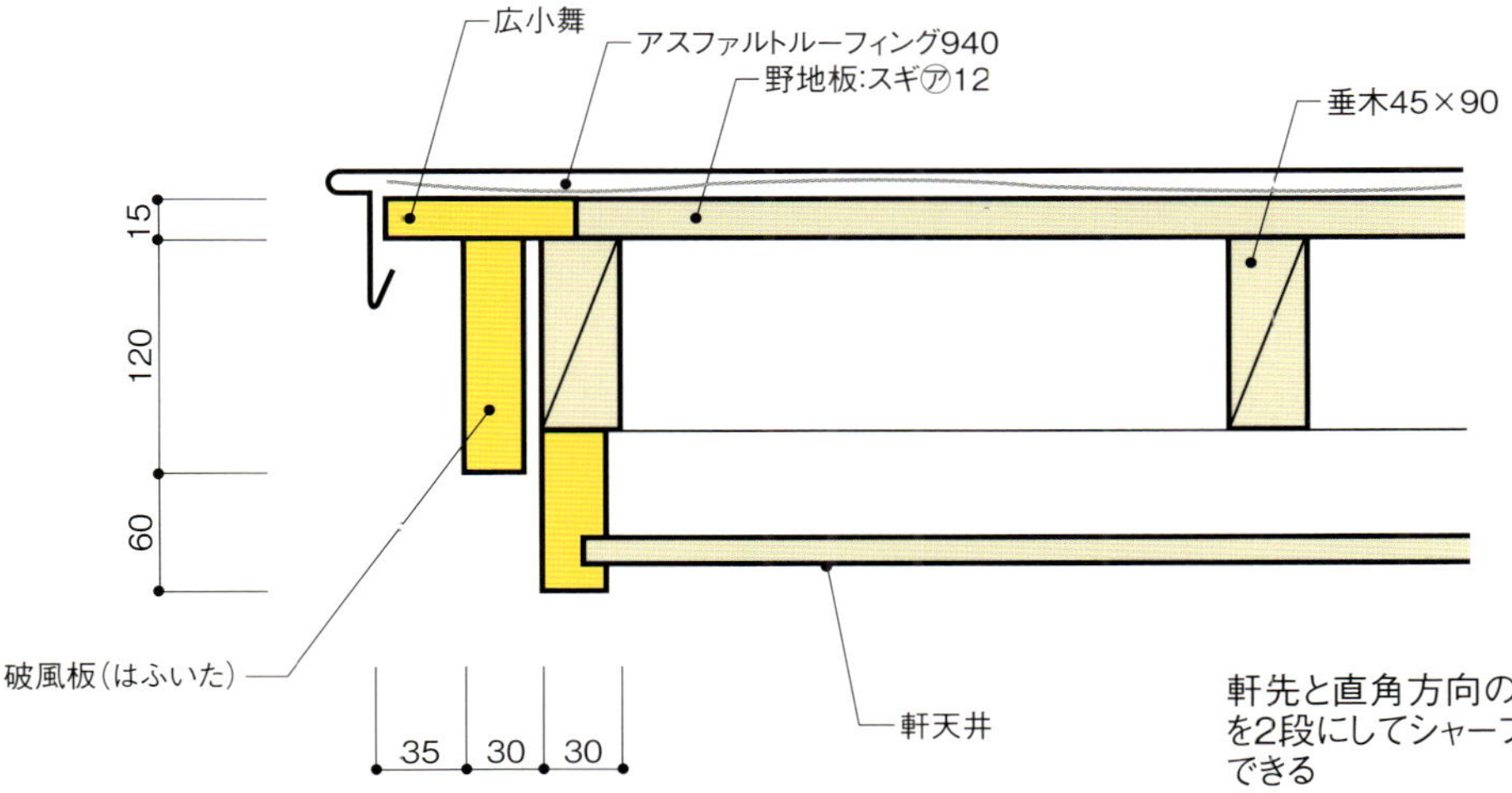

軒先と直角方向のけらばも破風板を2段にしてシャープに見せることができる

Point 軒先は傷みやすいので防水対策や早めのメンテナンスが必要。先端を美しく見せることにも配慮を

樋の納まり

050

樋の種類

屋根の雨水を受ける軒樋は水勾配をとり、軒先にほぼ水平に取り付け、その水を、**あんこう**と呼ばれる集水器でいったん受け、竪樋で下に流すことになる。

軒先の防水上の納まりとともに、デザイン的にも配慮したい。

軒先に取り付ける横樋の形は、半丸と角樋の2種類である。デザイン的なことを考慮して、樋の外側に化粧の板を取り付け、樋を隠したり、屋根に埋め込んでしまうこともある。

樋の材質は、塩ビ製が安価であるが、強度を増すために鉄板を芯に入れた塩ビ製もある。さびにくいガルバリウム鋼板やステンレス、銅板なども屋根材と合わせて使われている。

樋のサイズは、屋根面積によって決めていく。大雨の時には、樋のサイズを超える雨量が集まってしまい、樋からあふれてしまうことがある。これをオーバーフローという。これに対応することも考慮する必要がある。

横樋で、角樋と半丸の幅は105㎜と120㎜が一般的である。なるべく120㎜を使うのがよいだろう。また、角樋のほうが半丸より断面積が大きいため、より多くの雨水を受けられる。ただし、半丸のほうが薄く見えるため、デザイン上の理由で半丸を使うことが多い。

屋根の面積によるが、通常は軒の1辺に対して竪樋を2本設置する。面積が大きい場合は、3本設置することもある。

メンテナンスと防水処理

樋は傷みやすいため、補修や取替えなどのメンテナンスを考える。樋を屋根に埋め込みとする場合は防水をきちんと施す。また、樋受け金物を打ち込んだところから水が浸入して躯体を腐食させることもあるので注意が必要だ。

用語解説

あんこう
（あんこう）

雨樋の軒樋と竪樋の接合部分に設けられた金具のことで、軒樋の雨水を竪樋に導く役割がある。呼び樋ともいう。魚のあんこうの形と似ていることから、あんこうと呼ばれる

雨樋の基本的な取り付け

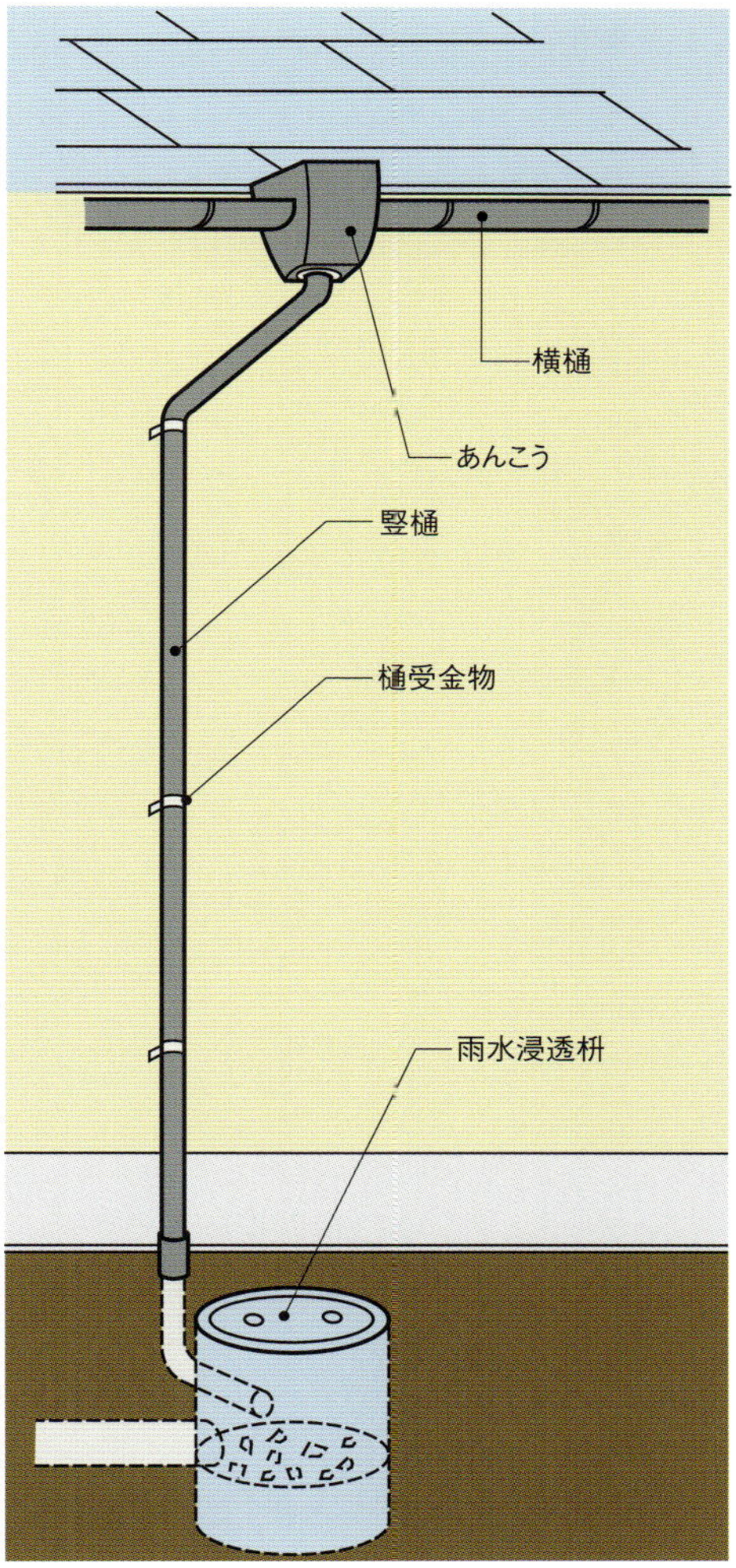

屋根の雨水を受ける軒樋は、横樋を軒先にほぼ水平に取り付け、その水をあんこうと呼ばれる集水器で一旦受け、竪樋で下に流す。竪樋は樋受金物で外壁に取り付けるが、そこから雨水が外壁に浸入しないよう、シーリングなどによって止水する必要がある。竪樋で流した水は、地面に設置した雨水浸透枡に流す

軒先の納まり

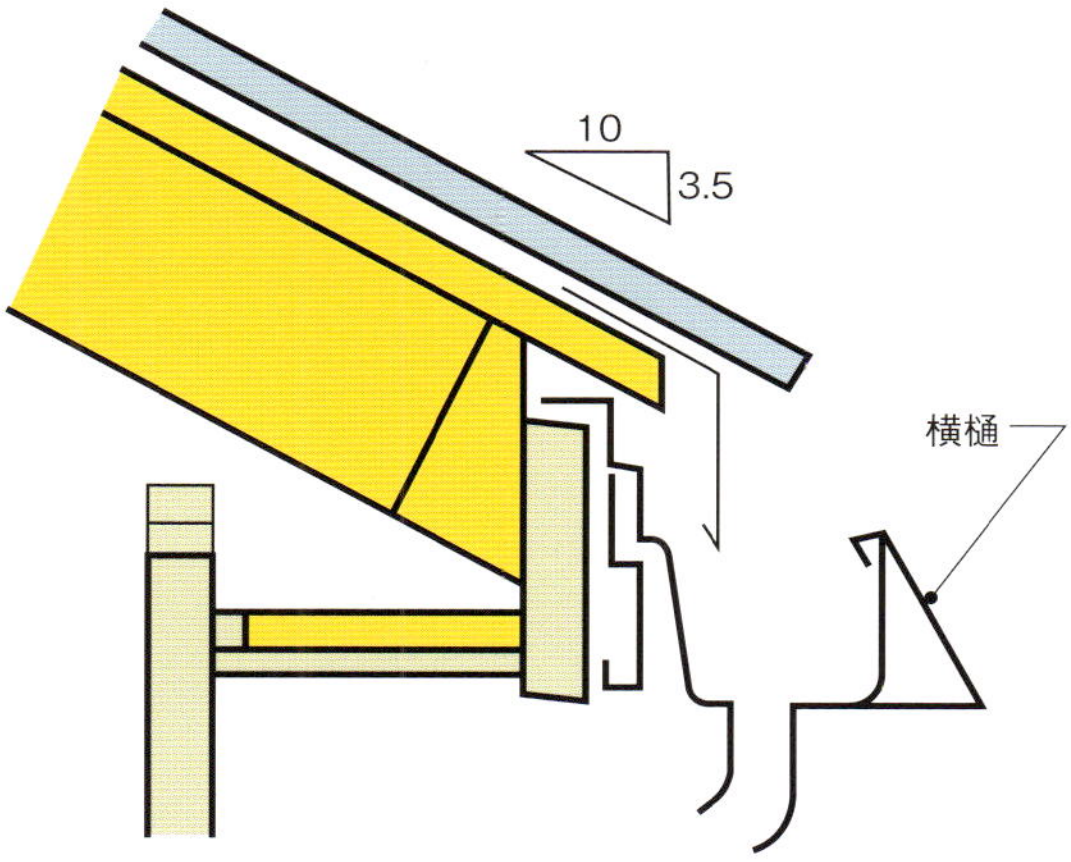

軒先に横樋を取り付けた納まりの例。軒を多めに出しておけば、雨水が樋をオーバーフローしてしまった場合も躯体に雨水が浸入する恐れが少ない

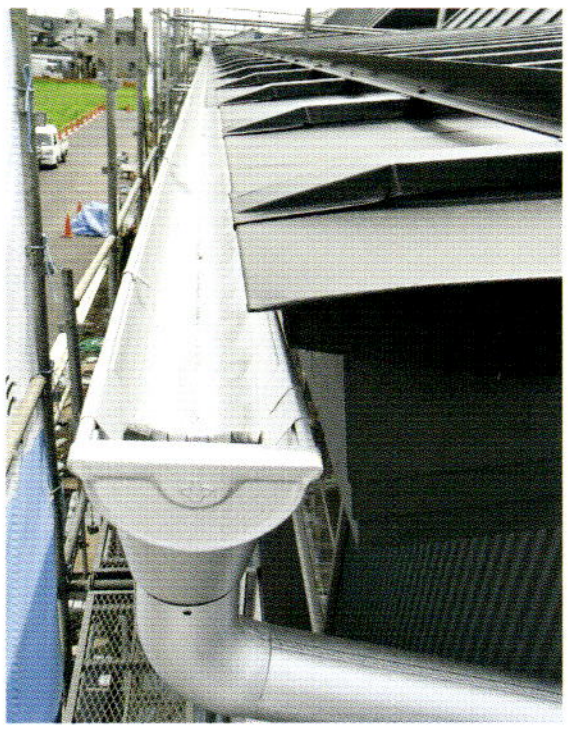

横樋の種類

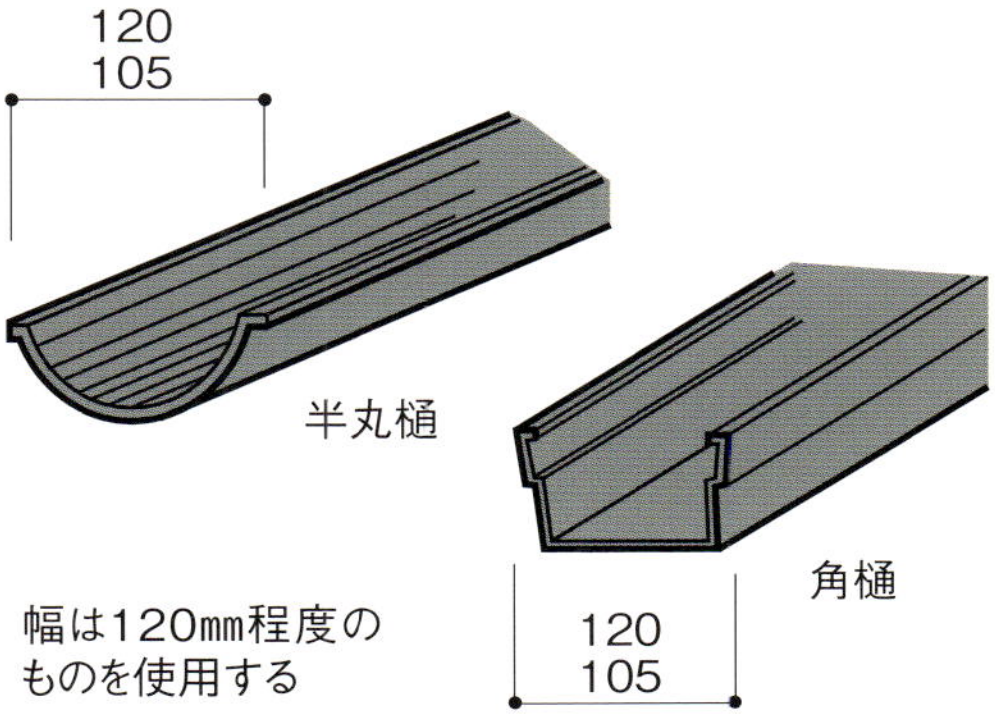

幅は120mm程度のものを使用する

Point 樋のサイズは屋根面積によって決める。大雨時の雨量を処理できるようにする

外壁下地と通気工法

051

下地に求められる役割

外壁には、防水・防火・断熱が求められる。さらに、外部の自然環境に対しての耐久性・耐候性も備えなければならない。しかし、外壁材1枚ではこれらの問題に対処しきれないため、下地である程度対処するようなつくりとする必要がある。

基本的には、柱や間柱の外側に構造用合板を張る。構造強度を確保できるうえに、外壁材を取り付けるための下地となる。次に、その上（外側）に防水シートあるいは**透湿防水シート**を張る。これは、外壁材で止水できなかった雨水などの浸入を防ぐためのものである。

透湿防水シートは、雨水は通さず、内側から外側の方向のみ水蒸気を通すため、壁内で発生した水蒸気を外側に放出することができる。外壁は、壁内結露を防ぐため、室外側から外側に向かって透湿抵抗が低くなるように材料を選択する必要がある。

防水シートは下から上へ重ねて張る。重ね代は100㎜程度確保し、特に縦の継目は、防水テープを張る。また出隅部分は300㎜以上重ね代を確保し、防水テープを張る。

通気層工法

防水シートあるいは透湿防水シートの上に胴縁を打ち付け、そのうえに外壁材を取り付けることで、通気層を確保する。これは、壁体内に発生した水蒸気を排出する役割をもたせるためのものである。また、外壁の亀裂などから浸入してしまった雨水を排出する効果もある。通気層は約18㎜程度とし、通気を遮断しないため、胴縁を開口部廻りに取り付ける場合は隙間を設ける。横胴縁の場合、空気の通り道を確保するために、胴縁と胴縁の間をあけて打ち付ける。

用語解説

透湿防水シート（とうしつぼうすいしーと）

水は通さないが、内側から外側の方向のみ湿気（水蒸気）を通す性質をもつシートである。主に木造建築物の外壁の屋外側に用いられる。壁内の湿気を屋外に排出し、壁内の結露を防ぐ

通気工法の外壁下地のつくり方

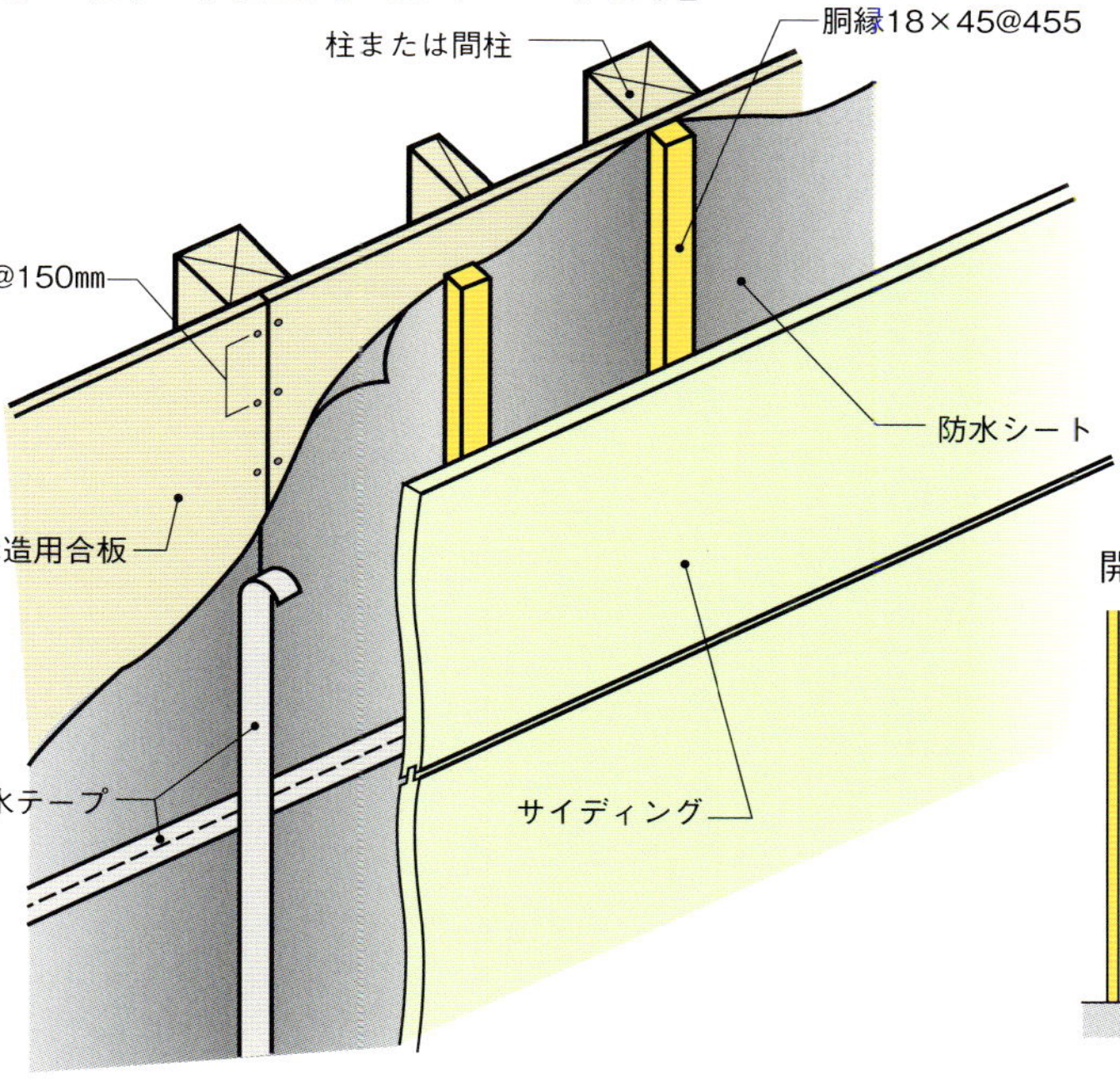

躯体の上に防水シートを施工し、さらに胴縁を打ち付ける。胴縁を打ち付けることで外壁材との間に通気層を設ける。通気層は約18〜20mm程度とし、空気の流れを遮断しないよう、縦胴縁が好ましい。横胴縁の場合は、隙間を空けて打ち付け、空気の通り道をつくる

開口廻りの胴縁施工

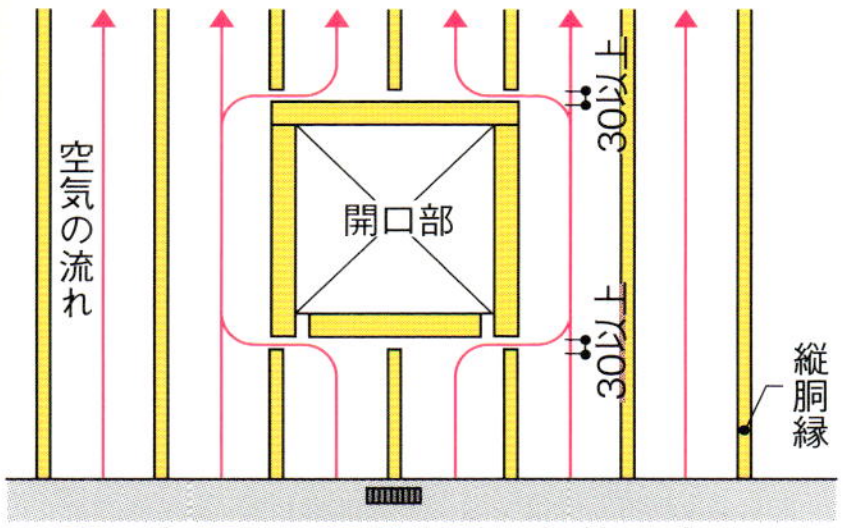

開口部廻りは胴縁を開口部枠に突きつけず、空気が流れるように30mm以上は隙間を設けること

通気層をとらない場合の外壁下地のつくり方

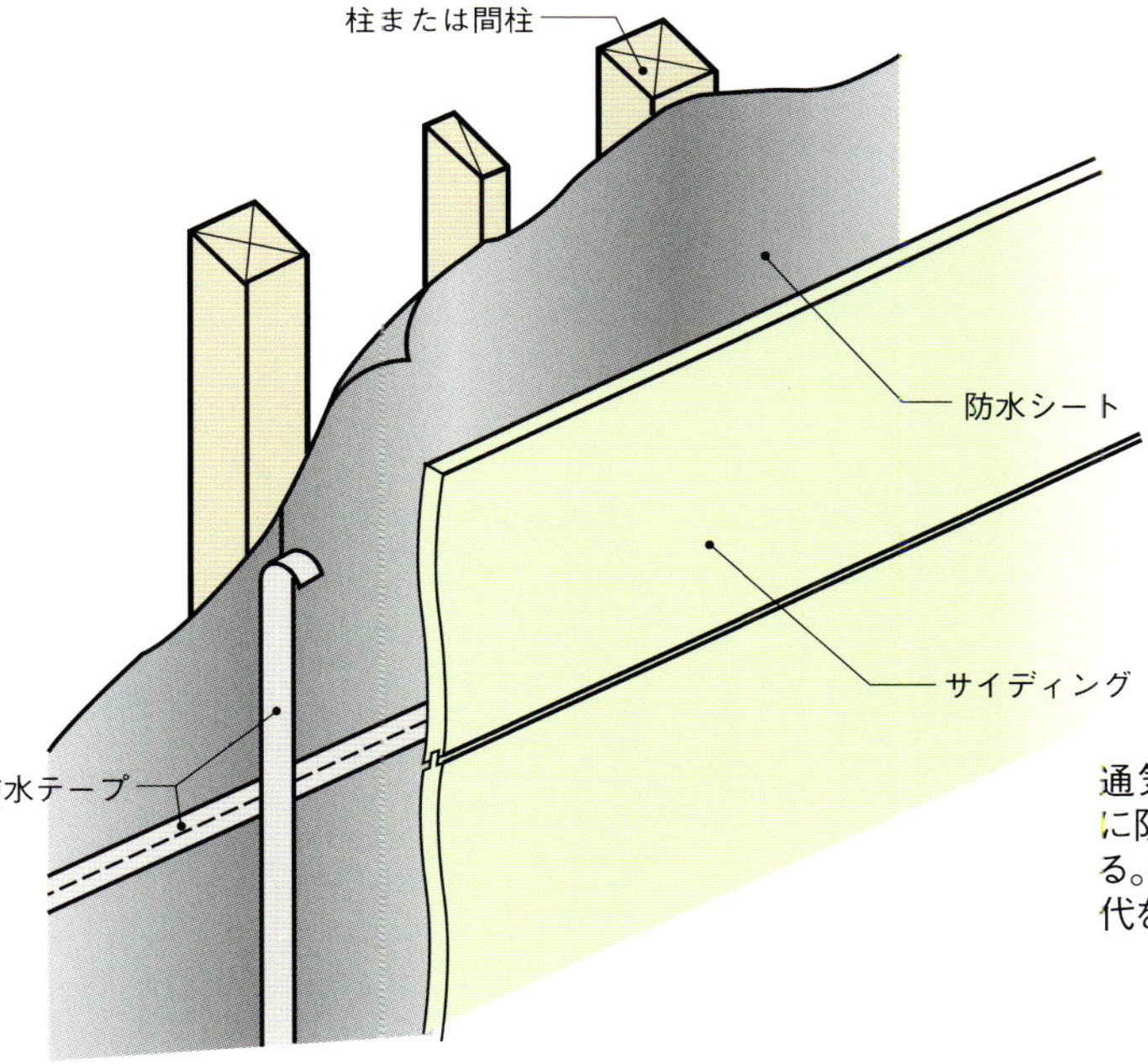

通気層をとらない場合の下地は、軸組材に防水シートを張り、その上に外壁材を張る。防水シートは縦・横のジョイントの重ね代を十分にとり、防水テープで留める

Point 通気層を確保することは木造の軸組である木材の乾燥を保つために有効である

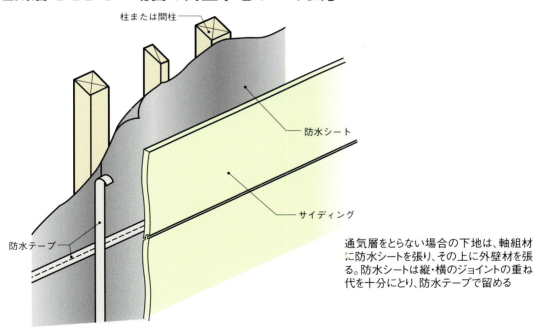

サイディングの外壁

052

サイディング

現在新築されている木造住宅の外壁の多くはサイディングを張っている。サイディングとは、パネル化された外壁材のことをいい、素材もさまざまにある。サイディングのなかでも、もっとも使われている**窯業系サイディング**はセメント質と繊維質原料を板状にしたものである。このほか、金属系のものもある。

サイディングは耐火性も高く、乾式工法であるため工期も短くでき、コストも抑えられる。表面がプレーンなものから、木目調、石調、タイル調などの模様がついているものまでさまざまなデザインが用意されている。

サイディング同士の接続は、本実加工でつないでいるが、ジョイント部分をシーリングで処理する必要があるものもある。シーリングは、劣化しやすく耐久性に劣るため、ある程度の時間を経過したら打ち直す必要がある。

ALC板

ALC板とは、気泡の入った軽量コンクリート板である。厚さは、サッシ寸法に合わせて37㎜のものが一般的で、寒冷地で使うのは50㎜である。

ALC板も表面がプレーンなものから、レンガ調などさまざまな模様のものがつくられている。ALC板は無塗装であるため、表面の仕上げをする必要がある。基本的には、防水性の高い塗料で仕上げる。塗料のなかには、浸み込んだ水分を外に放出できる透湿性のものもある。ALCもジョイント部分はシーリング処理とする。

ALC板は、壁内結露を防ぐ程度の断熱性能をもつため、その内側にグラスウールを75㎜程度とするだけでも必要な断熱性を確保できる。火に強いため、保険会社によっては、火災保険も半額程度に下げられる。遮音性も高い。

用語解説

窯業系サイディング（ようぎょうけいさいでぃんぐ）

主原料としてセメント質原料および繊維質原料を成型し、養生・硬化させたもの。木繊維や木片を補強材とした木繊維補強セメント板系、パルプや合成繊維を補強材とした繊維補強セメント板系などがある

サイディングの外壁（横張り）

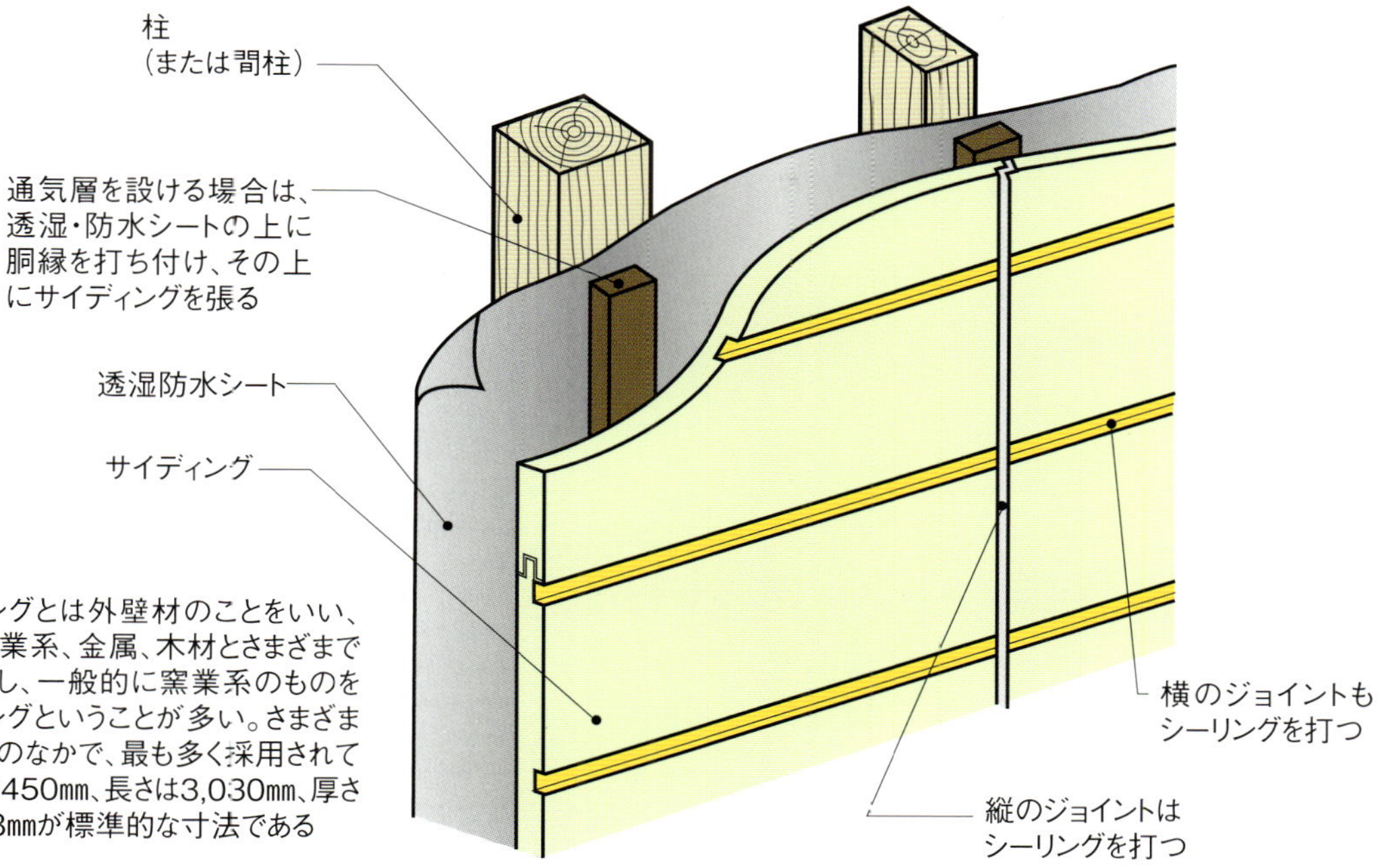

サイディングとは外壁材のことをいい、素材は窯業系、金属、木材とさまざまである。しかし、一般的に窯業系のものをサイディングということが多い。さまざまな外壁材のなかで、最も多く採用されている。幅は450㎜、長さは3,030㎜、厚さは15〜18㎜が標準的な寸法である

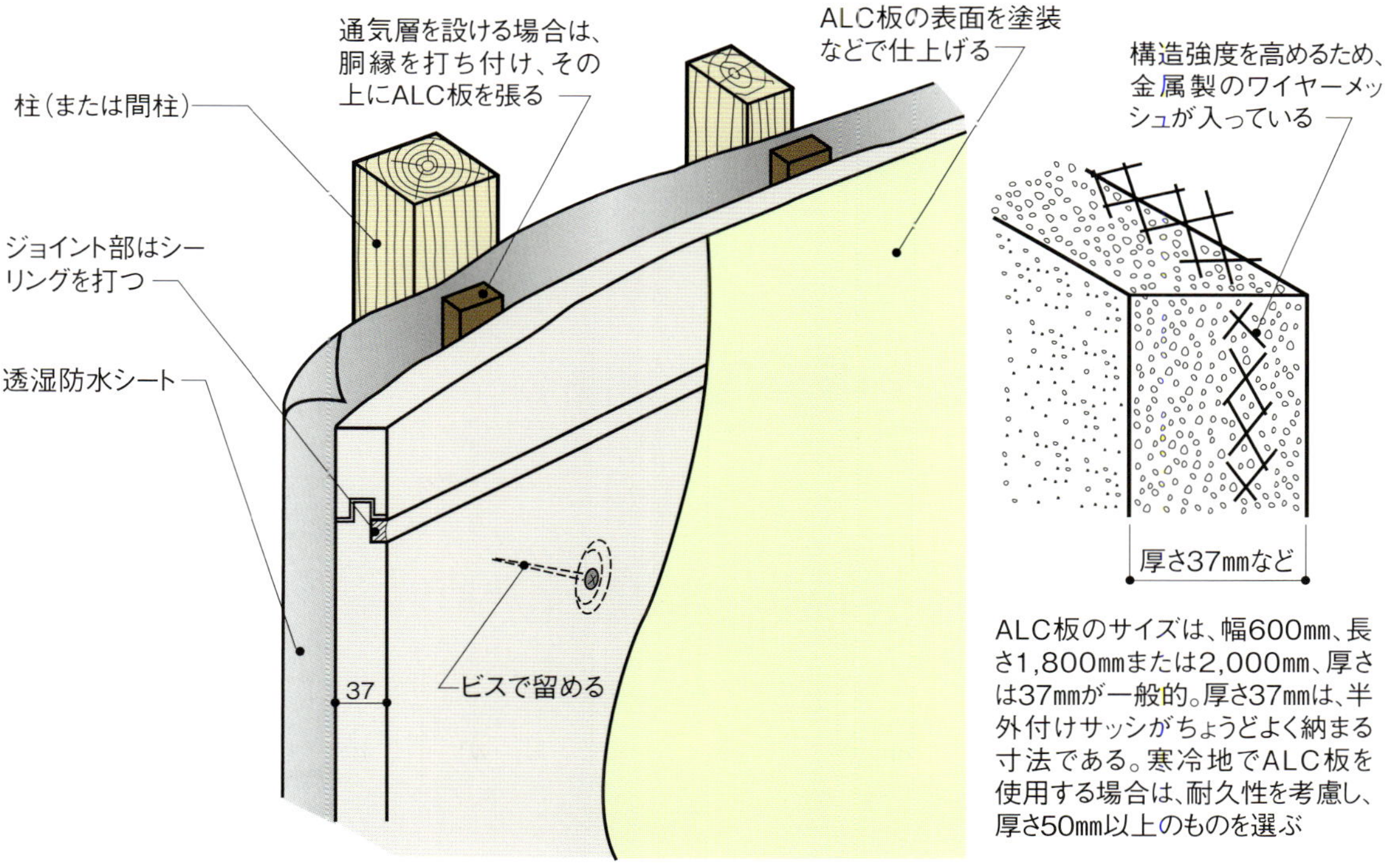

ALC板のサイズは、幅600㎜、長さ1,800㎜または2,000㎜、厚さは37㎜が一般的。厚さ37㎜は、半外付けサッシがちょうどよく納まる寸法である。寒冷地でALC板を使用する場合は、耐久性を考慮し、厚さ50㎜以上のものを選ぶ

Point **サイディング、ALC板ともに外壁材として高い性能をもつが、ジョイント部の処理に注意する**

木板張りの外壁

053

伝統的な外壁材の一つ

日本では、サイディングが普及する以前は木板張りの外壁が多かった。しかし最近では、防火やコストの面で木板張りの外壁とすることは少なくなってきた。

張り方の手法では、板を横に、下から上に重ね張るのを下見板張りといい、縦に細長い材を横方向につなげて張ることを羽目板張りという。

使用する木材は、輸入材ではウエスタンレッドシダーやラワンなど、国産材ではスギやヒノキを使用する。スギは耐水性の高い**赤身**を使うとよい。スギをバーナーで焼く「焼き杉」にして、炭化させることで耐久性を上げる手法をとることもある。

板張りの種類

羽目板張りで縦に張るとき、横に張る場合に比べて防水性が悪くなるおそれがあるため、下地でしっかり防水性を高めておく。板と板の継目に幅の狭い板を上から打ち付ける目板打ち張り（大和張り）とすることもある。

押し縁下見板張りは、和風建築の外壁に使われる。7㎜程度の薄い板を横に端を重ねて張り上げていき、板の外側を押し縁で押さえる。押し縁の裏を板の重ねと合わせてギザギザに加工するのが本格的な方法で、ささら子下見板張りという。

南京下見板張りはよろい板張りともいい、断面が平らな板や台形の板を下から上に、横に重ねて張っていく。隅の納め方は、両側の板を交互に木口を出して張り回したり、見切り縁を入れて納める。防水のために鉄板を下に入れることもある。

ドイツ下見板張りは箱目地下見板張りともいい、合い決《じゃく》りの板を横に張っていく。板の面は平らになり、合い決りの目地を10～20㎜ほど取る。

用語解説

赤身（あかみ）

木の芯に近いほうを赤身、樹皮に近いほうを白太（しらた）と呼ぶ。赤身は心材であり、硬くて腐りにくく、虫に強い性質を持つ。一方、白太は辺材であり、成長している部分。赤身と比べて耐久性が低い

横羽目板張り

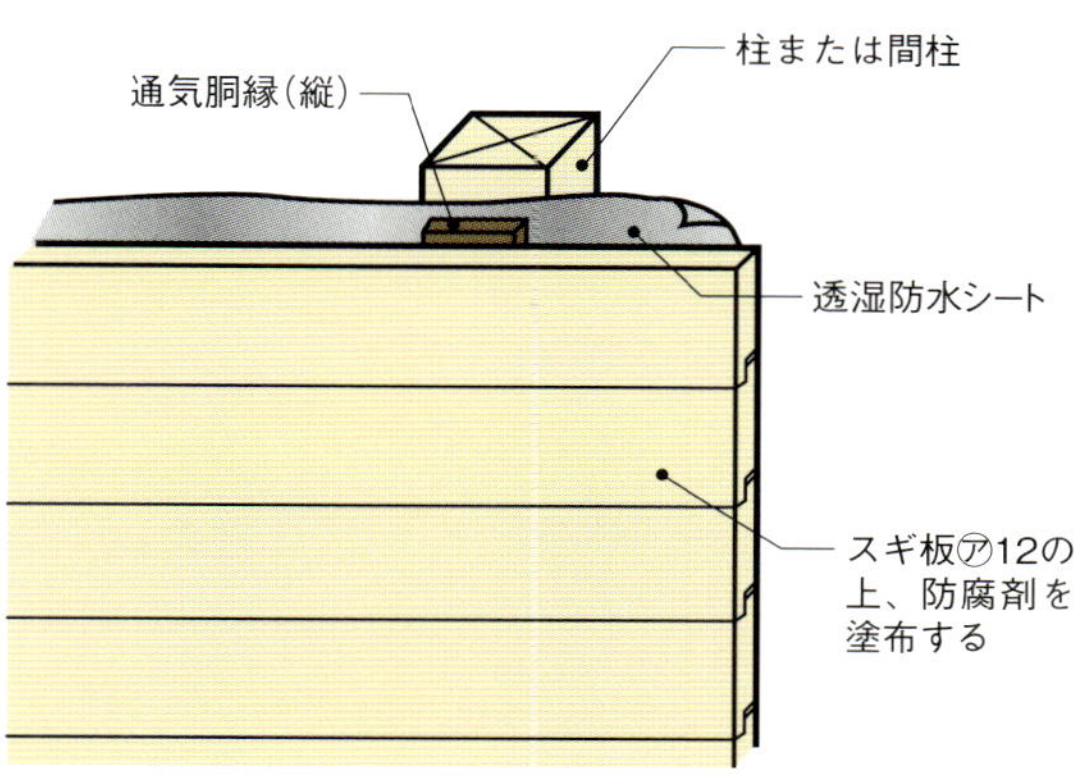

木板の横張りの場合は、透湿防水シートの上に縦胴縁を打ち付け、その上に木板を張り付ける。板は相決り加工を施しているものを使い、縦方向にはめ合わせてジョイントする

縦羽目板張り

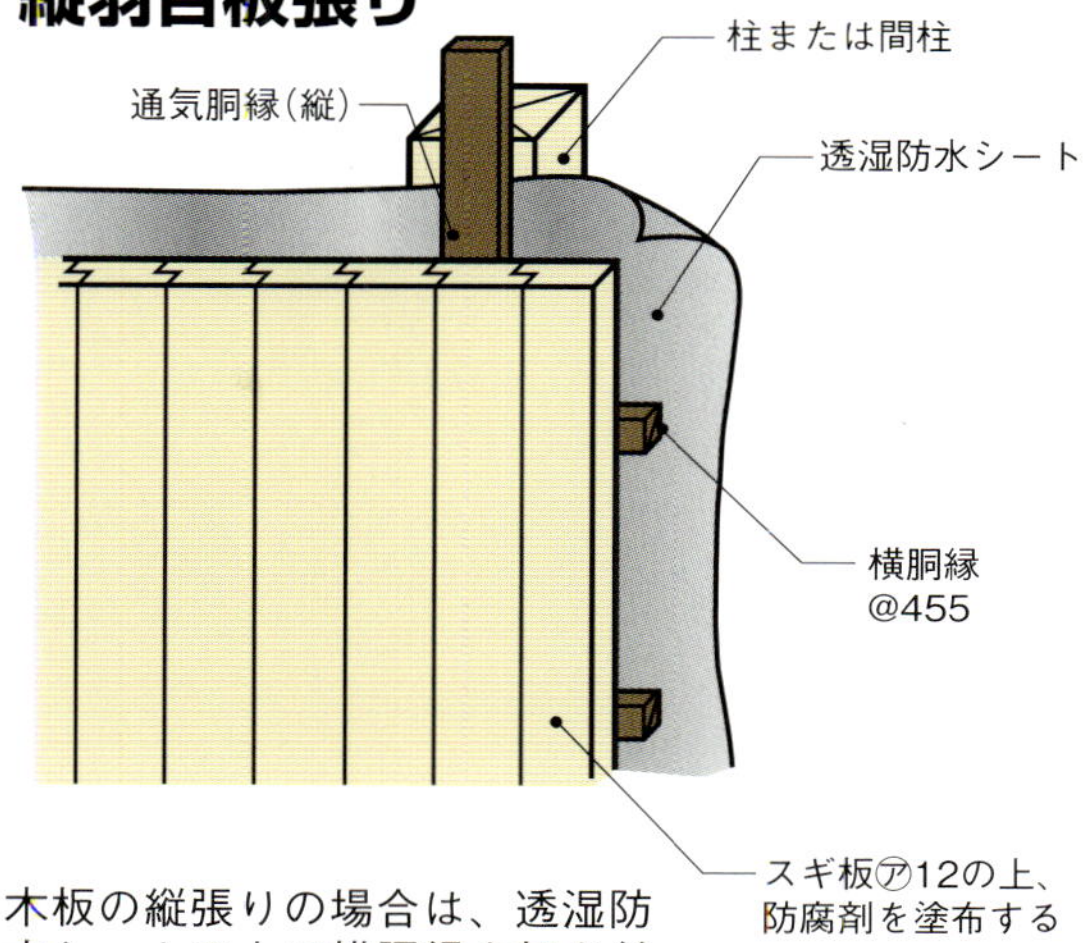

木板の縦張りの場合は、透湿防水シートの上に横胴縁を打ち付け、その上に木板を張り付ける。板は相決り加工を施しているものを使い、横方向にはめ合わせてジョイントする

目板打ち張り

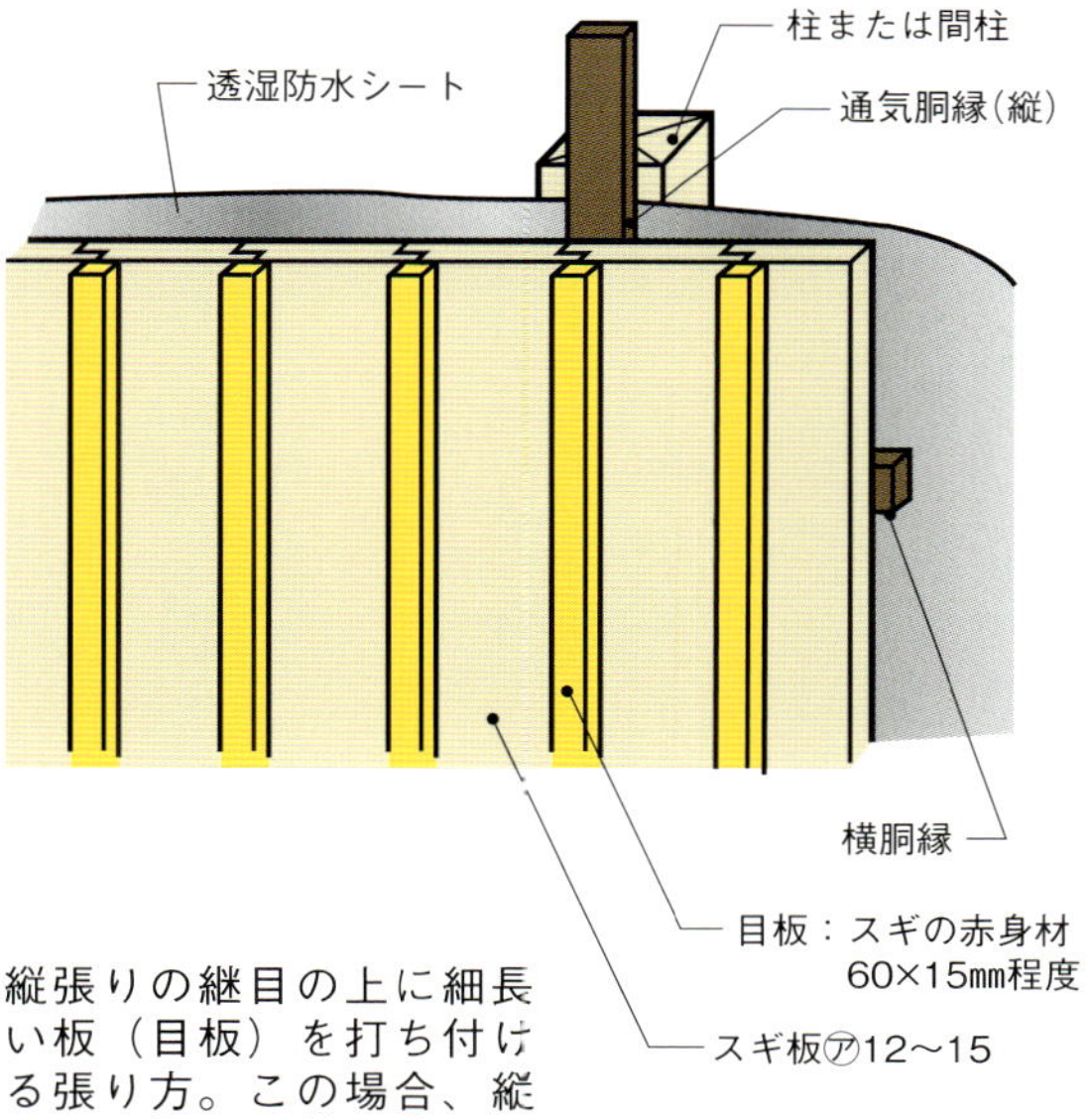

縦張りの継目の上に細長い板（目板）を打ち付ける張り方。この場合、縦張りの板の両端に水に弱い白太部分が入っていたとしても、目板に水に強い赤身の材を使えば白太部分を保護することができる

下見板張り

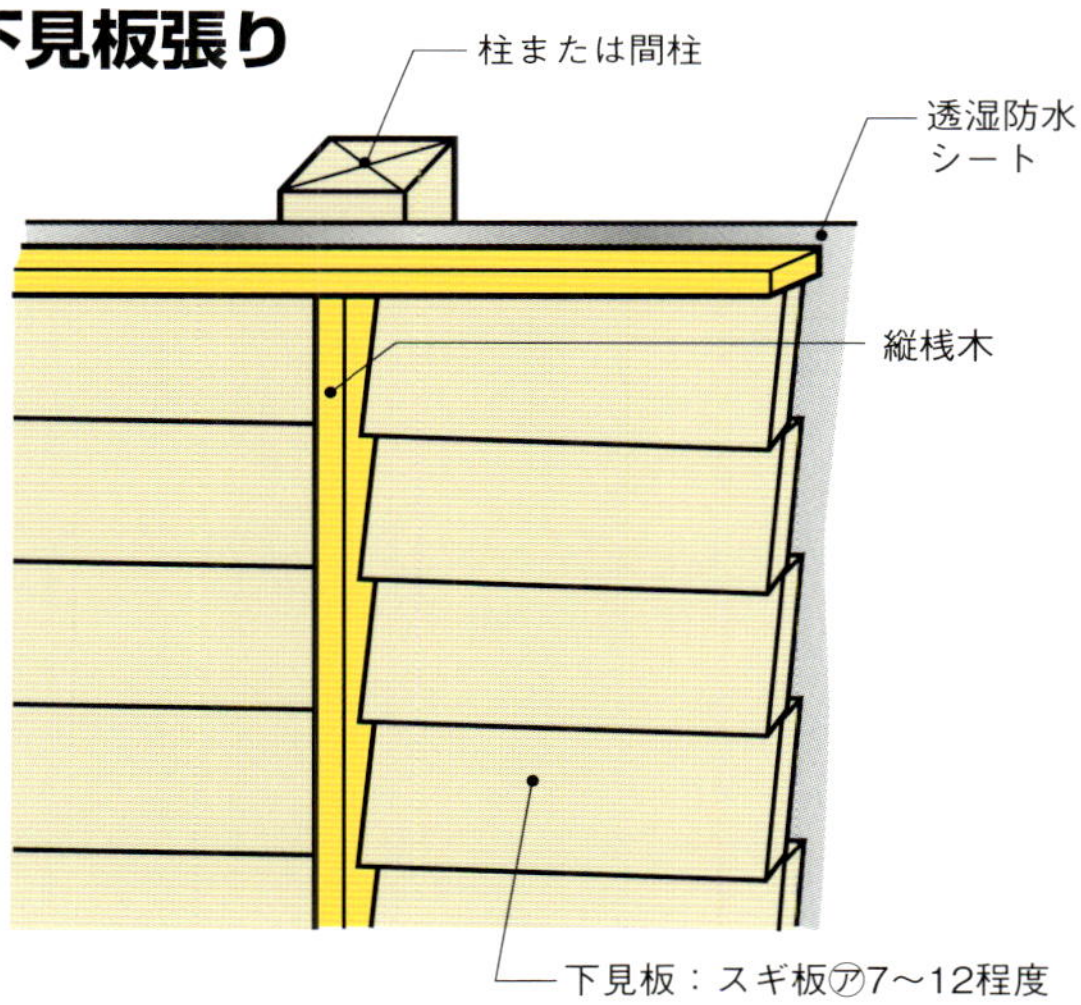

木板の横張りで、互いの板が重なり合うように下から張る方法。押縁下見、ササラ子下見、南京下見、箱目地下見などさまざまな工法がある。漆喰の壁を保護するために、腰壁部分に下見板張りを組み合わせることが多い

Point 木板張りの外壁にする場合、耐水性の高いスギの赤身、ヒノキなどを使うとよい

金属の外壁

054

メンテナンス性が高い金属外壁

防水性とメンテナンス性を考え、外壁に金属板を張る住宅が増えてきている。**ガルバリウム鋼板**やアルミ板などを素材に外壁材としてつくられた金属製サイディングで納める場合がある。

また、あまり一般的ではないが、屋根に金属を張るのと同じように板金で外壁をつくる方法もある。屋根の平葺きや瓦棒葺きと同じ納め方である。

その場合、屋根と同様に合板などで下地をつくり、防水シートを張るなどして、適切な防水処理をする必要がある。屋根と同じように板金で仕上げるのは手間と費用がかかるため、外壁用につくられた金属パネルよりコストアップにつながる。

いずれにしろ、開口部のサッシ廻りなど、シーリングや防水テープなどの防水処理を何重かにするなど、雨漏りへの配慮が必要である。

外壁材として金属を選定する注意点として、住まい手が金属の冷たいイメージを好むかどうかも検討しなくてはならない。

さらに、夏の西日など、日射で外壁材が高温になることへの対応が求められる。断熱材をはさみ込んだサンドイッチパネルや、パネルに断熱材が吹き付けられているものもあるが、金属外壁の内側には通気層を必ず設け、金属板裏側の熱気を排気する配慮が欠かせない。

屋根と同等の納まり

金属外壁とする場合、屋根とシームレスに納めることも可能である。北面や西面で、壁も屋根の延長であるように納める場合がある。また、屋根勾配を垂直に近いような急勾配にして、ほとんど壁のように見せる場合もある。さらに、雨樋を付けずに屋根を壁まで延長する場合もある。

用語解説

ガルバリウム鋼板（がるばりうむこうはん）

鉄板を基材としてアルミニウム、亜鉛、シリコンからなるメッキ層を持つ溶融アルミニウム-亜鉛合金メッキ鋼板のことを総じてガルバリウム鋼板という。加工もしやすく、雨樋もガルバリウム製のものがある

ガルバリウム鋼板小波板

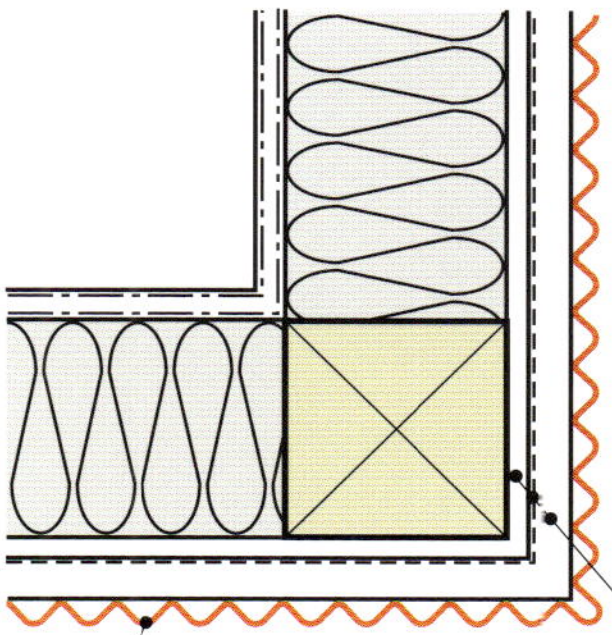

施工例

ガルバリウム鋼板の小波板に縦にラインが入り、スッキリした印象。出隅部を役物なしで納める場合は、波板の山の広がりを調整して納めるときれいに仕上がる

ガルバリウム鋼板板角波

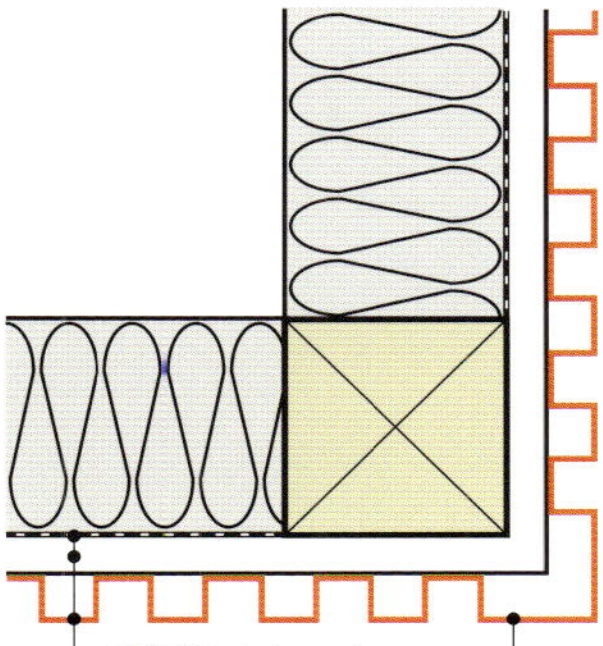

ガルバリウム鋼板の角波はシャープな印象がある。出隅部を同じガルバリウム鋼板の役物で納めるときれいに仕上がる

ガルバリウム鋼板ハゼ葺き

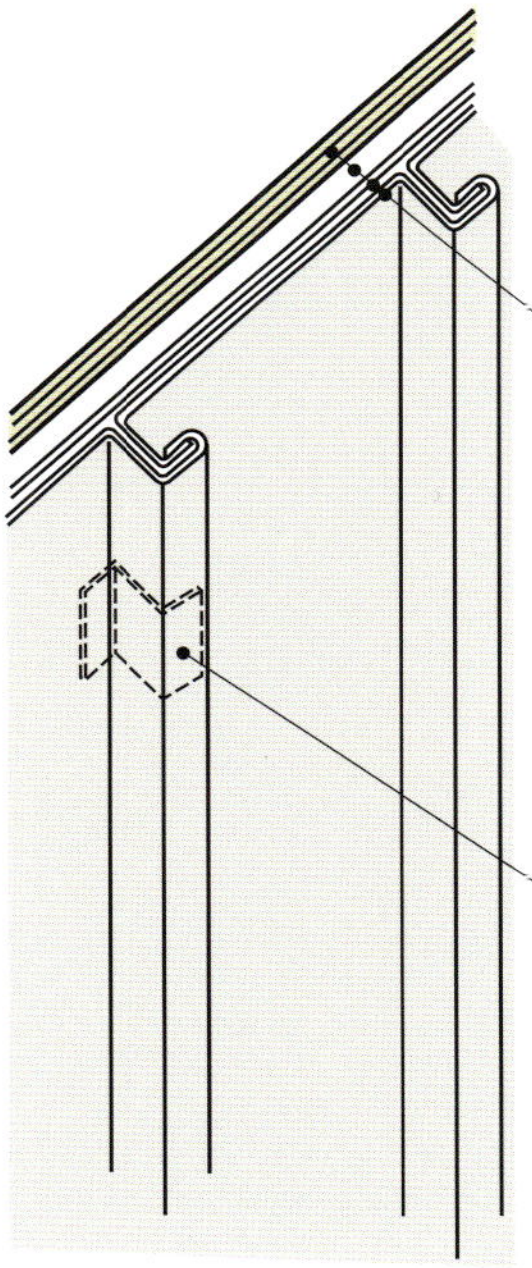

ハゼ葺きが外壁に陰影を与え、メリハリのある仕上げとなる。ハゼ部分には吊子を入れて固定する

ガルバリウム鋼板平葺き

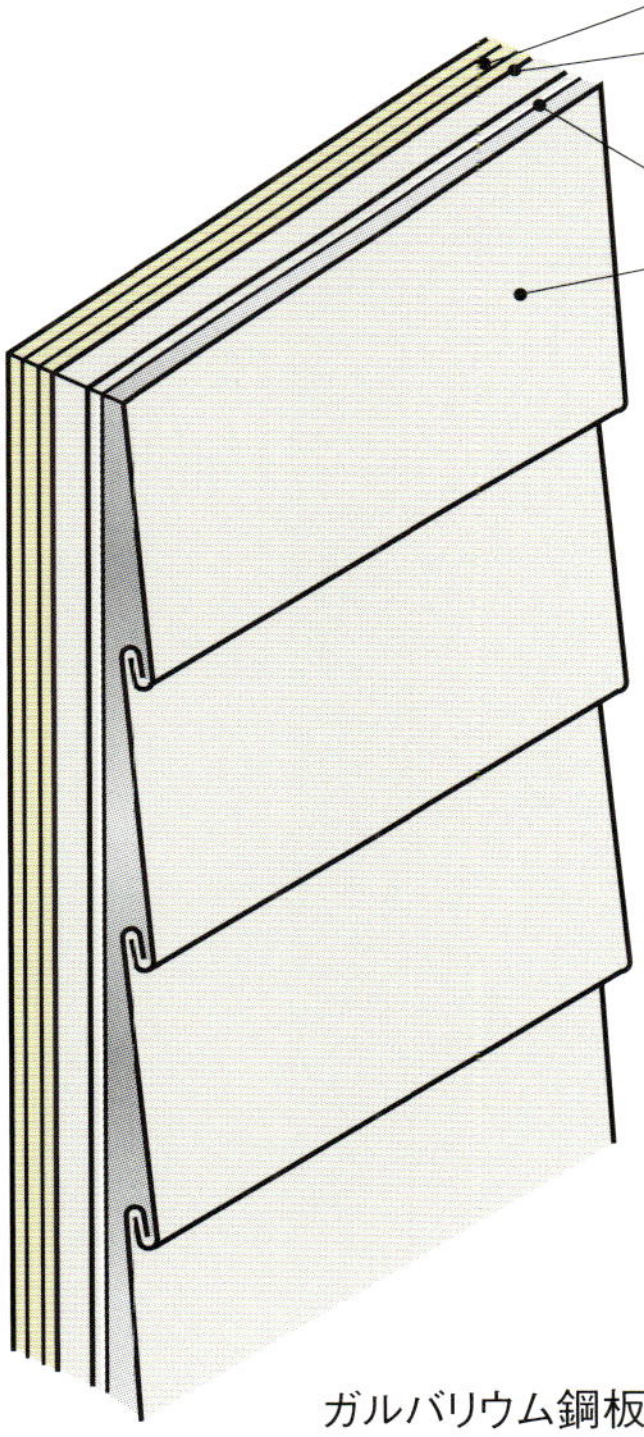

ガルバリウム鋼板を横に平葺きにすることもできる

Point 金属外壁の内側には通気層を必ず設けて排気すること

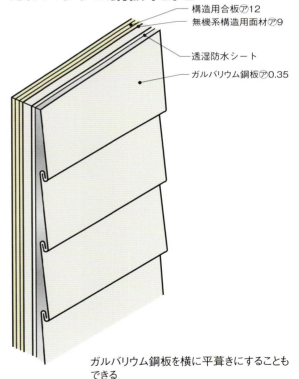

左官・タイルの外壁

055

左官壁の下地

左官仕上げやタイルの仕上げは、湿式工法に分類される。湿式工法は文字通り水を使った施工となるため、手間がかかるうえ、施工技術に熟練を要する。また、どうしても乾燥によりひび割れが生じやすいため、使われることが少なくなっていた。しかし最近は、工業製品であるサイディングの均一的な表情の壁とは別の質感があるということで、左官壁が見直されている。

伝統的な木造住宅の外壁は、左官で仕上げられていた。軸組の上に竹でつくられた小舞をとり付け、その上に土を塗られていた。

現代では、左官仕上げの下地は、木摺とよばれる小幅板をある程度の間隔をあけて横張りし、その上に**ラス網**やメタルラスを取り付け、上塗りの下地となるモルタルを塗る。ラス網よりも強度を増すために450㎜間隔にワイヤー状のリブを入れたリブラスを使うこともある。メタルラスが波打った形状の波ラスはコストをかけずにモルタルの剥落を押さえることができる。最近では、直接モルタルを塗ることができる、左官下地用の耐力面材も多く使われている。

仕上材

現代の左官外壁では、モルタル下地の上に、薄塗りのアクリルリシンや樹脂系の塗料を吹き付けることが多い。モルタルの収縮に対応した弾性をもつ塗料を選ぶこともある。

鏝で塗る厚塗り仕上げのなかでは、セメント系、樹脂系の仕上材がある。白い漆喰も軒が出ていて、雨がかかりにくい状態であればメンテナンスフリーといえる。

タイル仕上げは、モルタルや接着剤で張り付ける湿式工法と、金具でタイルを引っ掛けて取り付ける乾式工法がある。

用語解説

ラス網
(らすあみ)

左官壁をつくる際に下地にモルタルを塗る場合に打ち付ける金属性の網状の部材。ラス網を張ることで網の穴の部分にモルタルが引っかかり、固定する。リブラス、波ラスなど形状がさまざまにある

左官の外壁

吹付けの外壁

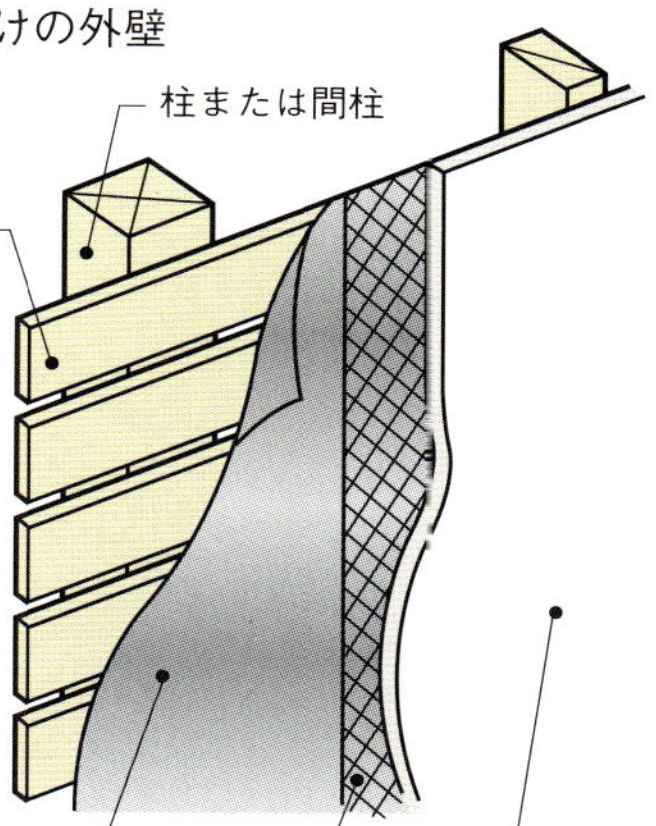

施工例

土壁の外壁

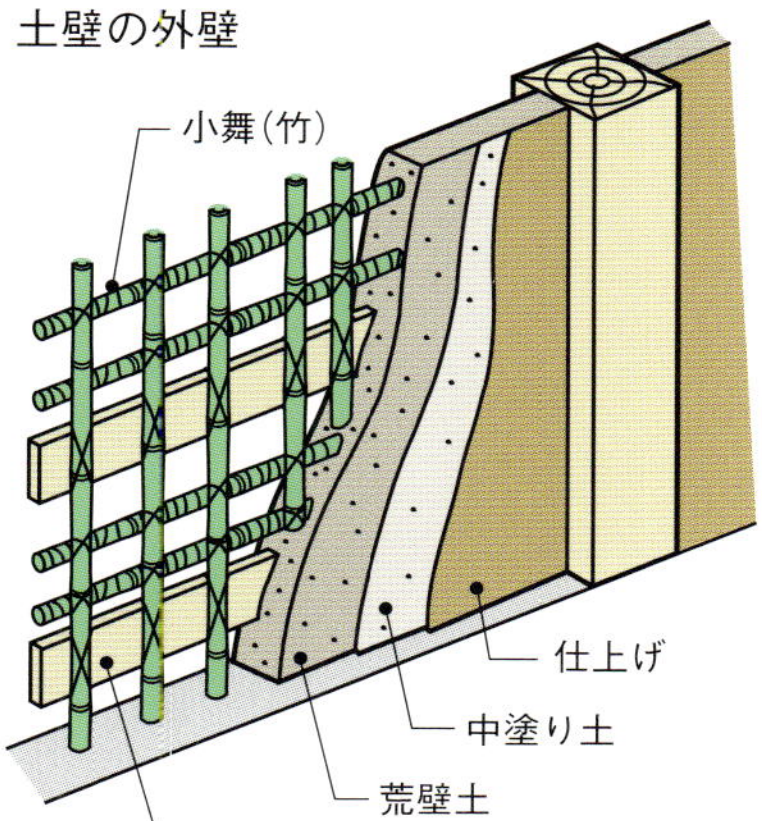

木摺の上に防水シートまたは透湿防水シートを張り、ラス網を張ってモルタルを2度塗りし、その上に吹付け塗装や左官で仕上げる

伝統的な方法で小舞を組み、割れにくくするために土に藁スサなどを混ぜて塗り重ねていく

タイルの外壁

乾式工法

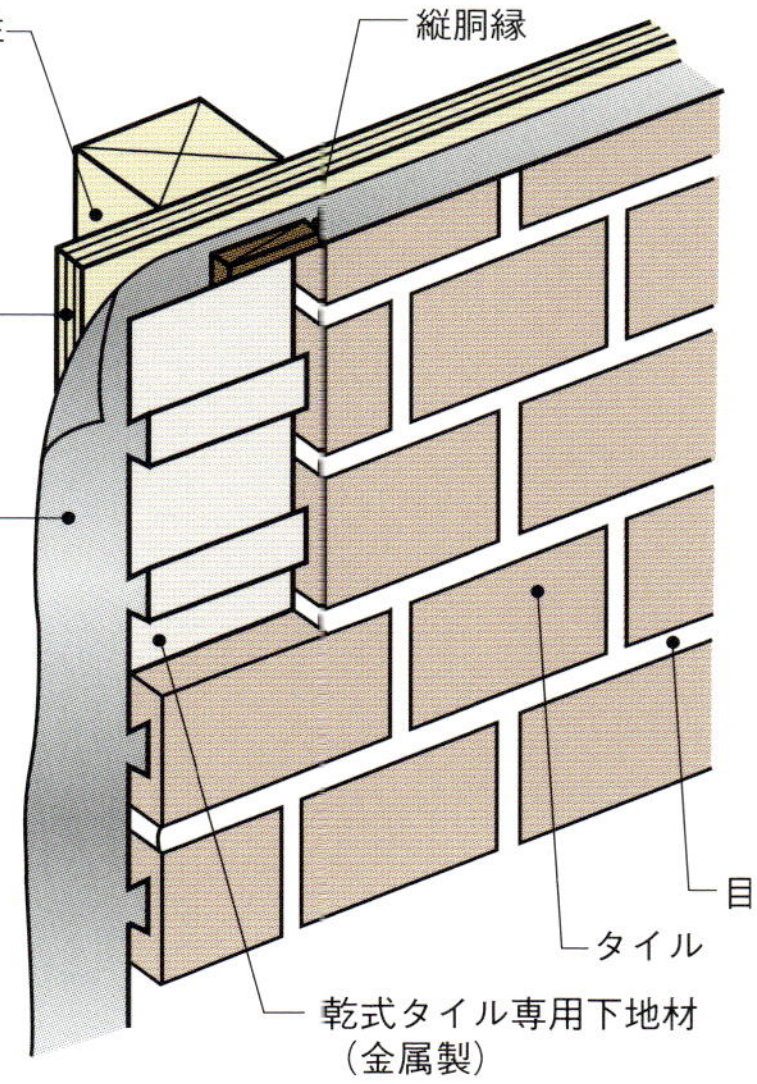

湿式工法

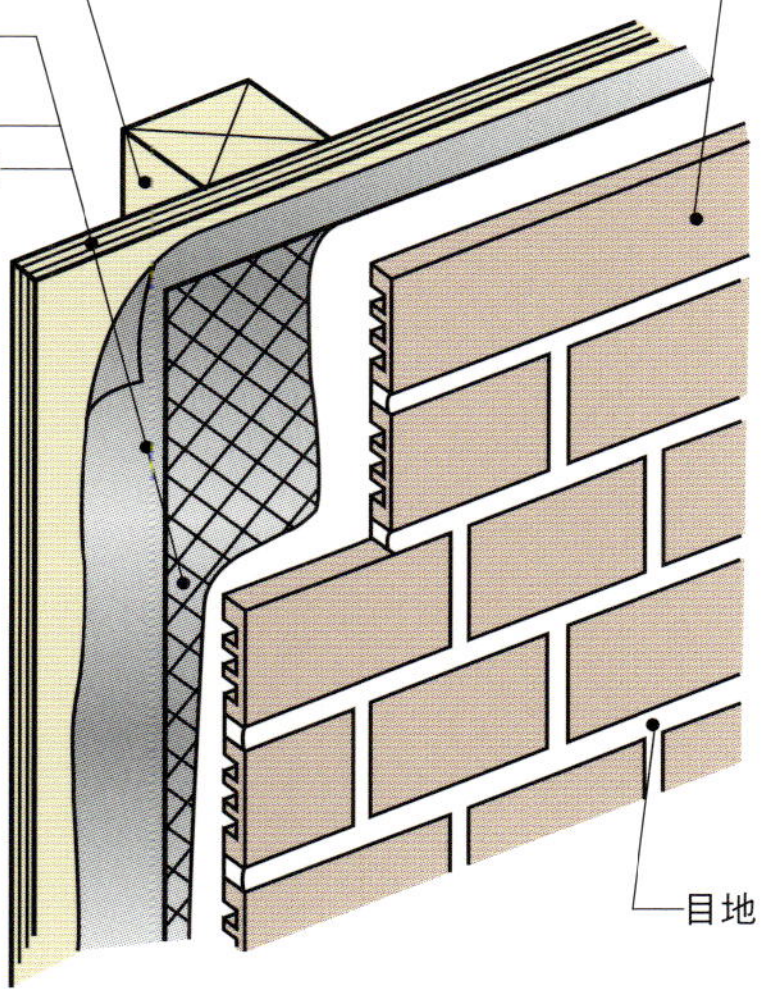

乾式工法ではタイルを金属製の下地材に取り付ける。タイルの落下も防げる

モルタル下地に接着し、目地を埋める

Point

木造住宅は動くため、左官壁はヒビが入らないような対処が必要

バルコニー

056

防水性や耐久性が命！

2階または3階に設置するバルコニーは、風雨にさらされるうえ、床が平らになるため雨水が溜まるおそれがあり、防水面で十分な配慮が必要となる。

アルミ製の既製品のバルコニーを取り付けると、防水の点や耐久性の点で問題も少ないといえる。しかし、外観上、バルコニーはポイントとなるため、見え方の工夫もしたいところといえるだろう。

バルコニーの設置方法

既製品のバルコニーを設置する場合、柱を建てるのが一般的である。バルコニーの出が1m以上になる場合は、原則柱が必要になる。木製のバルコニーとする場合も、柱を建てることが多い。

傾斜地で、大き目のバルコニーやウッドデッキをつくる場合、独立基礎だけではなく、一部だけでも基礎のベースとつないでおくほうが構造上、望ましいだろう。

2階の床組から梁を跳ね出したバルコニーとする場合、バルコニーの床を陸屋根として考えるとよい。

床は、合板を2重に張った上に、**FRP防水**やシート防水を施す。そして、サッシ下などの立ち上がりを十分に取る。120㎜以上は確保したい。その場合、2階床からまたいでバルコニーに出るか、2階から跳ね出す梁のレベルを下げることで立ち上がりを確保することができる。

バルコニーの下に屋根をつくり、その上にバルコニーを載せて納めると防水上の問題を解決することができる。また、木製のバルコニーが腐食した場合に、取り替えることも容易である。

跳ね出しで屋根をつくり、その上にバルコニーを載せるというやり方も考えられる。

用語解説

FRP防水
(えふあーるぴーぼうすい)

FRPはFiber Reinforced Plastic（繊維強化プラスチック）の略で、ガラス繊維にポリエステル樹脂を含ませて化学反応させる防水工法。木造のバルコニーの防水などに用いられる

防水バルコニー

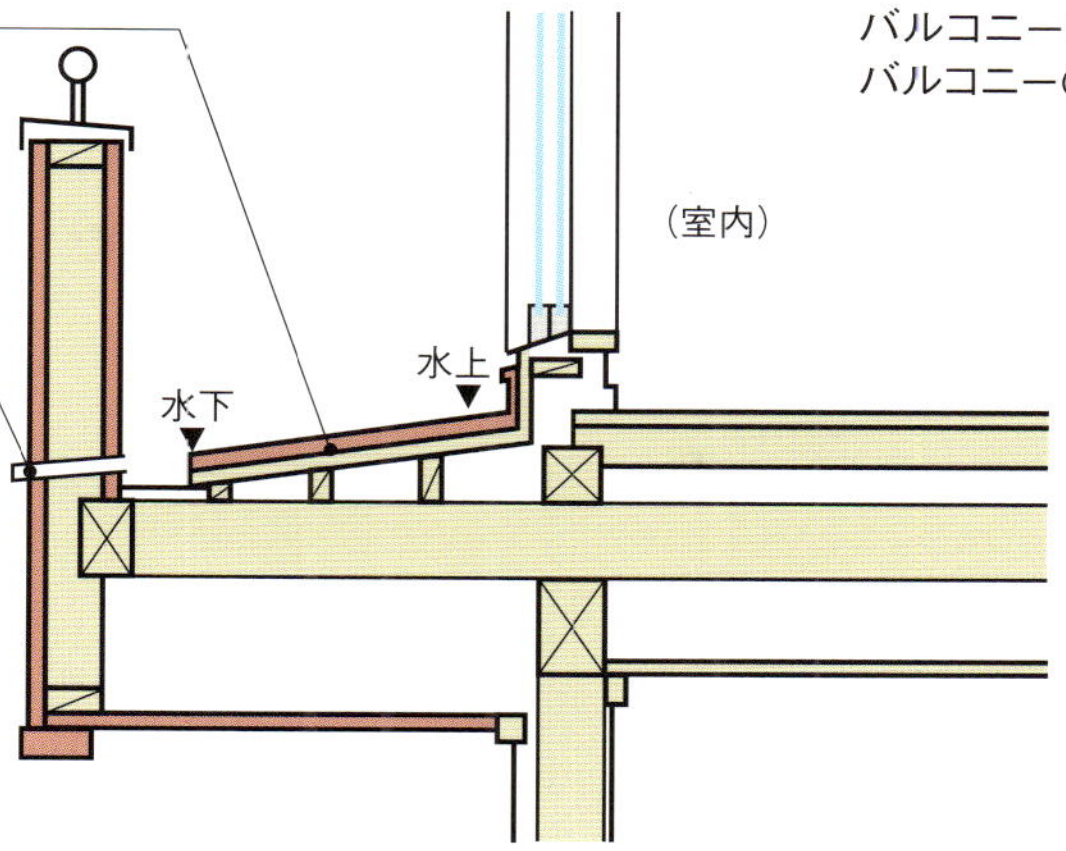

バルコニーを受ける梁を跳ね出して
バルコニーの床を支える

防水なしのバルコニー

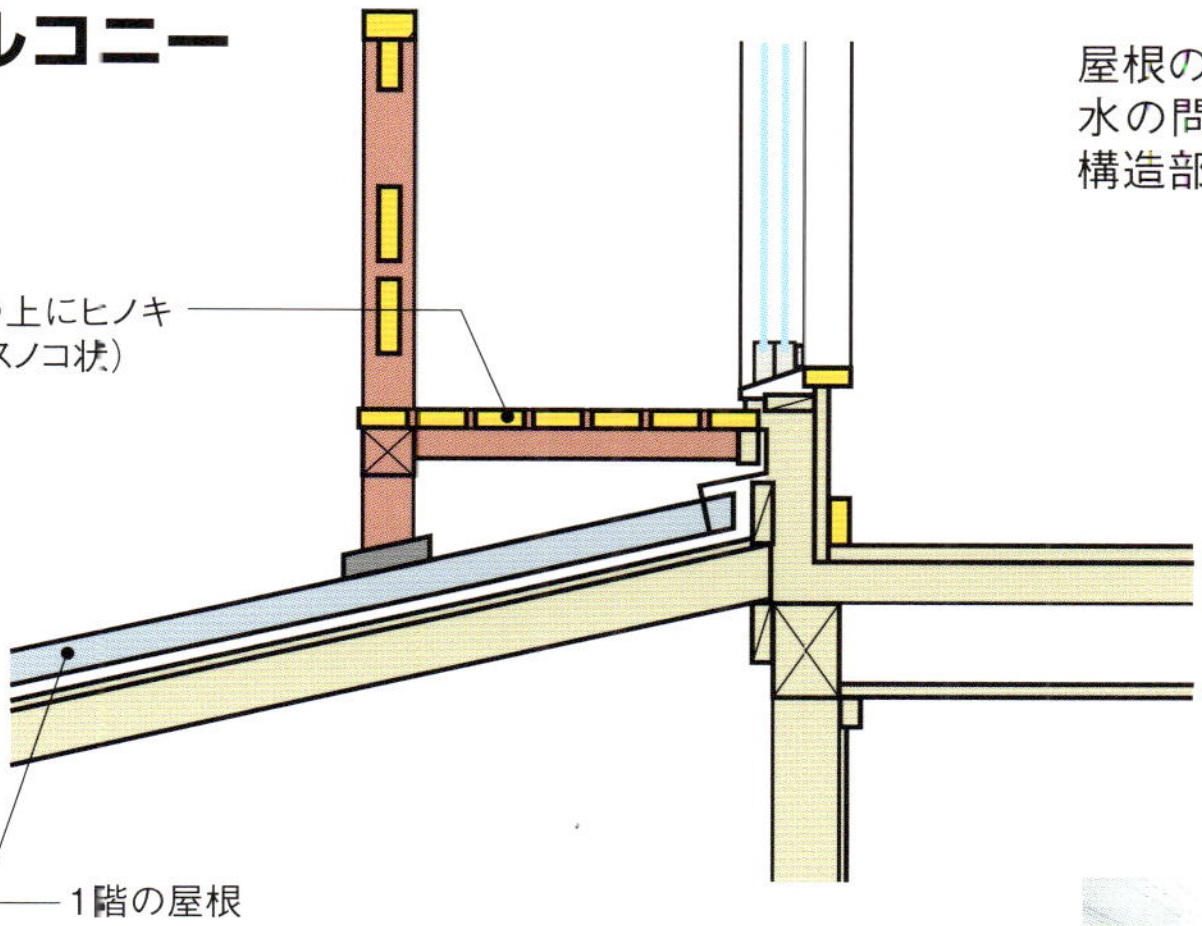

屋根の上にバルコニーを載せると防水の問題がなくなる。また、建物の構造部材に影響がない

バルコニーの屋根

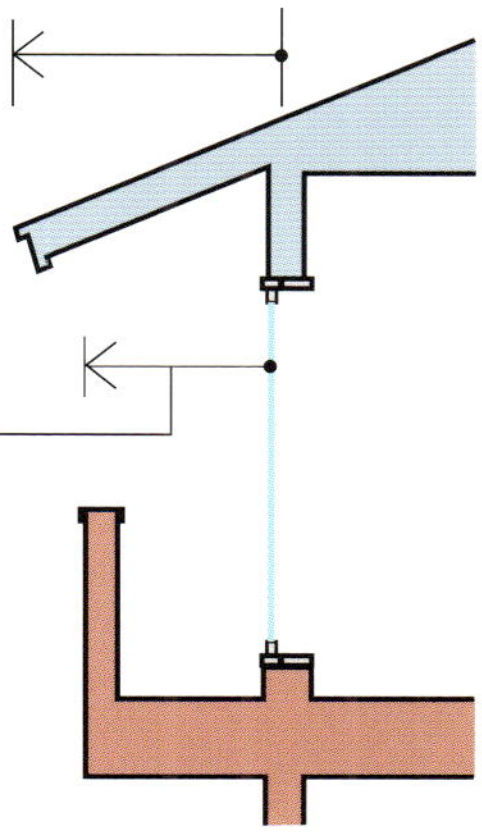

バルコニー例

バルコニーの床の防水は施すが、屋根や軒を出して通常の雨で床が濡れないようにしておくほうがよい

Point バルコニーは防水対策が重要。屋根の上にバルコニーを載せれば防水上の問題を解決できる

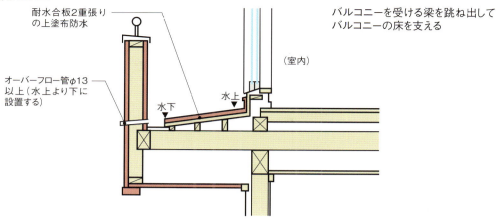

開口部の種類

057

ドアの種類

外部の開口部には、人が出入りできるものかどうか、また、開放の仕方でさまざまな形状の種類がある。

人の出入りする開口部は戸・ドアと言い、出入りできない開口部を窓という。戸には、開き戸と引戸がある。引違いのサッシでも、人の出入りができる**掃出し**のものは、引違い戸という。

玄関ドアは、防水の処理がしやすいため、外開き戸が多く使われている。欧米では、内側から固定すれば開けにくくできるので、防犯上の理由から内開きドアにしている。お客様を迎え入れるという観点では、内開きドアがよいといえる。

窓の種類

窓には、一般的には、アルミサッシの引違い窓が多く使われている。片引きや、引き込み、はめ殺しと引戸を組み合わせたサッシもある。

その他、内倒し窓、排煙窓に多く使われる外倒し窓、滑りながら突き出すすべり出し窓、外開き窓、上げ下げ窓、ルーバー窓などがあり、非常に多様である。内倒し窓は、ハイサイドライトに使うとよい。フック付きの棒で簡単に開閉できる。

ルーバー窓は、開口部の全面積が開くため、小さくても通風量を多く確保できる。しかし、気密性が低いことと、ガラスが外されやすいため格子を付けるなど、防犯上の対策が必要である。また、断熱性を確保するために、ガラスを2重にしたダブルルーバー窓もある。

防犯と遮光などの目的で雨戸やシャッターを設置する。ただし、冬場には凍結してしまうので、寒冷地では雨戸を付けないほうが一般的である。最近は、ボックスも小さくなり、開閉が楽なためシャッターが使われることが多くなってきている。

用語解説

掃出し（はきだし）

窓が床面の位置まである窓のこと。出入りができる。もともとは、掃除の際に箒などでホコリを掃き出せるところからこう名付けられた。主にベランダやバルコニー、庭などに面して設けられる

戸と窓の開閉形式の種類

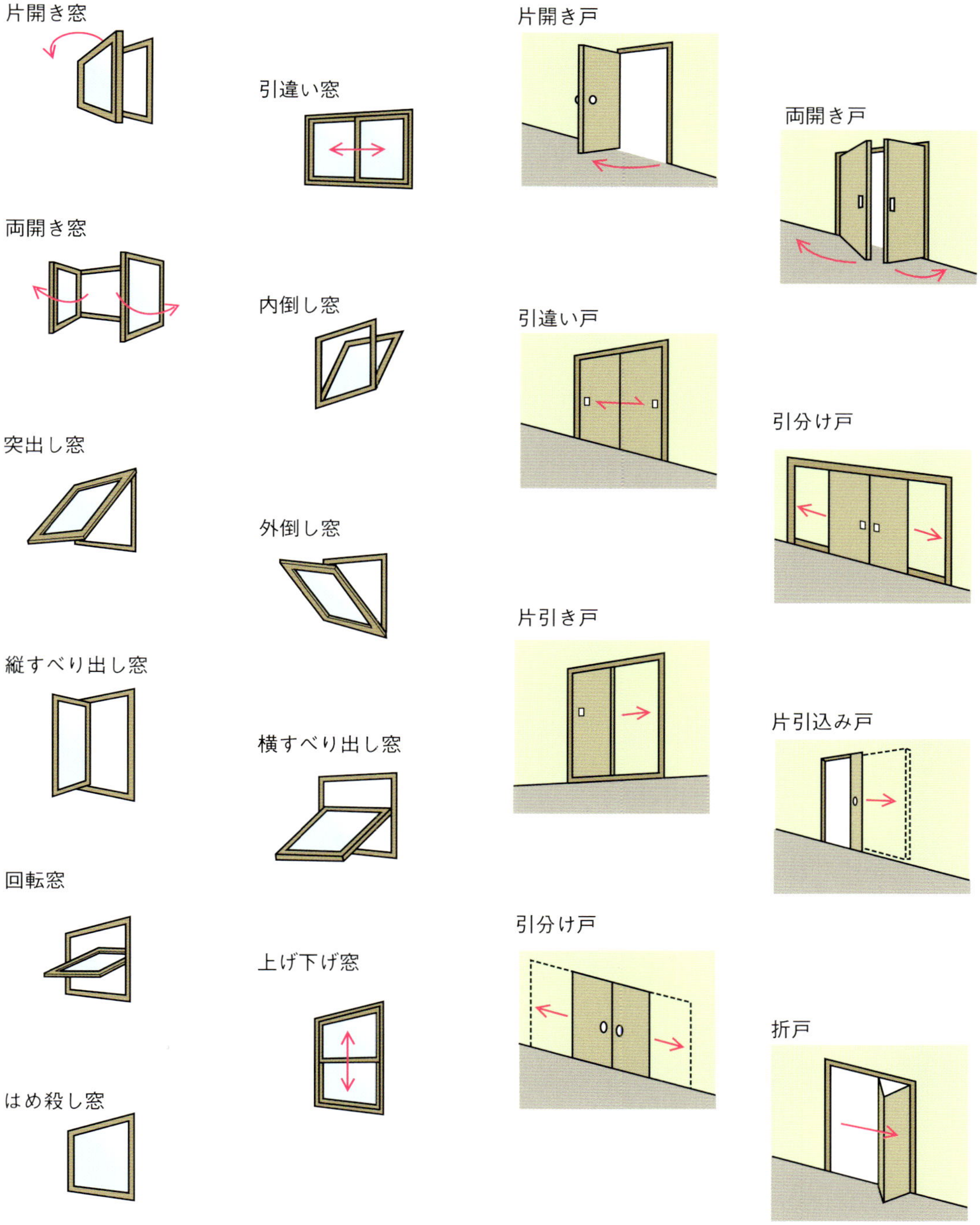

Point 開口部の種類は多様であるため、それぞれの目的にあった形式のものを選びたい

サッシの種類

058

サッシの素材

一般的には、サッシの素材として、アルミが多く使われている。雨水にさらされても長持ちするうえ、コストもそれほどかからないというメリットがある。また、アルミサッシのなかでも、断熱性能や気密性能でいくつかのグレードがある。防音性能もさまざまなレベルに設定されている。

アルミサッシにペアガラス（複層ガラス）を入れることで、ガラスの断熱性能が向上するが、反面、アルミ枠が結露しやすくなる。その欠点を解決するために、アルミの枠の外と中との間に樹脂を挟み込んで、熱が伝わりにくくしたサッシもつくられている。外側にアルミ、内側に木製を組み合わせたサッシもある。

アルミ以外の素材としては、樹脂サッシや木製サッシがある。樹脂サッシは結露しにくいため、寒冷地では、枠の結露対策として樹脂サッシが多く使われている。

木製サッシのコストは、アルミサッシの3倍ほどになる。しかし、デザイン的なことと結露対策に適していることから、使われることが多くなってきている。木製建具は日本の住宅に適しているといえるだろう。

なお、木造用サッシは壁の厚みのなかで取り付く位置によって外付け、半外付け、内付けなどの種類がある。

サッシ断熱と結露対策

最近の木造住宅では、省エネのために2重サッシを使うこともあるが、断熱性能では、ペアガラスよりも2重サッシのほうが高くなる。寒冷地では、さらに断熱性能の高いペアガラスの2重サッシや樹脂サッシが使われることが多い。また、ガラス自体の断熱性能・遮熱性能を高めた**Low-Eガラス**の採用も増えている。

用語解説

Low-E ガラス
（ろうぃーがらす）

板ガラス表面にイオンをぶつけて金属膜をつくったもの。Low-Eガラスは太陽の光のうち紫外線などを遮断する機能があるため、断熱性能、遮熱性能が高い。Low-Eガラスを使ったペアガラスもある

外付けサッシ

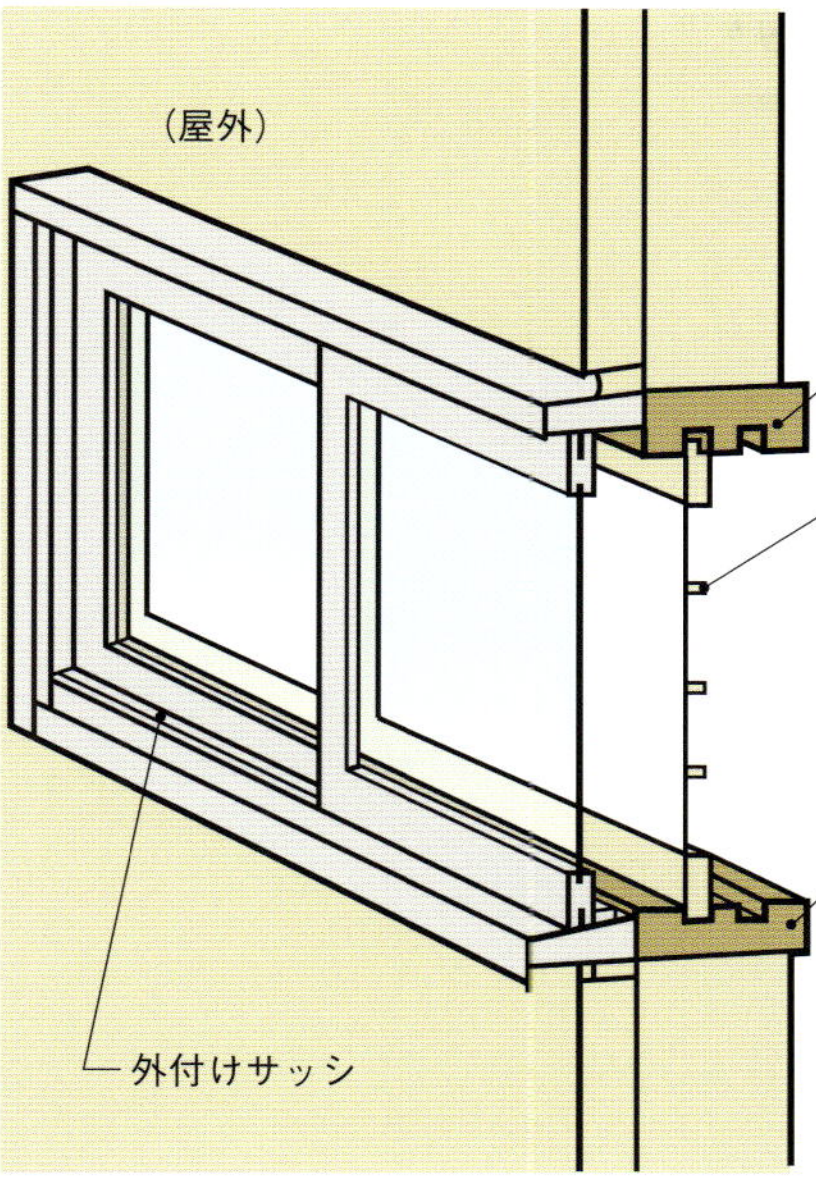

半外付けサッシ

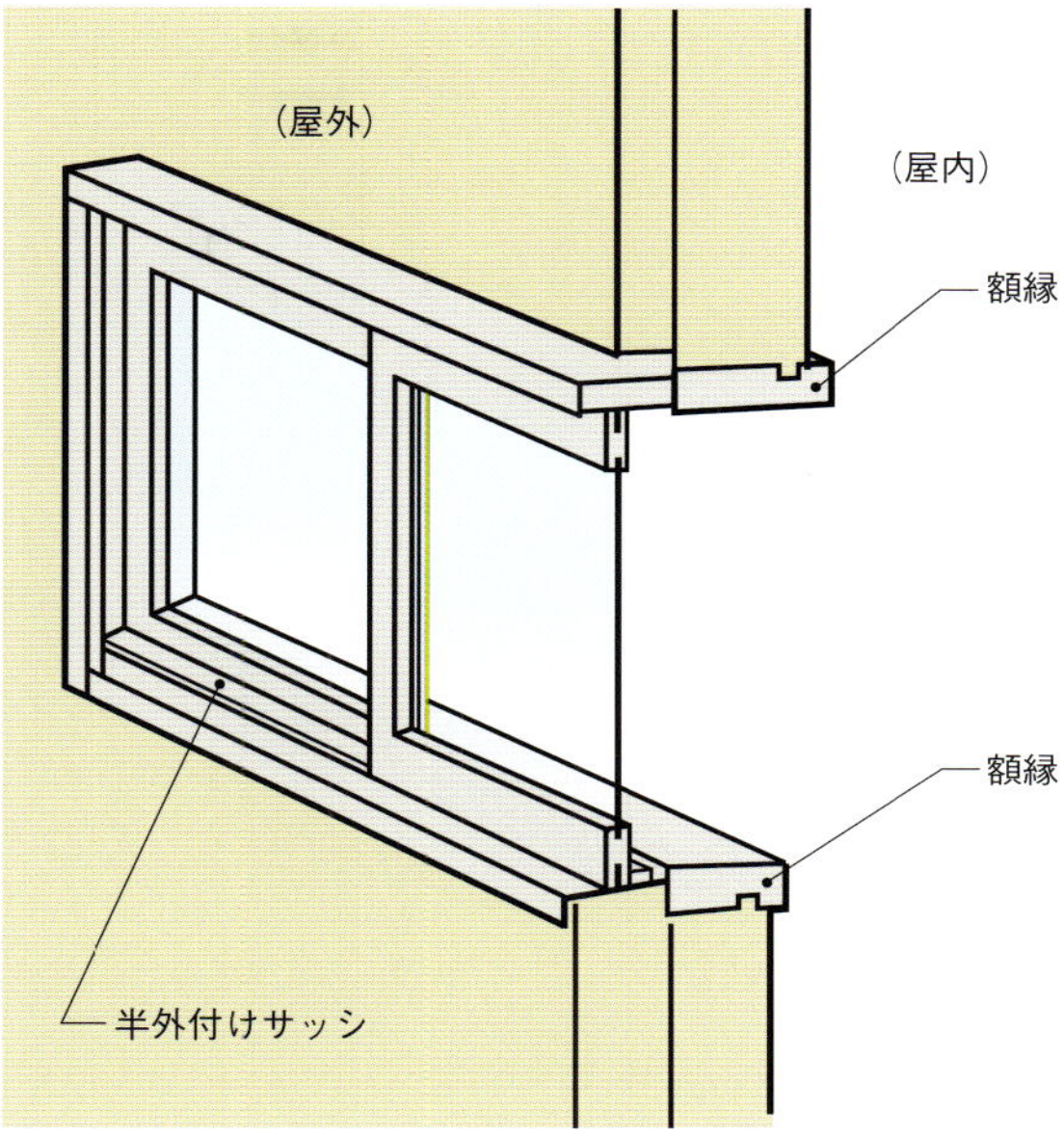

内付けサッシ

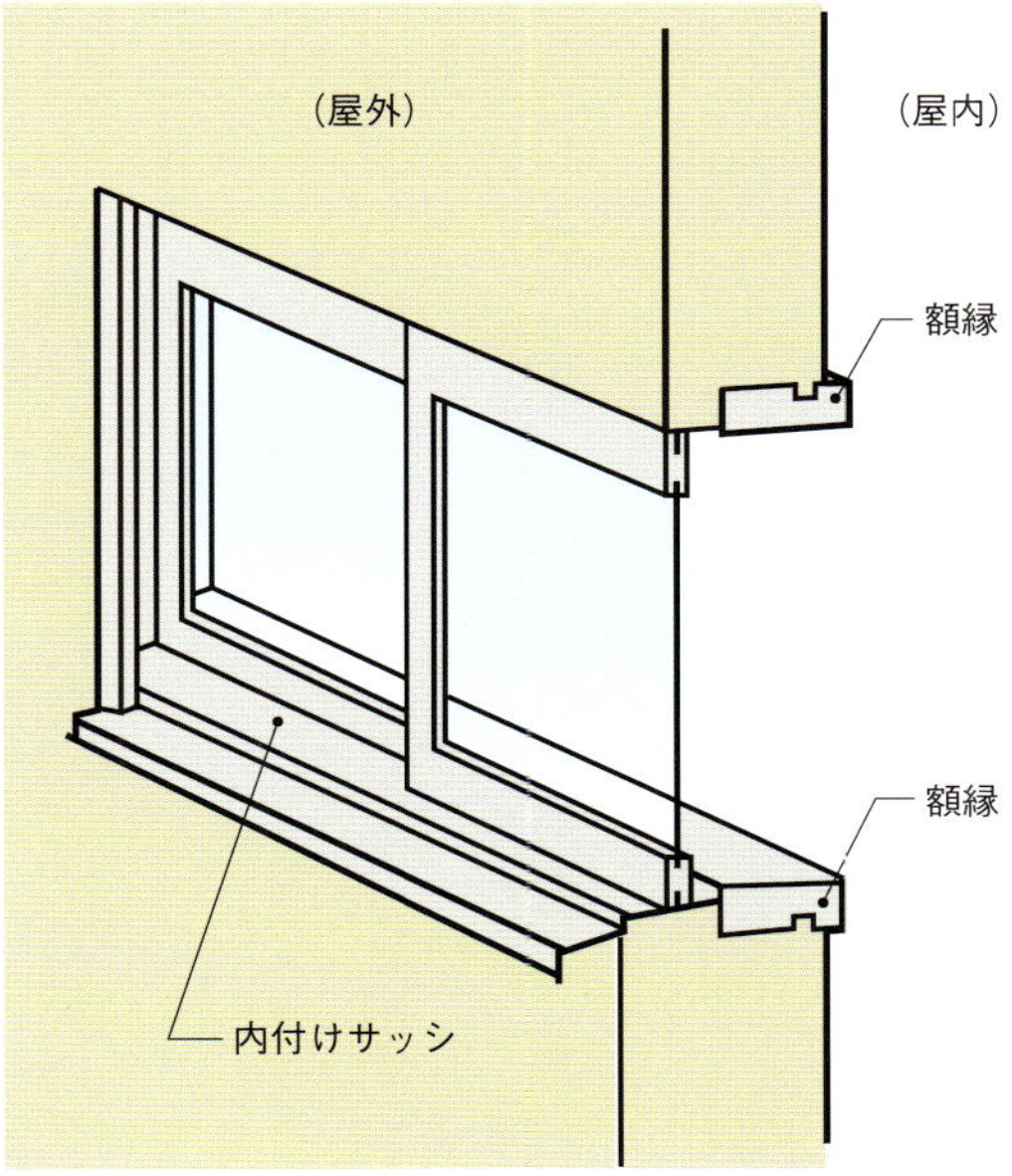

2重サッシ

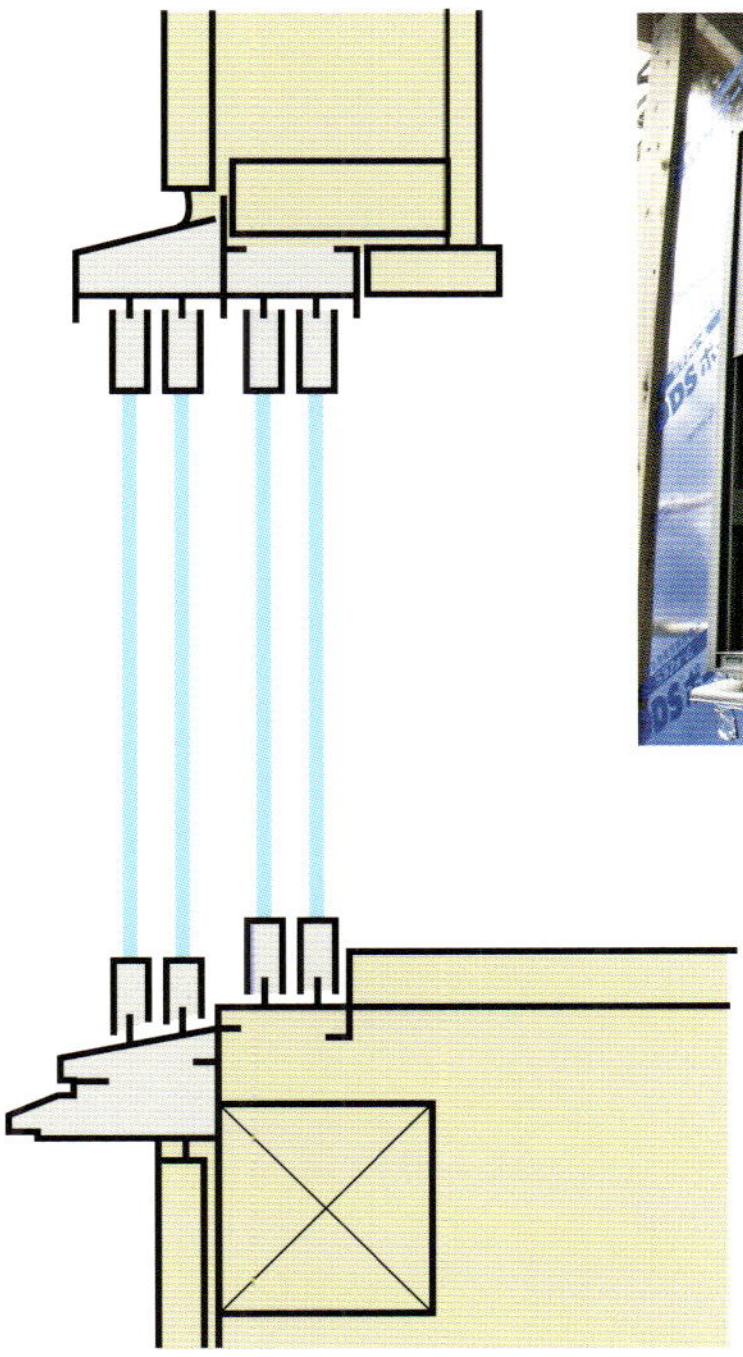

上げ下げサッシ

Point サッシは外付け、内付け、半外付けと取り付け方の違うものがある

開口部の防水対策

059

サッシ廻りの防水

開口部のサッシと外壁の隙間から雨水が浸入しやすい。そのため、防水対策として、屋根や外壁面だけでなく、開口部廻りにも十分配慮しなくてはならない。

サッシと透湿防水シートの継目に防水テープを張って隙間を防ぎ、雨漏りを防ぐことができる。

サッシを取り付け、防水シートを張った上に、サッシのつばと防水シートの間に張り付ける。サッシの周囲やコーナーにも斜めに張ることでしっかり補強する。

サッシ枠部分について、サッシ自体の水切だけでは防水が不十分なので、防水テープでの処理は不可欠である。防水テープは開口部の下から順に張り、上の防水テープが一番上に重なるようにする。下の防水テープを上に重ねてしまうと、下の防水テープが上から流れてくる水を受け止めやすくなってしまうからである。

サッシ下部の水切は、両端を折り上げて雨水が入らないように処理する必要がある。

サッシ自体の防水性能

サッシは工場生産であり、ある程度の防水性能を確保するようにつくられている。しかし、台風や高い場所などで、風圧が高い状況になると、雨水が浸入してしまう可能性もある。

ルーバーサッシは、ガラスとガラスの重なる部分の気密性が確保しにくいため、風圧力のかかるところに取り付けるのはやめたほうがよいだろう。

外壁面とともに、外部の開口部の雨水対策として、軒をなるべく深く出すことも効果的である。開口部の上に**霧よけ**や板庇を設置することもよいだろう。また、既製品の庇をうまく活用してもよい。

用語解説

霧よけ
（きりよけ）

雨や霧が家のなかへ入るのを防ぐために出入り口や窓の上などに設けた小さな庇のことをいう。霧よけ庇ともいう。一般的には鴨居の上端に15～30㎝ほどの板を2／10勾配程度に釘打ちする

開口部廻りに防水テープを張る

先張り防水シートの施工　→　防水テープの施工　→　透湿防水シートの施工

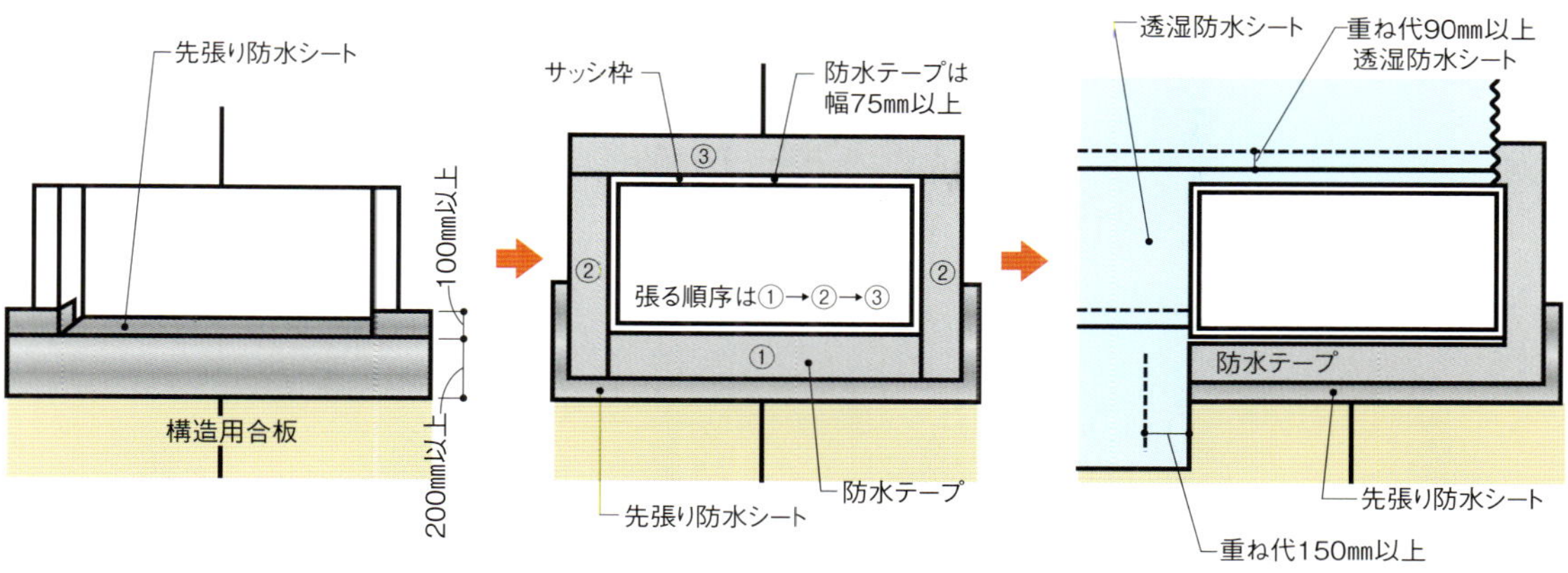

開口部下端の水切を雨水が入らない形状にする

水切り施工例

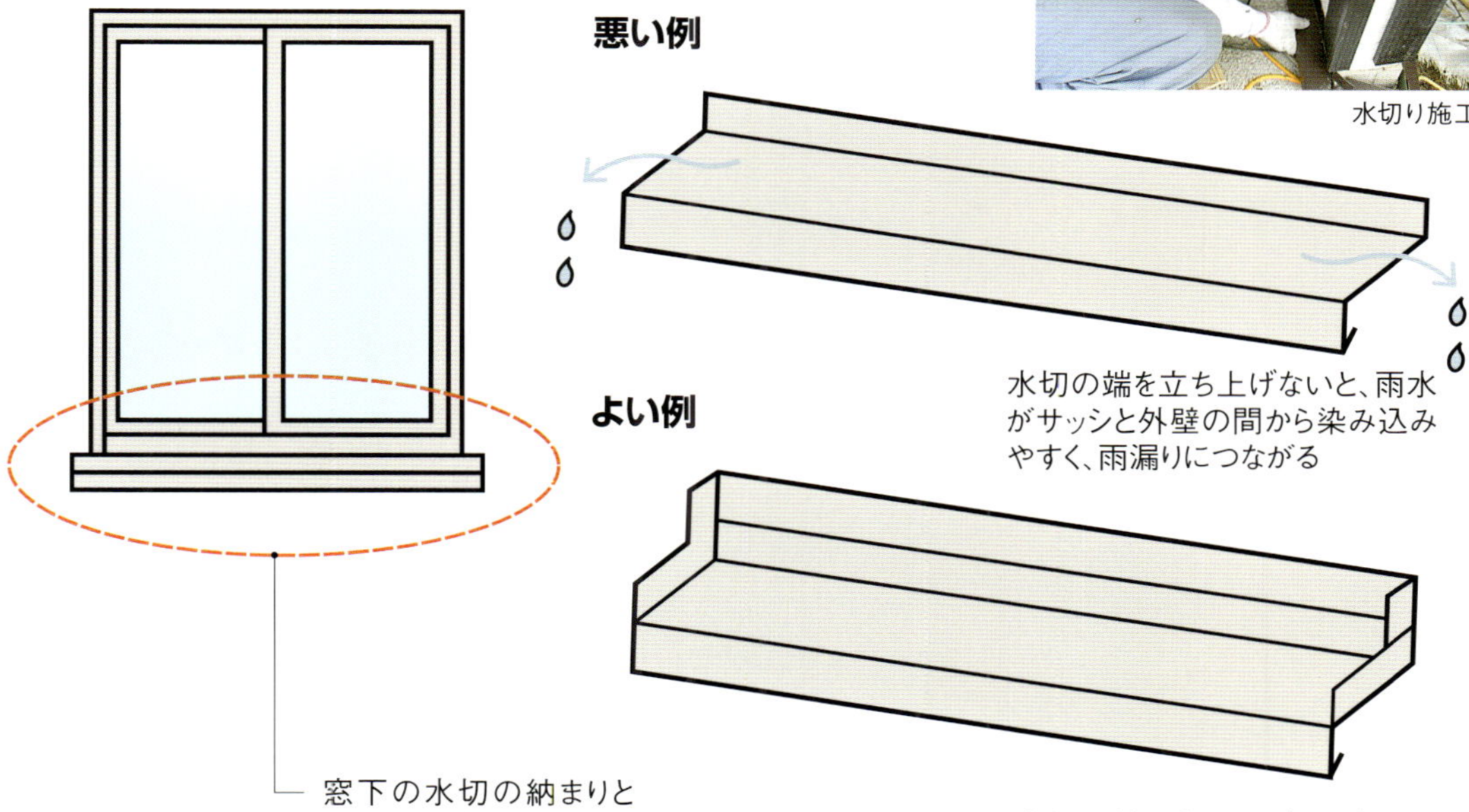

窓下の水切の納まりと形状に工夫をして防水対策を施す

水切の端を立ち上げ、雨水の浸入を防いでいる

Point　開口部廻りは透湿防水シートと防水テープでしっかり防水対策をとる。水切の形状も大事

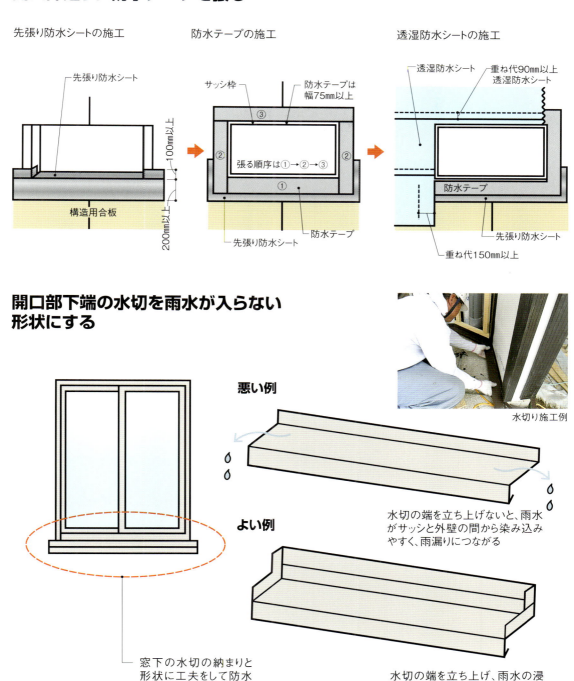

トップライト

060

屋根面のトップライト

トップライトは、室内の明るさの確保とともに、空間の演出にも効果を発揮する。

建築基準法では、住宅の居室に一定以上の採光量を確保するために、床面積の1／7以上の**有効採光面積**を確保することが義務付けられている。屋根面に取り付けたトップライトからの採光量は、通常の窓に比べ3倍あるとしているため、小さい窓でも、採光を確保することができる。ただし、その上に屋根がかぶさってくる場合は3倍とはみなされない。

防水をきちんとする必要があるため、一般的にトップライト用の既製品を使う。また、夏の直射日光が入ると、室内がかなり暑くなってしまう。直射日光を考慮して、日陰になりやすい場所に設置したり、夏は上からヨシズのようなものを載せたり、ブラインドを設置したりする。また、開閉式にして夏期には開けて熱気を抜くなど、さまざまな工夫を検討したい。トップライトは、季節のよいときには空が見え、夜には月を眺めるなど、自然を楽しむことができる。

ハイサイドライト

トップライトを垂直にしたものが、ハイサイドライトである。有効採光面積上は、屋根面に設置したトップライトとは異なり、通常の窓の明るさしか確保されないことになっている。しかし、トップライトと比較すると、防水・夏の日差し対策がしやすく、リスクを減らせる。

また、夏場の室内の熱い空気を上方から抜くためにハイサイドライトを開閉式にして、夏はあけておくと排熱に効果的である。

東面に取り付けると、朝日が差し込み、すばらしい演出となる。

用語解説

有効採光面積
(ゆうこうさいこうめんせき)

居室に最低限必要な採光量を得るために必要な開口部の大きさをいう。単なる大きさだけではなく開口部の条件に応じ「採光補正係数」を開口部の面積に乗じて有効採光面積を求める

トップライトの納まり

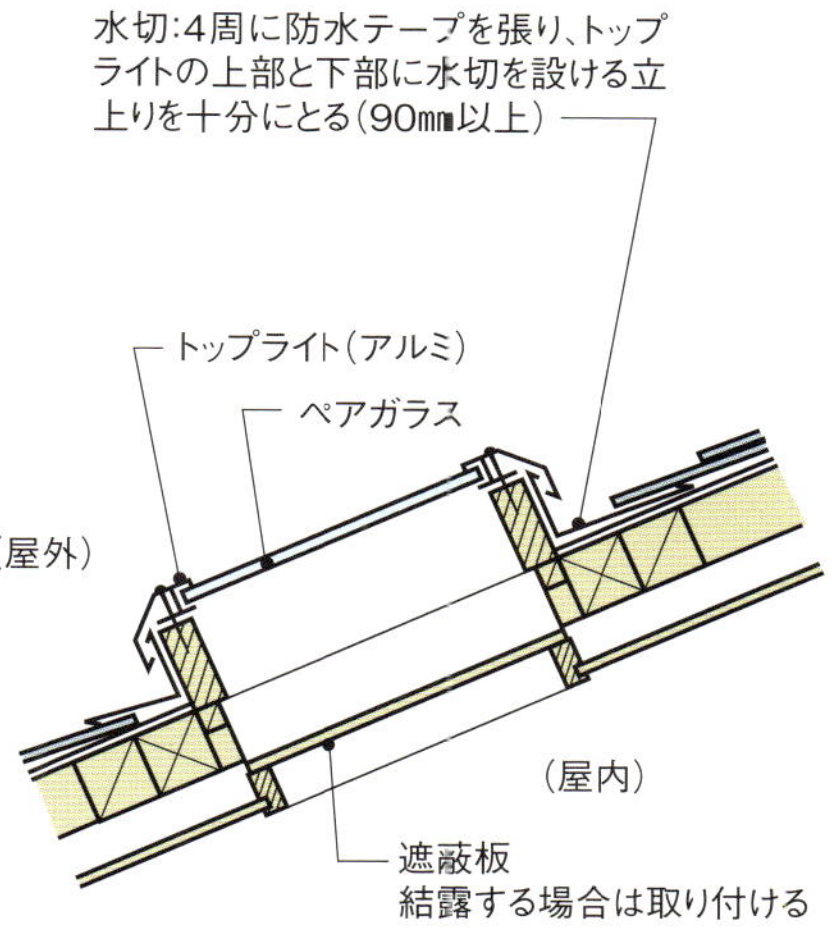

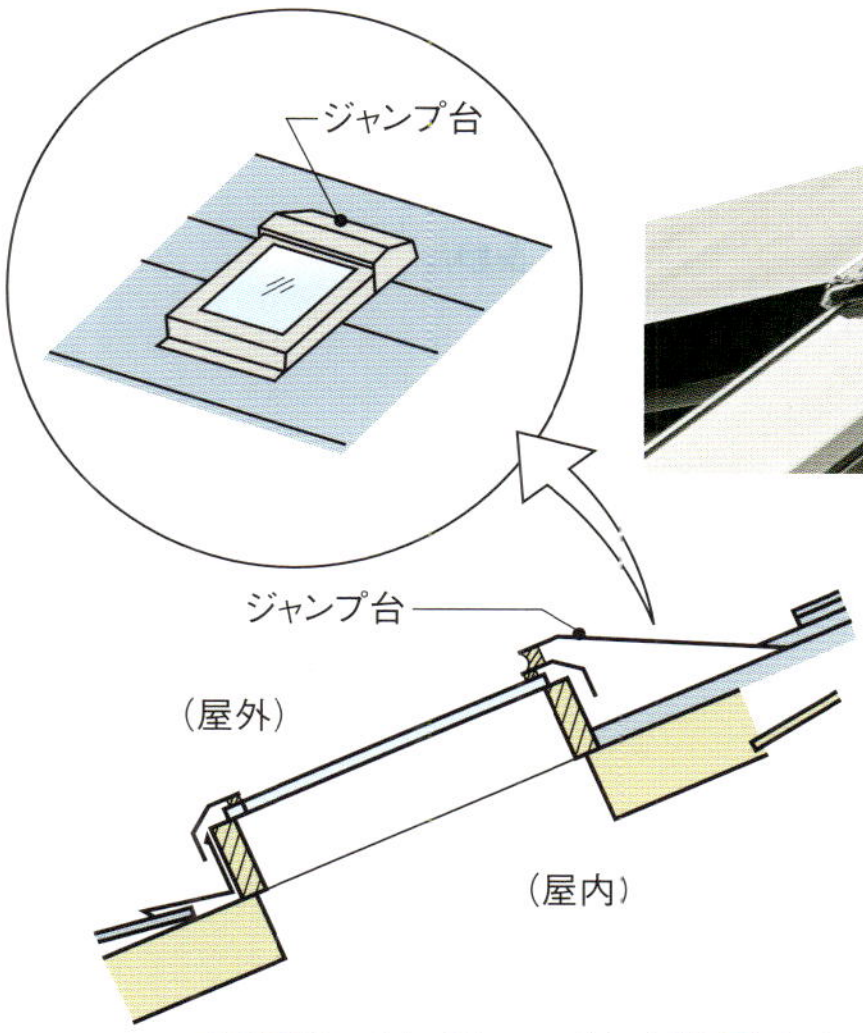

積雪地では、ジャンプ台を設置する

トップライトの取り付け位置

屋根頂部にトップライトを取り付けると光をたくさん採り入れられる

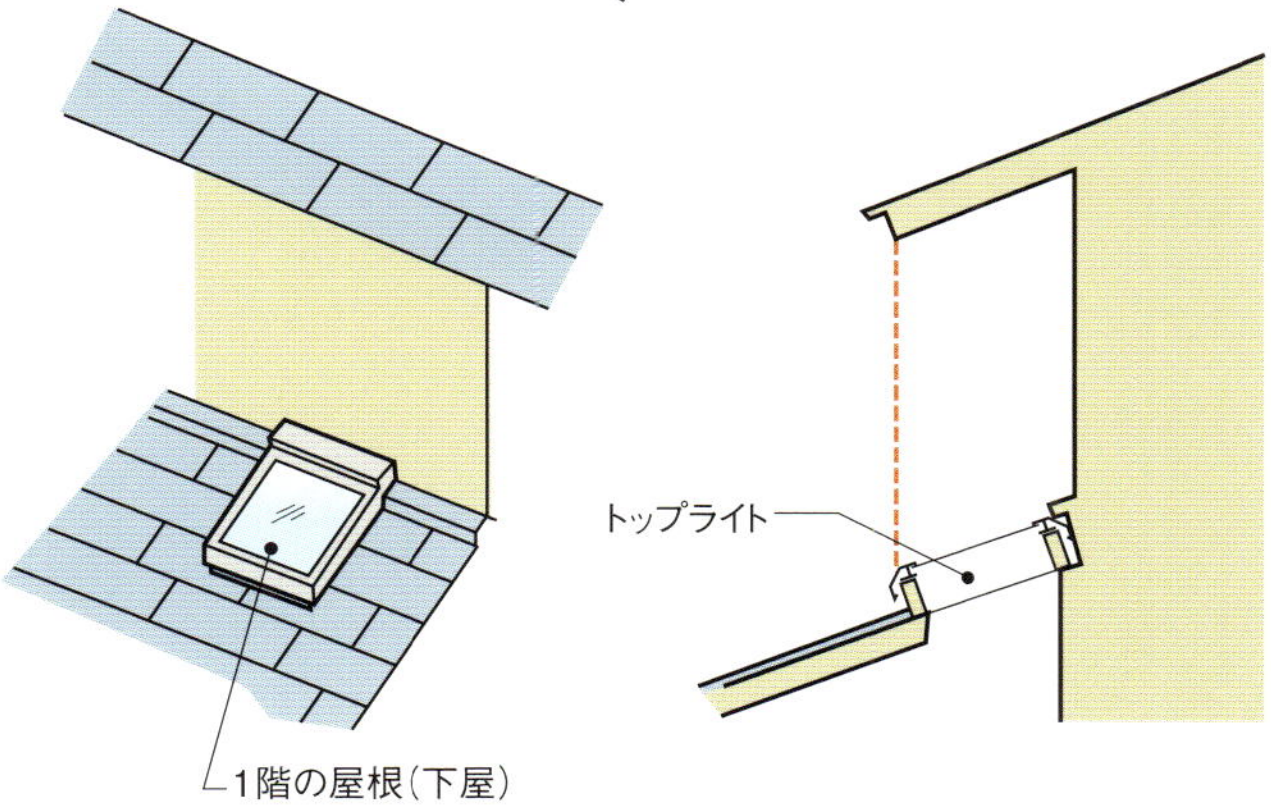

壁際にトップライトを配置すると雨仕舞いがよい。ただし、その上に軒がかぶる場合は有効採光面積に入らない

ハイサイドライト

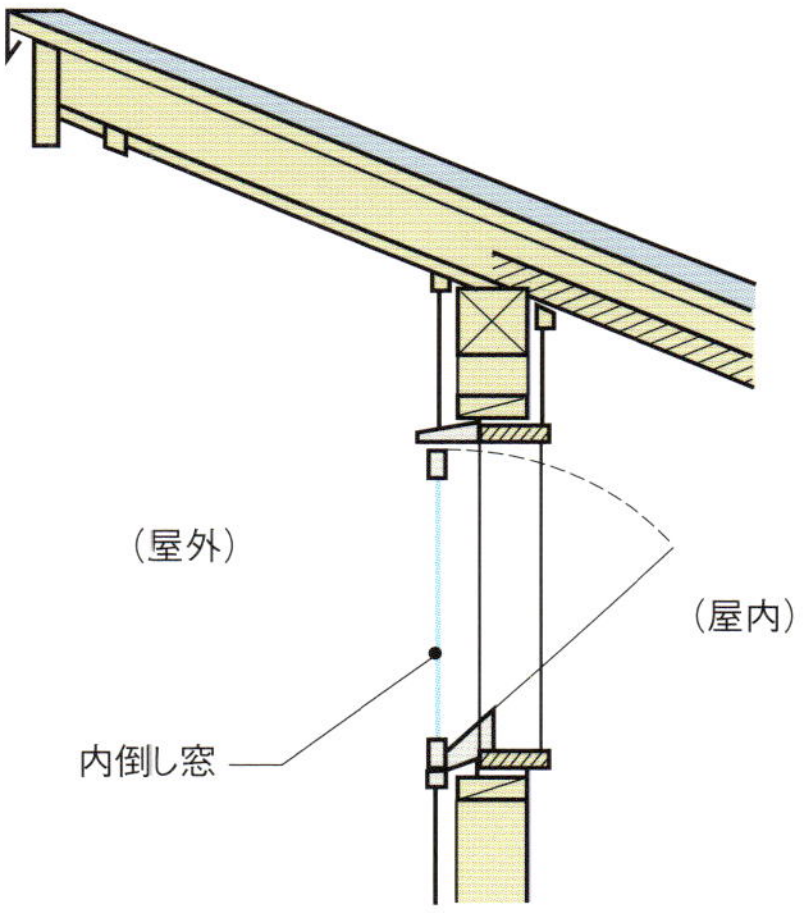

ハイサイドライトは内倒し窓を取り付け、夏に排熱できるようにする

Point トップライトは夏の日差しや防水対策が必要。ハイサイドライトのほうがリスクを減らせる

断熱の仕組み

061

木造住宅の断熱化

昔の日本の住宅は通気性が高く、断熱材もほとんど使われていなかった。湿度の高い夏を涼しく過ごせる家づくりであったことと、比較的温暖で、真冬といえども生命を脅かすような気候ではなかったためであろう。しかし現代では、十分に断熱することで寒い冬も快適に暮らせることを実現し、夏冬の冷暖房エネルギーを効率よく利用できる家づくりが求められている。断熱材は、熱が逃げるのを防ぐとともに、外部からの熱を遮蔽する役割を持つ。

熱の伝わりやすさの指標は**熱伝導率**（λ）で表す。数値が小さいほうが、熱が伝わりにくく断熱性能が高い。熱伝導率が0・06以下のものを断熱材と定義している。空気は熱伝導率が高いため、気泡や繊維で対流が起こらないように空気を小さく閉じ込めて断熱材とする。また、断熱材の厚さによっても性能は異なる。

断熱材はさまざまにあるが、グラスウール、ほぼ同等の性能・特性のものでロックウールがある。ボード状で断熱性能の高いポリスチレンフォーム、ポリエチレンフォーム、フェノールフォームなどがある。そのほか天然素材の断熱材として、ウールやセルロースファイバーも注目されている。

結露を防ぐ

断熱は、内部と外部の温度差による結露対策も合わせて考慮する。表面温度が低い部材に水蒸気が触れると結露を起こす。そのため、断熱をして表面温度が低くならないようにすることと、充填断熱とする場合、木造の腐食を招く壁内結露を防ぐために、室内側に防湿気密シートを張る。また、結露しにくい木材や土壁など呼吸する仕上材をうまく使うことも結露対策につながる。

用語解説

熱伝導率
（ねつでんどうりつ）

ある物質について、熱の伝わりやすさが示された値のことをいう。物質の部分と部分に温度差がある場合、温度の高い部分から低い部分へと熱の移動現象が生じる。この熱移動のおこりやすさが熱伝導率として表される

熱の移動の仕組

熱は高温側から低温側へ伝わる

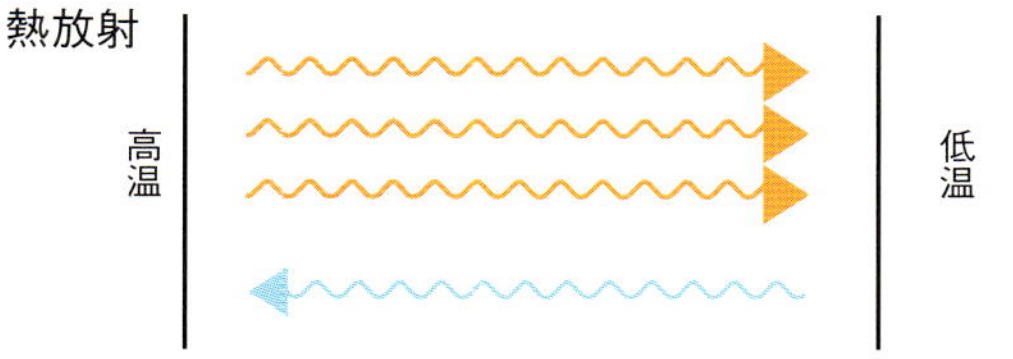

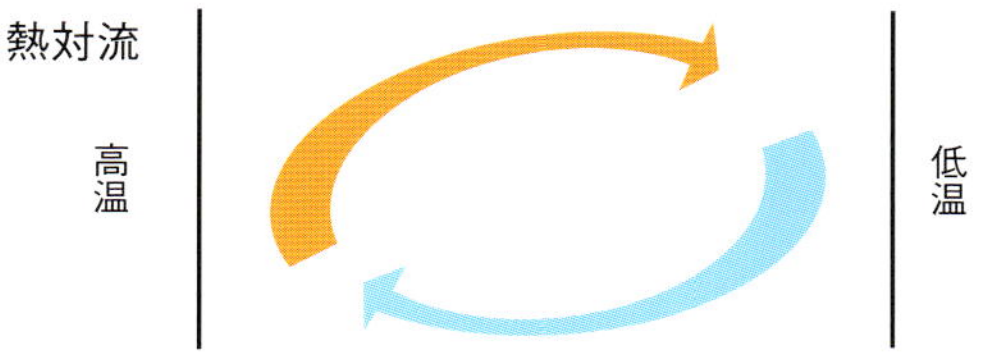

空気のある部分が暖められると膨脹して比重が小さくなり上昇する

すべての物体はそれぞれ温度をもっている。これらの物体からは熱エネルギーが電磁波であらゆる方向へ放射されるが、その瞬間、電磁波伝授は再び熱エネルギーに変わる。たとえば冬に窓の近くにいると寒く感じるが、これは熱放射で体の表面から熱エネルギーが奪われるためである

断熱の役割

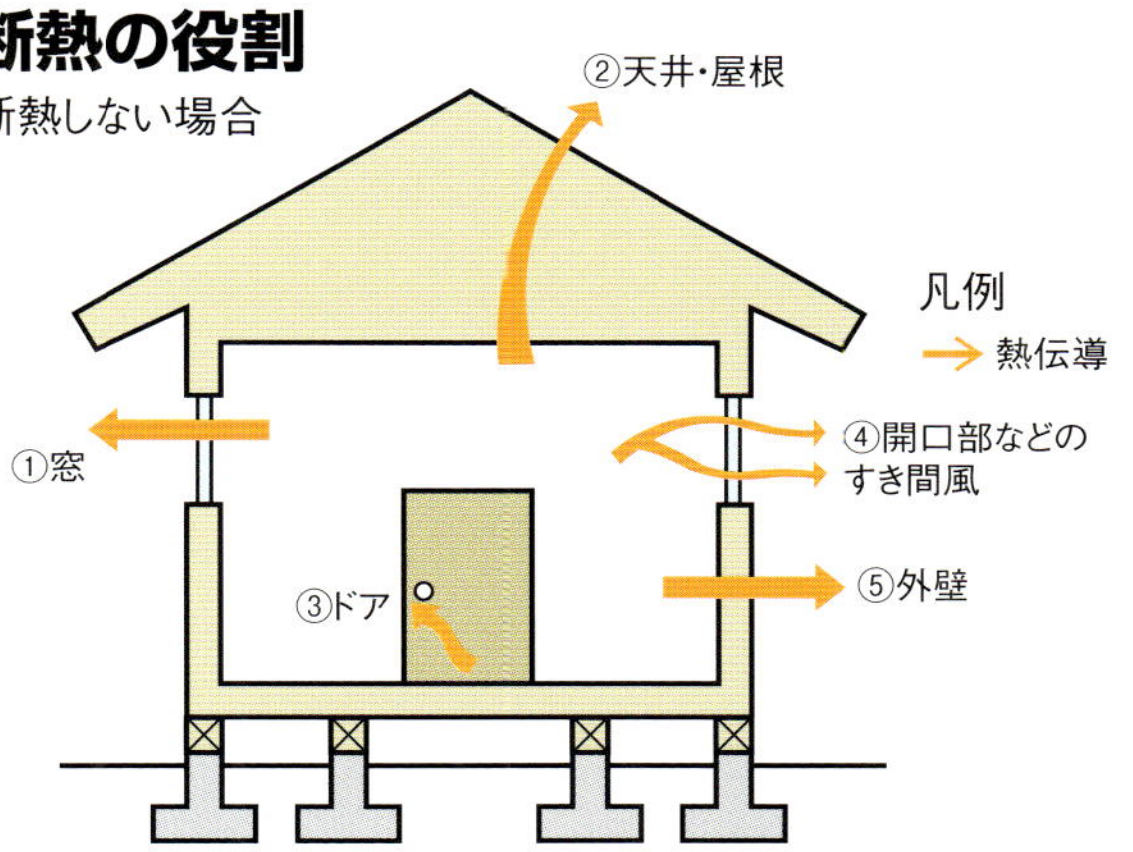

無断熱住宅の場合、図の①～⑤から熱が外部へ逃げていく

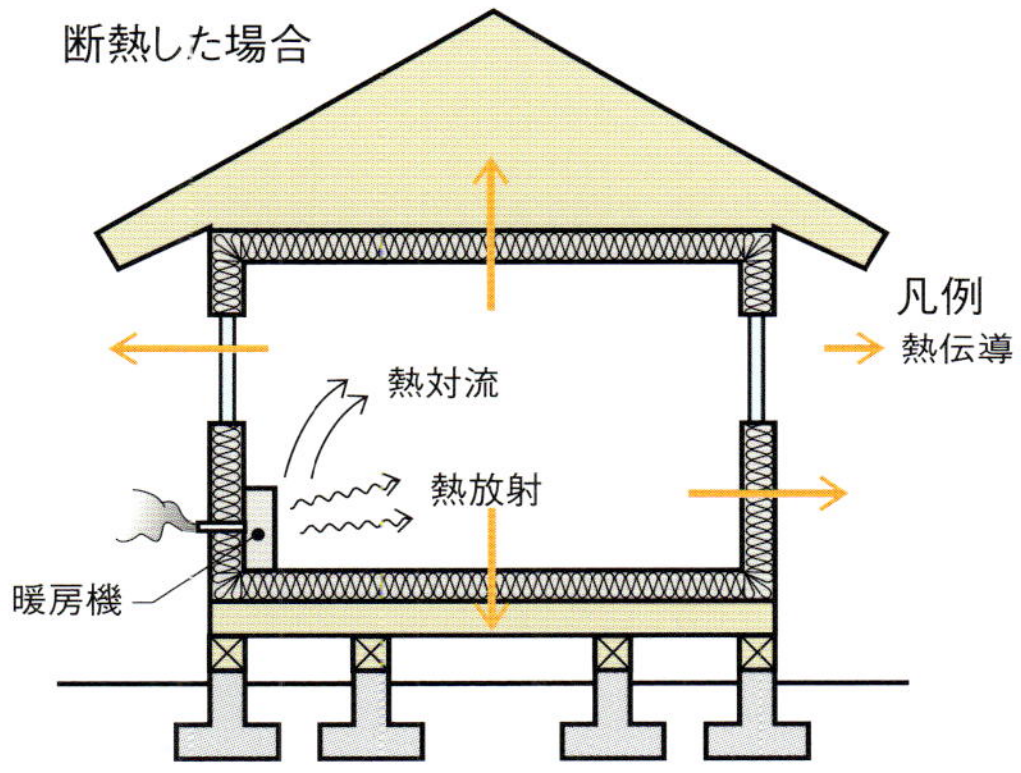

断熱することで熱移動を抑制することになる

結露のメカニズム

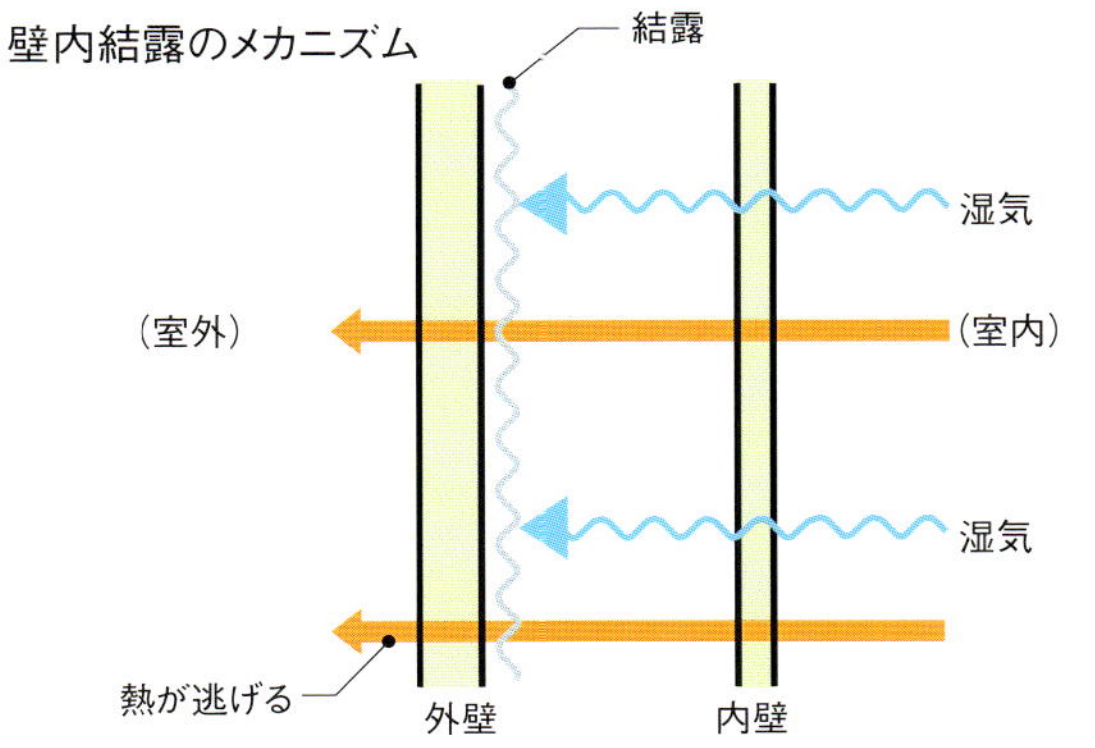

壁の部分で発生する結露。防湿施工が不十分であると室内の湿気が壁内に入ってしまい、結露を起こす

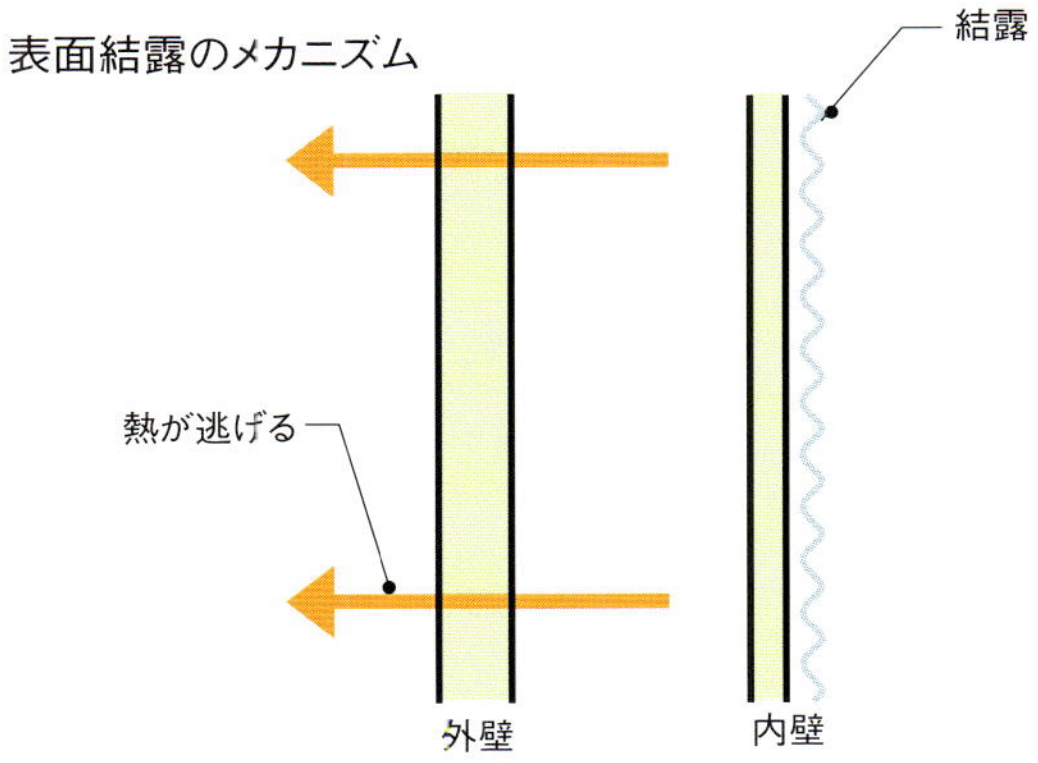

室内の壁の表面に発生する結露無断熱や断熱が不十分であると室内の壁表面の温度が下がり、結露する

Point 断熱は熱が逃げるのを防ぐとともに、外部からの熱を遮蔽する

高気密・高断熱

062

高気密・高断熱住宅とは何か

これまでの日本の木造住宅は隙間風が入り、気密性が非常に悪いつくりであった。そのため、冬にいくら室内を暖めてもその熱はすぐ外に逃げてしまっていた。昔と異なり快適性が求められる現在の木造住宅は、断熱と同時に、気密性の向上が求められている。省エネの点でも、これらの向上は必要である。

高気密・高断熱にすることで、夏は小さなエアコン1台で、冬は、暖房機1台で家全体を冷暖房できるほどになる。高気密・高断熱の定義を具体的にいうと、気密については相当隙間面積が5㎝/㎡、断熱については省エネルギー基準に定められている断熱の厚さを満たしたものをいう。

高気密・高断熱化の方法

充填断熱の場合、柱間などに断熱材を入れ、気密性を確保するために、外壁の下地には合板などを張り、気密をとる（合板気密という）。合板を張らない場合は、壁内側にポリエチレンフィルムを施工し、その隙間を気密テープでしっかりと留めることで気密をとる。外張り断熱の場合、外壁下地にボード状の断熱材の間を気密テープで目張りする。

しかし、建物を高気密化することにより空気の出入りする隙間が少なくなるため、計画換気による24時間換気が必要となる。また、開放型のストーブは水蒸気を室内に放出するため使用できない。

さらに、高気密・高断熱住宅の場合、夏に部屋の中が暑くなると、なかなか温度が下がりにくくなる。窓の配置などや軒の出などで日射をコントロールし、建物の上部に暖められた空気を常時開放できる窓を設けるなどの設計上の配慮も必要になる。

用語解説

防湿気密シート（ぼうしつきみつしーと）

主にポリエチレンシートのことで、室内の水分を含んだ空気が壁の中に入り込まないように、室内側に隙間なく張り付けることで気密をとるためのシートをいう

高気密・高断熱住宅のイメージ

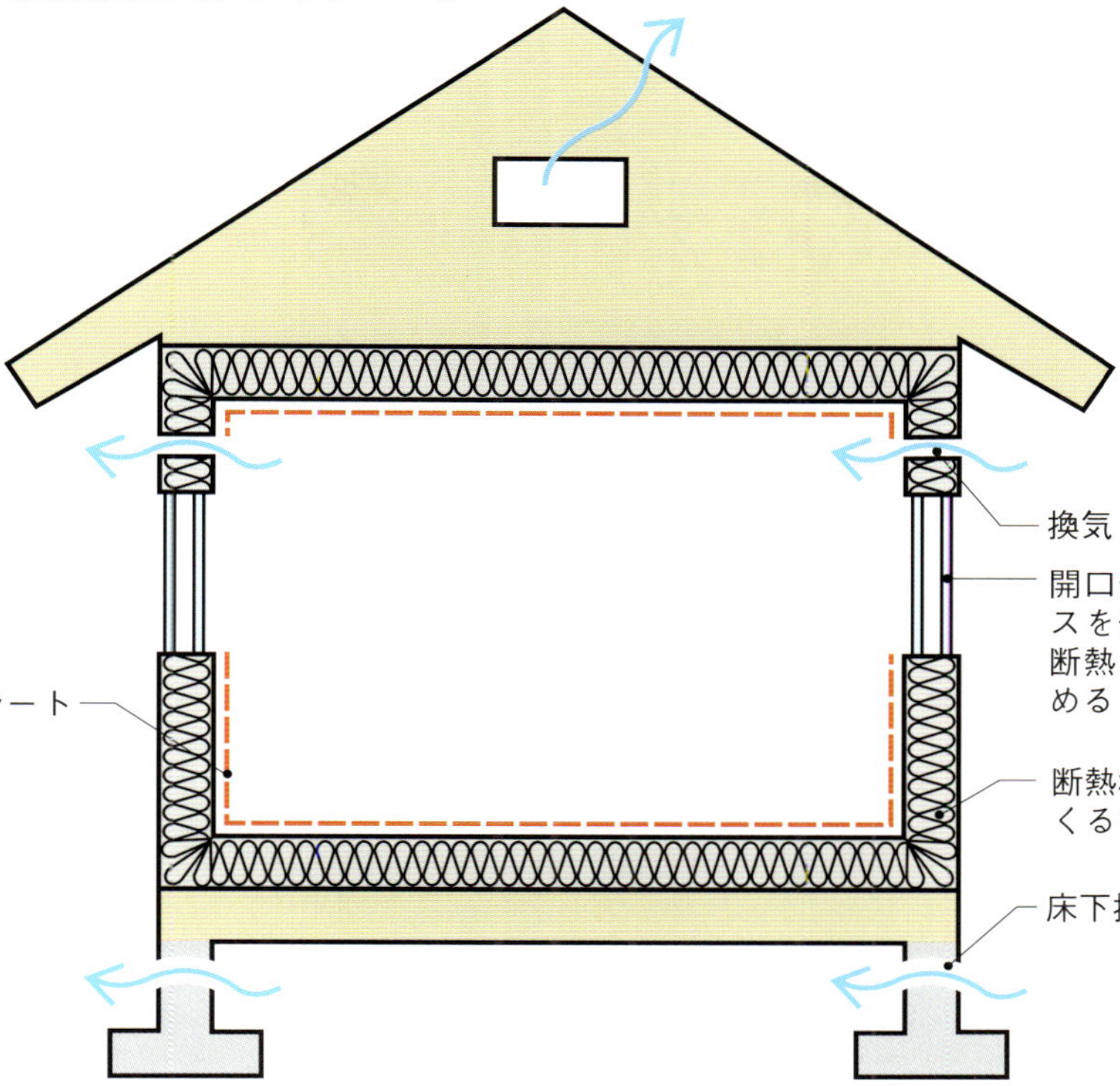

気密性が求められる理由

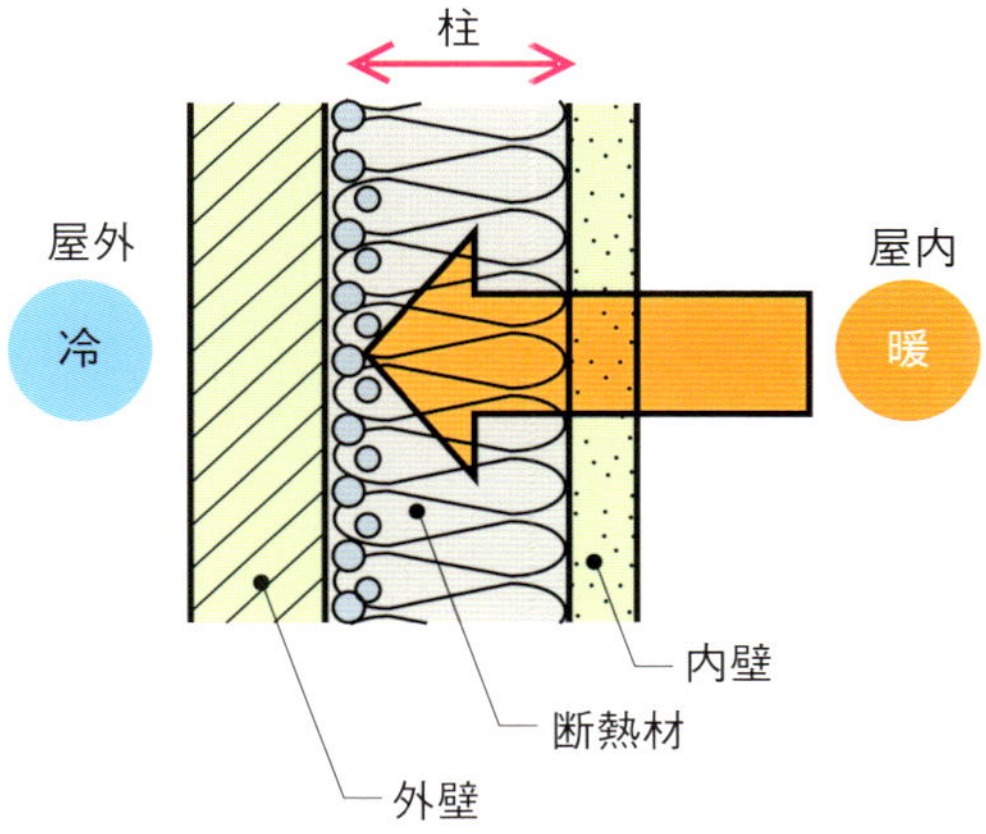

気密性が低いと室内の暖かい空気が屋外に逃げてしまい断熱性能が低下する。また、壁の中に室内の水蒸気が入り込み、壁内結露が発生しやすくなる

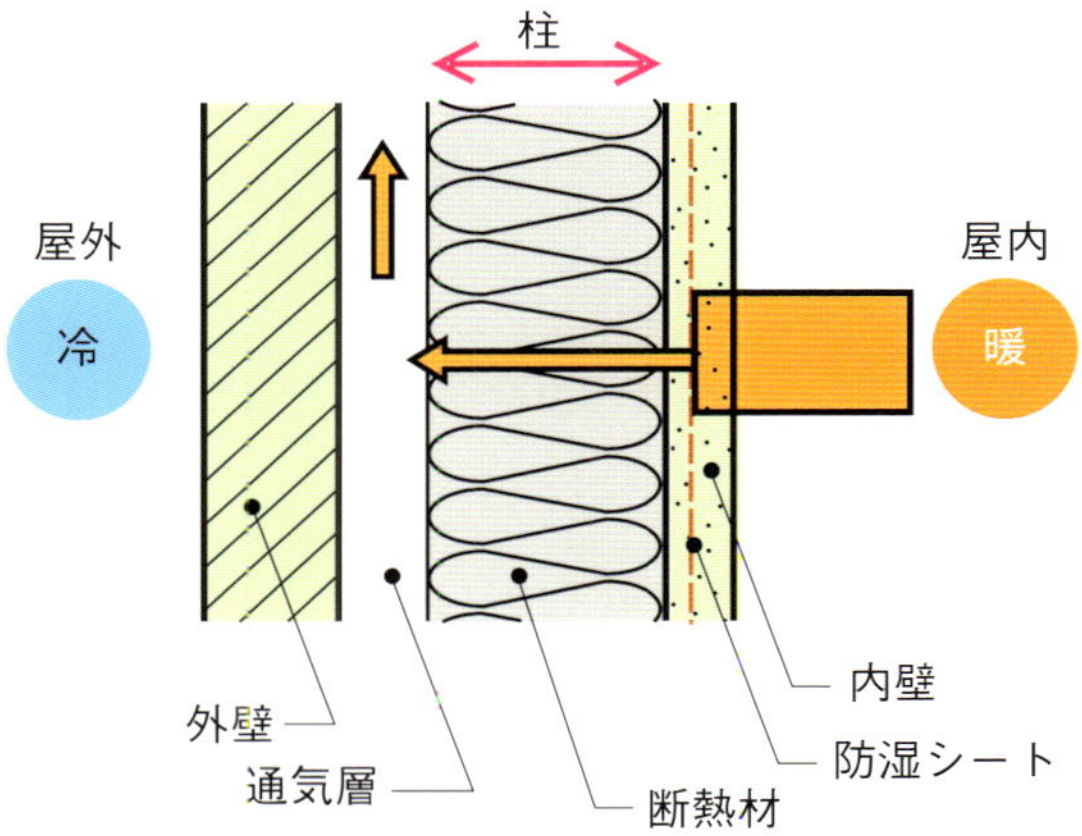

防湿気密シートなどの施工により住宅の気密性を高めると、断熱性能が向上する。また、室内の水蒸気が壁内に侵入するのを防ぐ。そのため、結露が発生しにくくなる

Point **木造住宅は気密性・断熱性を高める必要があるが、同時に換気への配慮も必要となる**

断熱方式の種類

063

断熱方式は2種類

断熱方式は大きく2種類に分かれる。一般には内断熱・外張り断熱といわれるが、木造住宅の内断熱は正確には、軸組の中に断熱材を入れる充填断熱となり、外張り断熱は構造体の外側にボード状の断熱材を張る外張り断熱となる。

充填断熱と外張り断熱

現在、日本の木造住宅では、断熱材を外壁の間に入れる充填断熱(内断熱)が最も多く採用されている。充填断熱のメリットは断熱材を入れやすく、外壁が施工しやすいことである。また、コストも安いが、施工が悪いと断熱材の間に隙間ができやすく、**壁内結露**が発生するおそれがあることがデメリットといえる。

充填断熱に使う断熱材は、グラスウールが一般的である。その他、ロックウール、ウール（羊毛）などを使用する。古新聞を原料とするセルロースファイバーを壁内に吹き込んだり、吹き付けたりする方法もある。

一方、外張り断熱では、柱の外面より外にポリスチレンフォームやポリエチレンフォームなどをボード状に成形された断熱材を取り付けるのが一般的である。

外張り断熱では、構造の柱や梁より外側で断熱するので、壁内の内部結露を防ぐことができるため、構造躯体の保護につながる。また、充填断熱とは異なり、断熱材が柱や間柱ごとに切ぎれにならないので、断熱性能を高めやすい。

ただし、断熱材を設置するために外壁の下地をつくる必要があり、どうしてもコストがかかってしまう。また、外壁が断熱材分だけ増えてしまうため、その厚み分を考慮した設計が求められる。

用語解説

壁内結露
(へきないけつろ)

水蒸気を含んだ室内の空気が断熱材を通り抜けて外壁付近まで到達すると外気で冷却され、壁の中で結露を起こすことをいう。木造の軸組は水分に弱いので、しっかり断熱をして結露を防ぐ必要がある

充填断熱

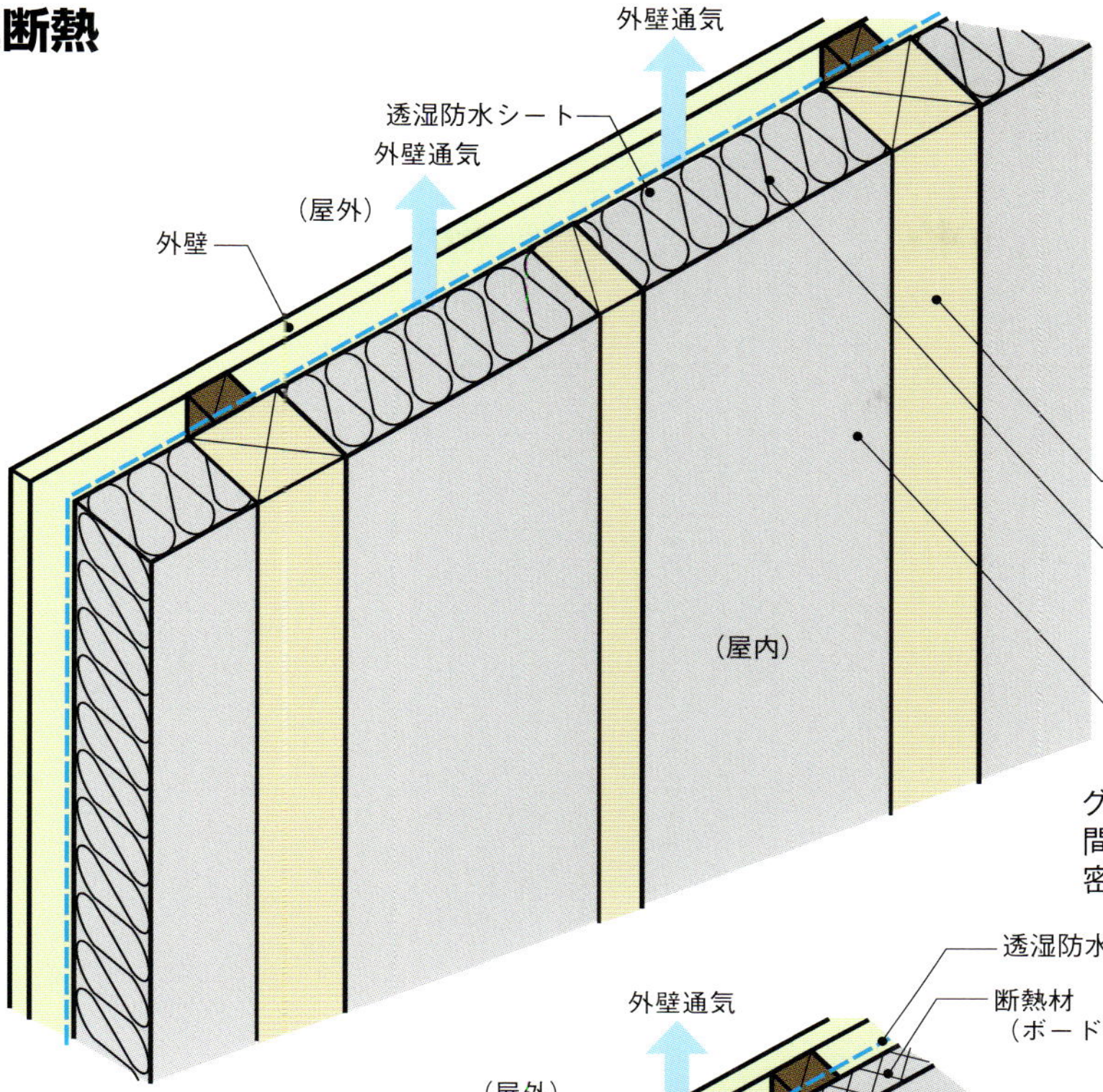

グラスウールなどの断熱材を柱間に充填し、室内側に防湿気密シートを張る

外張り断熱

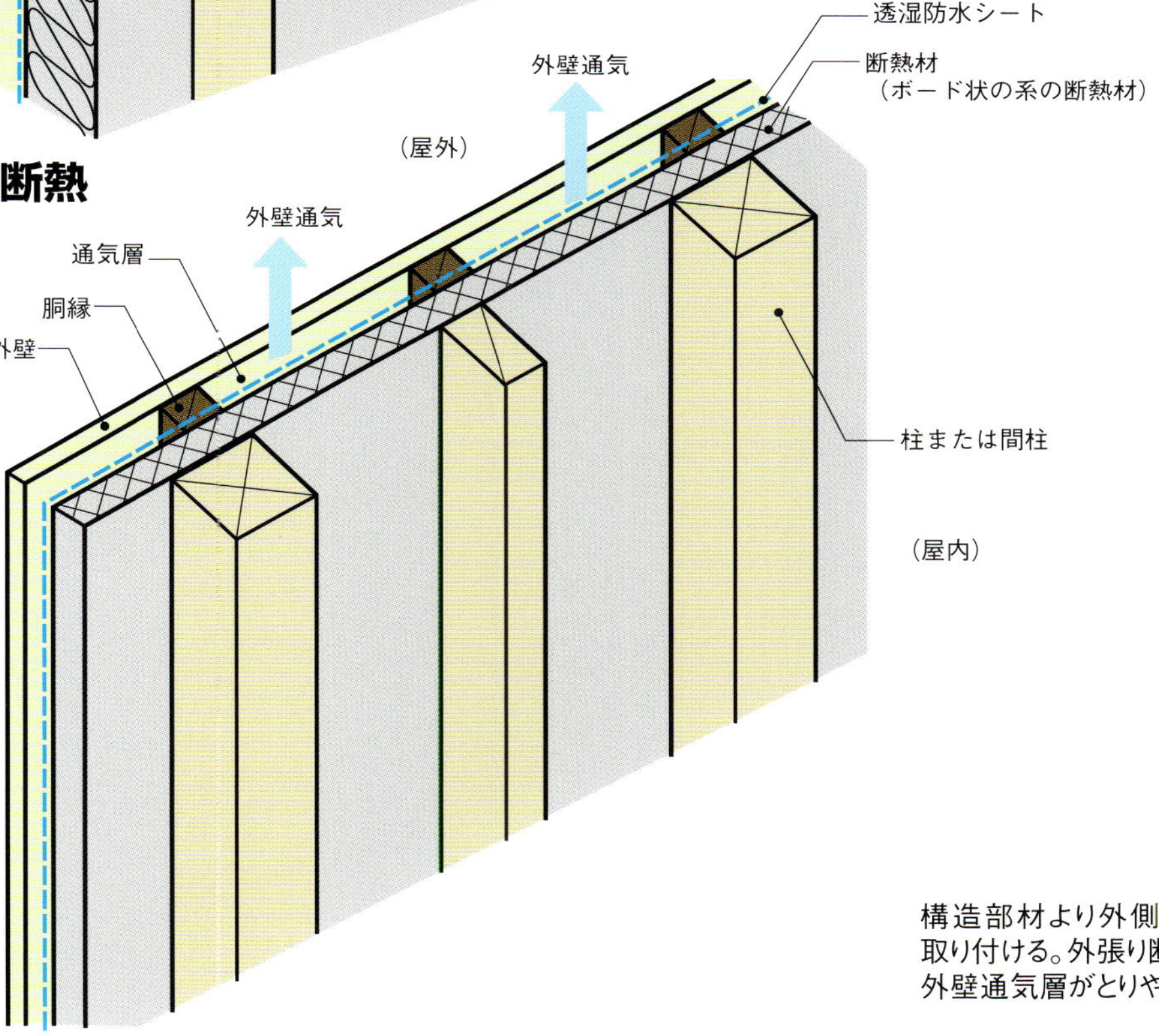

構造部材より外側に断熱材を取り付ける。外張り断熱の場合、外壁通気層がとりやすい

Point **外張り断熱のほうが断熱性能を高めやすいが、充填断熱よりもコストが高い**

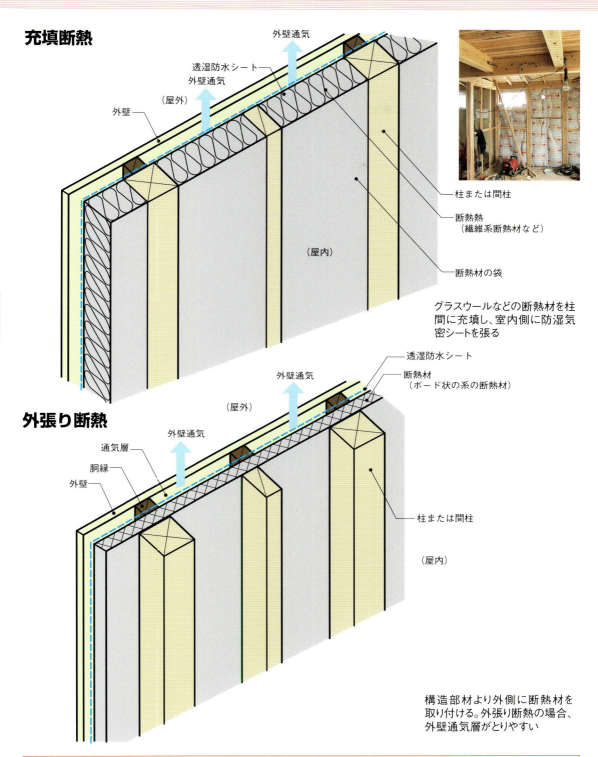

充填断熱

064

充填断熱の入れ方

充填断熱は内断熱ともいわれることがあるが、正確には充填断熱といい、木造住宅で最も多く採用されている断熱方式である。外張り断熱と比べてコストがかからないことも大きく影響している。

充填断熱の断熱材は、袋入りのグラスウールが多く使われている。ただし、グラスウールとほぼ同じ性能をもつロックウールを使うこともある。ロックウールも袋入りのものが一般的だ。

袋入りグラスウールやロックウールは、一面が防湿面としてつくられている。その防湿面を室内側にして、柱間に隙間なく断熱材を充填する。断熱材を柱・間柱の表面と面一にするとよい。くれぐれも、押し付けて設置しないように注意が必要である。空間があいてしまうと、そこで、結露が発生するおそれがあるためである。

また、断熱材を充填した後、防湿気密シートを室内側の壁下地の裏に取り付け、壁の中に湿気が入り込むのを防ぐこともある。高気密を確保するためには、ピンホールほどの隙間もないようにテープで継ぎ目を目張りするなど十分な配慮が必要である。

さらに、間仕切壁の土台上の隙間から床下の空気が上昇して行くのを防ぐため、**気流止め**として、断熱材でふさぐ必要がある。

ボード状の断熱材を充填する場合でも、隙間無く入れる。

吸放出性の高い断熱材にも注目

ウールの断熱材は、湿度の高いときに水蒸気を吸い込み、乾燥すると放出する。吸放出性が高い素材である。ウール断熱材を充填して壁全体の吸放出性を高くすることで、防湿層をつくらずに結露を防ぐことができる。素材の特性をうまく生かした断熱設計といえる。

用語解説

気流止め
（きりゅうどめ）

冬季に暖められた空気が上昇し排出されることにより、床下から水蒸気を含んだ冷たい空気が上昇し、壁体内に入り込まないうようにすることをいう。壁体内が空洞である大壁工法に必要な措置

充填断熱工法

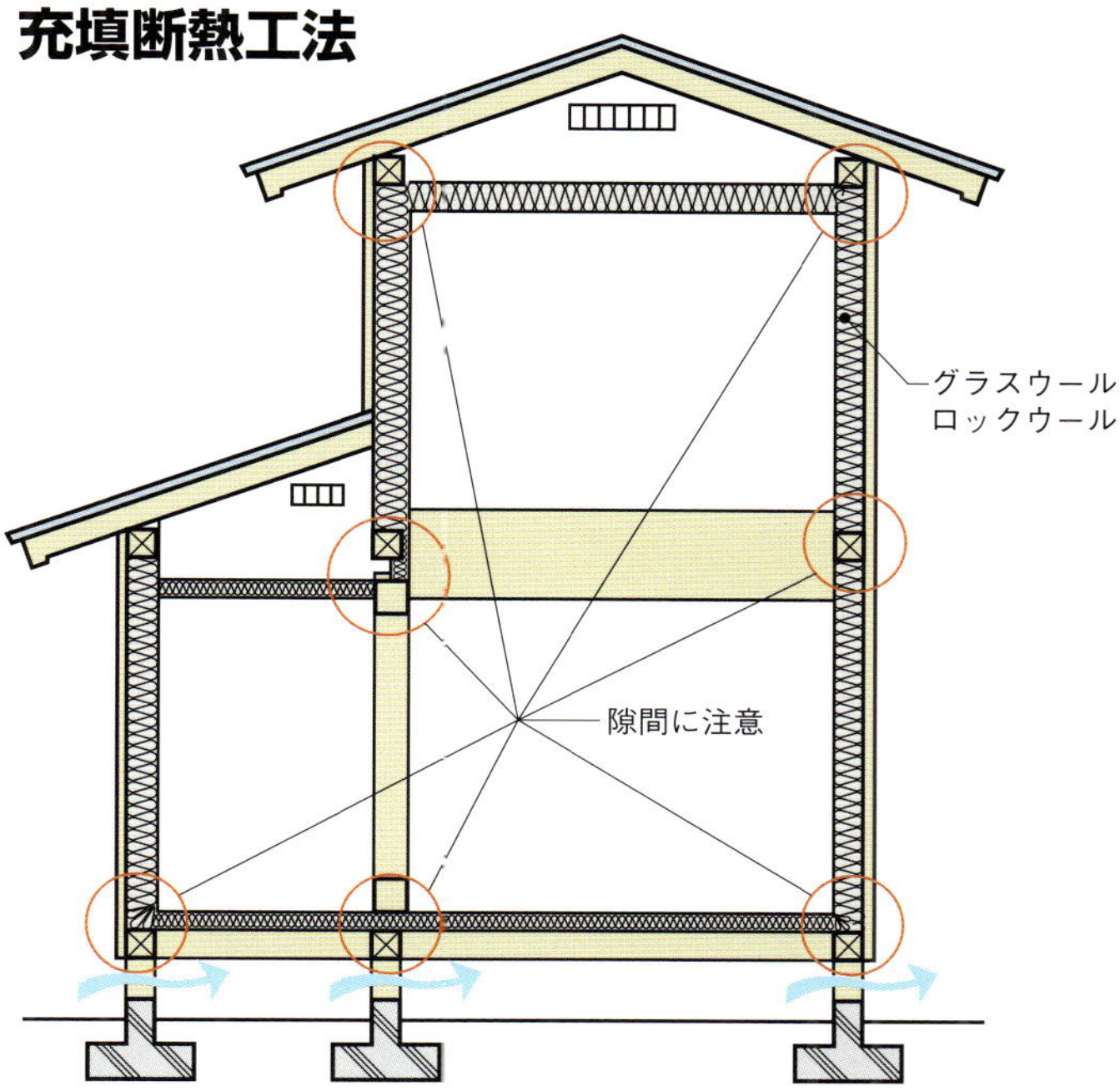

充填断熱工法の断熱材

グラスウール

ガラスを繊維状にしたもの。燃えにくく、シロアリがつきにくい。コストも低く、充填断熱の代表的な材料といえる。吸音性や耐火性などにも優れる。ただし、結露対策として防湿施工が必要

ロックウール

玄武岩などを繊維状にしたもの。性能やコスト、施工性はグラスウールとほぼ同じ

セルロースファイバー

新聞古紙を原料とした断熱材で壁の中に吹き込む。吸放湿性があるため条件によって気密施工しなくてもよいとされている

羊毛（ウール）

羊毛を原料とした断熱材で断熱性能が高い。調湿性能に優れるため、条件によって防湿施工しなくてもよいとされている

充填断熱工法の施工ポイント

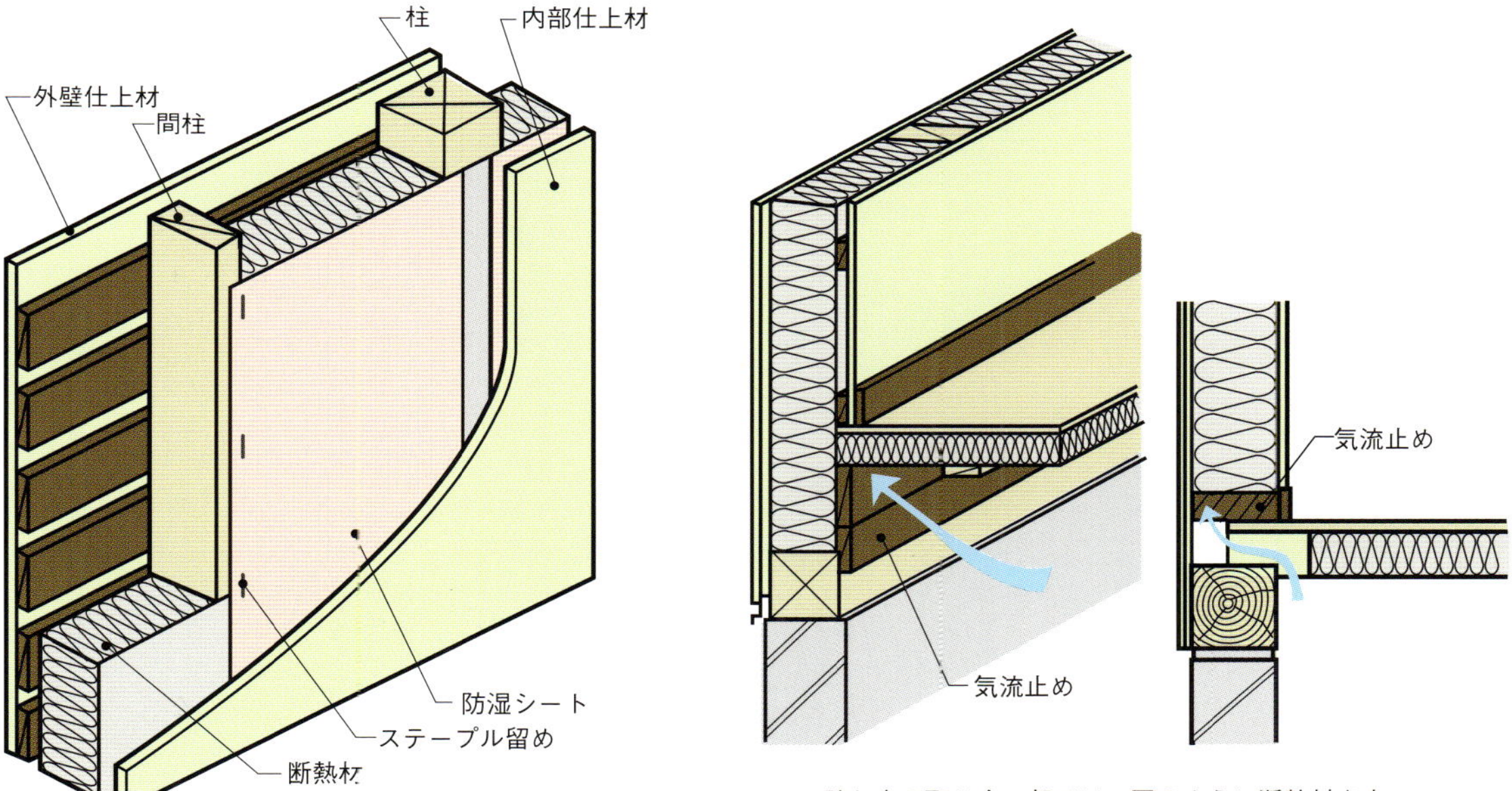

防湿層は室内側に設ける。室内側に隙間をつくらないように注意する。防湿は、防湿気密シートを張る。または、断熱材の袋に耳が付いているものは、耳部分を柱や間柱にステープルで留める。施工中に防湿層が破れた場合、アルミテープなどで補修する

壁と床の取り合い部では、図のように断熱材を土台まで下げ、通気止めとなる部材を打ち付けることで、床下の湿気や冷たい空気が流入するような隙間を遮断することが大事

Point 充填断熱は断熱材を柱間に隙間なく入れる。少しでも隙間ができてしまうと壁内結露につながる

外張り断熱

065

外張り断熱の納まり

最近、木造住宅の外張り断熱が注目されている。柱や梁などの構造躯体よりも外側に断熱材を張り、構造を含め、家全体を断熱材で包むという発想である。屋根裏や床下も含め、断熱材より内側が熱的には室内となる。

断熱材を切れ目なく入れることができるため、断熱性能を確保しやすいのと、構造躯体の腐食などを招く、壁内結露を防ぐことができるのが、外張り断熱の大きなメリットである。

外張り断熱の施工は、まず柱や梁の外側にボード状の断熱材を取り付け、その外側に10～20㎜厚ほどの通気層を設け、外壁の下地をつくり、さらに仕上げを施す。断熱材の継ぎ目は気密テープで隙間をなくす。なお、断熱材は専用のビスで留め付ける。一般のビスを大量に打ち付けると、それが**熱橋**となり、結露が発生するおそれがあるからだ。

断熱材が一体になったサイディングやガルバリウム鋼板を使えば、外壁で熱を遮断してくれるので、より一層、外張り断熱が効果的になる。

充填断熱でも外壁に断熱性のあるALC板を張ると、外張り断熱に近い効果が得られる。また、壁内結露も抑えられる。

基礎断熱・屋根の外張り断熱

外張り断熱は基礎部分にも施し、基礎断熱とする手法がある。基礎立上りの外側に断熱材を張ってモルタルやボードで仕上げる。シロアリ対策や外側の断熱材保護の仕上げのコストを抑える目的で、基礎立上りの内側に断熱施工する方法もある。

また、コスト面で、外壁に外張り断熱ができなくても、屋根だけに外張り断熱を設けるだけでも夏の日差し対策に効果的である。

用語解説

熱橋
(ねっきょう)

建物内外で他の部分と比べて熱が通り抜けやすい場所のことをいう。大きな熱損失の原因になるだけではなく、冬に気温が下がると内部と温度差が生じ、熱橋の内側に結露が発生する。ヒートブリッジともいう

外張り断熱工法

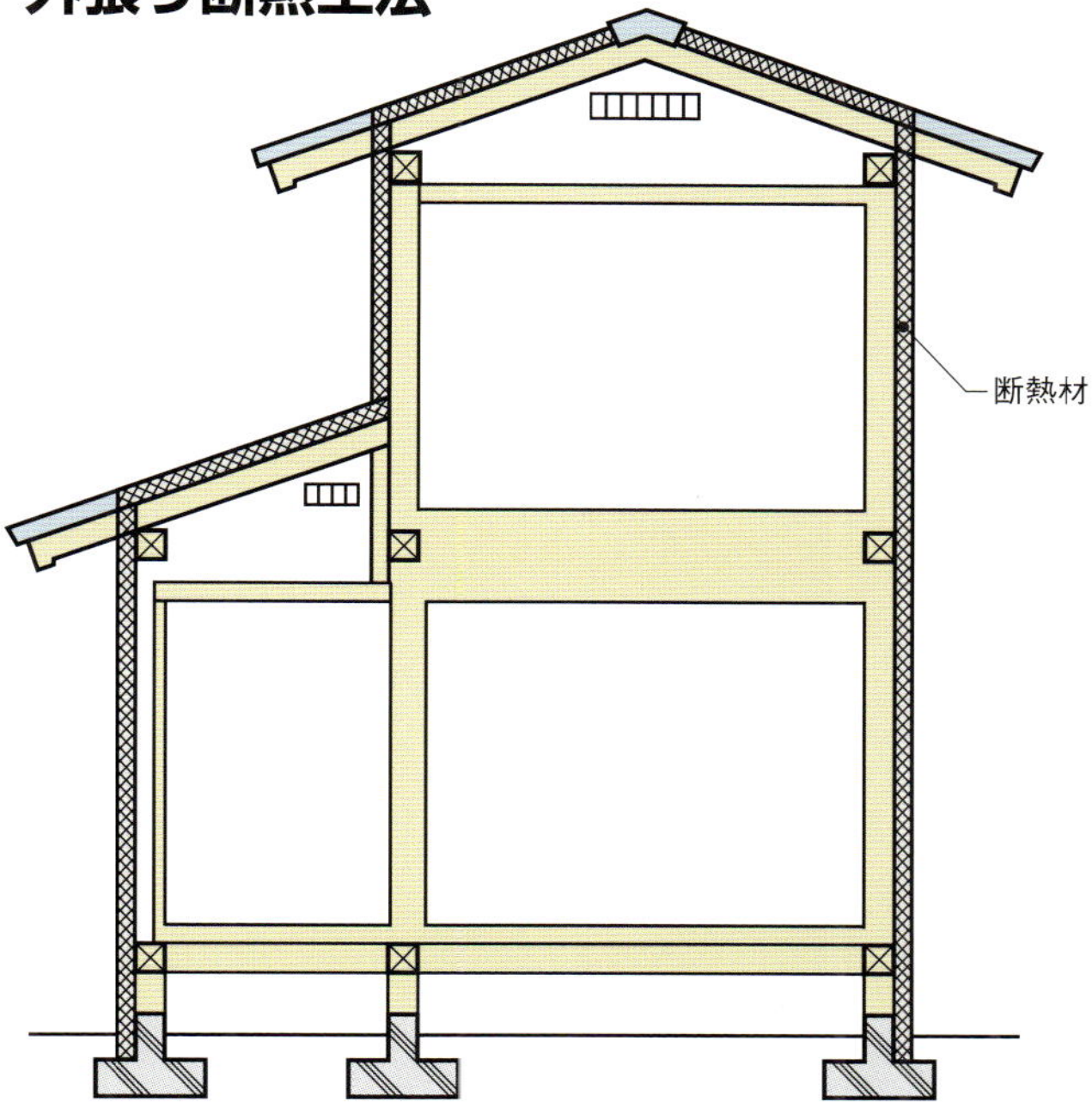

外張り断熱工法の注意点

押出し法ポリスチレンフォーム

ポリスチレンに発泡剤と難燃剤などを溶融混合し、押出し機で成形したもの

ビーズ法ポリスチレンフォーム

原料は押出し法ポリスチレンフォームと同じだが、断熱性能は若干劣る。耐水性があり、軽い

ウレタンフォーム

ポリウレタン樹脂が原料。押出し法よりも断熱性能が高い

ポリエチレンフォーム

ポリエチレン樹脂に発泡剤を混合。柔軟性が高く、充填断熱にも使用される

フェノールフォーム

フェノール樹脂を発泡させた断熱材。断熱性能が高い。また、防火性に優れている

外張り断熱工法の断熱材

外壁

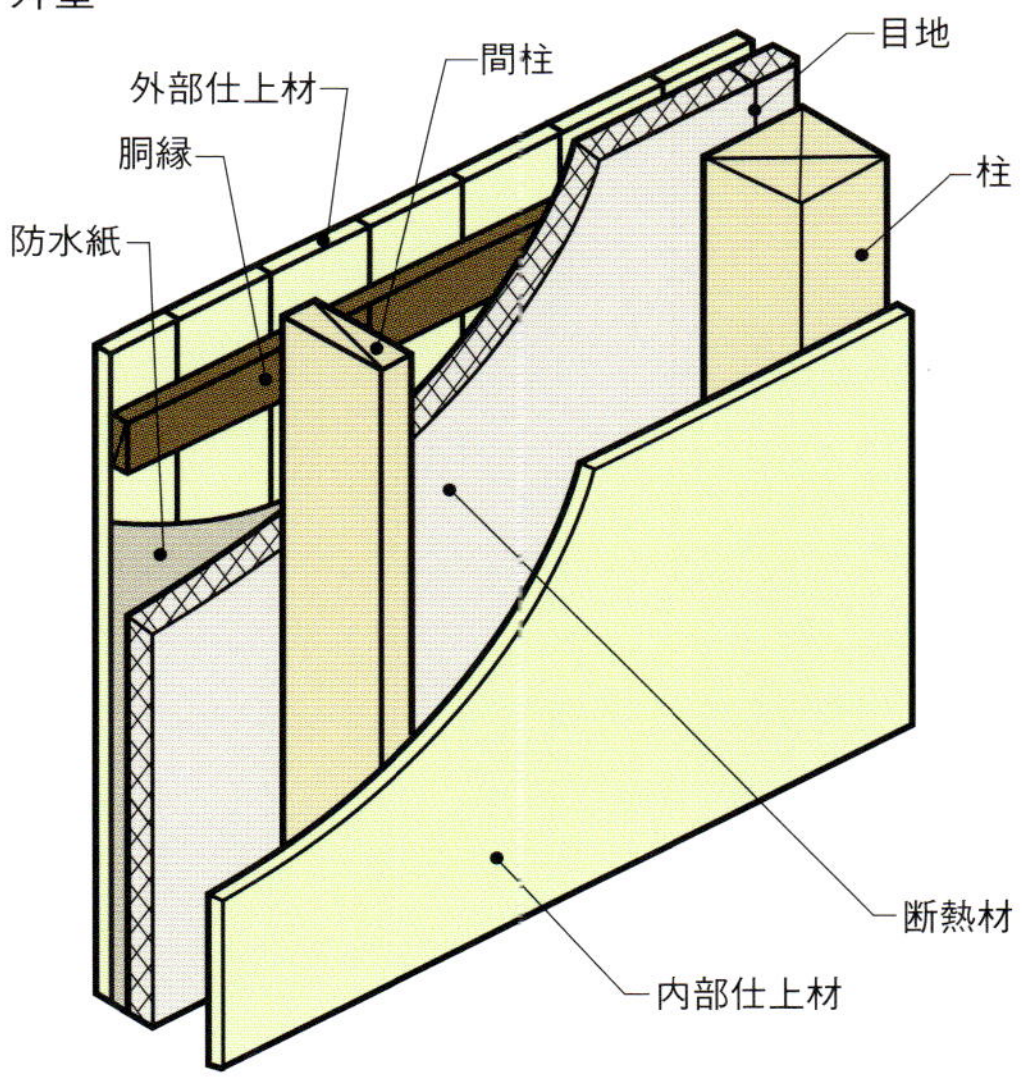

断熱材は柱・間柱に専用のビスで固定する。断熱材と断熱材の目地は柱や間柱の位置に設け、目地部分からの熱の損失を防ぐ

基礎

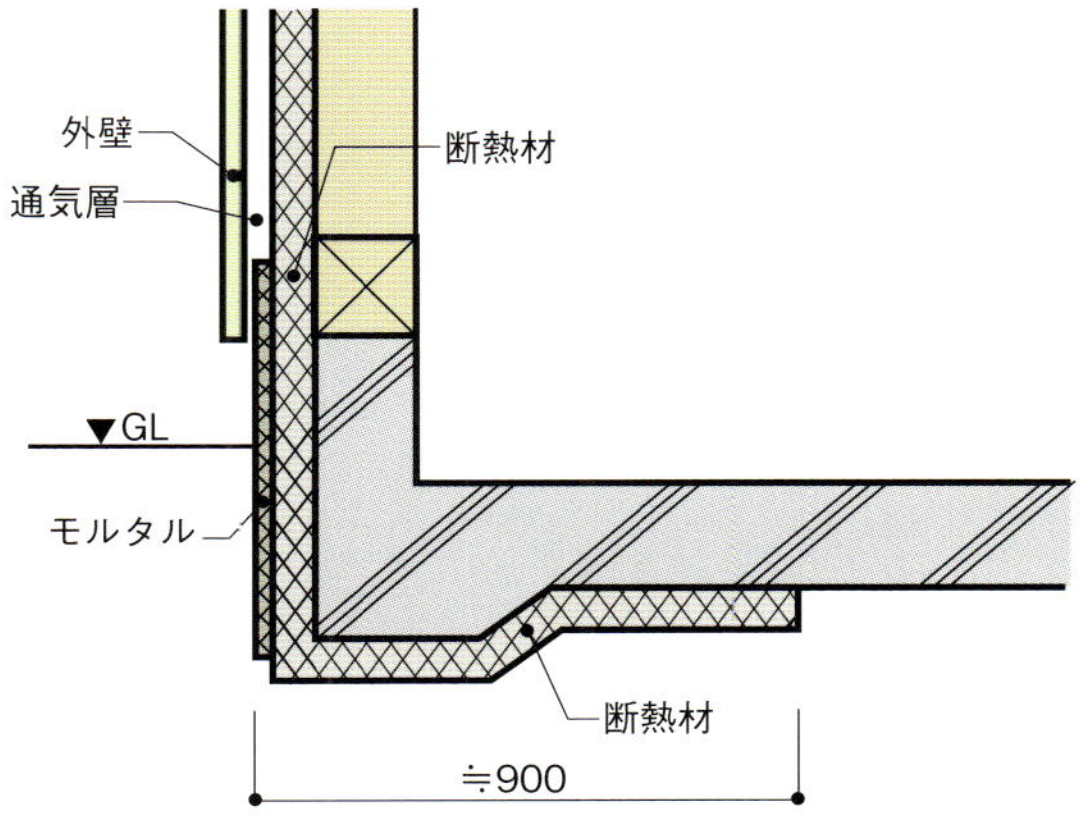

充填断熱の場合は床下断熱とするが、外張り断熱の場合は基礎部分にも断熱する。熱橋がなくなり、断熱性能が高くなる

Point 外張り断熱は壁内結露を防ぎやすい。ただし留め付けには専用のビスを使うこと

屋根断熱と排熱

066

大き目の棟換気口を

夏の木造住宅の2階が暑いのは当たり前と思われている。確かに、2階は夏の直射を受けるので暑くなりやすい。また、2階の天井の上に断熱材を入れるため、天井裏は高温になりやすい。小屋裏の熱が外へ出にくく、夜まで残っているため、夜になっても室温が下がらないのである。

小屋裏の熱を出すためには、**棟換気口**が効果的である。通常の棟換気口は、雨仕舞のこともあり、開口部が小さいものが多く、設置個所も少なすぎることが多い。しかし、小屋裏の熱気対策には、なるべく大き目の換気口を数多く設置する必要がある。片流れの屋根は、大き目の換気口をつくりやすく、軒先の全長に渡って設置できる。切妻の屋根でも、片側の屋根を少し伸ばすことで、片流れと同じ納まりの換気口をつくることもできる。

空気は暖められることで上昇するので、上への空気の流れが確保できるようなつくりにすることがポイントである。日本の屋根は、棟換気口を設置することでかなりの省エネ効果が得られるはずである。

断熱材は屋根のすぐ下に

屋根からの排熱のためには、屋根のすぐ下に通気層を設け、その下に断熱材を入れて熱気がすぐに排出できるようなつくりとする。これを屋根断熱という。断熱材を屋根のすぐ下に入れることで、小屋裏をつくる必要がなくなり、天井面を張る必要もなくなる。天井を高くして、船底天井にしたり、ロフトをつくって収納スペースとして活用することも可能になり、空間を有効利用することにつながる。予算上、外張り断熱を壁面も含めてできない場合でも、夏の暑さ対策として屋根断熱とするのは、極めて効果的である。

用語解説

棟換気口
(むねかんきこう)

屋根の最も高い位置である棟に設ける換気口。暖められた空気は上昇する性質であることを生かし、軒先から新鮮な空気を取り入れ、棟で排熱する。ただし、雨仕舞に注意が必要である

屋根裏に熱が溜まる

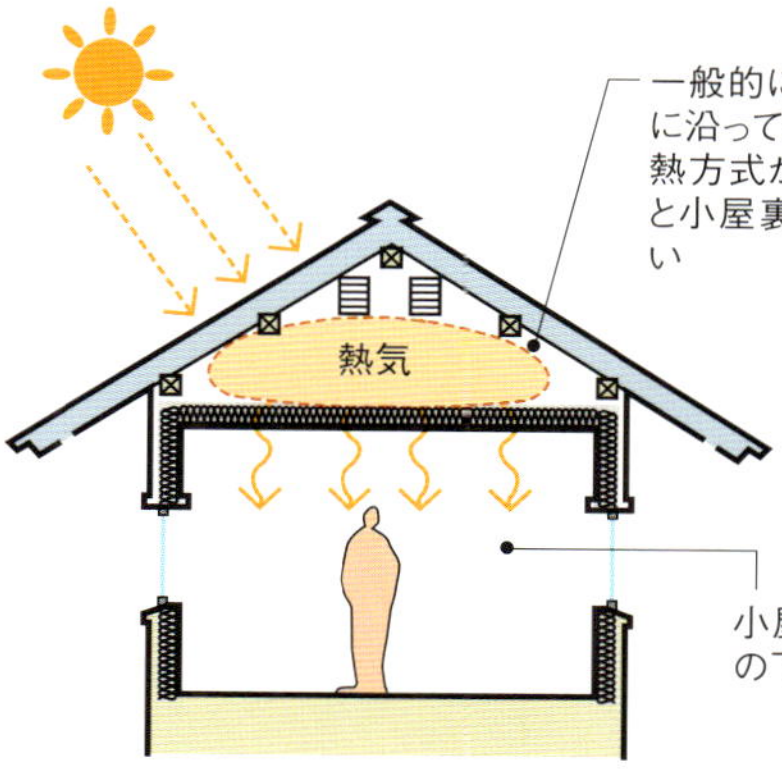
一般的には図のように天井裏に沿って断熱材を敷く、充填断熱方式が多いが、この方法だと小屋裏に熱気がこもりやすい
小屋裏に溜まった熱気は、その下の居室を暖めてしまう

屋根は、まずは雨や風をしのぐためにあるものだが、寒暖の影響を受けやすい部位であるため、外壁同様に断熱性も求められる。また、日本は高温多湿な気候であるため、屋根裏の換気を行わないと、熱気が屋根裏に溜まり、夏場の室内の温度に影響を及ぼすうえ、屋根裏の構造部材を傷めてしまう。そこで、屋根裏の換気が必要になってくる。高気密・高断熱の住宅では、排熱や換気はより重要になってくる

屋根の断熱と排熱をする方法

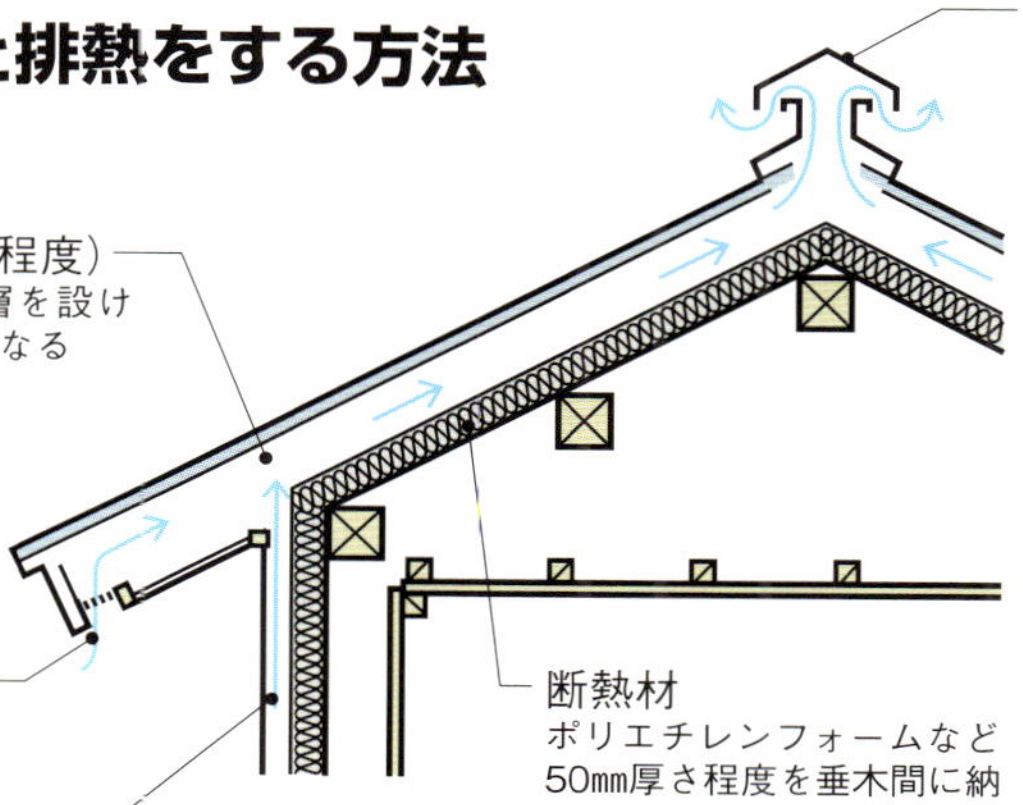
棟換気口
屋根の最も高い位置に取り付け、小屋裏にこもった熱を排出する
屋根の通気（30mm程度）
屋根のすぐ下に通気層を設けることで排熱しやすくなる
通気口
新鮮な空気を取り入れる
ポリエチレンフォームなど50mm厚さ程度を垂木間に納める。この方式は外張り断熱
外壁通気層
壁体内結露を防ぐために外壁材と躯体の間に通気層を設ける

軒裏の通気口から取り入れた空気は、日射で暖められて上昇し、屋根通気層を通って棟換気口から排出される。また、ここでは、屋根のすぐ下に断熱材を張ることで、屋根からの熱を遮断し、小屋裏に熱を溜めないようにしている。これは外張り断熱方式である。充填断熱方式の場合は、天井裏に断熱材を敷く天井断熱と、垂木間に断熱材を充填していく屋根断熱がある

片流れ屋根の場合

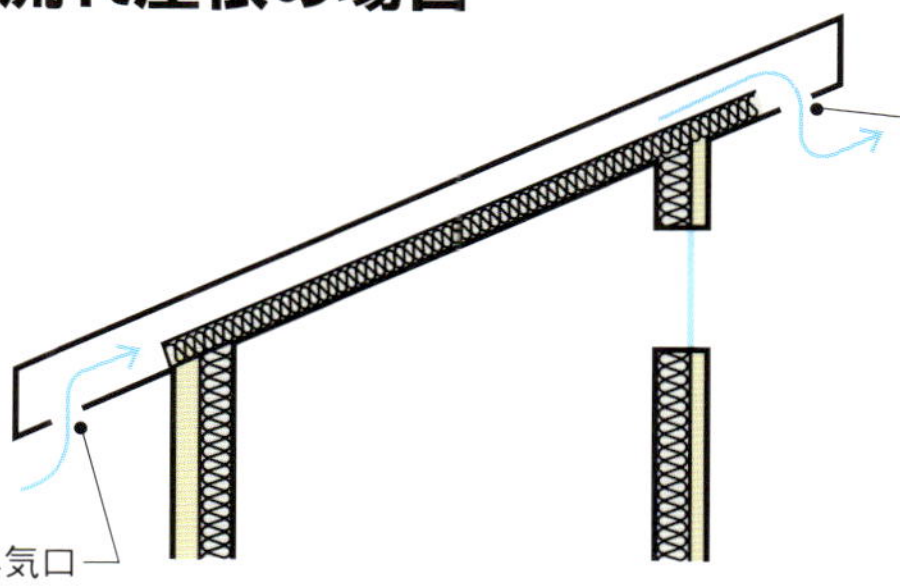
換気口
換気口

片流れ屋根は形状がシンプルなため、屋根断熱や排熱がしやすいといえる。換気口を軒先の長さ全体に取り付けることができるため、十分な換気口をとることができる

屋根の通気層

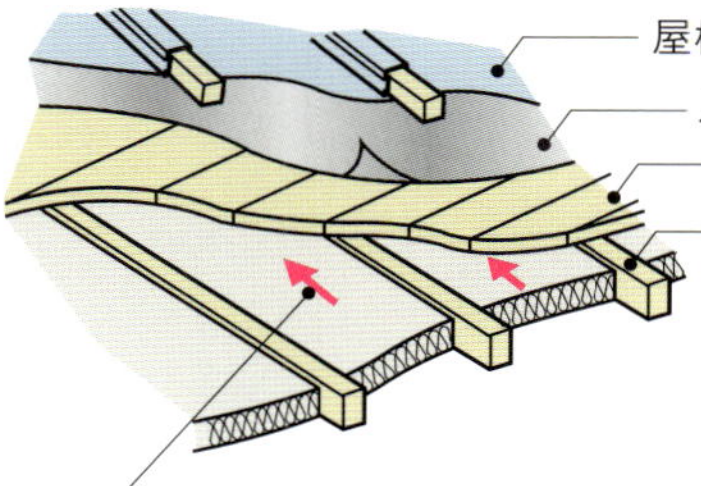
屋根材
ルーフィング
野地板
垂木
排熱
熱が通気層の中で上昇し、棟換気口へ向かっている

Point 夏の日射対策には、屋根断熱と大き目の棟換気口が効果的

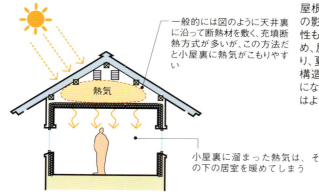

認定低炭素建築物制度でエコな住まい

平成24年12月に低炭素住宅（建築物）の認定制度がスタートした。低炭素住宅とは、地球温暖化の大きな要因とされる「温室効果ガス」の中でも大きな割合を占める二酸化炭素（CO_2）の排出を抑える配慮がなされたものであるといえる。

低炭素住宅の認定を受けるための条件

認定を受けるためには、次の要件を満たすことが必要である。

1．市街化区域内に建つ建築物であること

2．暖冷房や換気、給湯、家電などの1次エネルギー消費量が改正後の低炭素の基準からマイナス10%以上となること（集合住宅の場合は、住戸ごとに認定を受ける場合は、各住戸がこの基準を満たしていること、建物全体で認定を受ける場合には建物全体（各住戸の合計と共用部分、非住宅部分の合計）で基準を満たしていること）

なお、省エネルギー法の省エネルギーと同等以上の断熱性能を確保することも要件とされている

3．外皮（建物の骨格をなす、梁、柱、耐力壁、床などの躯体）の断熱性や気密性などの熱性能が改正後の省エネ基準レベルを満たしていること

4．上記3点の基準では満たされない、一定以上の低炭素化に資する措置等を講じていること

次の8項目のうち、2件以上の措置を講じている、または、標準的な住宅よりも低炭素化につながるものと認められたもの

①節水機器の設置（節水型のトイレなど）
②雨水や雑排水を利用できる設備の設置
③HEMS、BEMSの採用
④再生可能エネルギーと連動した定置型の蓄電池の設置
⑤屋上や壁面、敷地などの積極的な緑化を進めることによるヒートアイランドへの対策
⑥床下、小屋裏の換気や防湿、防蟻などの住宅の劣化対策
⑦木造の住宅あるいは建築物
⑧高炉セメント、フライアッシュセメント等の利用（副産物の有効利用により、普通ポルトランドセメント使用よりも低炭素化に資する）

低炭素化住宅の認定を受けると、住宅ローンの控除額の引き上げや登録免許税の引き下げなど多くのメリットがある。

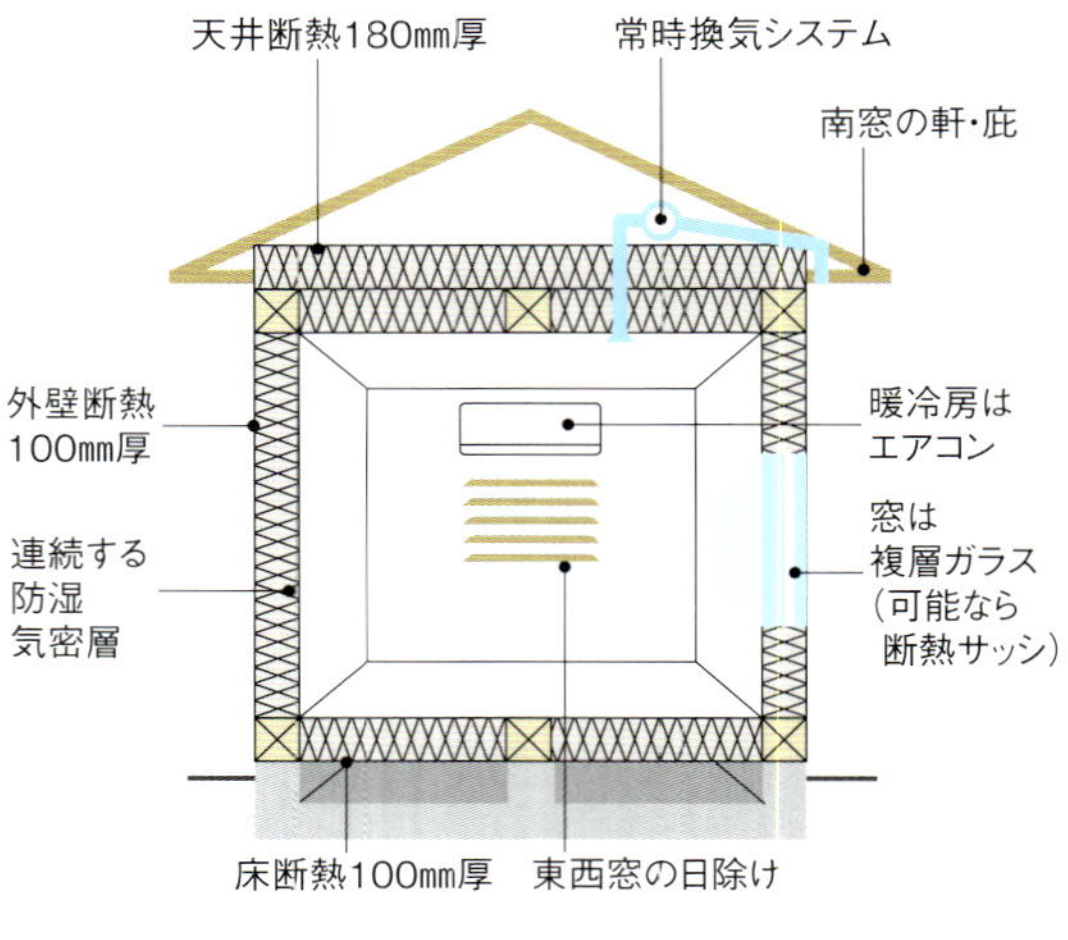

（資料提供／国土交通省）

第5章

内装と仕上げ

内装設計のポイント

067

シックハウス症候群対策

室内の仕上げは、住まい手の好みによりさまざまに傾向が分かれるだろう。しかし、直接肌に触れるものなので、ここでは安全性や機能性、調湿性、材質などについて、十分に配慮した内装設計について説明する。

床、壁、天井で言えば、空間のトータルなバランスで素材を決めていくことになるが、床は直接肌に触れるため、材質の選定でも、優先して検討し、次いで、目に触れやすい壁、天井の順になると考えてよいだろう。

建築基準法では、有害物質に対する使用制限を定めている。ホルムアルデヒドなどの揮発性有機化合物（VOC、VOC）などの放散量が、国の定めた基準以下である建材には、フォースターと言って、「F★★★★」というマークが付けられている。やはり最高レベルのものを使うべきである。自然素材は、規制対象外となっている。

しかしながら、アレルギーや有害化学物質に反応しやすい人には、たとえF★★★★でも必ず安全であるとはいえない。そのような場合は、竣工後に、しばらく時間を置くことが効果的である。また、なるべく自然素材を使うこともよいだろう。

自然素材を生かした内装計画

自然素材はコストアップになることと、ムクの木の収縮などがクレームになるという理由で、必ずしも多く使われてはいない。しかし、節があってよければ、木は安く使える。また、漆喰は部分的な補修はあっても、メンテナンスフリーと言ってもよいだろう。和紙を壁に張っても、かなり長持ちする。ムク材は傷がつくものの、時間の経過により、味わいを増す。そうした味わいをうまくデザインに生かした内装設計をするとよいだろう。

用語解説

シックハウス症候群（しっくはうすしょうこうぐん）

新築の住居などで建材や家具に使われた接着剤や塗料などに含まれる有機溶剤から発散される揮発性有機化合物（VOC）が原因となって引き起こす、倦怠感・めまいなどの症状があらわれる体調不良の呼称

住まい手の健康に配慮した内装設計

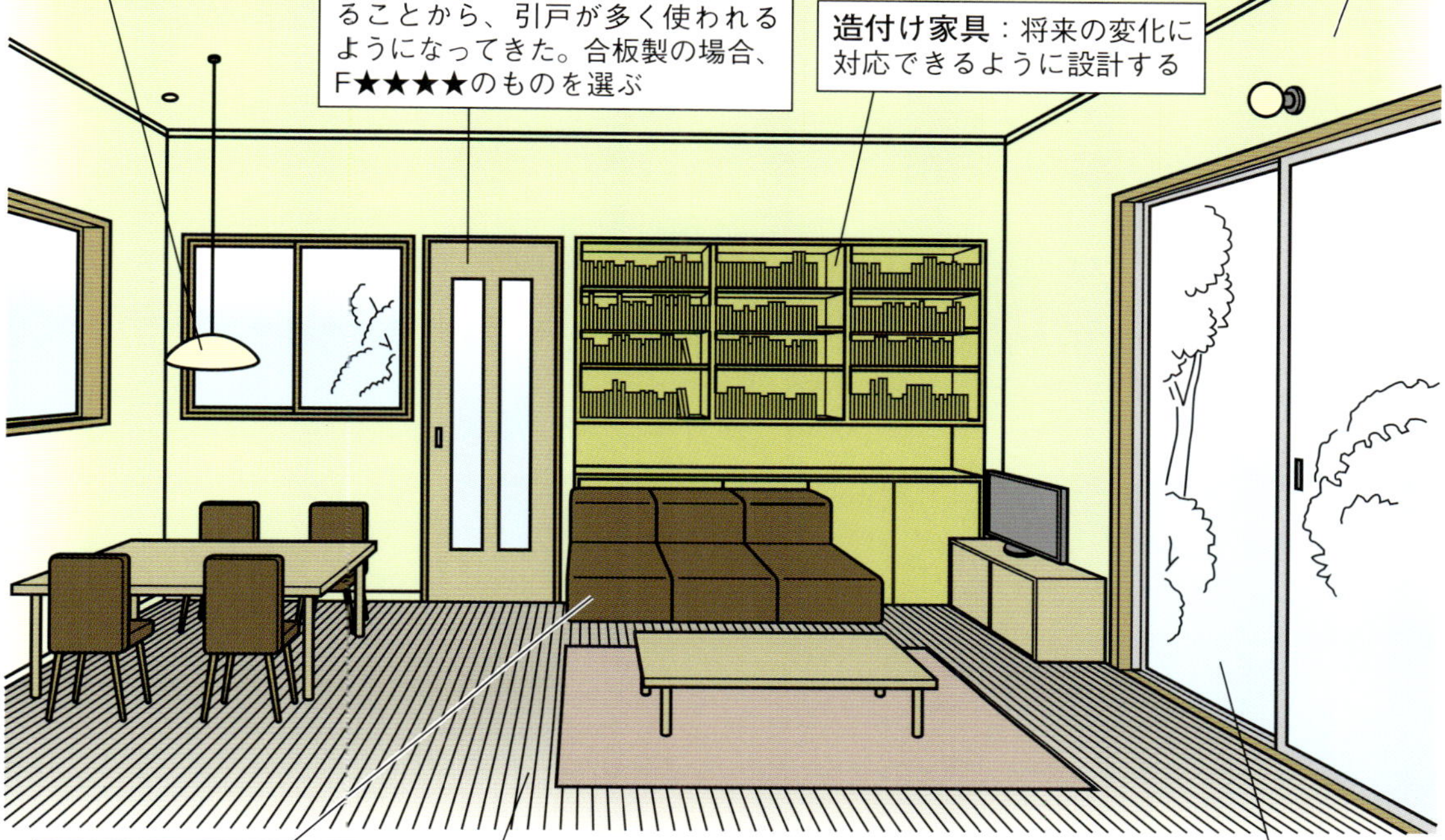

シックハウス症候群対策のためのルール（建築基準法）

1：使用物質の規制（令20条の5）	
①	クロルピリホス（シロアリ駆除剤）の使用禁止（令20条の6）
②	ホルムアルデヒドの放散量による使用禁止（令20条の7） ・夏季におけるホルムアルデヒド放散量が0.005mg／㎡・h以下の場合、F★★★★ ・F★★★★の材料を使う場合には使用制限なし ・F★★★、F★★の材料を使う場合には面積制限などの使用制限あり ・自然素材は使用制限なし
2：機械換気設備の設置義務付け（令20条の8第1号、平15国交告274号）	

Point 有害化学物質を放散しない材料を選び、竣工からしばらく時間を置くことも大切

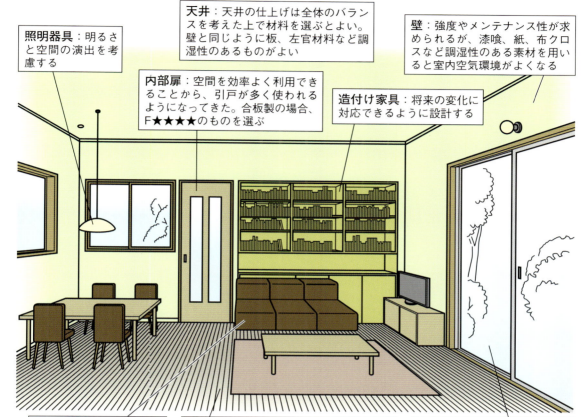

壁下地

068

大壁下地と真壁下地

壁には、洋間に使われ柱を見せない大壁と、主に和室に使われ柱を見せる真壁がある。仕上材はクロスや左官、塗装などで、それぞれの仕上げに対応した下地づくりをする必要がある。

大壁は、柱と間柱の上に、石膏ボードを張って、一般的にはクロスや塗装仕上げとする。最近では、大壁下地に左官仕上げをすることもある。柱や間柱の変形に対する逃げをつくるために、柱と直角方向に横胴縁を入れて、その上から石膏ボードを張ることもある。

和室の壁は真壁でつくられる。**貫**を水平に入れ、その上に下地の石膏ボードを張る。柱を貫通する通し貫が、構造的にも強度を高める効果を発揮する。また、真壁でも間柱を下地とする場合もある。

現代は和室であっても、大壁にしたり、洋間を真壁にすることもあるので、空間のデザインに合わせて下地づくりを選べばよいだろう。

幅木の納まりやその他注意点

床と壁の交わる部分に幅木という部材を入れる。幅木は、壁の傷みを防ぐためと、床が下がったときに隙間が生じるが、その逃げにもなっている。

和室は、幅木ではなく、畳寄せという部材を畳の床と同じ高さに入れる。

壁が出っ張っているコーナーを出隅、内側のコーナー部分を入隅という。特に、出隅は傷みやすいので、クロスや左官仕上げの際に、下地に樹脂や木製のコーナービートで補強するとよいだろう。

また、吊戸棚やエアコンを設置するとき、壁下地に構造用合板を張り、補強することが大事である。合板の上に左官仕上げをする場合は、アク止めをしっかりするか、構造用合板の上に石膏ボードを張ることもある。

用語解説

貫（ぬき）

柱を露出する真壁工法を構成する部材の1つ。一般的には、土台と平行に、柱と柱の間を貫くように通す。そのうえに、壁下地の面材を受けるための胴縁を組み、仕上げを施す

大壁下地と真壁下地の違い

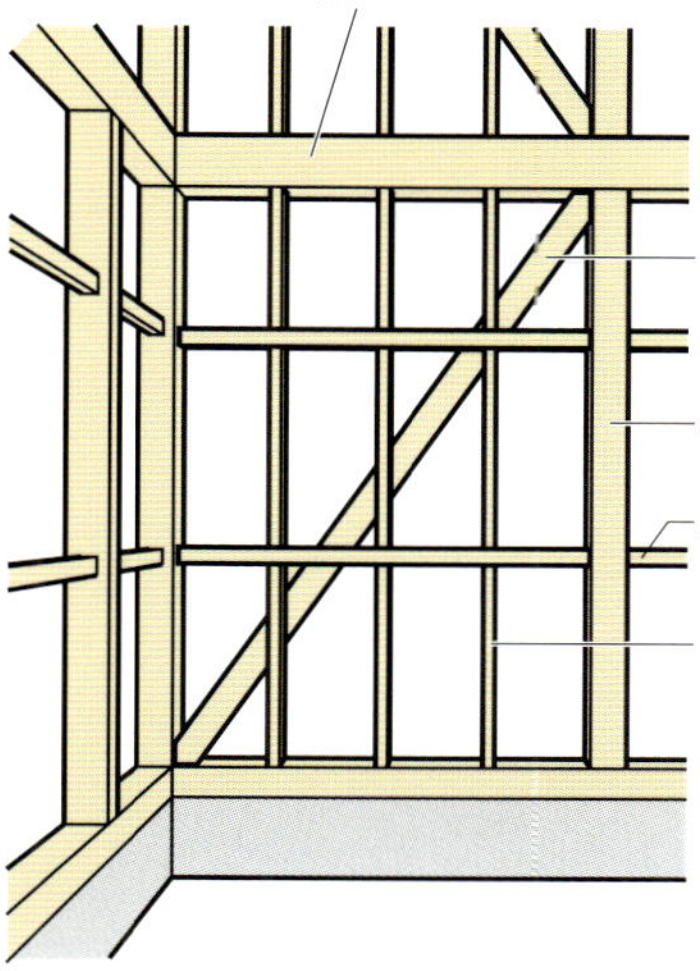

壁下地に間柱を入れる

大壁下地の例

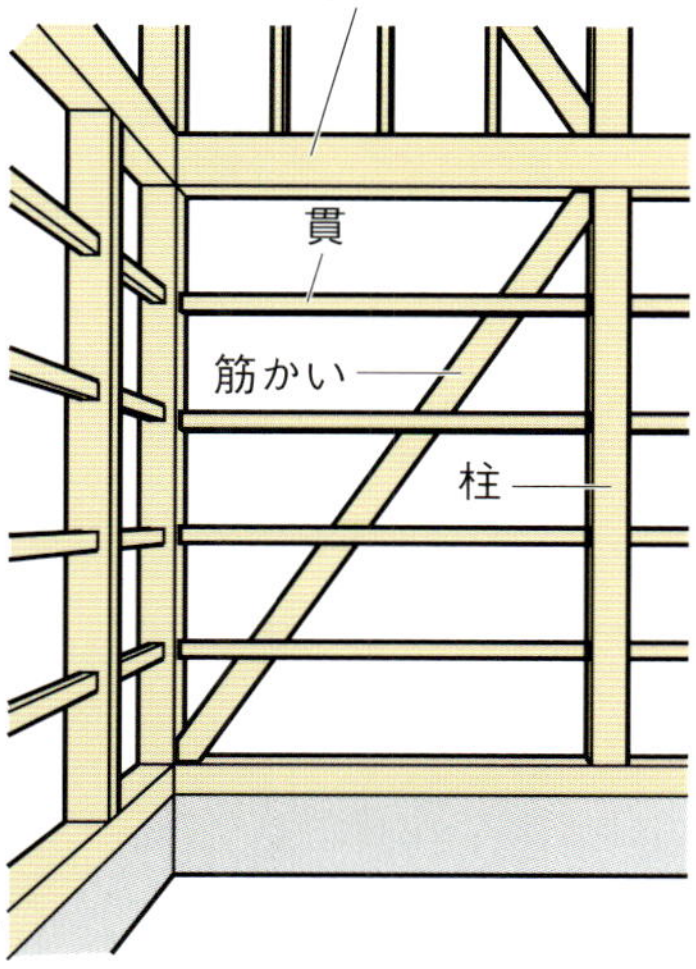

壁下地に貫を入れる。断面の小さい間柱を入れることもある

幅木のつくり方

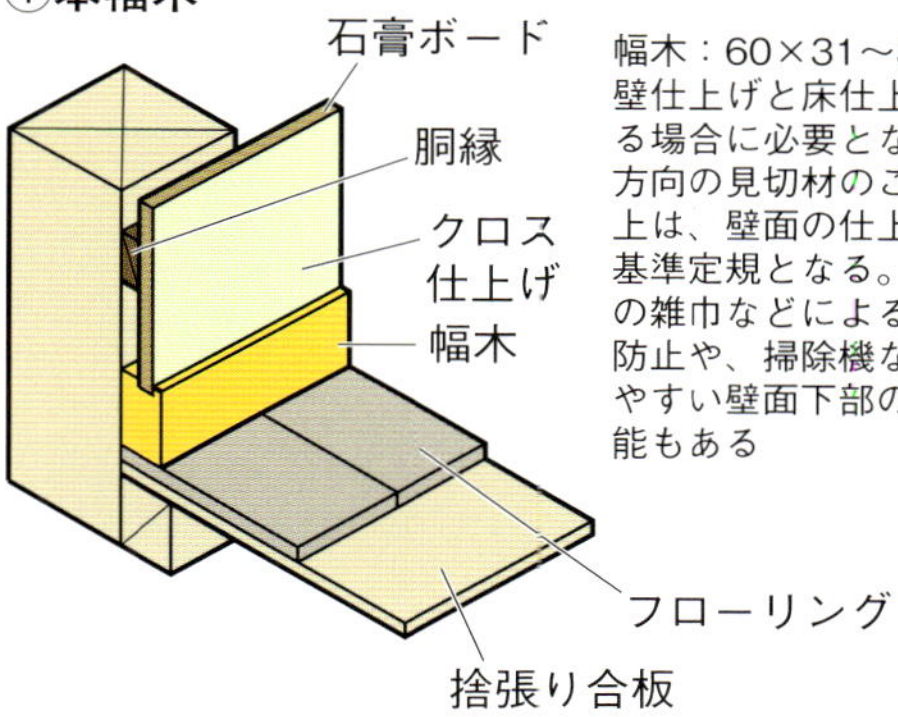

幅木：60×31～34
壁仕上げと床仕上げが異なる場合に必要となる、水平方向の見切材のこと。施工上は、壁面の仕上がり面の基準定規となる。掃除の際の雑巾などによる汚れ付着防止や、掃除機などで傷みやすい壁面下部の保護の機能もある

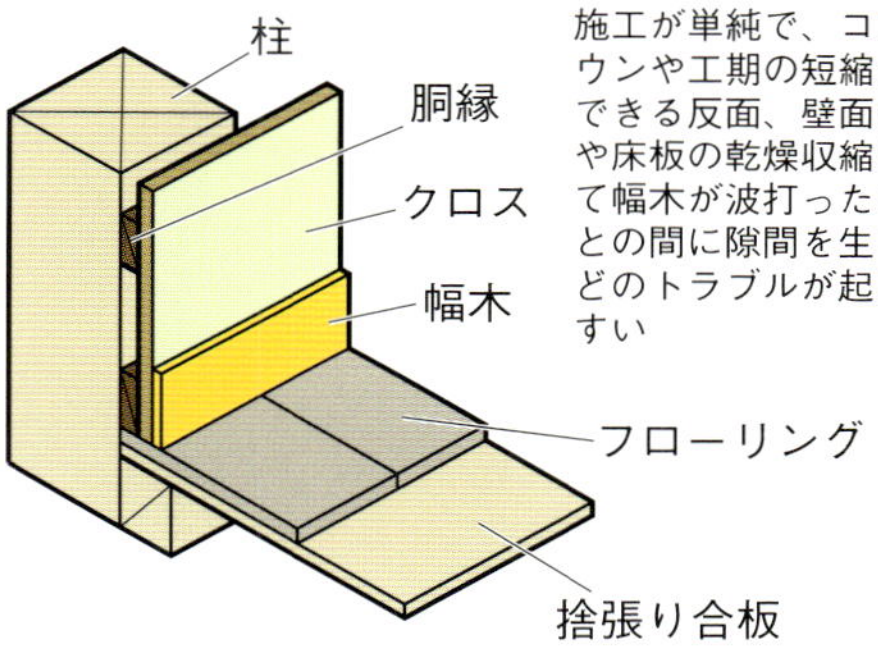

施工が単純で、コストダウンや工期の短縮が期待できる反面、壁面の反りや床板の乾燥収縮によって幅木が波打ったり、床との間に隙間を生じるなどのトラブルが起こりやすい

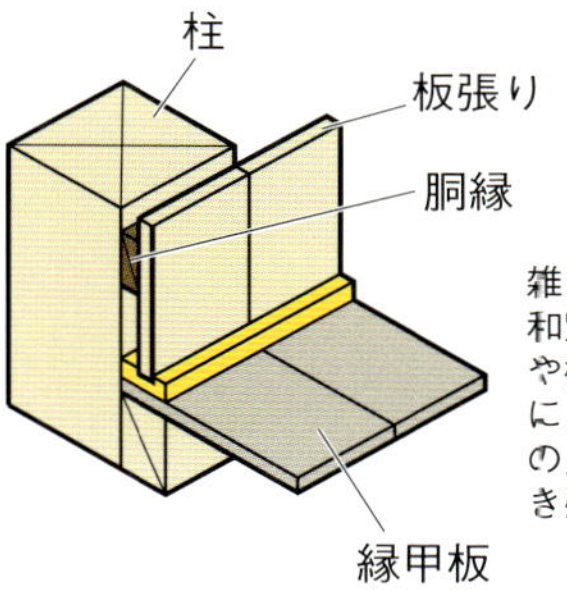

雑巾摺：ヒノキ35×15
和室の床の間や押入、地板や棚板が壁と取り合う場合に用いる、せい10mm程度の見切材の一種。掃除のとき壁面が汚れることを防ぐ

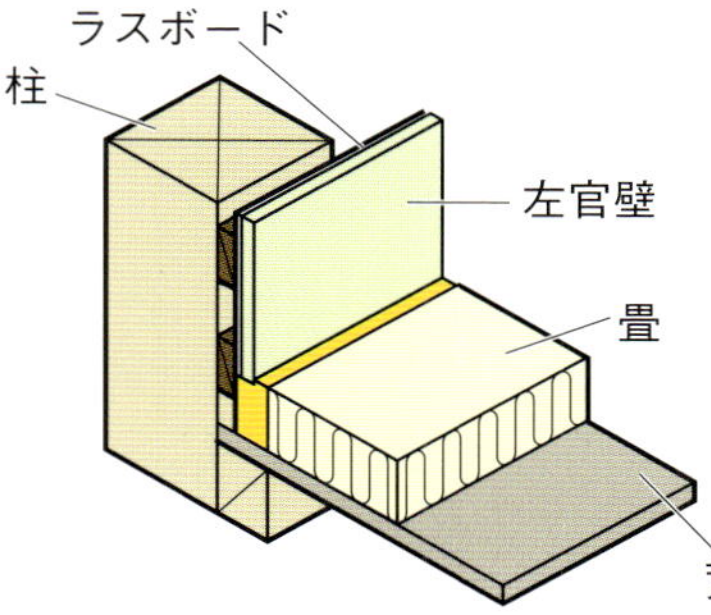

畳寄せ：ヒノキ55×35
畳と壁と柱との３カ所の部材に取り合っている見切材のこと。和室に畳を敷く場合は化粧面と壁面にチリをとるため、チリ寸法差を埋める部材が必要になる。通常は畳面と畳寄せ天端が揃っている

Point
壁下地には大壁と真壁の2種類がある。一般的には洋間は大壁、和風は真壁の下地でつくる

クロス・板張りの壁

069

クロス仕上げのポイント

現在、新築の住宅において、壁の仕上げのほとんどがビニルクロスだと思われる。見た目は、布や左官仕上げなどさまざまな素材のテクスチュアをつけてつくられている。種類も方法で、価格帯も広い。ただし、呼吸する素材とはいえないため、調湿効果は期待できない。最近では、調湿効果をもつクロスや紙クロスや布クロスも使われるようになった。非塩ビの無機質壁紙もあり、住まい手の健康への配慮がなされたものが出ている。

クロスの下地には、合板を使うこともあるが、ほとんどが石膏ボードである。耐震性を高めるなどの目的で、構造用合板を張った場合、その上にクロスを張ると合板の灰汁《あく》がクロスの表面に出てきてしまう。灰汁止め処理をするか、その上に、石膏ボードを張る必要がある。

石膏ボード下地にクロスを張る場合、石膏ボードの継目に網目状の寒冷紗《かんれいしゃ》テープを張り、ビスの頭を含め、パテ処理を施して仕上げ面を平らにする。

板張り仕上げ

木の表情を内装に生かした仕上げとして板張り仕上げがある。

室内に合板を張って仕上げる場合、ピーリングなど、壁面用の材料がある。

ムクの木材では、スギ、ヒノキ、ベイマツ、サワラ、タモ、パイン、ウエスタンレッドシダーなどを使う。

板を横方向に張る場合は、柱や間柱に直接打ち付けるが、縦張りの場合は、横胴縁を柱と間柱に直角に取り付けて下地とし、そのうえに板を張っていく。壁に使う板材、板と板を隙間なく繋げるために本実《ほんざね》加工したものを使うようにする。相決《あいじゃく》りの場合は、釘が見えてしまうため、化粧釘を使うなどの、対応が必要となる。

用語解説

非塩ビクロス（ひえんびくろす）

ポリ塩化ビニルを原料としないクロスの総称。ポリ塩化ビニルがダイオキシンを発生するといわれ、また、VOCを発生するため、クロスの原料の非塩ビ化が進んでいる。代替素材はオレフィンなどがある

クロス仕上げの壁

クロス仕上げは、内装のボード下地のジョイント部分や釘・ビスの頭にパテ処理をする。また、ボードの継目には補強のため、寒冷紗またはファイバーメッシュを伏せ込む

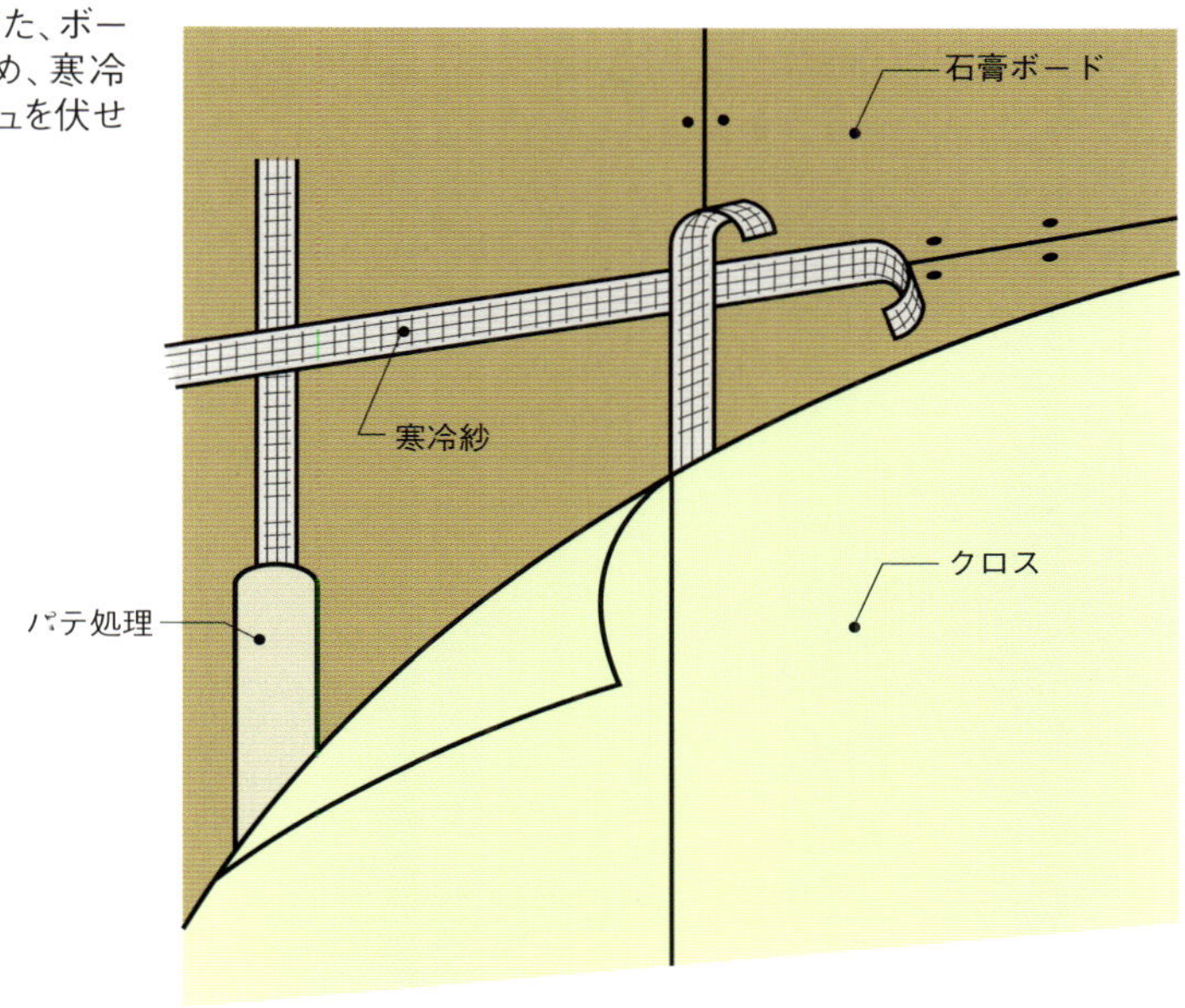

壁を板張りとするときの木板の張り方

合決《あいじゃく》り（目地あり）

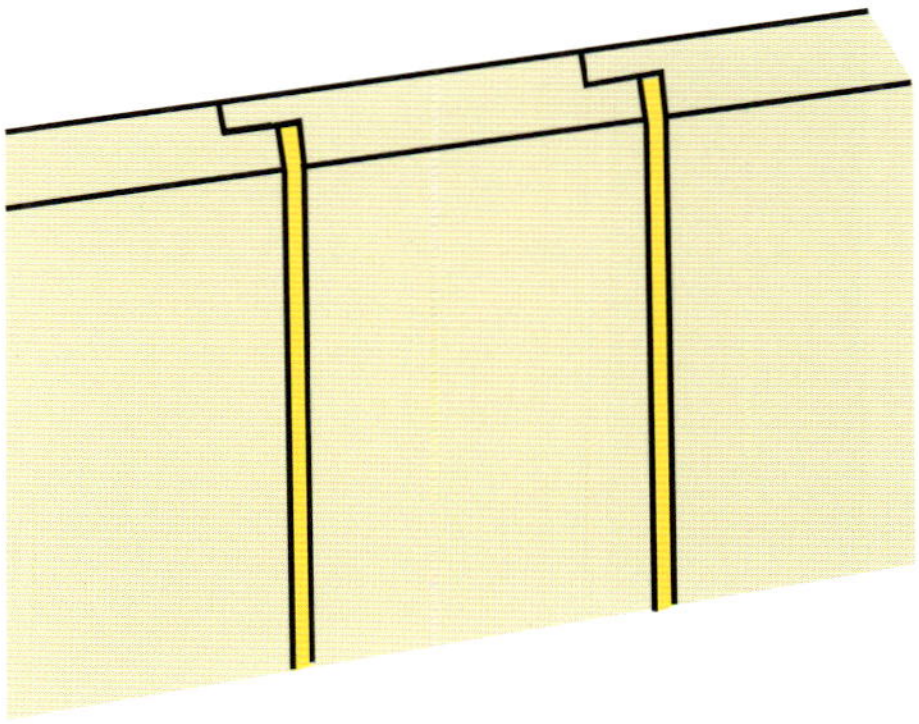

羽目板張りの1つ。板を加工して重ね代をとることで、板が乾燥収縮しても隙間ができない。壁に張るには目かすがい釘を使わない場合、釘が表に見えてしまうので、化粧釘を使う

本実《ほんざね》張り（目地なし）

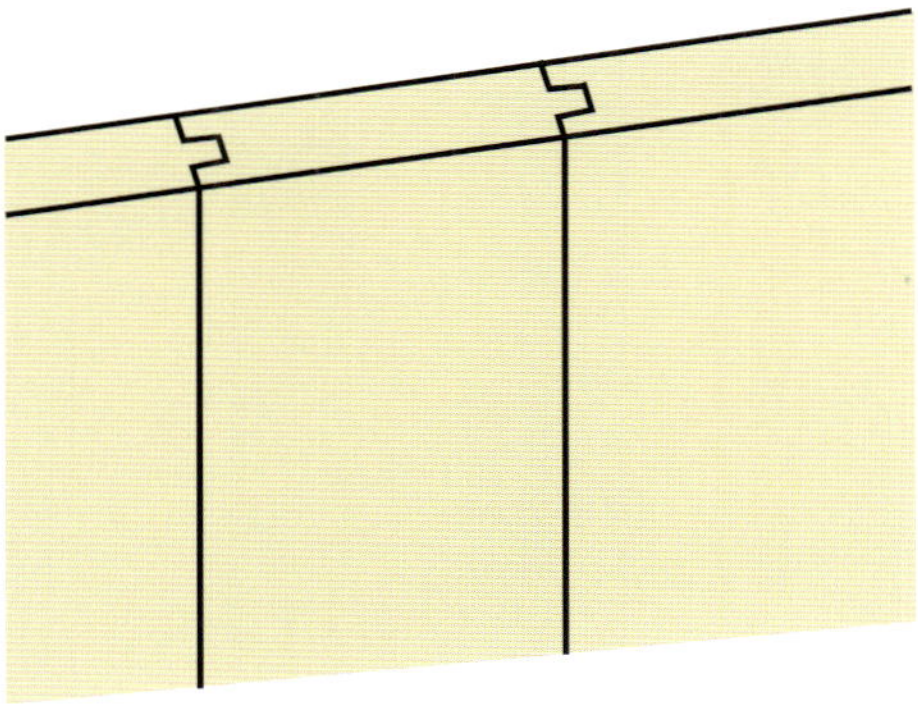

板の長手方向に雄実と雌実を加工してかみ合わせる。張り上げた面がそろい、突き付けのように見える。釘を実部分に隠し打つので表からは見えない

Point クロスは紙や非塩ビクロスを選びたい。板張りは内装すべてではなく一部に使うのがポイント

左官・塗装仕上げの壁

070

見直される左官仕上げ

最近、漆喰などの左官仕上げが見直されてきている。その質感とともに、調湿効果があることや、有害化学物質を出さないことも理由の1つである。

漆喰は石灰石を原料とし、国産の原料でも十分まかなえる。通常は、消石灰に砂、ひび割れ止めのためにスサとして麻の繊維などを入れ、接着力を増すためにツノマタなどの海草を入れ、水を入れて混ぜ合わせる。漆喰は、物理的な傷などがなければ、20年以上経ってもメンテナンスフリーである。クロスの張り替えを考えると、長期的にはメンテナンスのコストを抑えることができる。

珪藻土は、魚などを焼く七輪の素材で、最近かなり注目されている素材である。調湿効果に加え、耐火性能が非常に高く、防水性もある。しかしながら、珪藻土自体に接着性がないため、つなぎに石灰や接着剤を入れている。また、珪藻土の含有率が低い珪藻土塗り壁材もあるので、成分を確認した上で使用したほうがよいだろう。

塗装では、有機溶剤ではなく水性塗料が使われる傾向にある。自然素材のものや、石灰クリームという生石灰を塗装感覚で仕上げられる材料もある。

左官・塗装の下地づくり

左官仕上げの下地は、石膏ボードにたくさんの凹みを付けて左官の壁材が付着しやすくした石膏ラスボードを張って、その上に、下塗りや中塗りをした上に、漆喰などで仕上げる。

石膏ボードに直接仕上げる薄塗りの場合は、石膏ボードを張って、下塗りをして、その上に上塗りをして仕上げる。石膏ボードや石膏ラスボードの継目は**寒冷紗**テープなどで補強し、パテ処理をして、ヤスリをかけ、継目を平滑にし、目立たないようにする。

用語解説

寒冷紗
(かんれいしゃ)

寒冷紗とは、網目状の薄い布のこと。塗り壁のひび割れ防止対策として、下塗り材に伏せ込んだ上に、上塗り材を仕上げる。寒冷紗と同じようなものでガラス繊維でできたメッシュもつくられている

ラスボード下地（左官）

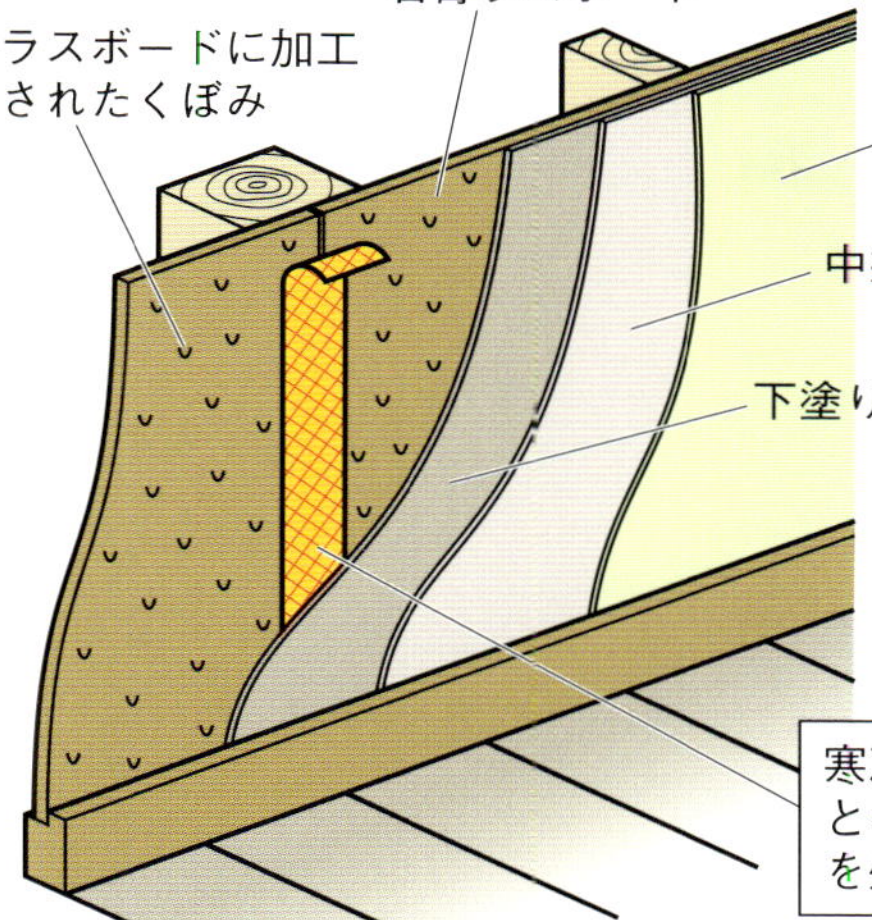

ラスボードとは型押し加工でボードの表面にくぼみを付けた石膏ボードのこと。石膏プラスター塗りの壁下地として用いられる。主に和室での使用が多い

土壁（左官）

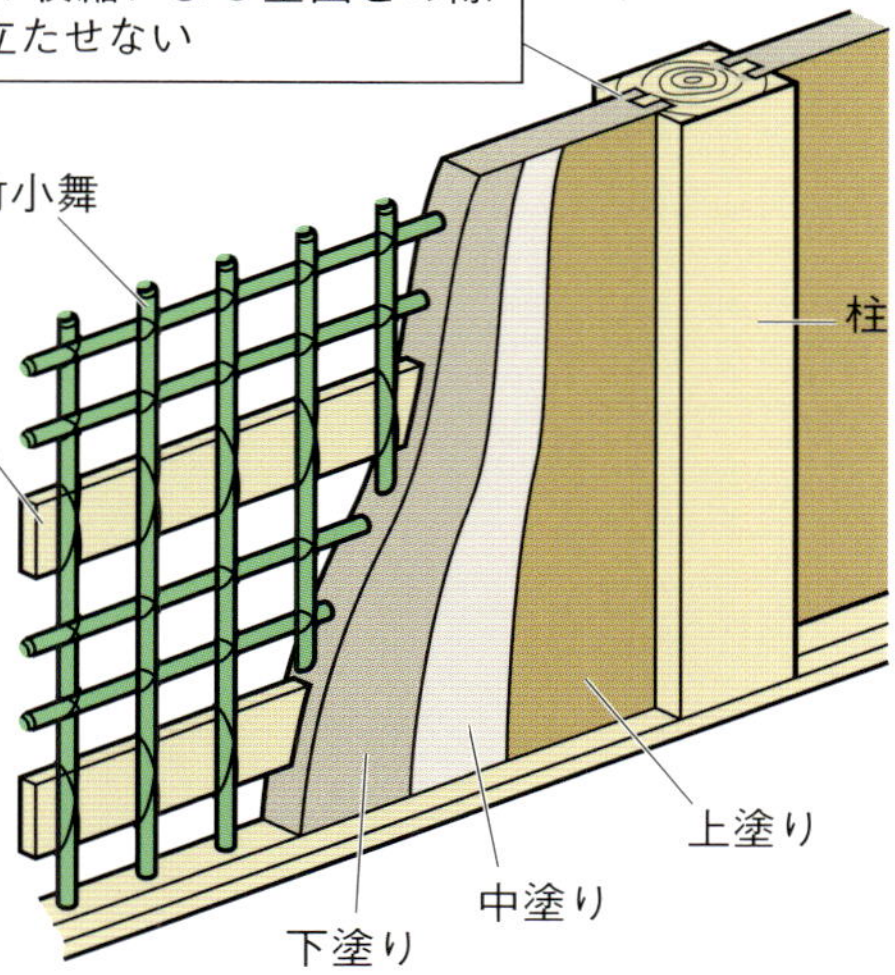

目透し張り（塗装）

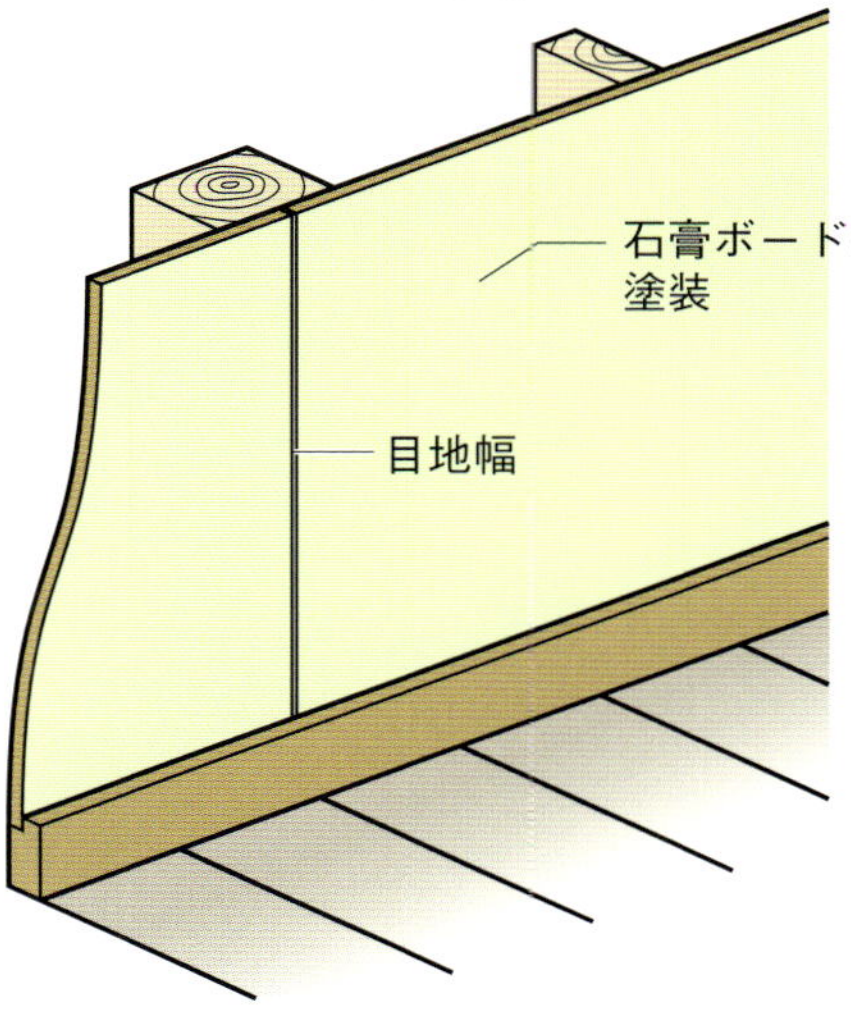

塗装や左官仕上げで最もクレームが発生するのがヒビ（クラック）だ。ヒビ割れは下地ボードとボードのジョイント（継目）に発生しやすい。この下地づくりでは下地ボードの継目にあらかじめ目地をつくることで、塗装仕上げのヒビ割れが出ないようにする

石膏ボード下地（塗装、左官）

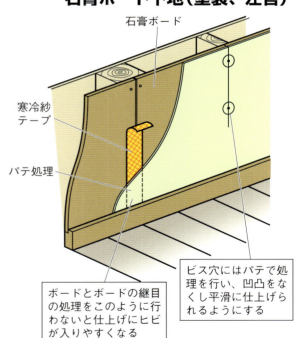

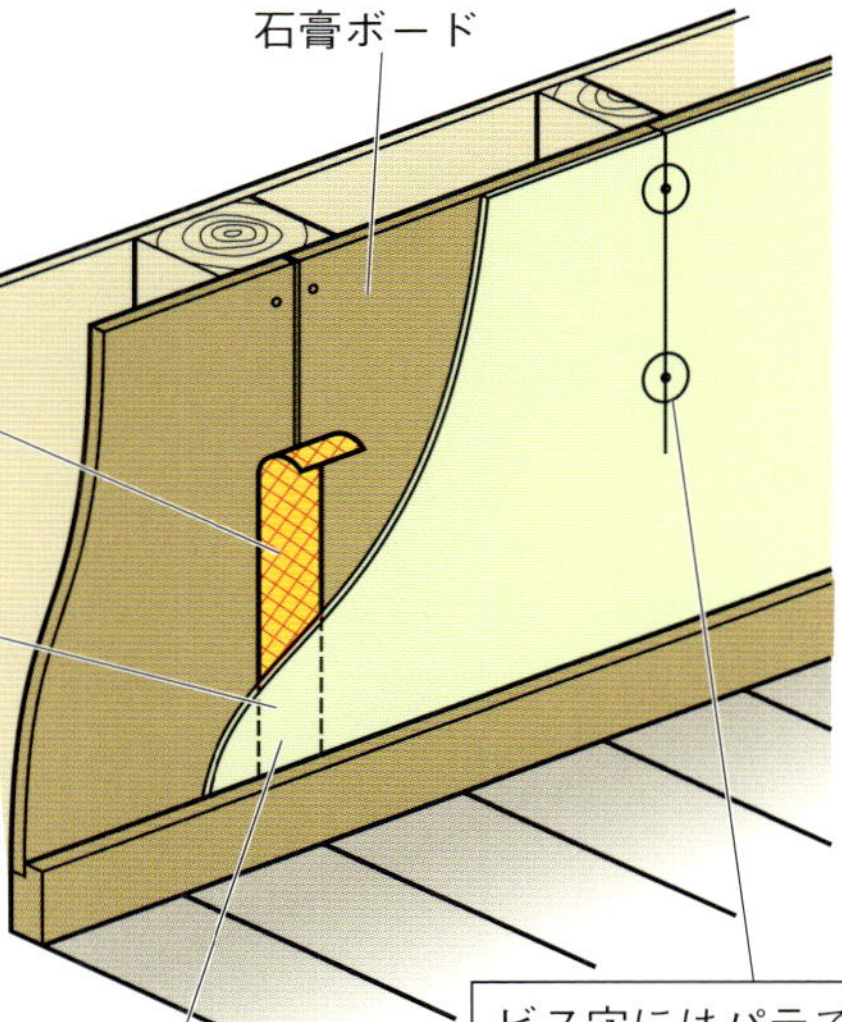

ボードとボードの継目の処理をこのように行わないと仕上げにヒビが入りやすくなる

ビス穴にはパテで処理を行い、凹凸をなくし平滑に仕上げられるようにする

Point **薄塗り仕上げの左官や塗装では、下地ボードの継目を平滑にしないと仕上げに影響する**

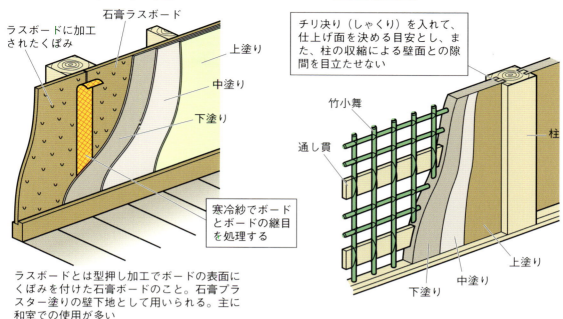

天井の形状

071

天井の形状の種類

天井といえば、平らな天井が一般的ではあるが、天井の形状は空間の質を大きく左右する。また、屋根裏空間を利用するために小屋組をそのまま見せることもある。

①平天井

水平に張られた天井をいう。最も一般的。

②勾配天井

斜めに張られた天井のことで、屋根勾配に沿って張られることが多い。

③船底天井

切妻屋根のように中央が高くなる天井を船底天井という。

④化粧屋根裏天井・2階床露し天井

天井を張らずに小屋組を隠さない天井を化粧屋根裏天井という。垂木の上に張られた**野地板**がそのまま見えるので、見え方を配慮する。

2階床組を隠さない1階の天井は「踏み天井」ともいう。その場合、2階の床板を30mm厚以上にし、梁を900mm間隔程度で入れ、根太を省くような納まりとすると、2階の床板の裏側を見せる、「床表《あらわ》し」にすることもできる。その場合、2階の音が1階に響きやすくはなるが、天井高を確保しやすいというメリットもある。

適切な天井の高さ

住宅の居室の天井高は、2千400mmが標準的な高さである。法規的には、天井高さの平均で2千100mm以上あることが求められる。和室では、畳に座ったときの目の高さを考えて、洋室よりやや低めに考える。8畳より広い場合でも、天井高は2千400mm以下にしたほうがよい。

また、居間や食堂などで、天井の高い部分と低い部分を組み合わせると空間を上手に演出することができる。その際、間接照明を使うと効果的である。

用語解説

野地板
(のじいた)

木造住宅の屋根で、屋根材を支えるために屋根材のすぐ下に入れられる部材のこと。具体的には、垂木の上に張る板。板構造用合板を用いることが一般的だが、板材や貫材なども使われることもある

天井の主な形状の種類

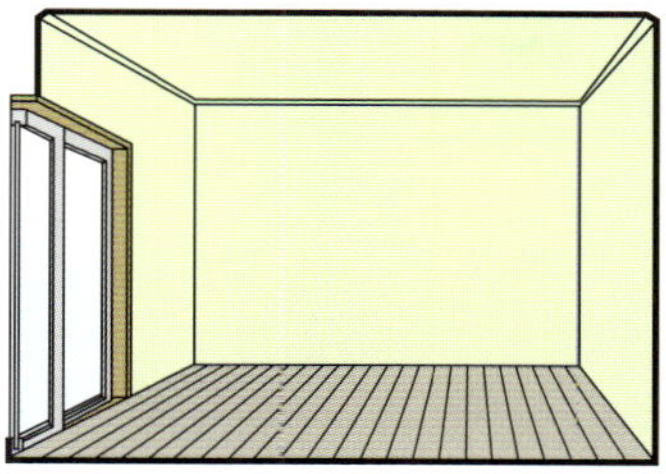

平天井
水平に天井板を張る、最も一般的な天井の形状。造作方法や仕上げ材を選択しやすい。天井は水平に張ると視覚の錯覚で中央部分が下がっているように見える。そのため、中央部は下地づくりでレベルを調整する

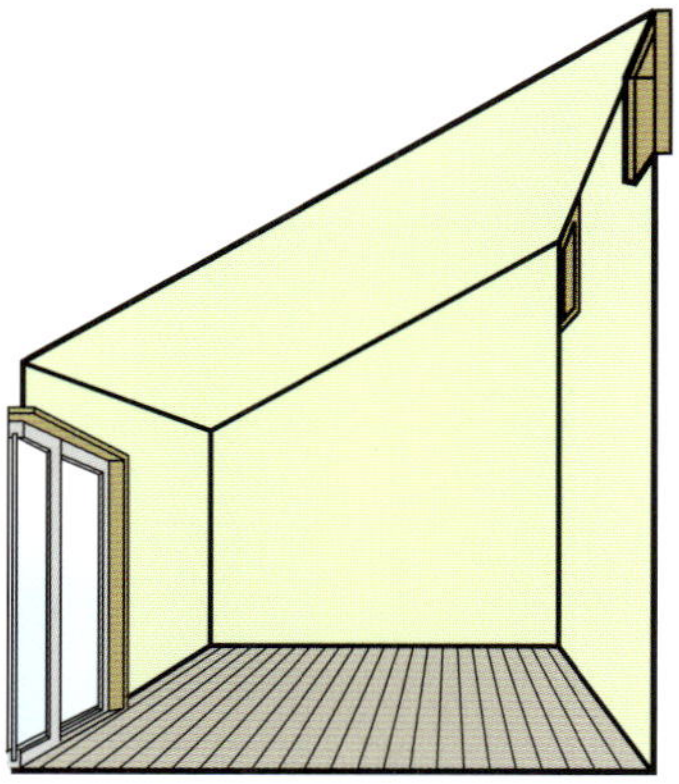

勾配天井
屋根勾配に沿って張られた天井。空間に流動感が生まれる。建築基準法による北側斜線等の制限がかかり、一方の天井を低くせざるを得ない場合でも、勾配天井にすることで、全体的な高さを確保することができる

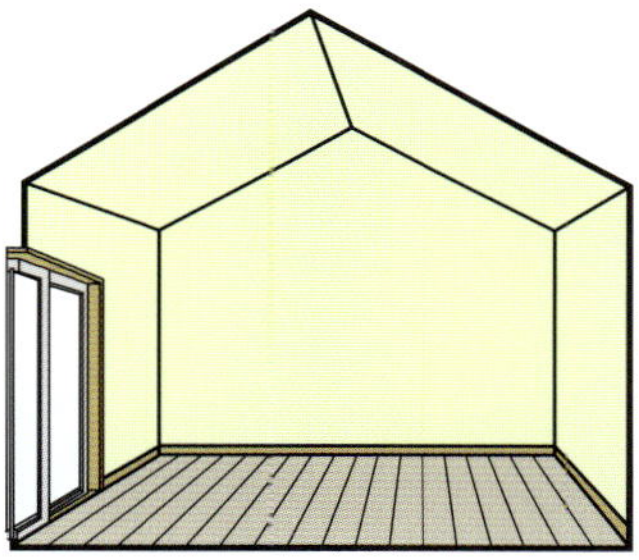

船底天井
船の底を裏返しにした形状の天井で中央部が平坦になっているものを船底天井という。平坦部分をつくらずに山形になっている天井を屋形天井というが、これも船底天井と呼ぶ。主に数奇屋風の住宅で採用されている

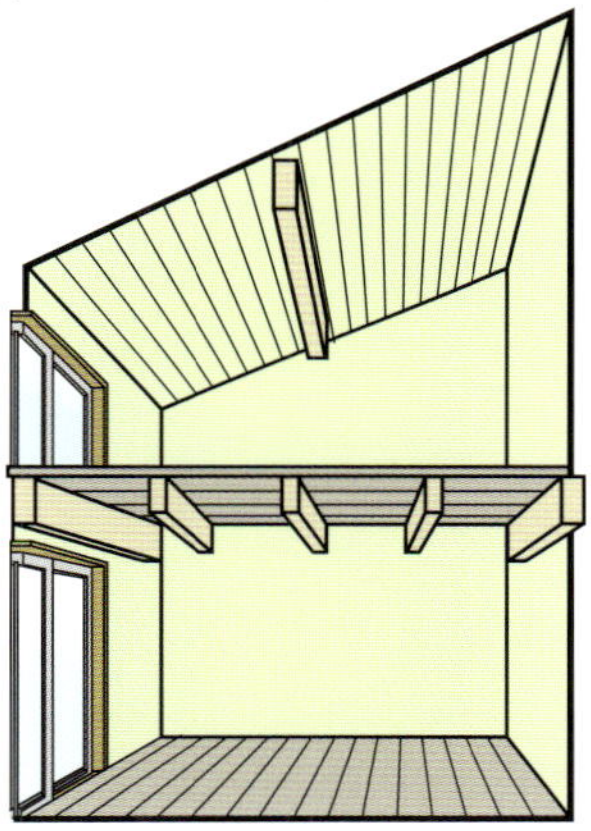

化粧屋根裏天井・踏み天井
化粧屋根裏天井では野地板、梁などの横架材がすべて見えるので、木材の選び方に配慮する

天井の高さ

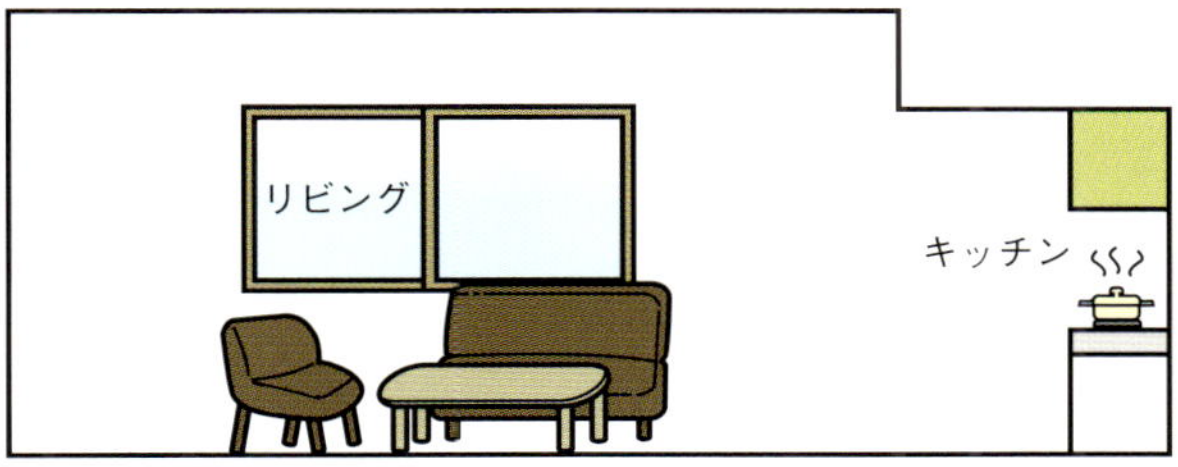

天井の高さは空感の役割などによって切り換えると効果的である

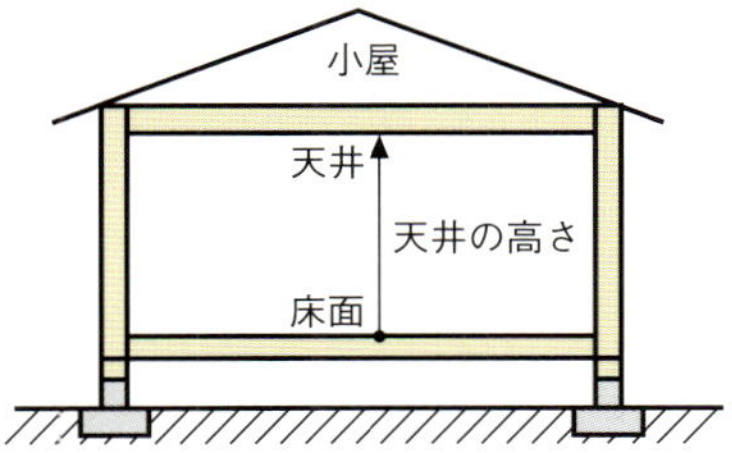

一般的な居室では高さ2,400㎜。法則的には2,100㎜以上と決められる（平均の天井高さ）

Point 天井の形状や高さは、空間の性質を左右するが、部屋の広さにより天井の高さの感じ方も変わってくる

天井下地

072

下地の組み方

天井は、下地のつくりが仕上げに大きく影響する。そのため、下地のつくり方におけるポイントをしっかり押さえておきたい。

天井は、完全に水平につくってしまうと目の錯覚で中央が下がって見える。そのため、ほんのわずかだが、中央部を上げてつくる。

天井下地は**野縁**という部材で構成する。これに天井の仕上げの天井板やクロスなどを張る石膏ボード下地を留めていく。

野縁は約450㎜間隔で打つのが一般的であるが、天井を下がりにくくするため、303㎜間隔とすることもある。野縁は、梁や桁から吊木《つりぎ》という部材で吊り下げる。吊木は、吊木受けという部材を梁の間に渡して吊り下げることもある。勾配天井では、垂木の下に直接か、野縁を直角に取り付けた上に仕上げの天井板を張る場合もある。

天井高を確保するために、梁を化粧で見せることもある。

天井板をスッキリ納めるために、天井板を差し込む溝をつくったり、梁と天井板の間に目地をつくることもある。丸太の梁の両サイドを平らにする、太鼓梁にするなどして、天井板を納めやすくするとともに、デザイン的な効果を狙うこともある。

1階・2階間の防音対策

RC造などに比べ、木造は構造材に音が伝わりやすいため、防音対策しにくいのが実情である。1階と2階それぞれで発生する生活音を遮音・防音するには、吸音材を天井板の上に入れたり、ALC板を2階の床下に入れることもある。天井の石膏ボード下地を2重に張るのも効果的である。吊木の途中にゴムをはさみ、音振動が伝わりにくくするという方法もある。

用語解説

野縁（のぶち）

天井板を張るための下地の骨組となる細長い角材のことをいう。野縁は303または455㎜間隔で並行に組む。これを吊木で梁に固定し、天井材を張る。壁際の野縁を際野縁という

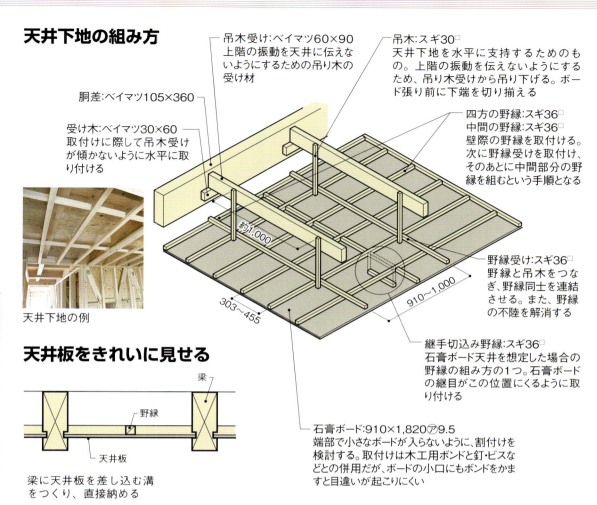

天井下地の組み方

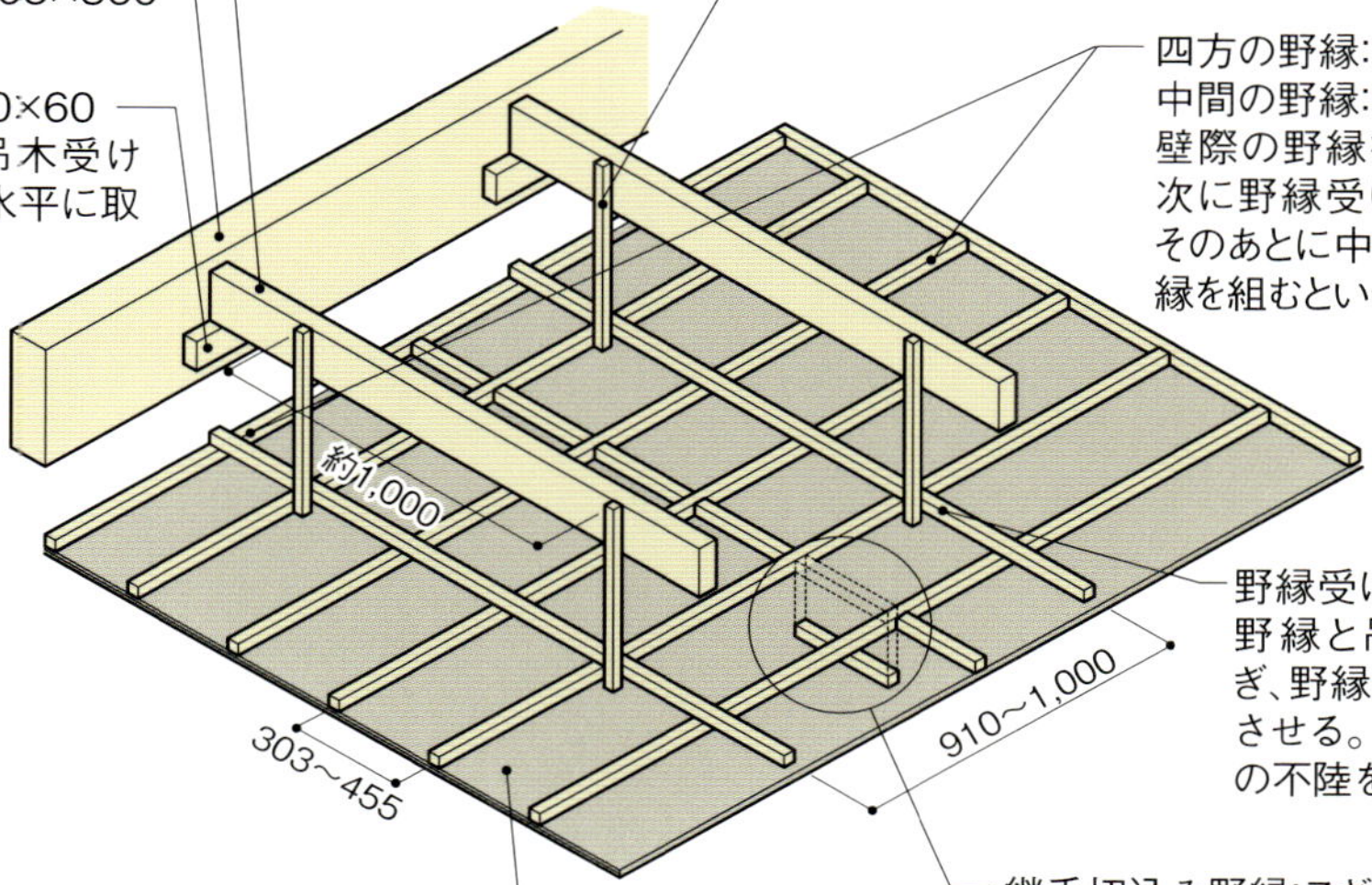

天井下地の例

天井板をきれいに見せる

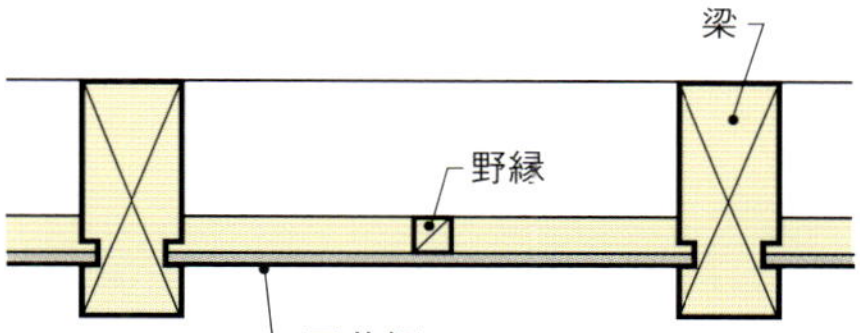

梁に天井板を差し込む溝をつくり、直接納める

遮音対策

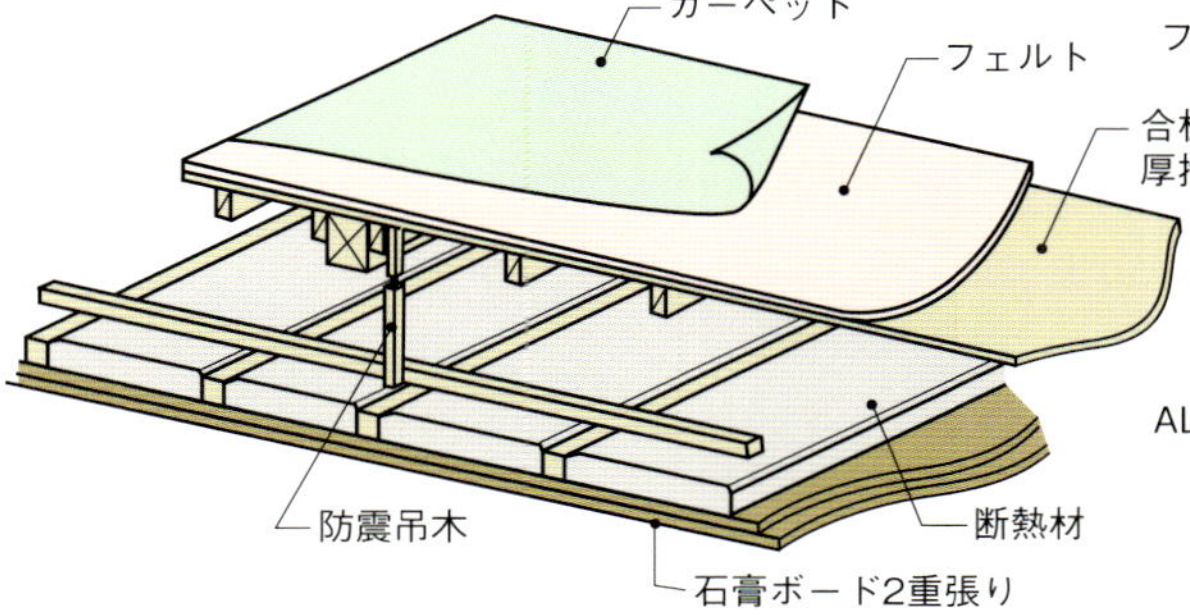

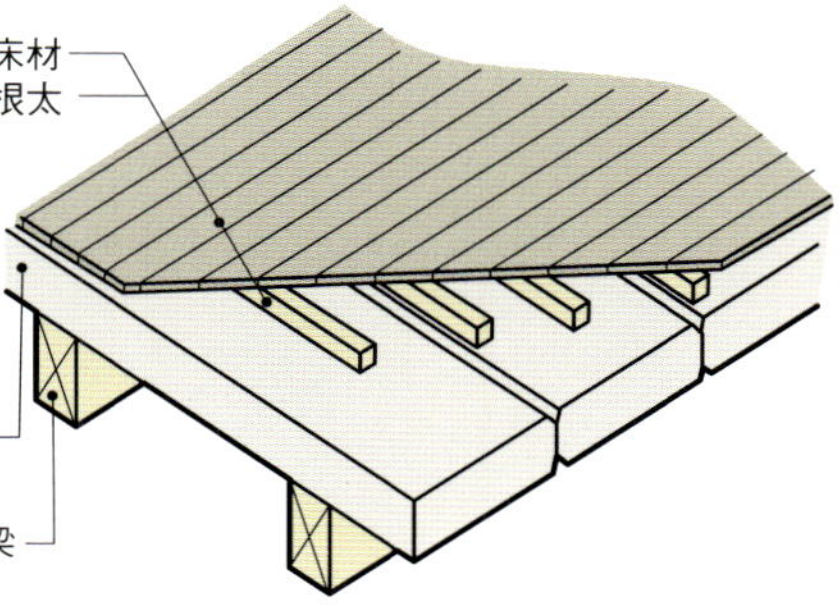

木造は音が伝わりやすいので、吸音材を天井の上に敷き詰める、ALC板を2階床下に入れる、天井の石膏ボードを2重張りにするなどの対処を考える

Point **天井は完全に水平につくると下がって見えるので、中央部を少しだけ上げてつくる**

天井仕上げ

073

天井仕上素材の種類

天井の仕上げは、石膏ボードの下地にクロス張りとすることが一般的である。その他の仕上げとして、板張り、塗装、左官仕上げなどがある。

壁と天井の境につくる**廻り縁**も、さまざまな納まりがある。どのような空間にするのか、手間をかけるのか、かけないのかを見極めて納まりを決めていく。

クロスの素材は、塩ビ、布、紙で、現状では、施工のしやすさとコスト面でビニルクロスが多く使われている。ビニルクロスはメンテナンスがしやすいというメリットがあるが、調湿効果の点では布や紙のクロスに劣る。また、非塩ビの無機質素材や調湿効果のあるクロスもつくられている。

板張り仕上げにする場合、天井に合板やムクの板を張る際に、板と板の隙間をあける。これを目透かし張り（敷目張り）というが、そうすることで板の収縮を多少、目立たなくすることができる。また、板を張ると白い壁に比べ重い印象になるので部屋全体の仕上げのバランスを考えたい。

漆喰を天井に塗ることはまれであるが、部屋の印象を考えると漆喰の壁と一体になり、廻り縁なしでも納められるためかなり効果的である。

また、クロス以外に比較的ローコストな仕上げとして、下地の石膏ボードに水性塗料を塗って仕上げることもある。

廻り縁

壁と天井の境には廻り縁という部材を入れる。これは壁と天井の納まりをよくするために取り付ける。廻り縁は一般的に高さ20～30㎜ほどである。樹脂でできた簡単なもの、高さ12㎜程度の小さいものや40㎜ほどの幅広のものなど、素材や寸法はさまざまである。

用語解説

廻り縁
（まわりぶち）

壁と天井が取り合う部分に取り付ける見切り材のことをいう。壁と天井の取り合いでクロスなどの仕上げの納まりをきれいに見せるために取り付ける。和室の天井廻り縁を2段にした2重廻り縁などがある

クロス仕上げ

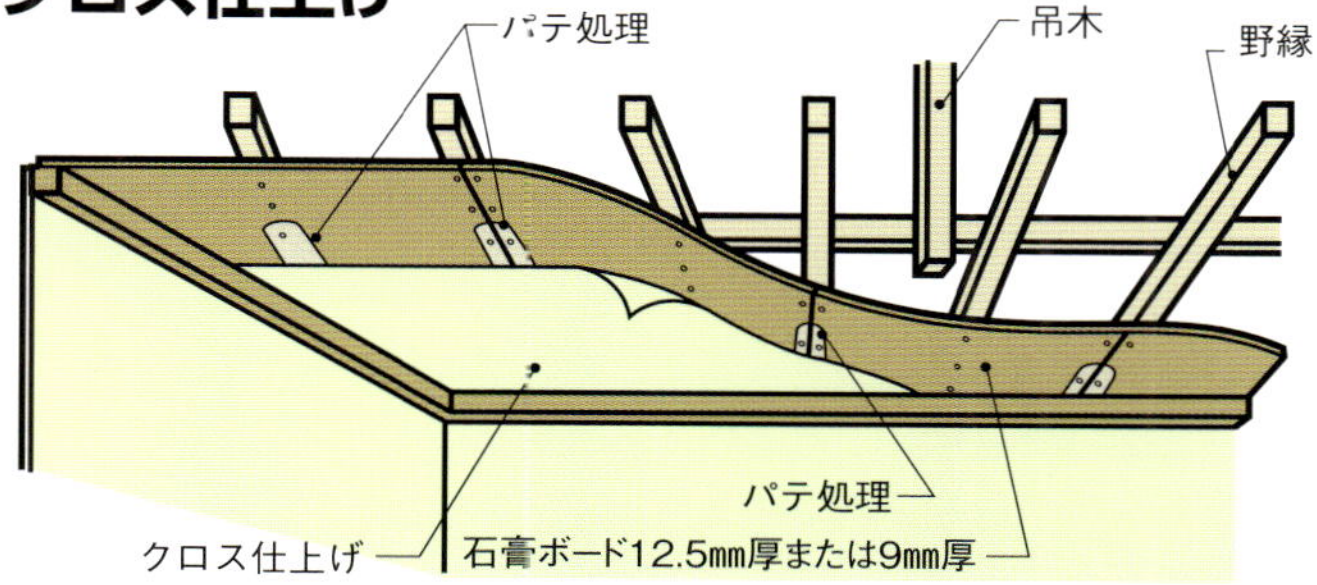

下地の石膏ボードの継目やビス留めの凸凹をパテで平滑にし、その上からクロスを張る

石膏ボード目透かし張り＋塗装仕上げ

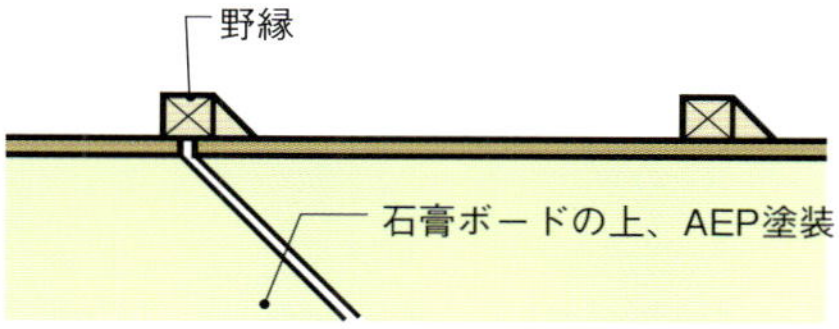

石膏ボードの上に塗装仕上げをする場合は、石膏ボードのジョイント部に隙間を空けて目透かし張りとする。継目を竿などで隠す場合もある

木板張り仕上げ

平天井×突付け本実張り仕上げ

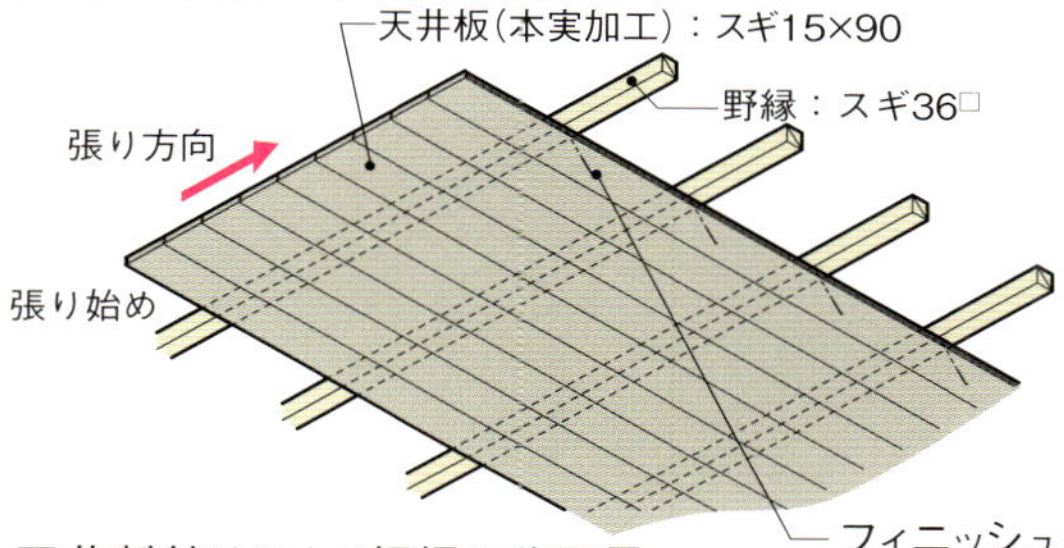

天井割付けにより板幅は若干異なるが一般的に銘木・突板天井材で450mm程度、天然小幅板で90mm程度である

フィニッシュ釘板の雄側のみ釘留めし、雌側は差込みのみにして天井材の乾燥による暴れを吸収する

平天井×目板打ち張り

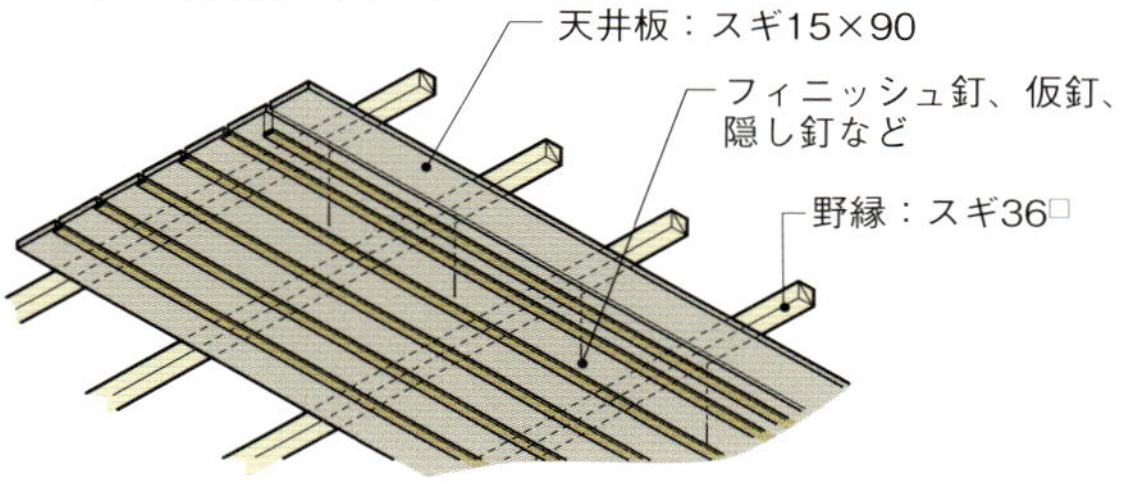

板の継目に打ち付けた幅の狭い板。この仕上げをすると、天井板の収縮による目違いや狂いに対する配慮が不必要になるというメリットがある

廻り縁の納まり

一般的な廻り縁

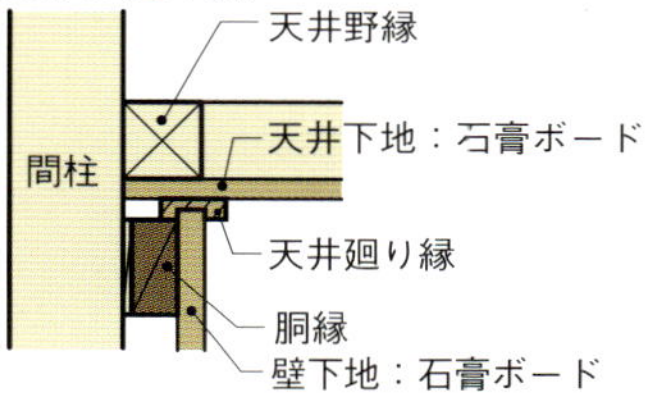

天井が壁に接する部分に設ける見切部材のこと。一般的な廻り縁は天井下地の後、天井ボードを張り、そこに廻り縁を取り付けてから壁下地を施工する

隠し廻り縁

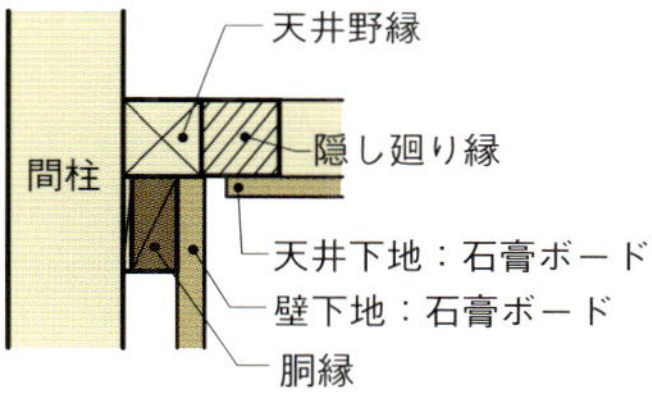

目地底は鉋掛けしておく。または塗装、目地テープを張るようにする

はっかけ廻り縁

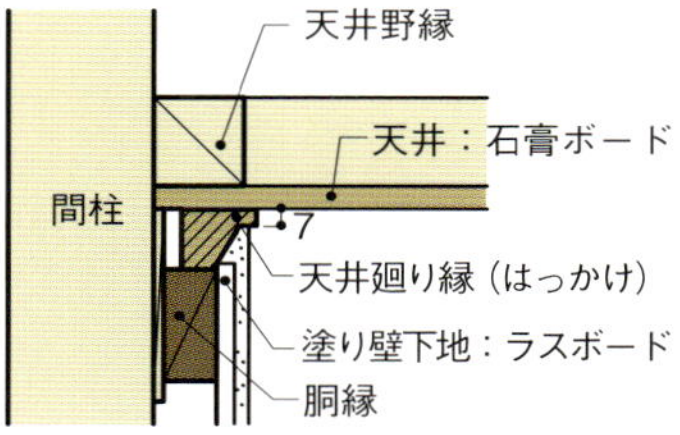

はっかけは、見付け部分を薄く見せるための手法であるが、木材の欠けを考慮に入れて寸法を検討する必要がある。図では見付け7mm

既製品の廻り縁

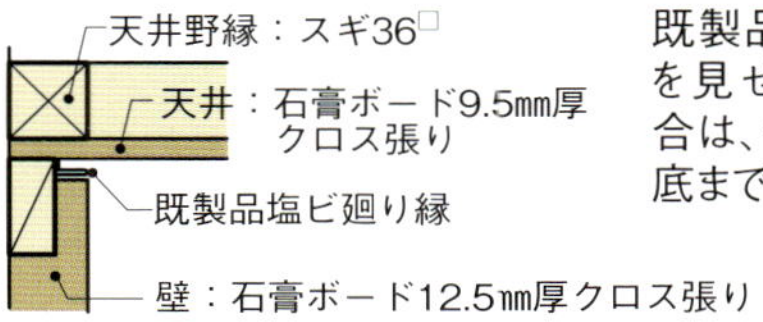

既製品塩ビ廻り縁を見せたくない場合は、クロスを目地底まで貼る

廻り縁なし

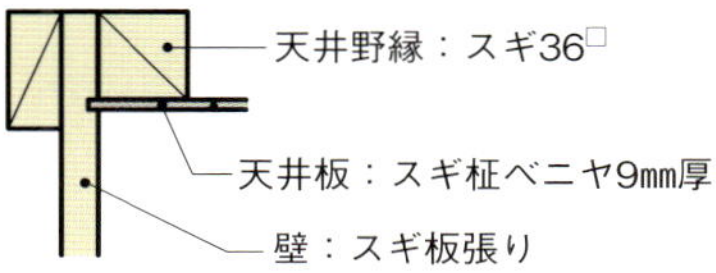

※やや特殊であるが、壁に板を張り、廻り縁なしで天井と取り合う場合の納まり例

Point 天井の仕上げは壁の仕上げとのバランスを考慮して決める。天井の仕上げは意外と目につく

床下地

074

床下地づくりの原則

床下地は、床板を張る方向を確定してから下地を張る方向を決めていく。これは、床板に直角に下地を入れて、さらに、その下の下地を直角に入れて支えていくためである。なお、床板は原則として部屋の長手方向に張る。仕上げの床板を張る下地に、合板を捨て張りとする。床の強度が増すことと、仕上げの床板が張りやすくなるというメリットがある。

1階と2階の床下地

1階と2階では階上と階下ということで下地の構成が異なるため、それぞれ理解する必要がある。

1階は床板と直行する方向に幅45㎜、高さ45～55㎜程度の角材の根太が入る。床板根太の間隔は300㎜程度、畳で450㎜程度にする。根太と床板・畳の間に合板を捨て張りする。

根太を支えるのが大引である。90㎜角ほどの大引が約900㎜間隔で入る。大引を支えるのが**床束**である。床束は約900㎜間隔で入る。最近では、床の高さの微調整もできる金属製や樹脂製のプラ束を採用することが多くなってきた。

1階は、地盤の湿気の影響を受けやすく腐食しやすい。また、シロアリの被害も起こりやすいため、床下地には防腐と防蟻対策を施す必要がある。薬剤や炭の塗料などを塗ることになる。また、効果は弱くなるが、人体への影響が少ない、ヒバ油や月桃、炭塗料などの自然素材を採用することも考えられる。

2階は、梁の間隔を1間ほどあけて、根太を入れることが一般的である。その際、根太の高さを90～105㎜ほどにすることがある。1階と同じように、900㎜間隔で梁を入れて1階床と同じサイズの根太にする場合もある。

用語解説

床束（ゆかづか）

1階床の大引を支える床組の垂直部材。これまでは、90㎜角程度の木材が使われていたが、乾燥・収縮による床鳴りを防ぐため、高さ調整が簡単にできる既製のプラ束（樹脂製）、鋼製束が多く使われるようになった

1階の床下地の組み方

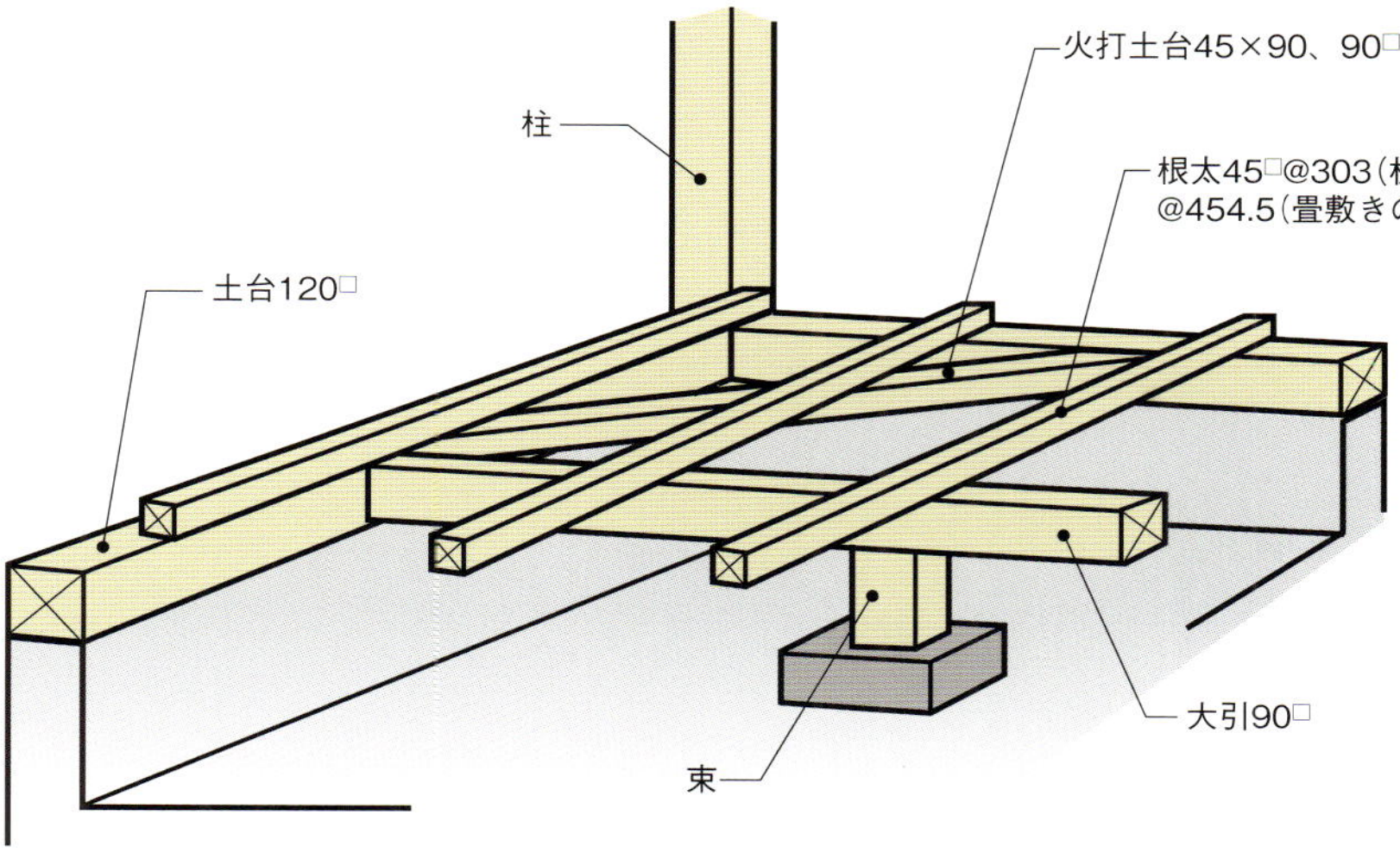

木造住宅の1階床下地は左図のように束を立てる「束立て床」とすることが多い。床束からの荷重を均等に地盤に伝えるため、束石を置く。束石はコンクリート製で、水平に設置する。土間コンクリート打設時にモルタルで固定する

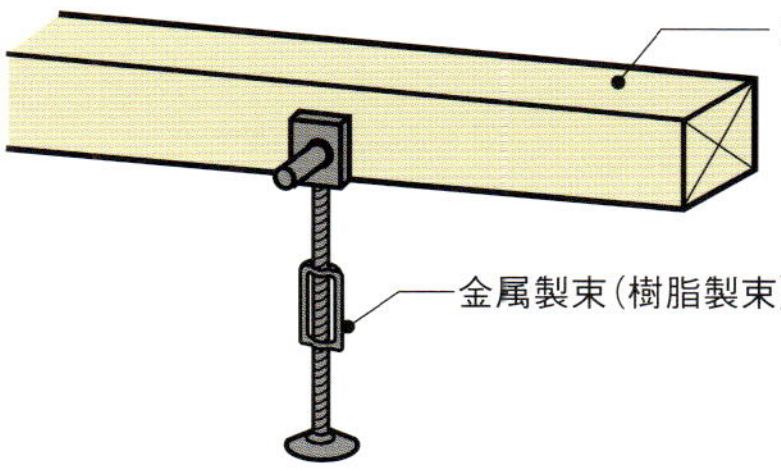

金属製束

最近は束に鋼製やプラスチックなどの樹脂製のものを使うことが多い。腐食に耐えることと、高さの調整も行いやすい

2階の床下地の組み方

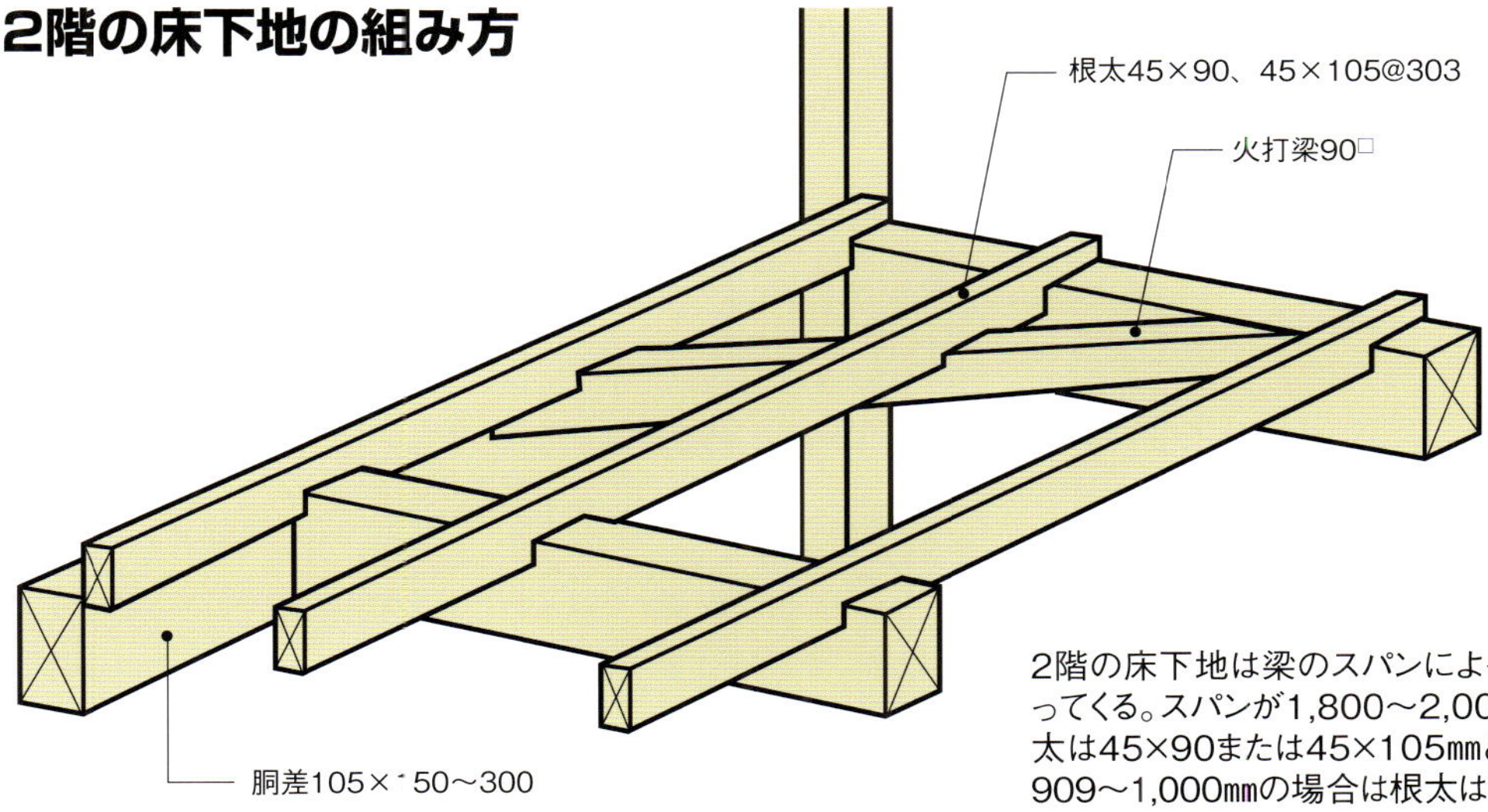

2階の床下地は梁のスパンによって構成が変わってくる。スパンが1,800～2,000㎜の場合、根太は45×90または45×105㎜となる。スパンが909～1,000㎜の場合は根太は45×45㎜となる

Point 床下地は1階と2階で異なる。仕上げに何を施すかを考え、それにあわせて下地をつくる

床仕上げ

075

フローリング

床は、足など体が直接触れやすい部位であるため、機能だけでなく、材質も十分配慮した仕上げにしたい。

フローリングは、合板を基板とした複合フローリングとムク材のフローリングがあり、複合フローリングが多く使われている。複合フローリングは、ラワン合板の表面に0.3㎜程度の薄い木材（**突き板**）を張り付けたもの。寸法安定性が高いが、深い傷が付くと合板部分が見えてしまうことがある。その点に考慮し、表面に1㎜以上のやや厚い板を張り付けたものもつくられている。

ムクフローリングは、堅い広葉樹のナラやブナなどでつくられたものが多かったが、最近では、ヒノキ、スギ、サワラなども使われるようになってきた。針葉樹は柔らかく、断熱性が高いため、冬に素足で触れても冷たさを感じない。傷がつきやすいデメリットがあるが、ある程度の時間を経過して全体的に傷がついてくるとあまり気にならず、かえって、素朴な味わいになる。

その他の素材

足ざわりが良く、暖かく、床より下の階に歩く音を伝えにくい点ではカーペットがよいだろう。ただし、定期的に張替えが必要なことと、ダニが繁殖しやすいことには注意したい。

畳は、和室に敷くだけでなく、洋間にもへりなしや琉球畳を敷くなどして、床座スペースをつくることもできる。

水廻りには塩ビ製のクッションフロアがよく使われる。メンテナンス性が高く、コストも安い。

コルクは、断熱性が高く、足触りもよい。厚さが5㎜程度なので、クッションフロアの代わりに張り替えることもできる。

用語解説

突き板（つきいた）

天然木を薄くスライスした板のこと。合板などの基材に接着し、複合フローリングやドアなどの建具や家具に化粧として使用される。ムクのように収縮することが少ないが、傷がつくと基材が見えてしまうことがある

フローリング

ムクフローリング

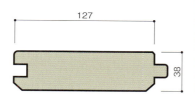

合板下地の上にムクフローリング

ムクフローリングは主に12、15、24、30、37mm厚で、幅は105、120mmなど。表面にオイル塗装や蜜蝋ワックスを塗って仕上げるとムク材を活かした仕上げとなる。表面に傷を付きにくくするため、圧密加工を施すこともある

複合フローリング

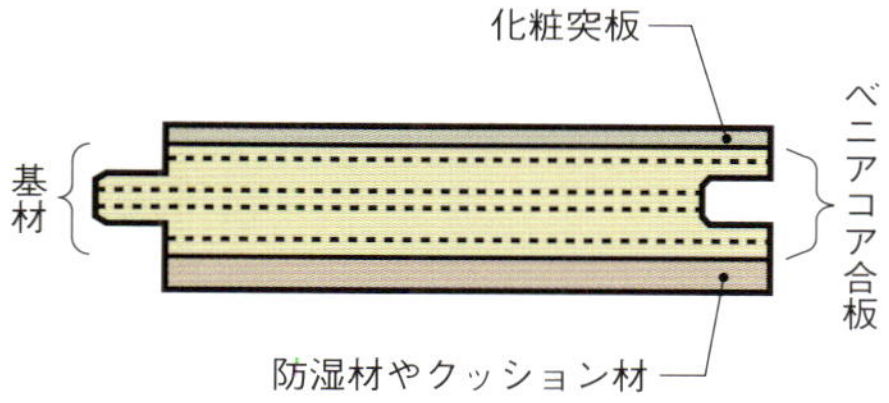

表面に木をスライスした突き板を張る。一般的には突き板は0.3mm程度だが、傷がついたときのことを考慮し、1mm程度にしたものもある。また、この突き板を厚くなると挽き板という

防音用裏打ちフローリング

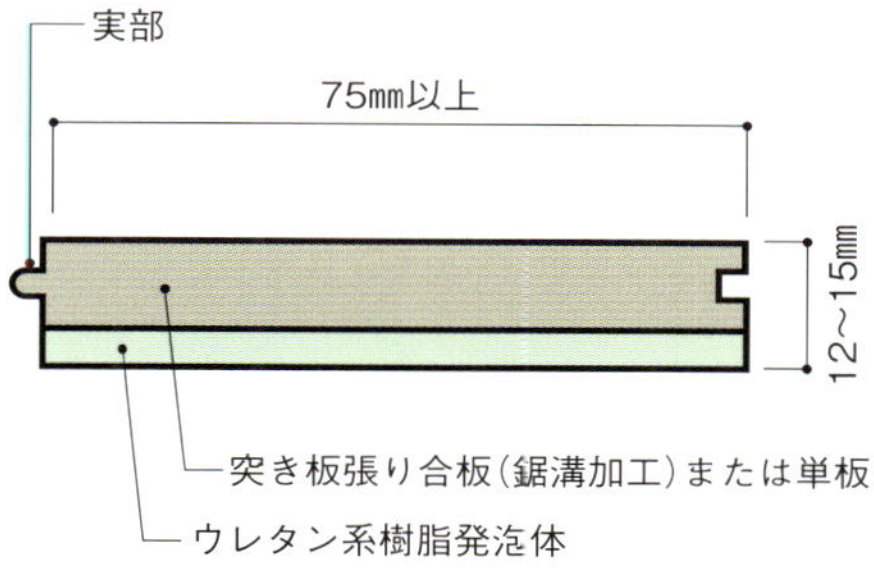

コルクフローリング

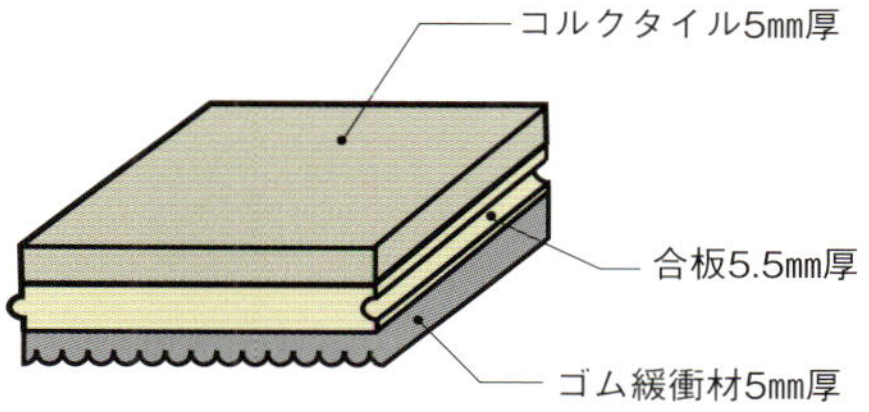

コルクタイルに合板とゴム緩衝材を組み合わせた遮音用のコルクタイル。全体が実でつながるため局部的な沈み込みがなく、歩行感にすぐれる

畳

藁床の畳

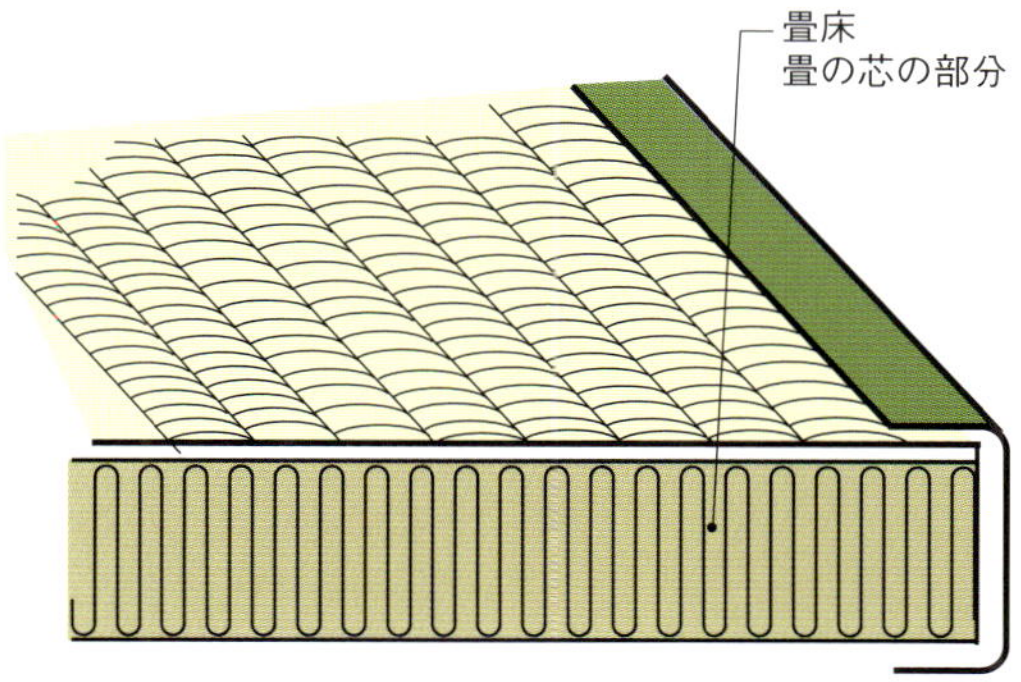

畳表
畳の床をくるむ表装部分。イ草でできているものが本格的なもの

押出し法ポリスチレンフォーム畳

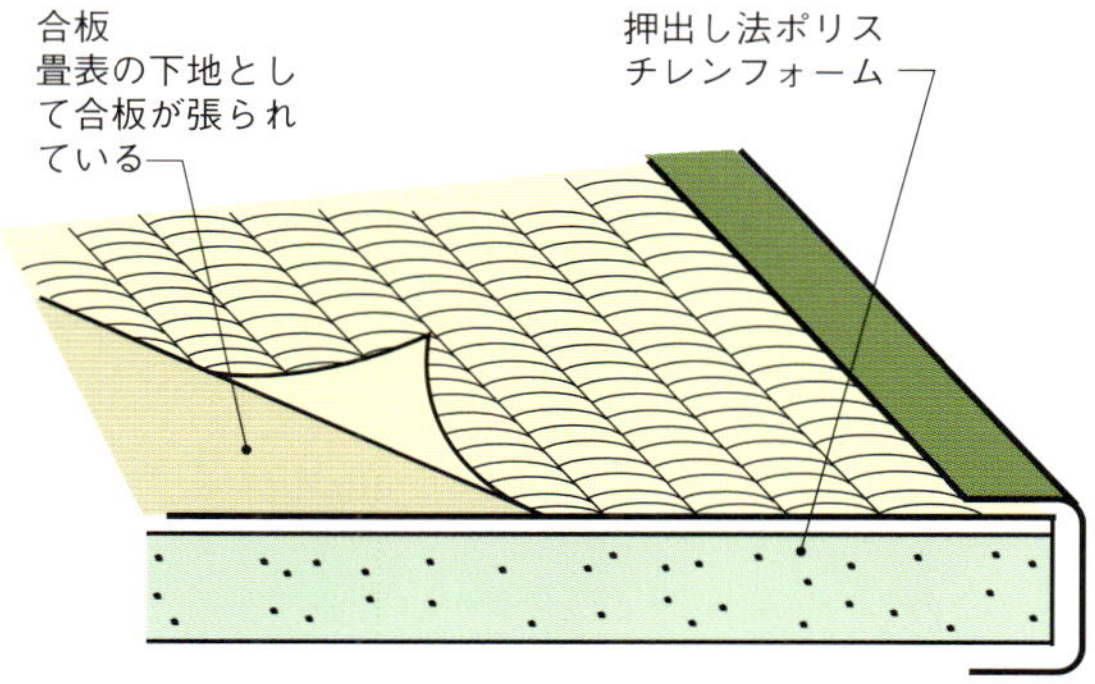

畳床が発泡スチロールでできている。断熱性に優れるが通気性があまりよくないので、カビの発生に注意

Point 床は体が直接触れやすい部位なので、機能と質感の両方で選びたい

内部建具の扉

076

建具の形式

建具は、開放と閉鎖の機能をもつ。室内空間のなかで、開放と閉鎖のバランスを考慮して、建具の配置と形式を決めていく。

動線だけでなく、家具の配置なども考慮して、建具の位置を決める。

建具の形状は、引戸と開き戸が基本である。和室には、障子や襖などの引戸が使われる。

洋室には通常、開き戸を使うが、最近は、引戸を使うことも多くなってきている。引戸は開いたときに邪魔にならず、開け放すことができ、また通風のために少しだけ開けておくこともできる。ただし、気密性に問題があるといえる。

引戸には、引き違いや片引き、引き込みなど、それぞれ場所に応じたつくり方がある。

床のレールをなくして吊戸とすると、床に段差ができずバリアフリーの納まりとすることができる。

建具の素材

和室には、障子や襖を使う。洋室と和室の境の建具には、和室側からは襖に見えて、洋室側からは、戸に見える戸襖を使うこともある。

扉は、軽量にするため、下地の骨組の両面に薄い合板や板を張る、**フラッシュ戸**とすることが多い。ムク板で枠をつくり、枠の間に板やガラスをはめ込む形式の框戸とすることもある。

建具は、枠、戸の材料、引手やドアノブなどの金物も使用するため、コストがかかる。

限られた予算においては、建具の数を少なくすることでコストダウンを図ることもある。収納でも扉をなくしたオープンな棚を制作し、布やすだれ、ロールスクリーンを建具代わりにしてもよいだろう。

用語解説

フラッシュ戸
(ふらっしゅど)

骨組みの両面または片面に接着剤等を使用して張った建具や間仕切パネル、家具の扉などの総称。ランバーコアなどを心材とし、化粧合板を張り付ける。小口に張る材料の大手材が正面から見えてしまう

扉の種類

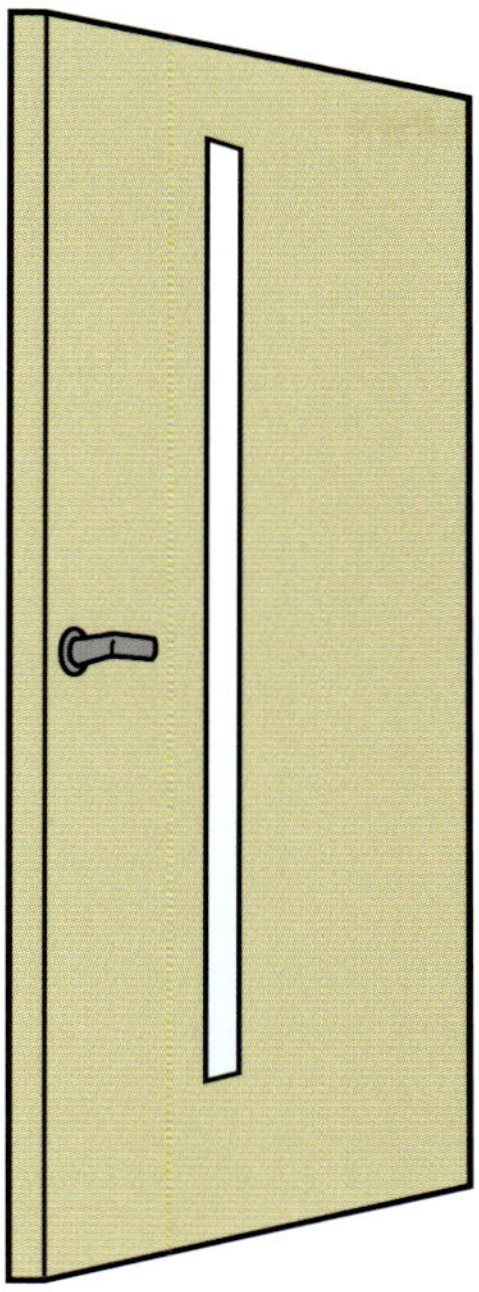
フラッシュ戸

框戸

家具の扉を省略する
ロールスクリーンを
扉の代用とする

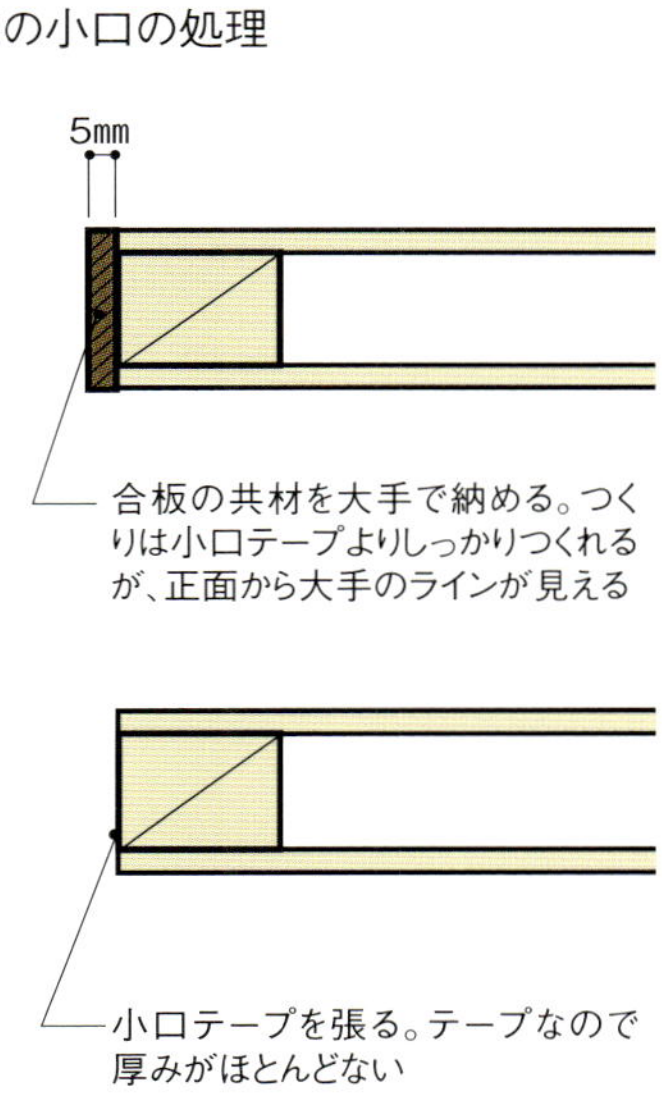
扉の小口の処理
5mm
合板の共材を大手で納める。つくりは小口テープよりしっかりつくれるが、正面から大手のラインが見える
小口テープを張る。テープなので厚みがほとんどない

Point 建具製作にはコストがかかる。建具の数を減らすとコストダウンにつながる

内部建具の納まり

077

引戸の納まり

内部の建具には、コストや施工手間に有利な、枠までセットになった既製品を使うことが多くなってきている。ただし、できれば自然素材を使うときなど、内部空間のデザイン上のバランスを考慮して必要に応じた建具をつくりたい。ここでは引戸・開き戸それぞれの納まりを押さえておこう。

まず、**敷居**と鴨居を木工事で取り付ける。敷居に溝を掘って建具をスライドさせるか、建具に戸車を付けてレールを敷居に取り付けて建具を動かす。溝がV型のレールを敷居や床材に埋め込んでレールが出っ張らないようにすることもできる。Vレールは厚さ3㎜ほどのレールを床に張り付けて納めるタイプもある。

また、吊戸は1本または2本の建具を取り付けることができる。そのとき、床に建具が大きく揺れないように触れ止め金具を取り付ける。しかし、あまり重い建具には向かないことと、下に隙間があくため、気密性は低く、設置場所を選ぶ。

収納などには折れ戸が使われることが多い。折れ戸も開閉の頻度が高い場所や重い建具の場合は、金物が壊れやすいので注意が必要である。

開き戸の納まり

内部では開き戸を使うことが多い。通常、閉じて使う場合に適しているうえ、密閉性を高めれば遮音効果も高くすることができる。

木工事では、周囲の枠だけを取り付ければよいので、施工がしやすいといえる。

ただし、敷居部分と床面に段差ができるとバリアフリーの面で問題なので、敷居の段差をなるべく小さくしたり、敷居なしで納めるようにするとよいだろう。

用語解説

敷居（しきい）

枠材の1つで、襖や障子などの建具を立て込むために開口部の下部に取り付ける、溝やレールがついた部材。上部に取り付ける鴨居と対になっている。強度と滑りやすさを必要とするためマツなどが使われる

引戸

片引き戸1

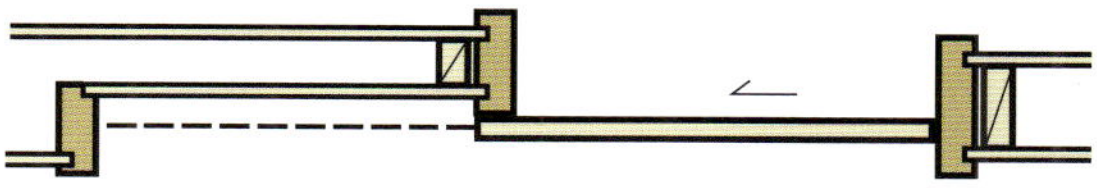

一般的な片引き戸の納まり

片引き戸2

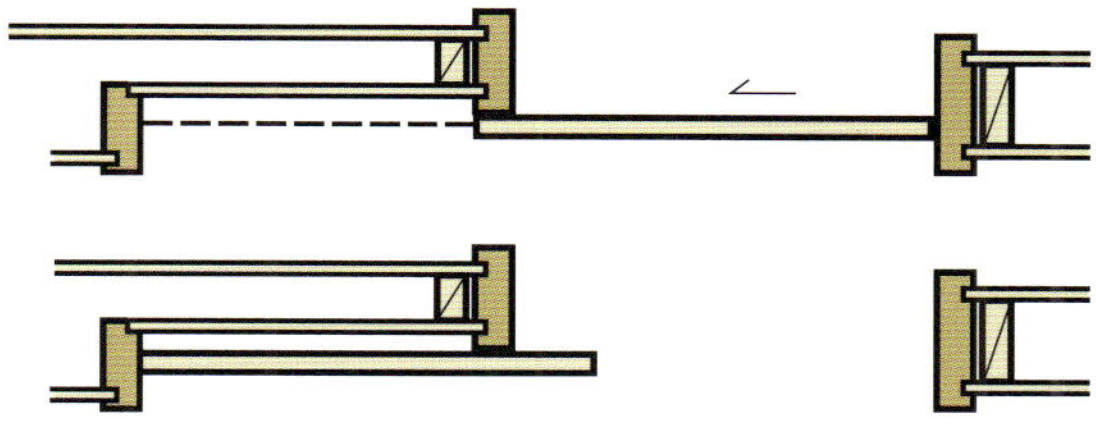

開放部分を引込み部分より広くとると、扉を外ずすと大きな物の出し入れがしやすくなる

引込み戸1

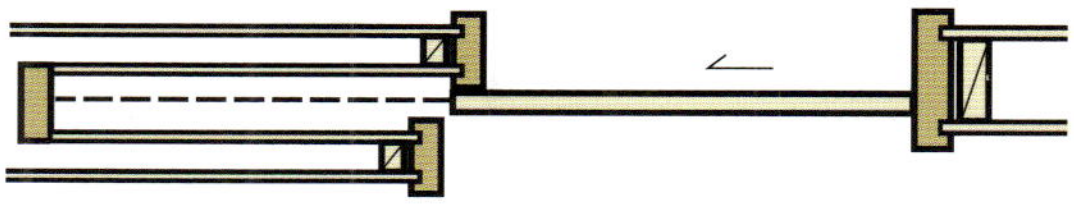

引込み戸2

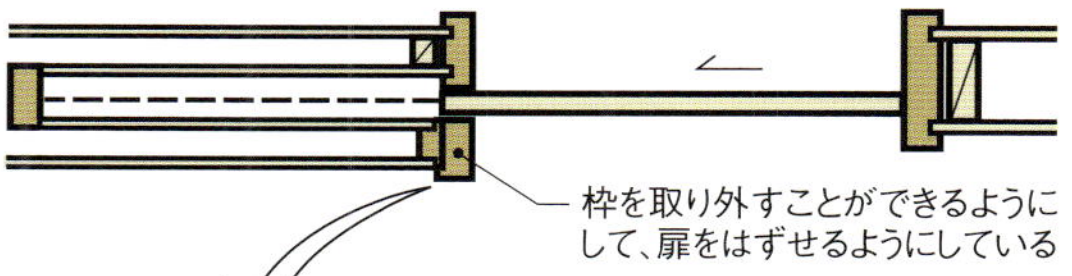

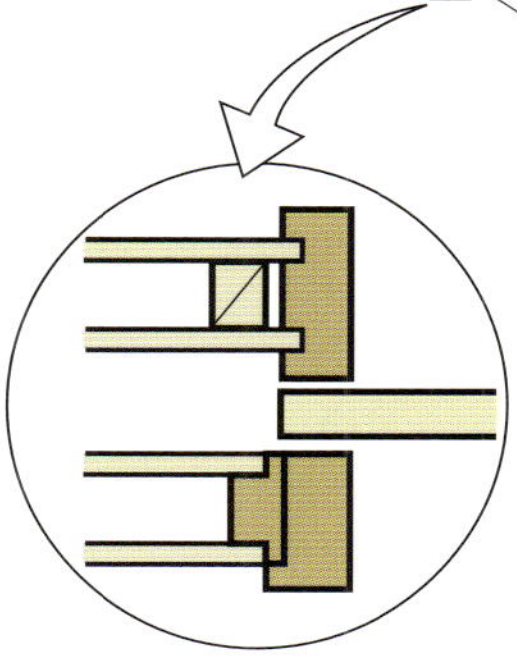

開き戸

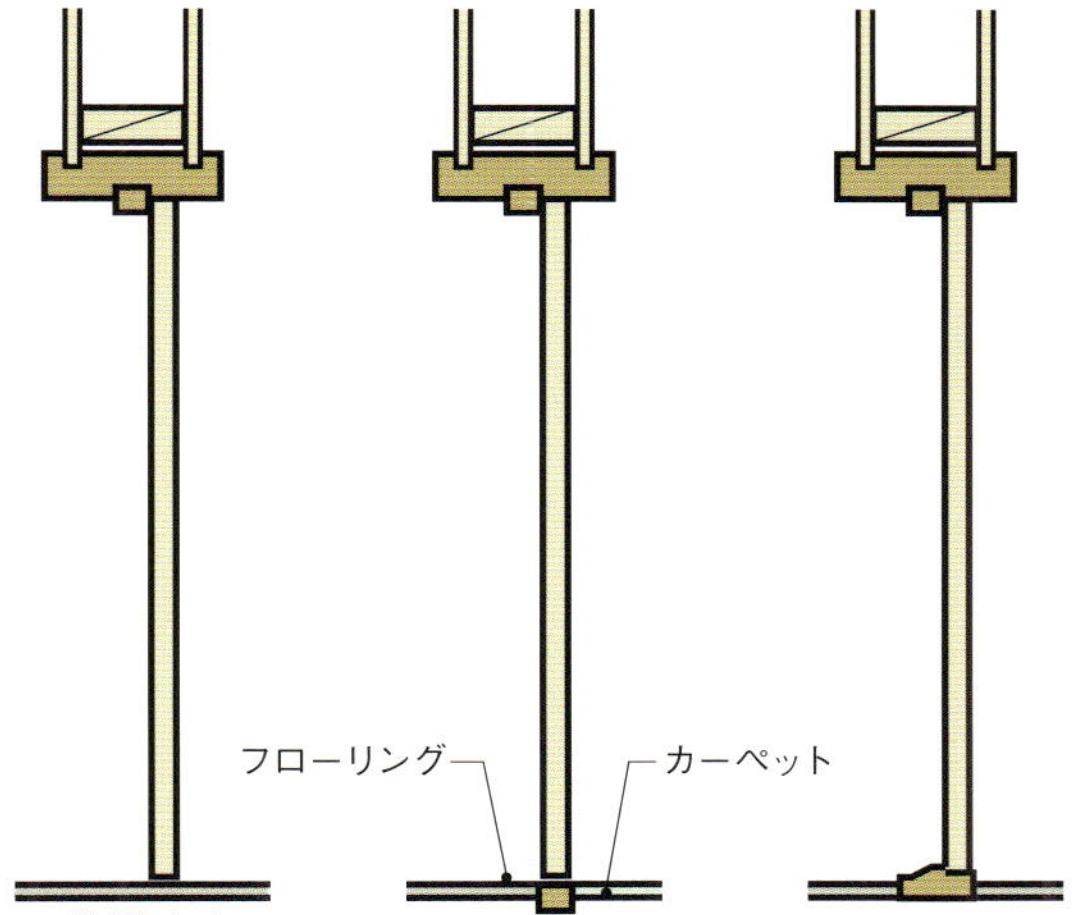

敷居なし

気密性は下がるが敷居の出っぱりがなくなる

ドア幅の敷居

敷居をドアの厚みより少し小さめにつくると、ドアを閉めたときに敷居が見えない

一般的な敷居

敷居が出っぱるが、気密性を高めることができる

吊戸

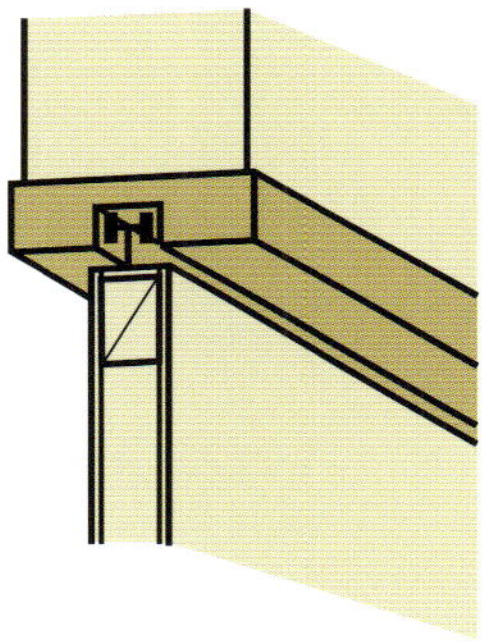

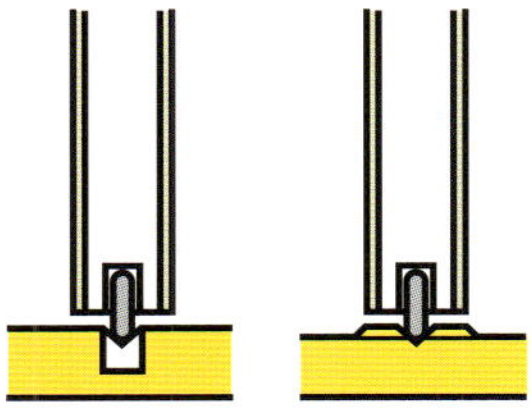

敷居にVレールを取り付ける

Point 引戸でも開き戸でもバリアフリーの納まりとすることができる。ただし気密性は下がる

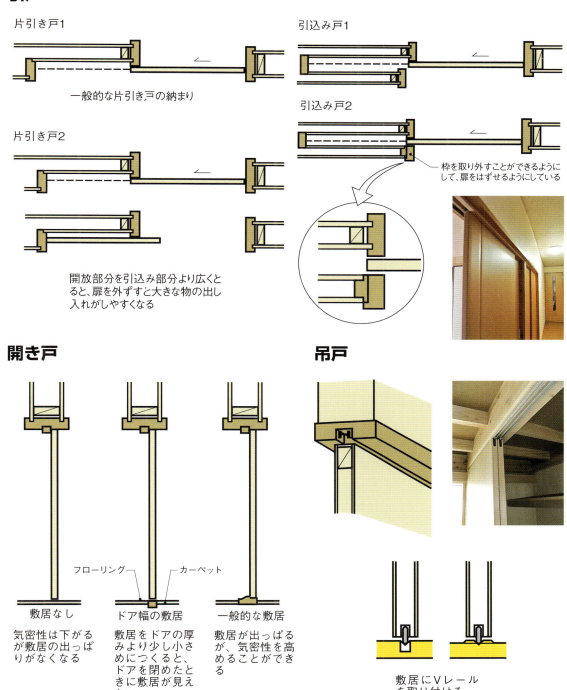

内装制限

078

火気使用室

一般の戸建住宅では、ガスコンロなど火を使う設備を置く部屋（**火気使用室**）で、平屋や2階建ての2階など最上階にある場合以外は、壁と天井を不燃材、または、準不燃材の仕上げにしなければならないと建築基準法で定められている。

天井の不燃仕上げは、石膏ボードに水性塗料を塗る、石膏ボードに不燃材または準不燃材のクロスを張る、漆喰など左官で仕上げる方法などがある。壁の仕上げも天井と同様に石膏ボード下地の上に塗装やクロス、漆喰などの左官仕上げとする。

流し台のガス台廻りの壁は、防火性能が高くて汚れにくい素材で仕上げる。不燃材の表面を汚れにくい樹脂で仕上げたり、不燃材の上にステンレスやアルミの金属板を張ったキッチンパネルを張り付けたり、タイルを張るのが一般的である。タイルの目地の汚れが気にならないよう、800×600㎜ほどの大判のタイルを張ったり、色目地にして汚れを目立たなくすることがある。

下り壁

火気使用室と隣接するそのほかの部屋との境の天井には、天井から500㎜以上の高さの不燃または準不燃の素材の下り壁が必要になる。ただし、コンロ周囲の壁と天井が特定不燃または不燃材であれば下り壁は不要となる。

下り壁は、台所のガスコンロから出火した火が燃え広がらないようにするためにつくる。下り壁の仕上げは、通常、石膏ボードに塗装やクロスを張ったものになるが、透明のガラスを取り付けて、空間の開放感を演出することもできる。

なお、IHクッキングヒーターの場合は、火気ではないとして、内装制限を受けないことがある。

用語解説

火気使用室（かきしようしつ）

かまど・コンロなど、火気を常時使う設備を設けた部屋のことをいい、不燃材料で仕上げなくてはならない。固定されていないストーブなど季節によって使用しない設備の場合は内装制限の対象とならない

木造住宅と内装制限

内装制限を受ける場合

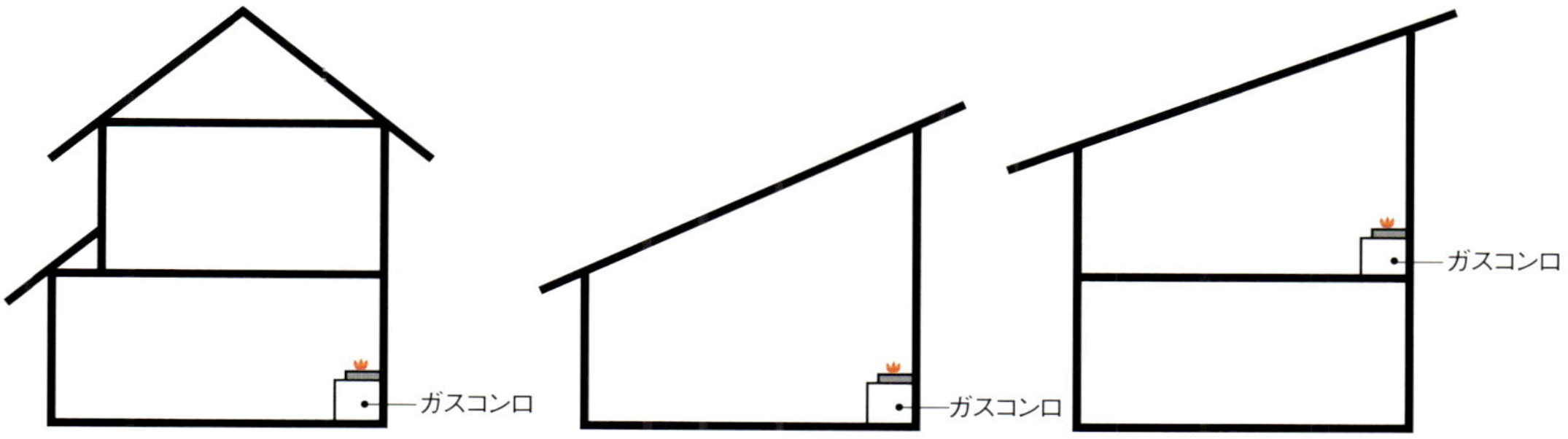

1階に火気を使用する設備(ガスコンロなど)がある場合、内装制限を受ける

住宅以外の木造建築物で、火気を使用する設備がある場合、平屋であっても、設備が最上階にあっても内装制限を受ける

内装制限を受けない場合

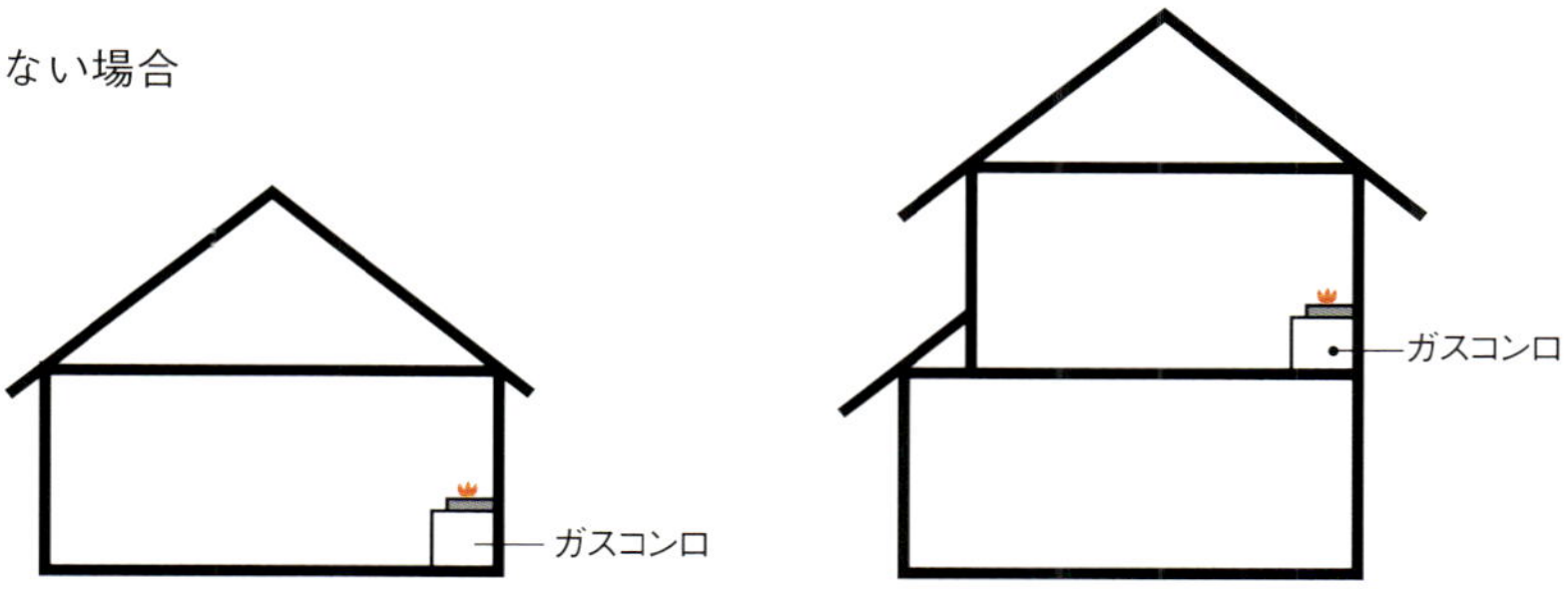

住宅平屋または2階建てでも最上階(2平屋の場合は1階)に火気を使う設備がある場合、内装制限を受けない

ダイニングキッチンの内装制限

垂れ壁で区画した場合

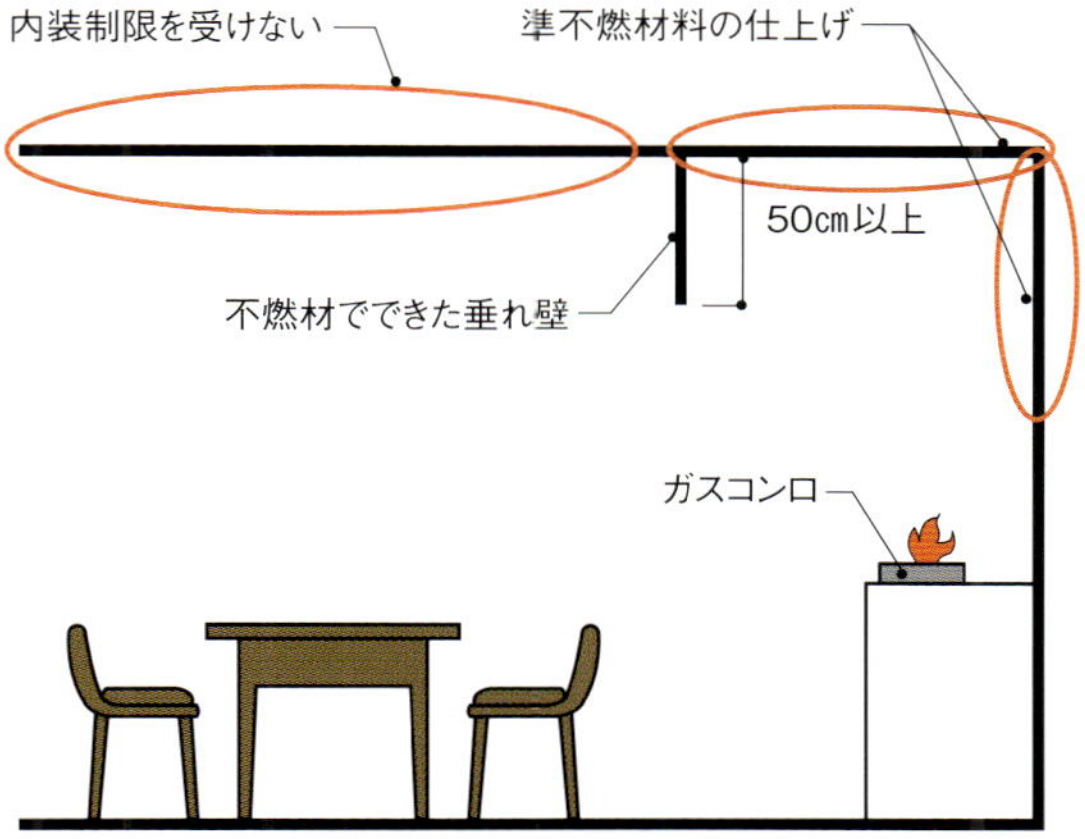

区画なしの場合(国土交通省告示225号参照)

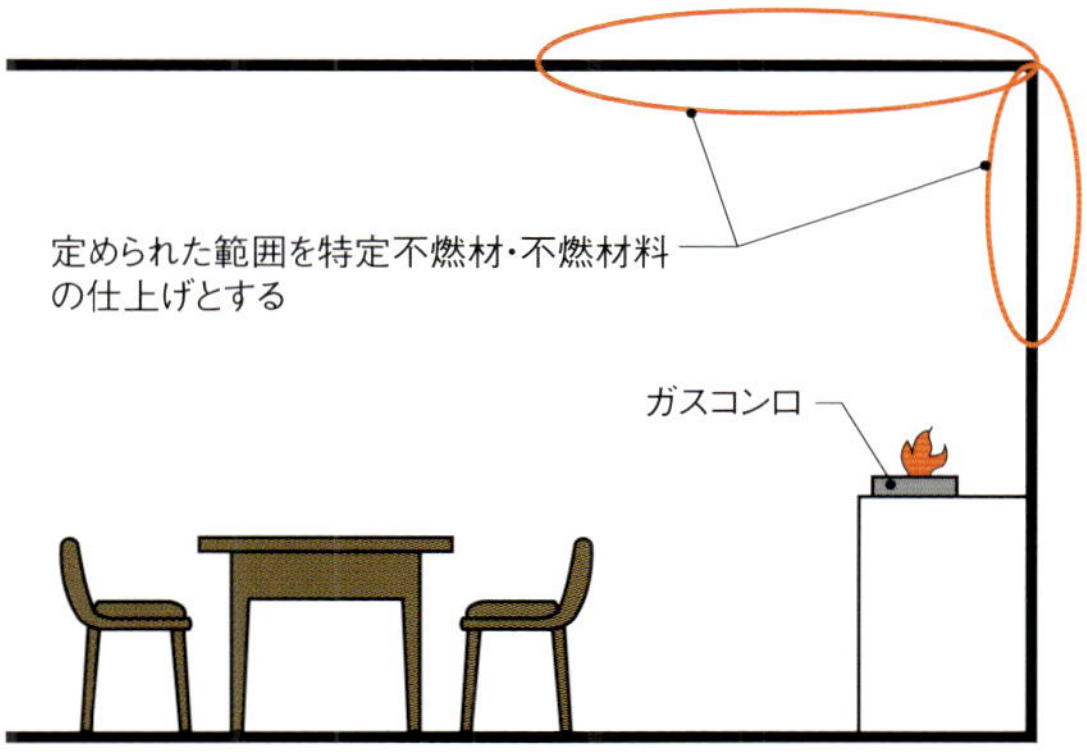

Point **火気使用室は内装制限の対象となり、仕上げを不燃材料としなくてはならない**

木造住宅の防音・遮音

079

音の基礎知識

快適な生活をするには、不快な騒音は防ぎたい。居間など日中に使われる部屋と寝室など夜に使われる部屋では、不快な音のレベルは異なる。

音は、強さ（dB。デシベル）と高さ（Hz。ヘルツ）、音色の違いなどで分けられる。騒音は、人の会話音のレベルである60dB以上が目安となる。音の伝わり方は、航空機や自動車などの空気中を伝わる騒音である「空気音」と上階の足音やスピーカーの振動音、自動車や電車の振動音である「固体音」がある。

遮音対策は目的ごとに

木造住宅で遮音性能にかかわる部位は、外壁、開口部、内壁、床である。空気音の遮音性能はD値で表す。D値は数値が大きいほど性能が高くなる。D値で表される壁の遮音性能は一般的に外壁でD－40、内壁でD－30程度となる。壁の気密性を高めたり、壁に吸音材を充填することで遮音性能を上げられる。

固体音の遮音性能を**L値**で表す。子どもが飛び跳ねたり走り回ったりしたときの衝撃音を重量衝撃音（LH）、物が落ちたり椅子を引きずる音などの衝撃音を軽量衝撃音（LL）と分類する。床の遮音性能は、L－75（LH、LL共）程度である。床は、重量のある下地を使うことで遮音性能を上げることができる。

サッシについては、JISでT－1からT－4までの4段階の遮音性能が定められており、数値が大きいほど性能が高い。木造住宅用のサッシは、ルーバーサッシを除いてT－1の遮音性能があり、遮音性能を上げるにはT－2の性能をもつアルミと樹脂の複合サッシや2重サッシを使用する。それ以上については、ビル用のサッシで対応する。

用語解説

L値（えるち）

遮音性能を表す単位の1つで、床の防音性能を評価する数値。L値が低くなるほど遮音性能は高い。床や壁を媒体にして伝わってくる音には「重量床衝撃音＝LH」と「軽量床衝撃音＝LL」がある

吊り天井の納まり

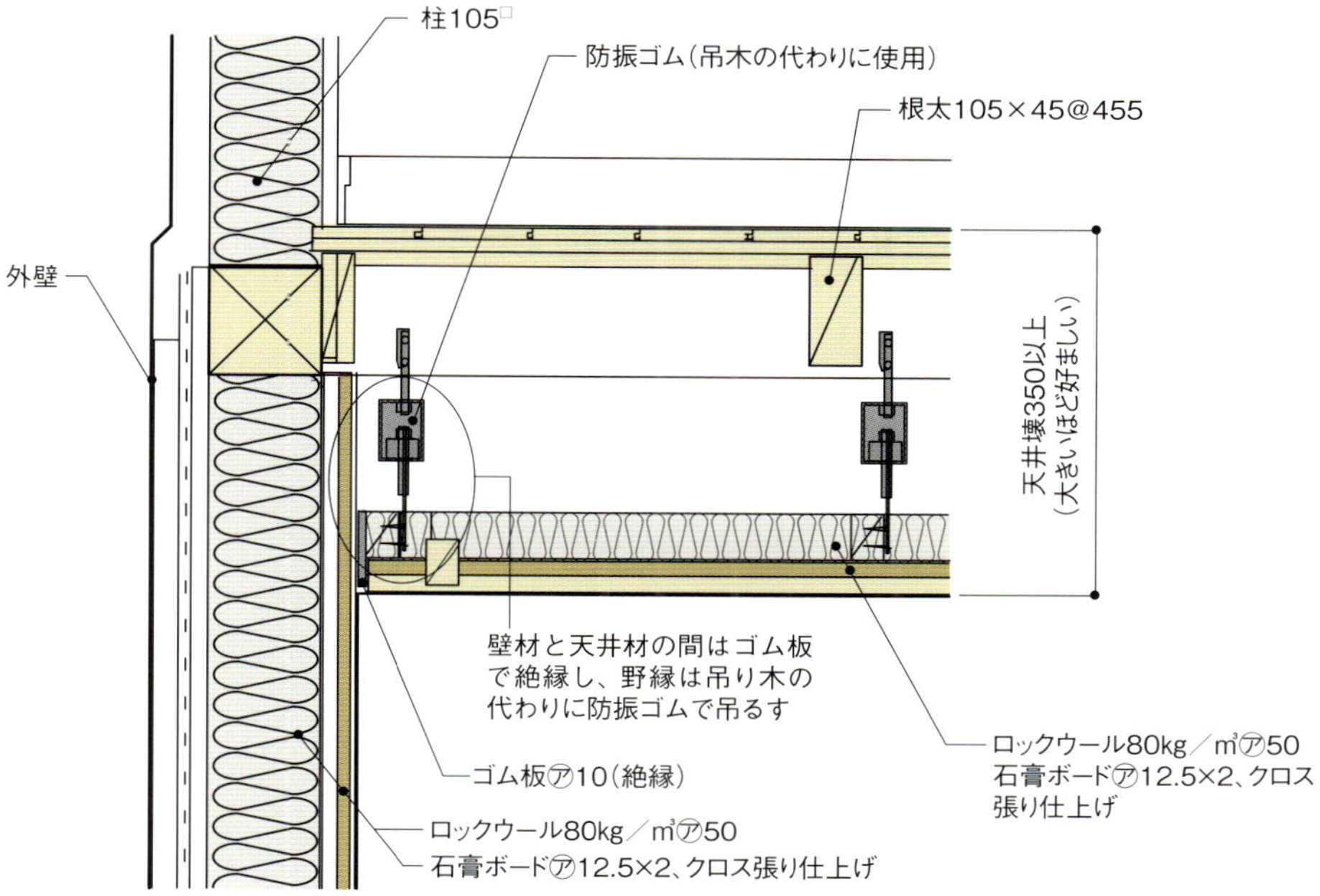

軸組と縁を切った床組の納まり

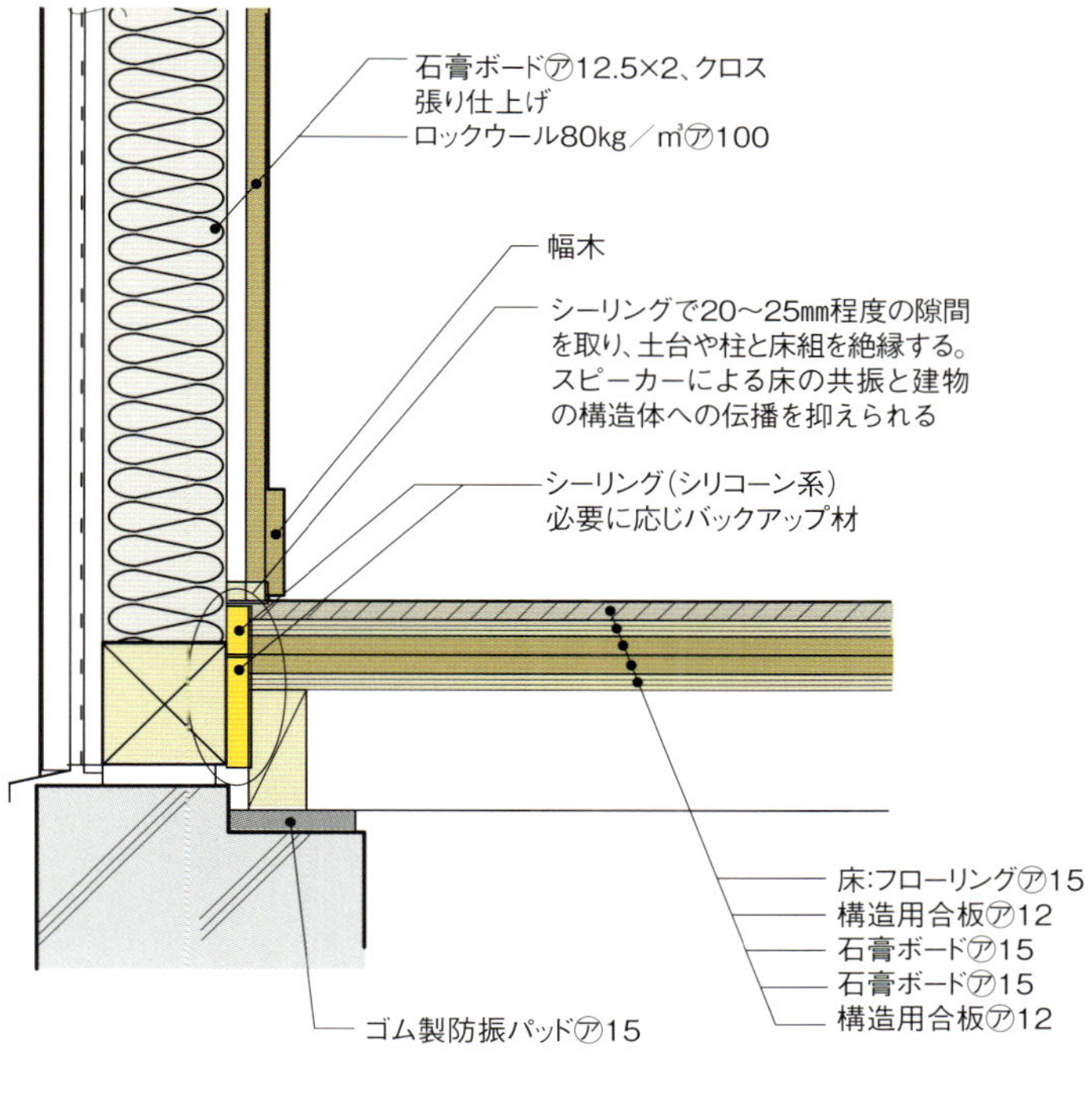

Point 外部からの騒音を遮断するのか、室内の音を外に伝えないのか目的を明確にする

和室の基本

080

和室の基本

現在の木造住宅では、本格的な和風住宅をつくるケースは減っている。しかし、一部屋だけでも和室をつくるケースはかなりある。和室は客間としたり、くつろぎの空間にもなるので、使い方が多様な空間となる。そのため、木造住宅を設計するうえで、和室の基本的なつくり方を押さえておく必要があるといえる。

文字で言えば楷書、行書、草書があるように、和室のつくり方においては、書院造などの本格的で硬い「真」、中間の「行」、数寄屋造の茶室などのやわらかくくだけた「草」と表現に段階を設け、空間に適したつくりとしている。材料から納まりまでさまざまな配慮がなされている。

木材の柱は、選択の幅があるが、四角い柱が「真」、丸太の丸い面角に残す**面皮**や角を落して大きめの面を取るのが「行」、丸太を使うのが「草」となる。硬い表現にするのか、やわらかい表現にするのかで選ぶことになる。

基本寸法

和室は、床に座った目線の高さを基準として設計する。重心を低くするのが基本である。

天井の高さは、8畳までは8尺（2千400mm）以上にはしない。建具の内法高さは6尺（1千800mm）程度にする。窓も、座っても外が見える程度の高さにする。当然、棚の高さも低めに抑える。

畳の割付け方には種類がある。壁芯で3尺（909mm）グリッドの江戸間と、3尺1寸5分（954・5mm）×6尺3寸（1千909mm）畳の大きさを並べてから間取りを決める京間がある。江戸間に比べて京間が大きい。

東海地方や中国地方、九州地方などにも独自の寸法が存在する。

用語解説

面皮（めんかわ）

四隅に皮を残して仕上げた柱のこと。茶室や数寄屋風書院などで用いる。無節の磨き丸太の四面をはつり、皮の部分を5、6分残すことで美しい中杢が現われる。樹齢の経った丸太から柱が取れる

和室の寸法

尺寸法

1尺＝303㎜

1寸＝30.3㎜

1分＝3.03㎜

1間＝6尺1,818㎜

半間＝3尺＝909㎜

半間を910㎜にするケースが多いが、尺寸法とずれてくるので909㎜にしたほうがよい

柱の真・行・草

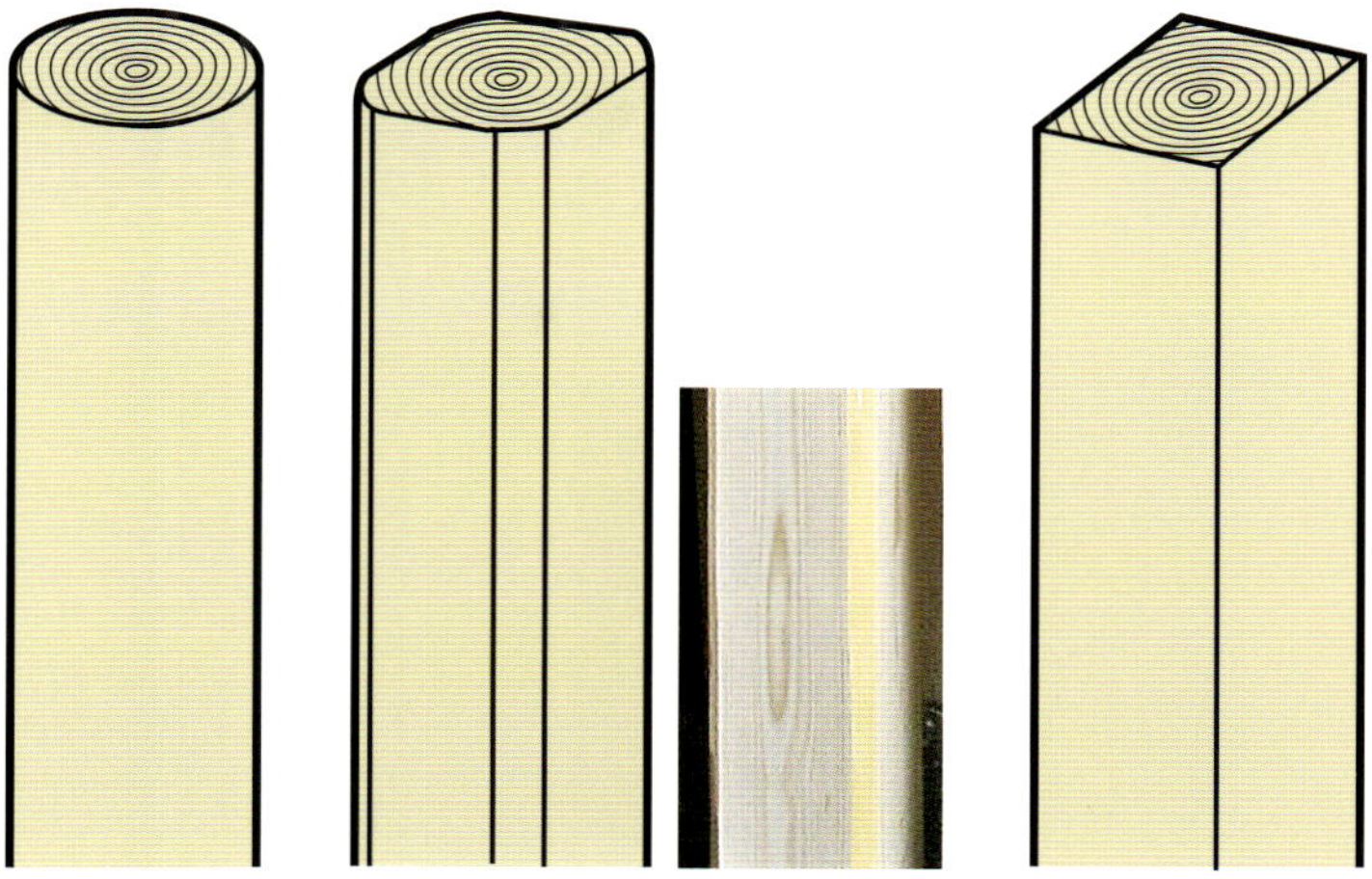

丸太（草）　面皮（行）　角（真）

和室の平面寸法

京間

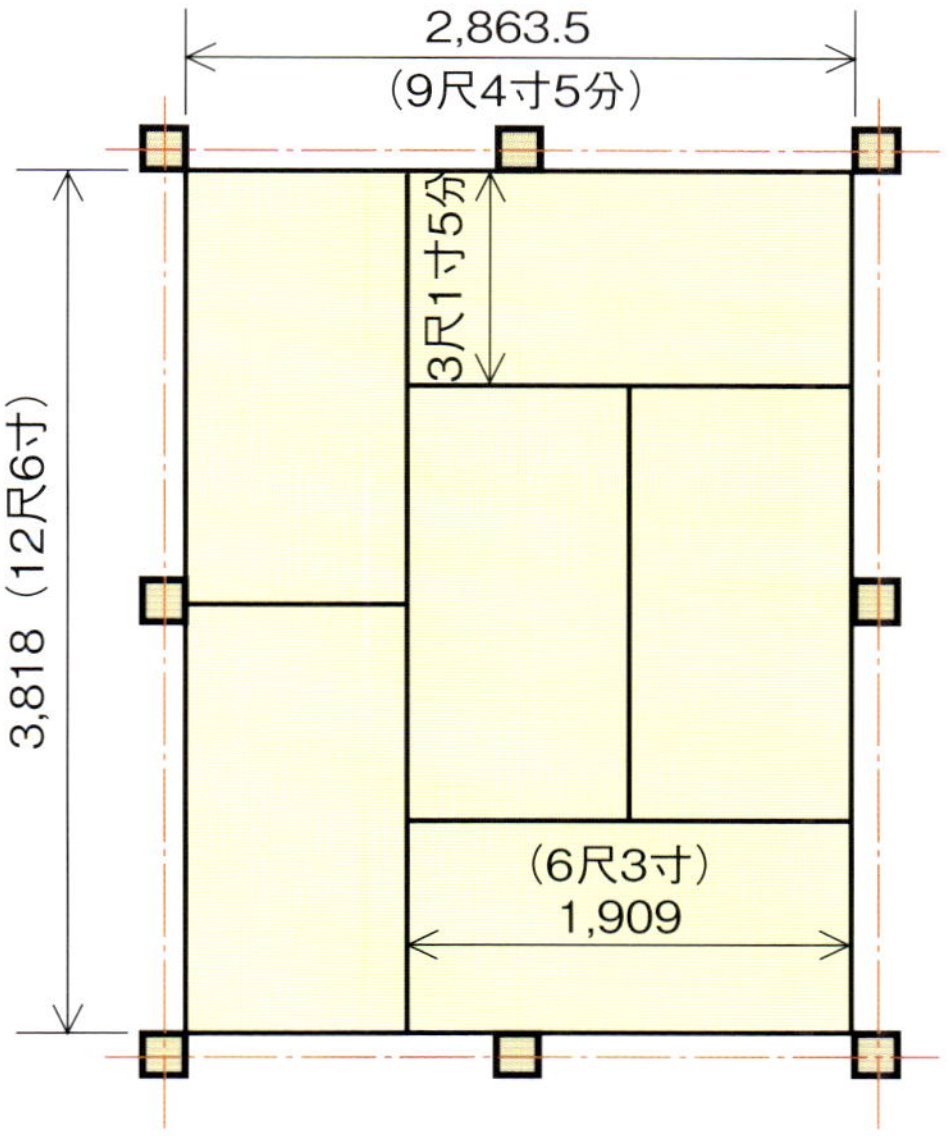

畳と柱のサイズで平面が決まる

江戸間

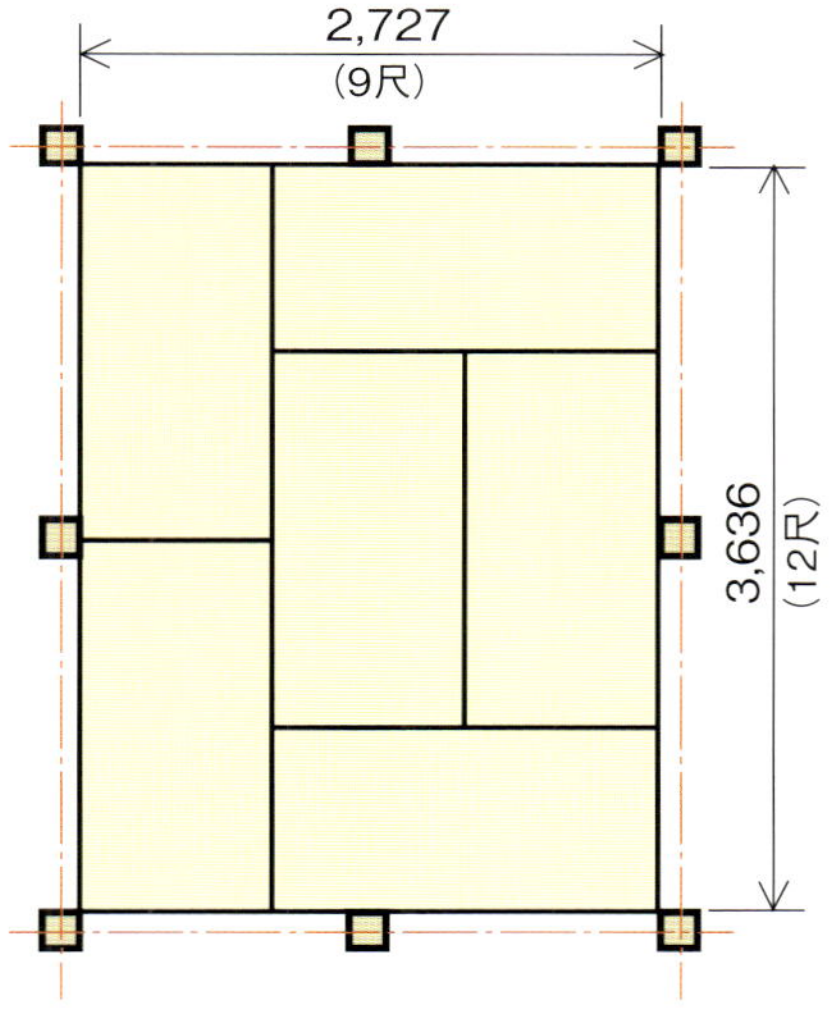

柱芯で平面を決める

Point 和室の寸法は尺寸法で設計するが、半間《はんげん》を909㎜として設計するとずれがない

畳、床の間

081

畳

畳は、藁床の上に**畳表**を取り付け、厚さは約60㎜となる。最近では、藁床の代わりに押出し法ポリスチレンフォームやインシュレーションボードを使うものも多い。

最近では、縁《へり》なし畳や、同じ縁なしでも沖縄の琉球畳を使うことが多くなってきた。琉球畳は目が大きいのが特徴である。畳の加工費は、1畳でも半畳でもほぼ同じであるため、価格はあまり変わらない。

機能面では、調湿効果を考えると藁床の畳がよい。畳表と藁床の間に防虫マットを挟み込むことがある。しかし、アレルギーをもつ住まい手の住宅に使用する場合は注意が必要である。

畳の下地として荒床を敷き、その上に畳を敷いていく。荒床は厚さ12㎜の合板を使うことが多い。スギ板を使うこともある。そして、壁と畳の隙間に畳寄せという部材を取り付ける。通常、畳寄せが取り付き、採寸をした上で畳をつくる。

敷き方は、床の間に向かって縁の方向を向ける「床差し」とならないようにする必要がある。ただし、茶室の場合は、床差しになる場合もある。

床の間

本格的な床の間の床は「本床」と畳表に縁を付けた薄縁畳を敷く。縁は、「紋べり」を使用する。良質のイ草を陰干しして飴色にし、荒めに編んだ「りゅうびん」という畳面を使う。床柱は、銘木と呼ばれる高級材を使用するか、スギの磨き丸太や面皮が使われる。

部屋の大きさにもよるが、床の高さは高くし過ぎず、落とし掛けも上に上げ過ぎなければ品よく納められる。

本格的な床の間ができなくても、飾り棚や壁に幕板を取り付けただけの平床とすることもある。

用語解説

畳表（たたみおもて）

畳の表面に張られた部分のことで、イ草または七島い（しちとうい）の茎を乾燥させて織ったゴザ。新素材を使って畳表風に仕上げた製品もある。織り方もさまざまにある

畳の納まり

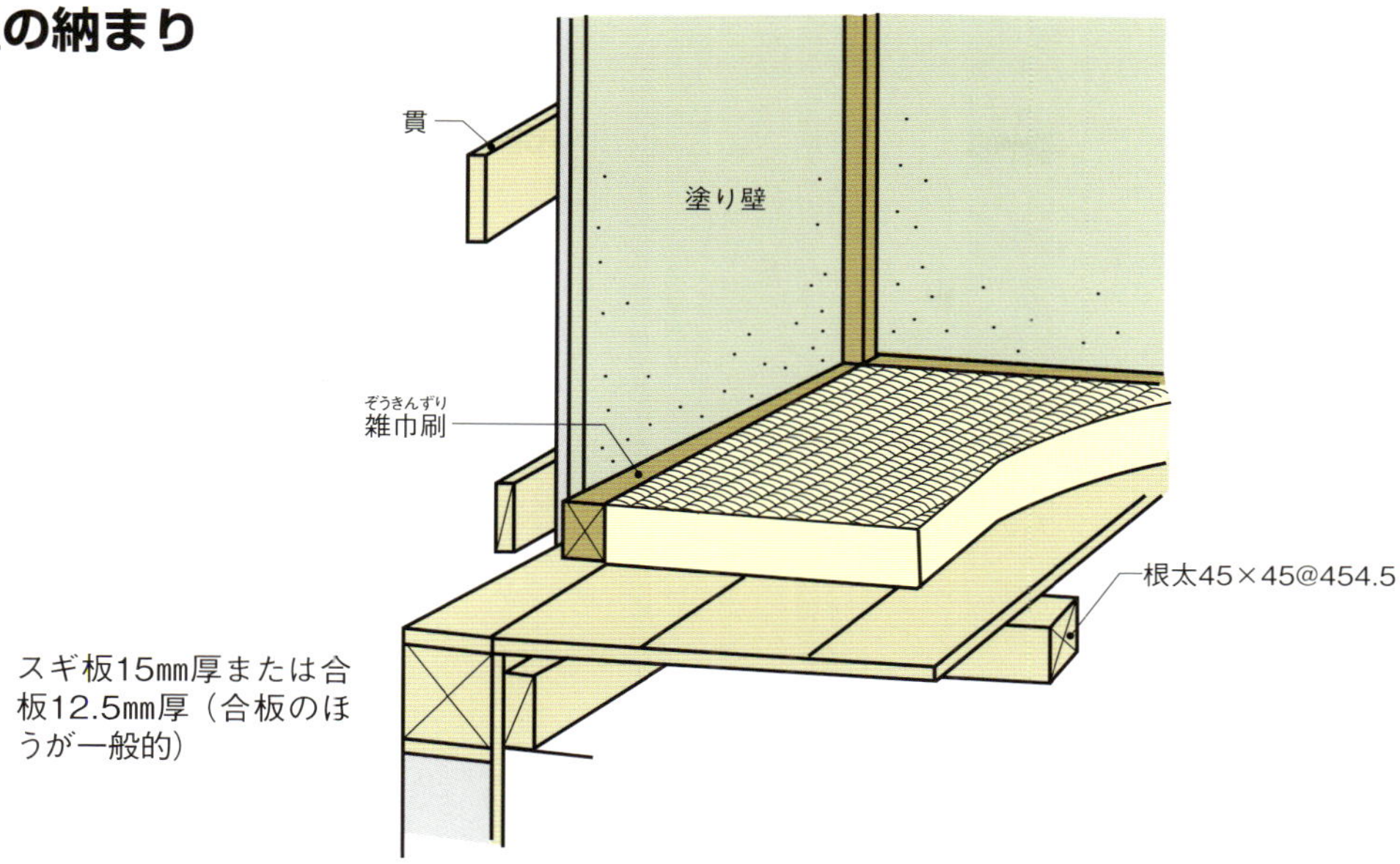

床の間（本床）

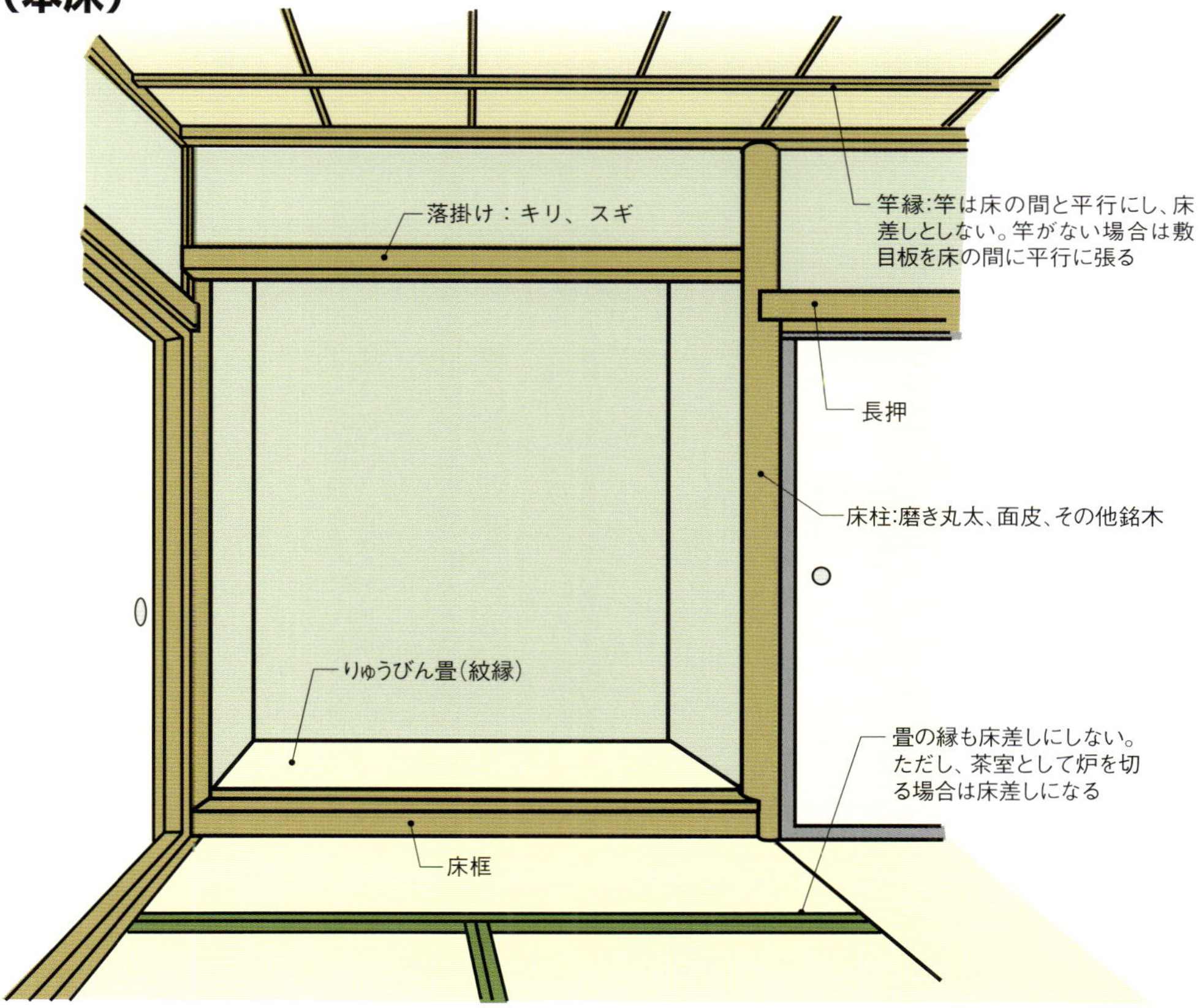

Point 原則、畳の縁が床の間の方向へ向いた床差しとならないように敷くこと

竿縁天井・縁側・造作 082

天井と造作

和室の天井の多くは、合板の敷目板張り（目透し張り）である。板目には柾目と板目があるが、木目が落ち着いているのは、板の中心付近に木目のある中杢である。床と同じように、目地の方向を床差しにしないように気をつける。

本格的な和室になると、竿を入れて竿縁天井にする。通常、20㎜程度の竿を360～450㎜ピッチで入れていく。20×30㎜ほどの部材を横にして取り付ける平竿という仕上げ方もある。

竿の方向は床差しにしないよう、床の間と平行に入れるのが基本である。

和室の造作枠は、真壁が基本で、見付幅を30～35㎜程度にする。洋室に比べると大きい。また、基本的に角の納まりを「留め」にしない。

また、部材の角に面をとり、面の幅や向きでディテールを決めていく。長《なげ》押《し》に面をとり、全体のデザインを柔らかくすることもある。

縁側

和室の前に広縁をつくることで、内と外との中間的な領域を演出する。本格的な和室には、広縁を設置する。

広縁の大きさは、原則的に幅が3尺（909㎜）から6尺（1千818㎜）である。3尺5寸（1千60㎜）程度が妥当な幅であろう。

構造的に考えても、**下屋**にするのが本格的なつくりである。天井高さを低くして、軒裏から化粧の天井とすることもある。

室外に設置する濡れ縁は、庇より内側につくり、幅600㎜程度とすることが標準である。

板の張り方は、横方向か縦方向に張るが、いずれにしても、外の方向に水勾配をとり、雨水が溜まらないようにすることが大事である。

用語解説

下屋（げや）

主屋の屋根から差し架けた片流れの屋根のこと。またはその下にある突出した空間をいう。下屋は、架構と間取りを一致させる原則上、物置、廊下、トイレなどに利用されることが多い

敷目板天井

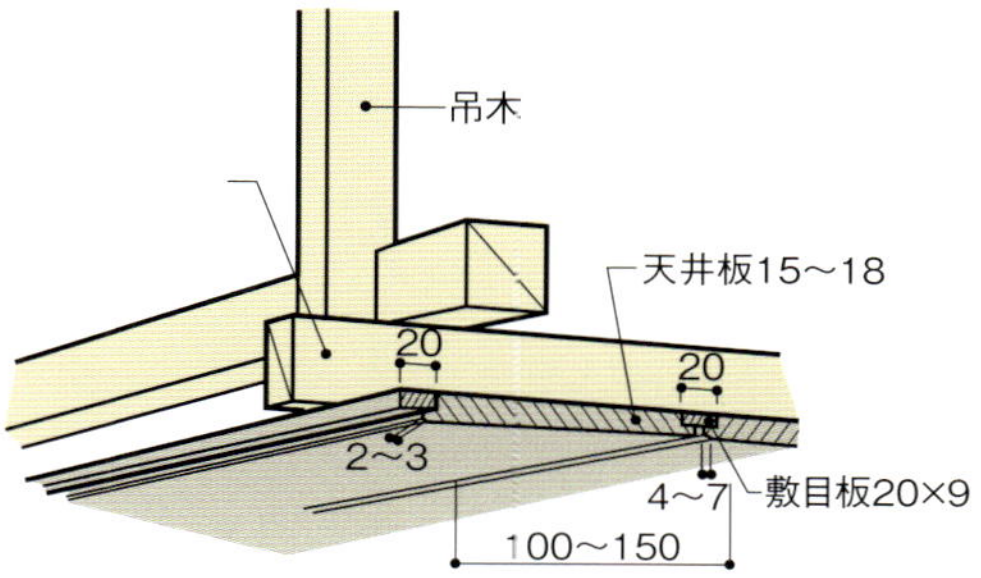

竿縁天井

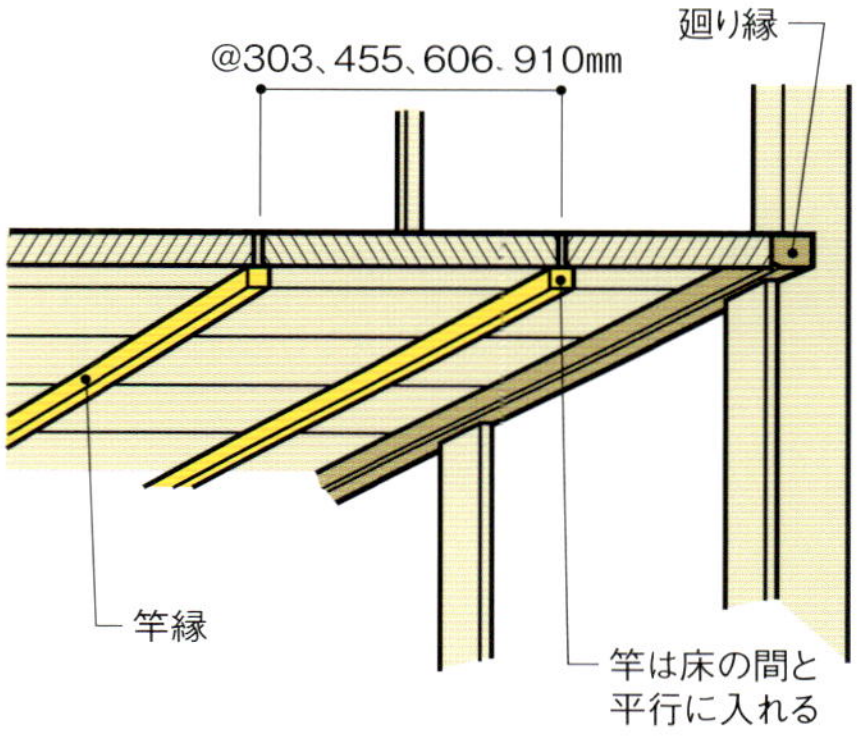

天井目地と竿の方向

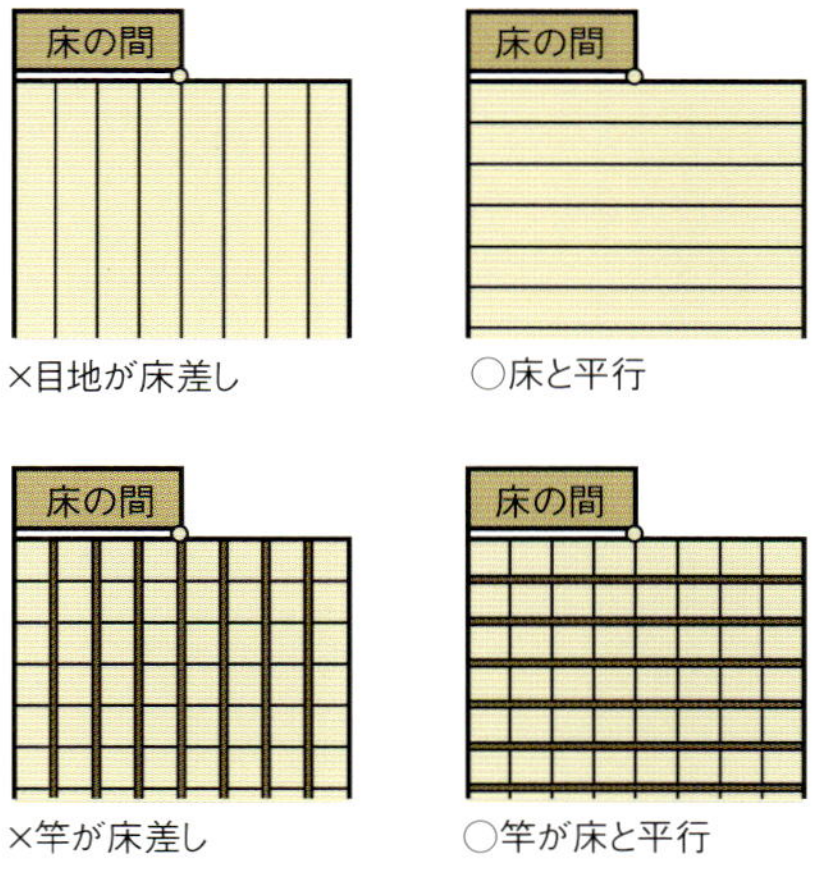

広縁の構成

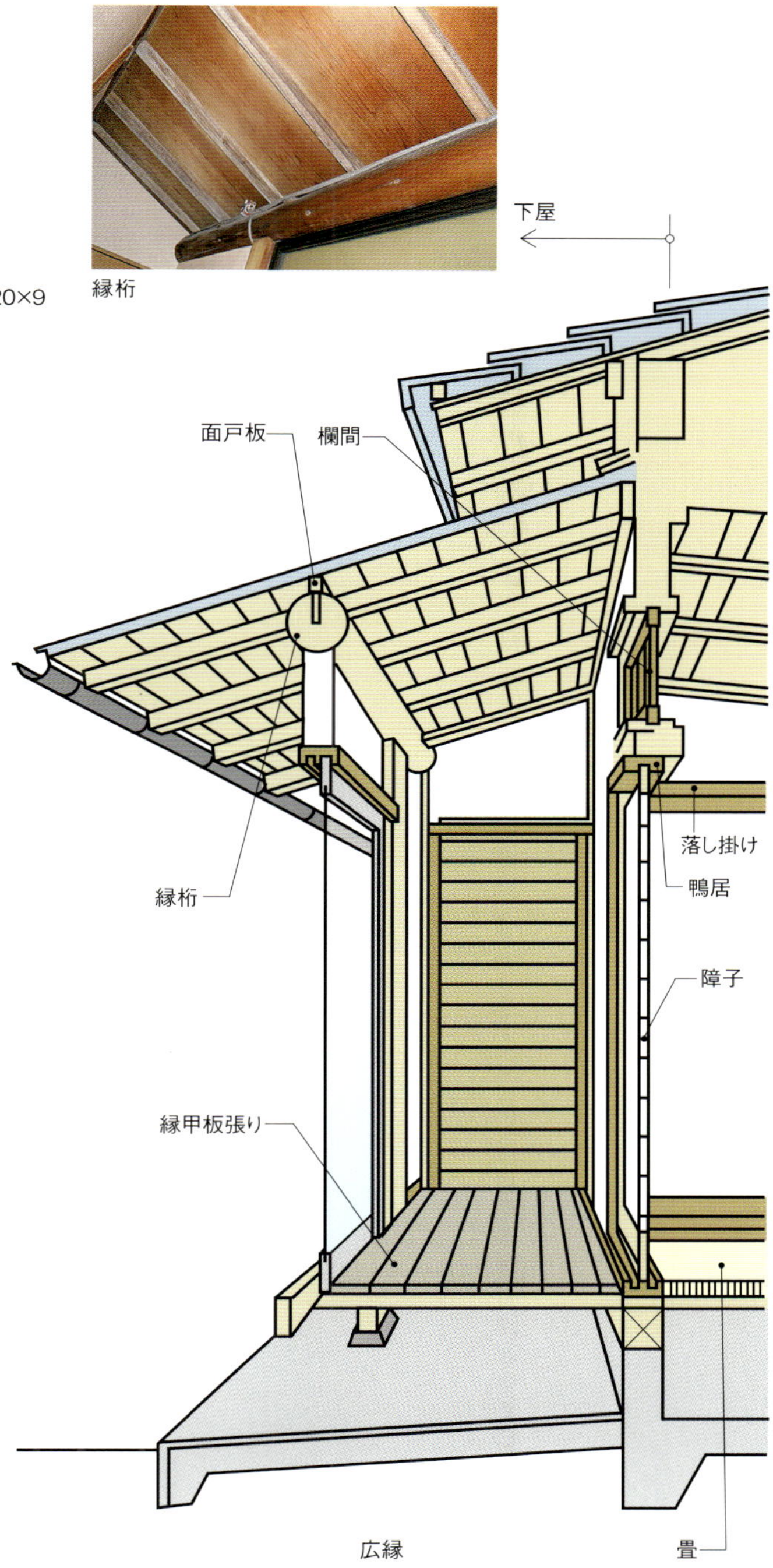

Point 和室の造作枠は見付幅が洋室に比べると大きく、角の納まりを留めにしない

障子・襖

083

障子

和室の建具には、主に障子、襖が使われる。障子と襖はさまざまなつくり方と素材の使い方があるので、基本を押さえておきたい。

障子を使うと、障子紙を通した光が柔らかく部屋に差し込み、空間を演出することができる。そのため、洋室でも障子を使うことが多くなってきている。

障子の見込み（厚さ）は、30㎜ほどになる。以前、桟の割付けは、障子紙の幅で決まっていた。しかし、最近では幅広の障子紙があるため、桟の割付けを自由にできる。組子をやや大きめの割付けとすると、洋室にも合うデザインになる。

障子の素材は、スギやスプルスなどを使う。スギ材は、秋田スギなどの高級なものや、一般に使われている地スギがある。

障子の形状は左頁のようにさまざまにあるが、障子の桟の下半分がスライドして上がる雪見障子は、開口部の演出として有効に使える。

襖

襖のつくりは、木材で格子状の枠をつくり、和紙を下張りして、その上に仕上げの襖紙を張る。そして、周囲に枠を取り付ける。

襖の見込み（厚さ）は7分（21㎜）が標準である。通常の板戸の溝の寸法とは異なるので注意が必要である。

襖枠は、黒や茶色に塗装する。漆か、漆に似た色調をもつ塗料であるカシューを塗る。艶消しと艶ありがあるが、艶消しのほうが高級感がある。自然な感じを出すには、白木枠や枠なしの**太鼓張り**の襖とするとよい。

引手は、さまざまな形状があるが、一般の住宅では、丸や四角などシンプルな形で柔材のものがよいだろう。

用語解説

太鼓張り（たいこばり）

襖などの建具のつくり方の1つで、襖など格子状の骨組みの表と裏に紙や板を張り、中を空洞にしたもの。中に空気層があることから断熱性があり、主に寒冷地で使われてきた

障子のつくりと主な種類

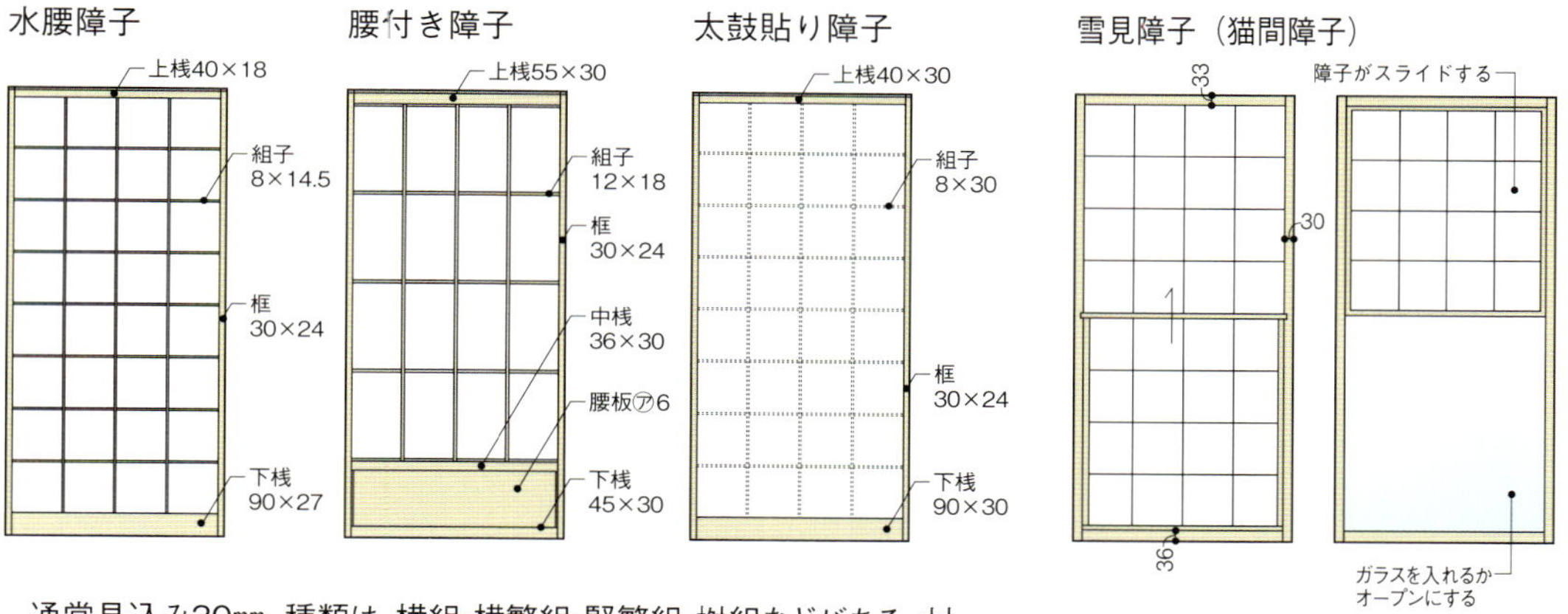

通常見込み30㎜。種類は、横組・横繁組・竪繁組・桝組などがある。材質は高級な仕上げにはヒノキ、一般的な建物ではスギが多く用いられる。材は通常白木だが、高級な仕上げでは漆塗りにする。また、今日では、塗装を施すこともある

鴨居との納まり

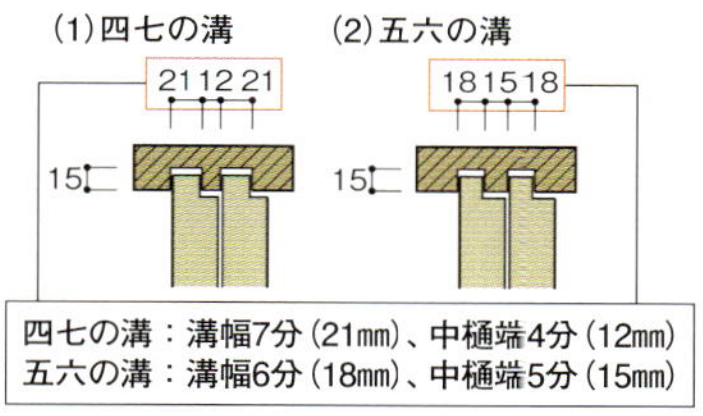

障子のバリエーション

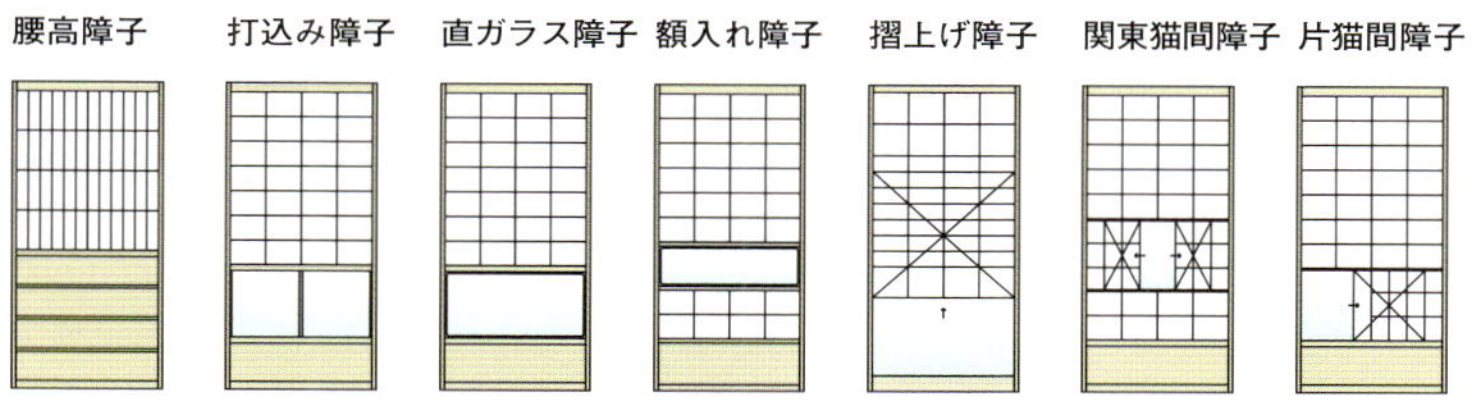

襖のつくりと主な種類

襖の構成（縁付き襖）

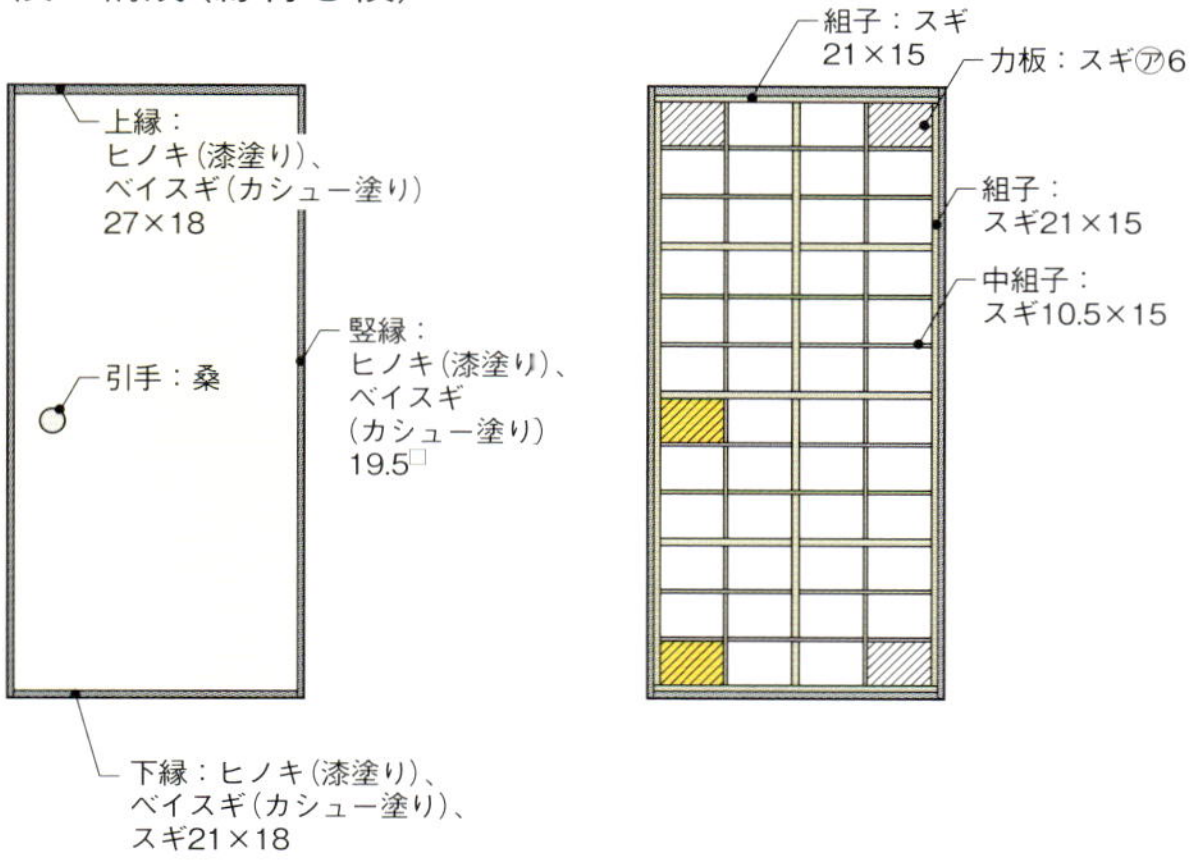

鴨居との納まり

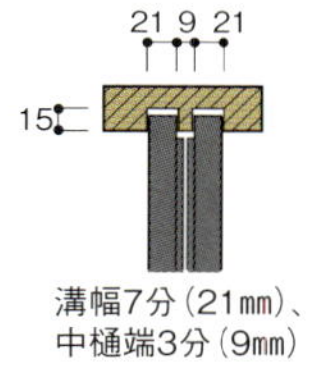

襖のバリエーション

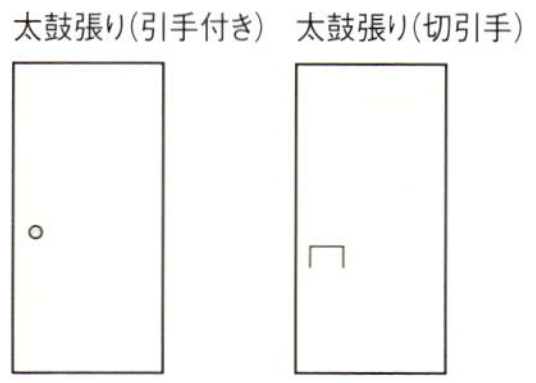

高さ1,800㎜、幅900㎜内外の襖で、中組子は竪3本、横11本とする。組子は21×15、21×16.5、中組子は10.5×15または18×15、力骨24×15、27×15ぐらいとする。下地骨を補強するために、竪の中組子を両サイドだけ1本ずつさらに細かく入れたものもある。4隅に厚さ6㎜程度で幅100㎜内外の力板を入れて襖のたわみを防ぐ

Point **障子の見込みは30㎜、襖の見込みは21㎜程度が標準となる**

玄関

084

玄関の基本的なつくり

住宅の顔として、人を迎え入れるのが玄関である。玄関の基本的なつくりを解説する。

欧米では、玄関のドアは内開きとする。外から押されても、押し返して支えることができるため、防犯の観点では内開きのほうがよいとされている。また、人を迎え入れるという点においても内開きが適している。

ただし、防水上の納まりとしては外開きが適しているため、日本の住宅の玄関ドアはほとんどが外開きである。

既製品のサッシのドアは、コスト的にかなり選択肢がある。中途半端なデザインのドアではなく、あえて、シンプルなアパート用のドアなどを活用するのも1つの方法である。

玄関の土間は、タイルを張ったり、**洗い出し**仕上げ、シンプルにモルタル仕上げ、モルタルに小石を埋め込む仕上げなどとする。

土間から床に上がる部分を上がり框という。上がり框は土間から1階の床に上がる段差の角に取り付ける。通常、250㎜ほどの段差にする。靴を履いたり脱いだりするには、250㎜程度の段差が適しており、それより低くなると膝を曲げないと動作ができないため使いにくくなる。

バリアフリーのために段差をなくす場合もあるが、椅子を置くなどして靴を履いたり脱いだりする動作をカバーする必要がある。

上り框の材質は、床材に合うものにし、通常、ナラやヒノキなどを使う。

玄関の収納

下足入れは必ず必要で、靴以外にも傘、雨具などの収納をつくる必要がある。玄関に連続したシューズクロークは、外で使うものや泥のついた野菜などを収納することができ、便利である。

用語解説

洗い出し（あらいだし）

左官の仕上げの1つで、種石を練り合わせたモルタルを上塗りし、それを水や酸で洗い出して、モルタルに種石が自然な風合いで見えるようにする仕上げ。玄関の土間やアプローチなどに使われる

玄関ドア（片開き戸）の納まり

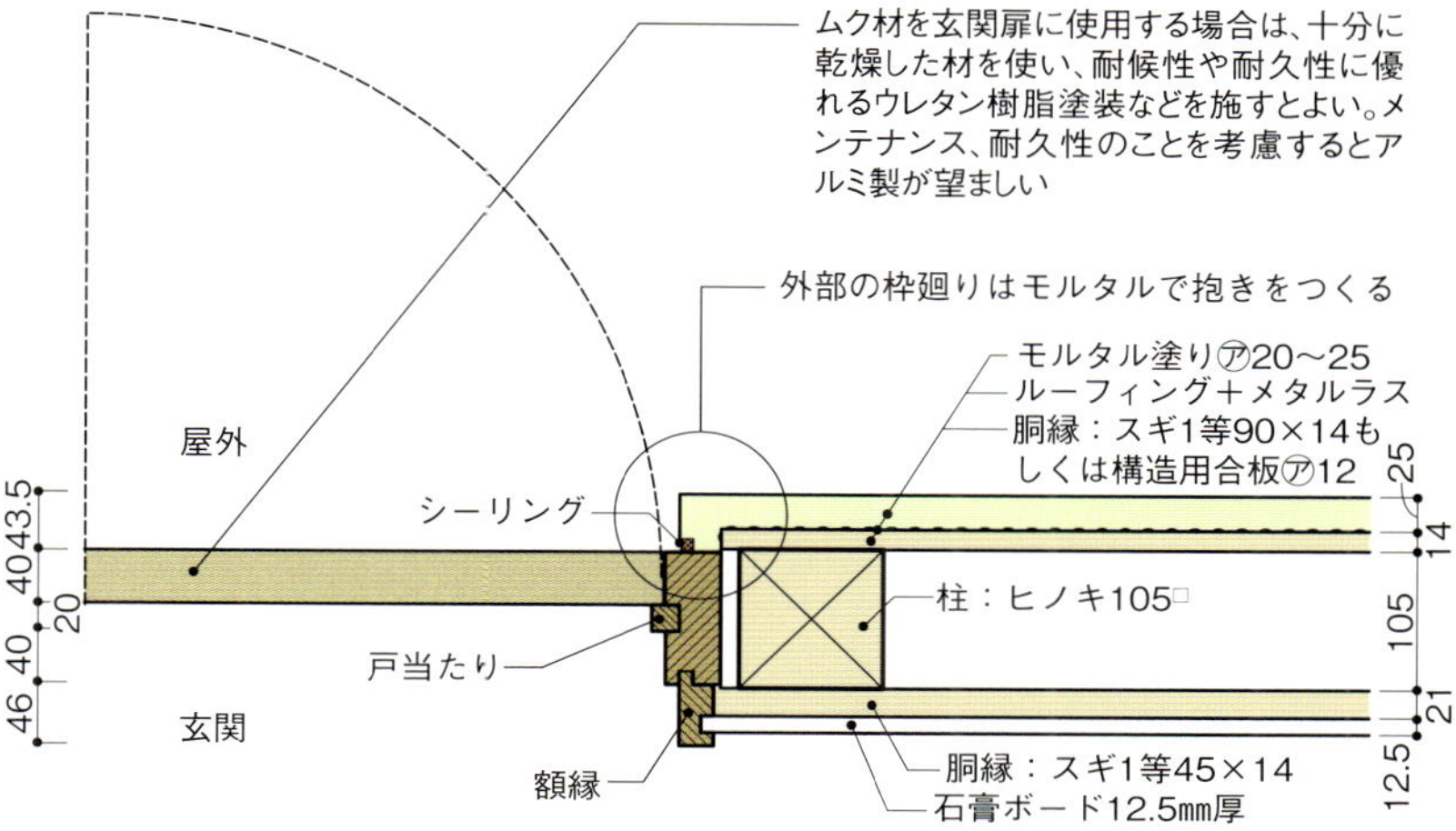

上り框の納まり

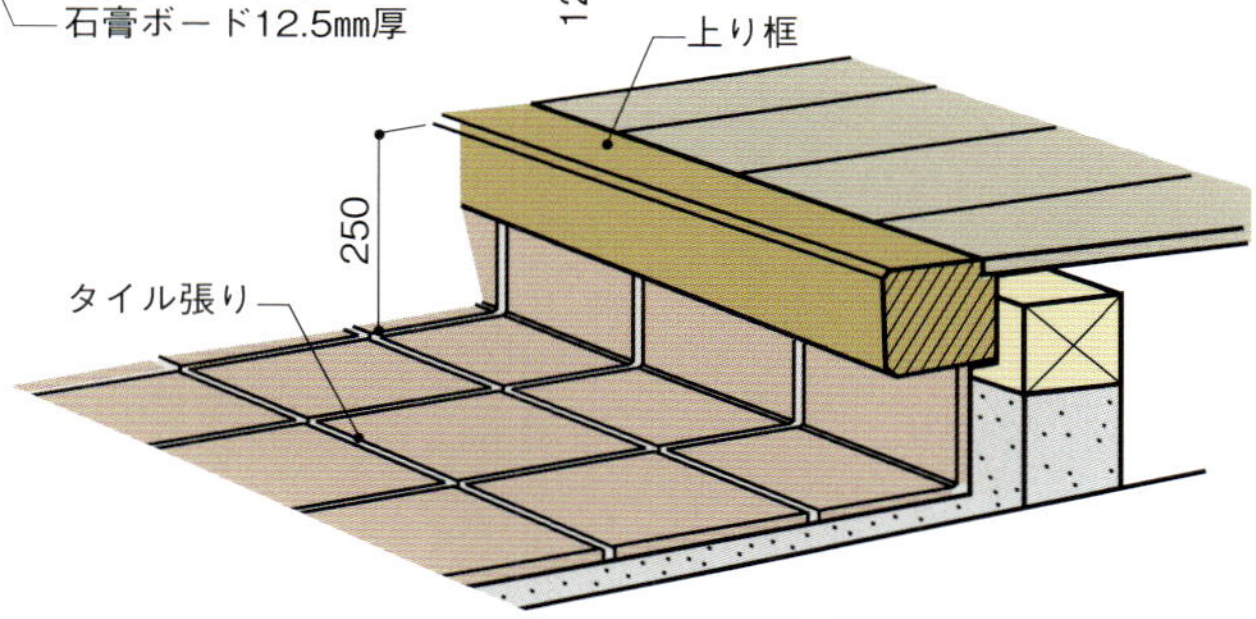

土間の仕上げ

シューズクローク

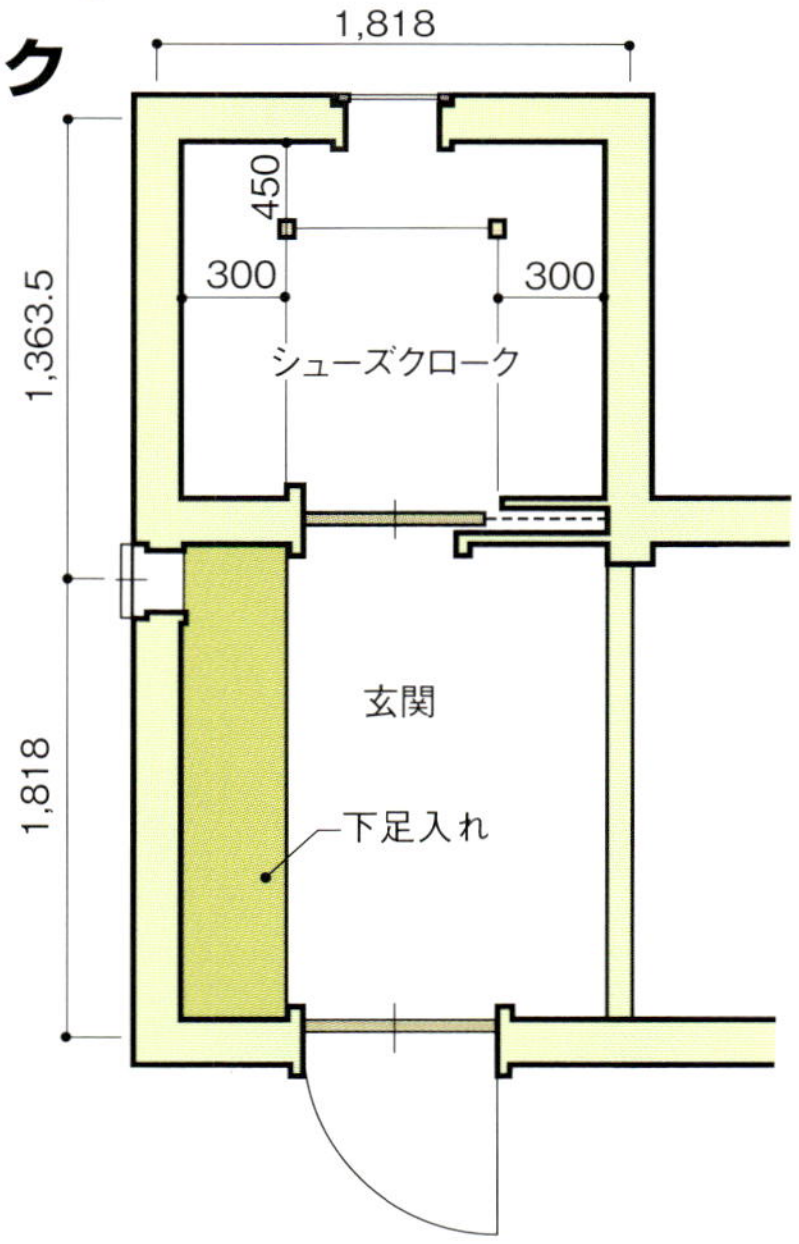

Point 欧米では玄関ドアは防犯上の理由から内開きだが、日本では防水上の理由から外開きがほとんど

浴室・便所

085

浴室

浴室と便所は、設備を取り付けるため、納まりが複雑になる。

最近は、防水性や施工時間、コスト面で有利なユニットバスを使うことが多い。一方、下地をつくり、浴槽を据えて、タイルなどで仕上げる今までのつくりを在来工法という。基礎を通常の基礎天端より600㎜ほど高く立ち上げて、土台や柱を腐りにくくする。あるいは、**耐水合板**で下地をつくり、防水層を施工して防水性を高める。

浴室の床面の高さは、バリアフリーを考えて、一般の床面との段差をなくしたい。その際、排水のために入口にグレーチング付きの排水溝を付ける。入口の扉は引戸とするが、車椅子が移動できる幅を確保するためには3枚引戸にするとよい。

床には床用のタイルなどを張るのが一般的である。足裏がひんやりしないタイルもある。足裏がひんやりするのを避ける方法として、床に500㎜角ほどのヒノキ製のスノコを床と平らに埋め込み、その下に排水を取ることもある。木製スノコの床は取り外して干せるようにしておく。

壁は、タイルや専用のパネルを張るのが一般的である。床から1m程度の腰部分をタイルにし、その上を、ヒノキやサワラなどの水に強い板を張ることもある。天井は、樹脂製の浴室用パネルを張るか、板張りにする。

便所

便所の扉は、中にいる人が倒れたときのことを考え、外開きか引戸にする。

壁仕上げは通常の室内と同じように考えればよいが、腰壁を板にして汚れにくくするとよい。バリアフリーとして、床の段差をなくし、手摺を設置する、または将来手摺を取り付けられるように下地を入れておきたい。

用語解説

耐水合板（たいすいごうはん）

合板は接着強度を保証するため、耐水性能によりJASによって、耐水性の高いものから「特類」・「1類」・「2類」・「3類」の四段階に分類される。一般に、耐水合板は特類または1類のことをいう

浴室の構成

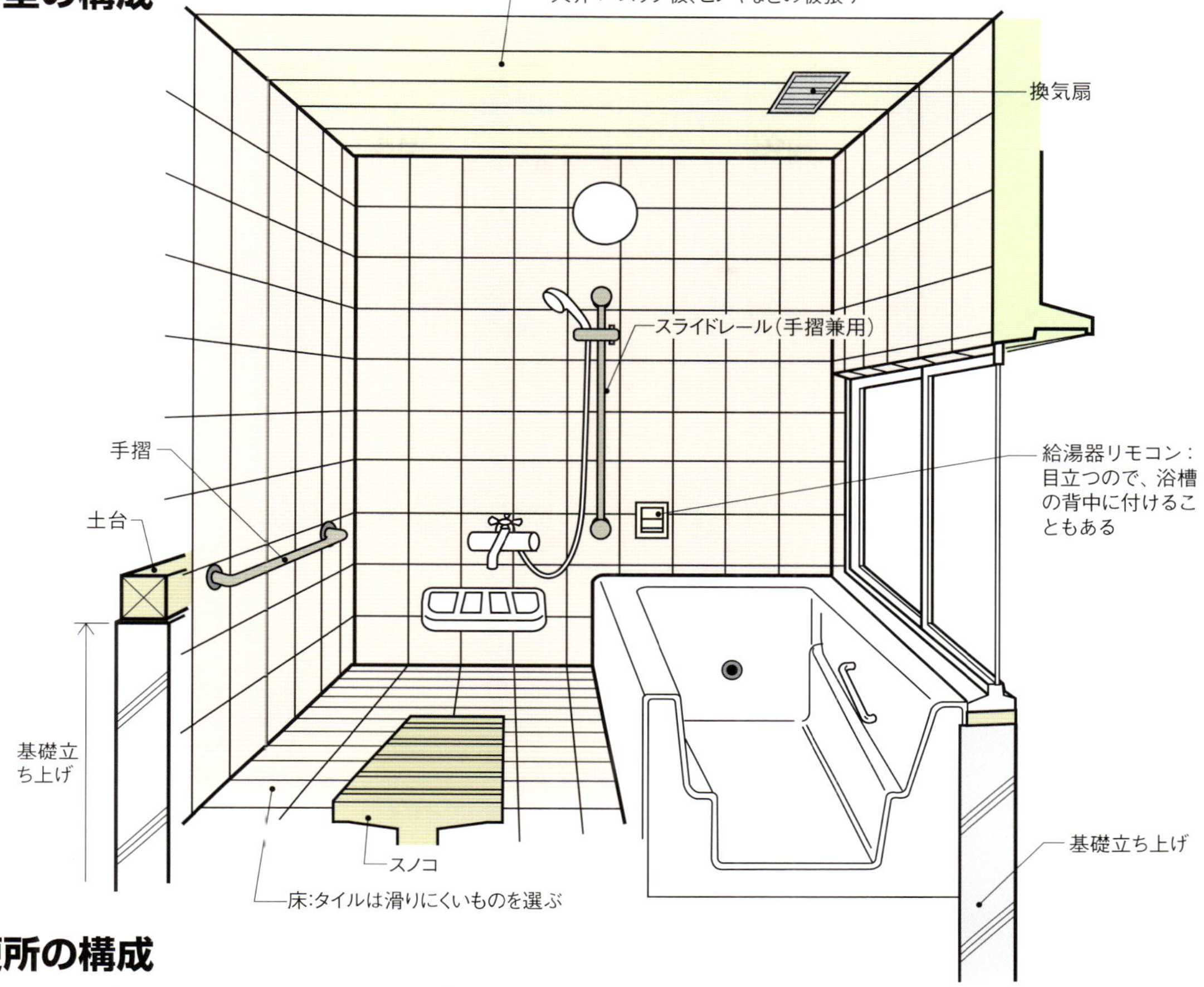

便所の構成

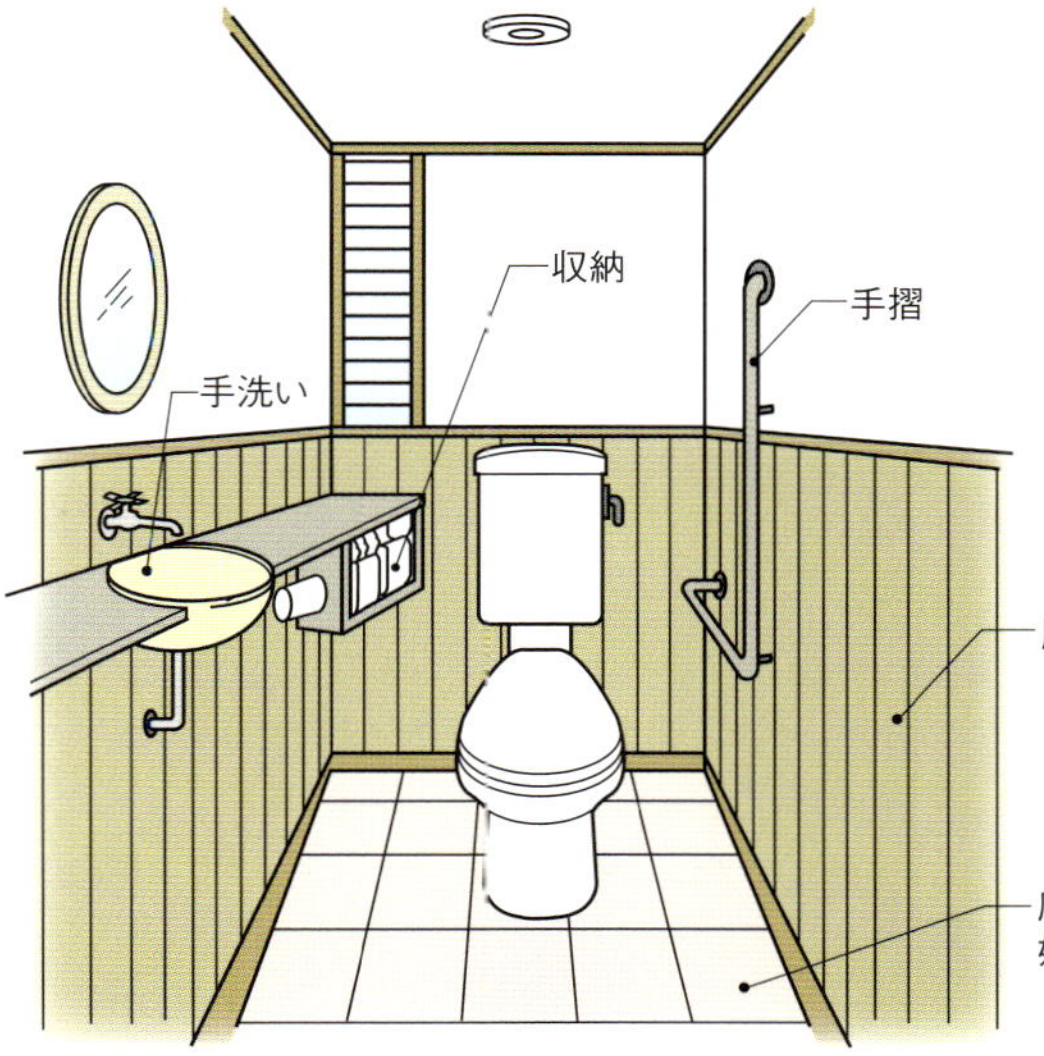

ハーフユニット。上の仕上げは自由に選べるタイプ

Point 浴室を在来工法でつくる場合、基礎天端を通常より600㎜ほど高くし土台や柱を腐りにくくする

台所

086

設備と収納が集中する

台所は、設備が集中するうえ、大量の収納が必要となる。また、住まい手のライフスタイルによってさまざまなつくり方が考えられる。設計者の腕の見せ所だ。

キッチンは既製品を入れる場合と造付けにする場合がある。

既製品は、**システムキッチン**と呼ばれるものから、流し台・コンロ台などを別々に並べるタイプのもの、業務用などの選択肢がある。

システムキッチンは、価格の幅が大きく、流し台の天板もステンレスや人工大理石など豊富にある。引き出し式の収納や食器洗い機などの組み込みなどバリエーションもさまざまである。

引き出しや収納などをオーダーでつくる場合は、天板のみ取り付け、下をオープンにしたほうがコストもかからず、結果的に使いやすくなる。

個別に並べるタイプは、安価だが、天板に継ぎ目ができてしまうため、現在あまり使われていない。

業務用は、中古品や安価な汎用品もあり、実用的でもあるため、住まい手によっては上手に活用できるだろう。

収納

台所の収納は、かなりの量が必要となる。収納とともに、炊飯器やポットなどの家電器具を置くスペースや作業台スペースが必要になる。流し台や収納の下をオープンにしておけば、ゴミ箱などを置くスペースとして活用できる。

小さくても食品庫をつくると便利である。その際、幅100㎜程度の薄い棚をつくると食品を収納しやすい。

床下収納は、床暖房を設置する場合は使えず、また、必ずしも十分活用していないことも多く、必要かどうかを十分に検討したほうがよい。

用語解説

システムキッチン（しすてむきっちん）

流し台や調理台、加熱調理器、収納スペースなどを組み合わせ、その上に天板を載せて1つにしたキッチンのこと。昭和40年代の高度経済成長期にドイツから輸入され、日本の住宅に合うようにアレンジされた

キッチンの構成

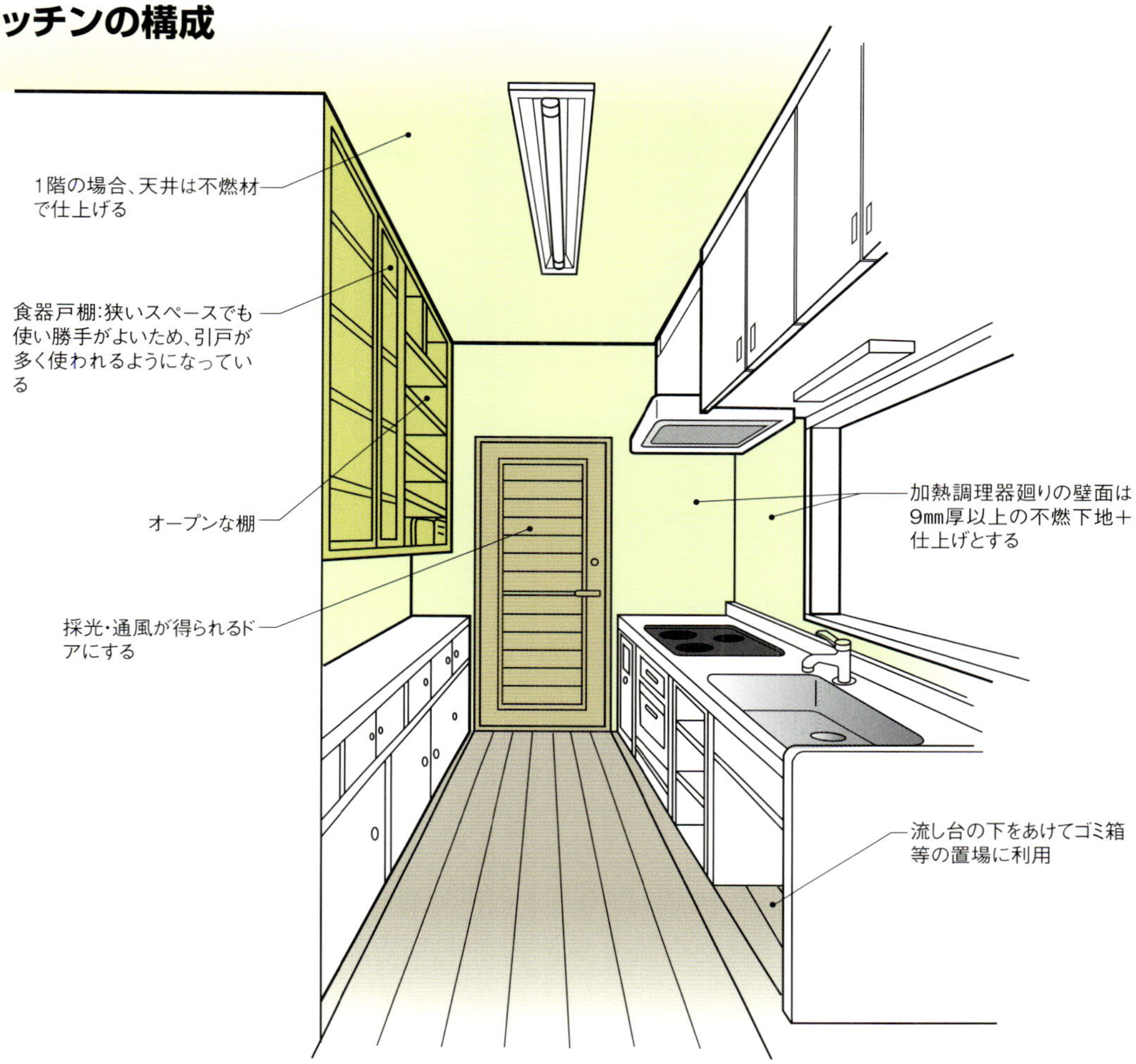

1階の場合、天井は不燃材で仕上げる
食器戸棚:狭いスペースでも使い勝手がよいため、引戸が多く使われるようになっている
オープンな棚
採光・通風が得られるドアにする
加熱調理器廻りの壁面は9mm厚以上の不燃下地+仕上げとする
流し台の下をあけてゴミ箱等の置場に利用

キッチンのレイアウトとその特徴

クローズ式

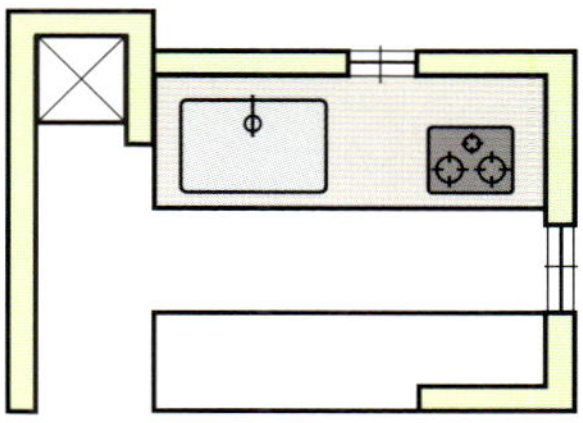

他のスペースから内部が見えない。また、採光が少なくなりやすい。本格的な調理をするには向いている

対面式

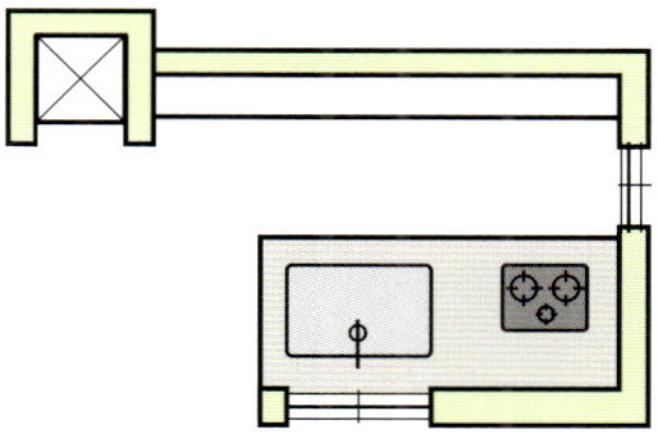

他のスペースと一体的な空間になる。調理台の上に吊戸棚を設置するとセミクローズドの空間となるが、最近は吊戸棚を設けないことが多い

アイランド式

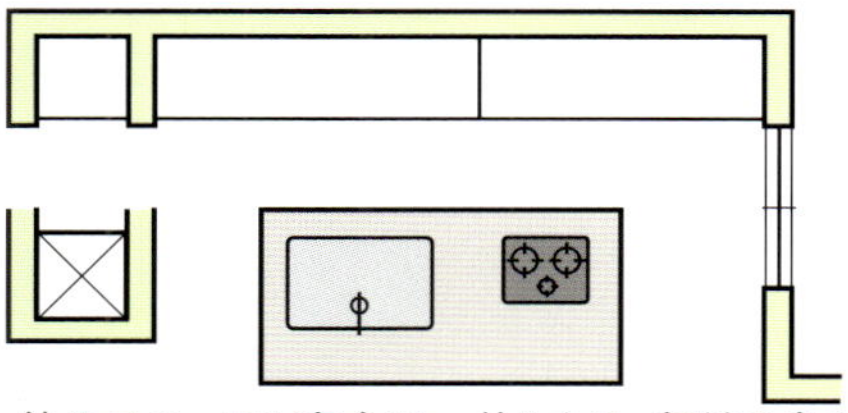

他のスペースと完全に一体となる。収納を多く設けて乱雑にならないような工夫や、匂いや煙などがリビングなど他のスペースに回りにくくするよう、換気対策などが必要

Point 造付けキッチンは複雑なつくりにせず、下をオープンなつくりとしたほうが使いやすいうえ、コストも下がる

階段

087

階段の形式と基本寸法

階段は転落事故が発生しやすい。そのため、階段は安全かつ上りやすくつくる必要がある。

階段は、住宅全体の平面や断面計画のなかで決まってくるが、直線に上り下りする直階段から、折り返す折れ階段、らせん階段などとバリエーションが多い。面積の関係もあるが、安全性を考えると踊場をつくることが望ましい。また、折れ階段の回転部分は、3段以下にする。

階段の基本寸法として、まず、階段の角度を45度以下にするのが目安である。階段幅を750㎜以上確保するために、壁芯で900㎜できれば1千㎜はとっておきたい。

階段1段分の高さは蹴上げといい、階高を等分してその寸法を決める。木造住宅の階段の蹴上げは建築基準法で230㎜以下、踏面《ふみづら》は150㎜以上と定められている。上りやすさを考えると200㎜以下の蹴上げ、平面的には900㎜の4等分で225㎜ほどの踏面を確保したい。

階段のつくり方

階段の段板を両脇の**側桁**で支えるのが一般的なつくり方である。側桁を段形につくったものをささら桁といい、その上の段板をのせる階段もある。最近は、既製品のユニット階段が多く使われるようになっている。

また、踏面を滑りにくくするために、段板の先のほうに溝をつくったり、滑り止めのノンスリップを取り付けることがある。

安全性を確保するために手摺の設置が義務付けられている。手摺は太さ30㎜程度が一般的だが、やや細めのほうが握りやすい。通常は、片側に付ければよいが、将来のことを考慮し、両側に付けられるように壁面に手摺取り付け用の下地を入れておくとよい。

用語解説

側桁
（がわけた）

家具や階段を構成するための側面に取り付けられる板材のこと。階段の側桁は踏み板を挟み込むように取り付けられる

階段の標準寸法

建築基準法による階段寸法

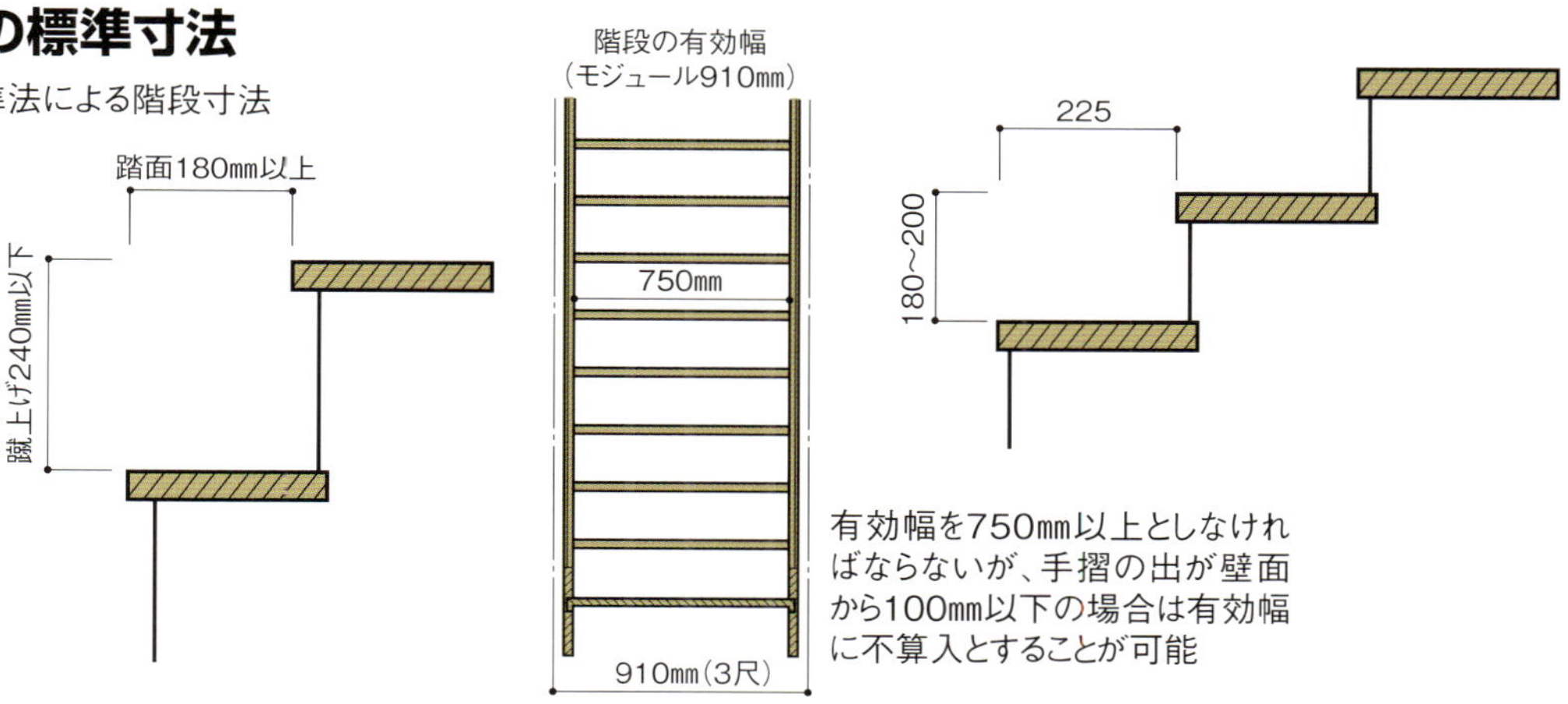

有効幅を750mm以上としなければならないが、手摺の出が壁面から100mm以下の場合は有効幅に不算入とすることが可能

階段と天井高の関係

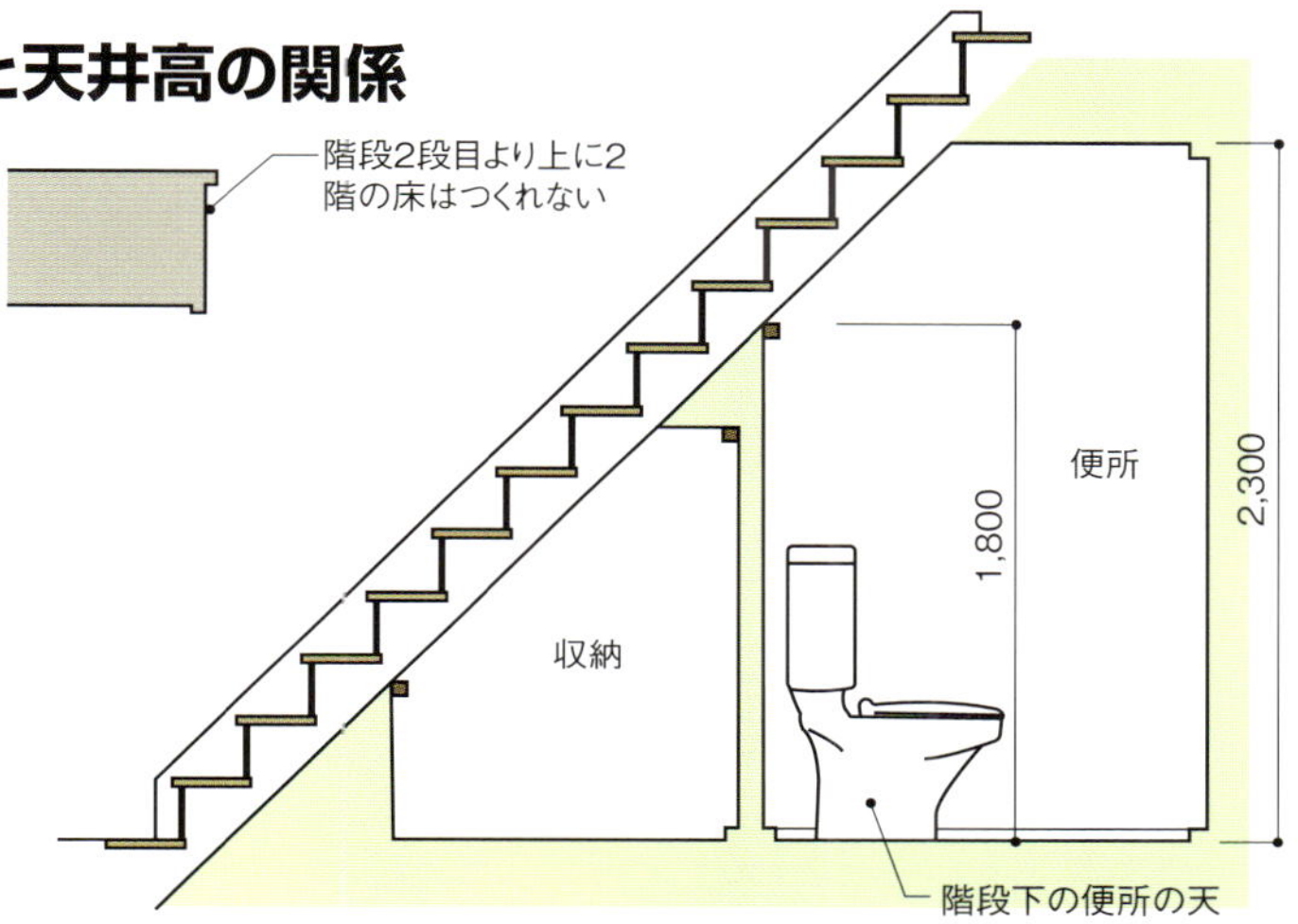

階段の施工

側桁階段

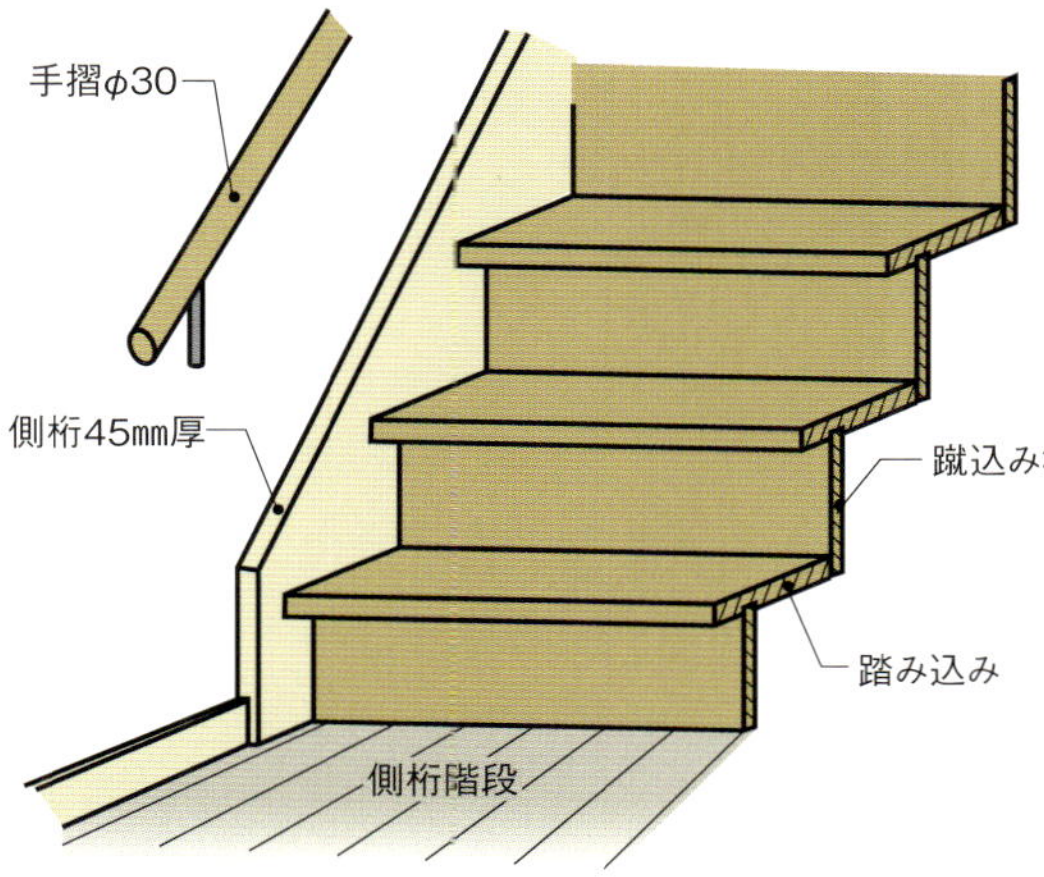

折れ階段

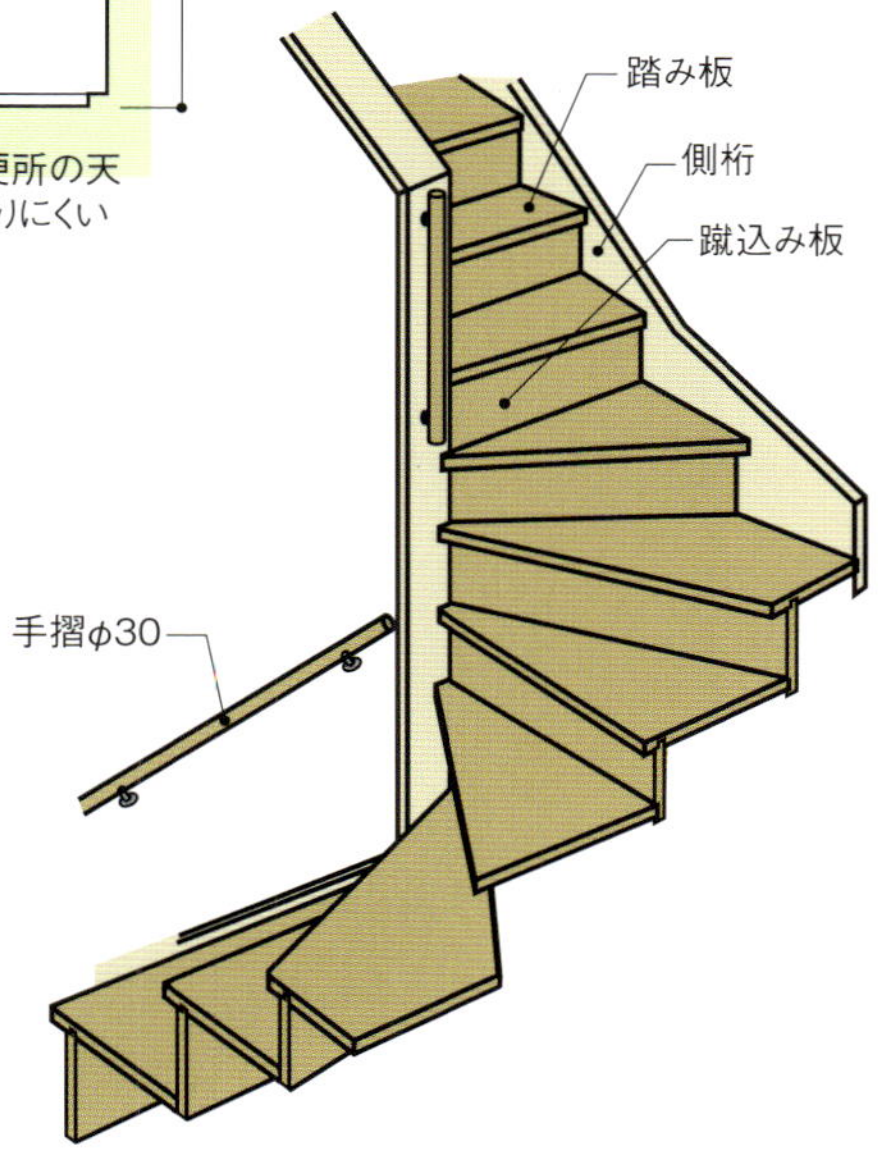

Point 階段の有効幅や蹴上げ・踏面の最小寸法は建築基準法で決められている

収納

088

納戸・倉庫

現代の住宅にはかなり大量に物が溢れている。必要なものを整理したうえで収納の量を考える必要がある。

面積があれば、収納専用の独立した部屋として納戸や倉庫を設ける。中には収納家具を置いたり、棚や洋服をかけるパイプを取り付けたりして使い勝手をよくする。押入れサイズのオープン棚を作ると便利である。

階段の下を収納にする場合、床を張らずに、床下も活用して食品の貯蔵庫などにすると、かなりの収納量を確保できる。また、冷暗所であるため貯蔵に適した温度と湿度を確保できる点もメリットといえる。玄関に連続して倉庫を設けると、靴や外で使うものなどを収納するのに便利である。

押入れ・物入

通常、和室に布団を収納するために押入れをつくる。敷布団を折り畳んだサイズは、900×650㎜ほどになるため、押入れの幅は、できれば芯々で1千㎜とりたい。

押入れの**天袋**は、出し入れがしにくいため、つくっても結局は活用されないケースがほとんどである。天袋を設けずに上部に幅400㎜程度の枕棚を設けるほうが実用的である。天袋の建具をつくらなければコストダウンにもつながる。

物入は、奥行き300～400㎜程度の浅いほうが、入れたものが前後に重ならず、使いやすい。また、物入には扉を付けずに扉のかわりにロールスクリーンやすだれなどで目隠しにするとコストダウンにもつながる。

本棚の棚の寸法は320㎜の高さで奥行き230㎜程度とし、A4サイズを基本とする。外張り断熱としたときなどは壁の厚さを活用して本棚をつくることも有効である。

用語解説

天袋（てんぶくろ）

部屋の上部につくられる収納スペースのことをいう。多いのは、和室の押入れ上部に設けられた戸棚。本来は、本格的な和室で、床の間の脇に設けられた違い棚の上部に付けられた袋戸棚のことをいう

収納に必要な寸法

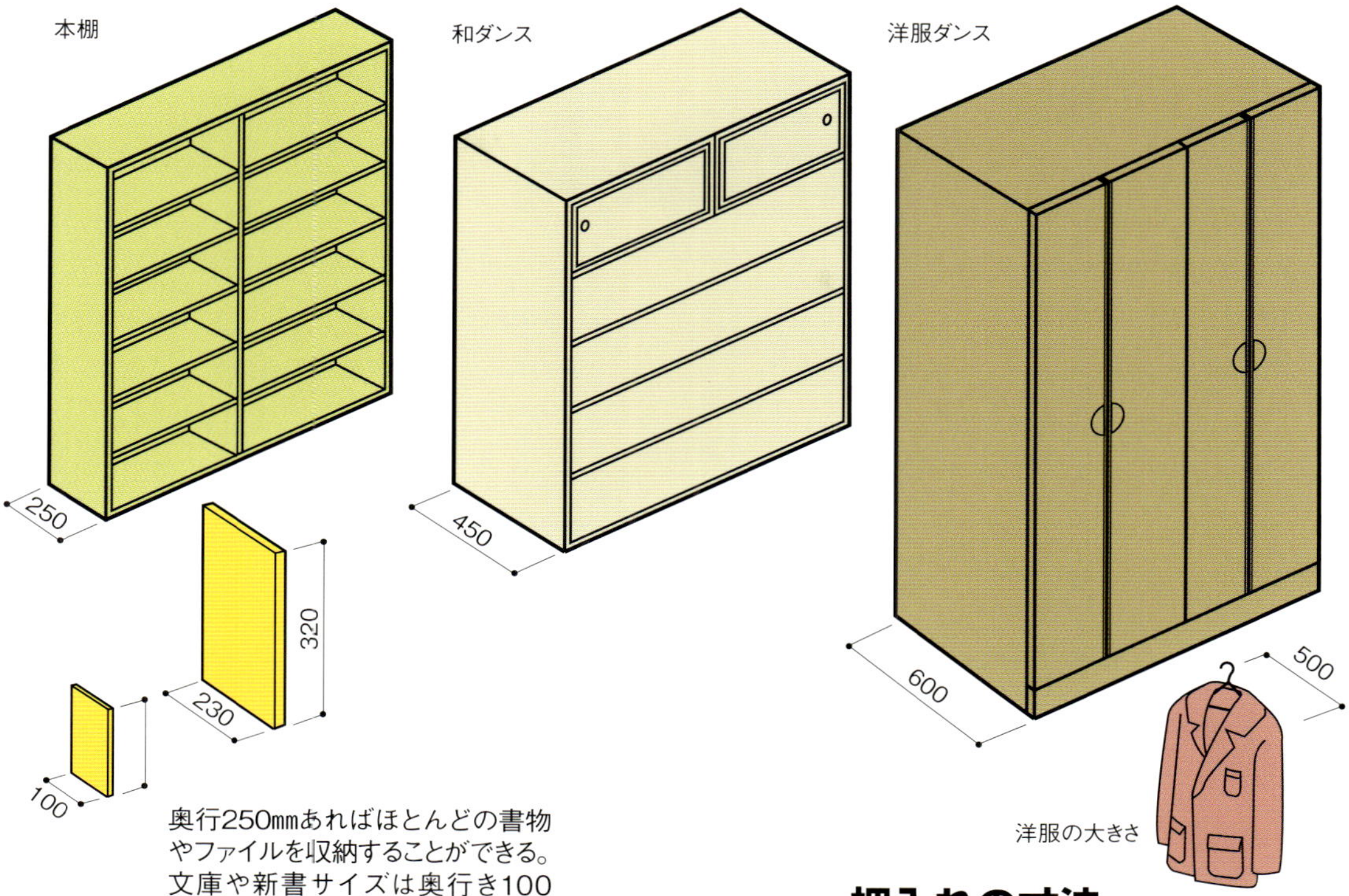

奥行250㎜あればほとんどの書物やファイルを収納することができる。文庫や新書サイズは奥行き100㎜あれば収まる

押入れの寸法

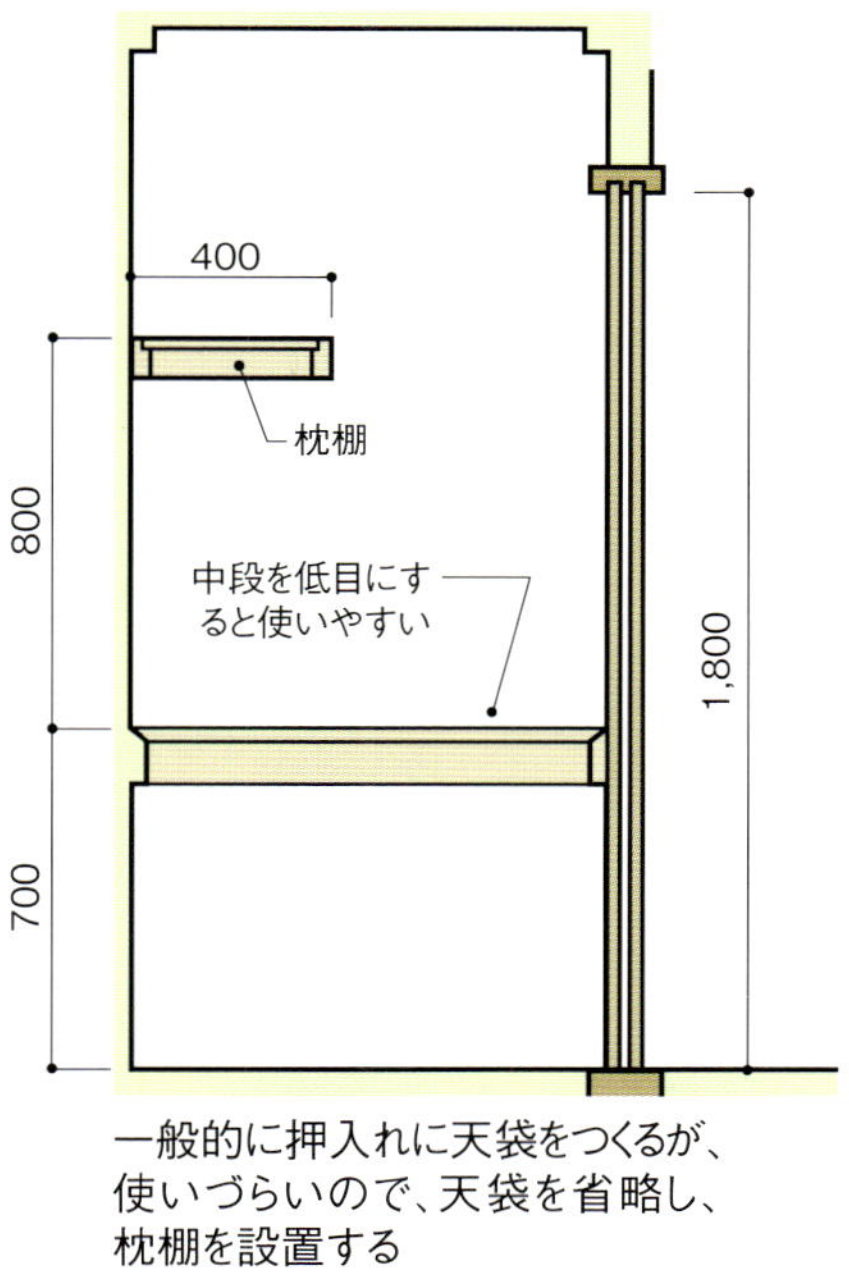

一般的に押入れに天袋をつくるが、使いづらいので、天袋を省略し、枕棚を設置する

納戸の寸法

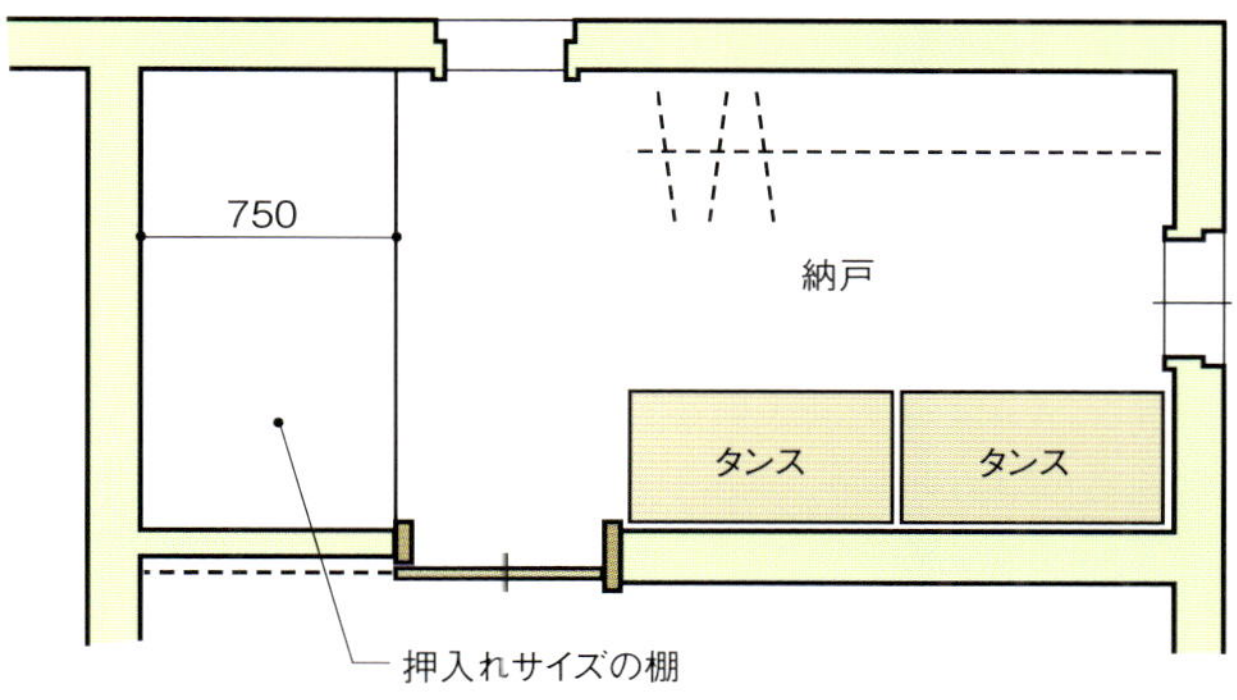

納戸の中に押入れサイズの棚をつくる。納戸の中なので、扉は省略してもよいため、コストダウンにつながるうえ、物の出し入れがしやすい

Point 収納は単に多くつくればよいものではない。押入れの天袋などは結果的にあまり使われない

造作家具

089

造作家具のメリット・デメリット

造作家具は、家具と室内の素材を合わせることができるほか、地震で倒れにくくできることもメリットである。反面、生活の変化に対応しにくいことや、組み込んだ設備機器を取り換えるときに納まらなくなるといった点が懸念される。それらのことを考慮して必要に応じてつくるとよいだろう。

造作家具は家具工事として製作する場合と、枠廻りを大工工事として木工事でつくり、あとから建具を取り付ける場合がある。家具工事のほうが精度が高く、引き出しなどの細かい細工ができるが、コストがかかる。

素材と寸法

通常、造作家具の扉は、室内のドアと同じ素材とする。ドアよりもグレードを上げる場合もある。

ランバーコアという積層下地の両側にシナ合板を張った素材が多く使われている。フラッシュは、木材の格子状の下地の両面に板を張ったものだが、これも多く使われる。

積層材は、ナラ、タモ、ベイマツなどを短冊状に張り合わせて板にしたもので、テーブルカウンターなどに使うことが多い。スギ板を100㎜ほどの幅で張り合わせているものもある。

家具を製作するには、図面を描いて詳細な検討をする必要がある。収納するものの寸法を測り、将来の使い方もできる限り予想して、納まりを決めていく。なお、洋服の幅は、最低500㎜が必要で、本は奥行き250㎜あればほとんどのものが収まる。

家具に扉をつける場合は、開戸か引戸になるが、奥行きを広く使えることも含め、開き戸にすることが多い。しかし、開けたまま使えるという点では引戸のほうが使いやすいといえる。最近は、引戸にするケースも増えている。

用語解説

ランバーコア（らんばーこあ）

集成材の芯にラワンの単板を張った板材。表面が白くてきれいなシナを張り付けたランバーコアは建具などによく使われる。芯材がしっかりしているのでベニヤよりも反りが少ない

造作家具の例

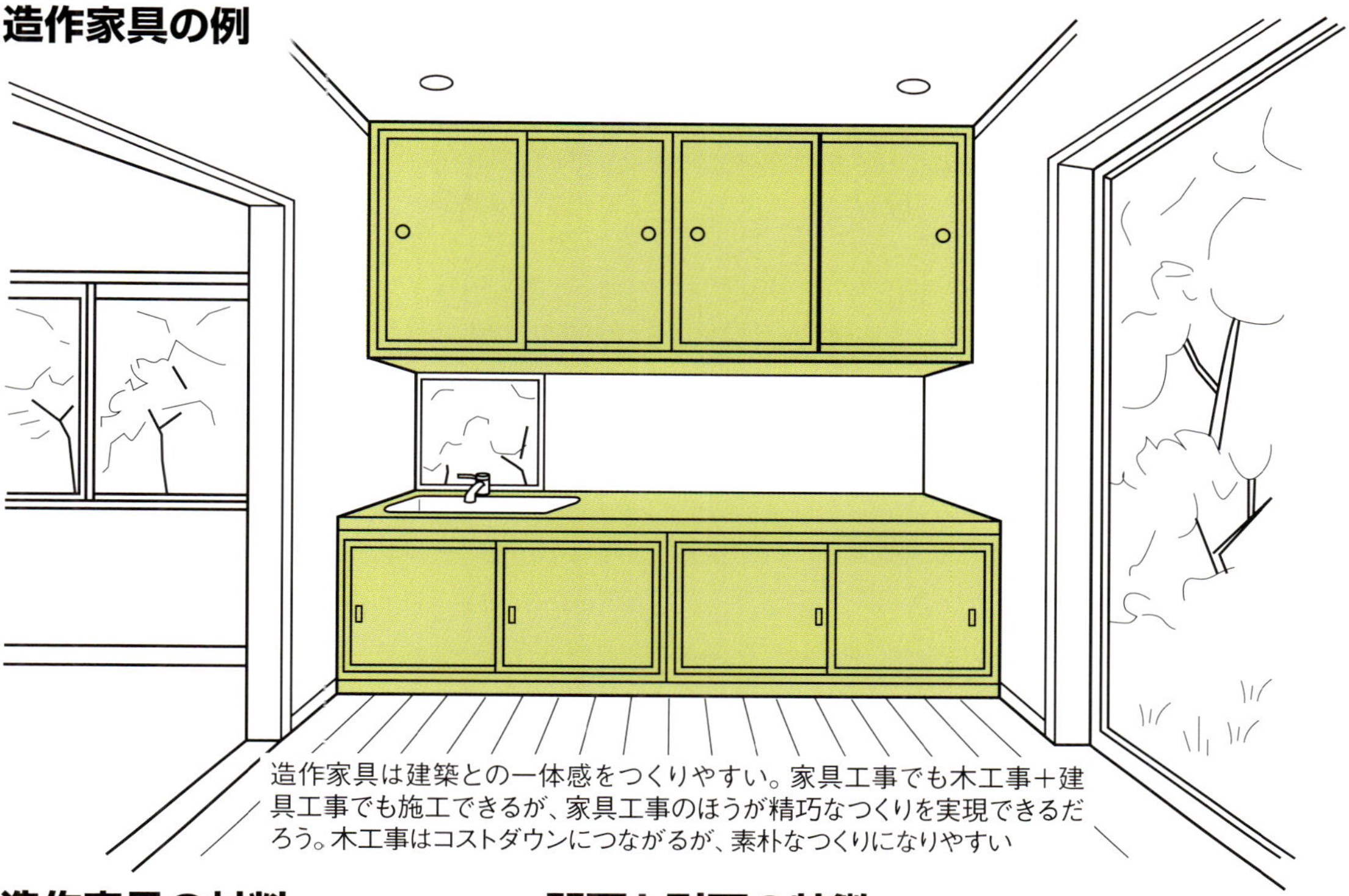

造作家具は建築との一体感をつくりやすい。家具工事でも木工事＋建具工事でも施工できるが、家具工事のほうが精巧なつくりを実現できるだろう。木工事はコストダウンにつながるが、素朴なつくりになりやすい

造作家具の材料

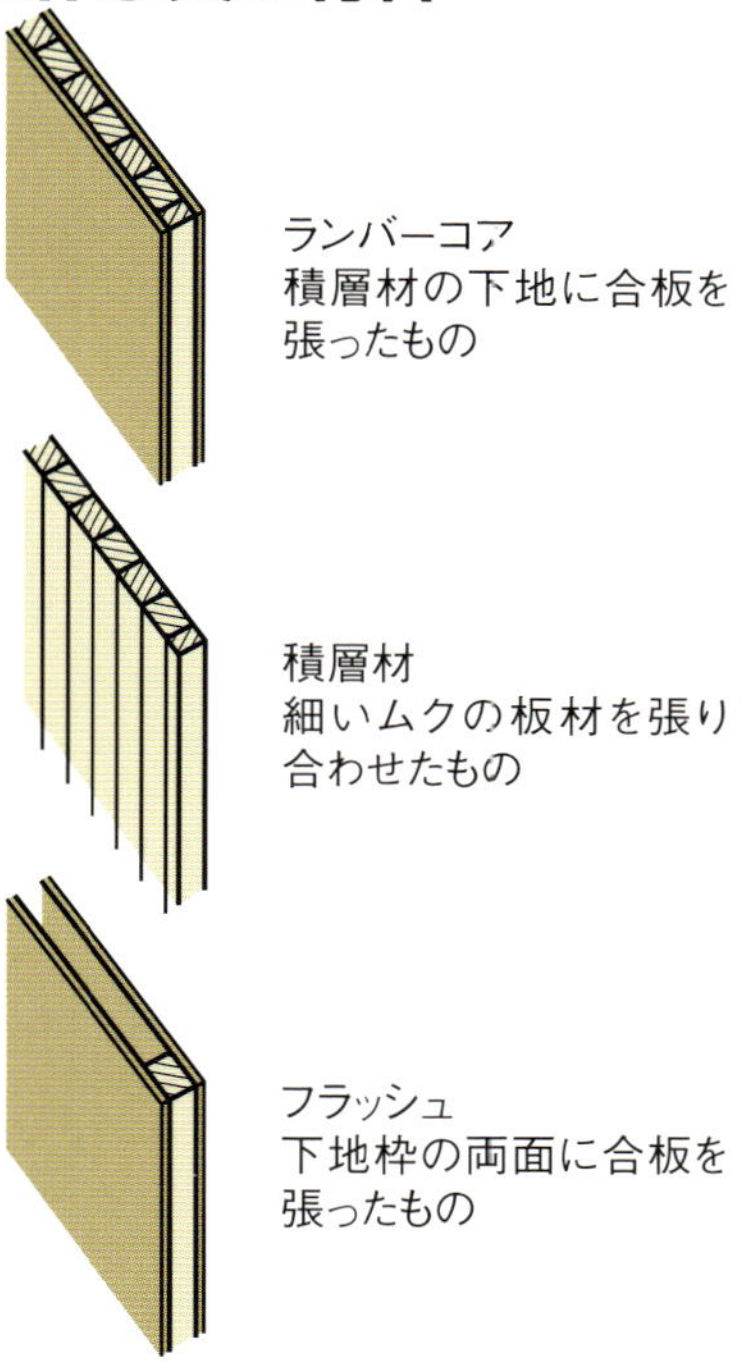

ランバーコア
積層材の下地に合板を張ったもの
積層材
細いムクの板材を張り合わせたもの
フラッシュ
下地枠の両面に合板を張ったもの

開戸と引戸の特徴

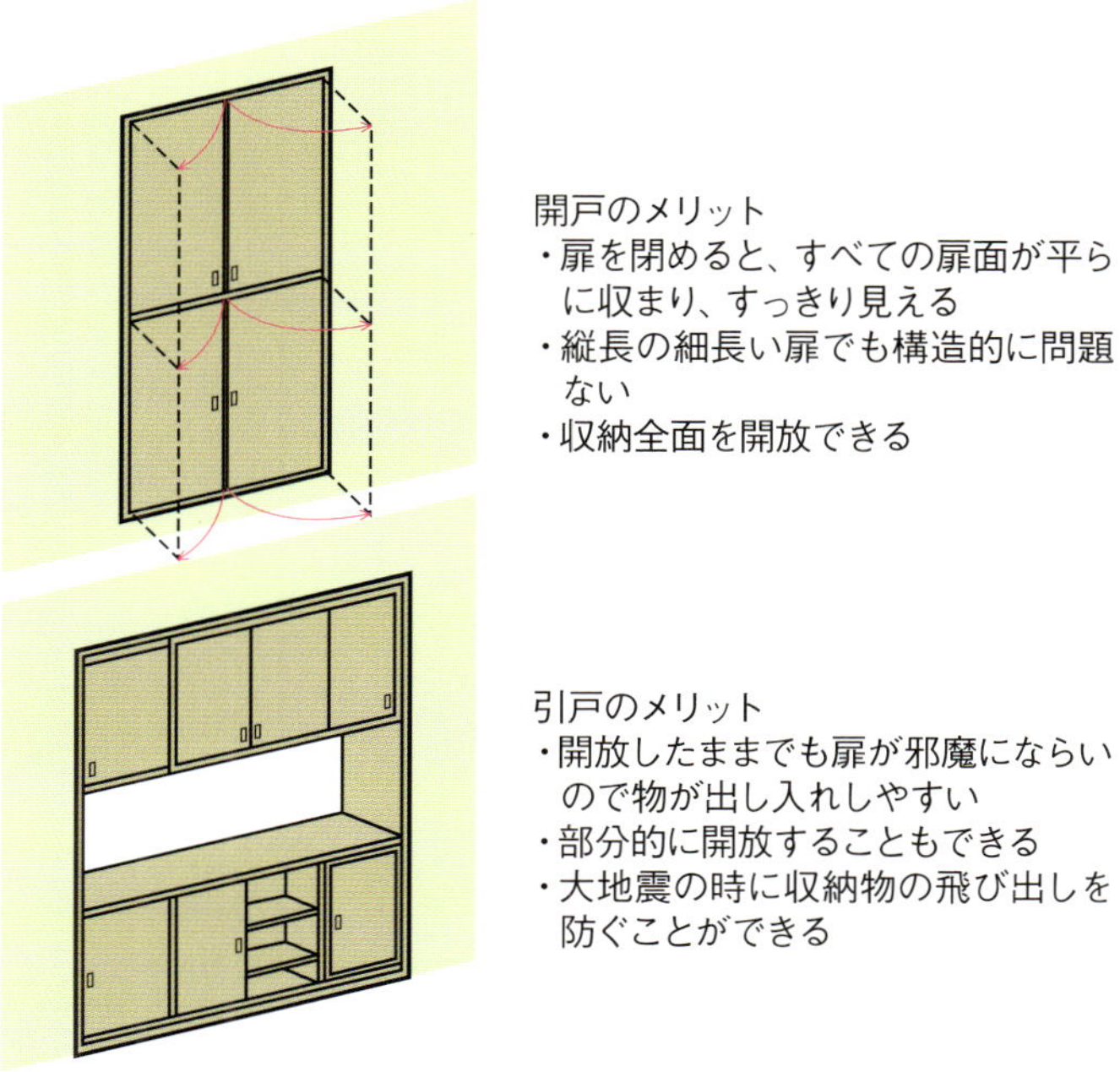

開戸のメリット
・扉を閉めると、すべての扉面が平らに収まり、すっきり見える
・縦長の細長い扉でも構造的に問題ない
・収納全面を開放できる
引戸のメリット
・開放したままでも扉が邪魔にならいので物が出し入れしやすい
・部分的に開放することもできる
・大地震の時に収納物の飛び出しを防ぐことができる

Point 造作家具は家具工事・建具工事・大工工事を使い分けるとコストダウンにつながる

Column 誰でもできる！自然素材の仕上げ

自然素材を手軽に使う工夫

自然素材を住宅に使用することは、住まい手の健康面によいだけではなく、その質感が住まい手の心を癒す。また、建物の完成時よりも、時間が経つほどに味わいを増す点が何よりすばらしいと思う。

自然素材で仕上げるというと、コストがかかるうえ、扱いが難しいという理由で、使うことをためらう人が多いと思う。コストがかかり、扱いも難しいことは事実であるので、それを理解したうえで使用することが最も望ましい。しかし、意外と手軽に使える自然素材もある。

①簡易漆喰仕上げ

漆喰は、石膏ボード下地に薄塗りとする。漆喰は石灰クリームなど製品化された既調合品を使用している。ラスボード下地を使用し、現場で調合する本格的な漆喰仕上げに比べてかなり安くできる。簡易的な漆喰といえるが、質感はとてもよい。また、漆喰は時間が経っても変色しないため、部分的な汚れはあっても塗り替えをしなくてすむ場合が多い。イニシャルコストは安いとはいえないが、メンテナンス費用がかからない素材と言えるだろう。

②節ありの国産スギ

木材では、国産のスギで節のある一等材は、輸入材より安い費用で入手できる。柱材1本で3千円程度でしかない。このように、節があれば木材は、かなり安く使える。節は木の枝を落としたものであり、強度的にはまったく問題がない。死節でない限り、節があったほうが粘りがあって、かえって強度は高いといえる。床板に、節のある厚いスギ板などの比較的安価な板を使うと、足触りのよい床仕上げとすることができる。

③セルフビルドできる

床板には、自然塗料と呼ばれるオイルや蜜蝋ワックスを塗る。これらの材料はイニシャルコストはかかるが、セルフビルドも可能であるため、コストダウンを図ることができる。

セルフビルドは、素材を直接扱うことで特性の理解につながる。メンテナンスの練習を兼ねて作業してみるのもいいだろう。

セルフビルドできる自然素材仕上げとして、壁を和紙張りとすることもお勧めである。破れたらその部分だけ張り重ねるなど、住まい手も容易にメンテナンスできる。

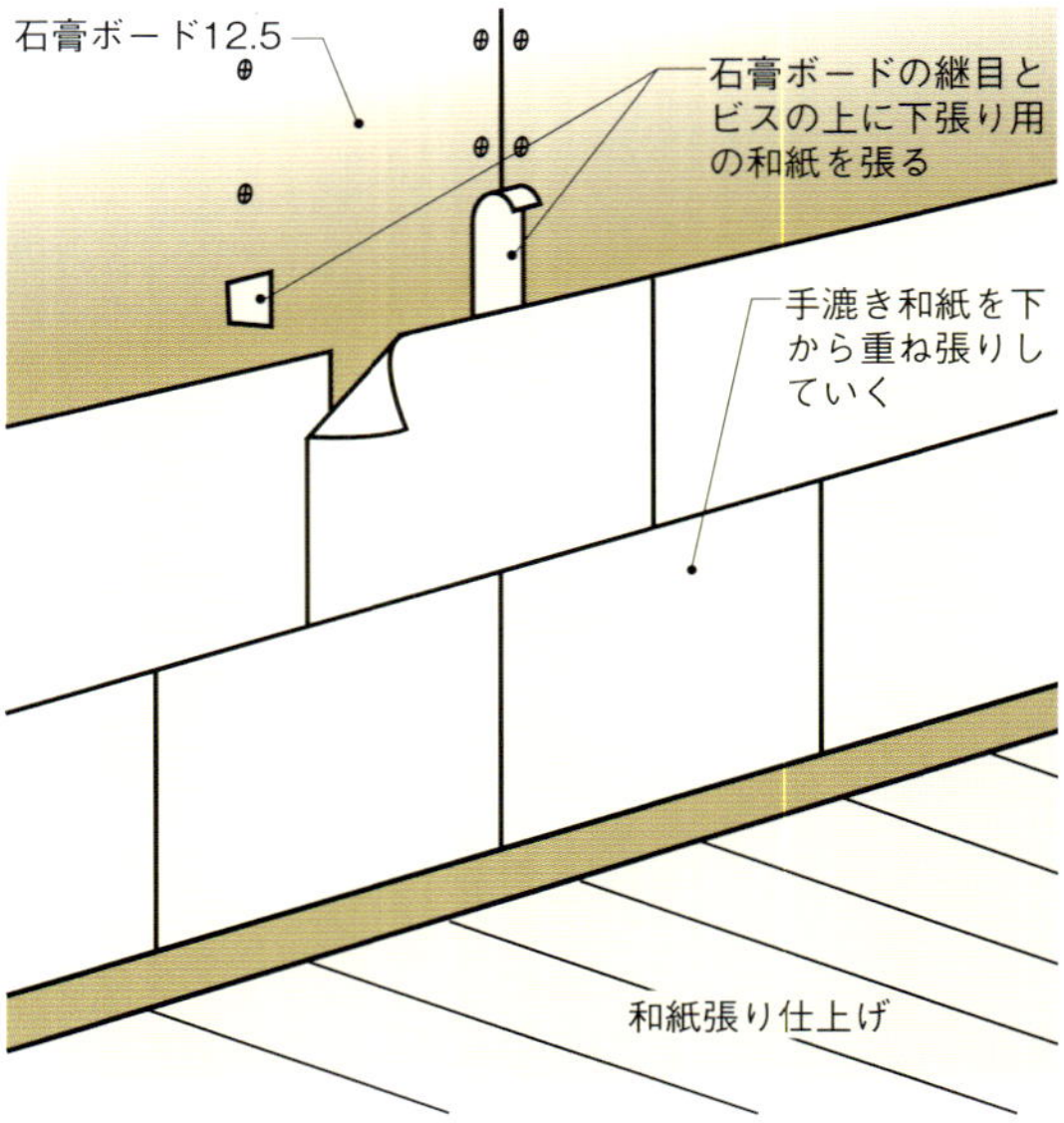

第6章

住宅の設備

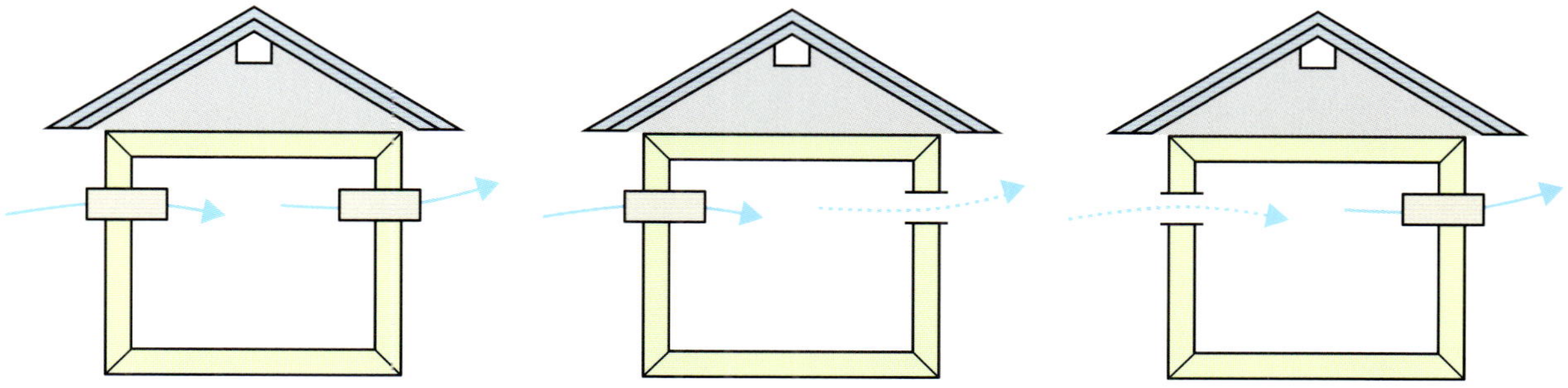

木造住宅の設備計画

090

これからの住宅設備計画

住宅の設備は、人間でいえば血液の循環であり、肺であり、神経でもある。必要不可欠なものであると同時に、設備により生活のグレードアップも図ることができる。設備機器は年々、新しいものが開発され、スペックも向上するので、なるべく最新動向を押さえておきたい。

一方で、住宅の配置、平面、断面計画によって日照と風通しに配慮し、なるべく設備機器に頼りきらない住宅とすることも重要である。

(1)省エネルギー

電気や燃料などのエネルギーを効率よく使える設備機器選びや、配管設計を心がけたい。

水廻りを平面的になるべく1カ所に集め、上下階でも配管を短くすることも重要である。

また、エアコンや暖房の設定温度や照明を蛍光灯やLEDにするなど、使う側の工夫も同じくらい重要である。

(2)将来の可変

建築本体と比べて、設備機器の寿命は短い。配管はある程度長持ちするが、設備機器の寿命はせいぜい15年程度である。よって、設備機器の更新や新たな設備が加わることなどを想定しなくてはならない。設備のメンテナンスや更新がしやすい設計を考えることが必要である。

設備のデザイン性

設備は、建築空間のデザインとは別個のものと思われがちだが、建築と一体で考えることが大事である。

配管や**ウエザーカバー**なども、色や形状が空間全体に合うように心がけたい。

一方で、設備機器や配管がうまく隠れるように設計することもポイントといえるだろう。

用語解説

ウエザーカバー（うえざーかばー）

換気扇の外部（屋外）に取り付け、雨の侵入を防ぐカバーのこと。防火ダンパー付きのものもある

戸建住宅の設備計画

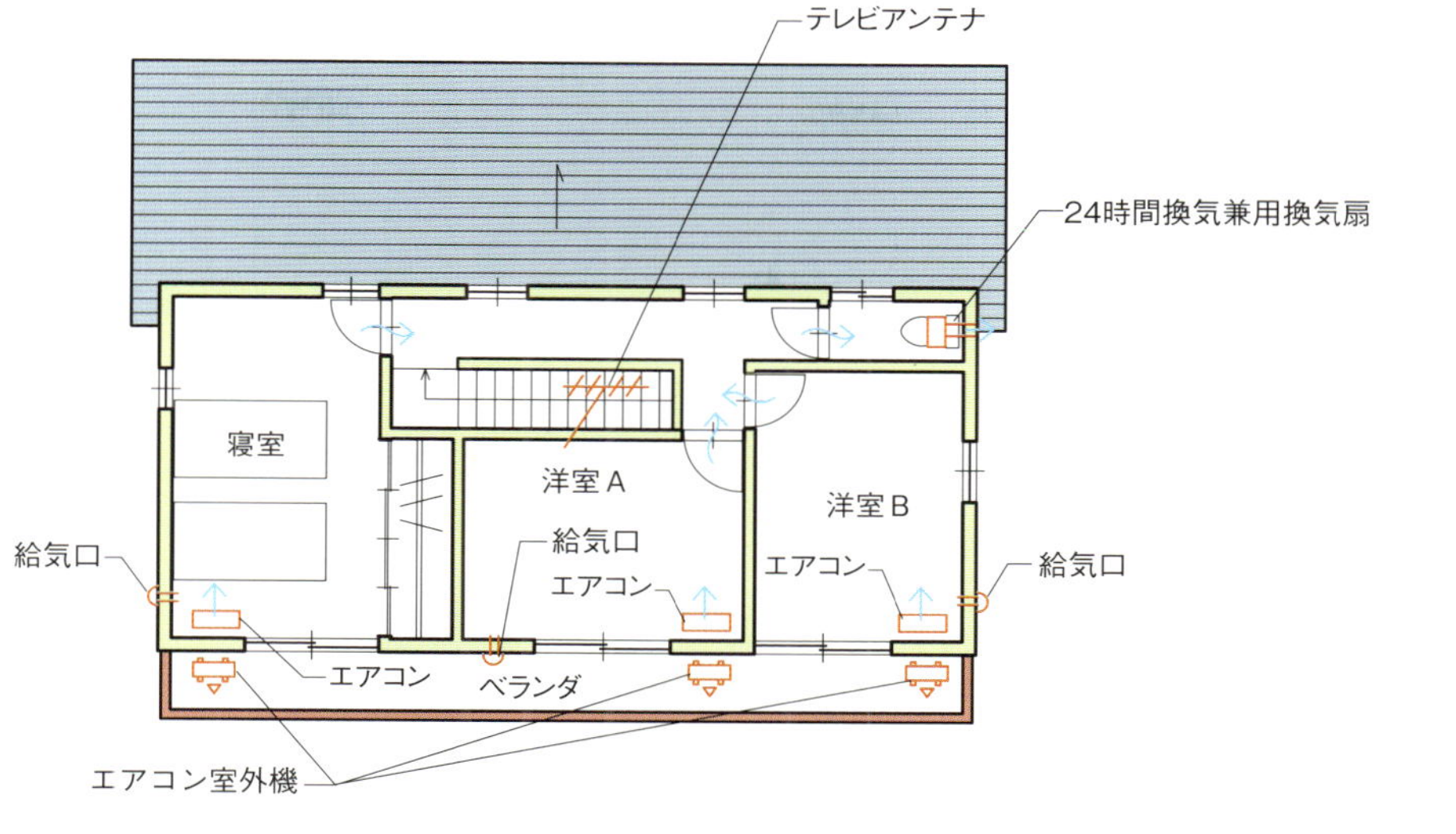

２階平面図

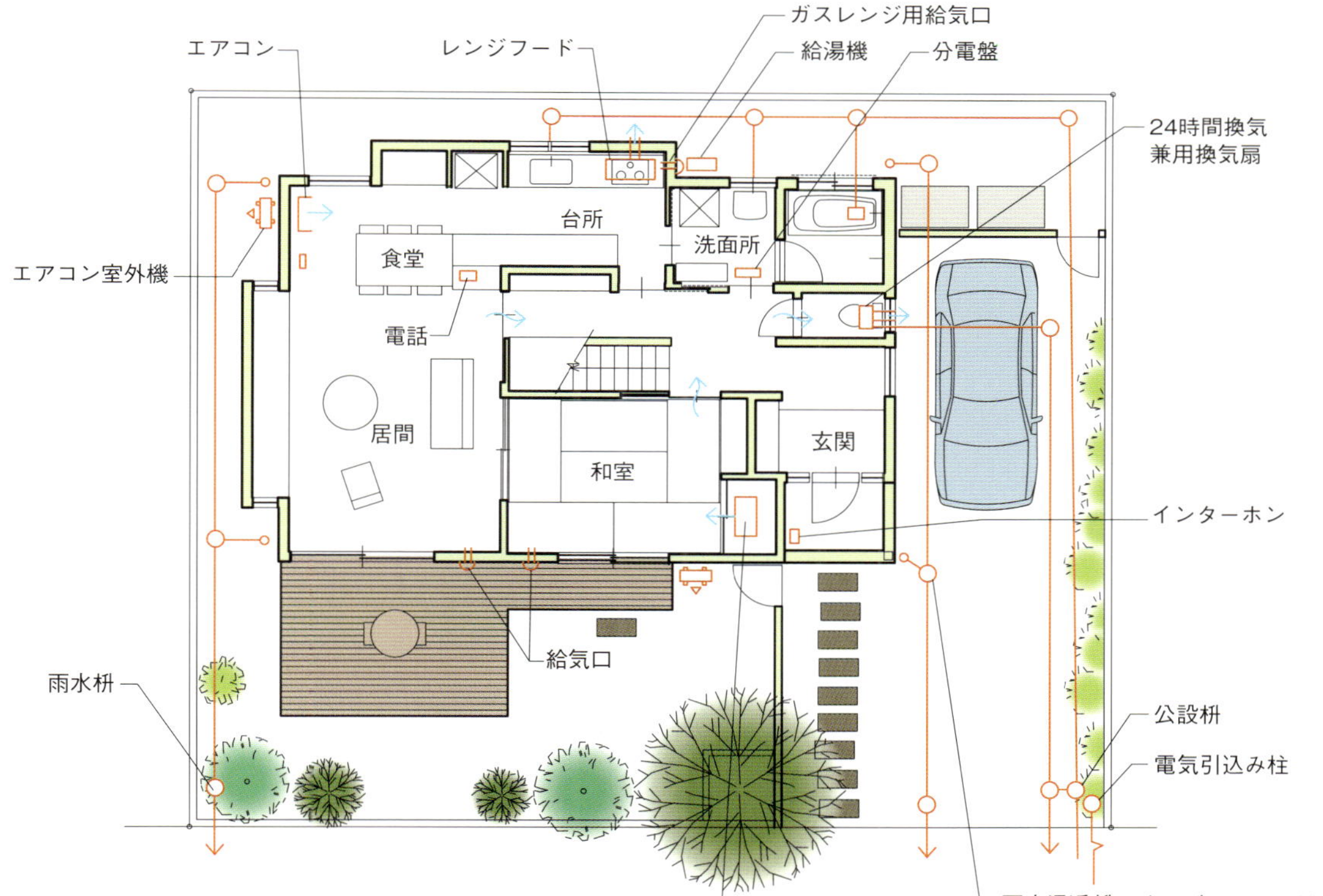

１階平面図

Point 設備と建築は一体で考える。ただし、設備の寿命は建築よりも短いことを考慮する

電気設備・配線計画

091

引込みとメーター

最近は、電気を使う器具が多くなっている。弱電と呼ばれる、電話やテレビなどの配線にも配慮が必要だ。

道路から電線を引き込む場合、通常は建物の高い位置で取り込むことになる。道路から離れた場所では、電力会社が電柱を無料で立ててくれる場合もある。電線を建物に直接引き込むのが景観的に好ましくない場合は、一旦、敷地内にポールを建てて電線を引き込み、そこから地中に埋設して引き込む方法もある。

引き込んだところには、メーターを設置する。メーターで電気量の検針をするため、検針しやすい位置がよい。ポールを建てた場合は、ポールに設置することもできる。

内部の配線

電気器具やコンセントの数、回路数によりブレーカーの容量が決まる。以前は30~40**アンペア**（A）だったが、現在では、50~60アンペアが一般的である。

エアコンや電子レンジなど電気消費量が大きい器具は、専用コンセントを設ける。また、漏電を感知する漏電ブレーカーも併設する。

木造住宅では通常、本格的な電気設備図ではなく、照明やコンセント、スイッチなどの位置図を描いて、位置を指示する。配線ルートもある程度想定しておくことも必要である。

階段などにつける3路、4路スイッチも有効に使うとよい。

コンセントの高さは通常、床上300㎜程度だが、デザイン的に、幅木のすぐ上にプレートが来るように取り付けることもある。

高齢者など、しゃがむことが難しい人のために、コンセントを高い位置に付けることもある。

用語解説

アンペア（あんぺあ）

電流の単位のこと。Aと表記する。アンペアブレーカーは電力会社と家庭の契約アンペア値を超える電流が家庭に流れた時に電気の供給を自動的に止める装置のこと

電線の引込みの基本

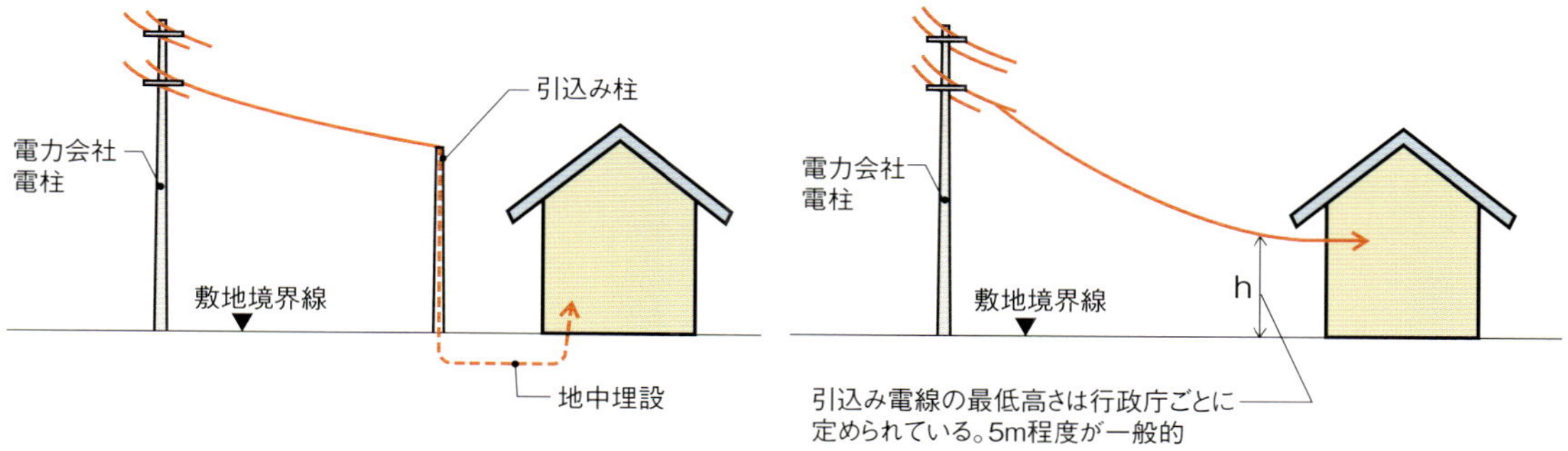

配線計画の例

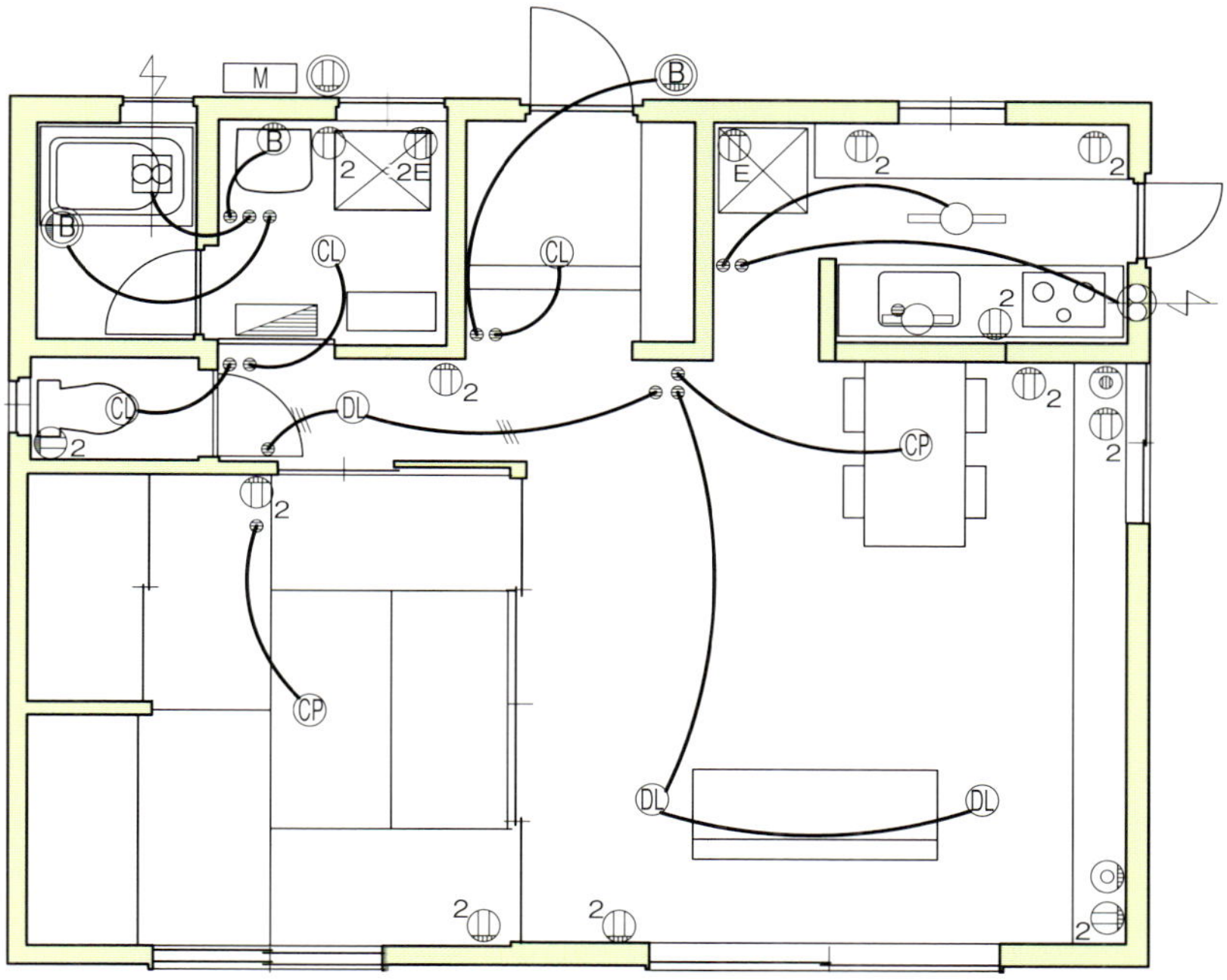

凡例	
記号	名称
M	メーター
	電灯分電盤
	照明器具（蛍光灯）
CL	同上（シーリングライト）
CP	同上（コードペンダント）
DL	同上（ダウンライト）
B	同上（白熱灯ブラケット）
B	同上（防水ブラケット）
2	埋込コンセント（数字は口数）
E	同上（アース付）
	同上（防水コンセント）
	タンブラスイッチ
	電話受口
	テレビ端子
t	インターホン親機
d	ドアホン子機
	給排気ファン（常用スイッチなし）
	局所換気扇（逆流防止シャッター付）

・電気容量は50Aとする
・エアコン用スリーブは別途
・コンセントプレートは新金属とする
・換気扇屋外用ベンドキャップ（ステンレス製）はすべて防火ダンパー付

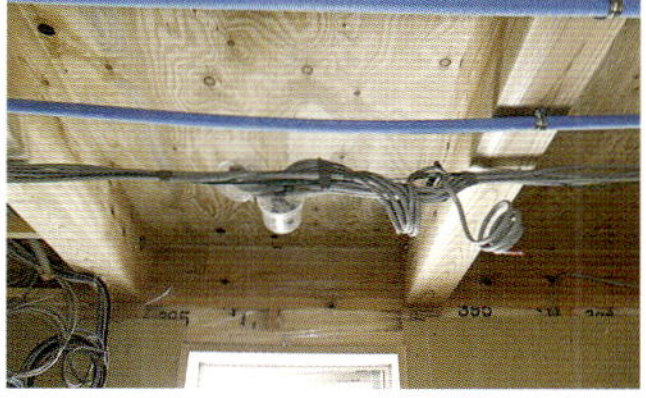

Point **電線はなるべく敷地内に引込み柱を建てて引き込んだほうが景観上無難である**

電力の契約

092

契約の基本

現在では、生活を営むにあたり、電気は必要不可欠なものとなっている。また、生活の仕方によって、電気の使い方もさまざまである。そのため、電力会社でも、それぞれの生活パターンにあわせた契約方法を提供している（電力会社によって多少異なる）。

木造住宅の場合は、一定以上の電流が流れるとスイッチが切れる、アンペア（A）ブレーカー契約が一般的である。コンセントや照明器具の数をもとに、ブレーカーのアンペア数が決まる。最近は家電の数が多くなり、少なくとも40アンペア、多くて50～60アンペアになる。ブレーカーのアンペア数を上げるときは、電力会社が無償で行ってくれる。ただし、60アンペアを超える場合は、使用量を計測して料金を決める契約になる。

電気料金は、国の指導により3段階になっている。第1段階は、最低限の暮らしに必要な電気使用量として、最も低い料金。第2段階は普通の生活を営むのに必要と思われる電気使用量に対する料金。第3段階は、より豊かな暮らしをするための電気使用量で、もっとも高い電気料金となる。第3段階の料金レベルの電気使用量をなるべく減らすことが、電気使用料金を安くするために必要である。

生活スタイルごとの契約

生活スタイルや使用器具に対応した、さまざまなタイプの電気料金の契約がある。共働きで、昼間の電気使用がほとんどなく、夜の電気使用が多い場合は夜間使用の料金が安くなる契約をするとよい。昼間も使用するが電気温水器などで夜間も多くの電気を使用する場合は、従来の契約と合わせて契約する。**オール電化住宅**の場合は、割引率が高くなる。

用語解説

オール電化住宅（おーるでんかじゅうたく）

家庭内の全ての熱源を電気でまかなう住宅のこと。エコキュートやIH調理器、エアコン、蓄熱式電気暖房器または床暖房システムなどを組み合わせる。オール電化住宅の場合は、一般に200ボルト（V）を使用する

電気料金の仕組み

電気料金（標準的な従量電灯の場合） ＝ 基本料金 ＋ 電力量料金 ＋ 燃料費調整

燃料費調整：燃料価格の変動に合わせて3カ月ごとに料金を調整する

三段階料金制度：電力量料金は電気の使用量により3段階の料金単価を設定している。使えば使うほど高くなるといえる

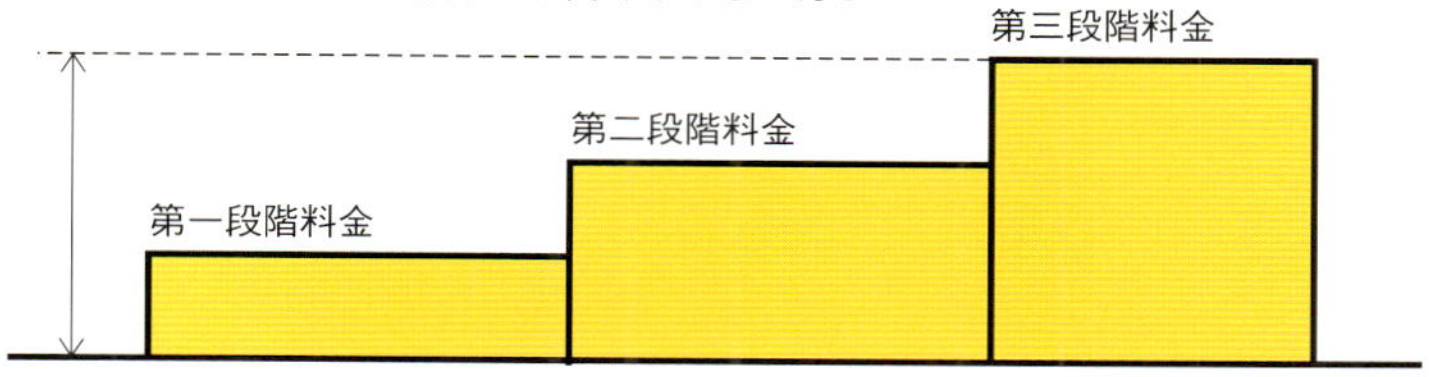

第一段階料金：国が保障すべき最低生活水準の考え方を導入した比較的低い料金
第二段階料金：標準的な使用量をふまえた平均的な料金
第三段階料金：やや割高な料金

その他、生活スタイルや使用目的に合わせた契約がある
例）・深夜料金が低額になる契約
　　・オール電化住宅用の電気料金

オール電化住宅のイメージ

省エネエアコン
COP6.0という高効率のエアコンもある

電気式浴室換気暖房乾燥機
浴室の暖房や換気、乾燥を行う設備。低温高湿度のミストサウナ機能をもつタイプもある。200Vタイプは昇温特性に優れ、安定した温度上昇で浴室内を効率よく暖める

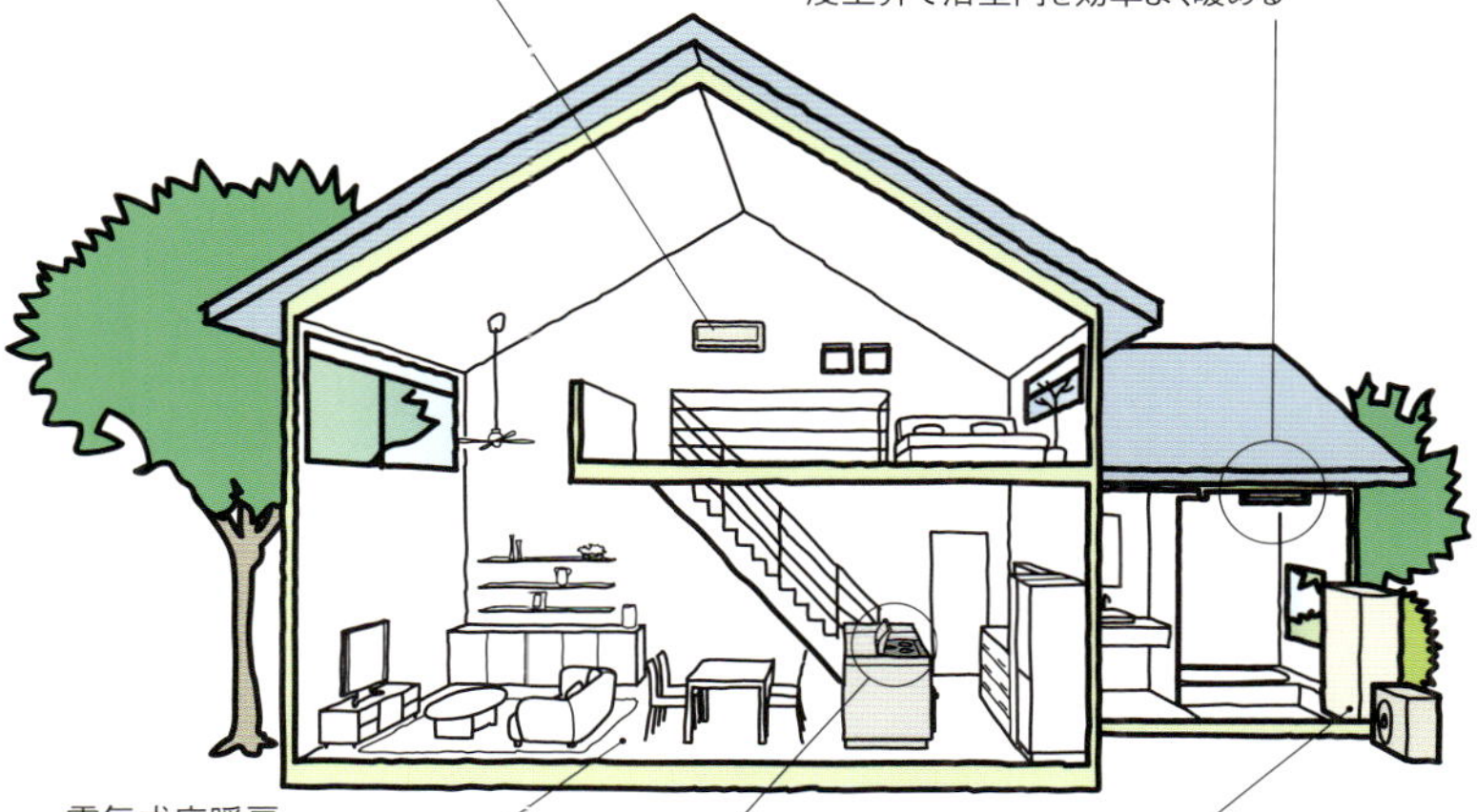

電気式床暖房
ヒーター式、ヒートポンプ温水式、蓄熱式などから選択することができる

電気給湯機
電気温水機とエコキュートがある

IH調理器（IHクッキングヒーター）
電磁誘導加熱で鍋を直接発熱させる。手入れ、掃除がラク

オール電化住宅のメリット

- 電力会社によってオール電化住宅用の電力契約や電力量料金の割引がある
- IHクッキングヒーターや電気式床暖房機器類では燃焼がないため、水蒸気の排出が少なく、結露しにくくなる。また、燃焼ガスの発生がないので室内の空気環境をクリーンに保つことができる
- 住宅内で燃焼がないので安心
- 電気は災害時の復旧がガスや水道と比べて早い

オール電化導入時の注意点

- 電気給湯機の貯湯タンクやヒートポンプユニットを設置するスペースを確保できるか
- ガス併用の住宅と比較すると大きな電力量を必要とする。また、IH調理器、ヒートポンプなどを使用するには200V専用の配線を行うことが必要

Point **電気料金の体系を把握し、住まい手の生活スタイルに合わせた契約を勧めたい**

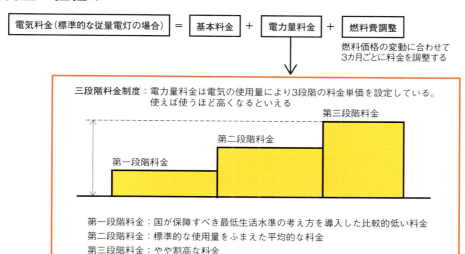

排水計画

093

排水は、便所からの汚水、雑排水、雨水の3種類ある。敷地からの排水の接続先により、敷地内の排水が異なってくる。

敷地外への接続

公共下水道が前面道路にある場合、道路に沿った敷地に、通常、公設枡が設けられている。

下水道は、汚水、雑排水を合わせて汚水管で処理し、雨水を分けて処理する分流式と、雨水も汚水も合わせて処理する合流式がある。

下水道がない場合は、浄化槽を設置することになる。最近は、汚水だけを処理する単独浄化槽ではなく、原則として汚水と雑排水を合わせて処理する**合併浄化槽**を使うことになっている。

場所により、排水の接続先がない場合は、浄化槽で処理した排水を浸透枡で地中に浸透させることもある。

敷地内の排水・建物内の配管

敷地内の排水は、下水道の公設枡や浄化槽まで、汚水と雑排水を別のルートで配管する場合と、敷地が狭いために1つのルートで配管する場合がある。

排水管は、塩ビ製で内径100㎜のものを使う。

建物内の配管が長くならないように、水廻りを1つにまとめるとよい。配管は勾配をとり、排水管の臭いを外に出さないように、排水トラップを設置する。2階の排水を1階まで下げるために、パイプスペース（PS）を取ったり、目立たないところであれば、外部に出してしまうこともある。また、通気管を設けて配管内が真空状態になることを防ぐ。

雨水管の接続は、雨水管が詰まって逆流することを防ぐため、管と管を離す間接排水にする必要がある。

用語解説

合併浄化槽
(がっぺいじょうかそう)

浄化槽は水洗式便所と連結して、し尿や雑排水を処理し、終末処理下水道以外に放流するための設備のこと。平成13年4月1日から浄化槽法が改正され、法律上では単独浄化槽は原則として新たに設置ができない

排水方式の種類

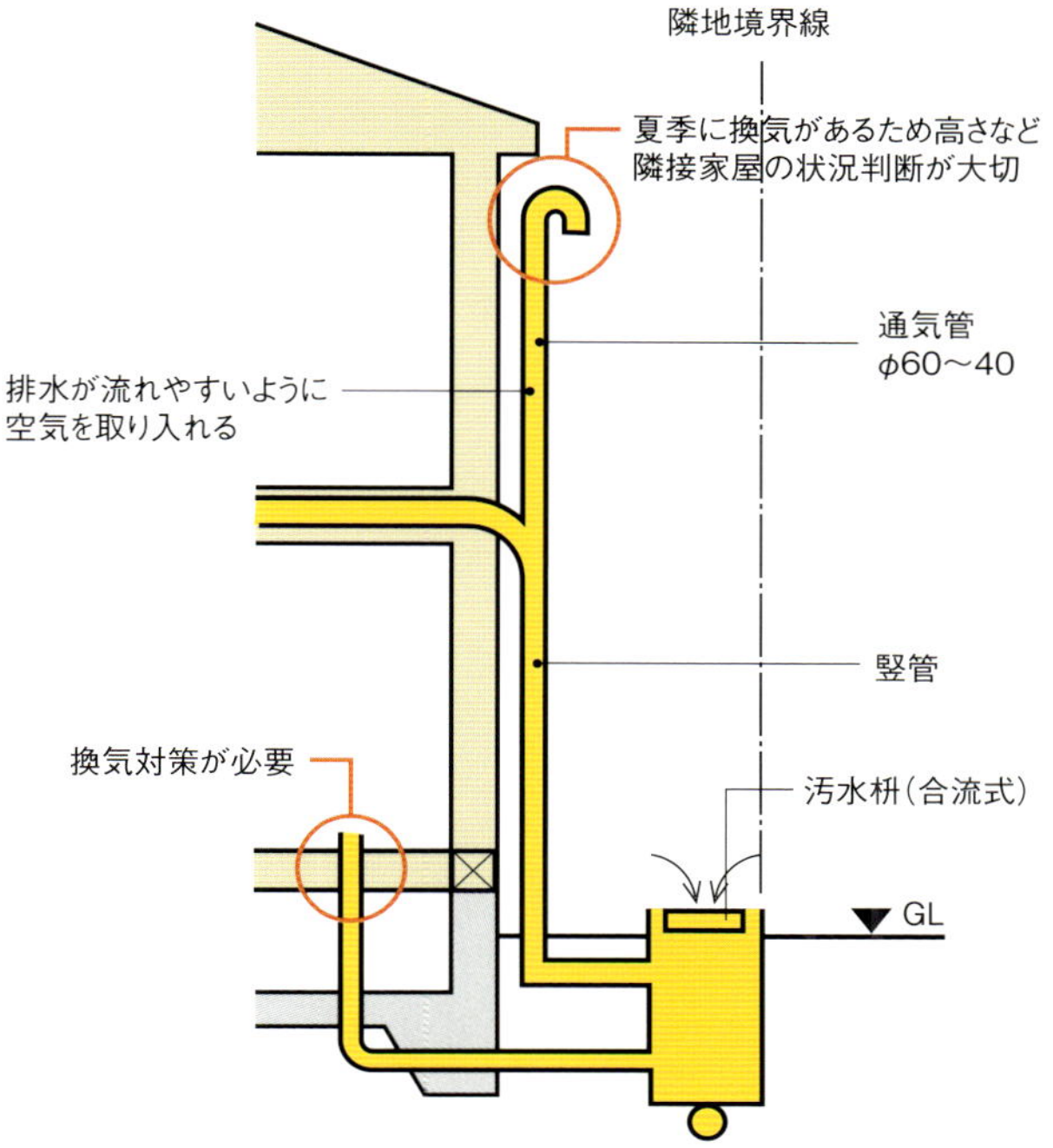

排水管に空気を取り入れて王力を高くすることで水が流れやすくなるため、通気管を排水管に取り付けるとよい。ただし、通気管から臭気が発生する場合があるので、向きや高さには注意

トラップで排水管からの臭気を止める

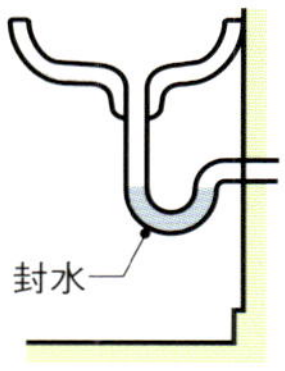

Pトラップ
壁からの排水

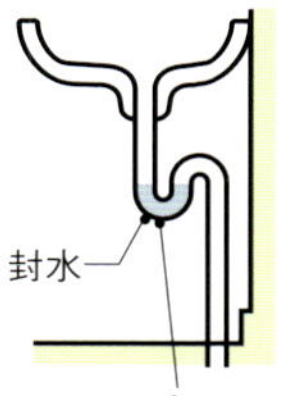

Sトラップ
床からの排水

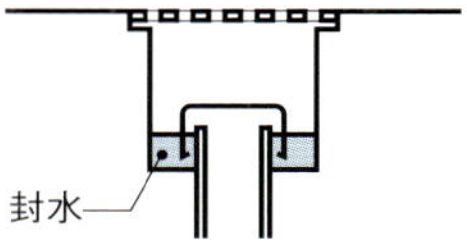

ワントラップ
床からの排水

トラップは排水管から臭いや虫などの侵入を防止する目的で設けられるもの。図のようにP形やS形の排水管に水を張り、臭いや虫の浸入を防ぐ

大雨でも排水を逆流させない工夫

自然勾配による処理で排水が逆流してしまった例

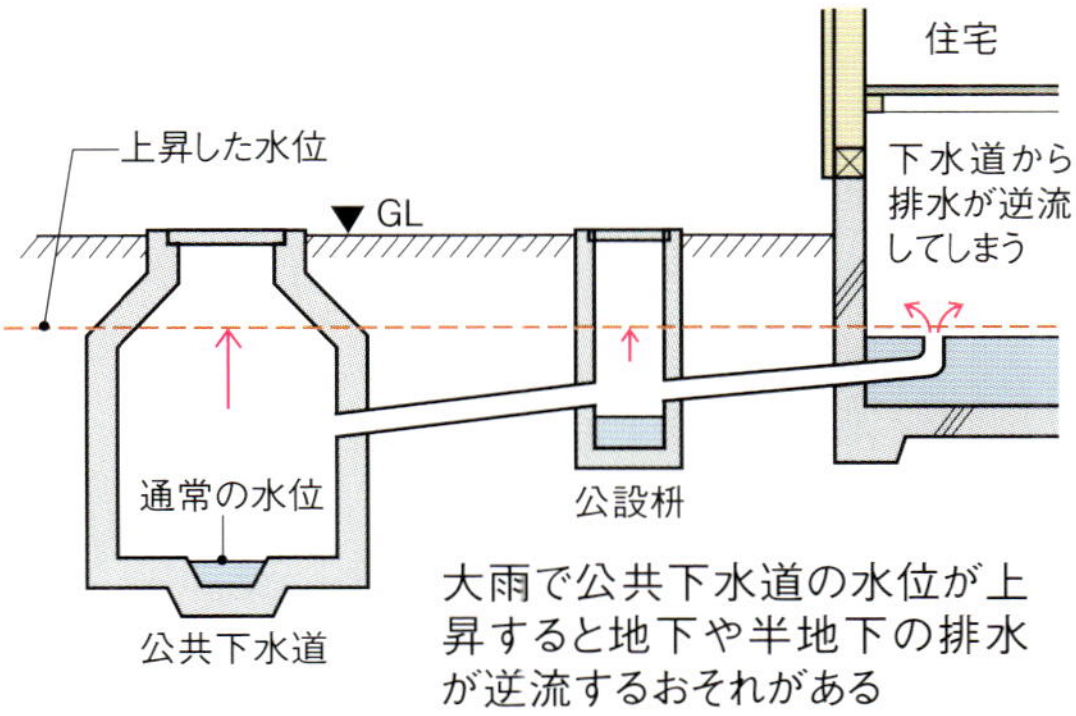

大雨で公共下水道の水位が上昇すると地下や半地下の排水が逆流するおそれがある

ポンプアップによる処理で逆流を防止

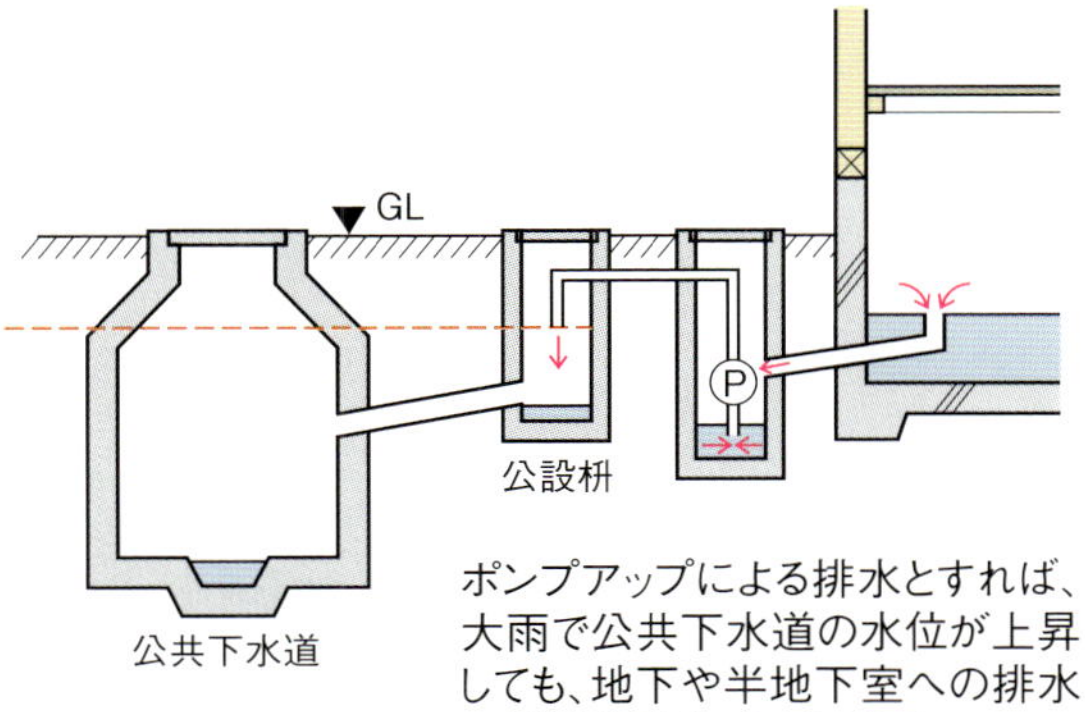

ポンプアップによる排水とすれば、大雨で公共下水道の水位が上昇しても、地下や半地下室への排水の逆流を防ぐことができる

Point **大雨時に排水が逆流しないような工夫が必要。また、悪臭を止める対策も万全に**

給水計画

094

給水の基本

道路からの上水道の引き込みと敷地内の配管、建物内の給水配管は、状況によりいろいろなケースがある。

(1)道路からの引込み

給水メーターが設置してあれば、敷地内の配管だけを行えばよいが、13㎜のメーターでは管径が細いため、原則として、20㎜以上の管径に引き直すことになる。その場合、道路の本管から引き込み、バルブを設け、給水メーターを設置する。道路を掘削して工事するため、かなりの費用がかかる。

(2)敷地内の配管

敷地内は、地中に埋設して配管する。管の材質は、塩ビ製がほとんどだが、耐久性と非塩ビ製ということで、多少コストアップになるとしても、ステンレス管を使うこともある。

寒冷地の外部では、冬場、立上がりなどで凍結のおそれがあるため、断熱材を巻いたり、電熱線のヒーターを巻き付ける。

(3)敷地内の配管

排水と同様、水廻りをなるべくまとめて、給水管の長さを短くすることが大切である。

水圧の不足には特に注意が必要で、水が勢いよく出なかったり、給湯器がうまく作動しなくなったりすることもある。水圧が不足した場合、加圧ポンプを設置するなどの対策をとる必要がある。

建物内の配管は、これまでは塩ビ製が多く使われてきたが、最近は、フレキシブルな架橋ポリエチレン管など接続部分の少ない素材が使われるようになった。ステンレス管を使うケースも出てきている。

住宅内の給水配管は、それぞれの水栓まで分岐して配管できる**さや管ヘッダー方式**を採用すると、メンテナンスや配管の取り替えが楽にできる。

用語解説

さや管ヘッダー方式
(さやかんへっだーほうしき)

給水配管方式の1つ。洗面所などの水廻り部に設置されたヘッダーから管をタコ足状に分配し、各水栓などの器具に単独接続するもので、ガイドとなる樹脂製のさや管内に同じく樹脂製の内管を挿入する。給湯にも採用される

給水方式の種類

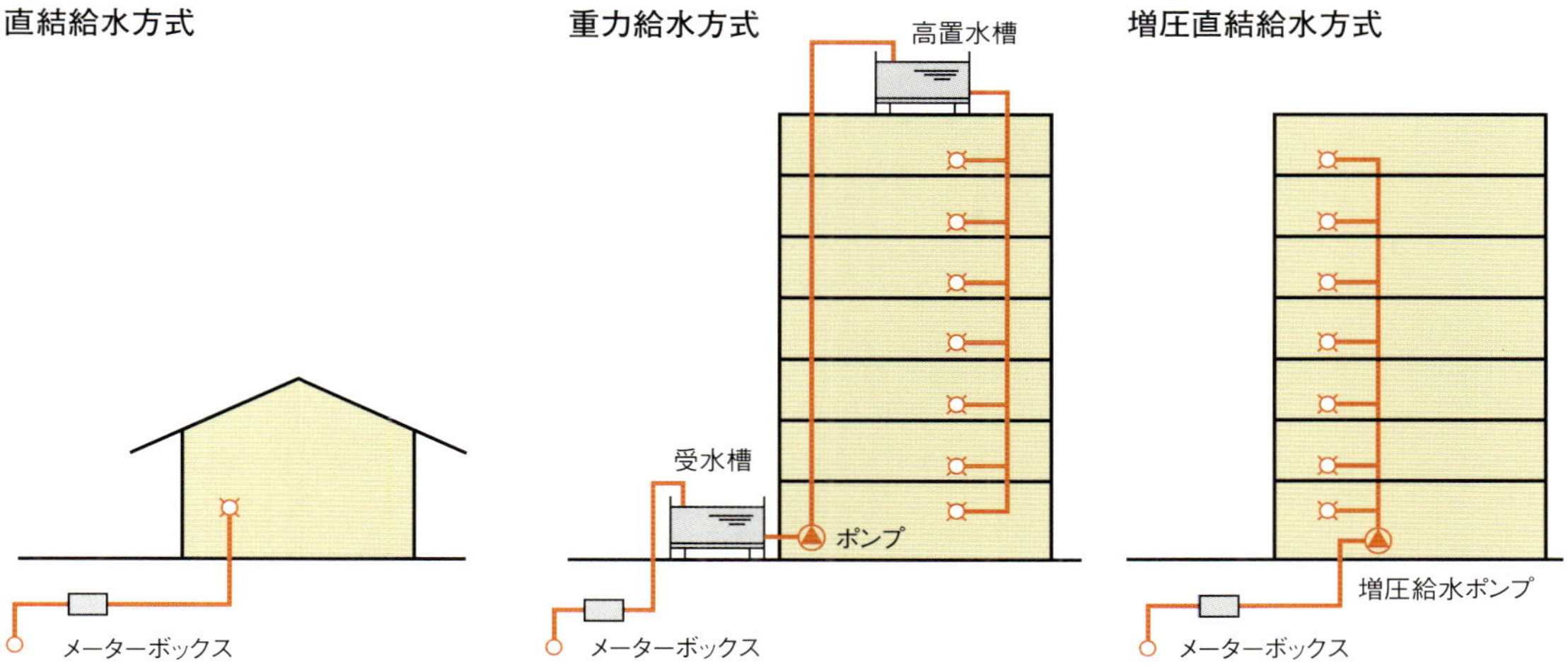

住宅内の配管

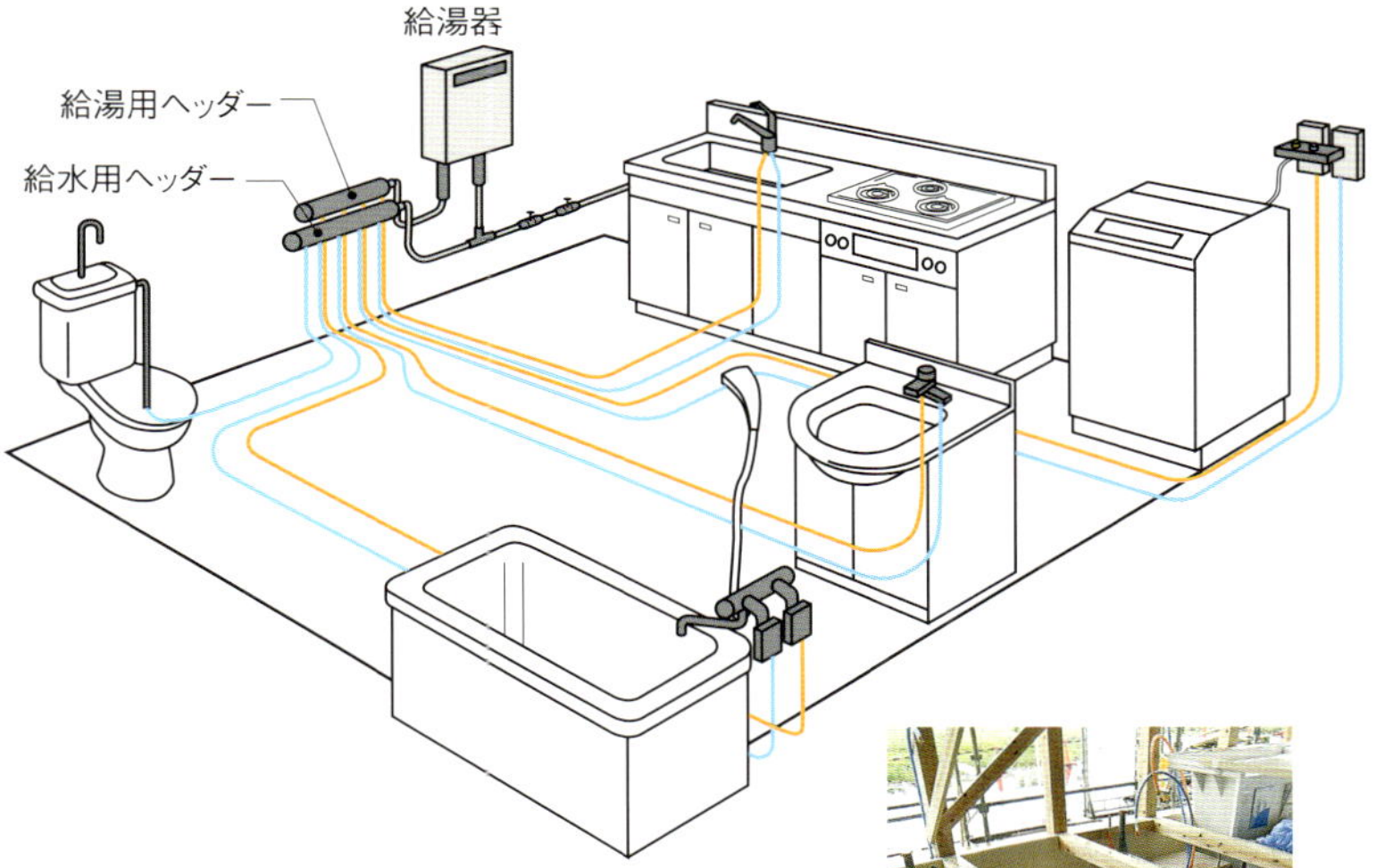

ヘッダー配管方式
ヘッダー部から分岐し、それぞれの水栓まで配管するため、接続部がヘッダー部と水栓部のみで点検・管理が容易で配管の更新もしやすい

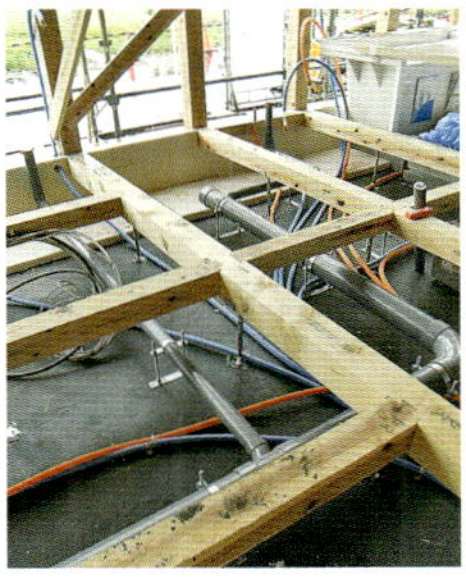

配管の材質の種類

鋼管

以前は多く使われていたが、錆びるため、現在はほとんど使われていない

塩ビ製

硬質塩化ビニルを使用。給水管によく使われる。コストが低く、最も多く使われている

塩ビライニング鋼管

鋼管の内側を塩ビでコーティングしたもの。鋼管の強度を保ちつつ錆びを防ぐことができる

架橋ポリエチレン管

継目が少なく配管できるため施工に優れている

銅管

継目を少なくでき、耐久性も高い

ステンレス管

施工にやや手間がかかるが、メンテナンスはほとんど不要

Point 排水同様に、水廻りはなるべくまとめられるようにし、給水管の長さを短くすませせるようにする

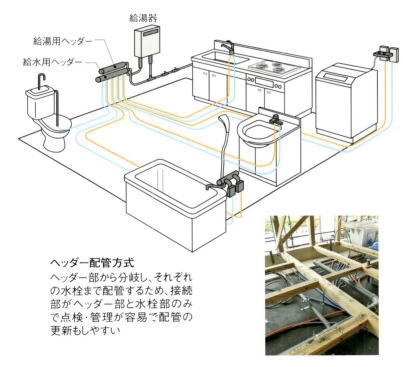

冷暖房・空調計画

095

最近は、冷暖房を完備することが普通になってきた。また、気密性能が向上するに従い、換気の重要性も増している。

冷暖房機器

冷房は、ほとんどが**ヒートポンプ**式エアコンである。

エアコンを壁に取り付ける個所には、下地に合板を張っておくなどの下地の補強を行う。また、冷房時に結露水を排出するドレインパイプを貫通させるスリーブを適切な場所に設ける必要がある。

暖房の熱源は、ガス、灯油、電気となり、主に、ヒーターとエアコンの2種類がある。さらに、薪ストーブや木材を粉末にした顆粒状のペレットを燃料とするペレットストーブも使われるようになってきた。いずれにしても機器に応じて、イニシャルコストとランニングコストが異なるため、十分な検討が必要である。

床暖房を設置するケースも多くなっている。床暖房は、電気式や温水式がある。電気式は、イニシャルコストは安いが、広い面積で床暖房する場合、ランニングコストがかなりかかる。温水式は、イニシャルコストがかかる反面、ランニングコストは電気式に比べて安い。温水式の熱源は、灯油やガスのボイラーやヒートポンプである。

換気設備

台所や浴室などには換気扇を設置するが、最近ではトイレに設置するケースも多くなってきた。

また、建築基準法で定められた24時間換気を行わなくてはならない。各室に換気扇を設置するのが原則だが、換気扇のない部屋は、ドアの下をアンダーカットするなどして、空気の流れるルートを確保して対応することもできる。

用語解説

ヒートポンプ
（ひーとぽんぷ）

お湯を沸かしたり、部屋の中の空気を暖めたりするために必要な熱エネルギーを、火を燃やさずに空気から得る仕組みのこと。空気の熱を集めるために電力を使う。エコキュートはヒートポンプ式の給湯器

エアコンの種類

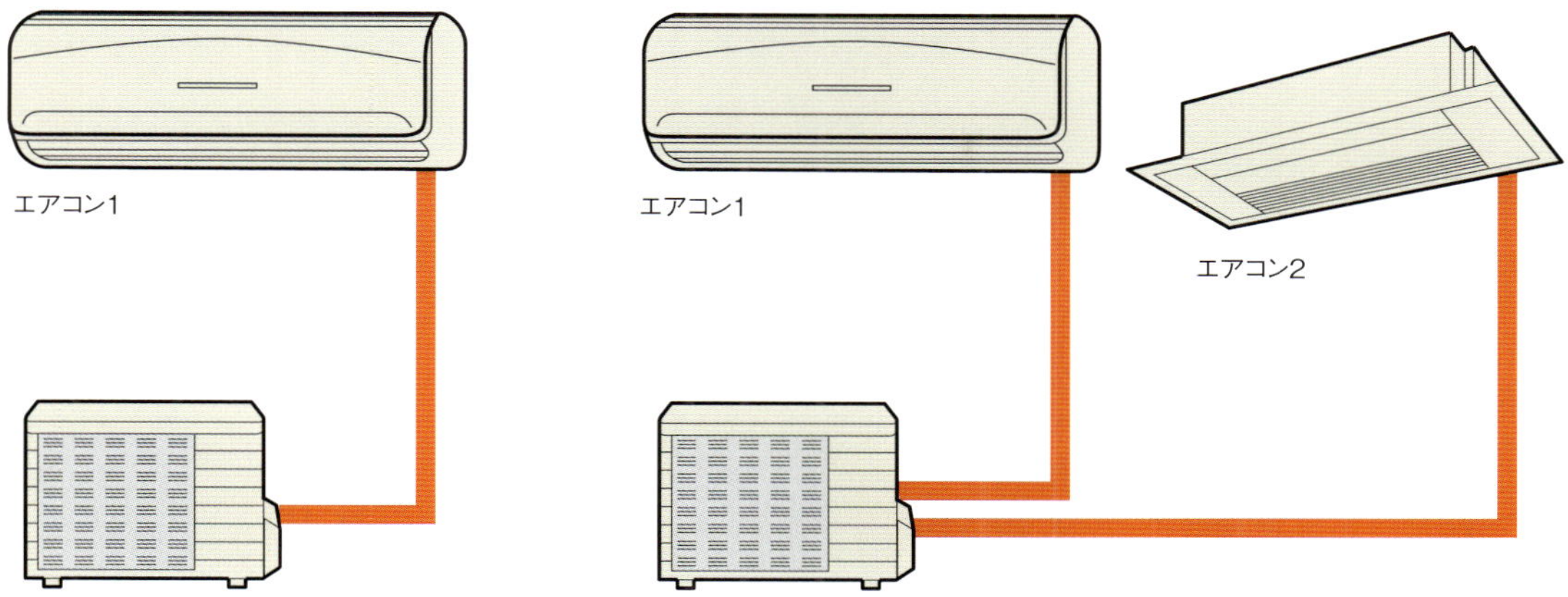

セパレートタイプは1台の室外機に対して室内機が1台。マルチタイプは1台の室外機に対して複数台の室内機が接続できる。いずれも、住宅用のエアコンは壁掛け型が一般的だが、天井カセット型や天井隠ぺい型などもある

暖房熱源のコストの種類

熱源	暖房機	イニシャルコスト	ランニングコスト	備考
電気	ヒートポンプエアコン	高	低	電気を熱源とすると空気を汚さないというメリットがある。パネルヒーターは広範囲の暖房には不適
	ヒーター	低	高	
	パネルヒーター（オイル）	中	高	
ガス（都市ガス、LPガス）	ガスストーブ	低	中	ガスストーブは使用上の安全性に注意が必要。温水式ファンヒーターなら空気を汚さない
	ガスファンヒーター	低	中	
	FF式ファンヒーター	高	中	
	温水式ファンヒーター	高	高	
灯油	石油ストーブ	低	低	最も安価。ただし、FF式ファンヒーター以外、室内空気が汚れやすい
	石油ファンヒーター	低	中	
	FF式ファンヒーター	中	中	
太陽光	空気式	高	低	補助熱源が必要であることに注意
	温水式ファンヒーター	高	低	

Point 冷暖房や換気のことも考慮した住宅づくりが求められる。建築と一体で考えることが必要

換気

096

住宅の気密性が上がるに従い、換気が重要になってきている。シックハウスに対応した24時間換気の設置も、建築基準法で義務付けられている。

機械換気と自然換気

機械換気は3つの方式に分かれる。給気と排気のいずれも機械で行うか、給気と排気のいずれかを自然給気（排気）とする。

台所、浴室は最低限機械換気として、換気扇を設置する。換気扇で排気し、外気を**給気口**から自然換気で入れる。浴室には、湿気を排出するために換気扇を設置する。入浴後しばらくの間湿気を排出するために、タイマーを設置するのもよい。便所にも換気扇を設置することがある。特に、窓を設けられない場合には必要となる。腰の高さ付近に設置すれば、臭気が広がらないうちに排出することもできる。また、熱交換式の換気扇にすれば、冷暖房の負荷を軽減できる。

一方、窓を開けることで、自然換気することができる。自然換気は、部屋の対角線に2カ所開口部を設けるのがよい。夏場の熱い空気を排出するには、高い位置に窓を設け、上方へ換気ができるようにすると効果的である。なるべく機械だけに頼らずに自然換気もできるようにしておくべきである。

24時間換気

シックハウス対策は、建築基準法で建材の規制と同時に、24時間換気が義務付けられている。

建材だけでなく、家具やカーテンなどから出るVOCの排出を、完成後5年間続けることになっている。

部屋ごとに換気扇を設置する方法と、各部屋には給気口のみ設置し、ドアの下のアンダーカットで空気の流れるルートを確保し、1つの換気扇で複数の部屋をカバーする方法がある。

用語解説

給気口
（きゅうきこう）

壁面または天井に設けられた新鮮な空気を取り入れるための口をいう。窓とは別に取付けられた空気の取り入れ口ともいえる。 空気量を調節するダンパーを備えている。台所などの換気扇を作動させると、給気口から自然と外気が入ってくる

機械換気方式の種類

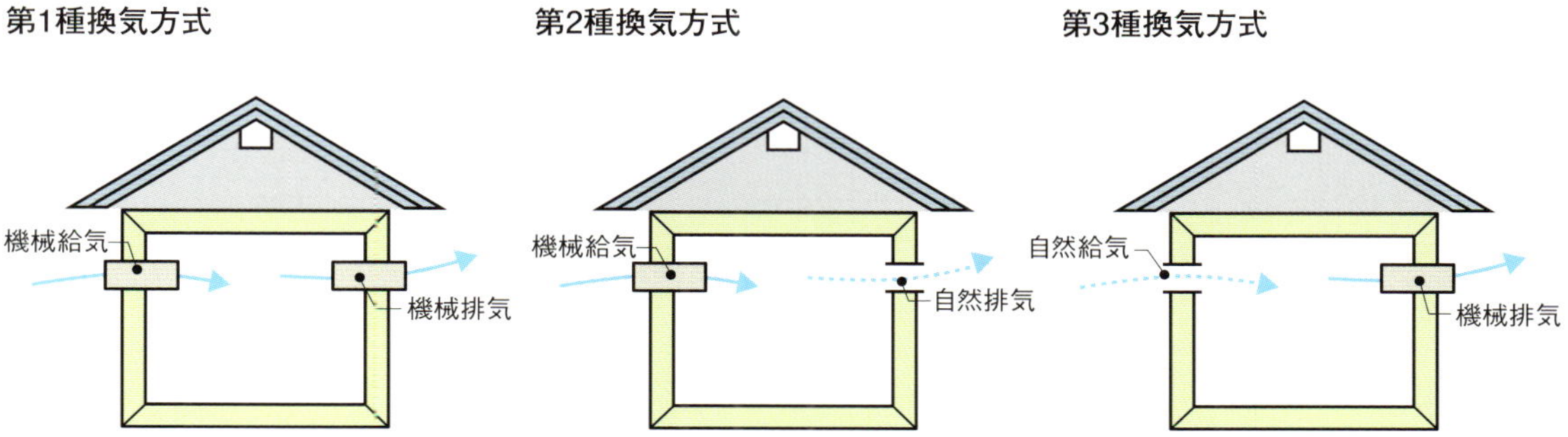

機械動力による強制給排気　　機械動力による給気と自然排気　　機械動力による排気と自然給気

パッシブ換気

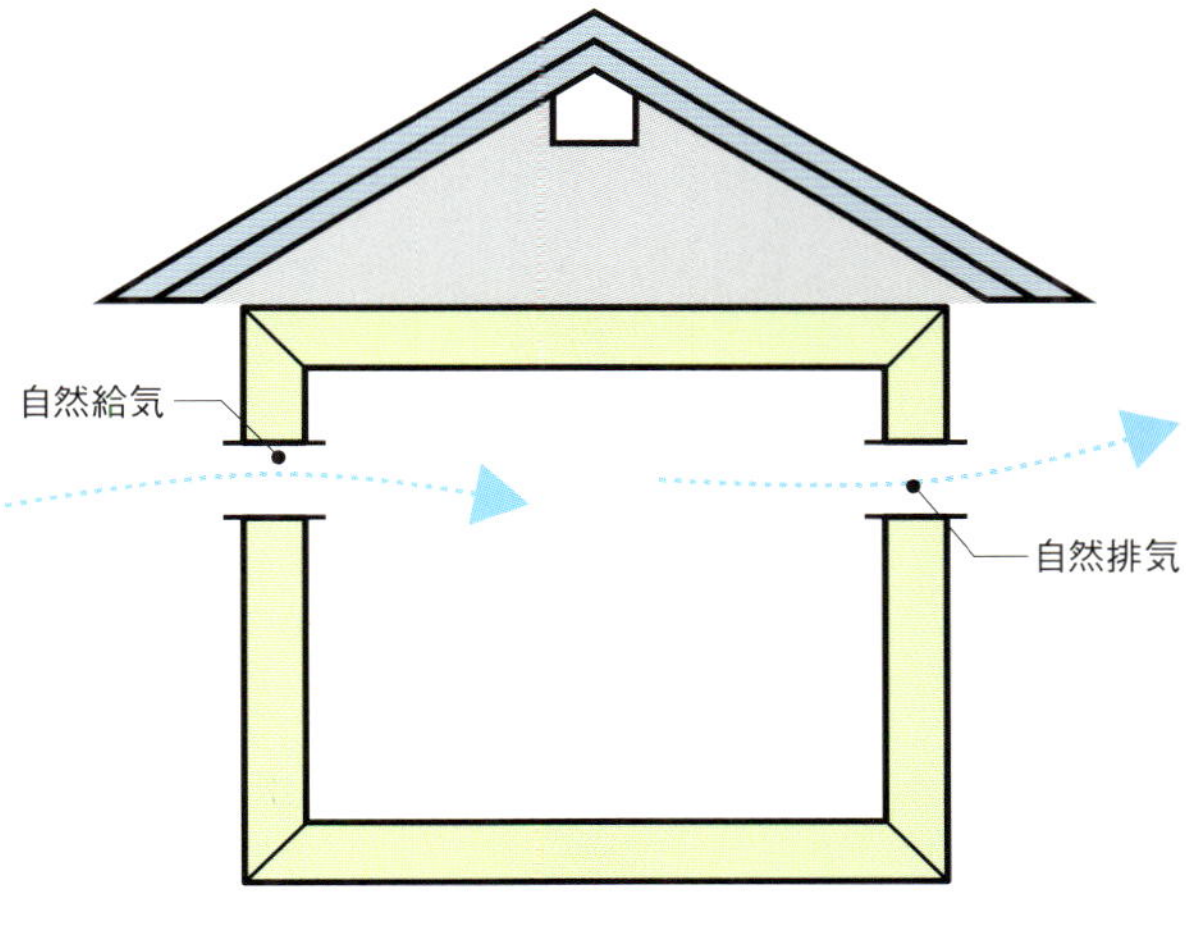

自然動力による給排気

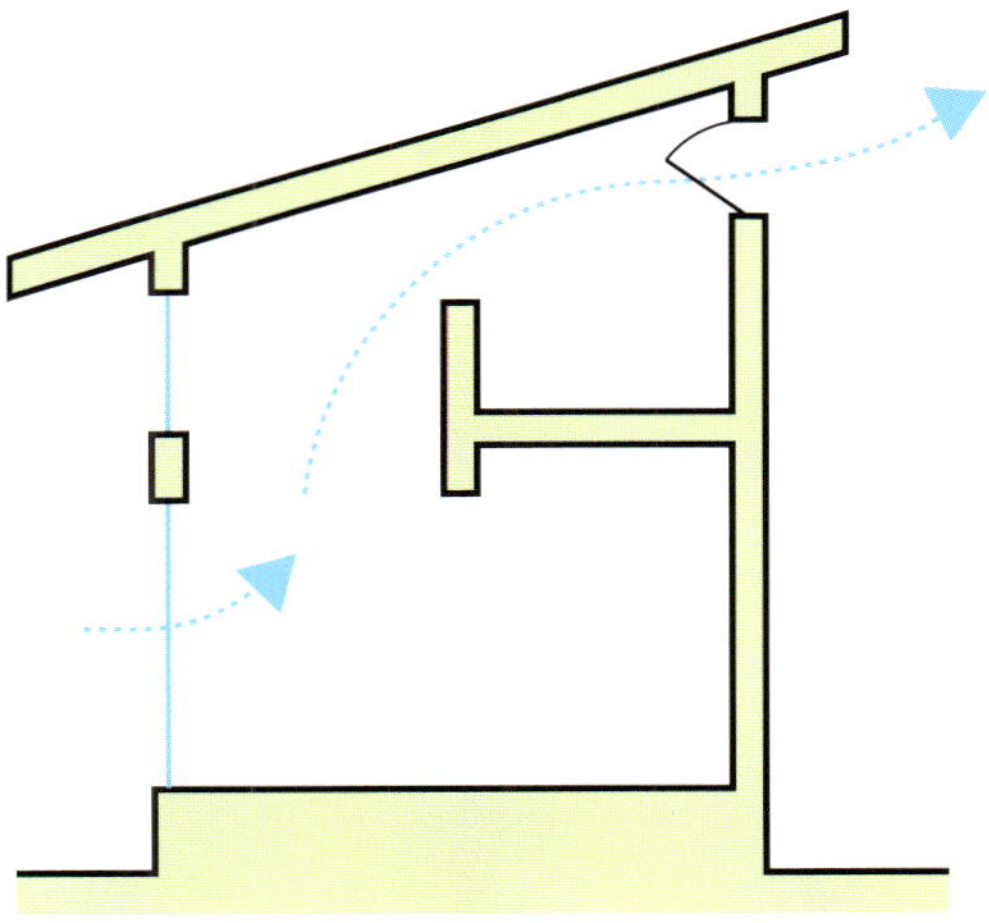

温められた空気は上昇するので、吹抜けを通して上方の窓へ排気する。ただし、建築基準法で機械換気が義務付けられているので、両方を組み合わせることになる

Point 機械換気と自然換気の特性を押さえて、部位ごとに使い分けるとよい

給湯

097

給湯の熱源には、ガスの給湯器がもっとも多く、次いで灯油の給湯器が使われている。

最近では、電気のヒーターやヒートポンプで温水をつくるエコキュートもある。

ガス・灯油給湯器

給湯器は床置きか、壁掛けタイプで、外部に電源が必要になる。冬場、長期間使用しない場合でも、凍結防止のためコンセントを抜かないようにする。

給湯温度は、リモコンで設定し、リモコンは浴室や台所、洗面所に設置する。

通常、給湯温度は40度ほどで、やけどをしない程度にする。以前は、高温のお湯と水を混ぜて使っていたため、水栓を**サーモスタット**式にしていたが、現在では温度設定ができるため、サーモスタットは必ずしも必要ではなくなった。

電気給湯器

(1)夜間の電気使用による節約

料金の安い深夜に電力を使い、夜のうちに電気のヒーターで温水をつくり、貯湯タンクに溜めておけば、日中に使うことができる。タンクの容量によりお湯の量が決まるため、大量にお湯を使ったときにお湯が足りなくなることもある。

(2)エコキュート

ヒートポンプでお湯をつくり、タンクに貯めて使うのがエコキュートである。深夜に電力を使い、お湯をつくるシステムが通常である。イニシャルコストはかかるが、ランニングコストは、格段に安くなる。

ただし、貯湯タンクを設置するスペースが必要になる。また、大人数が住む住宅で、何回も入浴する場合に湯切れを起こさないかタンクの容量についても十分検討する必要がある。

用語解説

サーモスタット（さーもすたっと）

熱・温度を一定にするための自動温度調節装置。給湯器では、お湯が高温になったときに自動的に切れる役割をもつ。サーモスタットの語源は、温度や熱を表す「Themo」と一定にすると言う意味の「Stat」との合成語

給湯の熱源の種類

エネルギー	熱源機	イニシャルコスト	ランニングコスト	備考
都市ガス	ボイラー	低	中	最も多く使われている
LPガス	ボイラー	低	高	多く使われるがランニングコストが高い
灯油	ボイラー	低	低	現在ランニングコストが安いが将来は不安定
電気	ヒーター	中	高	夜間の割引制度を活用すればランニングコストは下げられる
	ヒートポンプ	高	低	ランニングコストが灯油より安い（夜間の割引制度を活用）
太陽熱	太陽熱温水器	中	低	天候により不安定だが、補助ボイラーと併用することができる

ヒートポンプ給湯機

メカニズム

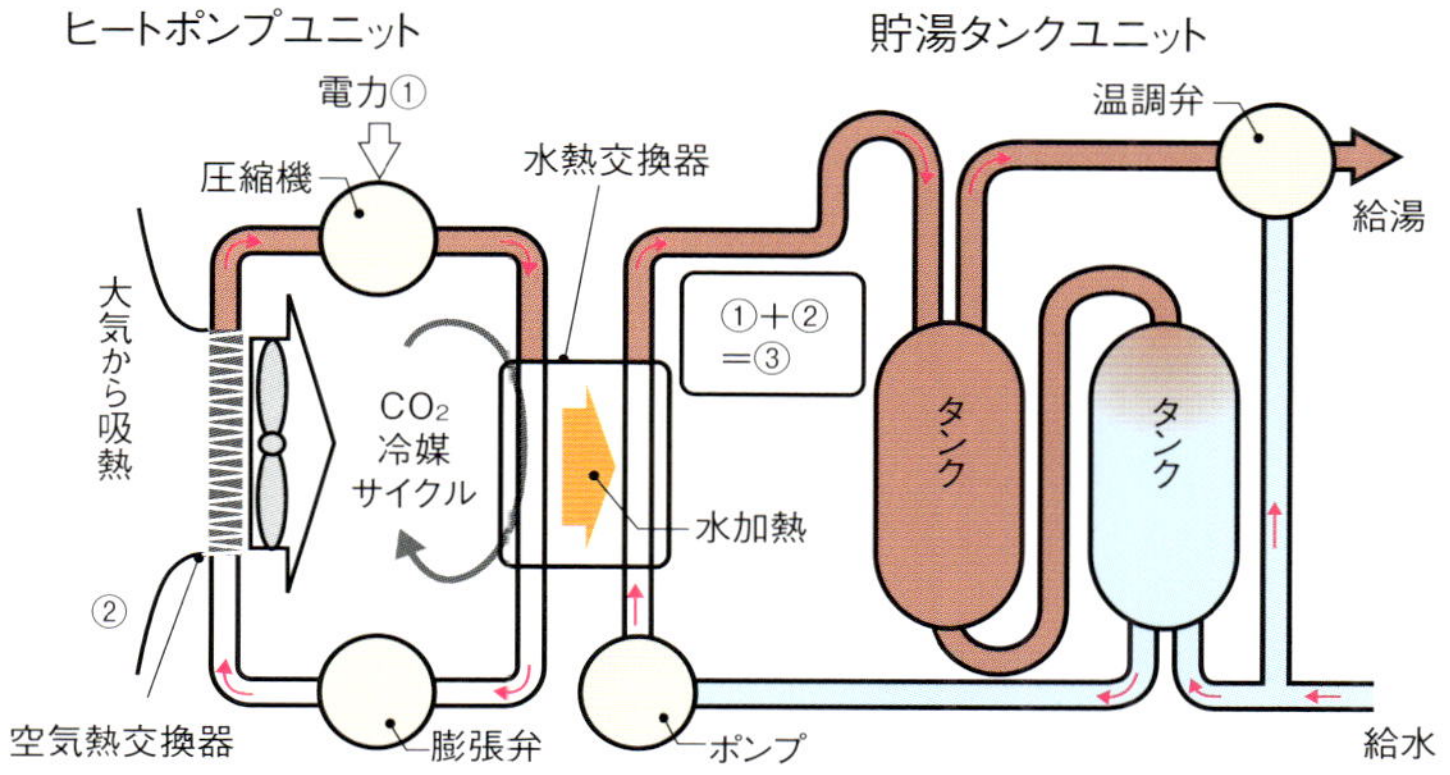

①（電気エネルギー）＋②（大気熱）＝③（得られる給湯エネルギー）

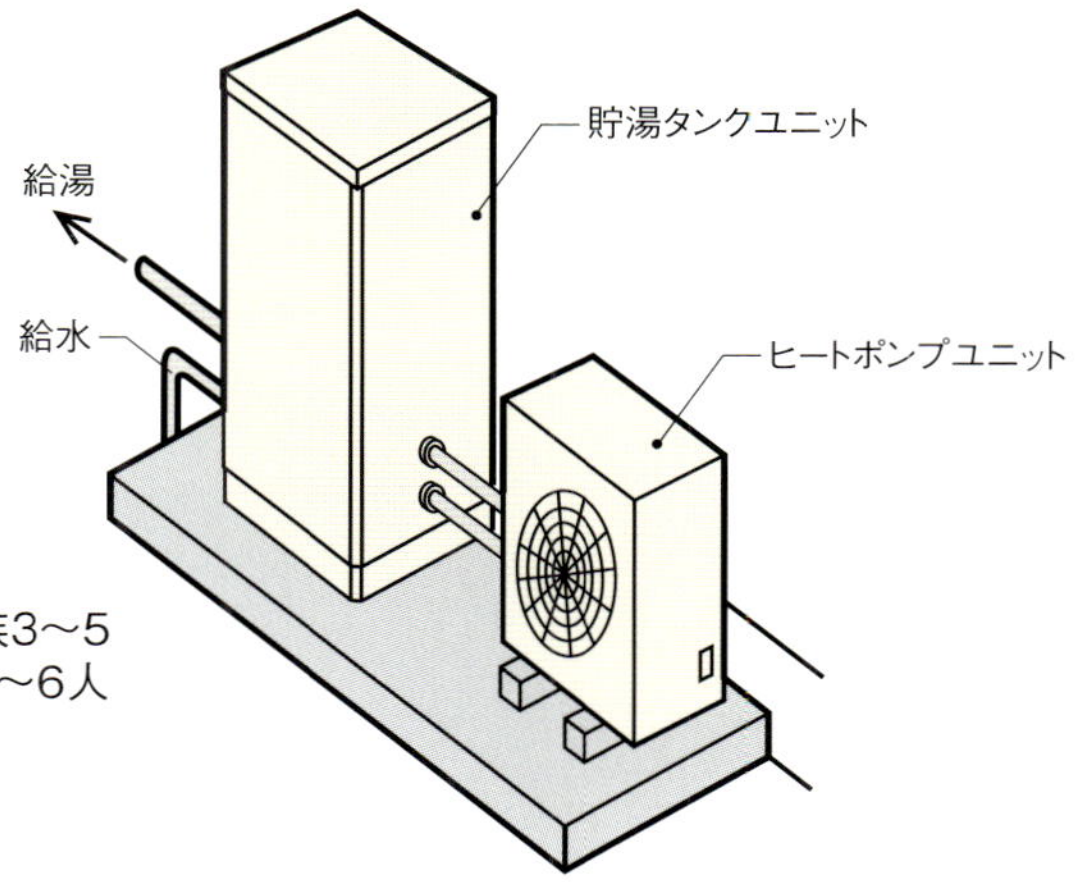

エコキュートのタンク容量は、家族3～5人の場合：300～370ℓ、家族5～6人の場合：46Cℓを目安とする

Point 住まい手の生活スタイルに合わせ、適切な給湯方式を導入する。ランニングコストも忘れずに検討する

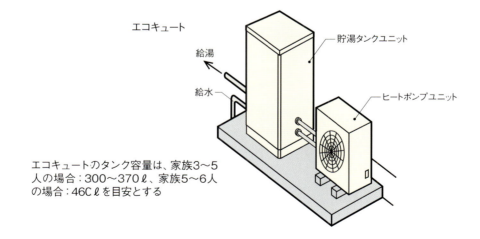

浴室の設備

098

ユニットバスか在来か

浴室の設備は、給排水、浴槽、水栓となる。

木造住宅では、防水性の高さや工期短縮につながるとしてユニットバスが多く採用されている。

ユニットバスを設置するときは、事前に、床下に配水管の配管スペースを設けなくてはならない。また、天井には換気扇のメンテナンス用の点検口が設けられ、手摺を設置する場合は、下地を補強しておく必要がある。

在来工法の場合は、アスファルト防水などで防水層をしっかりとつくることが重要である。そして浴槽を決め、床壁、天井の材料を決めていく。

浴槽の材質は、ホーロー、人工大理石、ポリエチレン、木などである。まれではあるが木製とする場合、ヒノキやサワラ材を使う。浴槽は、高齢者がまたぎやすい高さなども考慮して、床より300～400㎜ほど高くする。

水の処理をするために、浴室の床を脱衣所より100㎜ほど下げたり、入口のサッシの敷居の高さだけ、30㎜ほど下げることもできる。

反対にバリアフリーの目的で、浴室の床レベルと脱衣所の床を平らに納めることもあるが、その際は、浴室から脱衣所の床へ水が流れ込まないように、浴室の出入り口付近に**グレーチング**を取り付け、浴室内の排水は別途つくる。ただし、グレーチングを設置する分だけコストは上がる。

また、床と出入口の段差はそのままとし、床に600㎜角程度のヒノキなどのスノコを埋め込むのも効果的である。

給湯

給湯器に追い焚き機能を付ければ、自動湯張り機能がついていたり、汲み置きの水を沸かしたり、冷めたお湯を加熱できるメリットがある。

用語解説

グレーチング（ぐれーちんぐ）

鋼材を格子状に組んだ溝蓋である。素材はさまざまにあり、鉄（亜鉛メッキ）、ステンレス、アルミニウム、FRP製などがある。一般には、道路の排水路にかける蓋として使われているが、建築にもさまざまに活用されている

ユニットバスの種類

ハーフユニット

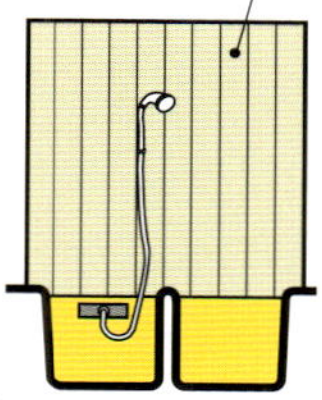

浴槽を含め下半分のみユニットとなっている。上部は在来工法と同様の仕上げを施すことができる

戸建1階用

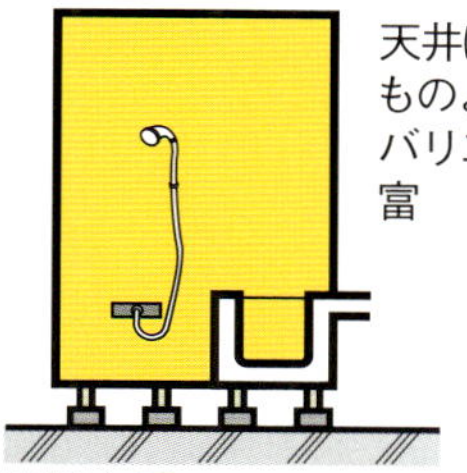

天井はマンション用のものより高くできる。バリエーションが豊富

戸建階上用

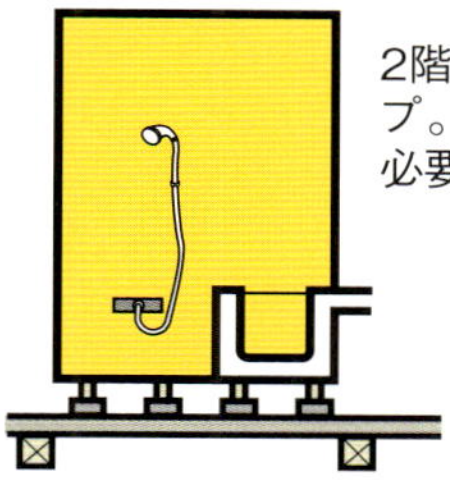

2階に設置するタイプ。下地の補強が必要

在来工法の浴室(下地)

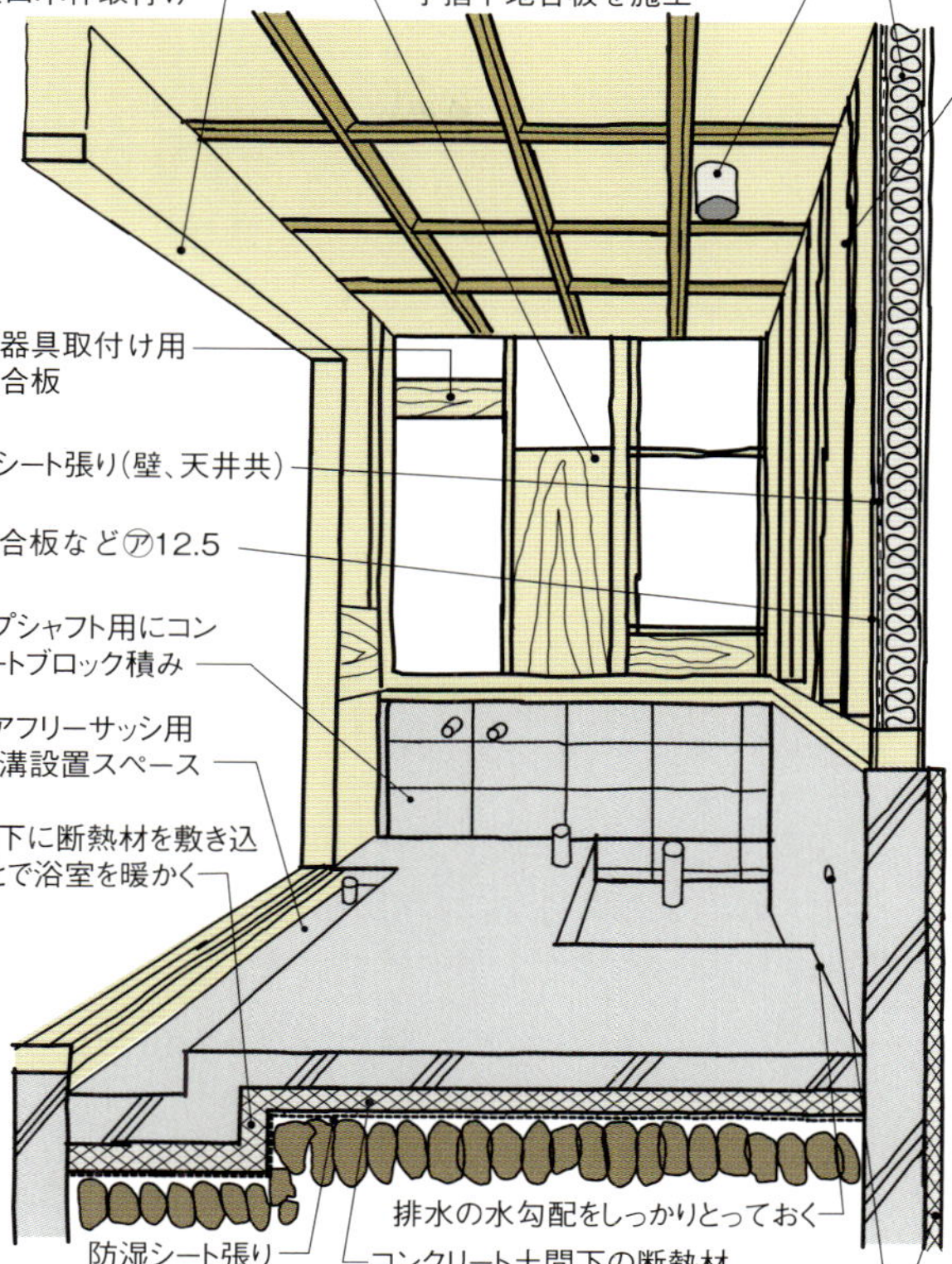

浴槽の給湯方式

給湯専用タイプ	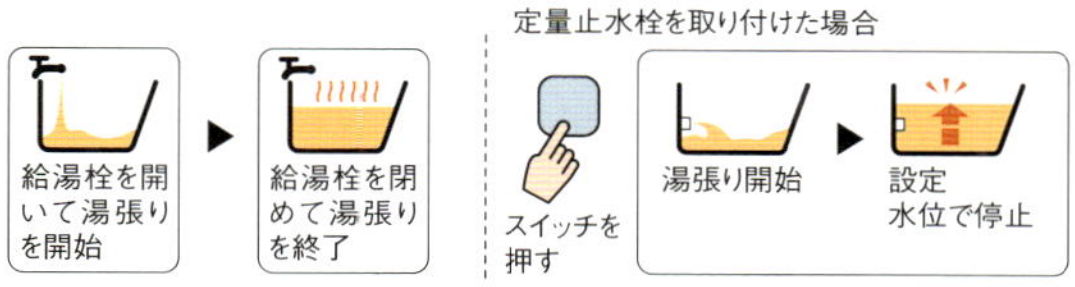	・給湯栓の開閉は手動で行う ・蛇口に定量止水栓を取り付ければ、ワンタッチで自動湯張りも可能 ・イニシャルコストが安い
セミオートタイプ	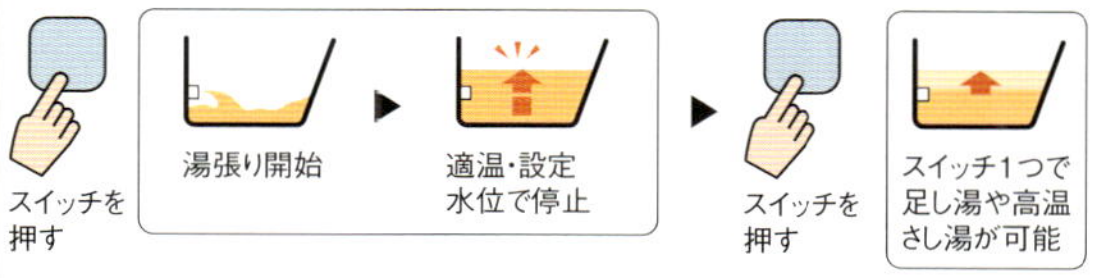	・湯張りスイッチを押すだけで湯張りを開始 ・適温・設定水位で自動的に給湯を停止する ・追い炊き、自動保温機能 ・足し湯や高温さし湯が可能
フルオートタイプ	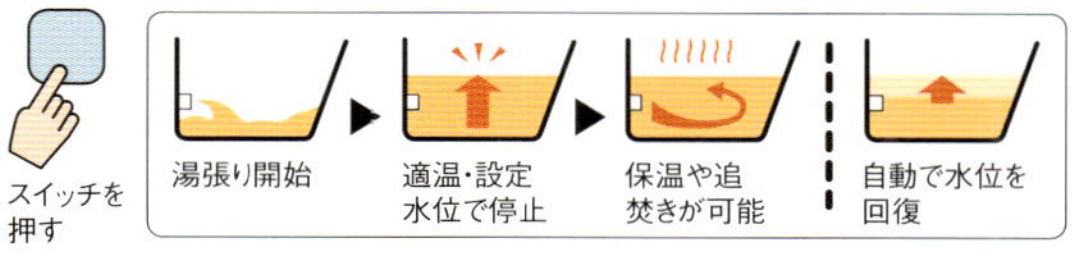	・湯張りスイッチを押すだけで湯張りを開始 ・適温・設定水位で自動的に給湯を停止する ・追い炊き、自動保温機能 ・自動的に水位を回復する(常に適温・設定水位を保つ) ・コストが高い

Point **ユニットバスにするか在来工法にするかで建築のつくりが異なってくるので施主に説明を！**

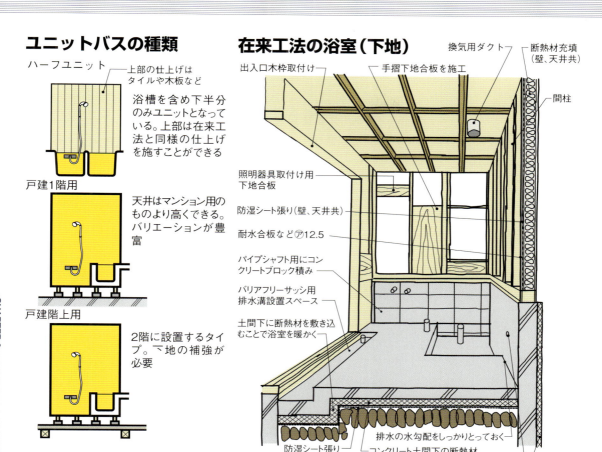

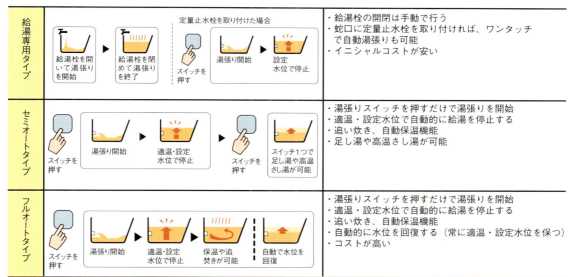

便所の設備

099

便所に必要な設備

最近の便所の設備には、さまざまな機能があり、掃除や快適性に配慮した工夫がなされている。

(1)大便器

大便器の種類はかなり多く、**サイホンゼット式**がもっともよいとされている。サイホン、洗い落し式の順となる。また、使用水量を抑えた節水型の便器もある。掃除のしやすいタイプなど新たな製品もたくさん出ている。ウォシュレットなど洗浄機能付きのものも設置することが多くなってきた。

(2)小便器

小便器は、床置きのスツールタイプと壁付けのタイプがある。子どもでも使えるのは床置きタイプだが、床と小便器の接する部分が汚れやすい。最近では、汚れにくくするために、床からわずかに上がっているタイプの小便器もある。

(3)手洗い

手洗いを便器とは別に設置することも多くなってきた。カウンターをつくって洗面器を設置したり、単独の手洗器を設置する。特にタンクレスの便器では、必ず設置しなくてはならない。狭い便所では、壁に埋め込むタイプもある。

(4)手摺

便所に、手摺を設置し、高齢者や障害を持った人に対応する。通常、便所には、L型の手摺が適している。利用者の状況に合わせた対応が必要で、すぐに設置しなくても、将来、手摺が付けられるような下地を入れておくことも必要である。ドアを引戸にして、床の段差をなくすことも有効である。

(5)収納

便所には、トイレットペーパーや掃除用具を入れる収納が必要である。ドア枠の上に幅120㎜程度の棚があればよく、壁に埋め込むかたちで箱状の棚を設置することもできる。

用語解説

サイホンゼット式
（さいほんぜっとしき）

便器の洗浄方式の1つ。排水路に設けられたゼット穴から噴き出す水が強いサイホン作用を起こし、汚物を吸い込むように排出する。水溜まり面が広いため、汚物が水中に沈みやすく臭気の発散が抑えられる

大便器の種類

洗落し式

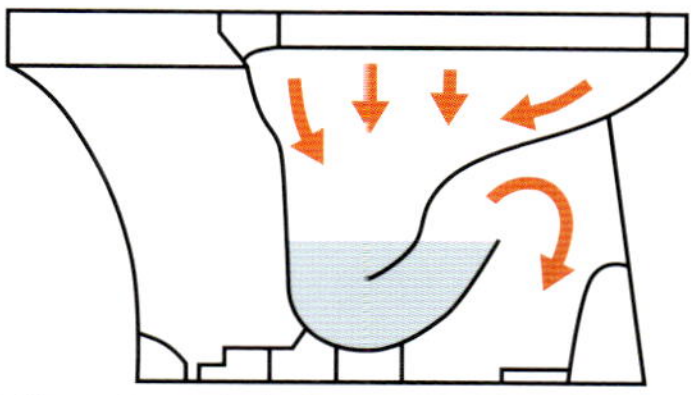

水の落差による流水作用で汚物を押し流す方式。水溜り面が狭いため水はねが起こりやすい

サイホン式

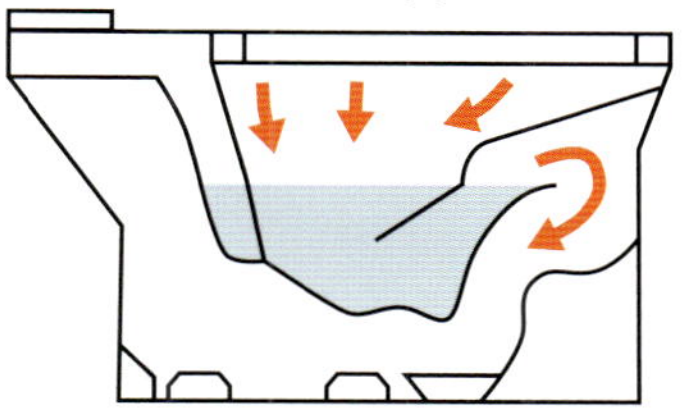

サイホン作用で汚物を吸い込むように排出する方式。水溜り面が比較的狭く、乾燥面に汚物が付着する場合がある

サイホンゼット式

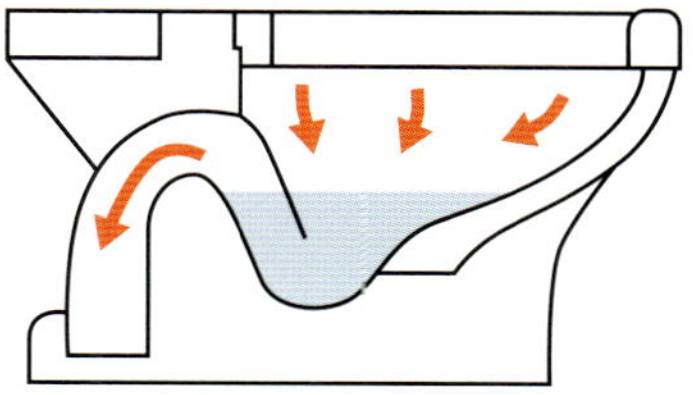

排水路に設けられたゼット穴から噴き出す水が強いサイホン作用を起こし汚物を吸い込むように排出する。水溜り面が広く、臭気や汚物の付着があまりない

サイホンボルテックス式

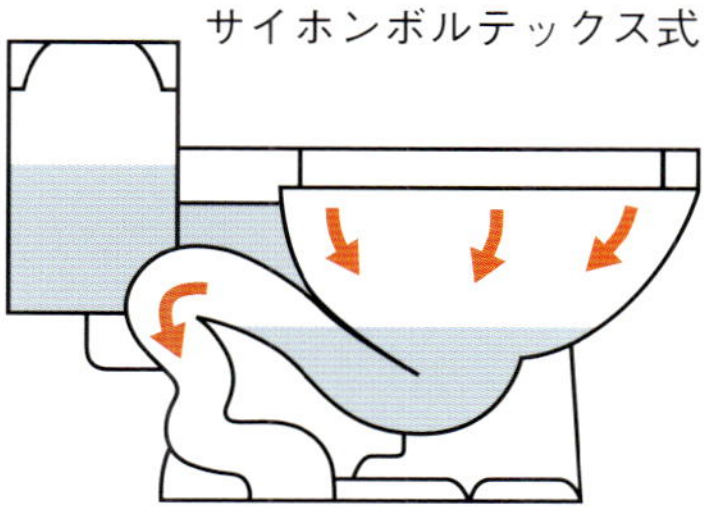

便器とタンクが一体になったワンピースタイプ。サイホン作用と渦巻き作用を併用した排出方式

小便器

トイレのレイアウト

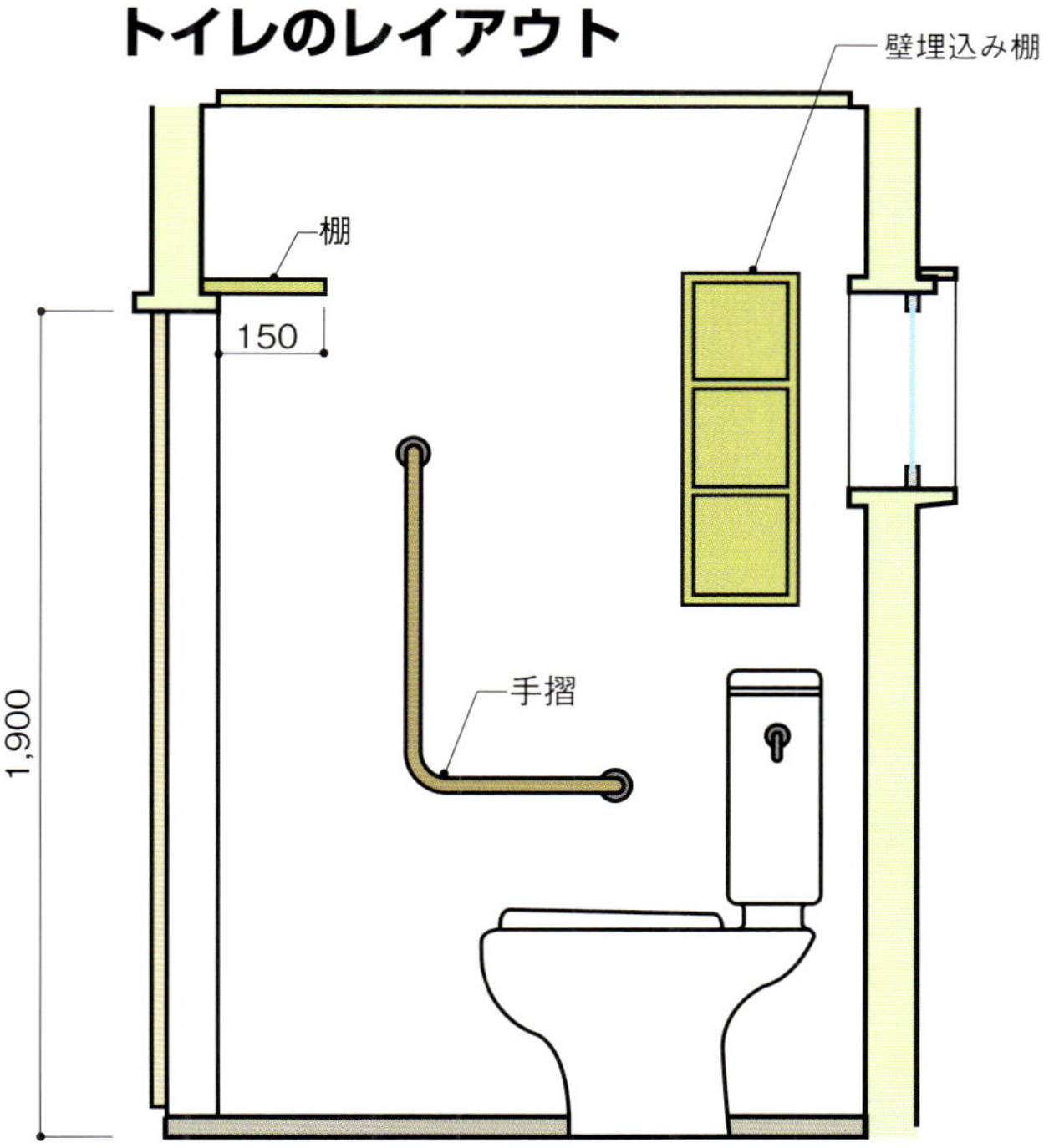

Point 便器は節水型やタンクレスなど進化しているので新しいものを常に押さえておきたい

キッチン設備

100

システムキッチンなど、台所の器具の仕様と価格は、かなり幅がある。

工事の早い段階で、排水と給水の位置を確定する必要があるため、設備配管に関係する器具の選定を早めに行うとよい。

流し台廻りの設備

流し台は、さまざまな仕様がある。既製品の流し台の天板は、ステンレスか人工大理石が多い。

シンクはシングルかダブルかを決めるが、最近ではほとんどが大きめのシングルシンクである。

コンロは、埋込み式のガス台が主流で、汚れが落しやすいガラストップのコンロ台も人気である。

電磁波を活用した**IHクッキングヒーター**も使われるようになってきた。IHクッキングヒーターには、専用コンセントが必要である。

電子レンジにも、アース付きの専用コンセントが必要である。

水栓は、シングルレバーが多く使われ、シャワーヘッドの水栓が延びるものもある。

天板だけをオーダーし、下をオープンにして、下にゴミ箱やワゴンなどを納めることもできる。

ガス台やIHクッキングヒーターの上には、換気扇を設置する。特に、ガスコンロの場合は、給気口を必ず設置しなければならない。

内装制限

台所は、コンロなど火を使う設備を置く場合は、火気使用室となり、壁と天井を準不燃以上の防火性能の仕上げにしなくてはならない。また、他のスペースとは天井から500㎜以上の下り壁を設けるが、ガス台から一定の範囲を下り壁（垂れ壁）で囲い、その部分のみを準不燃以上の仕上げにすることでも対応は可能である。

用語解説

IHクッキングヒーター
（あいえっちくっきんぐひーたー）

火を使わず、磁力線のはたらきで鍋そのものが発熱することで加熱する調理器。200ボルト機器なのでハイカロリーバーナーにも劣らない。トッププレートがフラットなので手入れが楽である

キッチンの設備

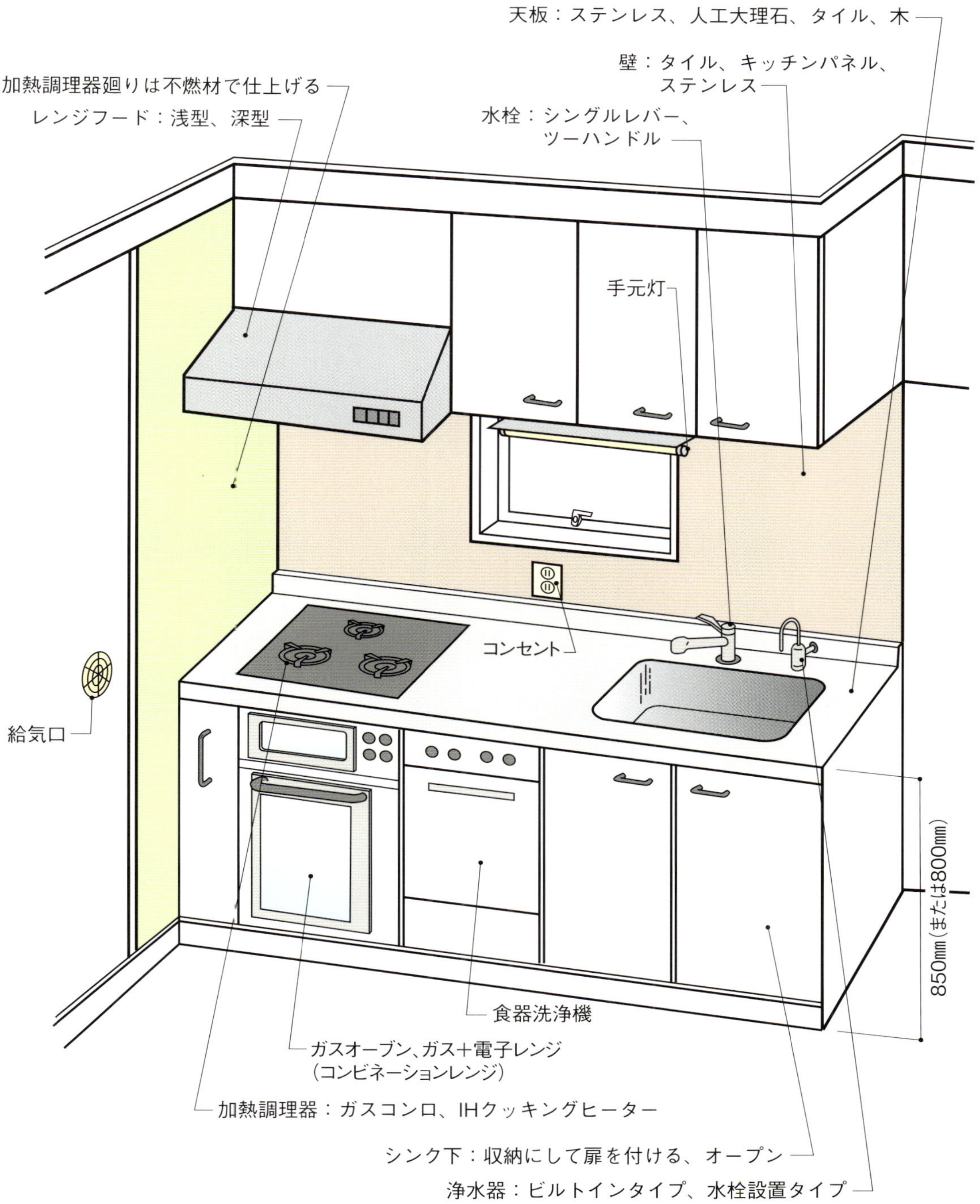

Point **使いやすいキッチンをつくるために複雑な機能の設備をなるべく入れないこと**

照明

101

電球の種類

(1)白熱灯

日本の照明は蛍光灯が多く、白くて明るすぎるといわれてきたが、くつろぐためには、ろうそくの明かりに近い白熱灯のほうがよい。実用的には、便所や納戸など、短時間しか使わない部屋の照明には白熱灯が適している。

(2)蛍光灯

事務作業などを行う場所や台所の手元灯には、蛍光灯を使うことが多い。長時間使う部屋にも、蛍光灯が適している。色も白だけでなく、電球色のものや、白熱灯と同等の色合いのものもあり、うまく使うことでよりよい空間を演出できる。蛍光灯は、寿命が長い反面、イニシャルコストが高い。

(3)LED灯

発光ダイオードを使う小型で省エネ、長寿命の照明である。消費電力は白熱灯の約87%、蛍光灯の約30%。火災の危険性もあるため、電球を取り替える場合、照明器具に対応したLED電球かどうかを確認すること。

照明器具

部屋全体を1つの灯りで照らす場合は、部屋の中央に、天井付けのシーリングライトやコードペンダントを設置する。光源をなるべく見せない**ダウンライト**も空間の演出に役立つ。ダウンライトは、照射角度や電球などの光源ごとに、種類が豊富にある。

間接照明も空間演出に役立つ。配線ダクトは、レールにスポットライトやコードペンダントの付け外しが自由にでき、うまく使うと便利である。陶器製のレセップは、工事用の器具だが、非常に安価で、ブラケットなどでうまく使うと、空間の雰囲気を限定しない演出ができる。全体として、主張しない照明器具でまとめ、ポイントになる照明器具が引き立つようにする。

用語解説

ダウンライト(だうんらいと)

照明器具の1つ。筒状の形状になっており、天井内部に埋込んで設置するため天井面がフラットになる。過熱による火災を防ぐため、ダウンライト内部のまわりには空間を確保する必要がある

効果的な照明の例

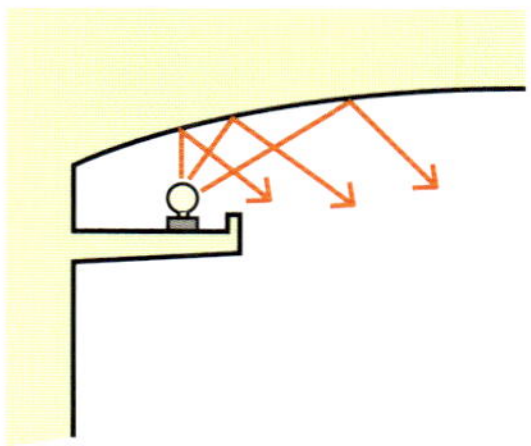

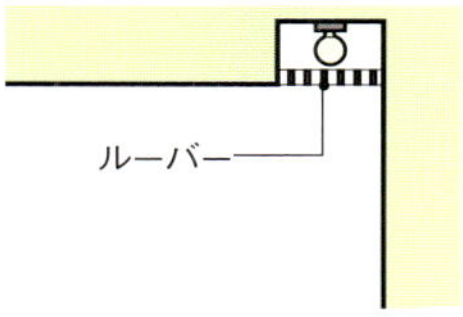

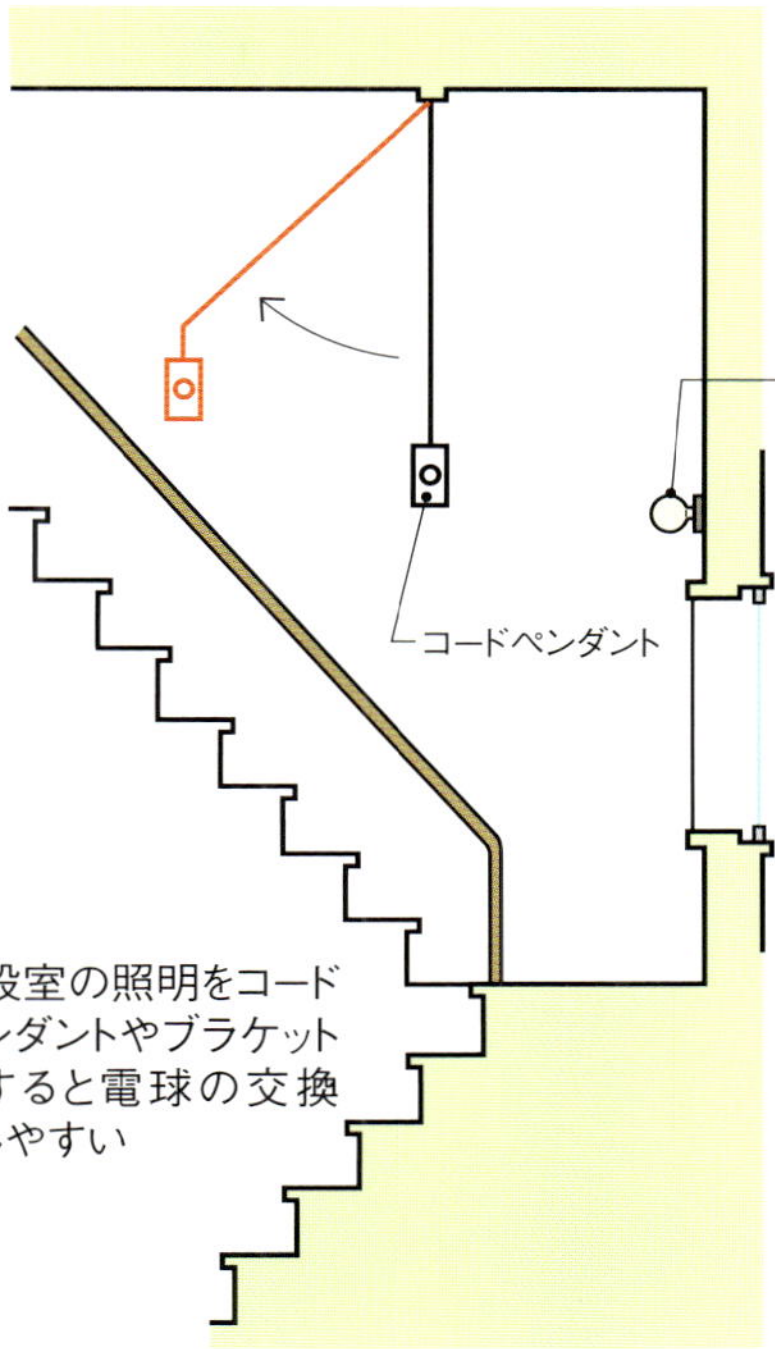

階段室の照明をコードペンダントやブラケットにすると電球の交換がしやすい

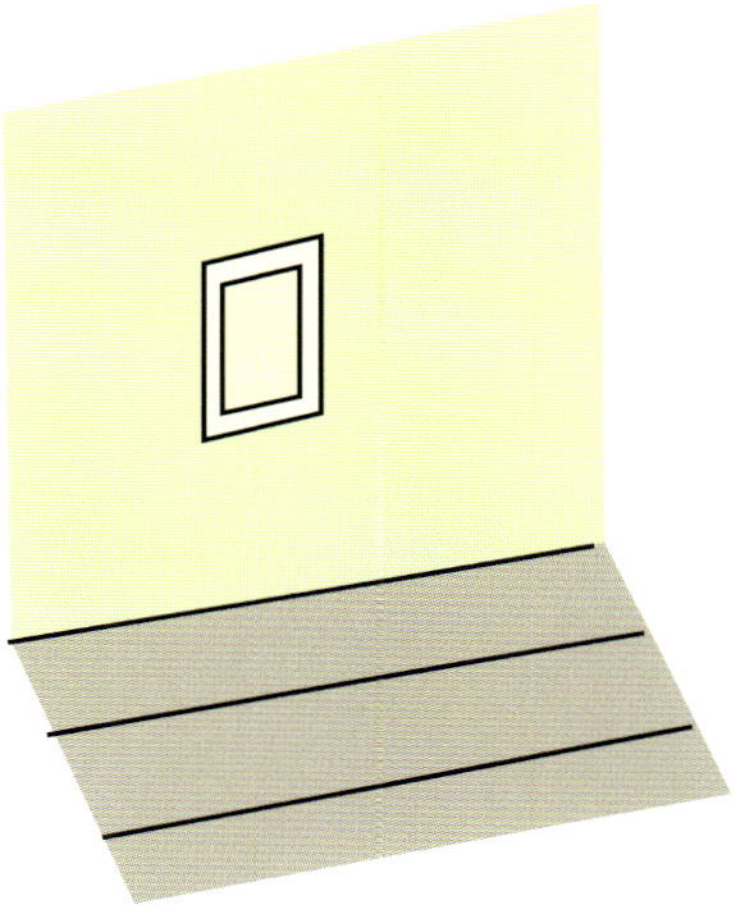

夜間就寝時用のフットライト

白熱灯と蛍光灯の違い

白熱灯

・落ち着いた雰囲気で赤みを帯びた温かみのある光。自然な陰影
・スイッチを入れた後すぐに点灯
・電気料金がやや高い
・電球寿命は短い

蛍光灯

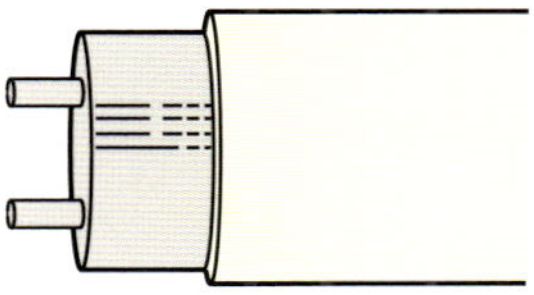

・電球色はやや赤みを帯びた光。昼白色は太陽光のような青白い光。いずれも陰影ができにくい
・点灯まで若干時間がかかるものがある
・調光器との併用はできない
・電気料金が安い
・電球寿命が長い

レセップ

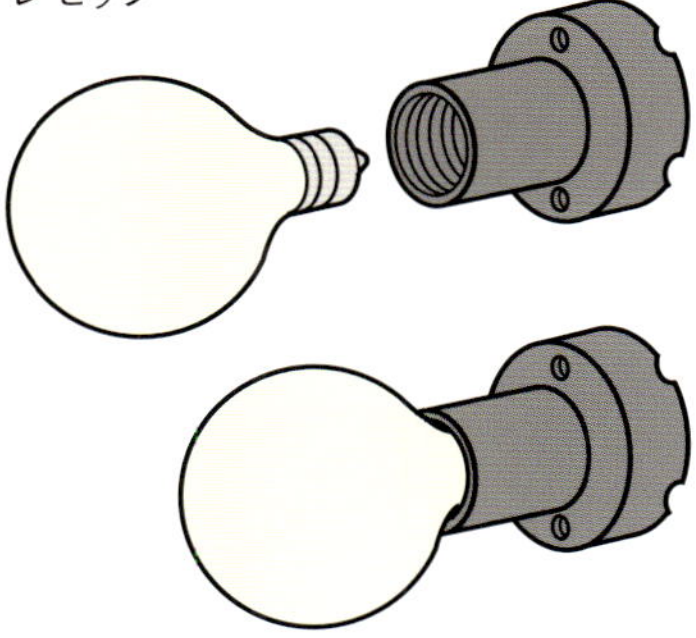

照明器具の存在感をなくして光だけを見せたいときに使うとよい

Point 照明器具を主張させず、光源をなるべく見せない照明にすると落ちつきのある空間となる

LANと弱電

102

住宅のLAN配線

最近の住宅では、パソコンに関連する設備の配線や配管が必要になってきている。将来、配線を取りかえられるように、機器を設置する部屋の間に**CD管**を通しておくとよい。

LANは、ローカルエリアネットワークの略で、電話回線や光ケーブルによる外部からの情報をモデムで受け、各室のパソコンに接続するとともに、複数のパソコンやOA機器同士をつなぐものである。室内の機器同士の接続は、主にケーブルか無線による。配線で対応する場合は、マルチメディア対応型の配線システムもある。

ただし、最近は、無線LANが多く使われるようになってきたため、電話配線や光ケーブルの取り込み位置とモデムの位置の検討は必要であるが、配線工事は必ずしも建築工事にからまない。しかし、無線LANはセキュリティの問題もあり、地下室や3階などの部屋では、電波が届きにくいために、無線LANで対応できないケースもあるので注意したい。

また、コンセントの電気配線を使うPLCによるネットワークもある。これは、地下室や3階の部屋などでも使用できることと、セキュリティ対策をしているシステムもあるため、検討してもいいだろう。

弱電設備

その他、住宅に必要な弱電設備は、電話、テレビ、インターホン、オーディオ、セキュリティ設備などさまざまなものがある。設計の初期段階で、必要と思われる設備を確認して、電気配線工事で対応しなくてはならない。それぞれの設備機器に必要な電源を確保し、配線などが露出しないように配慮したい。また、弱電も分震盤をつくるとケーブルがすっきりと納まる。

用語解説

CD管（しーでぃーかん）

波型の形状をしている管で電線やケーブルを通す時の抵抗が少なくなり、簡単に通すことができる配管材。オレンジ色をしている

LAN・無線LAN・PLCの違い

有線LAN

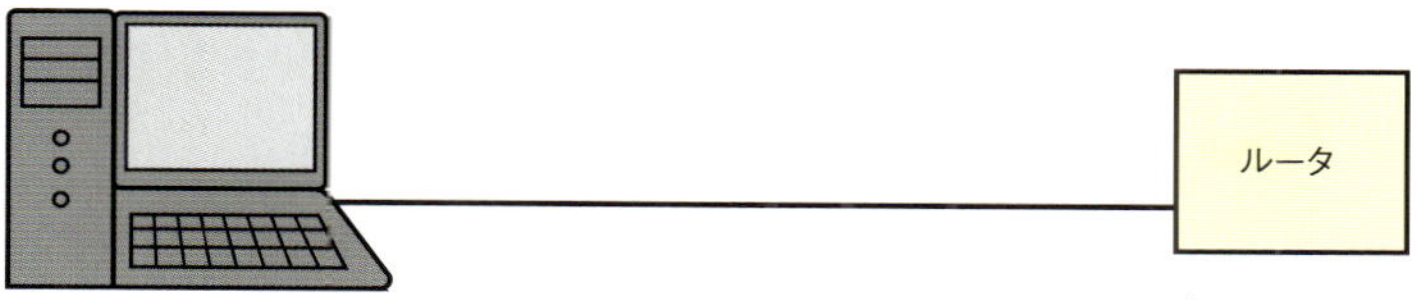

LANケーブルを通じてデータ通信を行うため、通信品質が安定している。また、ケーブルの引き回しが複雑にならないよう、設計時に考慮しておきたい

無線LAN

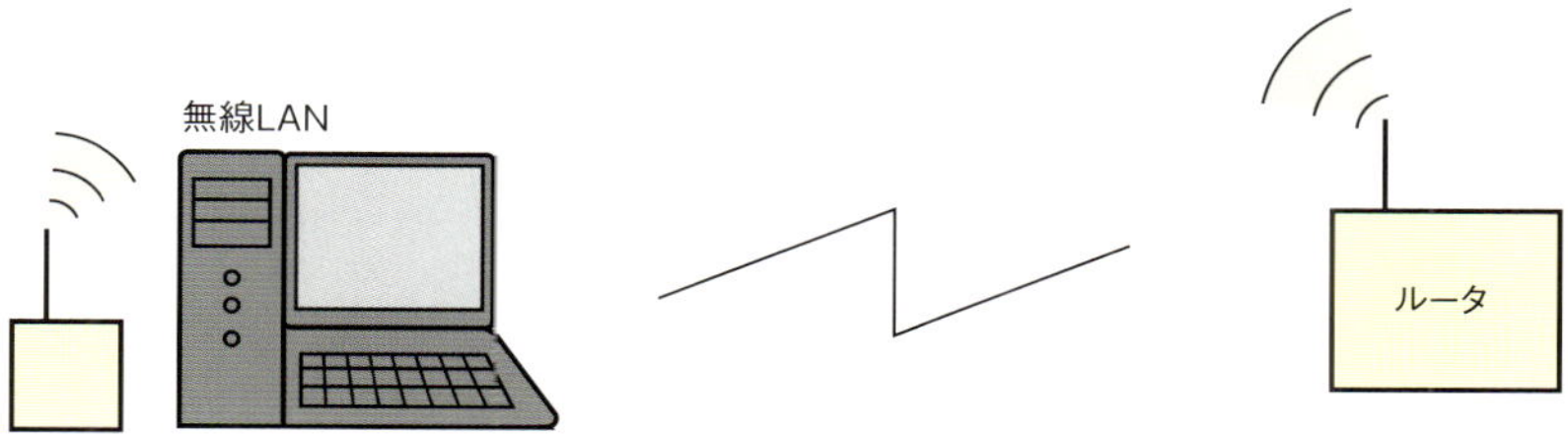

無線でデータを飛ばすため、ケーブルを使わない。設置スペースなどの自由度が高い。ただし、地下室など電波が通じにくい場合がある。セキュリティにも注意が必要

PLC

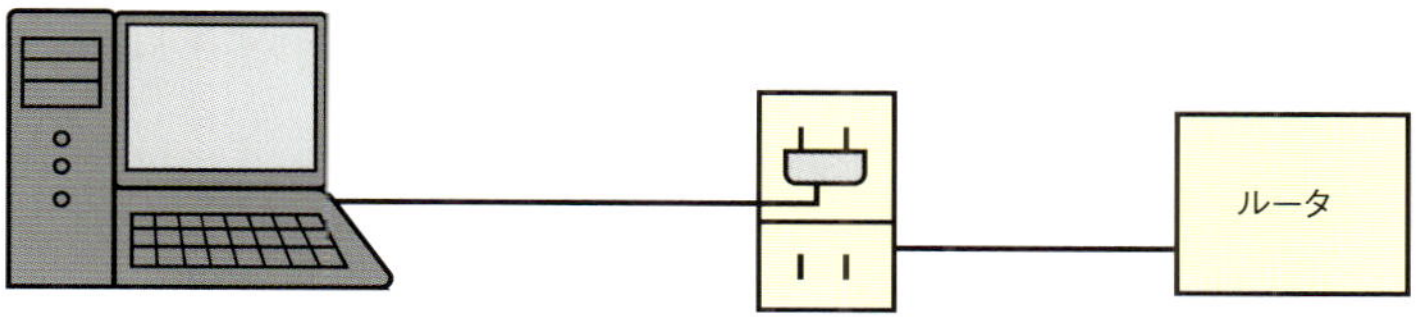

電気のコンセントを通じてデータ通信を行う通信技術。理論値上は通信速度が速い。無線LAN同様、セキュリティには注意が必要

住宅内のLAN配線の例

情報（弱電）分電盤があるとよい

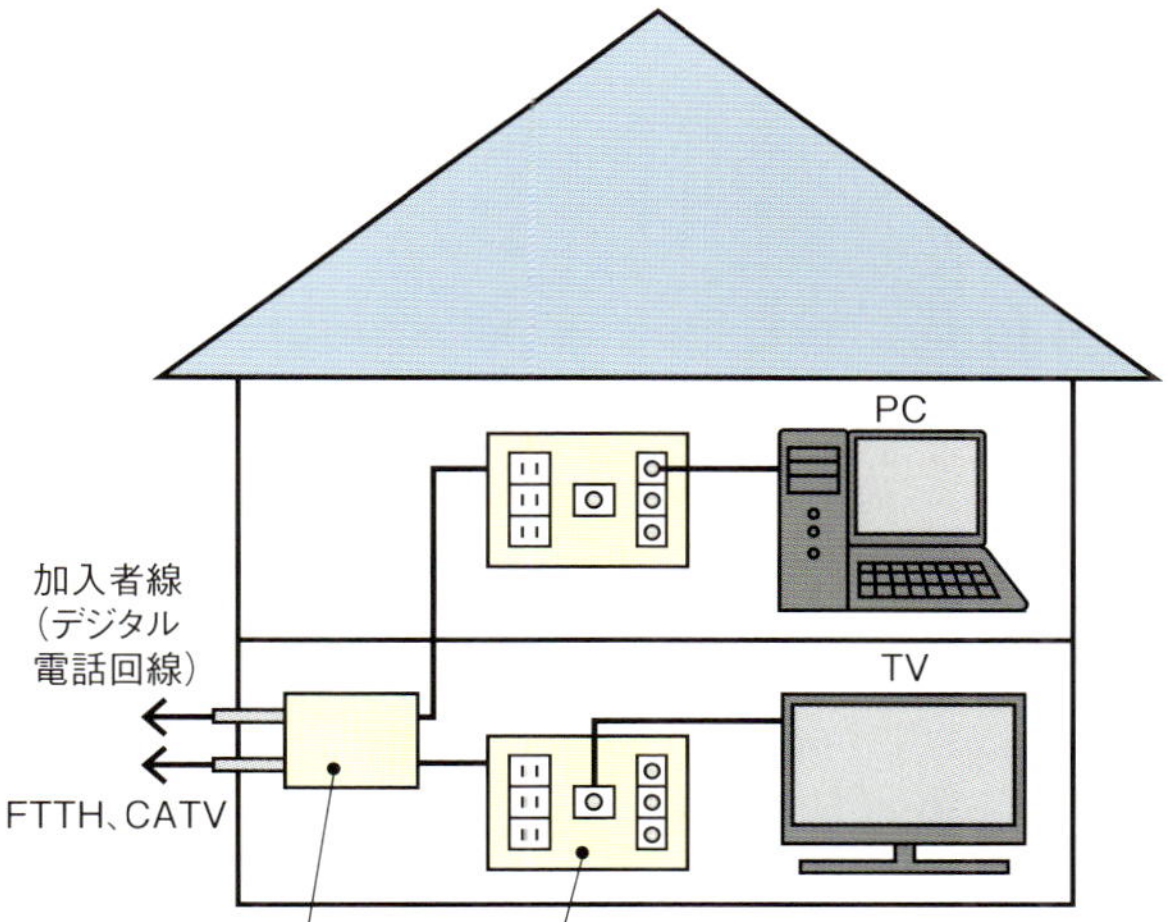

マルチメディアコンセント

情報分電盤
LAN端子台やハブ、テレビを視聴するためのブースタなどを分電盤に1つにまとめると、配線が複雑にならずに、すっきりと納めることができる

テレビ用コンセント（CSデジタル）
CSデジタル放送の受信用コンセント

電源コンセント
内線規定が変更され、現在はすべてのコンセントにアース付きが推奨されている

LAN用コンセント
情報分電盤内のハブと接続することで、各部屋のパソコンとのネットワーク構築が可能。LAN用コンセントではISDN回線は使用できないので注意

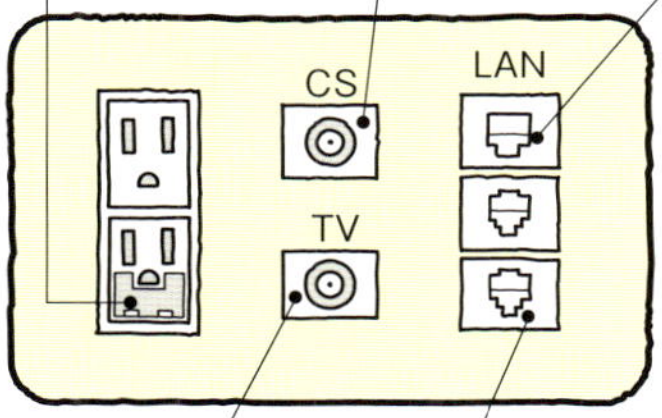

テレビ用コンセント（UHF、VHF、CATV、BS、110°CS）
VHF、UHF、CATV、BS、110°CS用テレビコンセントとして利用する。CATV用のコンセントは双方向用とする

アナログ電話回線コンセント
一般回線用のコンセント。一般回線の電話やFAX、デジタルチューナーなどが接続可能

Point **無線LANではうまく電波が届かない場合もあるので、各室に配線できるようにしておきたい**

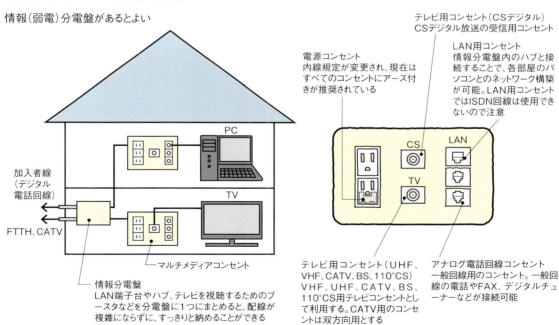

ホームシアター

103

ホームシアターの防音対策

大画面テレビやプロジェクターなどの普及によって、さまざまなオーディオや映像機器が改良され、家庭で映画などを楽しむホームシアターを設置することが多くなってきた。建築主からホームシアターの設置を希望された場合、プランニングの段階で配線から、機器類の収納などについて十分検討しておくべきである。

ホームシアター専用室をつくる場合があるが、居間をホームシアターとして活用する場合がほとんどである。

ホームシアターは、映像と同時に音響機器も合わせて設置するため、本格的には、部屋の防音も併せて検討したい。ただし、木造は軽量なため、完全な防音室とすることは難しい。できる範囲の防音対策としては、壁に吸音材を入れ、石膏ボードを2重張りとすることや、防音タイプのドアを選び、ドア枠との隙間が開かないようにすることなどである。換気扇や吸気口から音漏れするため、それについても配慮が必要である。

機器の取り付けと収納

機器などの設置にも検討が必要である。画像を見るには、100インチ以上のプロジェクターや50インチ程度のモニターになるが、視聴距離を考慮して、ソファーの配置を検討しなくてはならない。**5.1chサラウンド**は、視聴位置の周囲に複数のスピーカーを設置する。設置方法と場所をあらかじめ想定して、配管や配線、下地の補強をしておく必要がある。

スピーカーやオーディオ機器が、むき出しで置かれていると、部屋の雰囲気を壊してしまうため、DVDやCDの収納も含めて検討が必要である。天井埋め込み式のスピーカーの設置も検討したい。

用語解説

5.1chサラウンド（5.1ちゃんねる）

臨場感のある音響効果を再現するために視聴位置を前方・後方から囲むようにスピーカーを配置する音声の出力システムの1つ

遮音対策の納まり例

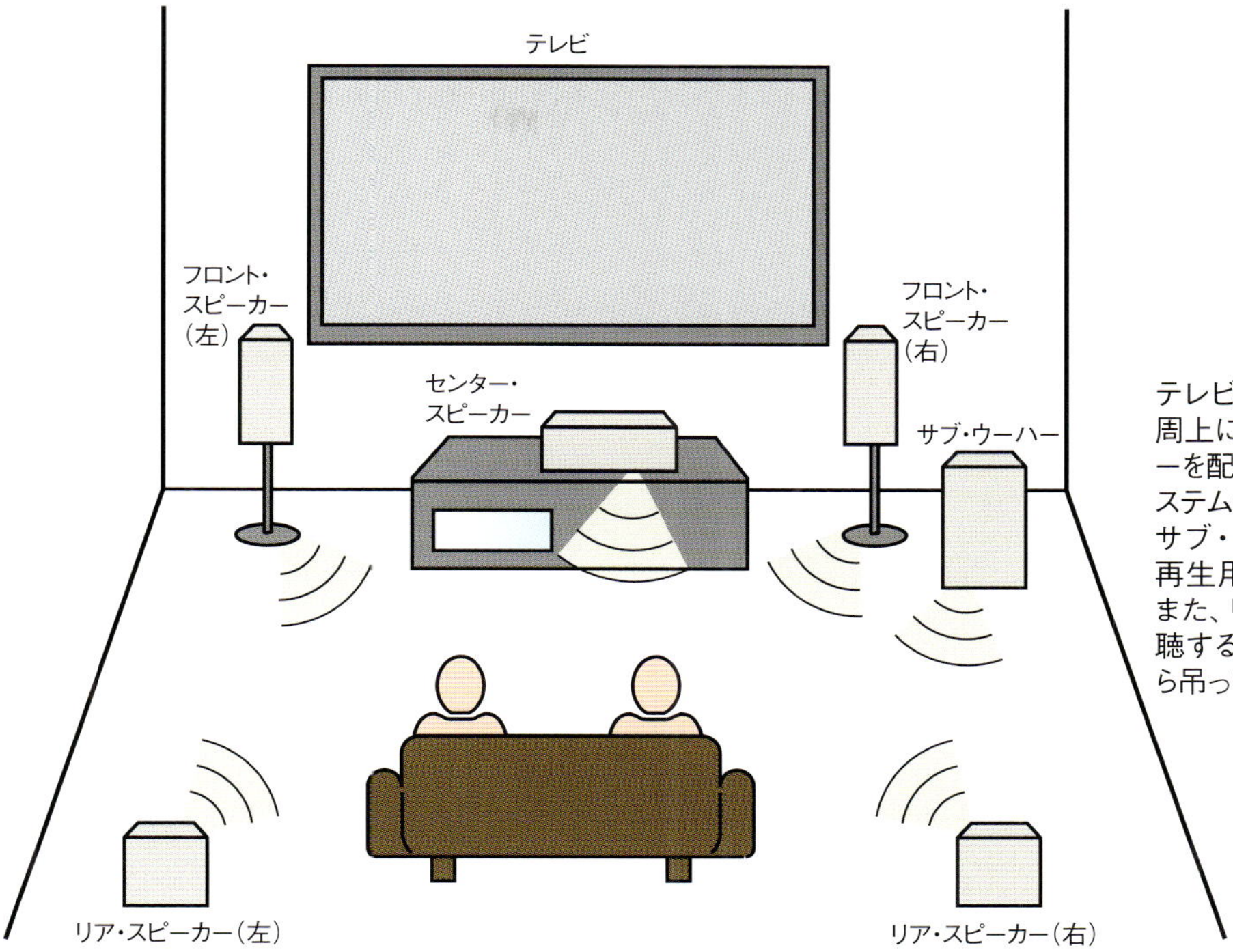

テレビを視聴する位置を円周上に囲むようにスピーカーを配置するとサラウンドシステムが効果的に機能する。サブ・ウーハーとは重低音再生用スピーカーのこと。また、リア・スピーカーは視聴する位置の後方、天井から吊って取り付ける

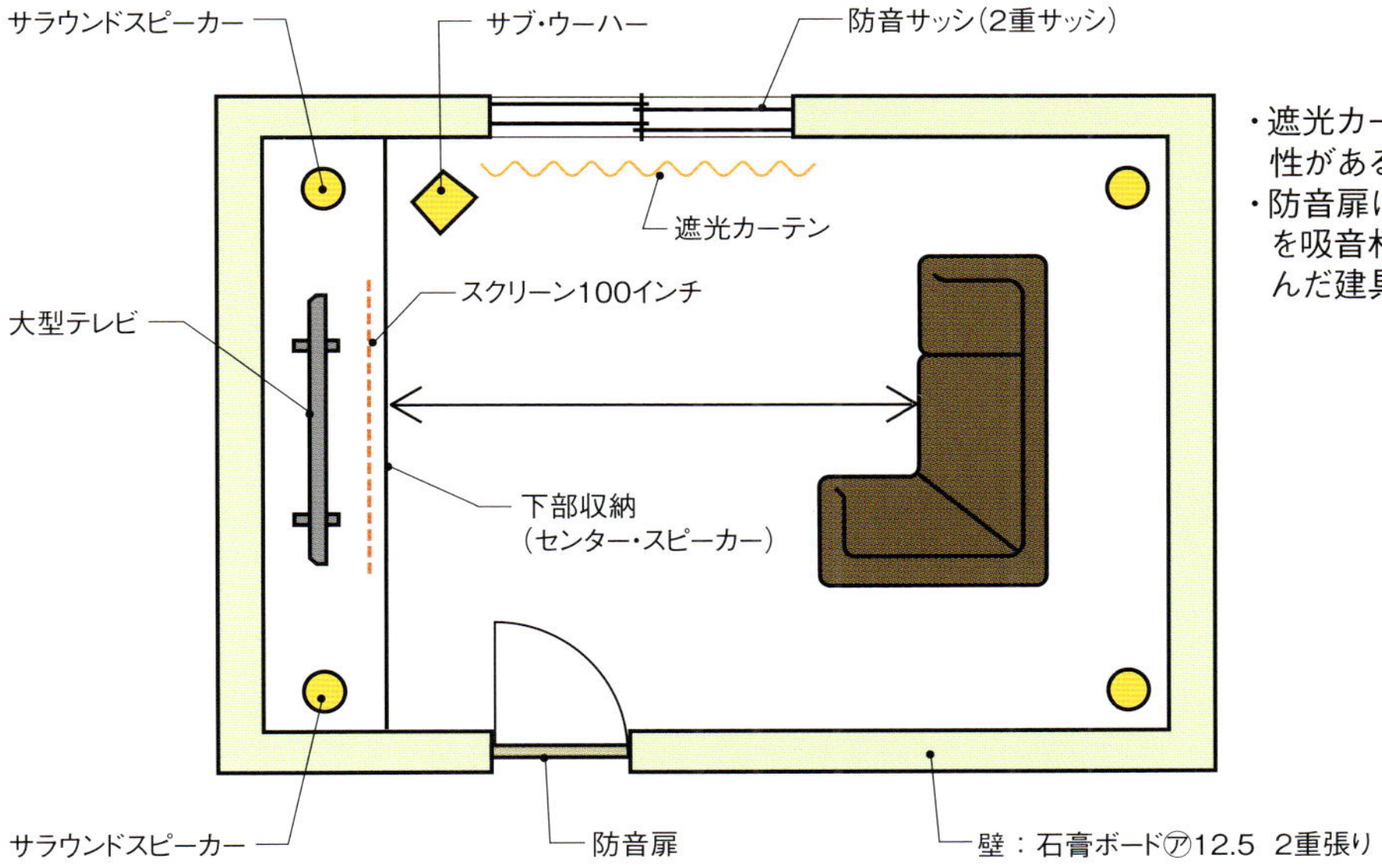

・遮光カーテンには吸音性がある
・防音扉はロックウールを吸音材として挟み込んだ建具とする

Point 木造でホームシアターをつくる場合は防音対策が完璧とはいかない点を住まい手に説明しよう！

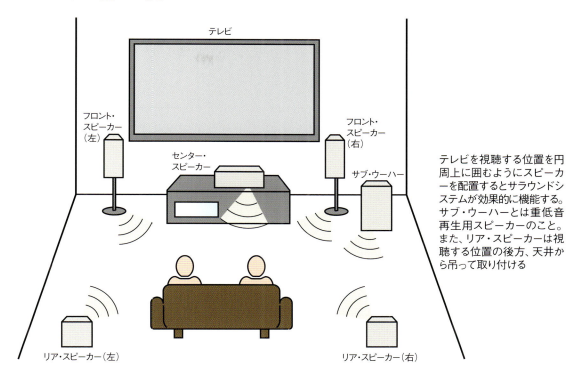

エコ設備

104

採り入れたいエコ設備

地球温暖化に対応するために、平面や断面計画として、夏の通風と冬の日当たりを確保するのが基本である。

現在では、これに加えて、省エネ性のある設備が使われるようになってきた。エアコンや家庭電化製品自体の省エネ対策はかなり進んでいる。省エネに対して意識の高い建築主も多いので、押さえておきたい。

(1) 太陽光発電

太陽電池のパネルを屋根の上に設置し、発電するのが**太陽光発電**である。パネルの枚数により、発電量が異なるが、日中、日差しが強いときは、電力会社に電気を売ることもできる（売電という）。

太陽光発電のイニシャルコストを考えると、ペイするまでに10年以上もかかってしまうが、環境に対して考えると、深く意味のある設備である。

(2) 太陽熱温水器

太陽熱温水器は、直接水を温めるタイプと、不凍液を循環させ、熱交換してタンクに溜めるタイプがある。

直接水を温めるタイプでも、屋根の上に集熱部分とタンクが一体になったもっともシンプルなものと、下に置いたタンクとの間をポンプで循環させるものがある。

お湯の温度が上がらないときには、給湯器で加温できるような仕組みにする場合もある。

(3) 雨水利用（雨水貯留槽）

これからは、雨水の利用も考えていきたい。屋根に降った雨を貯留して、利用することができる。専用の雨水タンクを設置し、樋からの水を溜めておく。ごみやほこりが入りにくいようにしたり、降り始めの雨水を入れないようにするなど、調整が必要な場合もある。

そのほか、単に池をつくり、雨水を溜めるのもよい。

用語解説

太陽光発電
（たいようこうはつでん）

太陽電池を活用し、太陽光のエネルギーを電力に変換する発電方式のことをいう。建築では、屋根や屋上を太陽光発電の集熱パネルを設置し、住宅で消費する電力をまかなう。イニシャルコストはかかるが、温室効果ガス排出量を削減できる

太陽光発電

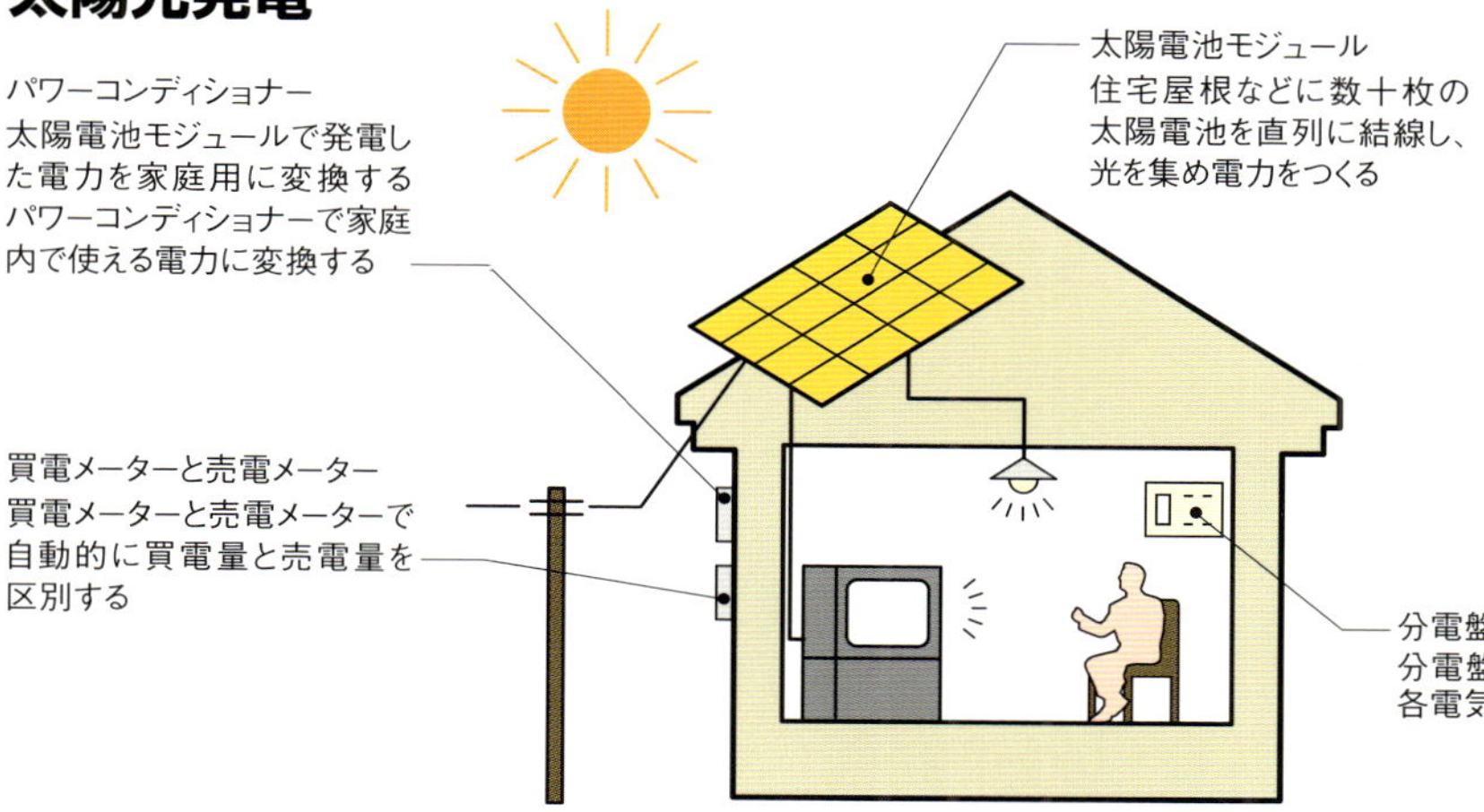

太陽光パネル設置例

太陽電池のパネルを屋根の上に設置し、発電する。パネルの枚数により発電量が異なる

太陽熱温水器

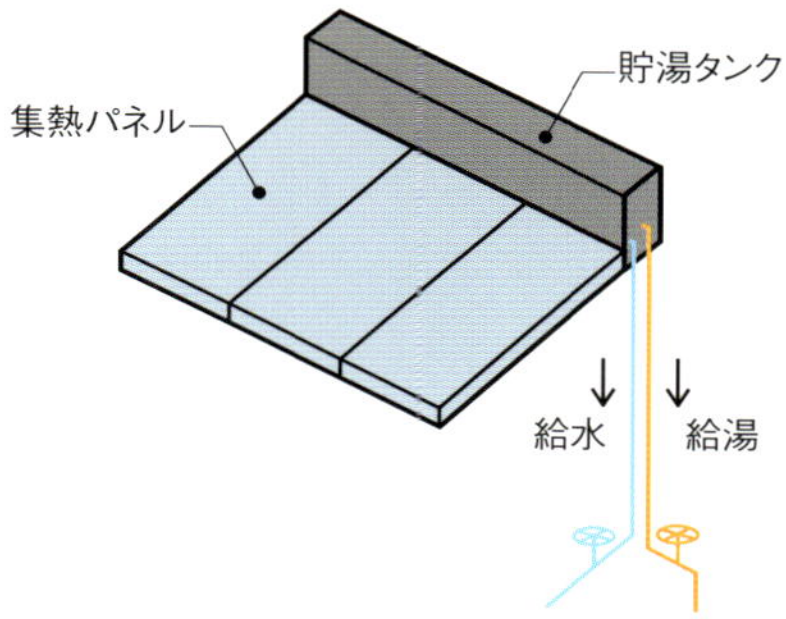

直接水を温めるタイプと、不凍液を循環させて熱交換してタンクに溜めるタイプがある

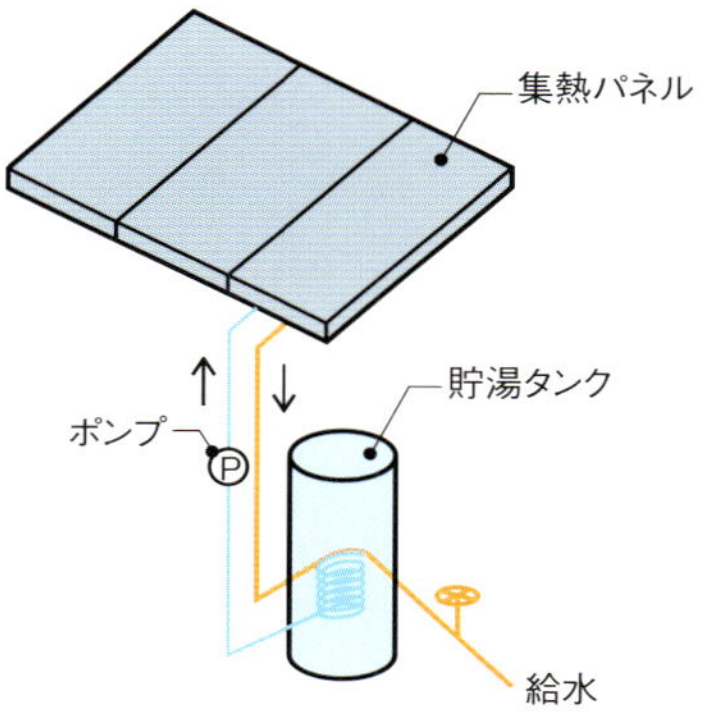

雨水貯留槽

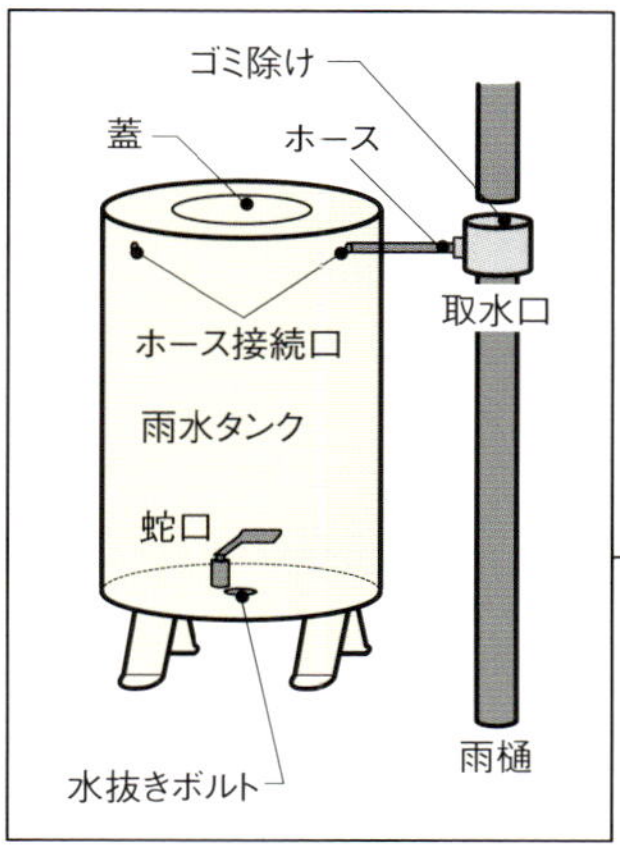

雨樋に取水口を取り付け、そこから雨水を取り込み、雨水貯蓄槽に貯める

Point エコや省エネに対する意識の高い住まい手も多い。イニシャルコストをきちんと説明しよう

Column

薪ストーブ、ペレットストーブ

家のなかで火を囲む喜び

住宅に、薪ストーブを入れるのは、大きな楽しみの1つである。火は、暖をとるだけではなく、火を眺めるだけで心がなごむ。そこで、薪ストーブの導入のコツをお伝えしたい。

①薪ストーブ

薪ストーブは火力が強く、1台で住宅全体を暖めることができる。ストーブ本体は、鋳物と鉄製のもので燃焼性能が異なり、ほとんど完全燃焼するというタイプのものもある。暖炉と違い、給気口の開閉により燃焼を調整することができる。夜、寝る前に太目の薪を入れて空気口を最小に絞り込んでおくと、朝までゆっくりと燃え続けてくれる。なるべくならストーブの扉に耐火ガラスが入っていて、燃える炎が見えるタイプにしたい。

煙突は、煙の上昇と煙突掃除がしやすいことで、できる限りまっすぐに立ち上げるのが望ましい。屋根からの貫通部分は、専用の水切りがあり、断熱材を挟み込んだ2重煙突を使う。2階の床の貫通部分や安全上の配慮として、2重煙突を使うケースもある。

コストの面では、ストーブ本体と煙突の費用はほとんど同じである。また、ストーブ本体の価格はかなり幅があるため、十分な比較検討をする必要がある。

しかし、薪ストーブを設置するには、煙突穴から出る煙が近隣に影響を与えるため、周囲の家の状況や薪の入手手段などを考慮したうえで判断することになる。

②ペレットストーブ

薪の代わりに木製ペレットを燃料にしたストーブがある。製材時の材木の端材などを粉末にして、挽き肉をつくるように、圧力を加えて直径5～6㎜の複数のノズルから押し出してつくる。ペレットは燃焼する熱量もかなり大きく、薪ストーブ同様、住宅全体を暖めることも可能である。ペレットは、自動的にストーブに供給される仕組みとなっていて、ガスのFF暖房機と同様な使い方とすることができる。

ペレットストーブは、煙が出ることが少ないため、市街地での使用も特に問題はない。また、ペレットは木材資源の有効利用としても、注目されている。

第 7 章

住宅の外構

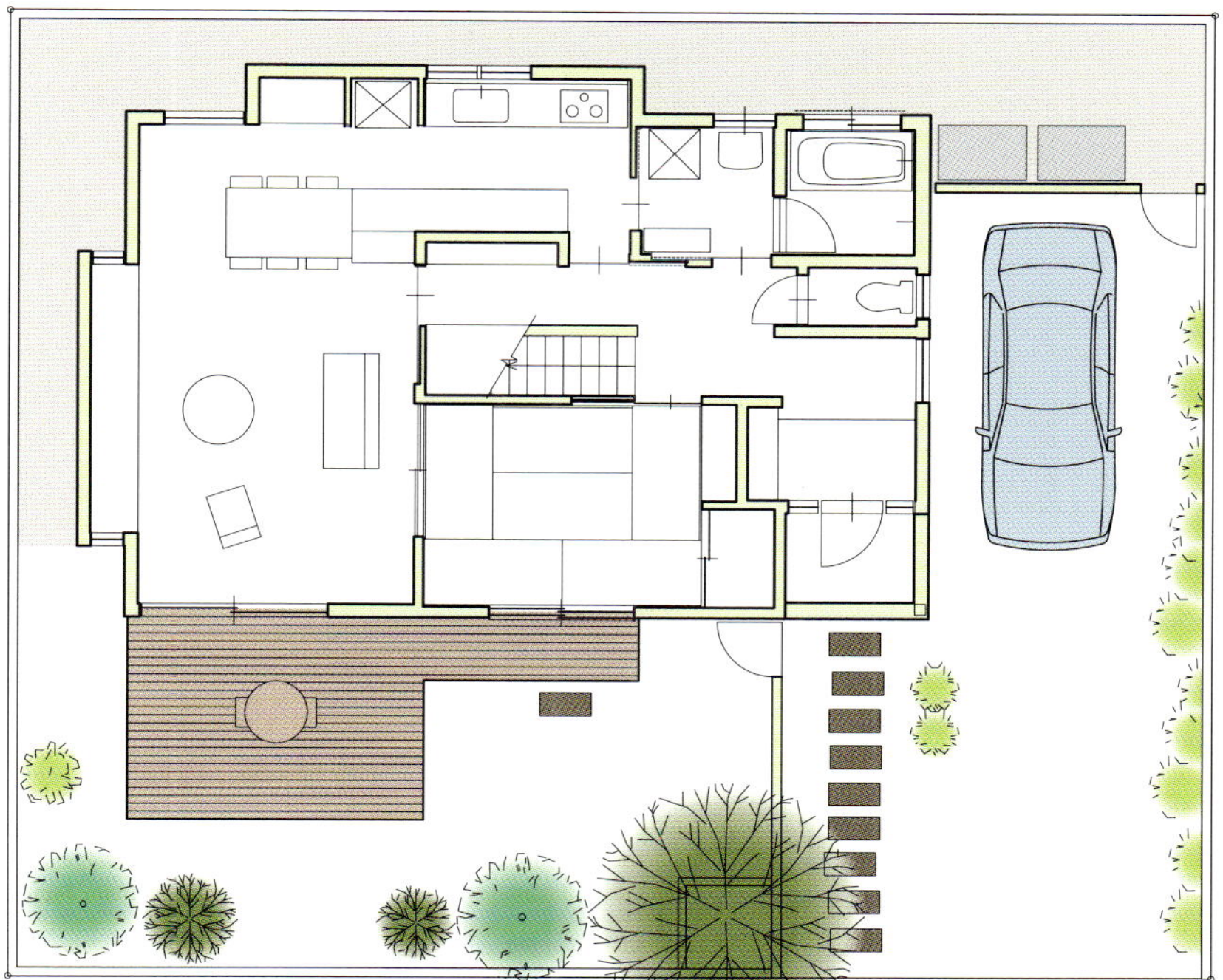

外構

105

外構は配置計画時に検討する

建物以外の外部、すなわち、建物がない空きの空間は、配置計画として当初から考えておく必要がある。

(1) 外部空間のゾーニング

まずそれぞれの空間の性格に合わせたゾーニングをする。玄関へのアプローチ、車庫、庭、**サービスヤード**などに必要な空間を決めていく。

(2) 雨水や日照などの条件の検討

敷地に降った雨水が十分処理できるか、隣地や道路から雨水が流れ込んでこないかなど敷地条件を確認する。雨の日に敷地を見るのも参考になる。

また、隣地の建物や擁壁、樹木などによって通風や日照の条件も違ってくる。それらの環境に合わせた植栽や外構を検討する。

なお、雨水が地面に浸透しやすいように土のままにしたり、植物を植えることも重要である。

(3) 塀とフェンス

欧米と違い、日本では、敷地の周囲を塀やフェンスで囲う。

ブロックなどの高い塀は、控え壁をつくるなど、十分な強度を持たせないと危険である。また、風通しを考えると、低い部分はブロックでも、高い部分はフェンスのほうがよく、防犯上もフェンスのほうが、隠れられないので効果的だ。生垣は、住まい手だけでなく、街並に潤いを与え、地震時に倒れて怪我をすることもない。メンテナンス方法や樹種の選定も十分検討しておき、うまく使いたい。

(4) 地面の処理

地面は、土のままにする場合も含めて、コンクリートや石、ブロックなどで舗装する、砂利を敷くなど何らかの処理をする必要がある。住宅が完成した時点で、外構が必ずしも完成している必要はなく、セルフビルドでつくる部分もあってよい。

用語解説

サービスヤード（さーびすやーど）

屋外における家事用スペースのこと。キッチンや勝手口の付近に設けられ、洗濯や物干し場、物置き場、ゴミ置き場として使われることが多い。地面にコンクリートなどを打って水はけをよくしたり、外流しなどを設けると、使い勝手が向上する

住宅の外構計画

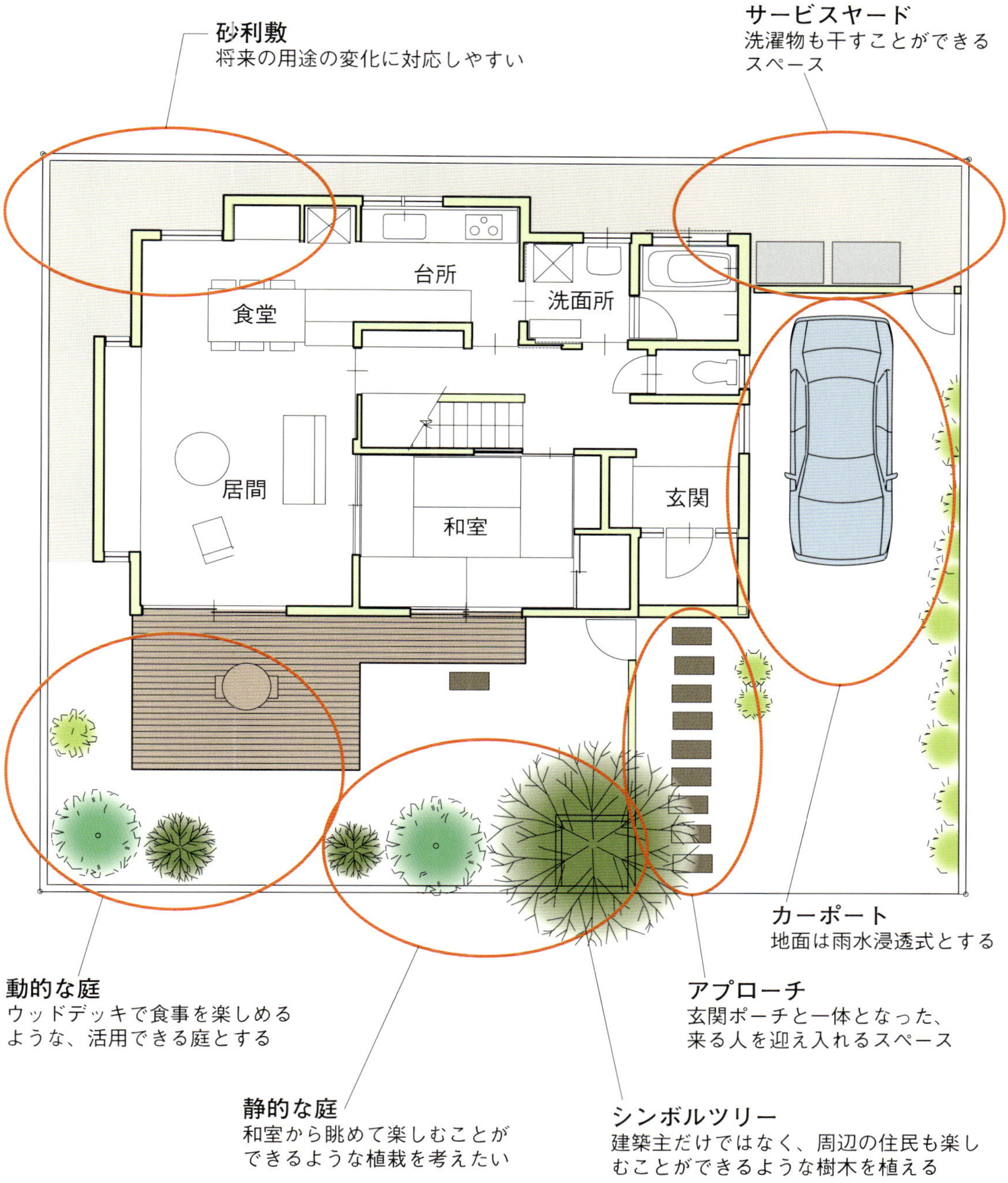

砂利敷
将来の用途の変化に対応しやすい
サービスヤード
洗濯物も干すことができる
スペース
台所
食堂
洗面所
居間
和室
玄関
カーポート
地面は雨水浸透式とする
動的な庭
ウッドデッキで食事を楽しめる
ような、活用できる庭とする
アプローチ
玄関ポーチと一体となった、
来る人を迎え入れるスペース
静的な庭
和室から眺めて楽しむことが
できるような植栽を考えたい
シンボルツリー
建築主だけではなく、周辺の住民も楽し
むことができるような樹木を植える

Point 外構におけるゾーニングは住宅の配置計画時から検討しておく。敷地の環境の条件も加味する

ポーチ・カーポート

106

玄関前のポーチは道路からのアプローチを含め、訪れる人を最初に迎える場所で、住宅の顔でもある。カーポートもポーチやアプローチと一体的に考える必要がある。

ポーチ

ポーチは、建物本体のデザインとのバランスを考え、玄関と一体的につくりたい。

床材はタイルや洗い出しなどの滑りにくい仕上げを施したい。また、傘をたたんでも濡れない程度の屋根か庇が必要である。ポーチの手前には、階段を1～2段付けるが、バリアフリー対策としてスロープを設置する場合もある。夜間などにポーチを照らすために、外部に照明用のスイッチか、人感センサー付きの照明器具を付けるとよい。

カーポート

建築基準法では、建物の一部をカーポートとして使う場合は、床面積の1／3までは、容積率を算定するための延べ面積に算入しなくてよいことになっている。ただし、カーポートに屋根がつく場合は、建築面積に算入されるので注意が必要である。

床は、車が載っても大丈夫なコンクリートや石、**インターロッキング**などを敷く。

コンクリートの間に幅100㎜ほどのスリットをつくり、その隙間に植物を植えたり、コンクリートを打設し、水が引いた時点で、ホースの水で骨材の砂利を洗い出すコンクリート洗い出し仕上げも自然な感じになる。また、タイヤが載る部分のみコンクリートにするのもよい。

その他、土を入れて芝を植えることができるコンクリートや、レンガの素材でできたブロック、90㎜角ほどの間伐材の角材を並べるウッドデッキ（235頁参照）も、カーポートとして使える。

用語解説

インターロッキング（いんたーろっきんぐ）

舗装用のブロックのこと。コンクリート製のものが多い。主に歩道や公園、駐車場工事などで使用される。インターロッキング同士の隙間から下に雨水が浸透するのでコンクリートなどに比べて水はけがよい

カーポートと一体のアプローチ、ポーチ

カーポートに使える素材

緑化ブロック

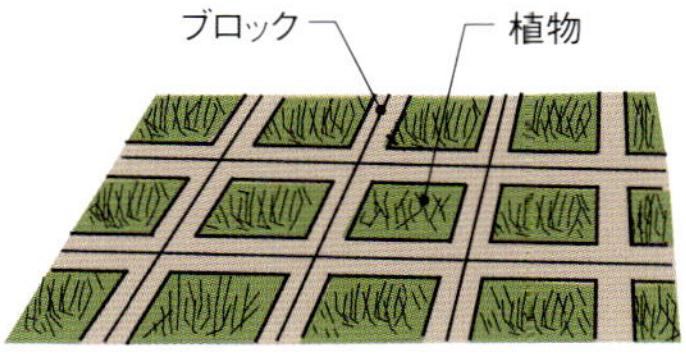

インターロッキング

間伐材を使ったバリカー

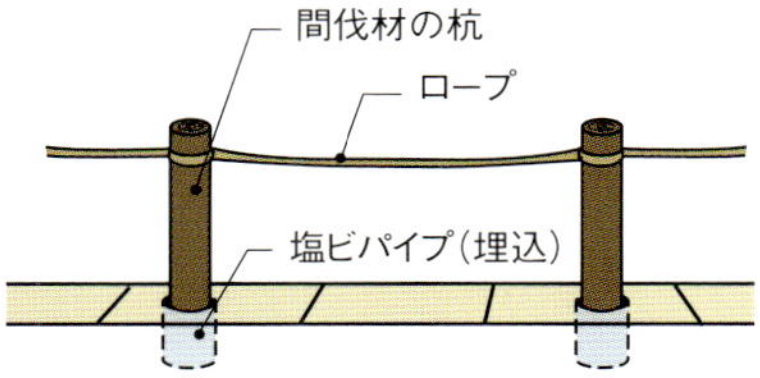

カーポートではインターロッキングなど車の重量に耐える素材で舗装する。また、植栽は本来、車に踏まれるため向かないが、緑化ブロックなどを使う

Point ポーチのデザインは玄関と一体に考える。雨に濡れないための屋根、防犯上の照明なども必要

庭

107

庭の性格付け

建物の配置を検討するなかで、大まかな庭の性格付けをしておく。その上で、構築物と植物の選定・配置を決めていく。

(1)アプローチの庭

玄関までのアプローチの庭は、家に来る人や家族を迎え入れる演出を大事にしたい。あえて、長いアプローチにしたり、植栽や照明でも工夫することができる。

(2)動的な庭

外に出て歩いたり、活動するための動的な庭では、歩きやすくするため地面に石やレンガを敷いたり、ウッドデッキをつくるのもよいだろう。

(3)静的な庭

植物を植えたり、池を設置するなど、眺めるための静的な庭もある。中庭や坪庭、バスコートなどを設けると、それらが小さくても、家の中に通風をもたらしたり、潤いをもたらすための効果的な演出となる。

(4)実用的な庭

物干し場や物置を置くなど、実用的なサービスヤードやサービスゾーンを配置計画当初から決めておくべきである。

(5)借景

遠方の山や川などの自然景観や、近隣の樹木などは、庭の**借景**として生かしたい。それにより庭をつくり込まなくてもよい場合がある。

(6)設備

庭にも給水は必要である。南の庭の植物に水やりをするために、1カ所は給水を設置する必要がある。頻繁に使う場合は、流し台を設置し、コンクリート柱を建てて給水するほうが使いやすい。外部照明の設置も十分配慮する。防犯用には、人感センサー付きのライトが使われることが多く、玄関ポーチに設置し、ポーチを明るくできると便利である。

用語解説

借景
(しゃっけい)

庭園外の山や林などの自然物を庭園内の風景に背景として取り込む手法をいう。前景の庭園と背景となる借景とを一体化させてダイナミックな景観を形成する。修学院離宮や円通寺の枯山水庭園の借景が有名

静的な庭（眺める庭）

動的な庭

Point 外構の各エリアにふさわしい性格の庭づくりを考慮する。庭のメンテナンスの設備も忘れずに

植栽

108

建築と調和した植栽

植栽の選定の最終的な段階では、造園の専門家に協力してもらうことになる場合もあるが、建築と調和した植栽にすべきである。

あまり手をかけなくても育つ植物を植えれば、メンテナンスに苦労せずに済む。

(1)トータルなイメージ

和風なのか、洋風なのか、雑木の庭なのかなど、空間のイメージにもとづき、外構と一体となった植栽を決めていく。

(2)シンボルツリー

庭やエントランスの庭に、メインとなる1本の木、シンボルツリーを植える。家のシンボルとなる樹木は、樹姿の美しいものを選びたい。シンボルツリーを決めたら、そのほかの植栽を決めていく。当初は、シンボルツリーだけ植え、その他の植栽は引渡し後に植えるのもよい。

(3)生垣

塀の代わりに、生垣をつくることがある。生垣に使う植物は、ツゲ、ベニカナメモチ、ドウダンなど。植栽が根付き、伸びるまでは、竹の**四つ目垣**で仮の柵と植物が倒れるのを防ぐ。

(4)幅10cmの花壇

駐車場やアプローチ壁沿いに幅10cmほどの花壇をつくると、コンクリートの表現が和らぐ。また、コンクリートの駐車場の一部に溝をつくり、植栽することもできる。

(5)緑のカーテン

夏場の日差しを避けるために、窓の外にネットを張り、ゴーヤや朝顔などのツル性の植物を絡ませ、日除けにする緑のカーテンをつくるとよい。

(6)家庭菜園

野菜や果物を栽培するのもよい。わずかなスペースでできるので、家庭菜園ができる場所を設定しておく。

用語解説

四つ目垣（よつめがき）

竹垣の種類の1つ。唐竹を横に渡した４段の胴縁と、立子が垂直に前後交互に結ばれ、四つ目でできることから呼ばれている。簡素なつくりだが、茶庭でもよくつくられる生垣

樹木の基礎知識

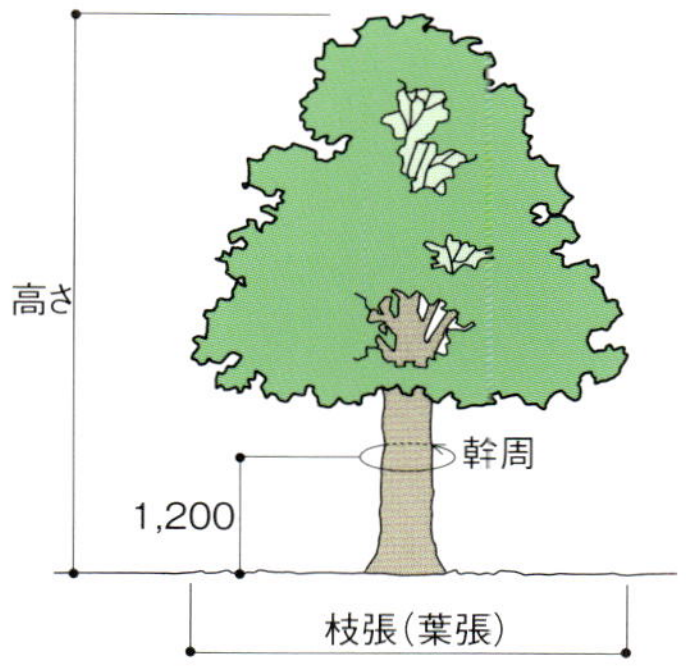

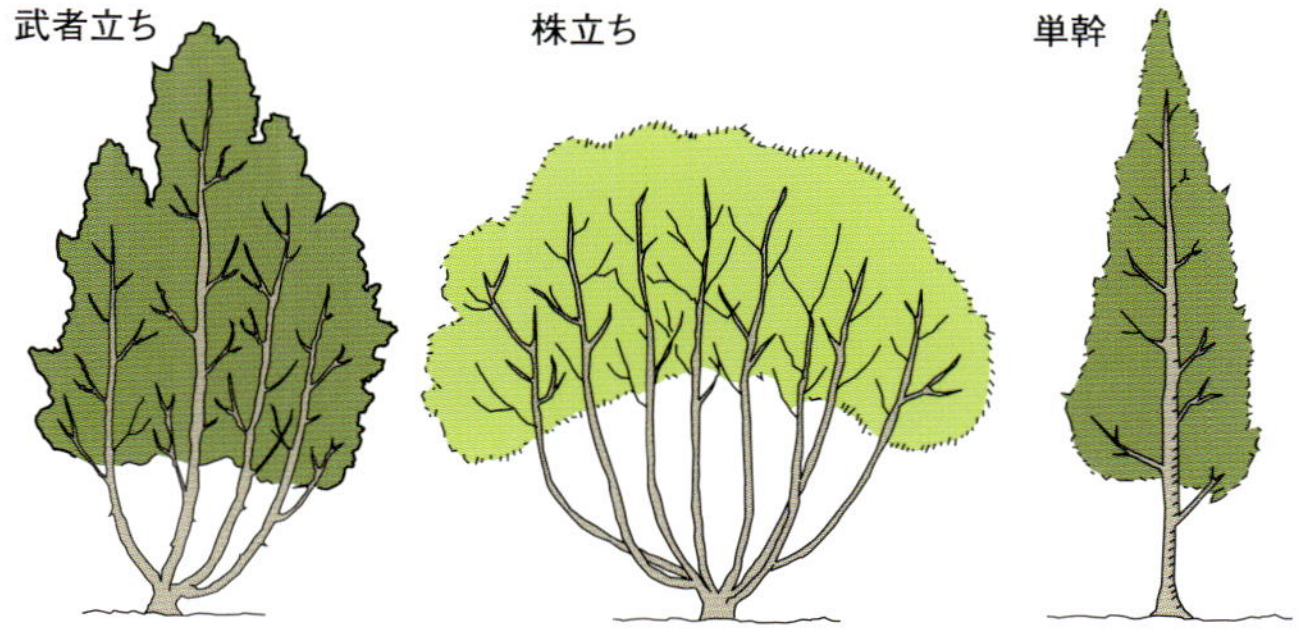

シンボルツリー

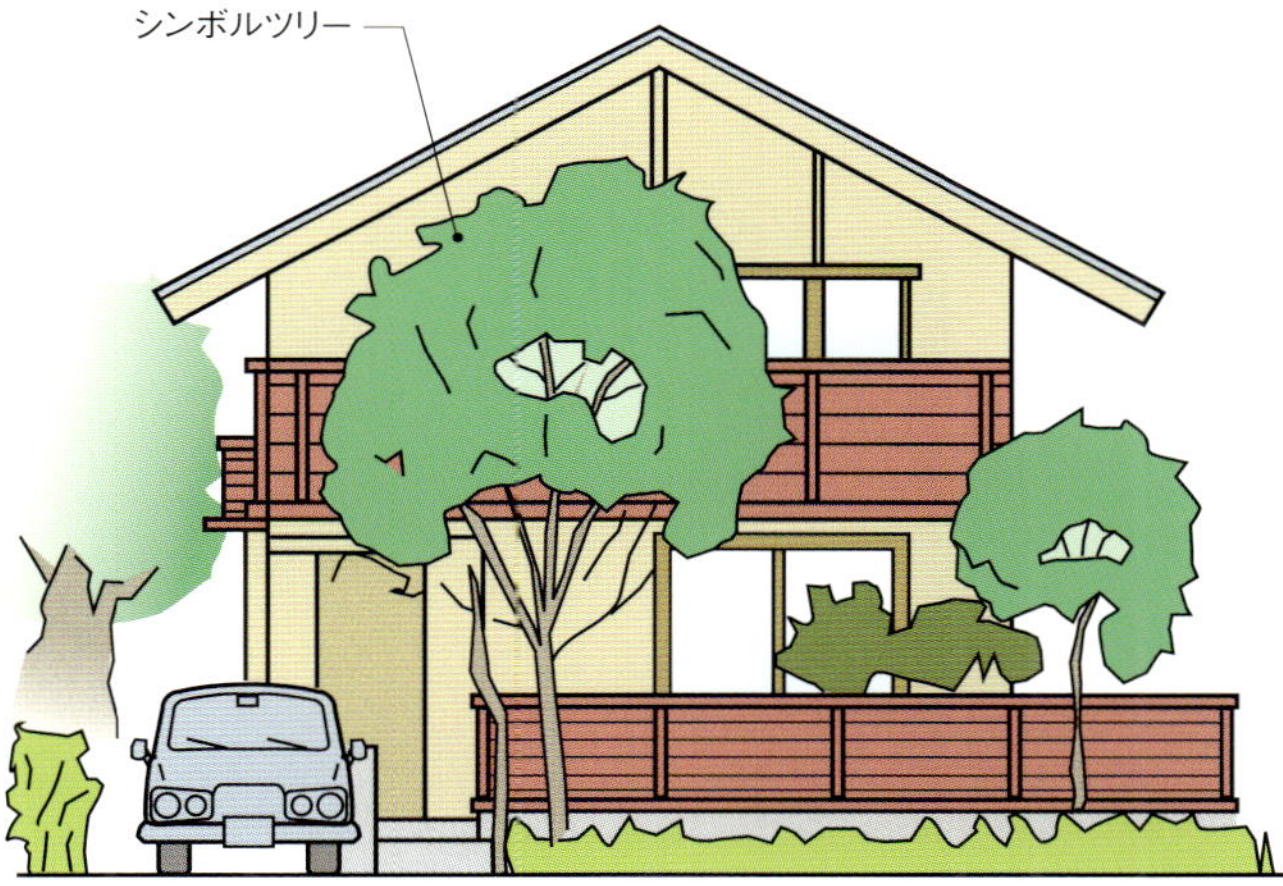

家や建物のシンボルとして植える。近隣への緑を提供することにもなる。樹姿が美しいのはコウヤマキ、ラカンマキ、カエデなど。シンボルツリーの樹種を決めてから他の樹木を決めていく

幅10cmの植歳

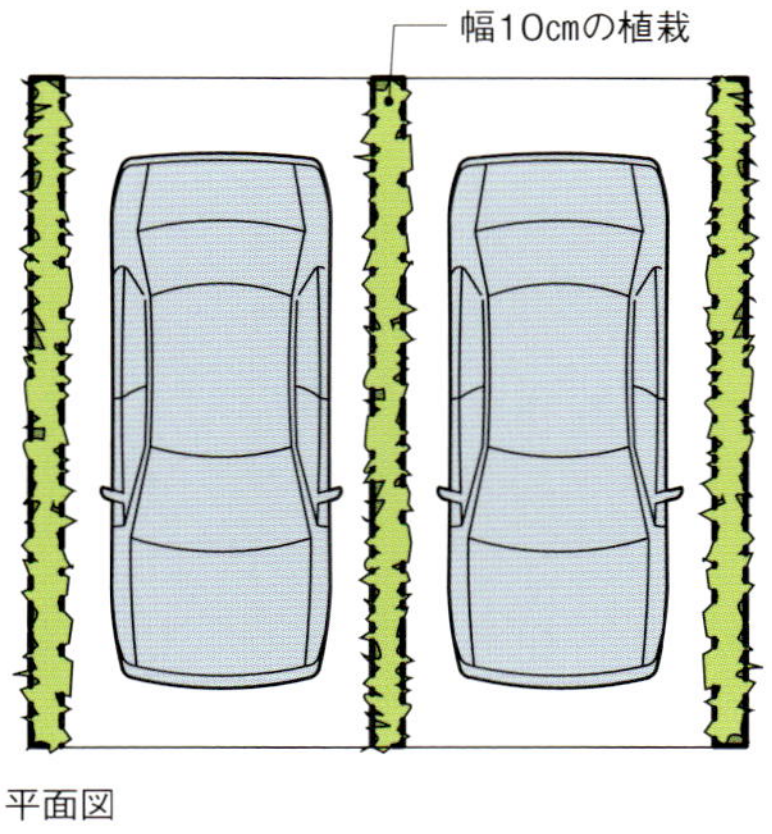

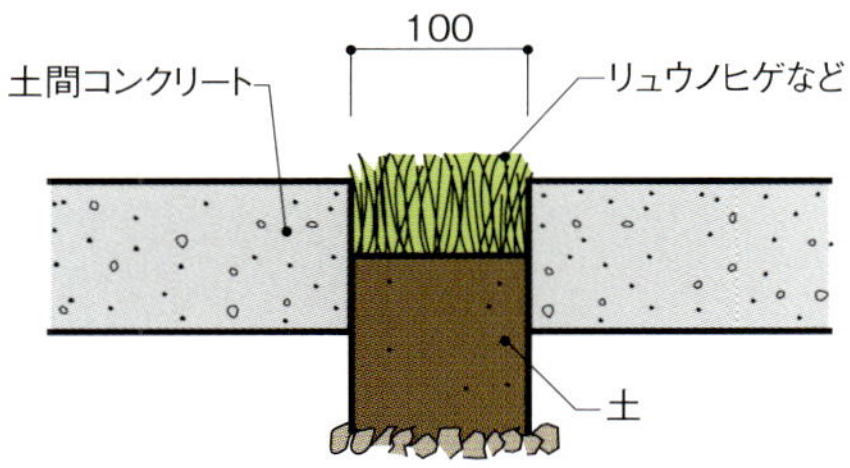

Point 造園の専門家に協力してもらう場合でも植栽の基本は知っておくべき

デッキ

109

デッキの材料

ウッドデッキは室内空間の延長として、魅力的な空間である。

デッキ材は、風雨にさらされるため、ウリン（ボルネオアイアンウッド）やクリ、ヒノキなどの水に強い木材を使う。耐久性はやや落ちるが、ベイスギ（ウエスタンレッドシダー）やスギも使うことができる。

ウリンがもっとも耐久性があると言われるが、クリも非常に耐久性がある。ただし、ウリンもクリも高価な材料である。そのため、ある程度の耐久性をもっていれば、腐ったら取り替えればよいと考えるのも1つの方法である。デッキ材は、いずれ取り替えることを考え、上からビス止めにしておくとよい。

塗装は、安全性の高い自然系の**木材保護塗料**を塗る。あえて塗装しないこともある。木の味わいを生かすためには、表面を塗料で完全にコーティングしないほうがよいだろう。

間伐材の角材でつくるデッキ

ヒノキの間伐材で、大引に用いるサイズの90㎜の角材を並べることで、デッキを簡易につくることができる。筆者がよく手掛ける方法を紹介する。

束石に束を立て（デッキが低くてよければ束は不要）、根太としても90㎜の角材を使い、その上に角材を並べていく。デッキの両端のみを下からステンレスのビスで固定すれば、取り替えるときに簡単に取り外すことができる。なかほどは、角材の自重でなじんでくる。

デッキ用木材は、3mや4mが基準で販売されているが、多少ばらつきがあっても、材木の長さをそのままで、並べてしまうのもよい。流通寸法を生かせば手間もコストも抑えることができる。表面は削らなくても、ざらつきはすぐに取れる。

用語解説

木材保護塗料
（もくざいほごとりょう）

外部に使用する木材を保護し、寿命をのばすための塗料。木材に浸透し、表面に塗膜をつくらない含浸タイプと、木材に浸透し、塗膜をつくるタイプの2種類がある。最近では、水性や自然系の木材保護塗料も多く使われている

標準的なウッドデッキのつくり

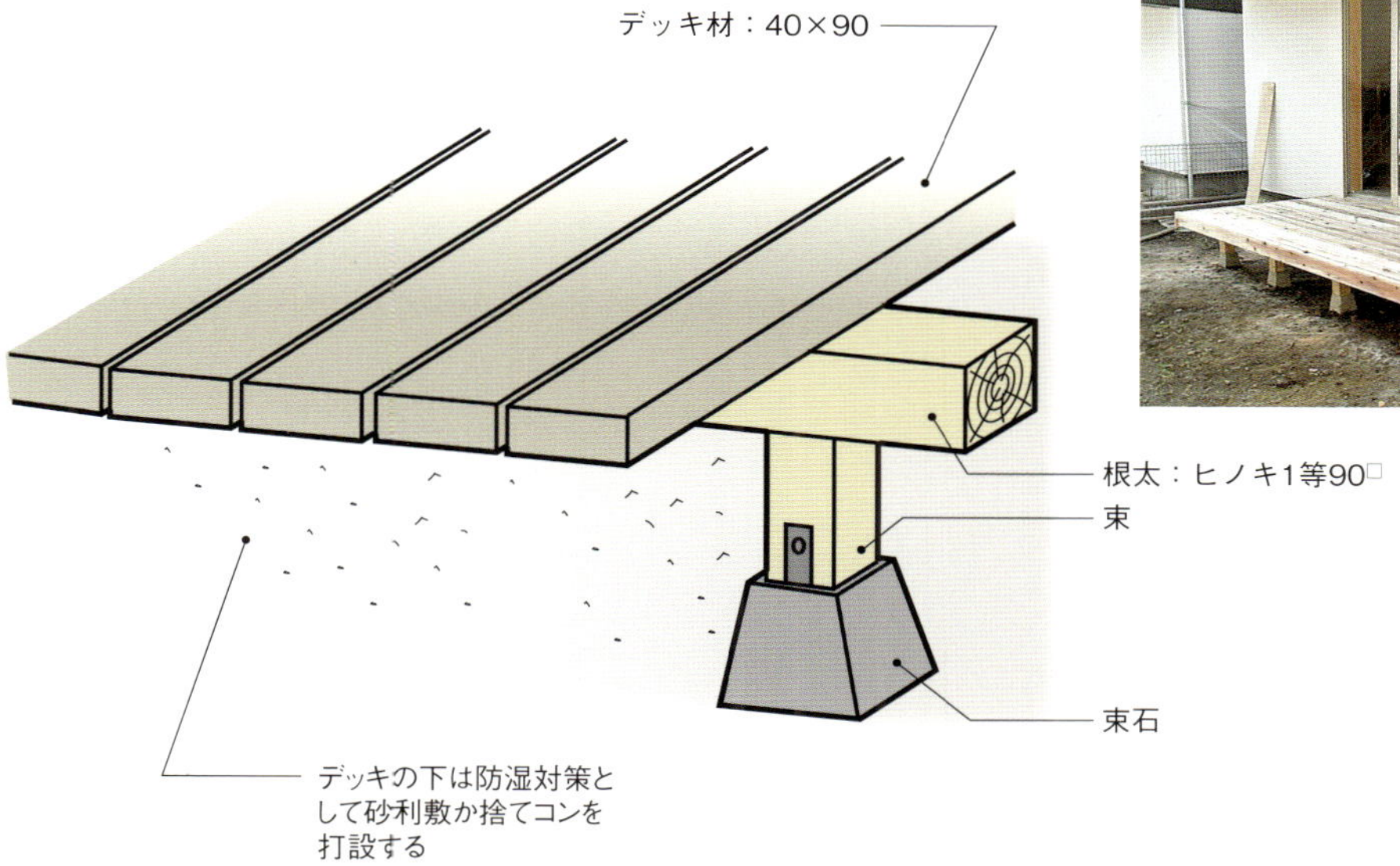

間伐材を使った簡易なウッドデッキのつくり

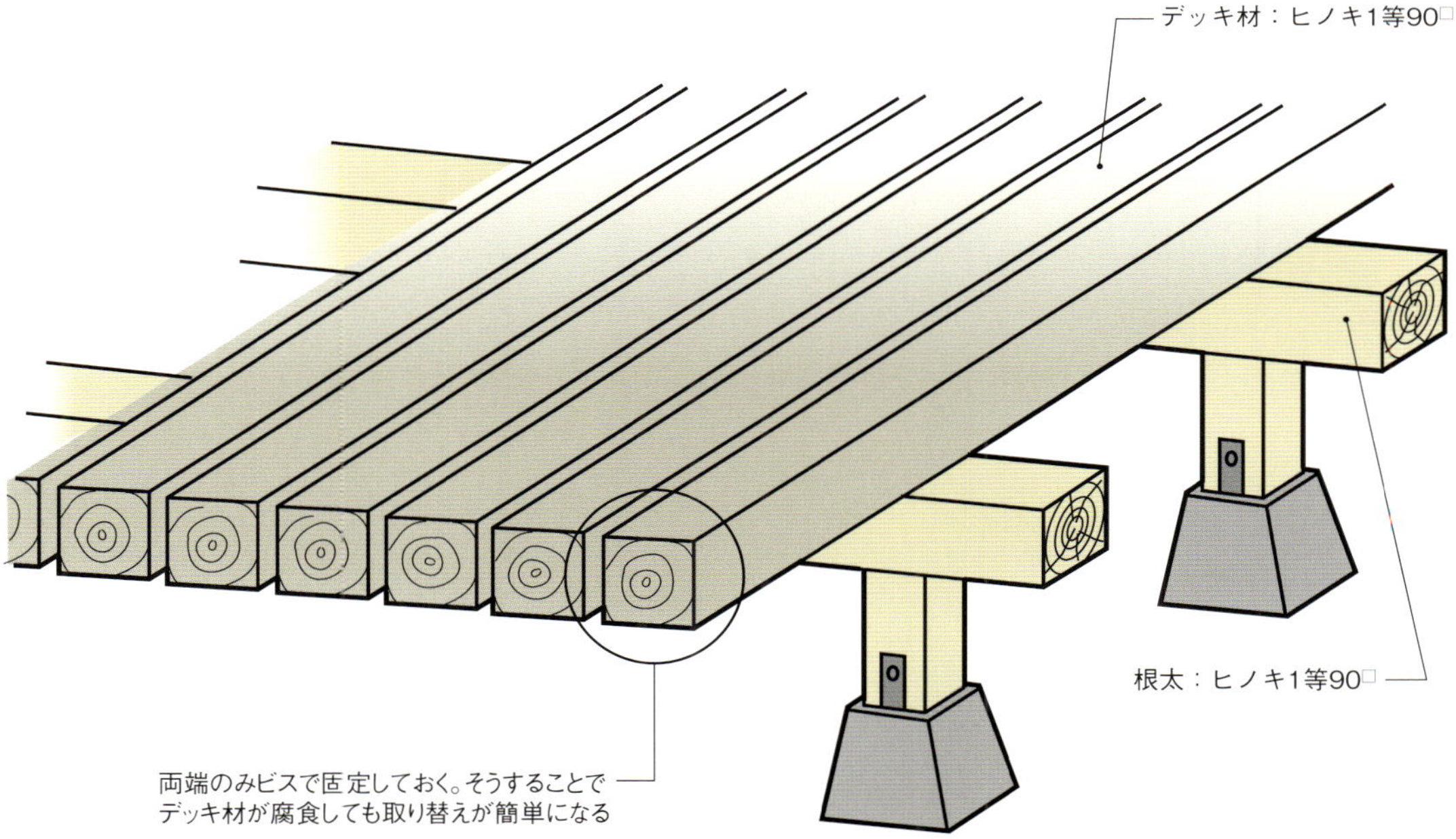

Point デッキ材は耐候性、耐水性の高い材料を選ぶか、取り換えやすくつくることが大事

CHAPTER 7 住宅の外構

防犯

110

人目につかない場所を作らない

近年、住宅における防犯対策が重要になってきた。住まい手の防犯対策への関心も高い。特に住宅地では、昼間、家に人がいないことが多く、人通りも少ないため、防犯対策を十分考える必要がある。

たとえば、ポストの郵便物や照明などで、留守であることがわからないようにすることも対策につながる。

道路や周辺から見える場合では、ドアや窓をこじ開けたりする作業がしにくい。高い塀にせずに、外から中の様子が見えるフェンスなどにしたほうがよいだろう。

夜間、明るくしておくのも効果的で、人が近づくと点灯する人感センサー付きのライトなどを付けるとよい。

開口部の防犯対策

泥棒は、開口部を5分間でこじ開けられなければ、その家への侵入をあきらめるという。

玄関に鍵を2つ付け、防犯性能の高い、ディンプル鍵などを設置する。

小さめの窓には格子を設置する。外部のデザインを考慮し、室内側の窓枠に横のバーを取り付けるのもよい。

シャッターや雨戸を設置することも防犯上効果的であり、ニーズもある。閉めたときに通風を確保できるように、ガラリ付きの雨戸や、通風用の細かい穴の開いたシャッターもある。

外部からの侵入は、7割近くがガラスを割って入ってくるという統計データがある。網入ガラスを防犯上効果的なものと思っている人が多いが、これは、火災時にガラスが割れても飛散しないことを目的に網が入っており、防犯上の効果は期待できない。ただし、中間膜として樹脂フィルムを挟み込んだ、**合わせガラス**は防犯性能が高いものといえよう。

用語解説

合わせガラス
（あわせがらす）

2枚以上のガラスを樹脂膜で接着して一体化したもの。樹脂膜により、割れてもガラスの破片が飛び散らない。中間膜を厚くしたり、特殊中間膜をはさむことで、防犯性能・防音効果などを高めることができる

開口部の防犯対策

引違いサッシの例

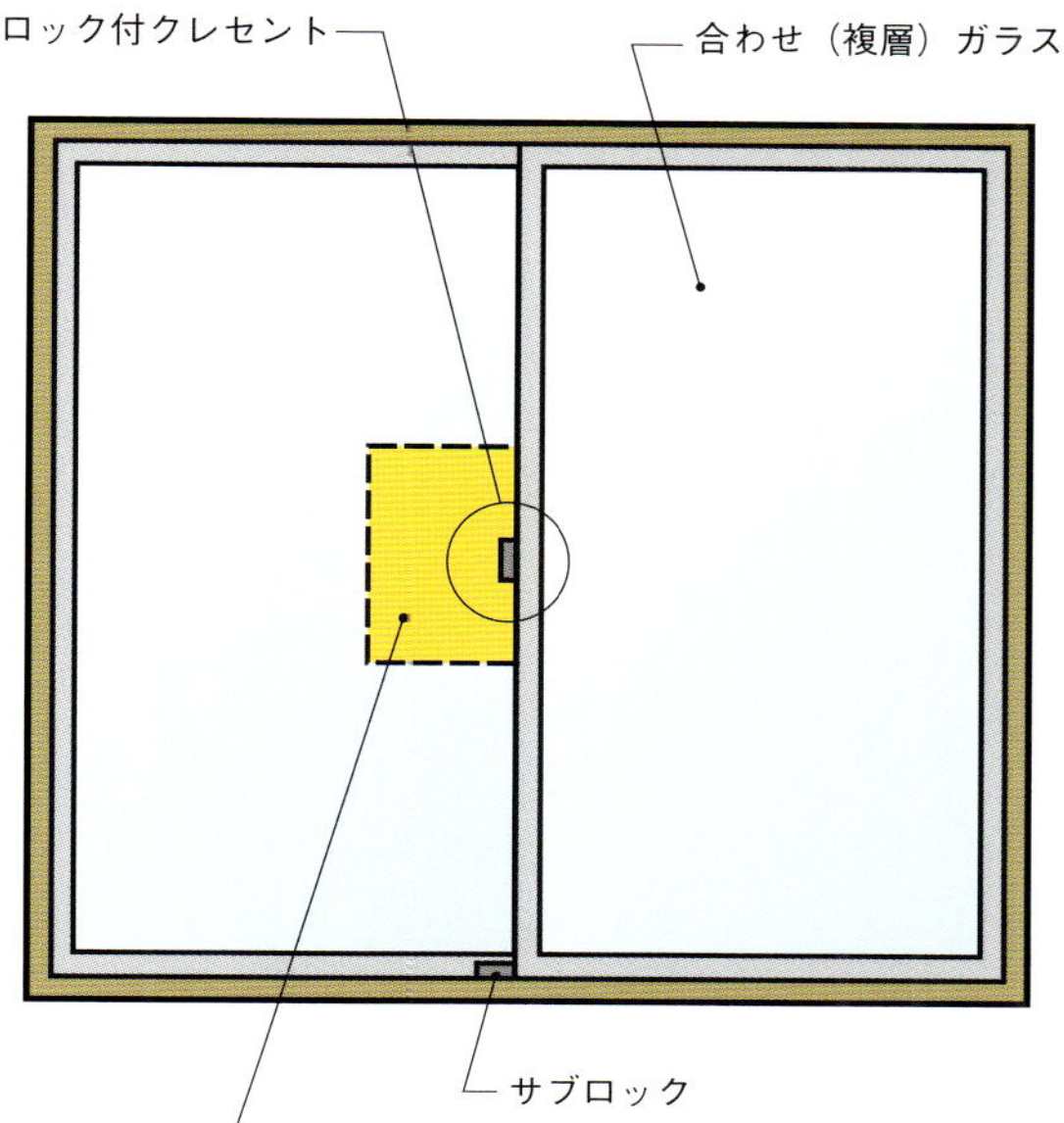

防犯合わせガラス

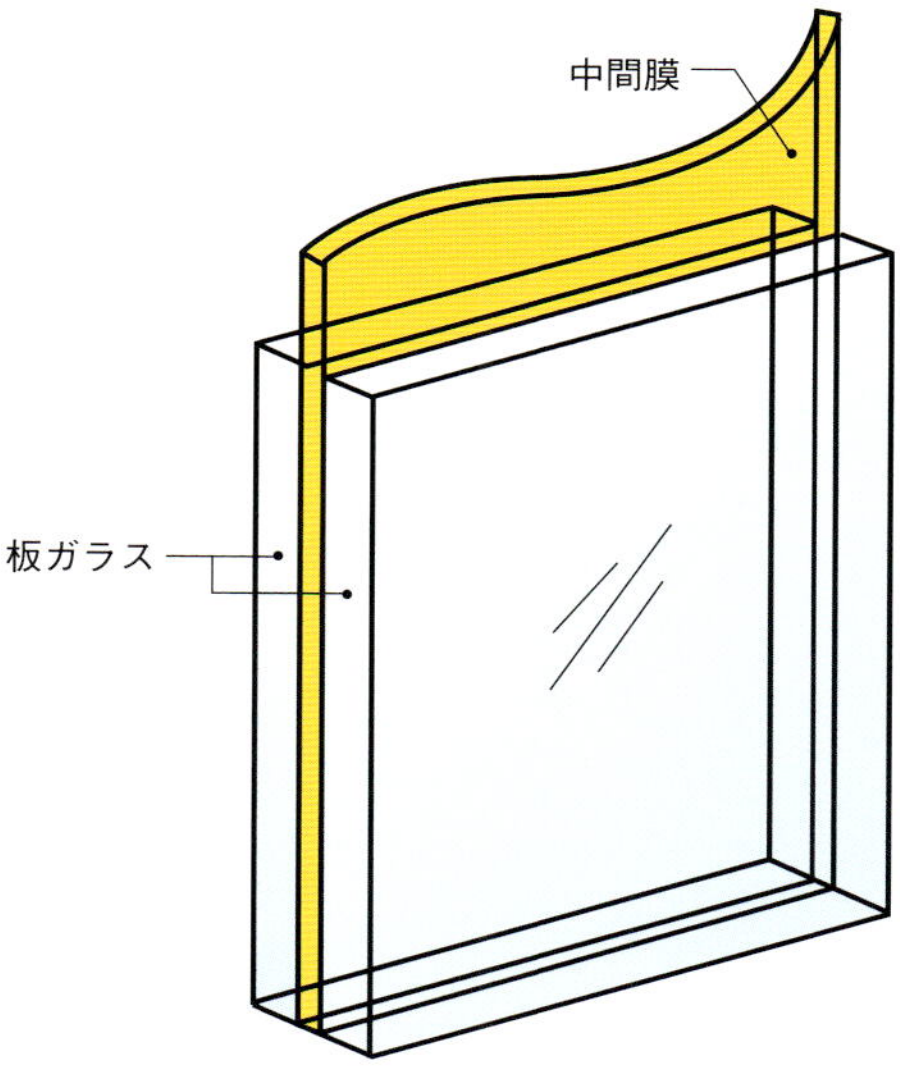

中間膜が厚くなると防犯性能が高くなる

玄関ドアの例

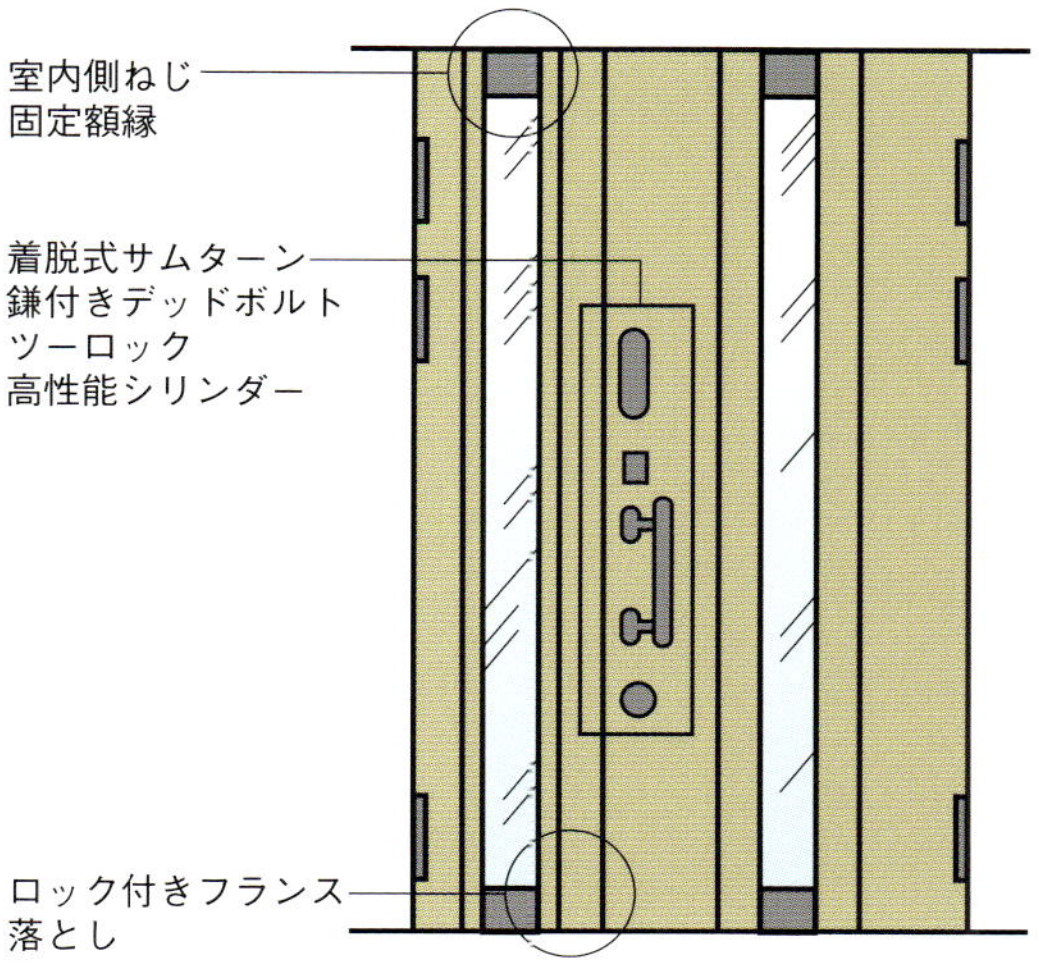

開口部の内側に棚を設ける

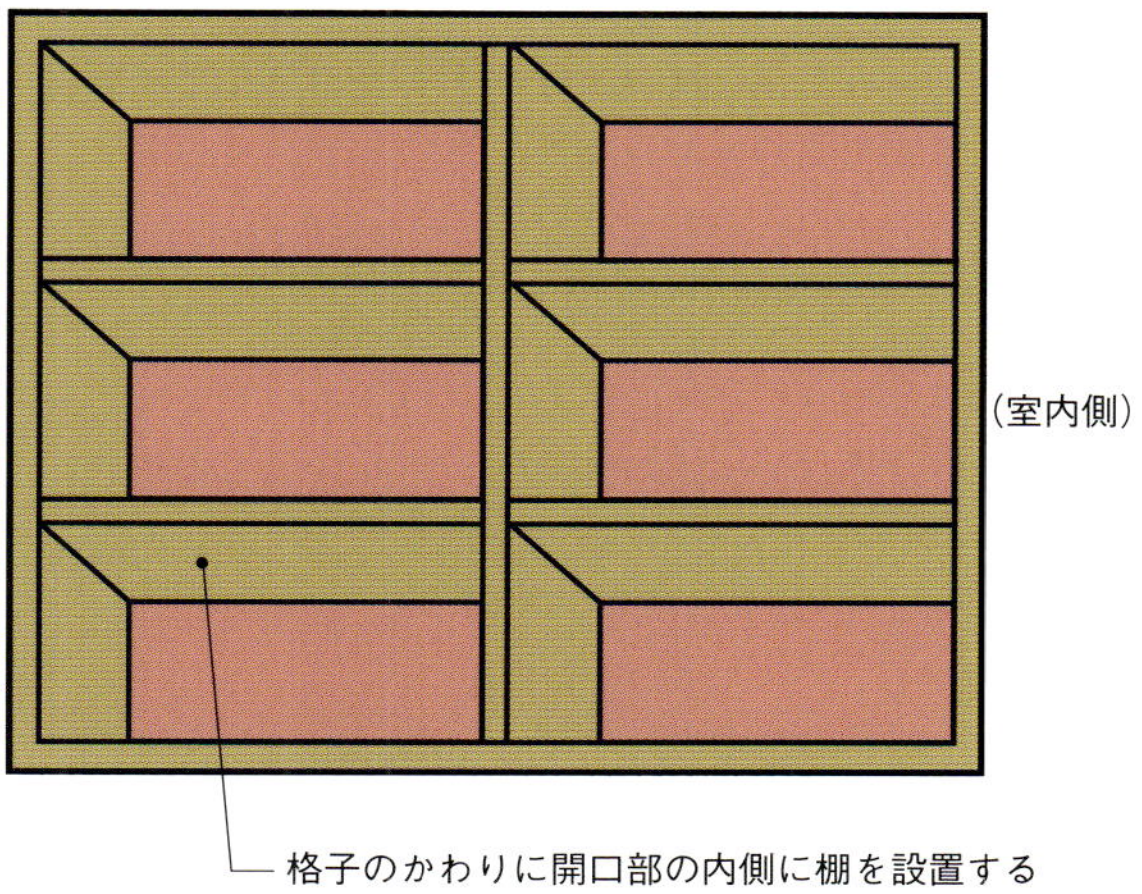

Point 防犯対策の基本は人目につかない場所をつくらないこと

ナ行

ハ行

マ行

ヤ行

ラ行

ワ行

アルファベット＆数字

索　引

ア行

カ行

サ行

タ行

関谷真一（せきや しんいち）

1957年生まれ。工学院大学大学院修士課程修了。一級建築士。現在、結設計室主宰。東京建築カレッジ講師。NPO法人らいふ舎理事長。元工学院大学非常勤講師。ローコストな自然素材の家づくりに取り組んでいる

世界で一番やさしい　木造住宅

2019年12月27日　初版第1刷発行
2021年11月29日　　　第2刷発行

著　者　関谷真一
発行者　澤井聖一
発行所　株式会社エクスナレッジ
〒106-0032
東京都港区六本木7-2-26
https://www.xknowledge.co.jp/

問合せ先
●編集部　FAX：03-3403-1345
info@xknowledge.co.jp
●販売部　TEL：03-3403-1321
FAX：03-3403-1829